Bußmann · Treitschke

GÖTTINGER BAUSTEINE
ZUR GESCHICHTSWISSENSCHAFT

Band 3/4

MUSTER-SCHMIDT VERLAG
GÖTTINGEN · ZÜRICH

Walter Bußmann

TREITSCHKE

Sein Welt- und Geschichtsbild

MUSTER-SCHMIDT VERLAG
GÖTTINGEN · ZÜRICH

CIP-Kurztitelaufnahme der Deutschen Bibliothek

Bussmann, Walter:
Treitschke : sein Welt- u. Geschichtsbild / Walter Bussmann. –
2., unveränd. Aufl. – Göttingen ; Zürich : Muster-Schmidt, 1981.
(Göttinger Bausteine zur Geschichtswissenschaft ; Bd. 3/4)
ISBN 3-7881-1053-8
NE: GT

2. unveränderte Auflage 1981
MUSTER-SCHMIDT VERLAG · Göttingen · Zürich

Gesamtherstellung: „Muster-Schmidt" KG., Göttingen

S. A. Kaehler
in dankbarer Verbundenheit

INHALTSVERZEICHNIS

Einleitung

Erstes Kapitel

Vorwort

Die Anfänge der vorliegenden Arbeit reichen zurück bis in das letzte Friedensjahr vor Ausbruch des Zweiten Weltkrieges, als Heinrich von Treitschke die öffentliche Anerkennung eines nationalen Vorbildes großer politischer Geschichtsschreibung zuteil wurde. Nach sechsjähriger Kriegsunterbrechung wurde die Untersuchung ausgearbeitet und niedergeschrieben in einer Zeit, in welcher der Name Treitschkes als eins der Symbole für einen verhängnisvollen politischen Irrweg von neuem aktuell zu werden schien. Der Verfasser stellte sich die Aufgabe, die Grundlagen, auf denen das politische und historiographische Werk dieses Publizisten und Historikers aufgebaut ist, zu erforschen und darzustellen. Er wollte mehr die Entstehung und Wandlung der Gedankenwelt Treitschkes als ihre Wirkung auf die Nachwelt verfolgen. Es war gleichzeitig seine Absicht, neben dem Bewußtseinshorizont Treitschkes auch den einer Reihe liberaler Weggenossen zu erschließen und so einen Beitrag zur Entwicklungsgeschichte des deutschen akademischen Liberalismus in der Reichsgründungszeit zu liefern.

Die Untersuchung wurde 1949 von der Philosophischen Fakultät der Universität Göttingen als Habilitationsschrift angenommen. Wenn der Verfasser sie jetzt der Öffentlichkeit übergibt, so fühlt er sich im Rückblick auf die Jahre der Arbeit seinem hochverehrten Lehrer Herrn Professor S. A. Kaehler zu tiefem Dank verpflichtet. Er gab die Anregung zu dieser Arbeit und begleitete ihre Entstehung mit seinem Rat und seiner Teilnahme.

Der Verfasser dankt ferner der Deutschen Forschungsgemeinschaft für die Gewährung eines Druckkostenzuschusses.

Ein besonders herzlicher Dank gilt Herrn cand. phil. Dietrich Buhmann für unermüdliche Hilfe beim Lesen der Korrekturen sowie für die Anfertigung des Registers.

Walter Bußmann

Göttingen, im Frühjahr 1952

Vorwort zur 2. Auflage

Der Verfasser ist nicht ohne Zögern der Aufforderung des Muster-Schmidt Verlages sowie den Ermutigungen von Kollegen in Deutschland und im westlichen Ausland gefolgt, einer zweiten Auflage seines Treitschke-Buches zuzustimmen. Es war, wie es im Vorwort zu diesem Buche von 1952 hieß, sein Anliegen, die Grundlagen und Voraussetzungen des politischen und historiographischen Werkes Treitschkes darzustellen und auf solche Weise „mehr die Entstehung und Wandlung der Gedankenwelt" eines umstrittenen Historikers und Publizisten als dessen folgenreiche Wirkungen auf seine bildungsbürgerliche Mit- und Nachwelt zu veranschaulichen. Letzteres ist gleichwohl nicht unberücksichtigt geblieben – wie das der größere Teil der Rezensionen, auf die hier allerdings nicht näher eingegangen werden kann, auch richtig erkennen läßt.

Nach dreißig Jahren erscheint es indes unumgänglich, an dieser Stelle auf zwei Komplexe nachdrücklich hinzuweisen, da sie gerade in den Jahren nach der Katastrophe von 1945 zu den geistig-politischen Voraussetzungen dieser Treitschke-Monographie gehörten und deren Konzeption nicht unwesentlich beeinflußt haben. Sie hängen mit jener unheilvollen Rolle zusammen, die Treitschke in der Geschichte des imperialistischen Denkens, d. h. in seiner gegen England gerichteten weltpolitischen Begehrlichkeit sowie in der Geschichte des Antisemitismus gespielt hat. Beide Bereiche können nach Ansicht des Verf. nur dann richtig gewürdigt werden, wenn die Lebens- und Bildungsgeschichte auf ihre Ursprünge und Wandlungen hin analysiert werden. Die nahtlosen Übergänge vom idealistischen zum imperialistischen Denken, die im Buche von 1952 in einer bewußt zurückhaltenden Weise beschrieben worden sind, bilden das Thema eines Aufsatzes „Treitschke als Politiker", der in der Historischen Zeitschrift erschien und in die „Ausgewählten Aufsätze" wieder aufgenommen worden ist[1].

1) HZ 177 (1954), S. 249–279; W. Bußmann, Wandel und Kontinuität in Politik und Geschichte, Ausgewählte Aufsätze, hg. v. W. Pöls, Boppard 1973, S. 377ff.

Der sog. „Antisemitismusstreit“ erreichte einen Höhepunkt seit dem Ausgang der siebziger Jahre, die in dem vorliegenden Buche kaum noch berücksichtigt wurden, obwohl gerade das Verständnis der Wirkungen Treitschkes auf die nachfolgenden Generationen eines Bildungsbürgertums erst dann hinreichend möglich ist, wenn der Prozeß seiner Ablösung vom Liberalismus erläutert wird. So glaubt der Autor für sich in Anspruch nehmen zu dürfen, die Ursprünge eines bekanntermaßen bei Treitschke nicht rassisch bedingten antijüdischen Verhaltens und damit schließlich die Wurzeln des das deutsche Leben vergiftenden Antisemitismus freigelegt zu haben. Walter Boehlich hat in einem Nachwort zu seiner Sammlung „Der Berliner Antisemitismusstreit“[2] auf ein besonderes Problem hingewiesen, dessen Bedeutung für die Bildungsgeschichte Treitschkes zu veranschaulichen zu den Anliegen des Verf. gehörte. Es handelt sich um die selbstherrliche, ja hochmütige Berufung auf eine idealistische „Überzeugung“, ohne die seine Angriffe gegen seine jüdischen Mitbürger so kaum zu verstehen sind. Boehlich schreibt: „Für einen Antisemiten hat er [Treitschke] selbst sich keineswegs gehalten, aber seine Gegner hielten ihn ebenso dafür wie seine Verteidiger. Er war ja doch nur seiner Überzeugung gefolgt ...“

Der Aufsatz von Hans Liebeschütz[3] regt um so mehr zum Nachdenken an, als er den Antisemitismusstreit zwischen dem konservativ gewordenen Treitschke und dem liberal gebliebenen Mommsen auf originelle Weise untersucht. Die Substanz seiner Ausführungen liegt in der Beschreibung eines dialektischen Zusammenhangs, wobei selbstverständlich die Niveauunterschiede nicht verschleiert werden. Er stellt zutreffend fest, daß es sich bei dem Ersteren um keine „Ideologie“ eines „rassischen Naturalismus“ gehandelt habe, und es kann gleichzeitig seiner Aussage nicht widersprochen werden, daß dieser „akademische Antisemitismus“ folgenreich wurde vor allem in den kritischen Jahren vor 1933. Behutsamer als in manchen Untersuchungen seit 1945, die unbedenklich geistige Vorläuferschaften zu finden glaubten, ist die Feststellung gemeint: „In this capacity [zur Demagogie] he linked 1879 [Beginn der Antisemitismuskampagne] and 1933.“ Die Berücksichtigung der Beziehungen zwischen Religion und moderner Nationalstaatsidee ist geeignet, das Verständnis für Treitschkes Judenfeindschaft zu

2) Der Antisemitismusstreit, hg. v. W. Boehlich, 1965. Vgl. den Artikel v. Th. Ripperdey „Antisemitismusstreit“, in: Geschichtliche Grundbegriffe. Historisches Lexikon zur politisch-sozialen Sprache in Deutschland, hg. v. O. Brunner, W. Conze u. R. Koselleck. Bd. 1, Stuttgart 1972, S. 129–153.

3) H. Liebeschütz, Treitschke and Mommsen on Jewry and Judaism, in: Publications of the Leo Baeck Institute, Year Book VII, 1962, p. 133ff. – Ders., Das Judentum im deutschen Geschichtsbild von Hegel bis Max Weber, Tübingen 1967.

erleichtern. Die Furcht Treitschkes galt einem sog. „unsauberen Antisemitismus", für den ihm selbst ein erheblicher Teil intellektueller Verantwortung zugefallen ist. Indem er die angebliche „Isolierung der Juden" leidenschaftlich bekämpfte und sich als Anwalt einer vollständigen Assimilation verstand, ließ er ein Unverständnis erkennen, das auch in der Beurteilung anderer Minderheiten zum Ausdruck kam. Dem Autor des Essays über Treitschke und Mommsen kann zugestimmt werden, wenn er schreibt: „Treitschke had persuaded himself that it was necessary to fear the Jews for the sake of the political future of the German monarchy. Mommsen fears of the Jews." In das Zentrum des jüdischen Problems dringt Liebeschütz ein, wenn er Mommsens Überzeugung von der unaufhaltsamen Säkularisierung des Lebens im 19. Jahrhundert und seine Ablehnung biblischer oder theologischer Institutionen beschreibt. So wußte Mommsen den Juden nur den Rat zu geben, „to drop their separate existence, in order to eliminate the target for emotional attack; but he hated a movement which tried to lead the majority by an appeal to passions"[4]. Die Verlegenheit eines großen Teils der deutschen Zeitgenossenschaft gegenüber dem Streben deutscher Juden nach religiöser und nationaler Identität kommt bei Liebeschütz eindrucksvoll zum Ausdruck. Beide Historiker hätten – so Liebeschütz – einen aktuellen Grund für die Spannung und eine potentielle Gefahr in der fortdauernden Existenz eines Volkes erblickt, dessen Zusammenhang auf einer alten religiösen Tradition beruhe, während es gleichzeitig teilnehme am Leben eines modernen Nationalstaates, für den beide Historiker ungeteilte Loyalität verlangten. Vor der Ausgewogenheit eines solchen Gedankengangs fällt das Urteil über die unheilvolle Demagogie des Publizisten Treitschke mit gutem Grund erst recht scharf aus.
Grund erst recht scharf aus.

In dem 1957 erschienenen Werk, der einzigen vollständigen Biographie über Treitschke, die den amerikanischen Historiker Andreas Dorpalen zum Verfasser hat[5] und dessen deutsche Übersetzung sehr erwünscht wäre, ist die Unvereinbarkeit der Treitschkeschen Gedankenwelt mit der nationalsozialistischen Weltanschauung ausdrücklich nachgewiesen worden. Der Autor läßt eine hohe Sensibilität für die politisch-geistigen Strukturen im Denken des Historikers und Publizisten erkennen, aber sein differenzierendes Urteilsvermögen wird gleichwohl beeinträchtigt durch das klischeehafte Urteil, wonach Treitschke „an important link in that intellectual chain which reaches from Hegel and Fichte to Hitler and Alfred Rosen-

4) Liebeschütz, 1962, S. 181.
5) A. Dorpalen, Heinrich von Treitschke, New Haven, 1957.

berg" darstelle. – Und selbst ähnlich in jener gründlichen und eingehenden britischen Auseinandersetzung (The Times Literary Supplement, June 1954), in der die Gedankengänge der Treitschke-Monographie von 1952 verständnisvoll rezipiert worden sind, heißt es: „Treitschke was the prophet of the Third Reich" – ein Urteil, das nicht nur nicht differenziert, sondern vom Autor – und zwar bei noch so schonungsloser Kritik – gerade widerlegt werden sollte.

Es liegt nahe, daß unter den Aufsätzen Treitschkes der brillant geschriebene Essay „Das Ordensland Preußen" zu den „Ärgernissen" gehört, die Treitschke und seine liberale Zeitgenossenschaft hervorgerufen haben. Von einer „Ideologisierung" der Geschichtsschreibung des Ordensstaates darf sicherlich mit Fug gesprochen werden, aber der Ideologiekritik sollten Grenzen gezogen werden. So muß es als eine „ideologische Verzerrung" bezeichnet werden, wenn bei Treitschke oder gar bei G. Freytag ein „bonapartistisches Staatsideal" im Zusammenhang mit den Bestrebungen des Ordensstaates unterstellt wird – wie es sich etwa Wippermann in seiner ansonst ergebnisreichen Untersuchung angelegen sein läßt[6]. In der jüngsten deutschen Geschichtsschreibung ist kaum ein Begriff wie der des „Bonapartismus" bzw. des „Cäsarismus" so strapaziert worden. Er scheint überaus geeignet, die These einer Kontinuität in der jüngsten deutschen Geschichte zu stützen.

Wer sich mit Treitschke bislang beschäftigte, konnte davon ausgehen, daß der Treitschke-Nachlaß – dessen Verlust zunächst angenommen werden mußte – wohl kaum substantiell neue Informationen würde vermitteln können. Inzwischen sind durch einen Bericht in der Zeitschrift für Geschichtswissenschaft[7] Einzelheiten über diesen in der Handschriftenabteilung der Deutschen Staatsbibliothek in Berlin-Ost aufbewahrten Nachlaß mitgeteilt worden; in der Tat scheinen neue Erkenntnisse kaum zu erwarten zu sein[8].

Von der Kritik westlicher Historiker, die der Verf. des Buches von 1952 nicht immer zu teilen vermag, trennt ein intellektueller und moralischer Graben jene Verurteilungen, zu denen sich eine Reihe von DDR-Historikern verpflichtet gesehen haben und sehen[9]. Diese Feststellung darf nicht in dem

6) W. Wippermann, Der Ordensstaat als Ideologie, Berlin 1979, S. 155ff.

7) XV. Jg. 1967, H. 2, S. 307ff.

8) Vgl. auch die kritische Würdigung bei G. Iggers, Heinrich von Treitschke, in: H.-U. Wehler (Hg.), Deutsche Historiker, Bd. II, Göttingen 1971, S. 66ff. – Siehe auch G. Iggers, Deutsche Geschichtswissenschaft, München [2]1972.

9) Vgl.: Zur deutschen Geschichtswissenschaft in der DDR: H. Schleier, Sybel und Treitschke. Antidemokratismus und Militarismus im historisch-politischen Denken großbourgeoiser Geschichtsideologen, Berlin 1965. – Ders.: Kleindeutsche Schule und Befreiungskrieg, in: Der Befreiungskrieg 1813, Berlin 1967. – H. Schleier, Die

Sinne mißverstanden werden, daß eine Auseinandersetzung mit marxistischer Geschichtsschreibung nicht etwa dringend erforderlich wäre. Eine sachliche Auseinandersetzung ist aber dann nicht möglich, wenn behauptet wird, daß der Verf. der Treitschke-Monographie „in imperialistischen Diensten erneut um die und mit der Person Treitschkes eine nationalistische Geschichtsklitterung"[10] unternehme.

Treitschke hat als Historiker keine Schule zu bilden vermocht; die unheilvolle Wirkung auf die politischen und sozialen Vorstellungen seiner akademischen Hörer und eines Teiles der nachfolgenden Generationen kann nicht bestritten werden, aber die notwendige Untersuchung dieses Aspektes seines Nachlebens darf den Blick auf die Gesamtpersönlichkeit im Zusammenhang mit der deutschen Einigung nicht verschleiern.

In seinem Beitrag zum 5. Band der „Großen Deutschen" (1956) hat der Verf. die folgenden Aussagen formuliert, zu denen er sich auch heute noch bekennt: „Der Biograph, der die befremdenden Seiten an der historischen Erscheinung Heinrich von Treitschkes nicht verschweigt und ihn trotz seiner Irrtümer zu den großen Deutschen seiner Zeit zählt, steht vor dem oftmals von der Geschichte aufgegebenen Rätsel, daß ein Mann von hoher sittlicher Gesinnung, echter Kultur und menschlicher Untadeligkeit bedenkliche Wirkungen ausübt . . . Nach Maßgabe seiner vereinfachenden Vorstellungen von nationalen Staaten und nationalen Völkern bekämpfte er leidenschaftlich die ‚Isolierung der Juden', war auf Grund seiner Geschichts- und Weltauffassung ein Anwalt der sogenannten Assimilation und faßte in der Vorlesung über Politik seine Ansichten zusammen: ‚Es kann gar nicht mehr bestritten werden, daß das Judentum eine Rolle nur dann spielen kann, wenn seine Mitglieder sich entschließen, Deutsche, Franzosen, Engländer zu werden und vorbehaltlich der alten Erinnerungen aufgehen in dem Volke, dem sie staatsrechtlich angehören.' Er hörte niemals auf, in der Zugehörigkeit zu einem Volke vornehmlich einen politisch-geistigen Sachverhalt zu erblicken . . ." Daß in seiner Zustimmung zum Prozeß der Assimilation ein hohes Maß an Intoleranz lag, ist ihm und seiner Zeitgenossenschaft sicherlich nicht entgangen. In diesem Sinne hat er auch die „Deutsche Geschichte im 19. Jahrhundert" geschrieben, die nicht unter dem Gesichtspunkt des „Primats der Außenpolitik", sondern vielmehr unter dem

kleindeutsche Schule (Droysen, Sybel, Treitschke), in: J. Streisand (Hg.), Die deutsche Geschichtswissenschaft vom Beginn des 19. Jahrhunderts bis zur Reichseinigung von oben, Berlin 1963, S. 271 ff. – W. Mägdefrau, H. v. Treitschke und die imperialistische „Ostforschung", in: ZfG 8/1963, S. 1444 ff. – W. Berthold, . . . Großhungern und gehorchen, Berlin 1960. – G. Lozek/H. Syrbe, Geschichtsschreibung contra Geschichte, Berlin 1964.

10) Schleier: Sybel und Treitschke, a.a.O., S. 289.

der Wandlungen der öffentlichen Meinung konzipiert worden ist. So einseitig auch die preußisch-kleindeutsche Tendenz in dem Werk vorwaltet, so enthält es doch Kapitel über die deutschen Lebensbereiche im vorigen Jahrhundert, die zu lesen einen literarischen Genuß auch heute noch bedeutet und die deshalb zur deutschen Literatur gehören. Treitschkes „Deutsche Geschichte" war bereits im Augenblick ihres Erscheinens „überholt", aber sie bleibt ein leidenschaftliches Bekenntnis *seiner* Generation zum Nationalstaat als einem idealen Gute.

Treitschke hört nicht auf, das Interesse an deutscher Geschichte zu begleiten und wach zu halten. So ist es bemerkenswert, daß die englischen Übersetzungen sowohl der „Deutschen Geschichte" als auch der „Politik" aus den Jahren des Ersten Weltkrieges[11] 1968 und 1978 in einem Neudruck erschienen sind[12]. Daß die Einführungen zu diesen angelsächsischen Ausgaben kritisch sind, ist begründet und versteht sich von selbst. Zum Nachdenken kann anregen, was der Präsident der Harvard University im Vorwort zur „Politik" im Jahre 1916 geschrieben hat: „The disciples of a political thinker habitually carry his doctrines farther than the master himself; and this is the case with von Treitschke."[13] – Das 19. Jahrhundert ist längst zu einem der bevorzugten Gegenstände historischer Forschung geworden. Zur Literatur dieser Epoche gehört Heinrich von Treitschke. Der Neudruck einer Auswahl aus seinen Werken, kritisch eingeleitet und kommentiert, würde sicherlich das Interesse eines Lesepublikums finden und der „Gerechtigkeit für das 19. Jh." (Sternberger) dienen[14].

Karlsruhe, im Sommer 1981

Walter Bußmann

11) H. v. Treitschke, History of Germany in the Nineteenth Century, Vol. 1–7. London 1915–19; Ders., Politics, 2 Bde. London 1916. Der in 7 Bänden eingeteilten Deutschen Geschichte sind jeweils ‚Introductions' vorangestellt.

12) New York 1968 u. 1978.

13) A. Lawrence Lowell, S. XLVI.

14) Ein Nachdruck (der Leipziger Ausgabe von 1912/13) der „Deutschen Geschichte" H. v. Treitschkes ist 1981 in Düsseldorf erschienen.

Einleitung

Die Bedeutung der Taubheit für Lebensgefühl und Weltauffassung Heinrich von Treitschkes

„Am schwersten aber lastete auf seiner tatenlustigen Natur das Gefühl seines Leibesgebrechens."
H. v. TREITSCHKE über Milton, 1860.

Mit 8 Jahren erkrankte Heinrich von Treitschke an Pocken und Masern, in deren Verlauf er sich durch eine Komplikation ein Gehörleiden zuzog, das, zunächst nicht richtig erkannt und rechtzeitig behandelt, eine Schwerhörigkeit hervorrief, die sich schon in der Jugend bis zur fast völligen Taubheit verschlimmerte.

Als er 9 Jahre alt wurde, verfaßte er zum Geburtstag seines Vaters ein Gedicht, das sich mit diesem Leiden, der frühen und trüben Krankheitserfahrung seiner Kindheit, auseinandersetzt. Das Gedicht offenbart eine ungewöhnliche geistige Frühreife. Die Verse, die die Krankheit behandeln, lauten folgendermaßen:

„Und wenn mich niederdrückt des Leidens Schwere,
Das Gott mir auferlegt – mein Leid vertrau' ich Dir
Du schaust mich innig an; ein trüber Schatten
Durchzucket Dein Gesicht; das genüget mir:
Es trägt sich leichter meine Bürde,
Wenn ich weiß: Mein Vater leidet mit.
Und wenn die unheilvolle Macht des Zweifels,
Sich meinem Geiste nah't mit leisem Tritt,
Und fessellos und ratlos die Gedanken
Mich treiben hier und dorthin – nur bei Dir,
Bei Dir find' ich die Ruhe und ich schütte
Mein Herz, das ruhelose, auch vor Dir:
Du weist mich gläubig hin zum ew'gen Vater;
Ich folge Dir; die Ruhe kehrt zurück
In meine Seele: Deinem milden Trost
Dank ich den Seelenfrieden und mein Glück[1]."

„Des Leidens Schwere" – mit dieser für Treitschke typischen Genitivbildung wird bereits in seinem zehnten Lebensjahr ein Leitmotiv angeschlagen, das aus seinem Leben nicht mehr verschwinden wird.

Der Versuch eines psychologischen Verständnisses des Treitschke'schen Wesens darf vor der glänzenden Fassade einer optimistischen Lebens- und Weltauffassung, die der politische Kämpfer vor sich aufrichtete und welche die Zeitgenossen und die Nachwelt vornehmlich sahen, nicht stehenbleiben. Ein solcher Versuch darf auch die dunklen Töne, die dieses Leben begleiten und sich im Alter, wenn die idealistischen Lebensstützen gebrochen sind, zu dem Schrei steigern: „Gott, ich hätte nicht gedacht, daß ein Mensch so unglücklich sein kann", nicht überhören, sondern muß *die* Stellen aufsuchen, an denen in Persönlichkeit und Werk ein Zusammenhang mit dem

1) Briefe, Bd. 1, S. 21, v. 2. 1. 1845; vgl. Th. Schiemann, Heinrich von Treitschkes Lehr- und Wanderjahre, 1898, S. 10ff.

entscheidenden Erlebnis der Krankheit oder, um einen von Treitschke für sein Leiden bevorzugten Ausdruck anzuwenden, mit dem Erlebnis des *Gebrechens* sichtbar wird.

In dem Gedicht des 9-jährigen löst sich die Ausweglosigkeit, die sich vor dem Kinde angesichts des über ihn verhängten Leidens schon auftut, noch in der überkommenen Frömmigkeit auf, die die Atmosphäre seines Elternhauses erfüllt. Es ist verlohnend, diese früheste autobiographische Bekundung näher zu betrachten und in den größeren Zusammenhang späterer Äußerungen über die eigene Krankheit zu stellen. Die Interpretation dieses Selbstzeugnisses, das von einem Kinde stammt, hat gewiß behutsam vorzugehen. Es genügt festzustellen, daß sich der Knabe nach der „unheilvollen Macht des Zweifels" von „der schweren Bürde" seines Schmerzes aufrichtet und in der gläubigen Hinwendung „zum ew'gen Vater" die Ruhe zurückgewinnt, und daß er dem „milden Trost" des Vaters „den Seelenfrieden und sein Glück dankt", wie er sich wohl in Erinnerung an den Schiller'schen Gegensatz vom Sinnenglück und Seelenfrieden – mit 9 Jahren! – ausdrückt.

Die Wiederkehr ähnlicher Motive in späteren Bekundungen des Jünglings und des Mannes ist erstaunlich. Ihre leise Umwandlung und Verschiebung zu verfolgen, liefert einen überraschenden Aufschluß sowohl über die geistige Entwicklung der Persönlichkeit als auch über die Konstanz der maßgeblichen Beweggründe, die in dieser Entwicklung zum Ausdruck kommt. Der Leser der Treitschke'schen Briefe wird immer wieder angerührt von den echten Tönen des Schmerzes, die aus den Krankheitsberichten klingen. Diese Krankengeschichten, die Treitschke von Zeit zu Zeit seinem Vater und seinen nächsten Freunden schreibt, sind der Ausdruck eines sehr starken Erlebnisgehalts. Die innere Gliederung des Krankheitserlebnisses ist stets gleichbleibend: aus dem Bewußtsein seiner Gebrechlichkeit erhebt sich der Briefschreiber jedesmal – und zwar in der Form eines Willensaktes – zu umso größerer Überlegenheit über das Unvollkommene, dessen dauernde Anwesenheit ihm durch das drückende Gefühl der Taubheit vermittelt wird, und macht sich so erst recht ein Wunschbild des Vollkommenen, an dessen Wirklichkeit er immer wieder zu glauben versichert.

Die Wendung zum „milden Troste", in welche der erste Krankheitsbericht des Gedichtes ausmündet, wird immer erneut auftauchen. Das Trost-Motiv wird selbst in den Überlegungen des Historikers über den Verlauf der deutschen Geschichte, den es nämlich nach dessen Ansicht zu keinem anderen Zwecke als dem eines politischen „Trostes" für die Gegenwart zu erforschen gelte, eine Rolle spielen.

Der sich ohne Kämpfe vollziehende sanfte Ablösungsprozeß von der echten und zugleich duldsamen Frömmigkeit seines lutherischen Elternhauses sowie das rasche Hineinwachsen in eine neue Form des Daseins, die auf anderen als den im christlichen Glauben gegebenen Stützen beruht, — diese Wandlung läßt sich deutlich an der Berichterstattung aus den ersten Bonner Semestern verfolgen, als der junge Student unter der rapide zunehmenden Schwerhörigkeit besonders litt. Nach den ersten Kollegbesuchen stellt er fest, daß er keinen Dozenten ganz verstehen könne. „... und wenn ich, besonders in den ersten Wochen, manchmal während eines ganzen Kollegs kein einziges Wort verstanden hatte, machte mich dies oft ganz trostlos[2]." So war er ganz auf das Nachschreiben angewiesen. Wie er schon damals kein Kolleg hören konnte, wurde ihm auch das persönliche Gespräch immer schwieriger. Die Kontrolle des eigenen Gedankenganges, die die Kommunikation mit einem Gesprächspartner zu bieten vermag, blieb ihm somit verschlossen. Von dieser Schwierigkeit her sind die Schroffheiten, die allen seinen Urteilen anhaften, sicherlich mit zu verstehen. Er vermochte nicht, seine Ansichten an ausgesprochenen Gegengründen zu überprüfen und zu korrigieren. Gustav Schmoller weist ebenfalls darauf hin, daß Treitschke durch sein Gehörleiden „nicht mehr in Rede und Gegenrede seine Urteile abschleifen und modifizieren[3]" konnte. Dieser Umstand wird auch zu der Schärfe seiner Urteile über fremde Länder, vornehmlich über England, verhängnisvoll mit beigetragen haben.

Die Trostlosigkeit, die ihn nach seinen brieflichen Berichten oftmals „überfalle", bildet aber auch jetzt nur den Ausgangspunkt zu rascher neuer Erhebung. Am 3. Juni 1851 beantwortet der 17-jährige einen Trostbrief, den er von seinem Vater soeben bekommen hat. Es komme ihm vor, schreibt er, daß dieses Leiden im Grunde ja ein Glück für ihn sei; denn „wie die Schelle den Sklaven, mahne es ihn immer an eine höhere Macht[4]" — auch dies eine Wendung, die später im Zusammenhang seiner literarischen Aufsätze bedeutungsvoll wiederkehren wird. An die Stelle des „ew'gen Vaters", an den der 9-jährige sich gewandt hatte, setzt der 17-jährige, der soeben die ersten philosophischen Kollegs nachgeschrieben hat, die „höhere Macht" und wird noch andere Namen dafür setzen. Der Ablösungsprozeß von den Anschauungen seines politisch-konservativen sowie positiv-christlichen Elternhauses und besonders von dem Vorbild des Vaters, der königlich-sächsischer General war, verwirklicht sich in diesem Briefe

2) Briefe, Bd. 1, S. 73, v. 17. 5. 1851.

3) G. Schmoller, Charakterbilder, S. 202.

4) Briefe, Bd. 1, S. 78, v. 3. 6. 1851; vgl. Th. Schiemann, Heinrich v. Treitschkes Lehr- und Wanderjahre, 2. Aufl., 1898, S. 48.

vom 3. Juni 1851 an einem ganz bestimmten Problem. Er wird an dieser Stelle ganz sichtbar: Der Brief enthält nämlich zwei Zitate, die noch oft begegnen und sehr verschiedene innere Verbindungen eingehen werden. Das paulinische Wort[5], „daß denen, die Gott lieben, alle Dinge zum Besten dienen", wandelt der Briefschreiber ab – ob er die Veränderung etwa bewußt durchführt, muß offen bleiben – in: „denen, die an Gott glauben" und setzt es in engsten Zusammenhang mit dem für den Gebildeten jener Zeit geläufigen Satz aus der Vorrede zu Hegels Rechtsphilosophie: „Was vernünftig ist, ist und was ist, ist vernünftig." Treitschke zitiert allerdings den zweiten Teil dieses Satzes an erster Stelle und hebt damit den Sinn wieder auf, den Hegel zum Ausdruck bringen wollte; denn nur, weil und soweit die Vernunft Wirklichkeit geworden ist, ist die Wirklichkeit vernünftig. Es kommt aber für unsere Interpretation nicht darauf an, ob Treitschke Hegel richtig verstanden hat, sondern allein darauf, auf welche Weise er sich den Sinn einer solchen philosophischen Bekundung verständlich zu machen versucht. Der Student im ersten Semester hat das Hegelwort, mit dem er seinen Vater sogleich bekannt zu machen wünscht, offensichtlich soeben in einem der Kollegs zum ersten Male vernommen. Er stellt in demselben Briefe fest, daß dies berühmt-berüchtigte Wort in den philosophischen Kollegs eine große Rolle spiele. So beruft er sich auf diesen hegelschen Satz und führt ihn zugleich auf einen angeblich ursprünglichen, alten Sinn zurück, der „im Christentum oder sonstwo" schon längst ausgesprochen sei. Das Verständnis des hegelschen Satzes von der Wirklichkeit der Vernunft und der Vernünftigkeit der Wirklichkeit erschließt sich dem jungen Treitschke also bezeichnend durch Zuhilfenahme eines neutestamentlichen Wortes, das eine bestimmte Abwandlung erfährt. Das Schwergewicht soll noch auf der christlichen Aussage liegen, deren Gültigkeit dem Briefschreiber noch festzustehen scheint. Es ist jedoch zu bedenken, daß der Brief an den *Vater* gerichtet ist, dessen geistig-seelischer Haushalt sich im wesentlichen aus überkommener christlicher Frömmigkeit und dynastischer Anhänglichkeit an das sächsische Königshaus zusammensetzt. So wäre es verständlich, wenn die Rücksicht auf den Adressaten die Gewichtsverteilung zwischen christlichem Glauben an einen persönlichen Gott und Vernunftgläubigkeit in vorliegendem Brief bestimmt hätte. Damit wäre auch bereits eine charakteristische Eigentümlichkeit der Korrespondenz zwischen Sohn und Vater berührt, die vornehmlich in dem Bemühen des Sohnes liegt, die weltanschaulichen und politischen Gegensätze möglichst zu verschweigen und das Gemeinsame, das bleibt, umso nachdrücklicher hervorzuheben.

Der Brief vom 3. Juni nimmt biographisch eine hervorragende Stelle ein,

5) Römer 8, 28.

weil er die Naht zwischen christlichem Verhalten und philosophischem, d. h. vernünftigem Weltverständnis erkennen läßt. Daß die idealistische Weltansicht aus dem Boden einer christlichen Gläubigkeit herausgewachsen ist, stellt einen allgemeinen Vorgang dar, der sich in Treitschkes persönlicher Entwicklung noch einmal wiederholt. Dieser Vorgang vollzieht sich im Falle Treitschke aber auf eine höchst individuelle Art, indem nämlich beide Verhaltungsweisen, christlicher Glaube und philosophisches Denken, die Hilfe bieten, deren sich der junge Student bedient, um mit dem über ihn verhängten Schicksal der Taubheit fertig zu werden. Der innere Zusammenhang von Krankheit und Weltanschauung durchsetzt Leben und Werk Treitschkes mehr, als es zunächst die optimistischen Lebensäußerungen vermuten lassen; er liegt unter der Oberfläche dieses Lebens und hat im Aufbau seines literarischen Werkes tiefe Spuren hinterlassen.

Beide Worte, das Paulus- und das Hegelwort, ermöglichen es Treitschke, auch sein Leben als „sinnvoll" hinzunehmen, weil es nämlich im Zusammenhang der göttlichen oder – was von nun an dasselbe bedeutet – der vernünftigen Weltordnung nichts schlechthin Unvernünftiges geben darf und kann. An dem biographischen Selbstzeugnis vom 3. Juni 1851 wird sichtbar, wie aus dem Glauben an Gott der Glaube an die Vernunft zwangslos hervorgeht. Wenn nämlich den „an Gott Glaubenden" alles zum Besten dient, so wird auch den an die Vernunft Glaubenden die Wirklichkeit vernünftig scheinen und deshalb in ihr alles ebenfalls „zum Besten dienen". Christlicher Glaube und Vernunftgläubigkeit stehen nebeneinander, als handele es sich um dasselbe. Während der Glaube im Sinne des Elternhauses noch zuerst genannt wird, stellt er nur noch den schwindenden Wert dar. Die Definition des Vernünftigen, wie sie sich bei Hegel findet, wird *noch* als „spitzfindiges philosophisches Problem" bezeichnet, aber die Formel dieser Definition wird für den Historiker und den Politiker, wozu Treitschke sich entwickelt, immer ausschließlicher zur Zauberformel werden, die alle Schwierigkeiten aus dem Wege zu räumen geeignet ist.

Das Allgemeine dieses Vorgangs einer Verwandlung von Offenbarungsglauben in Vernunftglauben, das bei Treitschke durch seine Krankheit eine besondere individuelle Färbung annahm, hat sich in einem ganz anderen Lebenslauf ähnlich verwirklicht:

In einer überraschend ähnlichen Weise legt Gustav *Rümelin*, der langjährige Kanzler der Tübinger Universität, Zeugnis ab von der starken Wirkung, die von Hegels Vorrede zur Rechtsphilosophie und vor allem von ihrem lapidaren Kernsatz auf junge Menschen ausgehen konnte. Dies Zeugnis ist allerdings nachträglich. Es ist in der Säkularrede enthalten, die Rümelin zu Hegels 100. Geburtstag am 6. November 1870 in Tübingen gehalten hat. Der Zeitpunkt der Rede gleich nach Sedan ist bedeutungsvoll, und so wurde auch von der zeitgenössischen Publizistik das Zusammentreffen von Hegels Säkularfeier mit dem Siege über Frankreich gleichsam als ein posthumer Sieg der hegelschen Philosophie über den französischen Volksgeist aufgefaßt. Wenn der Rede Rümelins auch die Frische der unmittelbaren Quelle fehlt, wenn sie eine nachträgliche Berichterstattung darstellt, so hat sie doch als ein sehr wichtiges Zeugnis zu gelten. Rümelins Studienzeit liegt vor der Treitschkes und reicht noch in die Blütezeit der Herrschaft des hegelschen Systems hinein.

Der innere Anschluß, den die Gedanken Hegels an christliche Vorstellungen leicht finden konnten, wird in der Rümelin'schen Erinnerung ausdrücklich festgestellt. So wird auch der Umwandlungsprozeß von christlichem Glauben in Vernunftanbetung – ein Teil einer Säkularisation also, wofür der Treitschke'sche Brief vom 3. Juni 1851 ein unmittelbar lebendiges Beispiel bildet – in der z. T. autobiographischen akademischen Festrede von 1870 im Rückblick auf den Anfang der 30er Jahre und auf die besondere Situation Tübingens bestätigt. Wenn Rümelin einen „idealistischen Zug" für seine Generation in Anspruch nimmt und von „dem Verlangen nach einer aus dem Vollen geschöpfen Wahrheit" spricht, mit der seine Generation die Universität bezogen habe, so trifft diese Charakteristik auch auf die unmittelbar folgende Generation, die um 1850 auf den deutschen Universitäten studierte, noch zu, wobei zu berücksichtigen ist, daß sich solche allgemeinen Aussagen und Wertungen jeweils immer nur auf die geistige Elite beziehen, die sich von dem stets überwiegenden Durchschnitt abhebt und aus der Anonymität der Menge heraustritt und meist auch literarisch bekannt wird. Der Anschlußpunkt zwischen Religionsunterricht in Schule und Elternhaus und philosophischem Kolleg an der Universität wird von Rümelin folgendermaßen festgelegt: „Was man uns in dem Religionsunterricht der Schule gelehrt, daß die Welt mit Allem, was darinnen sei, ein Werk und Spiegel göttlicher Güte und Weisheit sei, daß Alles, was geschieht nach Gottes Willen und weisen Ratschluß geschehe, das schien uns jener hegelschen Lehre von der Vernünftigkeit alles Wirklichen und der Wirklichkeit alles Vernünftigen garnicht so ferne zu stehen, es schien ja vielmehr hier nur ein Ernst mit dieser Anschauung gemacht, den man sonst nicht zu machen pflegte[6]." Es handelt sich in Rümelins Rückblick um denselben Vorgang, in dessen Ablauf der Treitschke'sche Brief unmittelbar hineinsehen läßt.

Noch ein Dritter aus anderem Lebenskreis sei angeführt, der sich genötigt fühlte, die geschichtliche Wirksamkeit des Hegelsatzes in einem geistesgeschichtlichen Rückblick festzustellen. Julian *Schmidt* vergleicht in

6) G. Rümelin, Reden und Aufsätze, 1875; Über Hegel, S. 46.

einem Aufsatz „Hegel im Licht der Gegenwart", der 1869 erschien, die Wirkung jener Formel mit der eines Sauerteigs und schreibt, daß „für unser ganzes geistiges Leben daraus eine geistige Nahrung gewonnen ist, die wir nicht wieder verlieren können[7]."

Das Charakteristische und höchst Individuelle aber an dem Vorgang, in welchem sich Treitschke des Paulus-Wortes bedient und gleichzeitig auch die Hegel-Formel aneignet, besteht darin, daß sich ihm der Sinn beider Bekundungen im inneren Zusammenhang mit seiner Krankheit erschließt. Es ist der Moment in seiner Entwicklung, als der „Glaube an Gott", von dem im Briefe noch die Rede ist, nur noch einen Nachhall des christlichen Glaubens seines Elternhauses enthält und sich von nun an mit dem Glauben an die Vernunft identifiziert, bis er allmählich von der Vernunftgläubigkeit völlig abgelöst wird. Wenn Treitschke in Zukunft „Gott" sagt, meint er „Vernunft". Sein Sprachbild bestätigt diese Feststellung. Aus dem Gefühl der eigenen Gebrechlichkeit – einer jener Ausdrücke, die Treitschke bis zur Gedankenlosigkeit zu verwenden pflegt, und die trotzdem als Bekundungen eines ständig schwer empfundenen Leidens ernst zu nehmen sind – erwächst ihm nun erst recht der Glaube an die Existenz der Vernunft und an ihre dauernde Verwirklichung durch den strebenden Menschen. Dieser Sachverhalt enthält einen Grundgedanken des deutschen Idealismus.

Was der frühreife 9-jährige im Gebet gefunden hatte, dafür findet der 17-jährige Ersatz in der Nachschrift von Kollegs, die er selbst nicht mitzuhören in der Lage ist. Er findet für den verlorenen Glauben Ersatz in einer Vernunftansicht des Lebens und der Geschichte, die von konstitutiver Bedeutung für den Zusammenhang seiner Weltanschauung ist. An die Stelle der Zwiesprache mit einem persönlichen Gotte im Gebet tritt das philosophische Vertrauen in die Vernünftigkeit der Welt. Wissenschaft und Bildung im weitesten Sinne ersetzen die Religion. Aus der sichtbaren Kirche, als dessen Mitglied er die Konfirmation noch andachtsvoll erlebt hatte, tritt er hinüber in „die unsichtbare Kirche der Gebildeten", wie eine oftmals gebrauchte Redewendung bei ihm lautet.

Das einmal Ergriffene und als brauchbar Erkannte, wie hier z. B. das Paulus- und Hegelwort, wird von Treitschke nicht wieder losgelassen – ein echter und bezeichnender Zug seines Wesens. So pflegen sich beide Worte auch dann leicht bei ihm einzustellen, wenn er sich genötigt fühlt, ein ganz persönliches Bekenntnis abzulegen.

Das Motiv von „den an Gott Glaubenden" gehört sachlich vor allem in das Kapitel über die Entwicklung von Treitschkes religiösen Ansichten

7) J. Schmidt, Bilder aus dem geistigen Leben unserer Zeit, 1870, S. 136.

hinein; es soll in dieser Einleitung nur soweit verfolgt werden, als es eine innere Verbindung mit seiner Taubheit erkennen läßt.

Nicht immer vermochte sich Treitschke auf der Höhe jenes angespannten Lebensgefühls zu halten, auf dem viele seiner Aussagen wie Fanfarenstöße klingen. Dazwischen liegen tiefe Depressionen, von denen er sich durchaus nicht zu schreiben scheute. Treitschkes gesellschaftlicher Ehrgeiz bleibt lange Zeit unbefriedigt. Seine fröhlichen und begeisterten Briefe aus den Bonner Semestern dürfen nicht über den Kummer, der an seiner Seele nagt, hinwegtäuschen. In tiefer Niedergeschlagenheit berichtet er im Sommer 1853 von den Erfahrungen, die er auf einer kleinen Gesellschaft machte: „Man war sehr fröhlich – an mir ging aber Alles vorbei, als wär' es nicht vorhanden, ich verstand keine Silbe, konnte kein Wort mitreden – kurz, befand mich recht trostlos, obwohl ich nachgerade daran gewöhnt sein sollte[8]." Und bezeichnend zieht er aus dieser bitteren Erfahrung der Unterlegenheit den moralischen Schluß: „Es ist so am besten. Denn das einzige praktische Resultat, was ich daraus ziehen kann, ist allemal: Werde ein tüchtiger Mensch und ersetze durch Deinen Wert, was Dir die Natur versagt. Und dies ist eine von den Lehren, die sich nur im Schmerze lernen lassen[9]." So dient auch diese Erfahrung schließlich nur dazu, im eigenen Gebrechen einen höheren Sinn zu finden. Trotzdem reißen die Klagen nicht ab. „Manchmal", so schreibt er aus Tübingen, „tritt mir der Gedanke in furchtbare Nähe vor die Augen, daß es immer weiter bergab damit gehen wird, bis die Welt der Töne mir ganz in Nacht verschlossen ist. Aber ich kann, ich mag es nicht glauben: es müssen das ja nur trübe Träume sein ...[10]." Eine Quelle endloser Quälereien bilden die Versuche, die der Schwerhörige anstellt, um das Ticken einer Uhr zu vernehmen. Schließlich gibt er solche Versuche auf, als er überhaupt nicht mehr zu unterscheiden vermag zwischen wirklichen und nur eingebildeten Tönen. Den Tiefpunkt seiner Niedergeschlagenheit hat Treitschke aber erst in Göttingen durchschritten, als er sich für den wissenschaftlichen Beruf entschied und auf die Habilitation vorbereitete. Es war die Zeit, in der er entscheidende geistige Impulse aus der gründlichen Lektüre Fr. Th. Vischers und aus Hegels Rechtsphilosophie empfing. Weihnachten 1855 hat er ganz starke Ohrenschmerzen; „wie ich sie noch nie gehabt habe", schreibt er an den Vater. In schlaflosen Nächten liest er Dickens' David Copperfield. Sobald die Drüsengeschwulst im Ohr zurückgegangen ist, wird ihm ein Haarseil durch den Nacken gezogen, das er mehrere Wochen

8) Briefe, Bd. 1, S. 178, v. 4. 8. 1853.

9) ebd.

10) ebd., S. 222, v. 28. 4. 1854.

tragen muß und das täglich ein Stück weiter gezogen wird. Angeblich soll es gegen Wiederholungen einer Entzündung schützen.

Als er damals fürchtete, nun endgültig taub zu werden, hat er sich „in des Wortes verwegenster Bedeutung einen Vers darauf gemacht[11]".

Das Gedicht *„Krankenträume"* entstand in jenen schmerzensreichen Wochen und gehört mit zum Echtesten und zutiefst Empfundenen, das je aus Treitschkes Feder geflossen ist. Die Krankenträume führen zum Ausgangspunkt dieser Einleitung zurück, indem sie erneut zeigen, wie Treitschkes optimistische Vernunftansicht des Lebens eigentlich auf dem Boden des Gebrechens gewachsen ist. Nachdem er den schweren Anfall der Krankheit überstanden und sich die ruhelosen Bewegungen seines Herzens, eben die Krankenträume, zum „künstlerischen Bilde" gemacht hatte, schrieb er am 17. Februar 1856 seinem Freunde Bachmann, in dessen Korrespondenz die weltanschaulichen Erörterungen einen breiten Raum einnehmen: „Hast Du je einen heruntergekommenen Reichen gesehen, der die bettelhaften Reste seiner Habe mit kindischer Angst hütet? Danach magst Du Dir vorstellen, welchen Wert für mich jener Sinn hat, den ich so kärglich genieße. Ihr Glücklichen denkt freilich nicht daran, welchen Schatz Ihr habt an dem Vollgenuß Euerer Sinne[12]."

Das Gedicht „Die Krankenträume", das in die „Studien[13]" aufgenommen wurde, enthält Treitschkes ganze subjektive Leidensgeschichte. Es handelt sich um einen Niederschlag persönlichster Erfahrungen. Die Enttäuschungen über die Rolle, die der Taube auf Gesellschaften zu spielen verurteilt war, und wovon seine Briefe bis zur Dozentenzeit oftmals berichten, haben das Bild gezeitigt:

„Ich lehne trüb' im lichterhellten Saal
Und mühe mich aus stummen Angesichten,
Dem Lippenzucken und der Augen Strahl
Ein schweigendes Gespräch mir zu erdichten."

Und wenn er in jenem Briefe, den er als 17-jähriger geschrieben, sein Leiden mit der Schelle des Sklaven verglichen hatte, so wird es ihm nun zum „höhnischen Gesellen".

„Doch hinkend folgt, ein höhnischer Gesell'
Das Leid mir unsichtbar auf jedem Schritte."

Er malt sich die gräßlichen Folgen seines Gebrechens in den Versen aus:

"– Wenn nun das Gräßliche geschieht: die Kraft,
die Deinem Sinn verblieben, vor dem Zauber

11) ebd., S. 473, v. 15. 11. 1858.
12) Briefe, Bd. 1, S. 343, v. 17. 2. 1856.
13) H. v. Treitschke, Studien, S. 96ff.

der harten Zeit verwelkt und erschlafft?
Wenn Du dann hilflos stehst, ein armer Tauber?
Wenn Du dann einsam brütest, früh ergreist,
Und stampfest auf den Boden laut und lange
Und Tollen gleich in gellen Tönen schreist,
Um kindisch Dich zu weiden an dem Klange? –
Wirst Du dann sinken und zur Ruhe gehen,
Du Bettler-Fremdling in dem Reich der Töne?"

Nachdem dieses Bild einer schrecklichen Zukunft beschworen, gleichsam der Teufel an die Wand gemalt ist, schlägt die Stimmung um und der Dichter fährt fort:

„– Nein, nein, ich will den harten Kampf bestehen
denn kampfeswürdig ist des Lebens Schöne."

An die Schilderung der Not und Angst schließt sich also ebenso der Entschluß an, dennoch nicht zu verzweifeln, wie schon im Geburtstagsgedicht des Neunjährigen. Die innere Gliederung der Krankheitserfahrung ist sich gleich geblieben. Die innere Ähnlichkeit der beiden Gedichte, die das Schicksal der Krankheit behandeln und einmal einen 9-jährigen, dann einen 22-jährigen Verfasser haben, ist überraschend. Treitschkes geistige Entwicklung steht unter dem Schatten dieser Krankheit.

„Des Lebens Schöne" ist eine ebenso bezeichnende Wortbildung wie „des Leidens Schwere", die aus dem Gedicht des Knaben stammt. Die „Krankenträume" klingen gemäß dem Schema des Krankheitserlebnisses aus im Motiv der „Tröstung" und knüpfen auch mit diesem Motive wieder an den ersten dichterischen Versuch des Knaben an, der bei seinem Vater ebenfalls „milden Trost" gefunden hatte[14].

„Nein, hören wirst Du, was nicht Einer hört,
Im Menschenbusen die geheimsten Töne:
Verstehen wirst Du, was den Blick verstört,
Und was die Wangen färbt mit heller Schöne.
Und schaffen sollst Du, wie der Beste schafft
Des Mutes Flammentröstung sollst Du singen,
In kranke Herzen singen junge Kraft
Den Duldern, die mit dunklen Mächten ringen.
Vor hellen Augen hellet sich die Nacht;
Kein Leid, das nicht die Tröstung in sich trüge.
Auf jedes Trittes Spur die Freude lacht –
O, wie sie strahlt: All' Dein Gram ist Lüge!"

14) Auf die wiederkehrende Bedeutung des Trostmotivs wurde schon hingewiesen.

„All' Dein Gram ist Lüge" – diese Negation des Unglücks bildet den Schluß des Gedichts, das Treitschkes intimstes Selbstbekenntnis enthält.

Das Gedicht schließt nicht nur die Auseinandersetzung mit dem Erlebnis der Krankheit ab, sondern weist auch schon in die Richtung der Arbeit, die vor dem jungen Dichter liegt. Die Verse: „Des Mutes Flammentröstung sollst Du singen, In kranke Herzen singen junge Kraft", beziehen sich nicht allein auf die Überwindung der Krankheit, sondern bezeichnen zugleich die Aufgabe, die nach Treitschkes *Überzeugung* dem Dichter, Historiker und Politiker gleichmäßig gestellt ist in einer solchen Gegenwar wie den 50er Jahren. Es wird ihm letztlich immer darum gehen, in die „kranken Herzen" der Nation Mut zu flößen.

Das eigentliche Geheimnis des Erfolges aber, mit dem Gebrechen im persönlichen Leben und genauso auch im nationalen Leben fertig zu werden, verraten die Worte: „Vor hellen Augen hellet sich die Nacht." Dies Bild soll nichts anderes ausdrücken, als was das Paulus- und das Hegelwort auch schon enthalten. Bei der ersten Begegnung mit dem hegelschen Satze hatte Treitschke ja bereits darauf hingewiesen, daß sein Sinn auch „sonstwo" (s. oben) ausgesprochen sei. Der Sinn dieses Satzes schien ihm so geläufig und keineswegs nur an die hegelsche Formulierung gebunden, daß er ihn sich jederzeit auch unter anderen Formeln und Bildern vorhanden denken konnte. So wie nämlich denen, die an Gott glauben, alle Dinge zum Besten dienen und denen, die die Wirklichkeit „mit Vernunft" anschauen, diese Wirklichkeit sogleich „vernünftig" erscheint, ebenso „hellet sich die Nacht vor hellen Augen". Nicht auf die Nacht kommt es an, sondern vielmehr auf die Art, sie anzuschauen. Die idealistische Betrachtung der Welt, bei der es in erster Linie auf die Persönlichkeit ankommt und die Dinge keinen von der Persönlichkeit losgelösten selbständigen Wirklichkeitsgehalt besitzen, liegt diesem kurzen Vers zugrunde. Eine Reihe charakteristischer politischer Urteile, die in Treitschkes Publizistik enthalten sind, läßt sich auf eine solche Einstellung zurückführen. Es handelt sich im Grunde um ein ähnliches Problem, wenn es im „Konstitutionellen Königtum" heißen wird: „Nur der große Sinn versteht die große Erscheinung[15]."

15) Aufsätze, Bd. 3, S. 430.
Solchen Äußerungen, ob sie nun in Gedichten oder in politischen Betrachtungen enthalten sind, liegt eine „Vernunftansicht der Weltgeschichte" zu Grunde, mit deren Erläuterung Hegel seine „Philosophie der Weltgeschichte" eingeleitet hatte. Das geistesgeschichtliche Vorbild von Treitschkes optimistischer Weltbetrachtung scheint in folgendem Satze dieser Einleitung zu liegen: „Wer die Welt vernünftig ansieht, den sieht sie auch vernünftig an; beides ist in Wechselbeziehung." (G. W. Fr. Hegel, Sämtl. Werke, hrsg. v. G. Lasson, Bd. VIII, 1. Hälfte, 2. Teil, Die Vernunft in der Geschichte, S. 7). Die Rechtsphilosophie, die von Treitschke nachweislich gründlich durchge-

Wie sehr der Gedanke, „daß den an Gott Glaubenden alle Dinge zum Besten dienen", erst auf dem Boden des Leibesgebrechens zu der für Treitschke großen oder – wie man auch sagen könnte – existentiellen Bedeutung gelangt ist, und wie ferner der darin enthaltene Optimismus erst aus der Überwindung der eigenen Mangelhaftigkeit stammt, zeigt dieselbe Verwendung des gleichen Gedankens in dem Herbst 1860 geschriebenen Aufsatz über Milton[16]. Die Schilderung von Miltons Blindheit enthält unverkennbar einen eigenen Gefühls- und Erlebniseinschlag: „Am schwersten aber lastete auf seiner tatenlustigen Natur das Gefühl seines Leibesgebrechens. Wenn die verzärtelte Prüderie der Gegenwart dem Dichter gern das Reden über höchst persönliche Leiden untersagen möchte, so empfand Milton bei allem Stolze viel zu einfach und sicher, um sich die natürlichste der Klagen zu verbieten. Sein Sonett ‚on his blindness' gehört zu den schönsten Klageliedern aller Zeiten[17]." Die Ähnlichkeit des Schicksals, die den Schreiber dieser Zeilen mit dem englischen Dichter des Protestantismus und der Demokratie – als ein solcher wird Milton von Treitschke 1860 geschildert – zu verbinden scheint, ist ihm groß genug, daß er glaubt, auch seinen Wahlspruch von den an Gott Glaubenden auf Milton anwenden zu dürfen: „Ein Teil seiner selbst geworden war das freudigste aller Bibelworte: daß denen, die an Gott glauben, alle Dinge zum besten gereichen. Auch er, wie alle edleren Naturen, ward durch das Körperleid geadelt, gehoben[18]." Als Treitschke 1860 diese Sätze niederschrieb, stand ihm sein eigenes Schicksal vor Augen. „On his blindness" wurde ihm zum Gegenstück der „Krankenträume".

Noch eine andere Vorstellung, die als ein konstitutiver Bestandteil im Aufbau von Treitschkes ästhetischem Weltbild eine wesentliche Rolle spielt, ist auf dem Boden des Gebrechens gewachsen. Als ihm das taube Fräulein von Haselberg, mit dem Treitschke durch den Hofrat Baum in Göttingen brieflich bekannt geworden war, das von ihr verfaßte „Fliegende Blatt zum Troste für Gehörkranke. Der Verlust des Gehörs" zuschickte, lehnte er in

arbeitet wurde, gab demselben Gedanken diesen Ausdruck: „es ist nötig, daß man zu einer vernünftigen Sache auch die Vernunft der Anschauung mitbringe." (G. W. Fr. Hegel, Sämtl. Werke, Jubil. Ausg., Bd. 7, § 272, S. 370).

16) vgl. Aufsätze, 3. Aufl., 1867, S. 98.

17) ebd.

18) ebd., S. 99; erst seit der 5. Aufl. der Hist. u. Pol. Aufsätze, die 1886 herauskam, zitiert Treitschke im Milton-Aufsatz (S. 32) den richtigen Wortlaut des Römerbriefes: „denen, die Gott lieben"; überhaupt zum ersten Mal hat er den richtigen Wortlaut in dem 1874 erschienenen Aufsatz über „Die Grundlagen der bürgerlichen Gesellschaft" (S. 31) angewandt; in den 80er Jahren fing Treitschke an, sonntags regelmäßig im Neuen Testament zu lesen.

seinem Dankbriefe die von der Verfasserin angeführten Trostgründe ab. Für ihn sei die Stille, die den Tauben umschließe, kein Glück und kein Segen. Er argumentiert gegen diese Auffassung: „Ich kann meine sehenden Augen nicht verschließen, ich kann das Bild – nennen Sie es immer ein ästhetisches Traumbild – einer an Leib und Seele vollendeten Menschheit, das ich im Herzen trage, nicht daraus verbannen, ich kann der Trauer nicht wehren, daß ich diesem Bilde so viel ferner bleiben muß als die meisten anderen[19]." Es ist bedeutungsvoll, daß das ästhetische Bild einer vollendeten Menschheit, das von nun an in Treitschkes Denken gegenwärtig bleibt und im Gange seiner literarischen Bekundungen an den Stellen auftauchen wird, an denen der Glaube an das Ideal zum Ausdruck gebracht werden soll, im engsten Zusammenhang mit der Krankheit und im geistigen Austausch mit einer Leidensgenossin konzipiert ist. Die Herkunft des Bildes steht also in demselben Zusammenhang, in welchem sich Treitschke das Hegelwort von der vernünftigen Wirklichkeit und das Pauluswort von den an Gott Glaubenden als dauernden geistigen Besitz angeeignet hat. Die drei Motive sind in innerer Anknüpfung an das Leiden, ja aus seiner Veranlassung erst erfaßt worden. Die Vernunftansicht des Lebens und das ästhetische Bild der Menschheit, das Treitschke im Herzen zu tragen vorgibt, reichen mit ihren Wurzeln in Erlebnisschichten der Entsagung und des Verzichtes hinein, die die glänzende Fassade des optimistischen Liberalen nicht ahnen läßt. Je gewaltsamer der Optimismus und die Zuversicht zu einer inneren und äußeren Vollendung des persönlichen Lebens und des Volkslebens im Staate bekannt werden, desto ernster und realer sind die angedeuteten Tiefen des Erlebens zu nehmen. Gegen das Bewußtsein der eigenen Verkürzung erhebt sich ein „Dennoch" – ein Wort, das als Stilmittel häufig bei Treitschke nachweisbar ist, und das auf sein persönlichstes Erleben zurückführt.

Nachdem die Vorstellung vom „ästhetischen Bilde einer an Leib und Seele vollendeten Menschheit" im Briefe vom 15. 11. 1858 zum ersten Male aufgetaucht ist, findet sie sich in einer Reihe der gerade für Treitschkes geistige Entwicklung charakteristischen literarischen Aufsätze über O. Ludwig[20], Hebbel[21] und Milton[22] wieder. Jenes Bild der Menschheit ist als ein a priori Vorhandenes gedacht und wird nicht der Wirklichkeit entnommen; ja, es existiert sogar ein ästhetisches Gebot, wonach das Vorbild der Wirklichkeit geradezu verpönt ist. Im Aufsatz über O. Ludwig, der im Frühjahr

19) Briefe, Bd. 1, S. 473, v. 15. 11. 1858.
20) Preuß. Jb. 4, S. 120.
21) Preuß. Jb. 5, S. 564.
22) Preuß. Jb. 6, S. 421.

1859 entstand und das jenem Bekenntnis an Gustava von Haselberg am nächsten liegende literarische Produkt darstellt, wird „das künstlerische Bild des Lebens" dem bloßen und „gewöhnlichen" Abbilde des Lebens gegenübergestellt und vorgezogen[23]. Die ästhetische Forderung an den Dichter, ein

23) O. Westphal hat in der 1919 erschienenen feinsinnigen Studie „Welt- und Staatsauffassung des deutschen Liberalismus", der die vorliegende Arbeit besonders im 2. Kapitel mannigfache und entscheidende Anregungen verdankt, die Bedeutung solcher Redewendungen wie „künstlerisches Bild des Lebens" oder „Bild des ganzen Lebens" erschlossen, ohne einen Zusammenhang mit der Krankheit anzunehmen (vgl. Westphal, a.a.O., S. 91 u. 269ff.).
An dieser Stelle sei auch auf einen anderen gedankenvollen Aufsatz von O. Westphal hingewiesen: „Der Staatsbegriff Heinrich v. Treitschkes" (Meinecke-Festschrift „Deutscher Staat und Deutsche Parteien", München 1922). Während Westphal im Jahre 1922 Treitschke als „einen der großen repräsentativen Werte der neueren deutschen Geistesgeschichte" (S. 155) versteht und in seiner „Politik" das reife Werk erkennt, „in dem sich der Geist seiner Zeit – der Reichsgründungszeit – am vornehmsten und eigentümlichsten zum System verkörpert habe" (S. 156), liegt das Anliegen der vorliegenden Arbeit in dem Nachweis, daß die politischen und literarischen Höhepunkte des Publizisten, Politikers und Historikers *vor* 1870 liegen. Treitschke kann nur von der Geschichte seiner Jugend aus und unter sorgfältiger Berücksichtigung der Wandlungen, die er durchmachte, richtig gewürdigt werden. So soll ebenso eine Idealisierung wie eine Verdammung vermieden werden. –
Aus der nach 1945 neubelebten Diskussion über Treitschke greife ich zwei ausländische Stimmen heraus.
H. Kohn, der Treitschke als dem angeblichen Repräsentanten des deutschen Nationalismus in dem Buche „Propheten ihrer Völker" (Sammlung Dalp, Bd. 47, Bern 1948) eine interessante Untersuchung gewidmet hat, hebt vornehmlich solche Züge an der Treitschke'schen Wirksamkeit hervor, die nicht zu leugnen sind, aber doch nur im Zusammenhang mit anderen Wesensmerkmalen richtig beurteilt werden können. Es erscheint fraglich, ob ein geeigneter Maßstab zur historischen Würdigung eines dem 19. Jahrhundert angehörenden Historikers und politischen Publizisten dem Bilde sogenannter „wahrer Propheten" (vgl. H. Kohn, a.a.O., S. 125) entnommen werden kann. Umso bemerkenswerter bleibt Kohns Urteil über die „Deutsche Geschichte": „Es ist ein großes Werk, bewundernswert in der Form und edel in seinem Inhalt. Niemand kann es lesen, ohne für ein denkwürdiges Erlebnis dankbar zu sein, ohne große Bereicherung an Kenntnissen und ohne den ernsten Hauch großer Geschichte verspürt zu haben." (a.a.O., S. 150) Kohn fährt jedoch fort: „Aber dieser Prophet mit der tönenden Stimme gab der Menschheit keine großherzige Verheißung und keine tiefere Einsicht in die verworrenen und schweren Geheimnisse des menschlichen Herzens. Er brachte nicht wie Mill, Michelet und Mazzini eine universale Botschaft."
G. W. F. Hallgarten („Heinrich von Treitschke, The Role of the ‚Outsider' in German Political Thought" in: History, The Journal of the Historical Association, New Series, Vol. XXXVI, 1951, No. 128, S. 227ff.) charakterisiert Treitschke als einen sogenannten „outsider type" und meint, mit dieser Bezeichnung das Rätsel seiner Persönlichkeit lösen sowie seine Stellung in den Jahren der Reichsgründung erläutern zu können. Er denkt dabei an Treitschkes Bruch mit den aristokratischen Traditionen seiner

künstlerisches Bild des Lebens selbständig zu erzeugen und nicht von der Wirklichkeit abzulesen, findet sich ebenfalls in dem Essay über Hebbel, der ähnlich wie der Kleist-Aufsatz bedeutsame biographische Aufschlüsse enthält. Es heißt dort: „Wer das Zeug hat zu einem Dichter, trägt ein Bild der Menschheit im Herzen[24]." Wie der in einem seiner Sinne verkrüppelte Treitschke das Bild der vollendeten Menschheit erst recht im Herzen festhält, je weiter er in der Wirklichkeit von diesem Ideal entfernt bleiben muß, so soll auch der Dichter sein vom Ideal gegebenes „Bild der Menschheit" im Herzen tragen, je mehr „die schlechte Wirklichkeit" diesem Bilde widerspricht.

Die Anwesenheit von solchen a priori vorhandenen Bildern wird auch den Urteilen des Historikers über die deutsche Geschichte eine besondere Färbung geben. An diesem Punkte unserer Untersuchung kann das Problem, das hier vorliegt, nur angedeutet werden. Als Treitschke 1861 zuerst den Plan einer deutschen Geschichte erwog, lehnte er eine Berichterstattung von Details ab. Da er in der *politischen* Geschichte „das edle Volk", „die einfache Großheit des deutschen Charakters" nicht finden konnte, wich er einer Darstellung „der Staatsaktionen" aus und suchte das ideale Bild, das er sich vom deutschen Volke machte, im stetigen Fortschritt des Volksgeistes (s. unten). Je tiefer er allerdings in die praktische Ausführung seines idealen Vorhabens hineingeriet, desto klarer wurde ihm die Erkenntnis, daß eine deutsche Geschichte, die „schön" sei, schwerlich zugleich „wahr" sein könne.

sächsischen Familie und an die bürgerliche Laufbahn eines Professors, zu der den Adeligen sein Leiden genötigt habe. Die Glut des Nationalgefühls und das Programm einer Herrschaft des Bürgertums in dem ersehnten Nationalstaat gewinnen in Hallgartens Untersuchung die Bedeutung von Kompensationen „for his secretly regretted decline from the ranks of aristocratic society" (a.a.O., S. 234). Der Verfasser erkennt eine konstante Linie in dem Wunsche „to 'punish' the haughty nobility for looking down on the class ha was forced to join" (S. 241). Sein Urteil gipfelt in der Feststellung, daß nur die antiösterreichische Gesinnung und das Mißtrauen gegen die unteren Klassen Treitschke daran gehindert haben, sich entweder zu einem „pangermanist" oder zu dem „what later became a Nazi" (S. 242) zu entwickeln. Die scheinbare innere Verbindung zwischen dem Zeitalter Bismarcks und den Jahren Hitlers kommt in folgenden Sätzen des Aufsatzes noch stärker zum Ausdruck: „The ascent to power of Adolf Hitler would have been unthinkable without the disciplining of the German mind by the two great apostles of the personification of the Prussian state: Georg Friedrich Wilhelm Hegel und Heinrich von Treitschke. The three men symbolize three different stages of the fatal German development which culminated in the twilight of the gods in 1945" (S. 227) oder: „To make the middle class sell out to Bismarck, and later to Hitler, 'outsider'types were required, men totally unhampered by considerations of political tradition and ethics" (S. 228). Es gehört zu den Anliegen des vorliegenden Buches, solche Urteile zu korrigieren.

24) Preuß. Jb. 5, S. 564.

Im Freiheitsaufsatz von 1861 hat er einmal von „der überlegenen Milde des Historikers" gesprochen[25], die er selbst bekanntermaßen in so geringem Maße oder eigentlich gar nicht besessen hat. Es wäre aber nicht richtig, in dieser Bekundung etwa eine Ranke verwandte Geistesstimmung erkennen zu wollen[26]. Es ist ja auch eine *„überlegene"* Milde, die er ausdrücklich vom Historiker fordert. Letzterer soll „das Bild der Menschheit" – das als ein ideales von vornherein feststeht – in der Geschichte wiederfinden. In diesem Sinne stellt ihm Treitschke die Aufgabe, „dennoch das Geschehende wie ein Geschehenes zu betrachten, jede Erscheinung der Zeit in ihrer Notwendigkeit zu begreifen und mit liebevollem Blicke auch unter der wunderlichsten Hülle der Torheit das liebe, traute Menschenangesicht aufzusuchen[27]." Nicht in die Geistesrichtung Rankes, sondern in diejenige Hegels weist diese historiographische Bekundung hinein. Dem Bedürfnis, nicht beim Individuellen stehen zu bleiben, sondern zum Allgemeinen vorzudringen, kam die von Hegel übernommene Auffassung entgegen, daß das Vernünftige sei. Als sich Treitschke 1874 in der Auseinandersetzung mit Schmoller auf „die Wirklichkeit der Vernunft" berief, wies er zur Erläuterung darauf hin, daß „Hegel den richten Sinn seines Ausspruchs in den allbekannten Zeilen selbst erklärt habe: ‚darauf kommt es an, in dem Scheine des Zeitlichen und Vorübergehenden die Substanz, die immanent und das Ewige, das gegenwärtig ist, zu erkennen'[28]." In diesen nach Treitschkes Ansicht „allbekannten Zeilen" liegt nun auch unverkennbar das Vorbild für die im Freiheitsaufsatz enthaltene Ansicht von der besonderen Aufgabe des Historikers vor. Beide Äußerungen sind leicht miteinander zur Deckung zu bringen.

Es ist bemerkenswert, daß nicht nur die Berufung auf die hegelsche Vernunft in der Kontroverse mit Schmoller enthalten ist, sondern daß an dieser Stelle außerdem auch die übrigen Motive, deren Entstehung sich in einer inneren Verbindung mit der Krankheitserfahrung vollzogen hat, wieder auftauchen. Wenn Treitschke meint, daß „auch den untersten Schichten der Gesellschaft das Wort gepredigt sei, daß denen, die Gott lieben, alle Dinge zum Besten dienen[29]", so kommt das Pauluswort nun also der Rechtfertigung von Treitschkes sozialpolitischen Ansichten zugute. Hinzu

25) Preuß. Jb. 7, S. 396, und Aufsätze, 3. Aufl., 1867, S. 639.

26) vgl. P. Rassow, Der Historiker und seine Gegenwart, 1948, S. 28.

27) Aufsätze, 3 Aufl., 1867, S. 639; vgl. hierzu O. Westphal, Welt- und Staatsauffassung des deutschen Liberalismus, S. 271 f., und Fr. Rosenzweig, Hegel und der Staat, Bd. 2, S. 80.

28) H. v. Treitschke, Der Sozialismus und seine Gönner, 1875, S. 109.

29) ebd., S. 31.

kommt schließlich noch „das Bild der Menschheit", um dessentwillen die Armut erhalten bleiben muß: „Und sicherlich gibt es lautere Tugenden, welche nur in engen Verhältnissen gedeihen und aus der Welt nicht weichen dürfen, wenn das Bild der Menschheit voll und ganz bleiben soll[30]." Der ästhetische Grundeinschlag dieser Ansicht ist unverkennbar, aber auf ihn kommt es an dieser Stelle noch nicht an. Für den Zusammenhang dieser Einleitung ist wichtig: indem Treitschke in der Auseinandersetzung mit einem so angesehenen wissenschaftlichen Gegner wie Gustav Schmoller sein gesamtes weltanschauliches Rüstzeug gewissermaßen aufbietet, greift er auf geistige Waffen zurück, deren Schärfe im Ringen mit dem Leiden schon erprobt ist. Ja, sogar die Erinnerung an das eigene Gebrechen stellt sich wieder ein, wenn er sich in der Kampfschrift gegen die Kathedersozialisten der Motive bedient, die in seinem geistigen Haushalt eine so bedeutungsvolle und stets wiederkehrende Rolle spielen. Er schreibt nämlich, bevor er an der betreffenden Stelle das Pauluswort und das Bild der Menschheit erwähnt: „Wie der Mensch, dem die Natur nur vier Sinne geschenkt, darum noch kein Recht hat, wider das Schicksal zu murren, sondern vielmehr verpflichtet ist aus der Not eine Tugend zu machen, sein Wesen zu vertiefen und dankbarer zu genießen, was ihm noch offen steht von den Freuden des Lebens . . .[31]", so sei auch den untersten Schichten der Gesellschaft das Wort gepredigt.

So vermag uns die grundsätzliche Auseinandersetzung mit Schmoller den Dienst zu leisten, daß sie in den 70er Jahren das Fortwirken jener Motive erkennen läßt, nach denen der junge Treitschke der 50er Jahre unter dem schweren Drucke seines Leidens gegriffen hatte. Das Bewußtsein der eigenen Gebrechlichkeit bleibt vorhanden. Es bildet den tragenden Untergrund seiner geistigen Existenz.

Das Bewußtsein eines körperlichen Gebrechens lag bis in seine Leipziger Dozentenjahre als dunkler Schatten über Treitschkes Verhältnis zu den Frauen. Wenn er auch im politischen Gedankenaustausch, in männlicher Genossenschaft mit gleichgesinnten Parteifreunden[32], die ihm rasch eine Führerstellung zubilligten, Befriedigung finden mochte, so litt er doch in hohem Maße unter der sein Selbstbewußtsein demütigenden Angst, den Umgang mit Frauen ganz entbehren zu müssen. Als sich einer nach dem anderen seiner Freunde verlobte, schrieb er an Bachmann: „Von allen Seiten erhalte ich jetzt Verlobungsanzeigen. Mir wird dabei oft weh-

30) ebd.

31) ebd.

32) Jede dieser Vokabeln repräsentiert einen bestimmten zeitgeschichtlichen Wert, der noch näher erläutert werden wird.

mütig zu Mute; denn die eine Hälfte des Lebens, der Umgang mit Frauen, ist mir meines Gehörs wegen fast ganz verschlossen, obwohl ich sehr viel Sinn und auch viele Anlagen dazu habe. Eine solche unübersteigliche leibliche Schranke hat etwas furchtbar Demütigendes[33]."

Das Ideal der harmonischen Persönlichkeit in leiblich-seelischer Beziehung, an welchem Treitschke in den literarischen Essays jener Jahre Naturen wie Kleist, Ludwig und Hebbel kritisch mißt, ist ebenso wie das „Bild der Menschheit" oder „das Bild des ganzen Lebens" nicht dem wirklichen Leben und der eigenen Erfahrung entnommen. Eine Lücke zwischen Ideal und Leben tut sich auch in diesen intimsten Empfindungen auf. „Jenes holde Gleichmaß der Empfindung", gesteht er seinem alten Lehrer, Rektor Klee, „das den fertigen Menschen macht, werde ich nie völlig erreichen, schon darum nicht, weil mich mein Leiden oft verstimmt und weil ich dem Umgang mit Frauen beinahe ganz entsagen muß. (Schelten Sie hier nicht, daß ich zu schwarz sehe; es gibt einmal natürliche Schranken, die sich nicht überwinden lassen)[34]." Eine Woche später nimmt er dasselbe Thema in einem anderen Briefe an einen Freund, der ihm soeben seine Verlobung mitgeteilt hatte, schon wieder auf. Dieser Brief vom 8. Juli 1861[35] enthält einen Satz, mit dem der Schreiber für einen Augenblick gleichsam den Schleier von seinem Innersten lüftet. Der Satz lautet: „So ... muß ich zusehen, wie ich's ertrage, daß ich vermutlich niemals Deinem guten Beispiel folgen werde. Es ist doch so, es gehört zum harmonischen Menschen, daß er die volle Befriedigung des Daseins wenigstens einmal empfunden habe, und wem dies versagt blieb, der muß es zufrieden sein, wenn es ihm gelingt, die Lücke in seiner Seele vor der Welt zu verdecken[36]." Die oftmals forcierte Selbstsicherheit, die seine Äußerungen in jenen Jahren zu begleiten pflegt, mag vielleicht eine natürliche Reaktion auf das Bemühen, „die Lücke in der Seele vor der Welt" zu verbergen, sein.

Erst gegen Ende der Leipziger Dozentenzeit hören die Klagen über die ihm auferlegte Vereinsamung auf. In Freiburg vermißt er sogar die Geselligkeit, die das großstädtische Leipzig so reichlich geboten hatte; Fast-

33) Briefe, Bd. 2, S. 105f., v. 4. 10. 1860.

34) ebd., S. 161, v. 2. 7. 1861.

35) ebd., S. 163.

36) Die Bekenntnisse dieser Briefe vermögen zu zeigen, daß ein Satz wie der aus dem soeben entstandenen Aufsatz über die „Freiheit" ganz ernst und wörtlich gemeint ist: „so gewiß es aber verkrüppelte Leiber gibt, so gewiß gibt es Seelen, welche dieses oder jenes Organs gänzlich entbehren." (Vgl. Aufsätze, 3. Aufl., S. 639.) Solche Metaphern, die Treitschke leicht in die Feder fließen, sind nicht erkünstelt, sondern stammen aus persönlichstem Erleben.

nachtsdienstag 1864 hat er aber bis morgens 5 Uhr getanzt, wie er zufrieden nach Hause berichtet.

In einem Brief an das taube Fräulein von Haselberg, vor dem er gern Geständnisse abzulegen pflegt, schließt er dies Kapitel seiner Seele gewissermaßen ab, indem er schreibt: „Früher meinte ich, daß mir mein Leiden solchen Verkehr in der Regel unmöglich mache. In den letzten Jahren hab' ich zu meiner Freude gesehen, daß das eine Grille war. Ich will nicht leugnen, daß ich mich mit Frauen beinah' nie langweile – d. h. wenn die Gesellschaft nicht zu lange dauert . . .[37]."

Das subjektive Bewußtsein einer zwangsläufigen, von der Natur vorgeschriebenen Trennung vom Verkehr mit Frauen ist aber gerade in der Zeit, in welcher sich die entscheidenden geistigen Eindrücke bildeten und auch schon die ersten literarischen Pläne verwirklicht wurden, von erheblicher Bedeutung gewesen. Es hat sicherlich zur Ausbildung jener ebenso idealisierenden wie wirklichkeitsfremden Ansichten über die Frau beigetragen, von denen Treitschkes Briefe zahlreiche Beispiele enthalten.

Die Frau wird als ein Wesen besonderer Art dem Manne entgegengesetzt. Die männlichen Werte, die Treitschke verherrlicht, bleiben ihr verschlossen. Der Brief vom 9. Dezember 1855 faßt den Dualismus zwischen Mann und Frau antithetisch einmal so zusammen: „Das Weib lebt in Gefühlen, der Mann in Taten[38]." Die Frauen werden an anderer Stelle wohl auch „die lebende Poesie" genannt, und „es sei nur billig, daß sie denen, die sich ihrer freuen wollen, mancherlei Zwang auferlegten[39]." Damit ist bereits ein wesentlicher Teil ihrer Stellung beschrieben. Gewiß darf eine Interpretation solcher Ansichten, die noch dazu in Briefen an Bundesbrüder enthalten sind, nicht übersehen, daß der Briefschreiber 23 Jahre alt ist. Die Gleichförmigkeit dieser Anschauungen jedoch bis hin zu den Briefen des reifen Mannes sowie die gleichmäßige Verwendung derselben Motive auch noch in späteren Jahren sind nachweislich. Dieser Sachverhalt läßt auf eine Verwurzelung solcher Ansichten in den Grundlagen der Treitschke'schen Persönlichkeit und auf einen durchgehenden Zusammenhang schließen. Die Urteile über die Frauen liegen auf folgender Linie: „Edel und wahr" seien die Frauen im Schoße der Familie. Das einzig Reale „objektiver Interessen" sei für die Frau nur in der Liebe und in der Ehe gegeben. Zu dem freien Denken des Mannes seien sie nicht in der Lage, sich zu erheben. „Wovon spricht Dir ein Mädchen? Sie freut sich über den schönen Tag, erzählt von ihren kleinen Geschwistern, sorgt, daß Du satt zu essen und trinken hast.

37) Briefe, Bd. 2, S. 332, v. 10. 6. 1864.
38) Briefe, Bd. 1, S. 322.
39) ebd., S. 432, v. 2. 8. 1857.

Warum soll mir solch ein Gespräch nicht gefallen[40]?" Und in einem anderen Briefe findet der Schreiber „geistige Armut" bei Frauen „so entzückend, weil sie so unverhüllt zutage tritt[41]." Daß sich diese Ansicht vom Wesen der Frau und von ihrer Funktion, dem Manne „nur Freude zu machen", durchaus nicht nur auf Treitschkes Jugendzeit beschränkte, zeigt ein Brief des Heidelberger Professors aus dem Jahre 1869, in welchem wieder ein polarer Gegensatz zwischen Mann und Frau angenommen wird. Treitschke schreibt an seine Frau: „Fürchte nicht, mein Herz, wie Du oft zu tun scheinst, mein Vorrat an Begeisterung sei geringer geworden, sie richtet sich nur auf ernstere Dinge und darum auf Manches, was den Frauen ferner liegt[42]." „Die ernsteren Dinge" bedeuten dasselbe wie „der Menschheit große Gegenstände", von denen an anderer Stelle die Rede ist und für deren Verständnis Treitschke nicht nur der Frau, sondern im Grunde auch dem Christen das Verständnis abspricht.

Wenn man bedenkt, daß christlicher Glaube von Treitschke lange Zeit, ja noch bis in die 70er Jahre hinein, allein für eine eigentümliche Angelegenheit der niederen Schichten und der Frauen gehalten wird, so leuchtet ein, was er mit der Unterscheidung zwischen dem Denken auf der männlichen und dem Empfinden auf der weiblichen Seite zum Ausdruck bringen will. Die Frauen und die Angehörigen der niederen Klassen sind die Bewahrer des religiösen Gefühls. Es läßt sich an dieser Stelle erneut an die Streitschrift über „den Sozialismus und seine Gönner" anknüpfen, in welcher sich Treitschke übrigens „noch immer" als Freidenker „wie vor vierzehn Jahren, als ich den Aufsatz über die Freiheit schrieb[43]", bezeichnet. Zum „Bilde der Menschheit", das Treitschke besaß und das so gar nicht mit der Wirklichkeit übereinzustimmen brauchte, gehörte nun einmal die Religiosität der Massen und zwar auch noch in der Zeit der aufsteigenden Sozialdemokratie. „Diese heiligen Empfindungen dem Menschengeschlechte zu bewahren, war allezeit der historische Beruf der niederen Klassen[44]." So spricht er vom „Glauben des Volkes[45]" und von „der schlichten Frömmigkeit der kleinen Leute[46]", wobei zu bedenken ist, daß in Treitschkes Sprachgebung „kleine Leute" eine Gruppe darstellt, die sowohl in politischer

40) ebd.
41) ebd., S. 451, v. 24. 1. 1858.
42) Briefe, Bd. 3, S. 254, v. 29. 9. 1869.
43) H. v. Treitschke, Der Sozialismus und seine Gönner, S. 130.
44) ebd., S. 33.
45) ebd., S. 32.
46) ebd., S. 33.

als auch in ästhetischer Hinsicht vollkommen uninteressant und wertlos ist. (S. Kapitel über die Ästhetik.)

Der häufige, ja bis zur Gedankenlosigkeit gehende Gebrauch, den Treitschke von der substantivischen und von der adjektivischen Form des Verbums „denken" macht, beweist die hohe Einschätzung dieser dem Manne vorbehaltenen Geistestätigkeit. Treitschke macht allerdings nicht allein diesen Gebrauch, sondern die „denkenden Politiker" sowie „die denkenden Künstler" oder die „Denker unter den Politikern" und unter den Künstlern spielen in der zeitgenössischen Literatur, vor allem bei Gustav Freytag, eine bedeutungsvolle Rolle. Seit dem Idealismus, besonders seit Hegel, sind mit „denken" gebildete Wortformen sehr häufig nachweislich. Das „Denken" sollte den „Glauben" ablösen. Eine Fundgrube für die Interpretation dieses Sachverhaltes liegt in den Gesprächen der „Verlorenen Handschrift".

Noch in den 70er Jahren, als religiöse „Stimmungen" bei Treitschke häufiger zum Ausdruck kommen und er vorgibt, das Gefühl, in dessen Medium sich das Religiöse seiner Ansicht nach verwirkliche, höher zu stellen als das Denken, hält er an der alten Unterscheidung zwischen männlichem Denken und weiblicher Empfindung fest: „Man wird bescheidener, wenn man erlebt, daß es neben unserem konsequenten männlichen Denken noch eine andere Lebensansicht gibt, die im Einzelnen hundertmal irrend, am Ende doch die sittliche Welt zusammenhält[47]." Eine solche Bekundung spiegelt einen Zuwachs wirklicher Lebenserfahrung und Reife wider, aber läßt zugleich das alte Denk- und Gefühlsschema erkennen.

Es ist mit Fug anzunehmen, daß Treitschkes Neigung zur Idealisierung der Frau – übrigens in unverkennbarer Abhängigkeit von Schiller'schen Idealen – mit seiner individuellen Unfähigkeit zum Gespräch mit geistig ebenbürtigen Frauen und überhaupt mit seiner geringen Kenntnis der Frau zusammenhängt. Diese Neigung wurde unterstützt durch die Tendenz, die in der Stimmung der Zeit sowie in der allgemeinen politischen Zeitströmung lag. Es entsprach dieser Tendenz, daß die Frau in einem besonderen, eingefriedeten und privaten Bezirk des Lebens, dessen Grenzen der Mann zu bestimmen hatte, vom öffentlichen Leben ab- und ausgeschlossen wurde.

Nachdem Treitschke als soeben habilitierter Privatdozent schon in den beiden ersten Semestern ungewöhnliche Vorlesungserfolge gehabt hatte, sei ihm, wie er an Fräulein von Haselberg schrieb, „der alte Gedanke, ob er sich als Leutnant nicht glücklicher fühlen würde, wieder recht lebendig geworden[48]". Dies Gefühl, *eigentlich* in einem anderen Berufe zur vollen Entfaltung seiner

47) Briefe, Bd. 3, S. 422, v. 24. 1. 1876.
48) Briefe, Bd. 2, S. 76, v. 8. 2. 1860.

Anlagen kommen zu können, *wenn* nicht „der Dämon in seinem Ohre wäre", wie die Krankheit von ihm genannt wird, begleitet und beunruhigt ihn auch noch in der Zeit der ersten großen akademischen Erfolge. Es bleibt „subkutan" eigentlich immer in ihm vorhanden. Aus dem Gefühl kann allerdings kein offener Konflikt entstehen, da ihn ja sein Leiden von vornherein von einem tätigen Beruf, worin er ein Wunschbild sah, ausschloß, aber die Empfindung ist doch stark genug, um ihm lange Zeit die volle Befriedigung am Beruf des Gelehrten zu versagen und ihn in der gelehrten Atmosphäre trotz aller akademischen Erfolge im Grunde nie ganz heimisch werden zu lassen. Die der politischen Historie innewohnende Tendenz, auf das Leben der Nation unmittelbar einzuwirken, empfängt bei Treitschke durch seinen Glauben, daß die eigentliche ihm adäquate Lebensform diejenige des Staatsmannes oder Soldaten gewesen wäre, besonderen Impuls und Schwung. Indem er sich von der Laufbahn sowohl des Soldaten als auch des Diplomaten ausgeschlossen sah, kam es ihm umso mehr darauf an, wenigstens als Historiker und als Publizist am „Fortschritt seines Volkes" – der eigentlichen Aufgabe des Politikers – mitzuwirken. Gewiß reiht sich Treitschke mit dieser Tendenz nur in eine allgemeine geistesgeschichtliche Linie des klassischen Liberalismus ein. Seine Beteiligung an dieser Richtung erhält aber durch die individuelle Lage, in welcher er sich *eigentlich* zum Handeln berufen fühlte, einen besondern Stärkegrad. Die Publizistik, der Beruf des Journalisten, schien seiner dem handelnden Leben zugewandten Natur immmerhin einen Ausgleich zu bieten, aber noch verlockender wäre dem jungen Professor die parlamentarische Laufbahn erschienen. „Hätte ich gesunde Sinne, so würde ich nach einigen Jahren wohl in einem Parlamente mit Freude und auch mit Erfolg sprechen; doch diese Laufbahn ist mir verschlossen ...", gesteht er in einem Briefe vom 23. Januar 1866 seinem Vater[49]. Welches Parlament er genau meinte, verschwieg er taktvoll vor dem Vater, aber hatte es im Briefe an den Freund schon längst ausgesprochen: „In dem preußischen Parlament würde ich gerne und nach einigen Jahren des Lernens auch mit Nutzen sprechen; aber der Dämon in meinen Ohren macht alle solche Pläne zuschanden[50]." Er hofft, in einem Parlamente – dessen Mitglied er 1871 dann wirklich wurde – an der Verwirklichung jener Ideale mitarbeiten zu können, von denen er in einem der ersten Briefe an die Leidensgenossin schwungvoll geschrieben hatte: „Ich möchte gern, tätiger als es mir vergönnt ist, schaffend auf den Markt des Lebens treten, mitwirken für die unvergänglichen Güter der Freiheit, der Schönheit und Wahrheit. Und auch der Ehrgeiz hat sein gutes Recht, der es schmerzlich fühlt, wenn

49) ebd., S. 454, v. 23. 1. 1866.
50) ebd., Anm. 2 v. 15. 12. 1865.

er eines körperlichen Leidens wegen oft Schwachen und Unfähigen nachstehen muß." Die Bekundung des 23-jährigen zeigt ein Doppeltes: die Lebensziele, die ihm vorschweben, stammen aus dem Geist des Idealismus – Freiheit, Schönheit und Wahrheit. Diese Ideale bestimmen auch die politischen Vorstellungen, die den Inhalt einer idealistischen Politik bilden. Der Hinweis auf das Gebrechen seines Körpers zeigt ferner, was mit „dem Markt des Lebens" gemeint ist. Es handelt sich um die politische Arena, die dem Tauben verschlossen ist, obwohl er gerade hier das Feld für seine eigentliche Begabung sehen möchte. Das Gefühl, *eigentlich* „schaffend auf den Markt des Lebens" zu gehören, bleibt unter der Oberfläche von Treitschkes Leben wirksam. Das Lebenswerk der Deutschen Geschichte schien dem Verfasser eigentlich nur ein Ersatz dafür, daß ihm der „Dämon im Ohre" versagt hatte, an der Aufrichtung des deutschen Einheitsstaates als Staatsmann oder als Soldat mitzuwirken.

Erstes Kapitel

„Die Überzeugung"
als ein Mittel der sittlichen und politischen Lebensgestaltung

„Ich habe als akademischer Lehrer nicht bloß das Recht, sondern auch die ausdrückliche Pflicht nichts anderes zu lehren als meine volle wissenschaftliche Überzeugung ohne jede Nebenrücksicht."

H. v. TREITSCHKE an seinen Vater am 24. Jan. 1859.

Der politische und weltanschauliche Gegensatz, in welchen Heinrich von Treitschke zu seinem Vater, dem kgl. sächs. General, und zu der politisch-geistigen Ordnung, der dieser angehört, hineingerät, kündigt sich bereits in der erstaunlich frühreifen Berichterstattung des 14-jährigen Kreuzschülers über die Dresdner Revolutionsereignisse von 1848 an. Dieser Gegensatz ist beim Verlassen des Elternhauses und zu Beginn des Studiums schon nicht mehr zu verdecken. Die Anhänglichkeit des Sohnes und die wirkliche Herzensgüte des Generals verhindern, daß die gegensätzlichen politischen Ansichten ihre menschliche Beziehung auf die Dauer ernstlich bedrohen. Selbst die Ereignisse des Jahres 1866, die eine Zerreißprobe darstellen, vermögen diese Beziehung nur momentan zu unterbrechen. Der Briefwechsel zwischen Vater und Sohn bildet ein erschütterndes Dokument für den geschichtlichen Sachverhalt, daß die Politik auch im 19. Jahrhundert in das innere Familienleben eingreifen und dasselbe gefährden kann.

Die geistige Umwelt, die von der Bonner Universität mit Dahlmann und Arndt als ihren in den 50er Jahren repräsentativsten Lehrern und vor allem von der Burschenschaft als einer Lebensform der Studenten gebildet wurde, enthielt, abgesehen von mannigfachen Gütern geistiger und menschlicher Art, ein ganz bestimmtes sittliches Mittel, dessen sich der junge Treitschke in den Auseinandersetzungen mit seinem Vater bedienen konnte. Es bot sich ihm bei seinen Bemühungen, vor dem Vater seine den Erwartungen eines königstreuen Sachsen so vollkommen zuwiderlaufende geistige und menschliche Entwicklung zu rechtfertigen, als eine gute Hilfe an, ja gleichsam als stichhaltiges Alibi. Dieses Mittel lag in der aus dem Boden des moralischen Idealismus, vornehmlich Fichtes, gewachsenen Vorstellung von der Freiheit der politisch-moralisch-religiösen *Überzeugung* als einer Grundlage des autonomen sittlichen Individuums. Der junge Student gewöhnt sich daran, jede Meinungsverschiedenheit mit seinem Vater über politische und auch religiöse Fragen auf die für ihn letzte und maßgebliche Gewissensinstanz, nämlich auf seine Überzeugung zurückzuführen. Sie bildet seine letzte Verteidigungslinie. Er fühlt sich – das ist wesentlich und charakteristisch für das Wesen dieser Überzeugung – zum Bekenntnis dessen, was er für wahr hält, verpflichtet. „Die sogenannten politischen Ansichten" schreibt er an den Vater und meint damit die politische Überzeugung, „sollen für Jeden, der sein Vaterland liebt, mehr sein als bloße Ansichten, weil sie einen Teil seines innersten Wesens, seines tiefsten Denkens bilden sollen[51]." Das intensive und oftmals rührende Werben um Verständnis und um Anerkennung doch wenigstens des sittlichen Gehalts, der in seinen Überzeugungen enthalten sei, füllt viele der an den Vater

51) Briefe, Bd. 1, S. 109, v. 11. 1. 1852.

gerichteten Briefe aus. Er versucht, dem General, dem Patriotismus mit der Liebe zu seinem Königshause gleichbedeutend ist, und dessen Deutschtum sich nicht über den Boden des sächsischen Vaterlandes erhebt, klarzumachen, daß „von den ernsten Lehren, die uns die letzten schweren Jahre eingeprägt, diese ja eine der ernstesten ist, daß politische Ansichten nicht durch Geburt und Erziehung vorausbestimmt, sondern durch eigenes Nachdenken gebildet werden[52]". Damit weist er auf die charakteristische Entstehung der Überzeugung hin. Die Persönlichkeit entwickelt sich frei und selbständig und ohne die Belastungen durch Geburt und selbst nicht einmal durch Erziehung. So wird eigenes Nachdenken gegen Überlieferung und gegen Erziehung gestellt. Der General v. Treitschke, der als Soldat gewohnt war, Geburt und Erziehung mehr als „eigenem Nachdenken" zu trauen, wird gerade diese Argumentation seines Sohnes sicherlich nicht gebilligt haben.

Neben der Wirkung, die von solchen Lehrern wie Dahlmann und Arndt ausging, hat vor allem die burschenschaftliche Tradition erheblich dazu beigetragen, die sittliche Gesinnung und die politische Überzeugung des Studenten zu befestigen und in eine bestimmte Richtung zu lenken.

Als Treitschke im Wintersemester 1852 in die Burschenschaft Frankonia eintrat, beruhigte er seinen Vater über den Charakter dieser Verbindung mit dem Hinweis, daß ihm Professor Perthes dieselbe sehr empfohlen habe, und ferner mit der Erklärung, daß sie keine politische Tendenz verfolge, „obgleich begreiflicherweise die meisten Gleichgesinnte seien[53]". Er setzt stillschweigend als bekannt voraus, wer den „Gleichgesinnten" zuzurechnen ist. Das Bedürfnis nach politisch Gleichgesinnten ist dem politisierten Geschlecht, dessen charakteristische Züge sich an Treitschkes Entwicklung ablesen lassen, eigentümlich. Er bildet gewissermaßen die gemütliche Voraussetzung für die Bildung von Parteien, die in dieser Zeit vor sich geht. Der politisch Gleichgesinnte entwickelt sich zum Parteigenossen, der einen neuen *politischen* Typus des Freundes darstellt. Die großen Parteien, die im Entstehen begriffen sind, ziehen einen Teil ihrer wachstümlichen Kräfte und ihres Zusammenhaltes aus dem menschlichen Bedürfnis nach Zusammenschluß und Geselligkeit. Freytag gibt dem Sachverhalt, der hier zugrunde liegt, gelegentlich die Formulierung, daß es „ein Bedürfnis des Deutschen sei, zu lieben und zu verehren". In einem Essay über Schlosser hat Dilthey noch aus der Stimmung der Zeit heraus auf den charakteristischen Unterschied der Generationen aufmerksam gemacht, der zwischen dem Bedürfnis nach „Genossenschaft mit Männern in unseren politischen Zeiten" und dem-

52) ebd., S. 361, v. 28. 5. 1856.
53) ebd., S. 114, v. 28. 2. 1852.

jenigen nach „Freundschaft mit Frauen in jener Zeit der Humanitätsideen[54]" besteht.

Daß die Burschenschaft keine politischen Tendenzen mehr verfolge, d. h. keine, die auf unmittelbare Verwirklichung gerichtet seien, versicherte Treitschke auch in einer Rede, die er als Sprecher seiner Verbindung auf einem Kommers zu halten hatte und in welcher er ausführte, „wie sich der direkt politische Beruf der Burschenschaft überlebt habe" und wie sie nur noch „den indirekten habe, durch Läuterung und Vergeistigung des akademischen Lebens und durch Bildung tüchtiger Charaktere auch unsere politische Zukunft sicherzustellen[55]". Das subjektive Bewußtsein eines Zusammenhanges mit dem ursprünglichen Erbe der Burschenschaft war aber durchaus noch lebendig, als Treitschke zu Beginn der 50er Jahre sein Studium begann. Es war auch noch keine konventionelle Erstarrung, wenn er beim Hoch auf „die Altvorderen" von „den festen Prinzipien" sprach, die diese überliefert hätten.

Von keinem könnte die Bedeutung, die die Burschenschaft in jenen Jahrzehnten für die Entwicklung des Mannes von akademischer Bildung hatte, genauer interpretiert werden als von Gustav Freytag, dem besten Kenner und Deuter der bürgerlichen Kultur im 19. Jahrhundert. Wenn er in der Biographie über Karl Mathy feststellt, daß dieser „natürlich Burschenschafter wurde[56]", so möchte er damit die Selbstverständlichkeit zum Ausdruck bringen, die seiner Ansicht nach darin liegt, daß der liberale Politiker der 60er und 70er Jahre in seiner Jugend einmal einer burschenschaftlichen Verbindung angehört habe. Was auf K. Mathy in den 20er Jahren zutrifft, gilt auch noch für Treitschke in der ersten Hälfte der 50er Jahre. Er charakterisiert auch Treitschkes Bonner Erfahrungen, wenn Freytag die politischen Ansichten der Heidelberger Burschenschaft, der Mathy angehörte, bezeichnend als ein „Glaubensbekenntnis" zusammenfaßt und dasselbe folgendermaßen beschreibt: „Wir sind Deutsche, nicht Preußen, nicht Westfalen, nicht Rheinländer[57]."

Die Bonner Frankonia, der Treitschke, beitrat, war aus der 1843 gegründeten Burschenschaft Friedericia hervorgegangen und hatte bei ihrer Separation deren Grundsätze „Wissenschaftlichkeit, Sittlichkeit, Ehrenhaftigkeit" sowie den allgemeinen burschenschaftlichen Wahlspruch „Gott Ehre, Freiheit, Vaterland" beibehalten. Treitschke lehnte als Burschenschaftler die Corps ab. In „der kräftigen patriotischen Geistesrichtung"

54) Preuß. Jb. 9, S. 389.
55) Briefe, Bd. 1, S. 195, v. 13. 11. 1853.
56) G. Freytag, Karl Mathy, 2. Aufl., 1872, S. 27.
57) ebd.

glaubte er „den besten Damm gegen die blasierte Apathie der Corps[58]" erblicken zu dürfen. G. Freytag hat – auch in seiner Mathy-Biographie – sehr fein beobachtet, wie die Gegensätze der Politiker z. T. in ihren studentischen Erinnerungen wurzeln. Man dürfe „achtungsvoll behaupten, daß sie noch in späten Mannesjahren den Burschenkampf für schwarz-rot-gold gegen schwarz-weiß-rot fortsetzten". Es hätten nicht nur 1848 in Frankfurt alte Studentenerinnerungen gegeneinander gekämpft, sondern „auch heut' (1870) vermag mancher treue Burschenschaftler den Schmerz nicht zu überwinden, daß ein gewalttätiger Borusse die Farben des schwarz-weiß-roten Corpsbandes zur Flagge des deutschen Reiches gemacht hat[59]". Gerade von dieser niedergeschriebenen Bekundung aus fällt ein helles Licht auf Treitschkes ganz selbständige Entwicklung. Er gab sich ja zu seiner Zeit dem burschenschaftlichen Geist voll und ganz hin, – ohne, wie so manche Altersgenossen in ihren Empfindungen, auf der Stufe der „Burschen" stehen zu bleiben. Er bewahrte sich wohl das burschenschaftliche Pathos, das auch von nachhaltiger Wirkung auf seinen Stil blieb, aber verließ sehr bald die burschenschaftliche Tradition und schlug einen anderen geistig-politischen Entwicklungsweg ein. Er nahm wirklich, um im Bilde von Gustav Freytag zu bleiben, den Wechsel von schwarz-rot-gold zu schwarz-weiß-rot vor.

Als aktiver Bonner Frankone setzte er sich mit allen Fragen, die das studentische Verbindungsleben stellte, ernsthaft und intensiv auseinander. Er fühlte sich nicht nur in den grundsätzlichen Fragen des öffentlichen Lebens von den Corps geschieden, sondern auch in der besonderen Frage des Duells. Beim Abschluß und Rückblick auf sein Studium gesteht er, daß er „an sich wenig Wert auf die Duellfrage lege[60]". Die studentische Paukerei sei „so offenbar eine Quelle endloser Rohheiten, daß man in der Opposition dagegen eher einen Schritt zu weit gehen und im studentischen Leben auch dann das Duell verweigern könne, wo man es in anderer Gesellschaft annehmen würde[61]". Mit diesen Anschauungen, um deren Anerkennung sich Treitschke bei seiner eigenen Verbindung bemühte, setzte er gewissermaßen die alte studentische Reformbewegung fort, die „unter dem Einfluß der ersten Jünger des Idealismus im Namen der Vernunft und des Lichtes der Philosophie zur Einschränkung des Zweikampfes aufriefen[62]". Treitschkes

58) Briefe, Bd. 1, S. 195, v. 13. 11. 1853.

59) ebd.

60) ebd., S. 242.

61) ebd.

62) vgl. W. Lütgert, Die Religion des deutschen Idealismus und ihr Ende, Bd. 3, S. 25.

pathetische und idealistische Natur läßt es durchaus zu, ihn mit dieser Bewegung in einen Zusammenhang zu bringen.

Die Anpassung an die im Unterschied zu den Landsmannschaften bei der Burschenschaft herrschende Tendenz trieb der aus loyaler königstreuer sächsischer Familie Stammende so weit, daß er die Partikel „von" vor seinem Namen wegließ und vor 1864 nur gelegentlich und nur in Briefen an Adressaten von ebenfalls adliger Herkunft anwandte. Das bürgerliche Mißtrauen gegen das Eindringen junger Herren vom Adel in die eigene Verbindung fand der Neuadelige nur allzu berechtigt. Eine moralisierende Betrachtungsweise mischt sich auffallend in seine sozialen Anschauungen hinein: „Eine gewisse Beschränktheit haftet jedem Sohne unseres unglücklichen Zwitteradels an; er wird schon als Kind gewöhnt, als Maßstab an seinem Umgang nicht das Kriterium ‚gut oder böse', sondern das ‚anständig oder nicht' anzulegen; und dies vergiftet jede nicht ganz gesunde Natur von Grund auf, während es kaum einem unter Hunderten gelingt, sich ganz von dieser eingeimpften Anschauung freizumachen[63]." Die Neigung zu moralisierender Selbstbetrachtung, die als individuelle Veranlagung schon in den frühreifen Briefen des Kindes erkennbar ist, hat sich offensichtlich unter dem Einfluß der in den Burschenschaften herrschenden und auf sittlich-reinen Lebenswandel und Keuschheit gerichteten Ideale nur noch verstärkt.

Was ihm die Burschenschaft jedoch als stärkstes und bleibendes geistiges Erbteil überlieferte, das lag im *Pathos der Überzeugung*, in welchem Treitschke – um einen seiner sowie auch Freytags Lieblingsausdrücke an dieser Stelle anzuwenden – „lebte und webte".

Der Grundsatz der Überzeugung zieht sich wie ein Leitmotiv durch die Selbstbekenntnisse der führenden Mitglieder der Burschenschaft in der Frühzeit dieser Bewegung und ist auch noch in der Sprache der Männer, die längst ihren Beruf ausüben, vorhanden. Die Politik, die zur Reichsgründung führte, wird diesem Grundsatz in vielen Fällen zur Klippe werden. Er stammt ursprünglich aus der Philosophie Fichtes, die „alle Menschen ohne Ausnahme erheben will zur Erkenntnis Gottes, zur Gewißheit Gottes, zur Überzeugung. Die Überzeugung bekommt jetzt einen religiösen Grund, denn das Ziel der Erkenntnis ist Gott[64]". Noch unmittelbarer als Fichte hat auf die Burschenschaft wohl Fries gewirkt, ein Zögling der Brüdergemeinde, von dem die Universitätsjugend nach 1813 starke Impulse empfing. Seine Rede auf dem Wartburgfest 1817 enthält die typisch unklare Mischung von Religiösem und Politischem, und gerade diese Mischung

63) Briefe, Bd. 1, S. 201, v. 18. 12. 1853.
64) W. Lütgert, a.a.O., Bd. 2, S. 119.

wird bestimmend auf die geistige Entwicklung der nächsten Generation einwirken. Die Rede verkoppelt Reformation und Freiheitskriege zu einer innerlich zusammenhängenden Ereignisreihe und schlägt damit dasjenige Motiv an, das nicht nur im Verlauf des Festes, sondern auch der nächsten Jahrzehnte immer wiederkehren wird: Das Vaterland soll sich ebenso aus religiöser wie aus politischer Freiheit erneuern. Interesse und Teilnahme am öffentlichen Leben sollen aus dem sittlich-religiösen Streben des individuellen Menschen erwachsen. Während man zunächst noch „die Wandlung der Wirklichkeit", worunter die Errichtung eines freien und einigen Vaterlandes verstanden wird, aus der Kraft der religiös und politisch verstandenen Überzeugung erwartet, die sich allmählich verbreiten und durchsetzen werde, entsteht im Kreise der „Unbedingten", der sogenannten „Schwarzen" um Karl Follen eine besondere Spielart dieses Begriffes der „Überzeugung" und zwar eine Verschärfung und Aktivierung seines Sinnes. Der Kreis um Follen wollte es nicht mehr bei der allmählichen Durchsetzung der Überzeugung bewenden lassen, sondern die Tat, d. h. der revolutionäre Umsturz, wurde als unmittelbare Folge der Überzeugung gefordert. Das tragische Beispiel dieser Auffassung von Überzeugung bildet der Fall *Sand*. Dieser ermordet Kotzebue „aus Überzeugung" und baut auch seine Verteidigung vorm Gericht auf dem Begriffe „der Überzeugung" auf. Er bekennt sich zu folgendem Grundsatz: „Meine eigene Überzeugung ist mein Gesetz, ich handle recht, sobald ich ihr folge, sie geht mir über göttliche und menschlich Vorschriften[65]." Es genügt dem „Unbedingten" nicht mehr, die eigene Überzeugung, das durch eigenes Nachdenken und eigene Selbstbefragung für wahr und richtig Erkannte auszusprechen und zu bekennen, sondern diese Art von Überzeugung verlangt gebieterisch die Tat. Aus solcher Einstellung heraus wird der Fürstenmord gepredigt, wobei das Motiv des Tyrannenhasses und -mordes aus dem 18. Jahrhundert noch eine Rolle mitgespielt haben mag. Solche Gedanken verstiegen sich bis zu dem Plane einer Ermordung des Zaren „aus Überzeugung". Wichtig ist die Beobachtung, daß die Überzeugung schon auf diesem Höhepunkt ihrer Entwicklung und zugleich in der äußersten Zuspitzung bis zu Mordplänen bereits alle jene Züge an sich trägt wie Ehrgeiz, Hochmut und Selbstgerechtigkeit, die sich auch später nachweisen lassen werden, wenn die Berufung auf die eigene Überzeugung zusammentrifft mit dem Hochmut dessen, der die „Idee" auf seiner Seite zu haben vorgibt.

So wie Sand sich auf seine Überzeugung berief, auf seine sittliche Verpflichtung, ihr gemäß zu handeln, wiesen auch die Stimmen, die sich nach der Tat für seine Verteidigung erhoben, auf den Begriff der Überzeugung

65) ebd., Bd. 3, S. 37.

als auf ein Hauptargument hin. Der Theologe de Wette, ein Schüler von Fries, schrieb in einem Trostbrief, den er an Sands Mutter schickte: „Der Irrtum wird aufgewogen durch die Lauterkeit der Überzeugung, die Leidenschaft wird geheiligt durch die gute Quelle, aus der sie fließt. Er hielt es für recht, und so hat er recht getan. Ein jeder handele nur nach seiner besten Überzeugung, so wird er das Beste tun. So wie die Tat geschehen ist durch diesen reinen frommen Jüngling mit diesem Glauben, mit dieser Zuversicht, ist sie ein schönes Zeichen der Zeit[66]." Gegen diese Stimme der Verteidigung von einem aus dem deutschen Idealismus stammenden Theologen wird von Lütgert auch die vereinzelte entgegengesetzte Stimme des Entsetzens über die Verwirrung aller sittlichen Maßstäbe angeführt. Der Historiker Niebuhr schrieb damals: „Ist denn die Ansicht von dem, was Recht und Unrecht, erlaubt und abscheulich ist, so verdreht in Deutschland, daß sich für eine solche Tat Stimmen erheben können?" Niebuhr gibt sich selbst die Antwort und fügt hinzu: „Man darf dergleichen kaum vor den Verblendeten aussprechen, ohne für einen Pinsel gehalten und proskribiert zu werden[67]." Der Begriff der Überzeugung hatte in Sands Tat eine äußerste Zuspitzung erfahren. Krummachers abschließendes Urteil über Sand lautet, daß letzterer „an dem Philosophen, welcher die subjektive Überzeugungstreue mit dem christlichen Glauben verwechselte, zu Grunde gegangen sei[68]". Es ist eine Verwechslung, die auch in Zukunft immer erneut gemacht werden wird, aber aus welcher diejenigen, die sie machten, Mut und Begeisterung schöpfen sollten. Ihr Lebensgefühl wurde getragen von einer Überzeugung, die die Funktion der Religion übernommen hatte.

Lütgert nennt es „ein tragisches Verhängnis", daß „die Bewegung, die so verheißungsvoll begann und sich zu immer ernsterer Zucht verstärkte und vertiefte, in einem Radikalismus auslief, durch den sie sich selbst ins Unrecht setzte". Die Zöglinge des deutschen Idealismus hätten durch die Unsicherheit ihres sittlichen Urteils den diplomatischen Realisten Recht und Grund zu ihrem Kampfe gegen den in das öffentliche Leben dringenden Idealismus gegeben[69]. Gewiß hat die sittliche Verirrung eines Einzelnen und die Billigung, die sie bei vielen Zeitgenossen fand, die sich ebenso wie dieser Einzelne im Irrgarten ihres subjektivistischen Idealismus verstrickten, den Kampf „der diplomatischen Realisten" hervorgerufen und schließlich die Karlsbader Beschlüsse verursacht. Der Gegensatz aber, der diesem Kampfe zugrunde lag, reicht über den momentanen Anlaß hinaus und

66) zitiert nach W. Lütgert, a.a.O., Bd. 3, S. 42.
67) ebd.
68) ebd., S. 40f.
69) ebd., S. 43.

bezeichnet eine tiefere Gegensätzlichkeit. Es ist der dauernde Gegensatz zwischen demjenigen, der mit einem Prinzip, einem Programm, einer Idee oder einer Überzeugung die Wirklichkeit umgestalten möchte, und demjenigen, der als Handelnder und als Verantwortlicher mit den Gegebenheiten zu rechnen hat. Dieser Gegensatz nimmt in der Wirklichkeit selten die Form einer geraden Trennungslinie an, die bestimmte Gruppen von Menschen wie z. B. die Idealisten von den Realisten unterscheidet, sondern er stellt vielmehr zwei Verhaltungsweisen dar, die sich überall finden und auch überschneiden, selbst in einer Person.

Das Vertrauen in die eigene Überzeugung, das bei sittlich unsicheren Charakteren, wie Sand ein solcher gewesen ist, bis zur Konsequenz eines Mordes geführt hatte, ist als ein Erbe des Idealismus der akademischen Jugend auf den politischen Liberalismus übergegangen. Die Burschenschaftler der 20er und 30er Jahre wurden die bekannten Namen des Liberalismus in den 50er und 60er Jahren. Der Glaube „der Gemäßigten", daß durch die Verbreitung von richtigen Überzeugungen eine Umgestaltung der vaterländischen Dinge bewirkt werden könne, ging ebenfalls auf den politischen Liberalismus über. Der von gleicher Überzeugung gestiftete Freundschaftsbund wurde zur politischen Gesinnungsgemeinschaft und zur Partei der Gleichgesinnten. Das Pathos der Überzeugung lebte fort und erfüllte die Männer, die bis 1870 ihre beste Kraft daran setzten, einen deutschen Staat zu gründen. Die Spuren ihrer Herkunft aus dem religiösen Bezirk haften der Überzeugung auf ihrem Wege durch das 19. Jahrhundert weiterhin an. An die Stelle des Glaubens, der zunächst nicht ohne Überzeugung zu denken war, trat immer mehr die Überzeugung allein.

Einer der machtvollsten Prediger einer Überzeugung wurde Heinrich von Treitschke. Gleichzeitig läßt sich an seiner individuellen Entwicklung das Schicksal, das diesem Begriffe in der Begegnung mit der Realpolitik Bismarcks widerfuhr, besonders eindrucksvoll und auch anschaulich nachweisen.

Es ist bedeutsam, daß sich Treitschke seiner Überzeugung – im Sinne der ursprünglichen Bedeutung dieses Begriffes – im äußersten sittlichen Widerwillen gegen die preußische Regierung der Reaktion erst recht bewußt wurde. Von Anfang an trägt seine Überzeugung also die Zeichen der Opposition und Auflehnung gegen das Bestehende an sich.

Bei den preußischen Kammerwahlen 1856 gelangten 72 Landräte in die Kammer und vernichteten das bisherige liberale Übergewicht. Der liberale Graf Schwerin stellte daher den Antrag auf eine Untersuchung durch das Staatsministerium, „inwieweit durch Organe der Regierungsgewalt eine die Freiheit der letzten Abgeordnetenwahlen beeinträchtigende

Einwirkung geübt worden sei[70]". Nachdem das Haus nach erregten Debatten mit 203 gegen 92 Stimmen zur einfachen Tagesordnung übergegangen war, schrieb Treitschke an seinen Bundesbruder Rudolf Martin, den er für einen künftigen Diplomaten – „ausnahmsweise mit Grundsätzen und Bildung[71]" – hielt: „Ich habe soeben die Debatten der Kammer über den Schwerin'schen Antrag gelesen; da wird Dir's wohl nicht wunderbar erscheinen, wenn ich angegriffen bin. Von welcher Seite ich's auch ansehen mag – ich habe immer nur das Bild unerhörter Verderbtheit, einer Knechtsgesinnung ohne gleichen vor mir, ich möchte mit meinem Schicksal hadern, daß ich nicht reich bin, daß es mir voraussichtlich nicht möglich sein wird, mein Brot zu verdienen, ohne in diesen Tummelplatz der Lüge, den man Staatsdienst nennt, einzutreten . . . Der Ton, in dem ich rede, mag Dir vielleicht zu leidenschaftlich vorkommen. Wohl möglich. Der Eindruck ist noch gar zu lebhaft. Daß ich aber in der Sache selbst im weitesten Sinne recht habe, daß weiß ich unumstößlich sicher. Die Frage berührt gar nicht das politische, nur das sittliche Gebiet. In meinen politischen und religiösen Ansichten wird sich bei tieferem Nachdenken vielleicht noch manches ändern. Von jener sittlichen Überzeugung aber, die mir meine protestantische Erziehung von Kindesbeinen an eingeimpft hat, daß keine Macht der Welt, kein Papst und kein König, Sünde gebieten oder von der Erfüllung der Pflicht entbinden kann – von diesem Glauben kann ich nicht abweichen, soll ich nicht vor mir selbst schaudern[72]." Dieser Brief ist so ausführlich zitiert, weil er zeigen soll, welche Rolle die Überzeugung in Treitschkes frühen politischen Urteilen spielt. Als er ihn schrieb, war er 22 Jahre alt. Er macht seine sittliche Überzeugung, die er für ein Ergebnis „seiner protestantischen Erziehung von Kindesbeinen" hält, zum einzigen Maßstab bei der Beurteilung von politischen Fragen und vor allem auch von Regierungsmaßnahmen.

Nur die eigene sittliche Überzeugung wird als die Quelle der richtigen Urteilsbildung gewertet. Von der Selbständigkeit der Überzeugung aus gelangt er auf dieser Stufe seiner Entwicklung konsequent zu einer Bejahung des Widerstandsrechts. Im Anschluß an dieses Bekenntnis seiner Überzeugung schreibt er nämlich: „Ein paar Gedanken drängen sich mir immer wieder auf: der englische Grundsatz ‚sofortige Abhilfe bei jedem Unrecht von oben' ist nicht nur, wie Macaulay sagt, der Grundpfeiler der englischen Freiheit und der Stolz jedes Briten, sondern das notwen-

70) zitiert nach: Briefe, Bd. 1, S. 338, Anm. 1.
71) Briefe, Bd. 1, S. 273, v. 20. 1. 1855.
72) ebd., S. 338f., v. 10. 2. 1856.

dige Ergebnis jeder hohen Volksbildung[73]." Es sollte ein langer Weg werden, auf welchem Treitschke mancherlei Erfahrungen machte, bis er in der Vorlesung über Politik die nachdenkliche Bemerkung niederschrieb: „Der Einzelne soll ein Glied seines Staates sein und daher den Mut haben, auch die Irrtümer des Staates auf sich zu nehmen. Von dem Recht des Widerstandes der Untertanen gegen eine Obrigkeit, die nach ihrer Meinung unsittlich ist, kann gar keine Rede sein[74]."

Dahlmann, der unter allen akademischen Lehrern wohl den *menschlich*, nicht den wissenschaftlich stärksten Eindruck auf Treitschke hinterließ, hat ihn im Glauben an die Überzeugung als eine Grundlage jeglichen Gemeinschaftslebens mächtig bestärkt. Er wurde ihm zum leuchtenden Vorbilde fester „Überzeugungstreue". Aus Dahlmanns „Politik" von 1835 lernte er, daß politisches Handeln – ein Handeln nach Überzeugung zu sein habe. Die Minister eines Landes sollten als Mitglieder der Kammer „nicht die Advokaten eines Auftrags sein, sie sollen die Vertreter einer politischen Überzeugung sein[75]". Diese Ansicht wurde maßgeblich für seine eigene Vorstellung vom politisch handelnden Manne. Die Bedeutung Dahlmanns für Treitschkes geistige Entwicklung besteht weniger in der Übertragung einer wissenschaftlichen Methode als vielmehr in der Vermittlung fester politischer und sittlicher Maßstäbe für eine Geschichtsschreibung, die „in die Gegenwart ausmünden muß, womöglich mit vollerem Strom als unser Rhein[76]". Als Dahlmann 1860, im gleichen Jahr wie Arndt, starb, schrieb Treitschke im Dezember einen Nekrolog auf ihn, der im Märzheft der Preuß. Jahrbücher erschien. Aus diesem Nekrolog entstand der Essay über Dahlmann, der 1864 in die Sammlung der Historisch-Politischen Aufsätze aufgenommen wurde. Ein Vergleich zwischen dem Nekrolog von 1860 und dem Essay von 1864 ergibt manchen interessanten Aufschluß über die Entwicklung von Treitschkes politischen Maßstäben.

Der Nekrolog entwirft das Bild eines Mannes, „in welchem Wissen und Überzeugung, Gedanke, Wort und Tat sich dergestalt zusammenschlossen, daß Jeder, der ihm mit oder wider Willen genaht, den Eindruck der echten, edlen Geisteswährung davontrug[77]". Dahlmann wird Treitschke ein eindrucksvolles Beispiel dafür, wie Wissenschaft nicht ohne Überzeugung denkbar ist, ebenso wie Glauben nicht ohne Überzeugung möglich sei.

73) ebd.

74) H. v. Treitschke, Politik, Bd. 1, S. 112.

75) F. Chr. Dahlmann, Die Politik auf den Grund und das Maß der gegebenen Umstände zurückgeführt, hrsg. v. O. Westphal, S. 153, § 175.

76) Preuß. Jb. 7, 1861, S. 189.

77) ebd., S. 185.

Besondere Leuchtkraft erhält Dahlmanns Charakterbild durch die Erinnerung an die Teilnahme am Göttinger Protest gegen den Verfassungsbruch des Königs von Hannover. Dieser Protest hat für Treitschke den Wert eines Probefalls auf den politisch-sittlichen Gehalt der Überzeugung. Er ist ein glänzendes Manifest von Überzeugungstreue.

Diese Überzeugung, die dem Verhalten der politisch durchaus nicht gleichgesinnten Göttinger Sieben zugrunde lag, bzw. auch nur unterstellt wurde, wird in Treitschkes Nekrolog bezeichnenderweise völlig *politisch* interpretiert. Die politisch, ja sogar parteipolitische Interpretation geht bei ihm so weit, daß er die sieben Gelehrten, zu denen auch die ganz unpolitischen Brüder Grimm und der Physiker Weber gehörten, „Märtyrer des konstitutionellen Staatsprinzips[78]" nennt. Es handelt sich bei dieser Charakterisierung um kein historisches Urteil, sondern um die Wiederholung einer liberalen Legende. Der wirkliche Sachverhalt, der von innerlicherer Art war, kam eher in einer Feststellung zum Ausdruck, die in der von Dahlmann entworfenen Erklärung der Sieben an das Universitätskuratorium enthalten war: es sei „eine Protestation des Gewissens, nur durch den Gegenstand ein politischer Protest[79]". Er bekundet sich ebenso in der Frage aus dem Nibelungenliede, die Jacob Grimm seiner Verteidigungsschrift voranstellte: „War sind die eyde komen?[80]" Grimm, für den sittliche und religiöse Erwägungen maßgeblich waren, wehrt sich geradezu gegen die politische Deutung seines Protestes. Treitschke vereinfacht den Vorgang, wenn er die sieben Professoren Märtyrer eines bestimmten politischen Programms sein läßt.

Eine andere Frage ist, ob der Protest der Göttinger Sieben, die sich übrigens in der Minderheit befanden, der Universität nicht mehr geschadet als genutzt habe. Treitschke spricht davon, daß der Staat „in unser reinstes Heiligtum, das der Wissenschaft[81]" eingriff, als er die Professoren absetzte. Ein Teil der Professoren, denen nicht etwa unsittliche Motive unterstellt werden dürfen, weil sie geschwiegen haben, hat gerade den Sieben mangelnde Rücksicht auf die Universität vorgeworfen. Die sieben Außenseiter gingen von einer sehr irrigen Voraussetzung in ihrem Protestschreiben an das Kuratorium aus, wenn sie „eine Gleichmäßigkeit der Überzeugung ihrer Kollegen" nicht in Zweifel stellten. Zu diesen Kollegen gehörte damals auch noch der greise Heeren, der an Perthes schrieb: „Wer kann mit Ruhe zusehen, wenn die Söhne die eigene Mutter töten und

78) ebd., S. 190.
79) zitiert nach: Aufsätze, 3. Aufl., S. 396.
80) Aufsätze, 3. Aufl., S. 398.
81) Preuß. Jb. 7, S. 190.

das Publikum ein Freudengeschrei erhebt?[82]" So wie Heeren dachten auch manche andere.

Es müßte ferner auch die Frage erhoben werden, wer zur „Nation" gezählt werden soll, wenn Treitschke schreibt, daß sich „an die Märtyrer des konstitutionellen Staatsprinzips voll Bewunderung der Blick der Nation hing[83]". Es war jedoch nur ein Teil der Nation, der die Tat bewunderte. Alle diese Fragen sollen mehr angedeutet als etwa beantwortet werden.

Als Treitschke 1864 seinen Nekrolog zu einem umfänglichen Essay erweiterte, erfuhr die Göttinger Protestation von 1837 nicht nur eine eingehendere, sondern auch eine in bestimmter Hinsicht veränderte Behandlung. Wohl liegt der Schwerpunkt noch auf derselben politisch-sittlichen Beurteilung des Vorganges, aber eine leise Verschiebung der Motive und Akzente läßt sich doch nachweisen. Der Begriff der Überzeugung beginnt, sich aus der einfachen Gleichsetzung mit einem politischen Glaubensbekenntnis zu lösen. Die sieben Professoren werden nicht mehr einfach unter der politischen Etikette von „Märtyrern des konstitutionellen Staatsprinzips" zusammengefaßt – die Bezeichnung ist im Aufsatz von 1864 ganz fortgelassen –, sondern Treitschke macht nun darauf aufmerksam, daß die sieben Gelehrten keineswegs alle Parteigenossen gewesen seien „und nur Dahlmann, Albrecht und Gervinus sich unter der neuen Herrschaft gezwungen gesehen hätten, die Lehre des Meineids in ihre Vorträge über Staat und Verfassung aufzunehmen, während die beiden Grimm, Ewald und Wilhelm Weber in ihrer gelehrten Tätigkeit mit dem Staate nichts zu schaffen hatten[84]".

Er weist nun auch auf die entscheidende Stelle des Protestes selbst hin, wo es heißt, daß es sich um „eine Protestation des Gewissens" gehandelt habe, die „nur durch den Gegenstand ein politischer Protest" geworden sei[85]. (s. oben.) Der Protest bleibt jedoch auch jetzt noch „eine politische Tat", die „verständlich dem schlichtesten Sinn" gewesen wäre[86]. Die Überzeugung hört auf, ein ausschließlich liberales Gepräge zu tragen, aber die nun innerlicher verstandene, sittliche Überzeugung wird noch wie 1860 als ein Maßstab des richtigen politischen Verhaltens gewertet.

Das Dogma von der *politischen* Funktion der Überzeugung wird bezeichnend von einer ganz anderen Seite und zwar von der außenpolitischen

82) zitiert nach Götz v. Selle, die Georg-August-Universität zu Göttingen, 1937, S. 275.

83) Preuß. Jb. 7, S. 191.

84) Aufsätze, 3. Aufl., S. 396.

85) ebd.

86) ebd., S. 397.

her in Frage gestellt. Für das Schicksal der „Überzeugung" in der Zukunft wird dieser Sachverhalt sehr bedeutsam werden. Auf Dahlmanns „Überzeugungstreue" liegt auch im Essay von 1864 der Schwerpunkt seines Charakterbildes. Sein „überzeugungstreues" Verhalten beim Protest gegen den Abschluß des Waffenstillstandes von Malmö dient aber jetzt Treitschke dazu, auf die Grenzen, die der Geltung der Überzeugung im Bereich der auswärtigen Politik gezogen sind, hinzuweisen. Dahlmanns Antrag auf eine vorläufige Sistierung des Waffenstillstandes, den er mit den Stimmen der Linken gegen seine eigene Partei des rechten Zentrums durchsetzte, hatte die völlige Machtlosigkeit des Parlaments offenbart, dem keinerlei materielle Mittel zu Gebote standen, um diesen Beschluß auch wirklich durchzusetzen. Treitschke nennt Dahlmanns Verhalten „den Fehler eines reinen Patrioten, aber doch einen schweren politischen Fehler[87]". „Er hat dieses Urteil unter dem Eindruck der politischen Erfahrungen, die ihm die Entwicklung der Schleswig-Holstein'schen Frage 1863/64 eingebracht hatte, niedergeschrieben." Der Wert der Dahlmann'schen „Überzeugungstreue" fängt an, für Treitschke fraglich zu werden, sobald sie sich nicht bloß an den inneren Fragen des Staatslebens zu bewähren hat, sondern die äußeren Machtfragen mitbestimmen will. Neu und in dieser Schärfe erst nach 1863/64 möglich ist der Satz: „Der Mann der strengen Überzeugung konnte sich nicht zu einem Kompromiß entschließen[88]." Die Wandlung, die die Überzeugung als politischer Wert in der Beurteilung durchmacht, bekundet sich auch in jener Aussage, daß „Deutschlands Geschicke in Wien, Berlin, München, aber nicht in Frankfurt entschieden wurden[89]". Treitschke weist damit auf die Stätten realer Macht hin und läßt die Auffassung nicht gelten, die in der Ansicht enthalten war, „man sollte mit dem idealen deutschen ‚Volksgeist' die realen Batterien auf Alsen stürmen[90]".

Mit dem Begriff „Volksgeist" wird aber bereits ein neuer Problemkreis berührt, der gesondert behandelt werden wird; seine Entwicklung enthält ähnliche Züge wie jene der Überzeugung.– Indem Treitschke Dahlmanns Charakterbild gewissermaßen abschließen will, spricht er von „den Sünden und Tugenden des deutschen Idealismus[91]", die sich in der Kaiserpartei und ihrem Führer Dahlmann am stärksten ausgeprägt hätten. Mit diesem Gesamturteil bezeichnet er zugleich die geistige Herkunft von Dahlmanns

87) ebd., S. 431.
88) ebd., S. 433.
89) ebd., S. 425.
90) ebd., S. 432.
91) ebd., S. 441.

kennzeichnendstem Charakterzug, seiner „Überzeugungstreue", aus dem Geiste des deutschen Idealismus.

So ist der Dahlmann-Aufsatz geeignet, die Veränderungen und Abwandlungen sichtbar werden zu lassen, denen die Auffassung der Überzeugung unterworfen war.

Von der Erkenntnis, daß es neben den Tugenden auch Sünden des Idealismus gebe, war Treitschke noch sehr weit entfernt, als er seinem Vater 1856 als Inhalt seiner Überzeugung bezeichnete, „daß dem tatkräftigen Glauben eines Volkes das Schicksal noch nie gelogen habe[92]". Es ist dasselbe Motiv, das in den lyrischen Versuchen des Studenten, in den Briefen und in den ersten publizistischen Arbeiten gleichlautend anklingt. Man darf es ein burschenschaftliches oder ein demokratisches Motiv nennen. Bei Gustav Freytag ist es genauso vorhanden. Die Macht der Überzeugung erzwingt das rechte Schicksal.

Um Geltungsbereich und Berechtigung der Überzeugung ging es vor allem in der Auseinandersetzung mit dem Vater. Die religiösen, wissenschaftlichen und künstlerischen Bekenntnisbriefe kreisen immer wieder um diesen Begriff. Auf die Frage des Vaters nach seiner Religion antwortet der Sohn in einem Brief vom 11. 10. 56 mit dreimaliger Berufung auf seine Überzeugung: „Naiv glauben kann Niemand wieder, der einmal zu zweifeln begonnen. Vielleicht, daß ich einst noch zum Glauben aus Überzeugung komme – und offen gestanden, es scheint mir nicht wahrscheinlich . . . Denn ein Glaube ohne Überzeugung ist wertlos, nein er ist unmöglich . . . Wenn Du nur soviel daraus liest, daß es mir ernst ist mit meinem Zweifel, daß ich nicht aus Leichtsinn vom Glauben abgewichen, also auch nur durch Überzeugung dazu zurückkehren kann[93]." Im religiösen Bezirk scheint der General noch am ehesten das Argument der Überzeugung gelten gelassen zu haben, obwohl leider eine Einsicht in seine Briefe nicht möglich ist. Schwieriger gestaltete sich dagegen eine Verständigung darüber, wieweit sogenannte wissenschaftliche Überzeugungen – vor allem bei so gefährlicher Nachbarschaft zur Politik wie in der neueren und neuesten Geschichte – zu gelten hätten. Als Treitschke in einem Beitrag „Zivilliste" für das Bluntschli-Brater'sche Staatswörterbuch auf den Fall Hannover hinwies, „wo augenblicklich alle Verfassungsverhältnisse nur tatsächlicher Natur seien" und für diesen Hinweis in einem Blatt der hannoverschen Regierung als „staatsgefährlich" bezeichnet wurde, schrieb er dem Vater: „Es handelt sich hier garnicht um eine Parteifrage, sondern um eine Pflicht der wissenschaftlichen Wahrhaftigkeit, die ich nicht versäumen konnte, ohne eine

92) Briefe, Bd. 1, S. 357, v. 28. 4. 1856.
93) ebd., S. 389ff., v. 11. 10. 1856.

Gemeinheit zu begehen. Und selbst wenn man die Sache vom Parteistandpunkt betrachtet, so ist es mir ganz recht, wenn die Leute wissen, daß ich zur liberalen Partei gehöre; ich brauche mich dessen nicht zu schämen[94]." Es handelte sich bei diesem Beitrag immerhin um einen Aufsatz, den er als freier Schriftsteller geschrieben hatte. Nachdem er aber in Leipzig habilitiert und damit nach Ansicht des Vaters in den sächsischen Staatsdienst getreten war, wurde er von letzterem erneut vor das Problem gestellt, welche Reichweite die Überzeugung nun eigentlich haben dürfe. Dieser Briefwechsel vom 20. und 24. 1. 1859 zwischen dem General der sächsischen Armee und dem Leipziger Privatdozenten ist für ihre entgegengesetzten Auffassungsweisen, die ganz verschiedene Schichten repräsentieren, sehr aufschlußreich. Beide legen dem, was sie mit der gleichen Vokabel „Überzeugung" bezeichnen, einen ganz verschiedenen Sinn bei. Der General versteht den Inhalt der „Überzeugung" vom Ehrenstandpunkt des Offiziers aus. Es ist die Auffassung des an Gehorsam gewöhnten Soldaten und auch des Kavaliers: „Es ist ein großer Unterschied zwischen Sprechen gegen seine Überzeugung, was von keinem Ehrenmann verlangt werden kann, und weisem Verschweigen dessen, was den Grundsätzen der Regierung geradezu entgegen ist[95]." Diese Haltung sei eine „Folge der Grundsätze, welchen ich mein ganzes langes Dienstleben hindurch treu geblieben bin und die Dir nicht fremd geblieben[96]". Schließlich vergißt er auch nicht, die „Klugheit" zu erwähnen, welche er dem Sohn genug zutraue, um eine Friktion mit der Regierung zu vermeiden. Gegen diese Auffassung des Soldaten, der zwischen der „Überzeugung des Ehrenmannes" und „weisem Verschweigen dessen, was den Grundsätzen der Regierung geradezu entgegengesetzt ist", unterscheidet, beruft sich Treitschke auf die höhere Form der Überzeugung, die sich als ein Erzeugnis des deutschen Idealismus erweist und zu deren Wesen das offene Bekenntnis gehört: „Ich habe als akademischer Lehrer nicht bloß das Recht, sondern auch die ausdrückliche Pflicht nichts anderes zu lehren als meine volle wissenschaftliche Überzeugung ohne jede Nebenrücksicht[97]." Nach Schiemanns Angabe habe sich Treitschkes Vater „mit dieser Antwort zufrieden gegeben[98]". Diese Ansicht geht an dem grundsätzlichen Unterschied zwischen der idealistisch verstandenen Überzeugung des jungen Dozenten und der Überzeugung des Generals, der als „Ehren-

94) ebd., S. 456f., v. 16. 2. 1858.
95) zitiert nach Th. Schiemann, Heinrich v. Treitschkes Lehr- und Wanderjahre, S. 136f.
96) ebd.
97) Briefe, Bd. 2, S. 12, v. 24. 1. 1859.
98) Th. Schiemann, a.a.O., S. 139.

mann" glaubt, derselben keinen Abbruch zu tun, auch wenn er „weise verschweigt, was den Grundsätzen der Regierung geradezu entgegen ist", völlig vorüber. Sie sieht nicht, wie beide, Vater und Sohn, aneinander vorbeireden und sich mißverstehen, wenn sie dieselbe Vokabel „Überzeugung" verwenden. Die Vokabel stammt im Briefe des Vaters aus dem Sprachschatz des in höfischer Sphäre lebenden Soldaten, dessen Ideal „der Ehrenmann", der „Kavalier" ist. Dem jungen Gelehrten ist dieselbe aus einer bestimmten geistigen Tradition zugewachsen. In der Burschenschaft hat er sich mit ihrem Pathos erfüllt. Für ihn war „Überzeugung" gleichbedeutend mit „Idee" – ein Begriff, der kaum einen Vorstellungswert für den General besaß und außerhalb seines Horizontes blieb.

In einem Briefe, den Treitschke 1866 an seine Braut schrieb, verriet er die religiöse Inbrunst, mit der er an die „Idee", die der Inhalt seiner Überzeugung war, glaubte. Die Idee wurde ihm zum Religionsersatz. Der Brief war übrigens in einem Moment geschrieben, als sich sein Vater während des Krieges öffentlich in den Zeitungen von ihm lossagte, weil der Sohn mit seiner Überzeugung soeben Ernst gemacht hatte. Dieses häusliche Zerwürfnis bildet den menschlichen Hintergrund des Briefes. Treitschke schrieb damals: „. . . das Bibelwort, ‚wer nicht Vater und Mutter läßt um meinetwillen', das mir gestern einer meiner Freunde schrieb, gilt ja nicht nur von dem christlichen Glauben, es gilt von jeder großen Idee[99]." Es ist nicht belanglos, daß diese bedeutungsvolle Aussage ausgerechnet in einem Liebesbrief steht. Sie bedeutet, daß die Hingabe an die Idee gegebenenfalls allen menschlichen Beziehungen überzuordnen ist. Sie durfte als eine Warnung aus der Region der Ideen aufgefaßt werden, daß der Dienst für die Idee unerbittlich sei; das Bibelwort nannte nur Vater und Mutter, die es um Gottes Willen zu verlassen gelte, aber seine Anwendung auf die Idee mußte die junge Braut daran erinnern, daß der Mann, der so der Idee zu leben entschlossen war, für sie vielleicht einmal kein Weggenosse mehr wäre. Er sagte ja auch an anderer Stelle ausdrücklich, wie er von der Frau eigentlich dachte, nämlich, daß ihr „die großen Gegenstände" – worunter die Ideen verstanden wurden – ferne lägen. Die merkwürdige Gemütskrankheit, in die Frau von Treitschke bald nach ihrer Verheiratung fiel, hat vielleicht eine ihrer seelischen Ursachen in dem Gefühl der Vereinsamung und des Ausgeschlossenseins von der Welt, in der der Taube lebte, gehabt.

Ähnlicher Art war übrigens das Verhältnis zwischen dem Professor Felix Werner und seiner Frau Ilse in der „Verlorenen Handschrift" von Gustav Freytag. Der Professor Werner sollte ja keinen beliebigen Einzelfall darstellen, sondern war als das typische Beispiel eines deutschen Pro-

99) Briefe, Bd. 3, S. 67, v. 30. 8. 1866.

fessors der 50er Jahre gedacht. Nachdem Ilse schon mehrere Jahre verheiratet ist, sagt sie zu ihrem Manne: „Aber ich fühle mit tiefem Herzen ein altes Weh, seit ich Dich kenne. Du denkst anders als ich und Du fühlst anders in manchen Dingen, der einzelne Mensch und sein Leiden gilt Dir wenig gegen die großen Gedanken, die Du mit Dir herumträgst. Du stehst auf der Höhe in klarer Luft und hast keinen Anteil an der Angst und Not im Tale zu Deinen Füßen. Klar ist die Luft, aber kalt, und mich friert dabei." Als der Professor darauf sagt: „Das ist die Art des Mannes", erwidert Ilse: „Nein, das ist die Art des Gelehrten[100]." Dieser kurze Dialog, aus der Feder eines so feinen Kenners der Gelehrtenwelt des 19. Jahrhunderts stammend, enthält ein Bild, dem nach der Ansicht des Dichters eine bestimmte zeitgeschichtliche Bedeutung beizumessen ist. Er vermag deshalb auch einen Beitrag zum Verständnis der Problematik, die in der Treitschke'schen Ehe liegt, zu liefern. Es ist ja durchaus nicht belanglos, daß Treitschke gerade diesen Roman der Verlorenen Handschrift so sehr schätzte und Züge der eigenen Lebenssituation in ihm wiederzufinden glaubte. „Die großen Gedanken", die Ilse fremd bleiben, sind „die ernsten Dinge", und „der Menscheit große Gegenstände", von denen Treitschke sagt, daß sie den Frauen ferner lägen. Sie sind der Inhalt der männlichen Überzeugung. Emma von Bodmann wird in ihrer Ehe mit Treitschke ein noch schwereres Los als die Ilse der Verlorenen Handschrift zu tragen gehabt haben, weil Treitschkes Taubheit ihre Einsamkeit noch vergrößert hat. Die gelehrten Ansprachen, die Felix Werner an Ilse hält, erinnern übrigens in mancher Beziehung an Treitschkes oftmals sehr lehrhafte Briefe an seine Braut und Frau. Es lassen sich leicht noch andere Ähnlichkeiten feststellen.

Gustav Freytag wollte in der Verlorenen Handschrift von seiner Gegenwart genauso ein Abbild entwerfen wie in Soll und Haben. Er wollte auch in jenem Roman, der einen Universitätsprofessor zum Helden hat, „das deutsche Volk da suchen, wo es in seiner Tüchtigkeit zu finden ist . . .[101]" – und zwar bei seiner gelehrten Arbeit.

Es ist leicht verständlich, daß Treitschke bei dem Dichter Gustav Freytag auf ein inniges Verständnis für den Inhalt seiner Überzeugungen stieß. Als Freytag am 13. 8. 63 aus Anlaß von Treitschkes Berufung nach Freiburg im Kitzing die Abschiedsrede auf den scheidenden Freund hielt, hob er rühmend hervor: „Ein Zusammenklingen *der* Überzeugungen, welche die Befreundeten über die höchsten Interessen ihres Lebens gewonnen haben", „die politische Freundschaft", die den Kitzing mit Treitschke verbinde, „die Treue und Energie, womit Treitschke das politische Glaubens-

100) G. Freytag, Die verlorene Handschrift, Bd. 2, S. 329; vgl. oben S. 19f.
101) Motto von Julian Schmidt vor „Soll und Haben".

bekenntnis, das auch Freytag für den besten Inhalt seines Lebens halte, nicht nur in unserem Kreis, vor dem ganzen Deutschland so mannhaft vertreten habe[102]." Er spricht ferner von dem ihm so sympathischen heldenhaften Wesen" Treitschkes, in welchem „eine bewunderungswürdige Verbindung von Ethos und Pathos[103]" vorliege. Die kurze Abschiedsrede böte Anlaß zu eingehender Interpretation; sie enthält alle jene Begriffe, wie politisches Glaubensbekenntnis, politische Freundschaft und Überzeugung, die die Grundlage des vorliegenden Teils unserer Untersuchung bilden.

Freytags umfangreicher literarischer Produktion ist es vornehmlich mit zuzuschreiben, wenn der geistige und politische Kurswert der Überzeugung noch gestiegen ist. Er hatte in den „Bildern aus der deutschen Vergangenheit", deren historiographische Vorbildlichkeit für Treitschkes Konzeption der deutschen Geschichte noch näher zu untersuchen ist, an der Verbreitung der „Überzeugung" gerade den geschichtlichen Fortschritt gemessen. Es ist bedeutsam, wie alle diese Begriffe, ob nun Überzeugung oder auch Volksgeist, leicht zu einer Verbindung mit dem Fortschrittsgedanken hinneigen. Der Mensch um 1600 ist jenem um 1500 durch seine „Überzeugung" überlegen: „Der Schriftsteller um 1600 kämpft für eine eigene Überzeugung . . . er handelt und leidet für eine Idee[104]." Überzeugung und Idee liegen auf derselben Linie. Der Fortschritt, den die Reformation bewirkt habe, sei darin zu sehen, daß sie „dem einzelnen den Mut gegeben hätte, die eigene Überzeugung durchzufechten[105]". Ebenso wie im 16. Jahrhundert verwirklicht sich nach dieser Anschauung der Fortschritt auch im 19. Jahrhundert an der Überzeugung. An diesem Begriffe wird die tiefe Verwandtschaft der beiden Jahrhunderte sichtbar, die die liberalen Schriftsteller nicht müde werden, immer von neuem festzustellen. Die Überzeugung des 19. Jahrhunderts ist politisch geworden, und gerade darin liegt ihr Fortschritt. Der politische ergänzt den religiösen Fortschritt.

Freytag bringt „Überzeugung" übrigens in einen direkten Zusammenhang mit dem „Volksgeist" (der noch der Gegenstand einer besonderen Untersuchung werden wird). Diese Verknüpfung mit der Überzeugung läßt bereits den Grad der Politisierung des ursprünglich aus der Romantik stammenden und ganz quietistisch verstandenen Volksgeistbegriffes erkennen. In einer Untersuchung über „den Einfluß des Jahres 1848 auf die deutsche Wissenschaft, insbesondere auf die Geschichtsschreibung" bezeichnet es Gustav Freytag als eine besondere deutsche Eigentümlichkeit, „daß

102) G. Freytag u. H. v. Treitschke im Briefwechsel, hrsg. v. A. Dove, S. 7.
103) ebd., S. 8.
104) G. Freytag, Bilder aus der deutschen Vergangenheit, 2. Teil, S. 5f.
105) ebd., Einleitung, S. 13.

starke Erhebungen des Volksgeistes vorbereitet wurden durch die tiefen begeisterten Überzeugungen Einzelner[106]". Diese Einzelnen müssen allerdings in einem inneren Konnex mit dem Volksgeist stehen. Nach Maßgabe ihrer Überzeugung werden von Freytag nicht nur Gelehrte und Künstler, sondern vor allem auch Politiker beurteilt. Das Urteil über Politiker hängt ganz von dem Nachweis ihrer Überzeugung und auch von dem Grad der Erkennbarkeit, den dieselbe hat, ab. Was Franz von Roggenbach und Karl Mathy, dessen Biographie Freytags politisches Glaubensbekenntnis wurde, so anziehend für Freytag machte, ist eben „das Zusammenklingen von Überzeugungen", „der begeisterte Idealismus" und vor allem der leicht durchschaubare Zusammenhang mit der deutschen Volksseele. Alle diese Züge fehlten dem Charakterbilde Bismarcks und machten dasselbe für die liberalen Zeitgenossen so wenig anziehend (Beilage III). Auch für Treitschke knüpfte sich der Fortschritt des deutschen Volksgeistes – und der öffentlichen Meinung – an solche Männer wie Roggenbach und Mathy, mit denen er sich in der gleichen vaterländischen Überzeugung verbunden fühlte. Sie waren Männer, zu denen er politisches Vertrauen hatte. Sie lebten in der gleichen Bildungsatmosphäre. Sie waren vor allem auch Parteifreunde, und es ist sehr wichtig, den diesem Wort eigentümlichen und in ihm mitschwingenden Gemütston nicht zu überhören. Roggenbach und Mathy boten Gewähr dafür, daß jene deutsche Geschichte fortgesetzt würde, von deren „anheimelnder Schönheit" Treitschke einmal spricht. Alle diese Vorstellungen und Empfindungen gehören einem einheitlichen Zusammenhang an.

Als Treitschke Roggenbach bei einem Besuche in Karlsruhe kennengelernt hatte, schrieb er seinem Vater enthusiastisch: „Ich habe den Minister Roggenbach kennengelernt, der mich schon durch den Ruf und durch seinen alten politischen Lehrer, Staatsrat Mathy hier, kannte. Das ist ein herrlicher Mann, der im Verkehr nun den vornehmen Herrn, nicht den Minister zeigt, noch in der Mitte der Dreißig. Ein leichter Anflug von gemütlicher Wärme, fast Weichheit steht seinem klaren energischen Wesen sehr gut. Bei ihm fand ich seine liberalen Freunde Jolly und den Historiker Baumgarten[107]." Diese gemütliche Wärme, die nur das Bewußtsein gleicher Überzeugung erzeugt, strahlte von dem preußischen Ministerpräsidenten eben nicht aus. Die Zeitgenossen vermochten nicht, vor ihm ihr besonderes Bedürfnis, „zu lieben und zu verehren", das ihnen von dem Dichter Gustav Freytag als spezifische deutsche Eigenschaft zugeschrieben war, zu befriedigen. Mit ihm konnte es aufgrund der gleichen Überzeugung keine

106) G. Freytag, Bilder von der Entstehung des Deutschen Reiches, S. 186.
107) Briefe, Bd. 2, S. 219, v. 17. 12. 1862.

Verständigung über die „richtige" oder „falsche" Politik geben. Bismarck bezeichnete seinen Gegensatz zu einem Manne wie Roggenbach übrigens selbst einmal mit dem Hinweis auf das Unterscheidungszeichen der Überzeugung. Am 17. Januar 1864 sagte er zum französischen Botschafter Talleyrand: „Herr von Roggenbach ist weniger ein Staatsmann, als ein Mann von Überzeugungen[108]." Ein Gefühl der Befremdung hat Treitschke Bismarck gegenüber nie ganz verlassen, es bricht selbst in den Jahren bedingungsloser Gefolgschaft unversehens wieder durch.

Kurz vor Ausbruch des preußisch-österreichischen Krieges 1866 wurde Treitschke in die ganz reale Situation versetzt, nun an sich selbst die Stichhaltigkeit und die Brauchbarkeit dessen, was er unter „Überzeugung" verstand, praktisch zu erproben und vor Anderen zu beweisen.

Bismarck machte ihm nämlich, zunächst durch den Karlsruher Gesandten, Grafen Fleming, sodann in einem persönlichen Schreiben das verlockende Angebot, in preußische Dienste zu treten und im preußischen Hauptquartier das Kriegsmanifest zu schreiben. Das Angebot war mit der sicheren Aussicht auf ein preußisches Geschichtsordinariat verbunden. Es ist erforderlich, sich die persönlichen Schwierigkeiten zu vergegenwärtigen, in denen sich Treitschke damals befand, um seine Haltung ganz zu würdigen. Für einen Professor von Treitschkes preußischer Gesinnung wurden die Zustände im katholischen Freiburg tagtäglich unerträglicher. Es konnte mit Sicherheit vorausgesehen werden, daß sich Baden in dem bevorstehenden Konflikt der österreichischen Seite anschließen werde. Persönlich kam für Treitschke noch erschwerend hinzu, daß sich der politische Gegensatz zu seinem Vater in der erregten Erwartung einer kriegerischen Auseinandersetzung zuspitzte und verschärfte. Das drückende Vorgefühl eines Bruches mit seinem Elternhaus lastete schwer auf ihm. Diese ganze reale Situation, in welcher sich der 32-jährige Professor in politischer und menschlicher Hinsicht befand, als ihm das auch seinem Ehrgeiz reizende Angebot gemacht wurde, darf in ihrem Wirklichkeitsgehalt nicht überschätzt werden. Außerdem hatte Treitschke soeben in Berlin mit Archivstudien für seine Geschichte des Deutschen Bundes begonnen und war zu der Ansicht gekommen, daß die preußische Geschichte nicht, wie vom Hirzel'schen Verlag eigentlich vorgesehen war, gesondert als ein selbständiger Teil bearbeitet werden dürfe, sondern daß sie vielmehr den festen Kern in der schwer übersichtlichen deutschen Geschichte des 19. Jahrhunderts zu bilden habe. Der ihm erteilte Verlagsauftrag, eine Geschichte des Deutschen Bundes, ohne Einbeziehung der Geschichte der preußischen Politik zu schreiben, schien ihm nicht mehr

108) zitiert nach H. Oncken, Historisch-politische Aufsätze und Reden, 1914, Bd. 2, S. 270.

durchführbar. Wenn er zunächst „die Langeweile" einer Bundesgeschichte zu umgehen gedacht hatte, indem er sich vornahm, eine Geschichte der öffentlichen Meinung – des Volksgeistes – der Ideen zu schreiben, so wollte er nun vor allem den durch Preußen bewirkten staatlichen Fortschritt darstellen. Er dachte dabei an eine Geschichte des preußischen Beamtentums. Der Schwerpunkt seiner Forschung verlagerte sich eindeutig nach Berlin. Diese vor ihm liegende wissenschaftliche Arbeit war an sich schon Veranlassung genug, das Angebot der preußischen Regierung, ganz abgesehen von seiner politischen Bedeutung, sorgfältig zu erwägen. Hinzu kam die Aussicht auf eine gute Karriere in Preußen.

Die beiden an Bismarck gerichteten Briefe vom 7. 6. und 14. 6. 1866[109], in denen Treitschke das ihm gemachte Anerbieten ablehnt, sind eindrucksvolle Dokumente eines starken politischen Selbstbewußtseins und eines stolzen Unabhängigkeitsgefühls auf der Grundlage der *Überzeugung*[110]. Er begründet im ersten Brief seine Ablehnung mit einem grundsätzlichen Bedenken und schreibt: „Ich habe aus dem Gange, den die königliche Regierung bisher genommen hat, nicht die Hoffnung schöpfen können, daß ich ihr meine Dienste widmen dürfe, und ich kann bis jetzt nicht die feste Zuversicht auf das Gelingen der deutschen Bundesreform gewinnen." Die Gründe, die ihn zu dieser glatten Absage an den preußischen Ministerpräsidenten veranlassen, liegen auf innerpolitischem Felde. „Mir erschient die unbedingte Anerkennung des Budgetrechtes der Abgeordneten als eine unabweisliche Notwendigkeit; keine Kunst der Welt wird je einen preußischen Landtag zu Stande bringen, der auf dieses Recht verzichtet[111]." Im übrigen verweist Treitschke auf einen soeben erschienenen Aufsatz „Der Krieg und die Bundesreform[112]", der seine Meinung genau enthalte.

109) Briefe, Bd. 2, S. 475ff., v. 7. 6. 1866 und ebd., S. 480f., v. 12. 6. 1866.

110) G. P. Gooch glaubt in Treitschkes Ablehnung des Bismarck'schen Anerbietens eine für deutsche akademische Verhältnisse seltene Ausnahme erblicken zu dürfen. Sein Urteil ist in einem Aufsatz „Treitschke in his correspondence" enthalten, der im Februarheft 1948 der Contemporary Review erschien: „the refusal of tempting offers from Bismarck at a time when the young teacher had his career to make reveals a sturdiness rare in German academic circles." (The Contemporary Review, No. 986, Februar 1948, S. 100.) Von der wissenschaftlichen Gerechtigkeit, mit welcher der anglophobe Treitschke in diesem englischen Aufsatz von 1948 behandelt wird, ist in den verallgemeinernden Urteilen über „the German academic circles" kaum etwas zu spüren. Treitschkes Verhalten war 1866 durchaus nicht ungewöhnlich, sondern entsprach vollkommen dem Urteil und der Stimmung der gebildeten liberalen Zeitgenossen und besonders der Professoren.

111) Briefe, Bd. 2, S. 476, v. 7. 6. 1866.

112) H. v. Treitschke, Zehn Jahre Deutsche Kämpfe, S. 67ff.

Der Schluß des Briefes enthält noch eine beachtenswerte Bemerkung, an der sich seine damalige empfindliche Besorgnis, nicht in die „Schuld" der preußischen Regierung hineingezogen zu werden, ablesen läßt: „Solange ich außerhalb Preußens lebe, ist meine publizistische Aufgabe leicht. Sobald ich mit der k. Regierung in irgendeine Beziehung träte, müßte ich auch an meinem Teile die Verantwortung für ihre innere Politik übernehmen und dies ist mir unmöglich, solange der Rechtsboden der Verfassung nicht hergestellt ist." Er meint also, als freier Schriftsteller außerhalb Preußens an der Unterscheidung zwischen äußerer und innerer Politik eher festhalten zu können, die er aber aufgeben müsse, sobald er in irgendeine Beziehung zur preußischen Regierung treten würde und damit, wie er glaubt, zu seinem Teile die Verantwortung auch für deren innere Politik mit zu tragen hätte. Bismarck antwortete sehr verbindlich. Er estimierte die Treitschke'schen Bedenken und nahm ihnen zugleich ihr schweres moralisches Gewicht. Er versicherte, vollkommen nachfühlen zu können, wie es Treitschke, wenn er sich in Preußen in bestimmter Beziehung zur Regierung befände, „schwerer als im Auslande sein würde, die innere und äußere Politik zu trennen und seine Tätigkeit für die letztere mit dem Gegensatz gegen die erstere zu vereinen[113]". Es ist reizvoll, die Gegensätze, die dieser Briefwechsel enthält, mehr zwischen den Zeilen zu erkennen, mehr zu spüren als unmittelbar abzulesen. Bismarck wird nicht einzusehen vermocht haben, wieso Treitschke „zu seinem Teil die Verantwortung für die preußische innere Politik übernehmen müßte", wenn er sich der Abfassung des Kriegsmanifestes unterzöge. Treitschke faßte diese Verantwortung in schwerem sittlichen Ernste auf. Bismarck übergeht das Problem der Verantwortung, das Treitschke so beschäftigte, vollkommen, wenn er, sehr verbindlich und entgegenkommend, von seinem Verständnis dafür spricht, daß es Treitschke in Preußen „selbstverständlich" schwerer fallen müsse als in einem anderen deutschen Staate, innere und äußere Politik zu trennen.

Er hält den Gegensatz aber doch nicht für groß genug, daß er deshalb darauf verzichten müsse, das geplante Kriegsmanifest von Treitschke entwerfen zu lassen. Wenn letzterer schon glaubt, nicht in das preußische Hauptquartier fahren zu dürfen, so erklärt sich der preußische Ministerpräsident trotzdem dazu bereit, ihm den Bundesreformplan und alles erforderliche Material nach Heidelberg zu senden und ihn so in den Stand zu setzen, „im Ausland" einen Entwurf für ein Manifest an die deutsche Nation zu schreiben und auf diese Weise an der Unterscheidung zwischen innerer und auswärtiger Politik Preußens festhalten zu können. Bismarck war

113) zitiert nach Th. Schiemann, Heinrich v. Treitschkes Lehr- und Wanderjahre, S. 254.

also sehr viel daran gelegen, daß ein solches Manifest von Treitschke geschrieben würde. Er erwähnte schließlich auch noch die Gründe, die ihn zu seinem Antrag gerade an Treitschke veranlaßt hätten, und begegnete damit sehr geschickt dessen eigensten Anschauungen: „Möchten Sie, geehrter Herr Professor, einen Entwurf zu einem solchen Manifest ausarbeiten und mir, freilich in wenigen Tagen, zusenden? Sie kennen und fühlen selbst die tiefen Strömungen des deutschen Geistes, an welche man sich in so ernsten Augenblicken wenden muß, um den rechten Anklang zu finden und werden die warme Sprache reden, die diesen Anklang hervorruft."

Treitschke blieb fest und lehnte erneut ab. Er wird in seinem zweiten Schreiben vom 14. Juni noch deutlicher.

Der zweite Brief enthält neben der Wiederholung der grundsätzlichen Einwände noch einen besonderen Gesichtspunkt, der für Treitschkes Einstellung überaus bezeichnend ist. Seine Argumentation ist folgende: Da er aus den schon angegebenen Gründen nicht einfach in den Dienst des königlichen Kabinetts treten könne, sehe er nur den anderen Weg vor sich, „völlig selbständig zu bleiben und den Gang der preußischen Politik nach seiner Überzeugung in der Presse zu unterstützen oder zu bekämpfen". Mit diesem Hinweis auf seine Tätigkeit und Verantwortlichkeit als Publizist, der sich nach einem Wort Hayms als „Diener der öffentlichen Meinung" zu fühlen hat, nennt Treitschke über den Gegensatz in der Beurteilung der Innenpolitik hinaus noch ein maßgebliches Argument, das ihn hindert, Bismarcks Wunsch zu erfüllen: Die selbständige *Überzeugung* des wissenschaftlich geschulten und der Tagespolitik frei und unabhängig gegenüberstehenden Mannes verbietet es ihm, einfach in den Dienst der preußischen Regierung zu treten[114]. Der innerpolitische Gegensatz ist gewiß der Hauptgrund und doch zugleich ein willkommener Anlaß der Ablehnung. Dahinter verbirgt sich noch eine andere Problematik, aus welcher heraus der politische Professor „selbständig" bleiben möchte. Er kann auch in Heidelberg nicht, wie Bismarck vorschlug, ein preußisches Kriegsmanifest schreiben. Wenn er aber auch selbst dieses Bedenken überwinden würde, „so bleibt noch eine andere Unmöglichkeit[115]". Er schreibt, daß „schon der erste Entwurf des Manifestes von einem Manne ausgehen müsse, der die Pläne des Kabinetts bis in das einzelne kennt, also der Natur der Sache nach von

114) So wird er auch jene Flugschrift „Die Zukunft der norddeutschen Mittelstaaten", über welche es zum öffentlichen Bruche mit seinem Vater kam, mit seiner sittlichen Überzeugung begründen und entschuldigen: „... daß einfache sittliche Beweggründe mir die Feder führten, daß ich ganz unabhängig bin und Niemand im hiesigen Kabinett von meiner Schrift, bevor sie erschien, etwas ahnte, brauche ich Dir nicht erst zu versichern." (Briefe, Bd. 3, S. 51, v. 18. 8. 1866.)

115) zitiert nach Th. Schiemann, a.a.O., S. 256.

einem Manne, der mit zur Regierung gehört[116]". An dieser Stelle decouvriert Treitschke seine tiefsten Beweggründe. Er erklärt sich nur dann für fähig, das Manifest zu liefern, wenn er die Regierungspläne „bis in das einzelne" kennt. Es geht also nicht *nur* um den Verfassungskonflikt, sondern Treitschke will den Weg kennen, den die Regierung einschlagen wird. So bezeichnet er theoretisch geradezu den „Kabinettseintritt" als wünschenswerte Vorbedingung für die Abfassung eines Manifestes. In jedem Fall ist es aufschlußreich zu beobachten, mit welchem schweren Ernst Treitschke den Antrag des preußischen Ministerpräsidenten behandelt. Letzten Endes geht es ihm darum, daß seine „Überzeugung" unverletzt bleibt.

Ein erstaunlicher Gegensatz liegt hier vor: Bismarck wollte unter den günstigsten Bedingungen einen Professor und Publizisten für einen ganz bestimmten Auftrag gewinnen, und dieser lehnt ab, weil er „die Pläne des Kabinetts nicht bis in das einzelne kennt".

Treitschke scheut letzten Endes das Risiko, das er eingehen würde, wenn er sich dem undurchsichtigen und schwer erkennbaren Bismarck, der sich noch dazu durch keine Idee bislang ausgewiesen hat, zur Verfügung stellt. Er will nicht auf das Recht seiner Überzeugung verzichten. Daß diese Interpretation nicht zu weit geht, zeigt ein Brief an Gustav Freytag, in welchem Treitschke seine Gründe nochmals zusammenfaßt. Es ist bezeichnend, daß gerade Freytag der Adressat dieses brieflichen Geständnisses wurde. Treitschke wußte, daß dieser Dichter für einen Gedankengang wie den folgenden besonderes Verständnis besaß: „Selbst Roggenbach, jetzt wieder durch und durch Preuße, wagte nicht abzuraten. Aber ich mußte ablehnen; ich konnte micht nicht einer Politik verpfänden, deren letzte Ziele nur Ein Mann kennt, deren Sünden zu bessern ich keine Macht besitze; ich konnte nicht um eines sehr zweifelhaften Erfolges willen meinen ehrlichen Namen aufs Spiel setzen . . .[117]." Im Kern entspricht diese Argumentation der Ansicht, daß nur derjenige, der die Pläne des Kabinetts kennt, ein Manifest zu schreiben in der Lage ist.

Treitschke begründet seinen Entschluß mit Erwägungen, die nicht nur für ihn, sondern für die größere literarische Schicht, der er angehörte, symptomatisch sind. Aus einer ganz ähnlichen Einstellung heraus, nämlich aus der Scheu vor einem Risiko, das in der Unterstützung einer Politik liegt, deren letzte Absichten immer im Dunkel bleiben, hatte Heinrich von Sybel vor 2 Jahren über die schwierige publizistische Behandlung der Schleswig-Holstein'schen Frage an Rudolf Gneist folgendes geschrieben: „Dazu das Risiko, das in jedem Falle, wie man sich auch nehme, jetzt noch vorhanden ist,

116) Briefe, Bd. 2, S. 480.

117) A. Dove, G. Freytag und H. v. Treitschke im Briefwechsel, S. 89f., v. 12.6.1866.

daß man Bismarcks Tendenz in einer Weise faßt und darstellt, die er während des Druckes Lügen straft[118]."

Auch bei Sybel handelt es sich um ein Unbehagen des Mannes von sich gleichbleibender Überzeugung an dem nicht überschaubaren Vorgehen des diplomatischen Realisten. Sybel hat dieses geradezu ärgerliche Mißbehagen einmal so ausgedrückt: „Überhaupt scheint mir, daß der Mangel an politischer Moralität und Konsistenz, in dem unsere Machthaber exzellieren, schon hinreichend in den bisherigen Schritten und Früchten unserer Politik zu Tage getreten ist. Ich kann nur finden, daß die einfache Güte der Sache und sodann die Tapferkeit unserer Soldaten uns trotz der Pfiffigkeit des Ministers bisher über Wasser gehalten hat. Auf seinen Anteil kommen überall die üblen Folgen seiner frivolen Plan- und Grundsatzlosigkeit[119]." Bei aller Bereitschaft, „alles mögliche zur Unterstützung unserer auswärtigen Stellung auch bei diesem Ministerium zu tun[120]" und aller Anerkennung des bislang errungenen Erfolges wiederholt er ausdrücklich die bezeichnende Klage über „Mangel an Rechtsgefühl, Konsistenz und Konsequenz" bei Bismarck und bekennt sich zu „der sittlichen Überzeugung von der Notwendigkeit rechtlicher Ordnung für jeden Staat[121]". Auch Freytag schrieb am 14. 9. 65 an Treitschke, daß „die Beobachtung deutscher Natur und unserer politischen Verhältnisse ihm die feste Überzeugung gegeben habe, daß große Resultate nur durch einfache und naheliegende Mittel gewonnen werden. Dazu rechne ich vor Allem feste Redlichkeit, welche Freunden Vertrauen, dem Gegner Achtung einflößt[122]". Treitschke mag diesen Brief gegenwärtig gehabt haben, als er gerade Freytag über Bismarcks Angebot und die Gründe seiner Ablehnung informierte und bekannte, daß er sich nicht „einer Politik verpfänden könnte, deren letzte Ziele nur Ein Mann kennt, deren Sünden zu bessern er keine Macht besitzt". Indem er dies ausgerechnet an Freytag schrieb, wollte er gerade diesem Manne zeigen, wie sehr sie beide doch trotz aller augenblicklichen Gegensätze aus Anlaß tagespolitischer Fragen in den allerletzten Wertmaßstäben übereinstimmten, wie sehr sie zutiefst verbunden wären in der Idee der gleichen sittlichen Überzeugung.

„Du siehst, man hätte mir im Nu den Kappzaum über den Kopf geworfen[123]", so erläutert Treitschke die Folgen, welche die Annahme des

118) Deutscher Liberalismus im Zeitalter Bismarcks, Bd. 1, hrsg. v. J. Heyderhoff, S. 217, v. 9. 2. 1864.

119) ebd., S. 225, v. 19. 6. 1864.

120) ebd.

121) ebd.

122) A. Dove, G. Freytag und H. v. Treitschke im Briefwechsel, S. 54, v. 14. 9. 1865.

123) Briefe, Bd. 2, S. 475, Anm. 2, v. 12. 6. 1866.

Bismarck'schen Angebotes seiner Auffassung nach für ihn gehabt hätte, in einem Brief an seinen Bundesbruder Wilhelm Nokk. Er lehnt das Opfer seiner Überzeugung ab und ist nur dann bereit, in den Dienst einer Regierung zu treten, wenn er die Macht hat, ihre „Sünden" zu bessern und den Gang ihrer Politik mit zu bestimmen.

Welcher Art war nun eigentlich Treitschkes politische Überzeugung, die ihn hinderte, Bismarck zu folgen? Was für einen Inhalt besaß sie? Im ersten Brief an den preußischen Ministerpräsidenten verweist er auf seinen letzten Jahrbücher-Aufsatz vom 25. 5. 66, aus dem Bismarck „seine Meinung", die dieser Aufsatz „genau enthalte", kennenlernen und prüfen könne, ob diese einigermaßen mit den Absichten des königlichen Kabinetts verträglich sei. In diesem Aufsatz erklärt Treitschke nun aber, daß Bismarcks Behandlung der deutschen Frage seinen Wünschen nicht konveniere. „Es war ein befremdendes, fast unheimliches Schauspiel, wie der Gedanke der deutschen Einheit so plötzlich aus dem Dunkel unter das unbereitete Volk hinaustrat, und die größte politische Idee des Jahrhunderts fast wie ein Fechterstreich in einem diplomatischen Turnier erschien[124]." Diese vielsagende Bekundung kann erst dann erschöpfend interpretiert werden, wenn die Rolle des Volksgeistes in Treitschkes politischer Argumentation erläutert ist. Sie soll besagen, daß Bismarck ohne Befragung des Volksgeistes, ohne Studium der deutschen Geschichte und deutschen Natur, sein Bundesreformprojekt wie einen Überraschungscoup hervorgeholt habe. Sie soll ferner auch bedeuten, daß Bismarck „die größte politische Idee des Jahrhunderts" gewissermaßen usurpiert habe. Er besitzt keinen Kontakt mit dem Volksgeist, und deshalb ist er ein „Spieler[125]", wenn auch immerhin lobend hinzugefügt wird „ein kühner und ebenso vorsichtiger Spieler". Er besitzt „ein sehr geringes Verständnis für die sittlichen Kräfte des Völkerlebens. Die Mißachtung der Ideen ist ihm gekräftigt worden durch die Verirrungen der öffentlichen Meinung in den letzten Jahren, da der Idealismus der Nation sich in Phrasen verflüchtigte. Heute wird dem Berliner Kabinett die Erfahrung, daß ein ganzes Volk den jähen Sprüngen eines geistreichen Kopfes nicht zu folgen vermag und ein tief eingewurzeltes, auf Tatsachen begründetes Mißtrauen nicht über Nacht aufgibt. Wie betäubt schaute die Nation der plötzlichen Wendung der preußischen Staatskunst zu[126]". Gewiß sind diese Worte an die Adresse des liberalen Lesers gerichtet, dem gezeigt werden soll, daß der Verfasser trotz seiner unbedingten preußischen Gesinnung noch immer zur liberalen Partei gehört. Die Formulierungen, die Treitschke

124) H. v. Treitschke, Zehn Jahre Deutsche Kämpfe, S. 78.
125) ebd., S. 70.
126) ebd., S. 78f.

gebraucht, sind trotzdem wörtlich und ernst zu nehmen. „Mißachtung der Ideen" – darin liegt in den Augen des Idealisten der schwerste Makel, der einem Menschen anhaften kann. Das Ausmaß des Vorwurfs, den Treitschke mit dieser Feststellung ausspricht, wird deutlich, wenn im Kapitel über Treitschkes ästhetische Wertmaßstäbe die Funktion der „Idee" erläutert wird. „Die jähen Sprünge eines geistreichen Kopfes", aus denen Bismarcks deutsche Politik zu bestehen scheint, verzerrten das Bild, das sich der Idealist und Liberale auf Grund fester Maßstäbe von dem Gange, den die Politik zu nehmen habe, machte. „Der unberechenbare, launische Zug[127]" oder „der zynische Zug" haben Treitschke nie ganz heimisch werden lassen bei Bismarck, dessen bedingungsloser Gefolgsmann er bald in allen außenpolitischen Fragen wurde. Allerdings würde die Dankbarkeit für das durch Bismarck eingebrachte nationale Gut, auch wenn dasselbe auf einem anderen als dem am Schreibtisch ausgedachten Wege errungen war, Treitschke immer davor bewahrt haben, in einem solchen hämischen Tone von Bismarck zu sprechen, wie es Gustav Freytag z. B. in einem Briefe an Karl von Normann am 13. 7. 73 tat: „... Da der Kohl bauende Genius von Varzin das Menschengeschlecht fortwährend zwingt, sich mit ihm zu beschäftigen, so gestatten Sie auch mir, über ihn zu melancholisieren. Die Bowle seines Wesens ist für unseren lieben Herrn ja schwer zu trinken. Die Mischung von Leichtsinn und weitblickender Schlauheit, von rohem Eigenwillen und elastischer Biegsamkeit und wie die ungewöhnlichen chemischen Verbindungen in ihm sonst noch zu formulieren sind, machen fast unmöglich, ohne Wirbel mit ihm dahin zu fahren ... Dennoch ist er im Grunde ein Kind, verzogen, in manchem verdorben, aber er ist doch ein Kindskopf . . . Daß er ein Mann ist, der tatsächlich wenig gelernt hat, der auch gar nicht reich an politischen Gedanken ist, macht es sehr leicht, auf seine Entschlüsse zu wirken, solange er noch nicht Partei genommen hat. Es klingt wohl lächerlich, wenn man Bismarck einen Dilettanten in der Politik nennt und doch war er ein ganz roher Dilettant, als er die Geschäfte übernahm, und er ist es in gewissem Sinne noch. Daß er mehr durchgesetzt hat, als jeder geschulte Politiker, die ja in Preußen dürftig gesät waren, verdankt er seiner Stärke und rücksichtslosen Schlauheit in gegebenen Situationen, nicht seiner Umsicht und Kenntnis. Man denke an die Polenfrage, die katholische, vor allem an die schlewig-holsteinische im Jahre 1864[128]." (!) Diese geradezu böswillige Bekundung, die Freytags unverändertes Bismarckbild enthält, ist schon an dieser Stelle unserer Untersuchung ausführlich wiedergegeben worden, weil sie so überaus bezeichnend und aufschlußreich ist – so peinlich diese

127) Briefe, Bd. 3, S. 197, v. 3. 1. 1868.

128) Deutscher Liberalismus im Zeitalter Bismarcks, Bd. 2, S. 83 f., v. 13. 7. 1873.

Sätze auch wirken. Ärger, Verbitterung und das Bewußtsein, es „eigentlich" besser zu wissen und zu können als dieser „dumme Kerl", der ohne „Ideen" sowie ohne sich gleichbleibende Überzeugung Politik macht, entladen sich zusammen in diesem brieflichen Erguß der 70er Jahre. Bei derartigen Urteilen Freytags darf allerdings nicht vergessen werden, daß er unter Politik in erster Linie Innenpolitik versteht. So schien für diese Auffassung die Reichsgründung auch mehr ein inneres Ereignis zu bedeuten als eins von außenpolitisch-militärischer Natur. Bismarcks Erfolg widersprach der eigenen Überzeugung und stellte dieselbe in Frage. Freytag konnte das niemals verwinden. Bismarcks angeblicher Mangel an innerer Verbindung mit dem Volksgeist war in den Augen Freytags ein nicht gutzumachender Fehler. Bismarcks „politischer Dilettantismus" erscheint in der Reihe der Vorwürfe gegen ihn am erstaunlichsten und befremdlichsten. Sollten die Frankfurter, Petersburger und Pariser Botschafterjahre keine hinreichende Vorbereitungszeit für einen Minister des Auswärtigen bilden? Diese Frage stößt mitten hinein in die Problematik des Verhältnisses von praktischer Politik und akademischem Liberalismus, als dessen interessanteste und charakteristischste Spielart Gustav Freytag mit behandelt werden soll. Zugleich mag letzterer als eine Folie zu Treitschkes individueller Entwicklung dienen. Nach Freytags Überzeugung sollte sich der Politiker weniger im Rahmen europäischer Diplomatie und auf höfischem Parkett, zumal sich hier bislang „kein herzlicher Verkehr mit dem Geist der Nation[129]" herausgebildet hatte, entwickeln, als vielmehr in gründlichem Studium der deutschen Geschichte und in enger Verbindung mit dem Volke, worunter die gebildeten und die wohlhabenden Schichten, d. h. also der Mittelstand, verstanden wurden. Der Hinweis auf Bismarcks „rohen Dilettantismus" soll schließlich besagen, daß seine Politik ohne „Programm" durchgeführt worden sei. Der Erfolg vermochte diesen Mangel durchaus nicht zu ersetzen.

Treitschkes Einstellung war der Freytag'schen sehr verwandt, bis er unter dem Eindruck persönlicher und sachlicher Erfahrungen erkannte, daß die Gründung eines deutschen Staates nicht „vom Volke" her und nicht allein „mit Überzeugung", sondern nach dem herkömmlichen Muster nationalstaatlicher Bildungen nur mit Hilfe einer günstigen diplomatisch-militärischen Kombination möglich sei. Als er jedoch schon längst Bismarckianer sans phrase geworden war, gab er von seinem idealistischen Standpunkt aus seine Reserve gegen den Charakter Bismarcks niemals ganz auf. Noch am 29. 11. 77 schrieb er an Freytag: „Bismarck kann selbständige Naturen nicht neben sich ertragen, und ich rate keinem Freunde,

129) G. Freytag, Die verlorene Handschrift, 2. Teil, S. 346.

seinen Kopf in diese Schlinge zu stecken[130]." Ein Doppeltes ist an dieser Briefstelle bemerkenswert. Bezeichnend ist wieder Gustav Freytag der Adressat des Briefes, der ein solches Urteil enthält, mit welchem der Briefschreiber erneut zum Ausdruck bringen möchte, daß beide, der Dichter und der Historiker, auch jetzt noch – 1877 – trotz mancherlei Gegensätzen zusammenstimmen; auffallend ist ferner die Wiederkehr eines ähnlichen Bildes, in welchem Treitschke schon einmal den Staatsdienst unter Bismarck charakterisiert hatte. So wie er 1866 Bismarcks Angebot mit einem Kappzaum verglichen hatte, den „man im Nu ihm über den Kopf geworfen haben würde", ebenso fließt ihm 1877 das Bild der „Schlinge" in die Feder, in die derjenige seinen Kopf stecke, der in ein Kabinett Bismarcks eintritt. Beide Bilder – der Kappzaum und die Schlinge – besagen, daß der, der sich Bismarck einmal unterordnet, auf seine „Überzeugung" Verzicht leisten muß. 1866 war die Ablehnung noch eindeutig. Damals dachte er nicht daran, sich einem Manne auszuliefern, „dessen Sünden zu bessern er keine Macht habe". Er war nur dann zu „dienen" in der Lage, wenn er alle Pläne der Regierung „bis in die Einzelheiten hinein" kenne. 1877 aber steht er auf dem Standpunkt, daß „das Kabinett nun einmal das Ministerium Bismarck ist und es bleiben soll, darum muß ich wünschen, daß er Alle, die nicht mit ihm gehen wollen, beseitigt und wieder Einheit herstellt[131]". Seine Freunde will er jedoch auch jetzt noch von diesem Schicksal ausnehmen.

Was Treitschke vor allem von Gustav Freytag bei aller Verwandtschaft ihrer geistigen Habe unterschied, war das echte Verständnis für die diplomatisch-militärische Natur des nationalstaatlichen Kampfes, den beide als Publizisten kommentierten. Wie diese Einsicht langsam bei ihm zunahm, wird noch erläutert werden. Diese Erkenntnis der Bedeutung des diplomatischen Elementes, die gleichzeitig eine Versachlichung seiner Urteile hervorrief, wurde bei Treitschke die Vorbedingung eines größeren Verständnisses für die politische Leistung Bismarcks. Die im Aufsatz über „den Krieg und die Bundesreform" zum ersten Male ausgesprochene Ansicht, daß „auch ein Kabinettskrieg heilsame wohlbegründete Zwecke verfolgen könne[132]" und die Überzeugung von der Notwendigkeit „einer kraftvollen Aktion nach Außen[133]" erschlossen Treitschke das Verständnis für Bismarcks „diplomatische Kombinationen", in denen ein Mann wie Freytag nur diplomatische Finessen erblickte.

130) Briefe, Bd. 3, S. 452, v. 29. 11. 1877.
131) ebd.
132) H. v. Treitschke, Zehn Jahre Deutsche Kämpfe, S. 79f.
133) ebd., S. 86.

Von solchen Voraussetzungen aus stellte Treitschke die entscheidende Frage an das liberale Bürgertum seiner Gegenwart und auch an den Historiker der Gegenwart: „Wissen die Liberalen einen Mann, ihn zu ersetzen?[134]" Diese berechtigte Frage, auf die es auch heute noch in der Auseinandersetzung um Bismarck ankommt, bildet das schlagende Argument in dem Aufsatz vom 25. 5. 1866.

In denselben Tagen, am 27. Mai 1866, schrieb Hermann *Baumgarten*, dessen Entwicklung in jenen Jahren sehr verwandte Züge mit derjenigen Treitschkes aufweist, einen Brief an Karl Twesten, in welchem dieselbe Frage aufgeworfen wird: „. . . da sie (die Liberalen) es mit Protest zurückweisen, mit Bismarck eine Regierung zu bilden, so müssen sie in der Lage sein, ein Ministerium aus eigener Kraft zu bilden. Uns sind die preußischen Verhältnisse und Personen nicht unbekannt, aber wir kennen den Liberalen nicht, der unter den heutigen Verhältnissen das Ministerium der Auswärtigen Angelegenheiten übernehmen könnte[135]."

Die „Selbstkritik des deutschen Liberalismus", die Baumgarten 1866 verfaßte und herausgab, stellt eine besondere gehaltvolle Quelle für die Erkenntnis des Umwandlungsprozesses dar, in welchem sich der damalige Liberalismus unter der Wirkung der Erfahrungen befand, die ihm die Politik Bismarcks einbrachte. Baumgarten weist die Fraglichkeit des liberalen Widerstandes gegen Bismarck nach, indem er bezeichnend die Gültigkeit der „Überzeugung" als eines festen politischen Maßstabes in Zweifel stellt: „Man hat sich zwar bei uns gewöhnt, die sogenannte Konsequenz als die höchste aller politischen Tugenden zu preisen, aber es bedarf doch nur eines etwas ernsten Nachdenkens, um zu erkennen, daß auch darin wieder eine jener unglücklichen Verwechslungen der Politik mit anderen rein innerlichen Geistestätigkeiten zutage tritt, an denen wir so reich sind. Eine religiöse Überzeugung trotz allem Drange widriger Umstände festhalten, einem Freunde Treue bewahren, wie schlimm ihm das Geschick und die Menschen mitspielen, das ist gewiß wahre Tugend. Aber in der Politik nicht nur dasselbe Ziel, sondern auch denselben Weg zu ihm, unbeirrt um die das Ziel wie den Weg bestimmenden Verhältnisse, behaupten wollen, ist Torheit. Denn in der Politik kommt es darauf an, nicht daß ich eine Absicht habe, sondern, daß ich sie realisiere[136]." Wenn die „Überzeugung" bislang dazu gedient hatte, Politik und Wissenschaft aufs engste miteinander zu verkoppeln, wenn die Überzeugung der tragende Grund für beide gewe-

134) ebd.

135) Deutscher Liberalismus im Zeitalter Bismarcks, Bd. 1, S. 96, Nr. 233, v. 27. 5. 1866.

136) H. Baumgarten, Hist. u. pol. Aufs. u. Reden, S. 188f.

sen war, so werden in dieser Schrift Politik und Wissenschaft wieder in ihrer Verschiedenheit dargestellt und die nachteiligen Folgen, die aus „der Verwechslung der Politik mit anderen, rein innerlichen Geistestätigkeiten" entstehen, nachgewiesen. Baumgarten weiß, was für die Liberalen jener Jahre durchaus nicht selbstverständlich ist, „daß wissenschaftliche Leistungen wesentlich andere Geisteseigenschaften voraussetzen als politische Handlungen[137]". Als Baumgartens Selbstkritik erschien, hatte Treitschke bereits auf Grund von eigenen politischen Erfahrungen den Standpunkt, den der Verfasser dieser Schrift einnahm, beinahe erreicht. Er zog aus dem Gang der politischen Entwicklung seit 1863/64 und besonders seit Königgrätz den Schluß, daß politisches Handeln eine ganz spezifische Begabung voraussetze.

So stellte sich Treitschke die Aufgabe, die politische Begabung, die in keinem unmittelbaren Zusammenhang mit anderen Fähigkeiten zu stehen braucht, in einem Essay über *Cavour* zu beschreiben. Er wollte an der politischen Leistung des italienischen Staatsmannes zeigen, „was geniale Realpolitik" sei[138]. Es ist wahrscheinlich, daß Mathy ihn zuerst gesprächsweise auf dieses Thema aufmerksam machte. Treitschke hat diesen Plan, den er im Herbst 1865 konzipierte, erst im Winter 1868/69 ausgeführt. So wie Gustav Freytag in der Biographie über Mathy sein politisches Glaubensbekenntnis niedergeschrieben hat, ebenso hat Treitschke im Cavour sein Ideal des echten Staatsmannes entworfen.

Der Cavour-Essay von 1869 ist aus den Erfahrungen des Winters 1863/64 erwachsen. Der Schatten Bismarcks steht hinter der Gestalt Cavours, aber noch nicht so, daß er letzteren ganz verdeckt; vielmehr scheint das Bild Cavours heller und stahlender vor diesem Schatten, weil es mehr Züge aus dem Antlitz seines Volkes trägt und weil es den Zusammenhang mit dem italienischen Volksgeist sichtbarer erkennen läßt, als es bei Bismarck der Fall zu sein schien.

Im Rahmen dieser besonderen Untersuchung über die Wandlung und die Veränderung, denen der Maßstab der Überzeugung unterworfen ist, soll am Cavour-Aufsatz zunächst nur die Stufe beschrieben werden, welche die Auseinandersetzungen mit dem *politischen* Wert der Überzeugung erreicht hat. Wenn Treitschke jetzt die Überzeugung auf ihre politische Brauchbarkeit hin untersucht, so unterscheidet er bezeichnenderweise zwischen außenpolitischem und innenpolitischem Bereich – eine Unterscheidung, die er schon im Aufsatz über Dahlmann gemacht hatte. Der Cavour-Aufsatz enthält überhaupt in der Behandlung dieses Problems eine überraschende Ähnlichkeit mit dem Essay über Dahlmann. So wie er hier an der Ablehnung

137) ebd., S. 153.
138) Briefe, Bd. 2, S. 438, v. 28. 11. 1865.

des Friedens von Malmö die unheilvolle Rolle nachweisen wollte, welche „die Überzeugung" bei der Entscheidung außenpolitischer Fragen spielen kann, so wendet er dort dieselbe Beweisführung an und verfolgt dasselbe Ziel, wenn er die Ablehnung des Mailändischen Friedens (1849) durch die Piemontesische Demokratie beschreibt. Er will in beiden Fällen zeigen, daß „die Überzeugung" im Bereich der Außenpolitik keine Geltung haben darf. „Die Kammer zog vor, ein Spektakelstück demokratischer Gesinnungstüchtigkeit aufzuführen. Sie verweigerte die bedingungslose Genehmigung des Friedens. Mag das Statut untergehen, rief Brofferio, mag die Freiheit untergehen, nur nicht unsere Ehre[139]!" Dieser Gesinnungstüchtigkeit wird Cavours Realismus gegenübergestellt: „Man stelle diesen Kraftanspruch neben die Worte, die Cavour später in den Tagen seiner schwersten Kämpfe ausstieß: ‚Mag mein Name untergehen, mag mein Ruf untergehen, wenn nur Italien eine Nation wird!' – und ein Gegensatz der Staatsgesinnung, der in wechselnden Formen ewig derselbe, auch das deutsche Parteileben durchzieht, tritt uns durchsichtig vor die Augen. Die Politik des Bekenntnisses schwelgt im Genuß der eigenen Größe, indem sie ihre Glaubenssätze mit der Seelenruhe des kirchlichen Märtyrers unabänderlich vom Blatte abliest; die Politik der Tat bescheidet sich, dem Vaterlande ein wenig zu nützen[140]." Was schon im Dahlmann-Aufsatz von 1864 ebenfalls scharf verurteilt, aber immerhin noch als „das verlorene Wort eines edlen Patrioten, der das Unmögliche verlangte[141]" – nämlich „Überzeugung" an der Stelle zu zeigen, wo es um Machtfragen geht – honoriert wurde, dem wird nun auch das reine Motiv patriotischer Überzeugung abgesprochen. „Überzeugungstreue" sinkt ab zu „Gesinnungstüchtigkeit". Die Politik des Bekenntnisses, d. h. „Moralpolitik", wird auf einen verfeinerten Egoismus als auf ihre eigentliche Verursachung zurückgeführt, und die Politik der Tat, „Realpolitik", die sich bescheidet, „dem Vaterlande ein wenig zu nützen", wird ihr als eine politisch und auch sittlich höher stehende Form des Dienstes am Vaterlande gegenübergestellt und vorgezogen. Im Jahre 1866 hatte Treitschke nach Ablehnung des Bismarck'schen Antrages an Freytag geschrieben, daß er

139) Aufsätze, Neue Folge, 1. Teil, S. 396f.
Die Ähnlichkeit zwischen den beiden Situationen, die Treitschke im Dahlmann- und im Cavour-Aufsatz beschreibt, kommt auch darin zum Ausdruck, daß sich in beiden Fällen „die Überzeugungstreue" mit dem Appell an „die Ehre der Nation" verbindet. In beiden Fällen wird von den „Gesinnungstüchtigen" unter den Volksvertretern an die „Ehre der Nation" appelliert; vgl. auch Dahlmann-Aufsatz, Aufsätze, 3. Aufl., S. 430: „... daß in der schleswig-holsteinischen Sache die Ehre Deutschlands gewahrt werden solle, die Ehre Deutschlands;"

140) Aufsätze, Neue Folge, 1. Teil, S. 396f.

141) Aufsätze, 3. Aufl., S. 433.

„nicht um eines sehr zweifelhaften Erfolges willen seinen ehrlichen Namen aufs Spiel setzen könnte[142]". Allerdings hatte er auch damals schon hinzugefügt: „Nach meiner politischen Moral soll man allerdings auch seinen guten Ruf dem Vaterlande zum Opfer bringen – aber auch nur dem Vaterlande, also nur, wenn man im Besitze der Macht ist und hoffen kann, durch Schritte, die der Menge ruchlos scheinen, den Staat wirklich zu fördern[143]." Das theoretische Zugeständnis an den Staatsmann, der an der Macht ist, diente zu diesem Zeitpunkte und in diesem Briefe an Gustav Freytag jedoch vor allem dem nachdrücklichen Hinweis auf die eigene Überzeugungstreue, die gerade von dem Adressaten mehrfach in Zweifel gestellt war, und die er soeben eindrucksvoll im Verhalten vor Bismarck bewiesen hatte.

Die Untersuchung seines praktischen Verhaltens in jenen Tagen, als sich Treitschke über Bismarcks Antrag zu entscheiden hatte, zeigte, daß er damals „im Ernstfall" noch allein dem Kompaß der sittlichen Überzeugung folgte. Er war nicht bereit, „seinen guten Ruf" in der Gefolgschaft eines Mannes, der „allein" die Macht hatte, zu riskieren. Er gestand damals übrigens auch Bismarck nicht das Recht zu, die Überzeugungen der Abgeordneten einfach zu verletzen. Nach den Erfolgen von 1866 verschieben sich die Werte. Die „Überzeugung" spielt gleichsam nur noch die Rolle eines privaten Hausmittels; der Politiker unterliegt einer besonderen „politischen Moral". Letztere ist die höchere Form der Sittlichkeit. So faßt er das Urteil über die politische Sittlichkeit des italienischen Staatsmannes folgendermaßen zusammen: „An den rauchenden Trümmern des Vaterlandes sich die Hände wärmen mit dem behaglichen Selbstlob: ich habe nie gelogen – das ist des Mönches Tugend, nicht des Mannes. Und solange Männer leben, wird kein Makel haften an der Seelengröße des Staatsmannes, der Italien schuf, der das Sittlichste tat, was dem Sterblichen zu tun vergönnt ist[144]." Der alte Glanz der individuellen Überzeugung war nun verblaßt.

142) A. Dove, G. Freytag und H. v. Treitschke im Briefwechsel, S. 89.

143) ebd.

144) Aufsätze, Neue Folge, 1. Teil, S. 462.

Zu der im Cavour-Aufsatz getroffenen Unterscheidung zwischen öffentlicher und privater Moral fühlte sich der Theologe Martin Kaehler genötigt, in einer kleinen Schrift „Die starken Wurzeln unserer Kraft", die 1872 erschien und Betrachtungen zur Begründung des deutschen Kaiserreichs und zum Ausbruche des Kulturkampfes enthält, eine kritische Anmerkung zu machen. Diese einzelne Stimme eines konservativen und christlichen Zeitgenossen soll deshalb zitiert werden, weil sie einen Anlaß bietet, darauf hinzuweisen, daß auch auf konservativer christlicher Seite „die Überzeugung" eine große Rolle spielt. Der Gelegenheitscharakter der Schrift eines Verfassers, dessen originale Lebensleistung in ganz anderem Bereich als dem der

Wenn der Grundsatz der Überzeugung für den Bereich der auswärtigen Politik endgültig als unbrauchbar und schädlich erkannt worden war, so bewahrte er dagegen im innerpolitischen Bereich auch jetzt noch

historisch-politischen Reflexion lag, ist geeignet, die Bedeutung, welche dieser kleinen Publikation als einer zeitgenössischen Quelle zukommt, noch zu erhöhen. Die Konservativen beriefen sich ebenso wie die Liberalen auf ihre Grundsätze und ihre Überzeugungen, wenn sie den Wendungen der Realpolitik nicht mehr zu folgen gewillt waren. Ja, es ist zu sagen, daß ein Kreis von Alt-Konservativen noch an ihrer Überzeugung festhielt, als die Liberalen die ihrigen längst vor den von der Realpolitik eingebrachten nationalen Erfolgen geopfert hatten. Dieser Sachverhalt vermag zu zeigen, daß „die Überzeugung" ein den geistigen Traditionen und dem Sprachgebrauch des 19. Jahrhunderts angehöriger Begriff ist, der nicht einfach mit „Liberalismus" oder „Konservativismus" gleichzusetzen ist. Sie übt in allen Lagern dieselbe Funktion aus, einerlei welcher Inhalt sie erfüllt. Die Realpolitik wird der Überzeugung zum Schicksal. – Während der Idealist und Liberale, wie z. B. Treitschke, die „Überzeugungstreue" im „Heiligtum der Wissenschaft" sucht, aus aus welchem bekanntermaßen „die Märtyrer des konstitutionellen Staatsprinzips" hervorgegangen sind, findet sie der Christ, wie z. B. Kaehler, in der Geschichte der christlichen Kirche: „Jeder Kenner der Geschichte weiß, wie selten die Märtyrer der Wissenschaft sind." (Kaehler, a.a.O., S. 139.) Über den Charakter der christlichen Überzeugung heißt es bei Kaehler: „Nur ein so begründeter und darauf gerichteter Eifer bildet Kirchen. Ohne den gegen Heiden, Juden und Judenchristen intoleranten Paulus wären wir nach menschlichem Ermessen keine Christen. Diese missionierende Intoleranz ist im Grunde nur den Sadducäern aller Zeiten unbequem. Auf allen Gebieten wird ein rechter Mann sie von dem vollen Manne fordern. Bei solchem entschiedenen Eintreten für die Überzeugung kann ein Kampf nicht ausbleiben, in dem auch hart auf hart stößt. Für den überzeugten Christen darf von Duldung gegen die gegenüberstehende Anschauung nicht mehr die Rede sein." (S. 149.) Zu dieser Feststellung eines Christen über das Wesen christlicher Überzeugung, die zum „vollen Manne" gehöre, verhalten sich die bekannten Treitschke'schen Definitionen wie säkularisierte Übertragungen. Dies Problem kann nur angedeutet werden. Martin Kaehler, dessen politisch-sittliche Maßstäbe aus der Gedankenwelt der Gerlachs stammten, wandte sich gegen Treitschkes Verherrlichung der „politischen Sittlichkeit", in welcher ja der Ausgangspunkt dieser Anmerkung liegt, mit folgenden Worten: „Es ist nicht ‚sittlicher' einen Staat zu begründen als die einfachste Pflicht im verborgenen Leben zu erfüllen. Dieser Satz ist die einzige feste Grundlage wahrer Menschlichkeit und darum darf er nicht einem politischen Absolutismus preisgegeben werden, welcher antik-heidnisch und nicht christlich-human ist. Ob dem einzelnen zukam, ein Gut für das Volk zu erringen, wenn es nicht ohne Mittel ging, die in jedem anderen Falle seinen Charakter verdächtig machen würden, über die Frage entscheidet nicht der Erfolg." (Martin Kaehler, a.a.O., S. 34.)
Martin Kaehlers Ansicht von der Reichsgründung enthält übrigens solche charakteristischen Züge, die gerade auch für den liberalen Kreis verbindlich sind und in dessen politischen Vorstellungen oftmals begegnen. Folgende Interpretation Kaehlers könnte bei Freytag oder Scherer, also Männern von ganz anderer Geistesrichtung stehen: „Ohne schlechte Künste, in saurer Arbeit unter Mißgunst aller Nachbarn allein auf die eigene Kraft angewiesen, hat unser Volk auf dem Wege zur Einheit

seine alte Geltung. „Dem in seinem politischen Glauben Gestorbenen[145]" zollt Treitschke höchste Anerkennung.

Sobald ein politischer Glaube aber – wie z. B. im Falle unbeschränkter Pressefreiheit – die auswärtigen Beziehungen zu stören droht, stellt sich Treitschke auf den Standpunkt des Grafen Cavour: „Die großen Phrasen, die großen Grundsätze haben oft die Staaten zu Grunde gerichtet[146]." Cavours Aussage, daß „die Pressefreiheit, ein Segen für alle inneren Fragen, leicht verderblich für die auswärtige Politik werde[147]", wird von Treitschke „ein tiefsinniges und wahres Wort" genannt. Ganz ähnlich äußerte sich einmal Bismarck über die Zweiseitigkeit der sogenannten Pressefreiheit auf einer parlamentarischen Soirée im Jahre 1872 „. . . Die Volksvertretung und die Presse hätten vor allem die Pflicht, die Schäden der Verwaltung aufzudecken. Mit der hohen Politik sollten sie sich weniger beschäftigen, denn in dieser seien die leitenden Fäden meist so verborgen, daß der Uneingeweihte kein genügendes Urteil gewinnen könne[148].".

Das Bild, das Treitschke von Cavour entwirft, zeigt eindeutig den gesunkenen Kurswert der Überzeugung an. Es wurde schon bemerkt, daß im Cavouraufsatz „geniale Realpolitik" beschrieben werden sollte. Den wirklichen Gewinn an Einsicht in die komplizierte Verschlungenheit außenpolitischer Vorgänge, den Treitschke aus der Beobachtung der deutschen und italienischen Einigungskämpfe gewann, stand ohne Zweifel ein Verlust an politischer Gesamtanschauung gegenüber. Dieser Verlust besteht

einen Schritt nach dem anderen getan; deshalb hat die Vollendung keines Machers, sondern nur eines klarblickenden mutigen Geburtshelfers bedurft." (Ebd., S. 35.) Damit war Bismarck eine geschichtliche Stellung zugewiesen, der auch Freytag, welcher die Verdienste „des Volkes" höher als das Tun des Einzelnen stellte, oder Scherer, der sich gegen die Auffassung Bismarcks als eines „vom Himmel gefallenen Götterbildes" (W. Scherer, Kleine Schriften, Bd. 2, S. 216) wehrte, zugestimmt haben würden. Die erstaunlichen Parallelen ließen sich leicht fortsetzen. Sie sind ein Beispiel dafür, daß sich geschichtliches Leben nicht klassifizieren läßt. Die scheinbaren Gegensätze hängen doch zusammen. Vom christlichen Standpunkt aus lehnte Kaehler den „Geniekult" ebenso entschieden ab wie der Freytag'sche Kreis ihn vom „organischen" Standpunkt des „Wachsens und Reifens" bekämpfte (vgl. Kaehlers kritische Ablehnung des Bismarck-Bildes in Rößlers 1871 erschienener Schrift „Graf Bismarck und die deutsche Nation"). Wilhelm Scherer lehnte übrigens die Auffassung, die in dieser Schrift zum Ausdruck kam, ebenso entschieden ab (s. unten). – Schließlich vermag die Beobachtung, daß in der Kaehler'schen Schrift an zahlreichen Stellen die Hist. u. Pol. Aufsätze von Treitschke zitiert werden, einen Anhalt für deren Verbreitungsgrad und Rolle in der damaligen Diskussion zu bieten.

145) Aufsätze, Neue Folge, 1. Teil, S. 401.
146) ebd., S. 408.
147) ebd.
148) H. v. Poschinger, Bismarck und die Parlamentarier, Bd. 1, 2. Aufl., S. 60.

in der Vergröberung, mit der Außen- und Innenpolitik einander schroff gegenübergestellt werden. Wenn es in der Vorlesung über Politik heißt: „Im Inneren des eigenen Staates dagegen muß die Moral unendlich viel reiner und reizbarer sein; denn die Ordnungen des eigenen Staates sind mir heilig[149]", so entspricht diese Ansicht wohl der politischen Erfahrung, aber die feineren Wechselwirkungen zwischen Außen- und Innenpolitik bleiben dabei unberücksichtigt. Schließlich ist in solch einer Feststellung auch nur eine gefährliche Halbwahrheit enthalten.

Es ist von besonderem Reiz zu beobachten, daß nicht nur bei Heinrich von Treitschke „die Überzeugung" als ein politischer Maßstab von unveränderter Gültigkeit in Zweifel gestellt wird, sondern daß dieselbe auch bei Freytag mit einem Fragezeichen versehen wird. Ihrer Anwendung auf die Politik wird eine ganz bestimmte Grenze gezogen; Freytag versucht, in dem 1866 erschienenen Grenzboten-Artikel „Die Pflichten eines Mitgliedes der liberalen preußischen Partei[150]" diese Grenze näher zu bestimmen. Schon die Überschrift des Aufsatzes, der vornehmlich an Treitschkes Adresse gerichtet war, läßt erkennen, worauf es dem Verfasser ankommt: die Pflicht des Mannes als *Parteigenosse*.

Die Erfahrungen, von denen Freytag in seiner Untersuchung ausgeht, sind verwandter Natur mit denjenigen, die auch Treitschke gemacht hatte und die ihn veranlaßten, die Brauchbarkeit einer Überzeugung für die politische Urteilsbildung zu überprüfen. Beide wissen, daß der einzelne, der nicht verantwortlich handelnd in den politischen Geschäften steht, nur einen beschränkten Überblick über die politischen Details haben kann. Beide ziehen aber aus dieser Erfahrung ganz entgegengesetzte Folgerungen welche die innere Gegensätzlichkeit ihres Denkens schlagartig beleuchten. Wenn auch für beide der hohe Wert der Überzeugung bestehen bleibt, so weichen doch beide in der Art, in welcher sie die Überzeugung gelten lassen wollen, entschieden voneinander ab. Während sich Treitschke 1866 in dem Dilemma zwischen Regierungsgefolgschaft und eigener individueller Überzeugung noch ausdrücklich dafür entscheidet, allein nach letzterer die Politik des königlichen preußischen Kabinetts zu unterstützen bzw. zu bekämpfen, stellt es Freytag in Zweifel, ob die individuelle Überzeugung eine ausreichende Grundlage für das politische Urteil eines einzelnen darstelle. Er schiebt zwischen den einzelnen und den Staat die *Partei* als eine Mittel- bzw. Mittlerinstanz ein, die für Treitschkes Entscheidungen gar keine reale Bedeutung besitzt. Erst die Zugehörigkeit zur Partei liefert bei Freytag die

149) H. v. Treitschke, Politik, Bd. 1, S. 109.

150) Grenzboten 1866, Nr. 11, zitiert nach G. Freytag, Gesammelte Werke, Bd. 15, S. 262ff.

Vorbedingung, die nötig ist, damit sich ein richtiges politisches Urteil bilden und geltend machen kann. Eine nähere Untersuchung des Aufsatzes ergibt den erstaunlichen Befund, daß nach Freytags Ansicht das Recht auf Überzeugung in politischem Dingen nicht mehr allein und nicht in erster Linie vom Bildungsgrade oder dem sittlichen Range der freien Persönlichkeit, sondern von „der sozialen Stellung" *in* der Partei abhängig ist. „Es ist deshalb selbstverständlich, daß die Möglichkeit, welche dem Einzelnen wird, eine persönliche Überzeugung zur Geltung zu bringen, in hohem Grade abhängig ist von der sozialen Stellung, welche er innerhalb der Partei einnimmt, d. h. von dem Teil seiner Zeit, welchen er der Politik zu widmen im Stande ist." Das Maß der Überzeugung wird also bestimmt durch die Leistung für die Partei und durch die Parteitreue – ein Wert, der genauso wie ursprünglich die Überzeugung einen bestimmten Platz im nationalsittlichen Wertesystem Freytags besitzt. Parteitreue ist die Treue gegen die Genossenschaft, die sich zur „Förderung segensreicher politischer Ideen[151]" vereinigt hat. „Parteitreue" ergänzt die Überzeugung und hat evtl. letztere in ihren Folgen zu korrigieren. Gerade weil der Partei für die Bildung der öffentlichen Meinung und auch des Volksgeistes eine so hohe Bedeutung zukommt, ist es wichtig zu verhindern, daß eine Überzeugung, die doch keine Aussicht auf Erfolg innerhalb der Partei hat, „vielleicht eine Störung des in Deutschland ohnedies noch viel zu lockeren Parteizusammenhanges hervorbringen würde[152]".

Wir haben im Laufe dieses Exkurses über die Wandlung, die in der Bewertung der Überzeugung vor sich geht, den Punkt erreicht, wo sichtbar wird, daß die Geltung dieses idealistischen Begriffes nicht etwa nur vom Staate, sondern, wie das Beispiel Freytags zeigt, erst recht von der Partei angegriffen wird. Die Begründung ist noch idealistisch gemeint, denn die Partei wird ja als eine ideale Gemeinschaft aufgefaßt. Die ideale Auffassung läßt fast den Sachverhalt in Vergessenheit geraten, daß die Partei auch damals schon eine Interessengemeinschaft darstellt, und daß sich ihrer Majorität die bessere Einsicht des einzelnen zu beugen hat.

Wenn Treitschke einige Jahre später in der ersten Session des ersten deutschen Reichstags anläßlich einer Debatte über den Mangel an Grundrechten in der Reichsverfassung zum Ausdruck bringt, „daß fast jeder hier im Hause Opfer der Überzeugung zu bringen habe[153]", so spricht er eine Ansicht aus, die Freytag schon 1866 aus Anlaß einer Betrachtung über das Verhältnis des einzelnen zur Partei bekundet hatte. Freytag hatte

151) ebd., S. 277.
152) ebd., S. 271.
153) vgl. H. v. Treitschke, Reden im Reichstag, S. 2.

von jedem Gesinnungsgenossen Opfer der Überzeugung um der Parteidisziplin willen verlangt.

Während Treitschke auf dem Wege zunehmender Einsicht in die selbständigen Bedürfnisse der Außenpolitik zu einer Würdigung der politischen Bedeutung des „Kompromisses" gelangt, versteht Freytag die Natur des Kompromisses in erster Linie aus der Perspektive des Parteiinteresses heraus. „Die Partei hebt, trägt und bringt zur Geltung, aber sie bändigt auch den eigenen Willen und sie nötigt die genialste Kraft, sich zu bescheiden. Denn die Grundlage jeder segensreichen politischen Tätigkeit ist Kompromiß des Wahlmanns mit dem Wahlmann, des Schriftstellers mit seinen Lesern, des Deputierten mit seinen Parteigenossen, der Partei mit der Gegenpartei, der Regierung mit den Parteien, der Staaten untereinander[154]." Die Reihenfolge dieser Gebilde enthält zugleich die Stufen der politischen Laufbahn, die Freytag für die richtige hält und so ähnlich auch in der Mathy-Biographie beschreibt. Der Weg führt vom Journalisten über den Parteimann zum Staatsmann. Dieser Auffassung entspricht die an anderer Stelle ausgesprochene, daß nur derjenige in der Lage sein werde, einen Staat zu lenken, der mit Erfolg eine Partei geführt habe[155].

Die Ansichten, die Freytag von der Partei hat, beruhen unverkennbar zu einem Teile auf der Sorge vor „dem großen Manne", der die Partei mißbrauchen oder gar ganz übergehen kann. Die Partei soll die Nation vor „dem großen Manne" schützen; sie soll ihn gewissermaßen an das Volk „binden". Unter „dem großen Manne" pflegt Bismarck verstanden zu werden. Der Gedanke an ihn hat maßgeblichen Anteil am Zustandekommen vieler politischer Bekundungen von Gustav Freytag (vgl. Beilage III).

Treitschkes und Freytags Gedanken kreisen um dieselben Erfahrungen und Probleme. Beide wissen sehr wohl, daß die individuelle Überzeugung nicht das einzige Auskunftsmittel bei politischen Entscheidungen sein kann. Die Schranken, welche die Wirksamkeit der Überzeugung hemmen sollen, liegen bei beiden aber ganz woanders.

Die Freundschaft beider Männer datiert aus dem Winter 1862/63. Beide fühlten sich damals durch das Pathos der gleichen Überzeugung verbunden. Auf der Höhe des Verfassungskonflikts hat auch ihre Freundschaft einen Höhepunkt erreicht. Ihre Lebenswege trennen sich in dem Augenblick, als die deutsche Politik aus Anlaß Schleswig-Holsteins wieder in Bewegung gerät. Der verschiedene Gang ihrer politischen Interessen und Tätigkeit in der nächsten Zeit ist sehr bezeichnend. Freytag befaßt

154) G. Freytag, Gesammelte Werke, Bd. 15, S. 269.

155) G. Freytag, Briefe an A. v. Stosch, hrsg. v. H. F. Helmolt, S. 35, v. 14. 6. 1868: „Wer regieren will, muß zuerst eine Partei zu führen verstehen." (Vgl. Beilage III.)

sich im Winter 1863/64 ganz mit den Details, die sich aus der parteipolitischen Tagesarbeit ergeben und besorgt die politischen Korrespondenzen für den Augustenburger. Seine Arbeit ist ganz eingespannt in den tagespolitischen Rahmen sachlicher und vor allem auch personeller Beziehungen, Rivalitäten und Intriguen. Diese Arbeit, die ihn vollkommen in den Kreis der Gleichgesinnten einspannt, soll – wie er einmal sagte – „den besten Inhalt im Leben des Mannes" bilden! Treitschke wird wohl auch für einen Augenblick von der politischen Erregung, die solche Arbeit hervorzurufen vermag, gepackt und angezogen, so daß er sogar bereit ist, seine Professur aufzugeben, wenn er „gebraucht" werde. Das Motiv des Ehrgeizes, das in solcher Parteiarbeit mit eine Rolle spielt, ist nicht zu unterschätzen. Es ist aber bedeutsam, daß Treitschke sogleich von der bestimmten parteipolitischen Linie wieder abweicht und zu einem selbständigen Verständnis der außenpolitisch-diplomatischen Probleme gelangt.

Freytag und Treitschke sind sich beide der idealistischen Herkunft ihrer „Überzeugung" bewußt und stellen deren politische Brauchbarkeit gerade wegen dieses geistesgeschichtlichen Ursprungs in Frage. Freytag beschränkt ihre Gültigkeit unter dem Gesichtspunkt des Parteibedürfnisses, Treitschke unter demjenigen des außenpolitischen Staatsbedürfnisses. Beide erkennen wie Baumgarten in der Verwechslung der Bereiche, in denen „Überzeugung" angewandt werden darf, die eigentliche Fehlerquelle. In der großen Rolle, welche die individuelle Überzeugung auf allen idealen Gebieten in der deutschen Entwicklung spielt, erkennt Freytag sogar das entscheidende Moment, welches die Entwicklung der Partei hemmt. Er drückt den Sachverhalt, um den es hier geht, unumwunden aus: „Der ernste innere Prozeß, den jeder von uns in Glauben und Lehre, in der Weise, wie er seine Pflichten und Rechte erfaßt, durchgekämpft hat, die siegreiche Arbeit auf großen idealen Gebieten unseres Lebens, macht es uns unbequem, einen und den anderen Titel unserer Erkenntnis oder unseres Wollens gegenüber unserer politischen Partei aufzugeben. Der Geist, welcher gewöhnt ist, tief aus seinem Inneren die Wahrheit herauszuholen, welche er verkündet, und das Gute, welches er für andere tut, ist auch geneigt, für jede einzelne seiner Überzeugungen zu fechten, am liebsten gegen solche, welche ihm nahestehen, d. h. gegen solche, mit denen ihm überhaupt Verständigung möglich ist. Und da wir in diesem Sinne alle mehr oder weniger Gelehrte sind, kommen wir in der Politik leicht in Gefahr, uns ein eigenes System zu bauen und unsere Forderungen auch gegen politische Nachbarn eigensinnig geltend zu machen[156]." Die Rücksichtnahme auf die Partei wird also Freytag zum Anlaß, den Anspruch der individuellen Überzeugung zurück-

156) G. Freytag, Gesammelte Werke, Bd. 15, S. 273.

zudrängen. Der „Parteigenosse" erhält die gemütliche Bezeichnung des „politischen Nachbarn".

Je mehr sich Treitschke im Laufe seiner historischen Arbeiten zur Aufgabe machte, „im einzelnen zu verfolgen, wie schwer das Regieren sei[157]", desto schlechter war er auf die besserwissende Überzeugung der Regierten zu sprechen und sah in ihr, z. B. im Falle des Gelehrten, „den unausstehlichen stillen Hochmut[158]". Eng mit der Überzeugung hängen nach Treitschkes Ansicht „die Sünden und schweren Verirrungen" zusammen, die gerade „das beschauliche Leben des Gelehrten" enthält. Bei Treitschke verdrängt das Staatsbedürfnis je länger desto entschiedener das individuelle Recht auf Überzeugung.

Bei Freytag ordnet sich schließlich die individuelle Überzeugung dem neuen Wert der Parteigesinnung unter: „Es ist deshalb ein guter Rat, daß ein liberaler Mann vor allem fest zu seiner Partei stehe[159]" – so lautet der unmittelbar an Treitschke gerichtete Rat. Daß die Überzeugung auf dem politischen Felde ihre Gültigkeit verloren hat, besagen eindeutig die Worte: „deshalb fordern wir von dem einzelnen Manne, daß er überall in seinen privaten Beziehungen volle und ganze Überzeugung betätige, daß er sich aber als Politiker der großen Verbindung, in welcher er steht, unterzuordnen wisse . . .[160]." Diese Unterordnung unter die „politische Verbindung, in welcher er stehe", pflegt mit politisch-technischen Ausdrücken des Parteilebens z. B. auch „Parteidisziplin" oder „Fraktionszwang" genannt zu werden. Je fester sich die politischen Parteien formierten, desto stärker hat sich dieser Sachverhalt ausgebildet und geltend gemacht. Dahlmann hatte in der 1835 zuerst erschienenen Politik die Kammermitglieder noch die „Vertreter einer politischen Überzeugung" genannt. Wo Fraktionszwang herrscht, ist das Handeln nach Überzeugung im idealistischen Sinne nicht mehr möglich. Treitschke hat sich während seiner Zugehörigkeit zum deutschen Reichstag stets gegen ihn gewehrt; er hat in ihm sowie im allgemeinen, gleichen und geheimen Wahlrecht einen politischen Krebsschaden erblickt.

Als Freytag in der Wirklichkeit des Parlamentarismus, nämlich als Mitglied des norddeutschen Reichstages und als Mitglied der nationalliberalen Fraktion an sich selbst „die Unterordnung unter eine politische Verbindung" gewissermaßen ausprobierte, erfuhr er eine große Enttäuschung, ja eine Desillusionierung. Schon am 27. März 1867 schrieb er von Berlin an Max Jordan, wie traurig ihm zumute sei, und wie es mit der nationalen Partei

157) H. v. Treitschke, Politik, Bd. 1, S. 145.
158) ebd., S. 105.
159) G. Freytag, Gesammelte Werke, Bd. 15, S. 278.
160) ebd., S. 279.

dieselbe Geschichte wie einst mit dem Nationalverein wäre. „In einem elenden Formalismus, in abgeschmackten Amendements werde Zeit und Kraft verdorben[161]." Die Wirklichkeit des parlamentarischen Lebens sah ganz anders aus, als wie sie sich der Dichter „der politischen Genossenschaft" in seinen Vorstellungen, denen er selbst so viel Lebensnähe beimaß, ausgemalt hatte.

Wenn Treitschke sogleich nach Erscheinen des Grenzboten-Artikels „Über die Pflichten des Fortschrittsmannes" Freytag brieflich die Gründe auseinandersetzte, die ihn bewogen hätten, Bismarcks Antrag abzulehnen, so wollte er damit zum Ausdruck bringen, daß sie sich „auch heute noch näher stünden, als Freytag manchmal anzunehmen scheine"[162].

Mit keinem Worte gedachte er aber „der Partei". Er berief sich im Gegenteil ausschließlich auf seine individuelle Überzeugung.

Die Kluft war bereits zu dem Zeitpunkt zwischen beiden sehr groß geworden. Die Überzeugung vermochte nicht mehr verbindend zu wirken. Treitschke lehnte im Gegensatz zu Freytag entschieden ab, sich etwa von der Partei vorschreiben zu lassen, wieweit er in der Unterstützung der Regierung und in der Mitwirkung bei der Vertretung der Landesinteressen gehen dürfe[163].

161) Freytag als Politiker, Journalist und Mensch mit unveröffentlichten Briefen, eingel. u. hrsg. v. J. Hofman, 1922, S. 36f.

162) Briefe, Bd. 2, S. 478, v. 12. 6. 1866.

163) vgl. G. Freytag, Gesammelte Werke, Bd. 15, S. 277.

Zweites Kapitel

Die ästhetischen Motive in Treitschkes Welt- und Geschichtsbild

„Was wäre es für ein Genuß, die grandiose Idee einer Weltgeschichte vom Standpunkte der Schönheit, wozu die Anfänge bei Vischer vorhanden sind, wirklich ausgeführt zu sehen."

H. v. TREITSCHKE am 21. Dez. 1856.

Zu Treitschkes ersten poetischen Entwürfen gehört der Plan eines Dramas, das den Kampf Erzbischofs Anno von Köln gegen die Bürgerschaft seiner Stadt zum Gegenstand haben sollte. Auf diesen Plan war Treitschke bei der Beschäftigung mit der Rheinischen Hanse gekommen, die er zunächst für eine Erzählung bearbeiten wollte. Er gedachte, in Anno „eine der edelsten und großartigsten Schurkengestalten" darzustellen. Der 5. Akt sollte den Sinn des Dramas decouvrieren und zeigen, wie „die stille Bürgerschaft[1]", worin nach den für Treitschke gültigen Maßstäben ein oberster nationaler Wert zu erblicken ist, über den bischöflichen Gegner siegt. Es war also eine bestimmte Tendenz, die der junge Dichter zum Ausdruck bringen wollte, indem er einen ganz bestimmten historischen Vorgang dramatisierte. Was Treitschke aber außerdem bewog, gerade die Geschichte Annos von Köln für eine dramatische Bearbeitung auszuwählen, das waren nach seinem eigenen Bekenntnis „der große geschichtliche Hintergrund" sowie die bunte Szenerie großartiger historischer Figuren. Es waren „die großen Gegenstände", die ihn von vornherein am Stoffe anzogen. Das rein Stoffliche fesselte ihn vor allem, und bezeichnend faßt er sein Urteil über die dramatische Verwendbarkeit des Stoffes in dem Satze zusammen: „Der Stoff ist schön[2]." Mit diesem Satz formuliert er das wesentliche und kennzeichnende Prinzip einer *Gehaltsästhetik*, die für seine allgemeine Bildung und seine Geschichtsauffassung so bedeutungsvoll wurde.

Nachdem er im ersten Anlauf gleich vier Akte des Dramas niedergeschrieben hatte, blieb das Werk unvollendet liegen. Es wird in den Briefen auch nicht mehr erwähnt, bis Treitschke nach mehr als zwei Jahren in einem Brief an Nokk den Grund mitteilt, warum der Anno-Plan nicht ganz ausgeführt wurde: „Der Anno *schien* ein glücklicher Griff: ein großartiger doppelter Konflikt nach Oben und nach Unten. Anno widersteht der großen Ordnung seines Volkes, dem deutschen Reiche und dem Recht seiner Untergebenen, der Kölner Bürger. Aber wenn ich's mir näher ansehe, so kämpft Anno zwar *gegen* große Ideen, er ist selbst aber nicht Träger und Verfechter einer Idee, sondern des krassen Egoismus[3]." Diese Erklärung enthielt Treitschkes wirkliche Ansicht vom Helden sowohl in der Geschichte als auch auf der Bühne. Sie wies auch schon auf seine Theorie des historischen Dramas hin, „auf welches sich seine Absichten natürlich richteten", wie er in einem früheren Briefe an Bachmann schrieb[4].

1) Briefe, Bd. 1, S. 168, v. 20. 5. 1853.
2) ebd.
3) ebd., S. 313, v. 2. 9. 1855.
4) ebd., S. 307 v. 12. 8. 1855.

Treitschkes Briefwechsel aus diesen Jahren des staatswissenschaftlichen und in geringerem Maße auch des historischen Studiums sowie der Vorbereitung auf die Habilitation enthält mehr Reflexionen über den „richtigen Inhalt" und „die richtige Form" eines historischen Dramas als etwa Mitteilungen über wissenschaftliche Probleme und Pläne. Bis in seine Dozentenjahre, ja bis in die Zeit noch nach 1866 reichen diese Erwägungen, die sich vornehmlich mit dem historischen Drama befassen. Historische Fragen interessieren ihn vorwiegend unter dem Gesichtspunkt ihrer dramatischen Verwendbarkeit. Die Auswahl geschichtlicher Lektüre richtet sich mit danach, ob sie brauchbare Anregungen für die Kunst, besonders für das historische Drama bietet. Die Spuren solcher intensiven Beschäftigung mit künstlerischen Fragen werden sich niemals ganz in Treitschkes Denkungsart und literarischen Produktionen verlieren.

Das gründliche Studium der Ästhetik Fr. Th. *Vischers* hat seine Vorstellungen vom historischen Drama geklärt, befestigt und geradezu in ein System gebracht. Vischers Ästhetik bietet aber nicht nur einen Schlüssel zum Verständnis für Treitschkes ästhetische, sondern auch für seine historischen Wertmaßstäbe. Das eigentliche Studium der Vischer'schen „Mataphysik des Schönen" beginnt jedoch erst im Winter 1856/57 in Göttingen, als Treitschke *gleichzeitig* mit Vorarbeiten für seine Habilitationsschrift, eine Studie über die Gesellschaftswissenschaft, beschäftigt ist. Es wird noch im Zusammenhang zu zeigen sein, welche Bedeutung der Vischer'schen Ästhetik für die Abfassung dieser grundlegenden Schrift zukommt.

Bevor sich Treitschke im Göttinger Winter mit dem Vischer'schen Werk gründlich auseinandersetzt, beruft er sich aber bereits auf dessen Gedanken, die er für den Aufbau seiner ästhetischen Lebens- und Weltansicht sehr selbständig verwendet. Es handelt sich um Gedanken, die ihm einmal aus der allgemeinen Bildungsatmosphäre zugewachsen sind und die er außerdem in gelegentlicher Lektüre des großen ästhetischen Werkes kennengelernt hat, zu welcher er im Tübinger Sommersemester 1854 kam. „Nebenher lese ich, wenn es die Zeit erlaubt, Vischers Ästhetik und freue mich an seinem gesunden Realismus, der dem Gedanken als solchen keine Schönheit zugesteht, wenn er nicht im schönen Bilde erscheint . . .[5]" Mit sicherem Gefühl hatte er diesen aus Schillers ästhetischen Briefen stammenden Grundsatz der klassischen Ästhetik herausgegriffen. Die Wirkung von Vischers Ästhetik ging bereits um die Mitte der 50er Jahre so in die Breite, daß es nicht möglich ist, die einzelnen Wege zu zeigen, auf denen Vischer'sches Gedankengut zuerst in Treitschkes geistigen Haushalt eindringen konnte. Es wurde eben ein Bestandteil seiner geistigen

5) ebd., S. 236, v. 20. 6. 1854.

Habe, noch bevor er die 6 Bände Ästhetik ganz systematisch durcharbeitete – eine Arbeit, die dann neben der Anfertigung der Habilitationsschrift herging. Bevor er also den Abschnitt „die geschichtliche Schönheit" aus dem 2. Band der Vischer'schen Ästhetik kennenlernte, in welchem die deutsche Geschichte auf ihre Eignung für poetische Darstellungen untersucht wird, äußerte er schon ganz ähnliche Gedankengänge, die sich durch dieselben charakteristischen Züge in der Beurteilung der Vergangenheit, wie sie sich bei Vischer finden, auszeichnen. Der Abschnitt über die geschichtliche Schönheit enthielt vor allem Hinweise auf sogenannte „demokratische Stoffe" aus dem reichen Felde der deutschen Städtegeschichte. „Demokratisch" sollte ja auch die Tendenz des Anno-Dramas sein.

Am 18. Januar 1854 schrieb Treitschke an seinen Vater: „Was meine poetischen Arbeiten anlangt, so habe ich neulich einige Stoffe aus der deutschen Städtegeschichte bearbeitet. Es ist unglaublich, welche Fülle von Anregung und Begeisterung in diesem Teile der deutschen Geschichte ruht ... Dahin hat es die flache Aufklärungssucht des letzten Jahrhunderts, die kein ‚Volk' kannte, gebracht, daß wir den *schönsten Teil* unserer Geschichte vergessen haben![6]" Die Wendung vom „schönsten Teil unserer Geschichte" wird in der intensiven Auseinandersetzung mit Vischer systematische Bedeutung gewinnen. Sie wird in den Reiseschilderungen des Historikers ebenso charakteristisch wie geläufig wieder auftauchen. Sie wird vor allem für die Beurteilung geschichtlicher Vorgänge selbst konstitutive Bedeutung gewinnen[7]. Treitschke ließ sich von „schönen geschichtlichen Stoffen" anregen und begeistern. Unter „schönen Stoffen" wurden die verstanden, welche eine solche Idee enthalten, deren Wirkung bis in die Gegenwart reicht. Stoffe, Gegenstände „ohne Idee" sind unschön, und aus diesem Grunde hatte Treitschke den Anno-Plan verworfen, als sich nämlich herausstellte, daß Anno wohl *gegen* Ideen kämpft, aber selbst nicht Träger und Verfechter einer Idee ist.

Treitschke fand den Vischer'schen Gedanken, eine Geschichte nach dem Gesichtspunkt der Schönheit zu schreiben, „grandios"[7a]. Im Grunde wäre solch eine Geschichte der Schönheit zugleich „Ideengeschichte" gewesen; denn die höhere und reifere Idee ist zugleich die höhere und reifere Schönheit. Bei seinen historischen Arbeiten gedachte er dieses Prinzip anzuwenden und die deutsche Geschichte „auf Schönheit" hin zu untersuchen,

6) ebd., S. 210, v. 18. 1. 1854.

7) Noch im 1. Band der Deutschen Geschichte heißt es über die Zeit nach dem Augsburger Religionsfrieden: „Es folgen die häßlichsten Zeiten deutscher Geschichte." (H. v. Treitschke, Deutsche Geschichte, Bd. 1, S. 4.)

7a) vgl. hierzu O. Westphal, Welt- und Staatsauffassung des deutschen Liberalismus, S. 275.

worunter im Geist der klassischen Ästhetik die Einheit von Bild und Idee verstanden wurde.

Ebenso hat Treitschke noch vor dem eigentlichen Vischerstudium das Wesen des geschichtlichen Dramas in einer Weise beschrieben, die sich durch spätere Lektüre nur noch befestigte. Am 19. Juli 1856 schreibt er an Bachmann: „Ich fasse das geschichtliche Trauerspiel nicht anders auf, als das Trauerspiel überhaupt. Es soll keine Dramatisierung eines historischen Abschnitts sein, sondern das Schicksal soll sich mit Notwendigkeit aus den Charakteren entwickeln; wir schreiben es nicht zur Verherrlichung der Geschichte, sondern weil wir für eine Idee, die uns bewegt, keine bessere Verkörperung finden können als diese historische Tatsache . . .[8]."

Mit der Ansicht, daß das historische Drama „das höchste Ziel für die Poesie der Gegenwart bleiben müsse[9]", folgte Treitschke einer breiten zeitgeschichtlichen Strömung:

Der Literaturhistoriker Hermann Hettner hatte schon 1852 in einer Schrift „Das moderne Drama. Ästhetische Untersuchungen" das Bedürfnis nach dem historischen Drama als das eigentliche künstlerische Zeitbedürfnis nachdrücklich herausgestellt: „Das historische Drama und die Gegenwart! Das ist die Losung, seitdem sich bei uns wieder die Keime einer neuen dramatischen Poesie zu regen beginnen. Ist heutzutage überhaupt ein neues Drama möglich, so kann dies nur historisch oder sozial sein. Der Ernst der Zeit verlangt nach dem Mark der Geschichte. Kommt einmal unserer Poesie eine Zukunft, so erreicht das historische Drama sicher eine bisher ungeahnte Höhe und Bedeutung... Nur solche Stoffe sind zur dramatischen Behandlung geeignet, die in innigster Wahlverwandtschaft zu den Stimmungen und Bedürfnissen des gegenwärtigen Zeitbedürfnisses stehen[10]."

Treitschke sucht, wenn er sich z. B. der hansischen Geschichte zuwandte, ebenfalls nach dem „Mark der Geschichte" und meinte, in den Bürger- und Bauernkämpfen des ausgehenden Mittelalters jene Stoffe gefunden zu haben, die sowohl in politischer als auch besonders in sozialer Hinsicht „den Stimmungen und Bedürfnissen des gegenwärtigen Zeitbedürfnisses" entsprachen.

Wenn diese Forderung nach geschichtlichen Stoffen für das Gebiet der Poesie noch unerfüllt geblieben war, so schien sie dagegen in einem bestimmten Bereich der bildenden Kunst um so erfolgreicher durchgesetzt

8) Briefe, Bd. 1, S. 375f., v. 19. 7. 1856.

9) ebd., S. 331, v. 13. 1. 1856.

10) zitiert nach Josef Bayer, Studien und Charakteristiken, Prag 1908; Literatur und Theater. Vom historischen Drama, S. 214f.

zu sein. Treitschkes zahlreiche Urteile über die sogenannte *Historienmalerei* sind von besonderem Wert für die Erkenntnis der Entstehung seiner Ansichten über Geschichte überhaupt. Eine Interpretation solcher Urteile ist deshalb so lohnend, weil sich Treitschke als Tauber von der bildenden Kunst besonders angezogen fühlte.

Nach der ersten Begegnung mit Bildern von Karl *Lessing* im Frankfurter Städel'schen Museum schreibt er dem Vater: „Auch sah ich zum ersten Male größere Werke von Lessing und bestaunte aufs Neue jene wunderbare Kraft und Lebendigkeit, die mich schon früher an einem kleinen Gemälde von ihm angezogen hatte. Sein Huß ist eine so herrliche Gestalt, ein so gewaltiger glaubensfreudiger Ernst in diesen bleichen und überwachen Zügen, daß nur ein Stumpfsinniger ohne Erhebung davon scheiden kann[11]." Und in einem der nächsten Briefe stellt er seinem Freunde W. Nokk die Frage: „... Kennt Du Lessings Huß? Jede Linie ein Wort des Kampfes für die Freiheit des Geistes. Ich sah es schon, wie ‚die Flammen nahmen den Böhmen auf und konnten den Helden nicht zwingen'[12]." Es handelt sich um das 1850 entstandene Bild „Huß vor dem Scheiterhaufen" aus einem größeren Huß-Zyklus. Karl Lessing (1808–80) gehörte der sogenannten Düsseldorfer Geschichtsmalerei an. Diese Malerschule wählte geschichtliche Stoffe nach politischen Gesichtspunkten aus und mutete – das ist das Charakteristische an ihr – dem Bildbetrachter ebenfalls eine bestimmte politische Parteinahme zu, ja stellte an ihn den Anspruch, daß er den auf dem Bilde dargestellten Vorgang im Sinne der Absichten des Malers nacherlebte und zu einem Bestandteil seiner eigenen Überzeugung werden ließ[13]. Der Bildgehalt lag in einer bestimmten Gesinnung, deren Tendenz der eigenen Gegenwart entnommen war. Treitschkes beide Briefe zeigen, wie er die Tendenz des Malers erfaßt und wiedergibt. Die Idee des Bildes bekundet sich für ihn im „Kampf für die Freiheit des Geistes". Diese Geistesfreiheit ist seiner Auffassung nach das eigentliche Prinzip der Reformation, deren letzte Konsequenzen erst von der Wissenschaft des 19. Jahrhunderts gezogen werden.

Das Städel'sche Museum, in welchem Treitschke zum ersten Male mit größeren Werken Lessings bekannt wurde, war, wie er selber bekannte, auch noch in anderer Beziehung für ihn belehrend. Es enthielt neben der modernen Richtung der Geschichtsmalerei auch Vertreter der älteren reli-

11) Briefe, Bd. 1, S. 267, v. 2. 1. 1855.

12) ebd., S. 271, v. 20. 1. 1855.

13) Es handelt sich also um einen ähnlichen Vorgang, wie er sich in der politischen Historie vollzieht; vgl. hierzu die Ausführungen bei H. Beenken, Die Kunst im 19. Jahrhundert, S. 278f.

giösen Malerei, wie z. B. Overbeck und Schadow. Indem er beide Richtungen nebeneinander stellt und gegeneinander abwägt, kommt er „zu der Überzeugung, daß es unserem Zeitalter durchaus an jener naiven Frömmigkeit gebricht, welche zur Inspiration eines religiösen Gemäldes gehört"[14]. Es ist wichtig und bemerkenswert, daß Treitschke den später immer wieder auftauchenden Gedanken, die Gegenwart sei ohne originale religiöse Kraft, zuerst aus Veranlassung einer künstlerischen Urteilsbildung ganz klar ausgesprochen und ihn sodann als festen Maßstab auch auf andere Bezirke übertragen und vor allem bei der Abgrenzung des Verhältnisses von Staat und Kirche angewandt hat. Frömmigkeit wird von ihm als „etwas durchaus Unmalerisches" aus dem Bereich der Kunst – in Treitschkes Sprachgebung läßt sich auch sagen „dem Tempel der Kunst" – ausgewiesen. „Bildung" verhindert nach seiner Ansicht wirklichen „Glauben"; nun setzt gerade die Geschichtsmalerei beim Betrachter „Bildung" voraus. Die Geschichtsmalerei war „Bildungsmalerei". Ihre Bilder waren gewöhnlich große Ausstellungsstücke, die von Ausstellung zu Ausstellung wanderten und sich an den Gebildeten wandten.

Wenn Treitschke die moderne Historienmalerei als zeitgemäßere und höhere Kunstform der religiösen Malerei gegenüberstellt und an ihr den „Fortschritt", den Kunst und Kunstsinn des gebildeten Publikums erreicht hatten, nachwies, so befand er sich in völliger Übereinstimmung mit den ästhetischen Urteilen Fr. Th. Vischers, noch bevor er dieselben aus dessen Hauptwerk genauer kennenlernte. Vischer hatte den modernen Künstler schon 1841 auf das unermeßliche Feld der Geschichte als das eigentliche und angemessene Betätigungsfeld hingewiesen: An die Stelle der religiösen Malerei sollte jetzt „das sogenannte profan-historische Gemälde" treten. „Ein Maler führe eine große geschichtliche Scene aus, worin eine allwaltende sittliche Macht siegend oder zum Heldentode stärkend ihren Triumph feiert: So ist keine der einzelnen Gestalten, welche die ganze Komposition konstruieren, gleich Gott, aber das Gesamtprodukt der Handlung, zu dem sie zusammenwirken, und das unendlich größer ist, als jedes Blatt aus dem Buche der Gottheit, ein Akt aus der Geschichte der Selbstbewegung Gottes[15]." In der Definition der Geschichte als „einer Selbstbewegung Gottes" ist die Hegel'sche Diktion unverkennbar. Es wird sich immer deutlicher zeigen, daß „der Triumph der sittlichen Macht" bzw. „Triumph der Idee" Hauptinhalt der Kunst wie der Geschichte ist. Heldentod bedeutet immer gleichzeitiger Triumph der Idee.

14) Briefe, Bd. 1, S. 271, v. 20. 1. 1855.
15) zitiert nach H. Beenken, Die Kunst im 19. Jahrhundert, S. 279.

Vischer bezeichnet als „den Hauptstoff aller geschichtlichen Darstellung die großen Momente, die Silberblicke sind, worin die Seele der Geschichte, die Freiheit, die zur konkreten Verwirklichung ringt, heller durchbricht“[16]. Die Stoffe des 16. Jahrhunderts gelten deshalb als besonders brauchbar, weil dies Jahrhundert „dem Geist nach der Aufgang der modernen Zeit ist, seine Kämpfe den unsrigen so tief verwandt und seine Kulturformen so phantasiereich sind“[17]. Wenn es weiter bei Vischer über die Wirkung, die von dem *Inhalt* eines Kunstwerkes ausgehen solle, heißt: „Der Inhalt jedes Kunstwerkes soll die Herzen und Geister im Mittelpunkt dessen ergreifen und erschüttern, was sie allgemein menschlich und zugleich mit besonderer Gewalt in der Gegenwart bewegt“, so stellte Treitschke eine solche Wirkung von Lessings Hußbild, von dessen Interpretation dieser Abschnitt über die Historienmalerei ausgegangen ist, ausdrücklich an sich fest: „Nur ein Stumpfsinniger könne ohne Erhebung davon scheiden“, so schildert er dem Vater den Eindruck des Bildes. Huß gehörte zu jenen „Flügelmännern der Menschheit“, von denen Fr. Th. Vischer sagt, daß in ihnen „der Wille, der die Welt bezwingt und erschüttert, seine höchste Kraft sammelt“[18].

Hinzu kam, daß Treitschke zum „Inhalt“ von Lessings Hußbild noch ein ganz besonderes persönliches Verhältnis hatte. Er rühmt sich nämlich gern der Abstammung „aus einer Familie böhmischer Protestanten, die im 30-jährigen Kriege verjagt ward“, und schreibt sein leidenschaftliches Temperament dem Hussitenblut in seinen Adern zu. Sein Heidelberger Theologenkollege Hausrath bestätigt in der „Erinnerung an Treitschke“ den slawischen Typus, den dieser dargestellt habe: „Eine hohe, breitschultrige Gestalt, dunkle Haare und dunkle Gesichtsfarbe und dunkle, tiefsinnige Augen, bald träumerisch, bald lebhaft aufblitzend! Unverkennbar war der slawische Typus. Mit seinen schwarzen Haaren, dem mächtigen Schnurrbart, den er damals noch trug, und seinen eifrigen Gestikulationen konnte er den Slawen nicht verleugnen. Er sah aus wie ein vornehmer Slachtitze, oder man konnte sich diese ritterliche Gestalt auch wohl als Hussiten, als Ziska denken[19].“ Wenn diese Schilderung eines subjektiven Eindrucks auch nicht den

16) Fr. Th. Vischer, Ästhetik oder Wissenschaft des Schönen, 3. Teil, 2. Abschn., 1854, S. 680.

17) ebd.

18) ebd., S. 690.

19) A. Hausrath, Zur Erinnerung an H. v. Treitschke, 1901, S. 8f.; vgl. an dieser Stelle Max Webers Äußerung im Verlauf der Diskussion auf dem 2. deutschen Soziologentag: „. . . Wie schwankend die Zuteilung zu einem Volk ist, zeigt sich darin, daß man in Amerika eine Frau als Negerin bezeichnet, die 1/100 Negerblut hat, während wir Leute als Deutsche bezeichnen, die kaum einen Tropfen deutschen Blu-

Gesichtspunkten einer modernen Anthropologie gerecht wird, so ist sie doch interessant als Wiedergabe des Eindrucks, den Treitschke auf einen gebildeten Zeigenossen hervorrief.

Unter den summarischen Urteilen, die Treitschke über fremde Volksindividualitäten fällt, nehmen diejenigen über das tschechische Volk eine erstaunliche Sonderstellung ein. Die ursprüngliche Genialität des tschechischen Volkes, „des genialsten Slawenvolkes", die Treitschke in Briefen sowie in seinen Aufsätzen oftmals konstatiert, sei „durch einen Völkermord sondergleichen seiner schöpferischen Kraft beraubt"[20]. Von der „weiland großen tschechischen Nation[21]" ist ebenfalls oft die Rede.

Für solche persönlichen Neigungen zur tschechischen Vergangenheit sowie für sein Gefühl der Bewunderung vor den Hußbildern des Historienmalers Lessing fand Treitschke gleichsam einen ästhetischen Anknüpfungspunkt im zweiten Teil von Vischers großem Werk. Es heißt dort unter besonderer Berücksichtigung des Hussitentums, daß die Slawen „sich erst in der neuen Zeit teilweise ästhetisch interessante Schicksale bereitet hätten"[22]. „Reformatorische Männer", unter denen Huß sowie dessen Darstellungen durch Lessing besondere Erwähnung finden, seien „edle Stoffe"[23]. „Ihre Schicksale liefern zum Teil bedeutende tragische Erscheinungen[24]." Während „fanatische Sekten wie die Wiedertäufer ein widerwärtiger Stoff seien" und daher als unbrauchbar für das historische Drama abgelehnt werden, „treten dagegen die Hussiten fanatisch, aber doch groß und heroisch auf"[25].

Das ganze 16. Jahrhundert ist für Vischer eine besondere Fundgrube „geschichtlicher Schönheit"; „hier sind schon überall Stoffe, die der Gegenwart sich vertraut darbieten, Frühlingswehen des neuen im Kampf mit dem Grabeshauch des alten Geistes; das 16. Jahrhundert ist dem unsern so vielfach verwandt, daß sein bewegtes Leben unter die fruchtbarsten, der Sympathie sichersten Fundgruben gehört"[26].

tes haben (z. B. Treitschke)." (Verhandlungen des Zweiten deutschen Soziologentages v. 20.–22. Okt. 1912 in Berlin, Tübingen 1913.) Den Hinweis auf M. Weber verdankt der Verf. Herrn Prof. R. Wittram, Göttingen.

20) Aufsätze, 3. Aufl., S. 487.

21) ebd.

22) Fr. Th. Vischer, Ästhetik oder Wissenschaft des Schönen, 2. Teil, 2. Aufl., 1922, § 354, S. 295.

23) ebd., § 363, S. 316.

24) ebd., S. 317.

25) ebd., § 367, Zusatz, S. 326.

26) ebd., § 368, S. 327.

In das Gebiet der „edlen Stoffe" gehört nun auch *Huttens* Leben hinein. Die Verwandtschaft seiner Ziele mit denen, welche die Gegenwart bewegen, prädestiniert den Stoff offensichtlich für eine dramatische Bearbeitung. Hutten war eine Lieblingsfigur der liberalen Geschichtsbetrachtung, die in Strauß' Huttenbiographie ihren klassischen Ausdruck gefunden hatte. Wenn Hutten bei Strauß die Rolle eines „Vorkämpfers des Lichtes gegen die Dunkelheit mittelalterlicher Barbarei, der Vernunft gegen den Aberglauben" spielt, so werden – wie Ritter in einer Untersuchung ausgeführt hat – „moderne Anschauungen und Streitfragen, wie der Kampf des Liberalismus des 19. Jahrhunderts gegen Orthodoxie und Ultramontanismus gleichsam rückwärts in die Vergangenheit hineinprojiziert"[27]. Die modernen Züge in Huttens Charakter sind ebenfalls von Fr. Th. Vischer in einem 1858 erschienenen Aufsatz über „Friedrich Strauß als Biograph[28]" hervorgehoben worden. Vischer erblickt Huttens Bedeutung für die Gegenwart u. a. darin, daß er der erste moderne Patriot sei"[29].

Treitschke hat sich eine Zeitlang mit dem Gedanken getragen, die Gestalt Ulrich von Huttens zum Träger eines historischen Ideendramas zu machen. Am 16. Februar 1858 schrieb er unter dem Eindruck der Lektüre des Strauß'schen Werkes an seinen Vater: „Das Bild eines alten Lieblings, mit dem ich mich früher oft beschäftigt, tritt mir jetzt häufig lebendig vor die Seele. Man redet viel von ihm, da eine neue Beschreibung seines Lebens erschienen ist. Ich meine Ulrich von Hutten, dessen kurze glänzende Laufbahn mir das wahre Vorbild eines männlichen oder meinetwegen männischen Lebens erscheint. Ich habe schon oft daran gedacht, ihn zu einer dichterischen Gestalt zu machen; nur schade, daß er seine Schlachten mit der Feder schlug; und papierne Kämpfe kann die Dichtung nur schwer darstellen[30]."

Um dieselbe Zeit (1858) hat noch ein anderer, der politisch und sozial aus ganz anderen Schichten stammte und vollkommen andere Ziele verfolgte, den Versuch eines historischen Dramas aus der Stoffwelt des 16. Jahrhunderts unternommen. Von Ferdinand *Lassalle* stammt aus dem Winter 1857/58 der dramatische Versuch „Franz von Sickingen. Eine historische Tragödie". Gerade dieser Versuch eines Historiendramas von einem Manne, dessen Entwicklung sich in einer derjenigen Treitschkes so völlig entgegengesetzten Richtung vollzog, vermag die allgemeine zeitgeschichtliche Be-

27) G. Ritter, Die geschichtliche Bedeutung des deutschen Humanismus, HZ 127, 1923, S. 401.

28) Fr. Th. Vischer, Kritische Gänge, Bd. 1, S. 217ff.

29) ebd., S. 258.

30) Briefe, Bd. 1, S. 457, v. 16. 2. 1858.

deutung des sogenannten Historiendramas besonders zu veranschaulichen. Die Argumentation, die Lassalle in der Vorrede zu seinem Drama anwendet, erinnert in ihren Hauptpunkten durchaus an Gedankengänge von Vischer und Treitschke, in denen beide die politisch-poetische Ausbeutung der Geschichte begründen. Die geistige Veranlassung zu einem Drama ist bei Lassalle in ähnlichen Motiven, die auch für Treitschke maßgeblich sind, zu suchen. Diese Motive liegen außerhalb des eigentlich Dichterischen. Es geht Lassalle ebenso wie Treitschke nur soweit um historische Persönlichkeiten, als sie Träger und Verfechter von Ideen sind. Pathetische Darstellung historischer Ideen ist für beide, den sozialistischen Agitator wie den liberalen Idealisten, eigentliche Aufgabe ihrer historischen Dramatik.

Franz von Sickingen ist der Titelheld des Lasselle'schen Dramas, obwohl der Verfasser den Plan in der Auseinandersetzung mit der Gestalt Huttens konzipierte. Lassalle und Treitschke sahen sich beide derselben Schwierigkeit in der Figur Huttens gegenüber. Treitschke bedauert, daß Hutten „seine Schlachten nur mit der Feder geschlagen habe". Lassalle greift aus demselben Grunde auf Sickingen zurück, obwohl Hutten neben diesem als wichtigste Figur beibehalten wird. Die Rolle des letzteren besteht vornehmlich darin, die Idee der Reformation, worunter wie bei Treitschke die Idee der Geistesfreiheit verstanden wird, auszusprechen, im Pathos der Überzeugung lange Reden über dieselbe zu halten. Hutten soll die „Kulturkampfidee[31]" darstellen, von der es in der Vorrede heißt: „Der gewaltige Kulturkampf jener Zeit (der Reformationsepoche) beherrscht noch unsere ganze Gegenwart und ist in seinen Resultaten maßgebend für die ganze deutsche Geschichte geblieben . . .[32]."

Als Lassalle bereits den Entschluß zu einem Drama mit Sickingen und Hutten als Hauptpersonen gefaßt hatte, kam im Sommer 1857 David Friedrich Strauß' Huttenbiographie heraus. Hermann Oncken, der sie „eine der besten unserer Geschichtsliteratur" nennt, stellt fest, daß „Lassalle das Buch noch während seiner Arbeit am Sickingen gelesen habe und ihm manches verdankt"[33]. Wie wechselseitig und verschlungen das geistige Leben ist und wie intensiv die Anregungen der Literatur namentlich im 19. Jahrhundert wirken, denen sich der lesende Mensch nicht zu ent-

31) Der Ausdruck „Kulturkampf" ist nicht zuerst von Virchow, sondern von Lassalle angewandt. Es ist durchaus denkbar, daß die Lassalle'sche Bezeichnung Virchow bekannt gewesen ist; denn „Franz v. Sickingen" erschien 1859.

32) F. Lassalle, Ges. Reden u. Schriften, hrsg. v. E. Bernstein, Bd. 1, 1919; Franz v. Sickingen, S. 131; vgl. hierzu J. Bayer, Studien und Charakteristiken, 1908, S. 216.

33) H. Oncken, Lassalle, S. 140; vgl. auch F. Lassalle, Ges. Reden u. Schriften, Bd. 1, S. 124.

ziehen vermag, zeigt das einzelne Beispiel von Strauß' Hutten. Das Buch aus dem Geist des Liberalismus, das Treitschke auf der Suche nach geeigneten Stoffen nachhaltig angeregt hatte, beeindruckte auch den ganz anders gearteten Lassalle so, daß sich kräftige Spuren der Strauß-Lektüre in seinem Drama wiederfinden. Der Sozialist entnahm der liberalen Vorlage eigentlich sogar die zentrale Idee seines Dramas, die sogenannte „Kulturkampfidee", deren Inhalt für Strauß die Veranlassung zu seiner Darstellung gebildet hatte. Diese Idee ist im Grunde das unausgesprochene Motto der Huttenbiographie. Am Schluß seines Werkes setzt Strauß Hutten scharf in Beziehung zur Gegenwart. Er mißt den Rückschritt der 50er Jahre an dem durch ihn bewirkten Fortschritt und wendet sich gegen diejenigen unter seinen Zeitgenossen, „welche die Schlüssel der Gewissen und Geistesbildung deutscher Stämme, durch die Kämpfe wackerer Vorfahren kaum zurückerobert, kampflos aufs Neue an Rom und eine römisch gesinnte Priesterschaft ausliefern; und noch mehr gegen die, welche im Schoße des Protestantismus selbst ein neues Papsttum pflanzen möchten, gegen die Fürsten, die ihr Belieben zum Gesetz erheben, die Gelehrten, denen Verhältnisse und Rücksichten über die Wahrheit gehen"[34].

Wenn Lassalle gewiß auch keine Teilnahme für den lutherischen Protestantismus empfand und das reformatorische Prinzip ganz weltlich, nach seinen eigenen Worten „frei menschlich – atheistisch" verstand, so fühlte er sich doch veranlaßt, sich gegen die nicht ohne Grund erhobenen Vorwürfe seines Meisters Karl Marx zu verteidigen, der ihn auf die für einen Sozialisten bedenkliche Gesellschaft hinwies, in welche er mit Gestalten wie Sickingen und Hutten hineingeraten war, und deshalb von London aus schrieb: „Bist Du nicht selbst, gewissermaßen wie Dein Franz von Sickingen, in den Fehler gefallen, die lutherisch-ritterliche Opposition über die plebejisch-münzerische zu stellen?[35]" Mit dieser Frage wies Marx auf die eigentümliche Stellung hin, in der sich der Sozialist Lassalle als Verfasser eines Sickingen-Dramas befand, und in welcher er sich vom strengen Sozialismus abgesetzt hatte.

Er schlug mit seinem Drama einen von seinen sozialistischen Freunden unabhängigen und völlig selbständigen Weg ein. Diese unabhängige Stellung kam noch mehr in der Zielsetzung seines Dramas zum Ausdruck; denn er wollte ja nicht nur die religiöse Freiheit, d. h. bei ihm die Freiheit *von* der Religion, sondern auch die Idee der nationalen Freiheit verherrlichen. Er verfolgte im Grunde etwas ganz Ähnliches, das auch Treitschke vor-

34) zitiert nach H. Oncken, a.a.O., S. 140; vgl. D. Fr. Strauß, Ulrich von Hutten, Bd. 2, 1858, S. 367.

35) zitiert nach H. Oncken, a.a.O., S. 151.

schwebte, als letzterer von seinem Vorhaben schrieb, „das Bild eines alten Lieblings" „zu einer dichterischen Gestalt zu machen". So läßt Lassalle seinen Titelhelden Sickingen nicht nur gegen den Geist des Klerikalismus ankämpfen, sondern auch gegen den Territorialismus. Sickingens Worte, die den Fürstenhaß predigen, hätten Treitschkes vollkommene Billigung finden können, wenn er sie gekannt haben würde:

„Du weißt, wie ich die deutschen Fürsten schätze,
Sie sind's, die nach den Pfaffen ich zumeist
Haß' und verabscheue. Sie sind der wahre Feind
Des Reichs und der gemeinen Freiheit. Lüstern
Streckt ihre maßlos eigennütz'ge Zunft
Nach jedes Standes Recht im weiten Reich
Die gier'gen Krallen aus; sie sind im Herzen
Dem Adel, Bürger, Bauer gleich sehr Feind[36]."

Der Biograph Lassalles hebt den unitarischen Sinn, den diese Verse enthalten, mit Recht hervor: „Das ist der deutsche Unitarier des 19. Jahrhunderts, wenn man will der republikanische Unitarier[37]." Es finden sich sogar, wie ebenfalls von Oncken betont wird, Wendungen, deren Beziehungen auf Preußen sehr wahrscheinlich sind, so z. B. jene Spitze gegen ein lebensunfähiges Kleinfürstentum:

„Es streicht nicht mehr die Zugluft der Geschichte
durch solche Landparzellen[38]."

Was hier „Zugluft der Geschichte" genannt wird, bedeuten bei Treitschke „die großen Verhältnisse", denen ein ästhetischer Sinn von vornherein mitgegeben ist. Eine begründete Parallelisierung zwischen beiden ließe sich leicht fortsetzen.

Solche inneren Übereinstimmungen zwischen Treitschke und Lassalle, die in einem so belangvollen Sachverhalt wie der unitarischen Gesinnung zum Ausdruck kommen, vermögen jedoch die tiefe Verschiedenheit zwischen dem bürgerlichen Idealisten und dem dialektischen Revolutionär, dem es letzten Endes auch bei der Figur Sickingens um „Revolutionsdialektik" ging, nicht zu verhüllen. Die Gemeinsamkeiten sind aber trotzdem vorhanden, und gerade der Huttenplan, der gleichsam in der geistigen Luft der 50er Jahre lag, ist geeignet zu zeigen, wieviel Verbindendes auch noch zwischen Männern von so verschiedener politischer Zielsetzung und Methode bestand. Die „Bildung" erzeugte eben noch eine gemeinsame Atmosphäre.

36) F. Lassalle, a.a.O., S. 233f.
37) H. Oncken, a.a.O., S. 152.
38) F. Lassalle, a.a.O., S. 234.

Beide, Lassalle und Treitschke, leben im Banne von Ideen und wollen dieselben zur Darstellung bringen. Die Ideen tragen bei beiden bis zu einem gewissen Grade verwandte und zwar hegelsche Züge. Letztere werden Treitschke auf dieser Stufe seiner Entwicklung vornehmlich noch durch das Medium Vischers vermittelt; sie treten bei Lassalle schärfer hervor. Bei beiden enthält die theoretische Begründung ihrer dichterischen Versuche, die keinen selbständigen ästhetischen, aber einen umso größeren biographischen Wert besitzen, bestimmte interessante übereinstimmende Merkmale.

Beiden geht es schließlich um die Darstellung eines kulturhistorischen Prozesses.

Lassalle reiht sein Drama ausdrücklich in die Tradition des historischen Dramas seit Schiller ein. Allerdings will er über Schiller, bei dem das Interesse am individuellen Geschick seiner Ansicht nach überwiegt, hinausführen und den allgemeinen kulturhistorischen Prozeß des deutschen Volkes darstellen. Er formuliert dieses Ziel in der Vorrede zu seinem Drama folgendermaßen: „Was ich dagegen für die höchste Aufgabe der historischen Tragödie, und somit der Tragödie überhaupt, halte, ist: die großen kulturgeschichtlichen Prozesse der Zeiten und Völker, zumal des eigenen, zum eigentlichen Subjekt der Tragödie, zur dramatisch zu gestaltenden Seele derselben zu machen, die großen Kulturgedanken solcher Wendeepochen und ihren ringenden Kampf zu dem eigentlich zu dramatisierenden Gegenstand zu nehmen[39]."

Treitschke hatte den „zum Teil glänzenderen Taten der Hohenstaufen[40]" die Bauern- und Bürgerkämpfe des Mittelalters gerade deshalb vorgezogen, weil diese eher geeignet seien, den Prozeß zu zeigen, in welchem „ein Volk zu seinem Selbstbewußtsein kommt". Es ist im Grunde das Lassalle'sche Thema, das von Treitschke in dieser Bekundung angeschlagen wird. Er bevorzugte das 16. Jahrhundert vornehmlich wegen der Ähnlichkeit desselben mit den geistigen und vor allem, wie er ausdrücklich feststellt, mit den sozialen Kämpfen seiner eigenen Gegenwart[41]."

Treitschkes Huttenplan kam aus dem Stadium der Erwägung nicht heraus und wurde niemals ausgeführt. Dagegen schien der Plan eines anderen historischen Dramas gute Fortschritte zu machen. Es handelt sich um das Schicksal des deutschen Ordensmeisters Heinrich von *Plauen* – eine Konzeption, die ebenfalls allein biographische Bedeutung besitzt.

39) F. Lassalle, a.a.O., S. 134.
40) vgl. Briefe, Bd. 1, S. 210, v. 18. 1. 1854.
41) vgl. ebd., S. 346, v. 17. 2. 1856.

Das Schicksal Plauens schien ein besonders „edler Stoff" zu sein, weil die Idee von vornherein dem Stoffe innewohnte. Im Januar 1856 deutete Treitschke zum ersten Male in einem Brief an Nokk den neuen Tragödienplan an[42]. Diese Andeutung geht bezeichnenderweise wieder zuerst vom „historischen Stoffe" aus in der naiven Annahme, daß das Historisch-Bedeutsame „selbstverständlich" auch das dramatisch Brauchbare sei. „Ich habe jetzt einen herrlichen dramatischen Stoff gefunden, ganz kürzlich, nachdem ich alle die Pläne, von denen ich Dir früher schrieb, teils verworfen, teils verschoben habe. Ich gehe jetzt daran, zunächst den historischen Stoff zu bewältigen[43]." Mit diesem Stoff fühlte sich Treitschke in die sogenannten „vornehmen ideenreichen Regionen[44]" versetzt, die er einmal rühmend an dem heute längst vergessenen Trauerspiel „Columbus", das den hegeltreuen Philosophen und Dichter Werder zum Verfasser hatte und 1858 erschien, hervorhob. Diese eigentümliche Wortverbindung von „vornehm" und „ideenreich" ist durchaus bezeichnend und vielsagend. Sie charakterisiert ein unklares Wunschbild, das Treitschke vorschwebte. Ideenreichtum wird zu einem selbstverständlichen Attribut vornehmer Lebensführung. Es handelt sich um denselben Sachverhalt, wenn in Treitschkes ästhetischen Aufsätzen den niederen Schichten eine Tragödienfähigkeit abgesprochen wird. Obwohl Treitschke immer wieder davon spricht, daß die Hauptidee des Zeitalters im sozialen Kampfe des Bürgertums liege, vertritt er im ästhetischen Bereich die Anschauung, daß „die Ideen, welche unsere Zeit am tiefsten bewegen[45]", nicht im bürgerlichen Trauerspiel, sondern in der Historientragödie hohen Stils die angemessenste Verkörperung finden, oder mit seinen eigenen Worten: „am leichtesten lebendig erscheinen können." Die Idee benötigt zu ihrer Erscheinung gleichsam den Sockel des denkwürdigen geschichtlichen Ereignisses und den weiten und vornehmen Hintergrund einer historischen Staffage. „Die Erhabenheit des Stoffes und die zeitliche Entfremdung verschaffen eine weit reinere Atmosphäre und den Charakteren einen freieren Spielraum als im bürgerlichen Trauerspiel, wo man bei jeder energischen Leidenschaft, bei jeder wahrhaft tragischen Tat gleich an das Zuchthaus denken muß[46]."

Der „großartige" historische Stoff mit seinem „gestaltenreichen Historischen Treiben", der in der preußischen Ordensgeschichte gegeben zu sein schien, kam Treitschkes Bedürfnis, sich ganz in der Art der Hi-

42) ebd., S. 330, v. 13. 1. 1856.
43) ebd.
44) ebd., S. 478, v. 7. 12. 1858.
45) ebd., S. 376, v. 19. 7. 1856.
46) ebd.

storienmalerei „auf ein großes voll ausgeführtes Bild zu konzentrieren[47]", sehr entgegen. Ein solches „großes voll ausgeführtes Bild" wollte Treitschke in der Tragödie des Ordensmeisters Heinrich von Plauen ausführen. Es sollte „ein historisches Drama im strengsten Sinne" werden, „sehr ernst, garnicht rührend, fast ohne Weiberrollen, aber hoffentlich ohne Phrasen"[48]. Dieses historische Drama strenger Observanz sollte folgenden Inhalt haben: „Der Held ist Heinrich von Plauen, jener deutsche Ordensmeister, der zu Grunde ging in dem Konflikt der freien Tatkraft mit dem engherzigen positiven Rechte. Der Retter des Ordens in seiner größten Gefahr, war er allein zum Herrschen berufen; seine gewaltige Hand allein konnte die sittliche Fäulnis, die an seinem Lande zehrte, vernichten. Sein Plan, durch einen großen Krieg die drohende Übermacht Polens zu zerstören, zerschellte an den Schranken des Rechtes, die er überschritt. An der Gleichgültigkeit und kleinlichen Intrige seiner Umgebung, die ihn nicht verstehen konnte. Er ward gestürzt, und in der Enge eines unbedeutenden Wirkungskreises, aus der Hoffnung, seine verlorene Macht wiederzugewinnen, aus dem Hasse gegen die kleinen Seelen, die ihn verstoßen, faßte er jenen wunderbaren Plan, sein Land an Polen zu verraten, an eben jenes Polen, das er schon einmal aus dem Ordenslande vertrieben, auf dessen Vernichtung all seine alten Pläne gerichtet waren . . . Plauen will den alten Geist seines Ordens wiederherstellen und untergräbt durch seine Herrschsucht selbst dessen mächtigste Stütze, das Recht. Darum trifft ihn dann die grauenhafte Ironie des Schicksals, daß er, der in seiner Umgebung nichts mehr haßt als den kleinlichen Verrat, den ihre sträfliche Gleichgültigkeit mit Polen treibt, selbst zum offenen Verrat gelangt[49]." Treitschke nannte selbst diesen Stoff, für den er im 7. Band von Voigts „Geschichte von Preußen" nicht mehr als nur „eine trockene Zusammenstellung der Tatsachen" fand, „furchtbar ernst" und darum „gut gewählt". Der Schluß des Plauenplans paßt jedoch nicht zu seiner ästhetischen Schablone; denn: „Der Ausgang ist allerdings gräßlich: die alltägliche Gemeinheit siegt über die geniale Tatkraft[50]." Dieser Ausgang widerspricht dem Wesen der Idee, die sich ja gegen alle Widerstände der gemeinen Wirklichkeit erfolgreich durchzusetzen hat. Er widerspricht auch Treitschkes sein Leben lang festgehaltenem Ziel, „das Leben in Einklang zu bringen mit der Idee[51]" sowie seinem Glauben an „die göttliche Führung der Menschengeschicke", die „den Mann des Schicksals

47) ebd., S. 347, v. 17. 2. 1856.
48) ebd.
49) ebd., S. 370, v. 15. 7. 1856.
50) ebd., S. 371.
51) H. v. Treitschke, Deutsche Geschichte, Bd. 1, S. 81.

nicht vor der Zeit von hinnen ruft"[52]. Treitschke fühlt sich deshalb auch veranlaßt, diesen im Rahmen eines historischen Ideendramas ungewöhnlichen Schluß besonders zu motivieren und weist zur Entschuldigung für den trostlosen Ausgang – während doch die Kunst ebenso wie die Geschichte Trost spenden solle – auf die politische Trostlosigkeit seiner eigenen Gegenwart der 50er Jahre hin: „Aber es ist nicht meine Schuld, daß ich ein Kind meiner Zeit bin und von den Gedanken am Meisten bewegt werde, die in der Luft liegen; bin ich Ursache, daß diese so traurig sind?[53]"

Es ist verlohnend, das Schicksal dieses Plauenplans, der von allen dramatischen Versuchen Treitschkes am weitesten gediehen war, zu verfolgen. Die brieflichen Berichte über den Fortgang der Arbeit an diesem Trauerspiel erstrecken sich über das ganze Jahr 1856, das besonders angefüllt ist von ästhetischen und vor allem kunsthistorischen Studien. Es hat oftmals den Anschein, als ob die Vorbereitung auf die Habilitation hinter den künstlerischen Interessen ganz zurücktrete. Ab und zu findet sich ein Hinweis, wie lästig diese Habilitation sei und wie sie ihn von seiner *eigentlichen* Aufgabe abziehe. „Nebenher" betreibt er im Winter 56/57 „im Schweiße seines Angesichts" das gründliche Studium der sechs Bände von Vischers Metaphysik des Schönen. Außerdem fällt in das Göttinger Jahr die erste intensive Beschäftigung mit Hegels Rechtsphilosophie. Diese geistigen Bemühungen bilden zusammen gewissermaßen die Bildungsgrundlage, auf der die Pläne der Historiendramen entstanden.

Im März 1857 schien die Plauentragödie der Vollendung schon so nahe, daß er dem Vater von der Aussicht schreiben konnte, das Manuskript im Herbst der Dresdener Bühne einzusenden. Über Habilitation und erster Dozententätigkeit bleibt das Werk aber unvollendet liegen. Im November 1859 schreibt er von der „argen leidenschaftlichen Torheit", das Trauerspiel vernichtet zu haben, und von der Hoffnung, es erneut wieder aufzunehmen. Im Herbst 1862 berichtet er bezeichnenderweise dem Historienmaler *Teschendorff*, einem Schüler Pilotys, mit dem er seit seinem Münchener Studienaufenthalt befreundet ist, von seinem zweigeteilten Leben zwischen Wissenschaft und Lehramt auf der einen und poetischen Interessen auf der anderen Seite: „Es muß mit der Poesie noch etwas werden; zunächst will ich mir die Geschichte von Altpreußen durch einen Aufsatz klarmachen und dann laß uns sehen, was die Götter senden[54]." Herzliche Grüße an *Piloty*, den bekannten Münchener *Historienmaler*, beschließen den Brief.

52) ebd., Bd. 3, S. 489.
53) Briefe, Bd. 1, S. 371, v. 15. 7. 1856.
54) Briefe, Bd. 2, S. 203, v. 1. 2. 1862.

Was er hier von sich selbst berichtet, daß er sich nämlich „die Geschichte von Altpreußen klarmachen wolle", damit er anschließend ausreichend vorbereitet zu seinem Drama, d. h. zu der eigentlichen Aufgabe, zurückkehren könne, dasselbe Verfahren empfiehlt er später auch Teschendorff, wenn er ihn auf geschichtliche Darstellungen als Fundgrube für malerische Motive hinweist. „Vielleicht findest Du etwas für die Kunst in Carlyles Geschichte Friedrichs des Großen (d. h. eigentlich Geschichte Preußens ab ovo)[55]. Treitschkes Äußerungen aus jener Zeit, seine eigenen Bemühungen um das Drama, zeigen deutlich, wie sehr ihm Geschichte zum ästhetischen Gegenstand zu werden pflegt.

Der glanzvolle Aufsatz *„Das deutsche Ordensland Preußen"*, auf den Treitschke im Brief an Teschendorff anspielt, ist im Augustheft 1862 der Preußischen Jahrbücher erschienen und enthält ein Charakterbild Plauens, dem die Spuren der ästhetischen Herkunft noch anzusehen sind. Der Aufsatz bildet das einzige Ergebnis von Treitschkes Bemühungen um diesen Gegenstand aus der Ordensgeschichte. Auf wenigen Seiten wird das großaufgefaßte Bild eines Helden entworfen, der „in dem Konflikt zwischen der freien Tatkraft mit dem engherzigen positiven Recht[56]" zu Grunde ging. Die Stationen dieses Heldenlebens werden im Essay von 1862 ganz so beschrieben, wie der dramatische Plan in jenem Brief vom 15. Juli 1856 den Gang der Handlung vorgesehen hatte. Und auch „der gräßliche Ausgang" ist beide Male übereinstimmend. So wie 1856 im 5. Akt „die alltägliche Gemeinheit über die geniale Tatkraft" siegen sollte, so geht 6 Jahre später in der prosaischen Fassung des Planes der historische Charakter an demselben Schicksale zu Grunde: „In häßlichster Prosa endet nun dies dämonische Heldenleben[57]."

Der ästhetische Bezirk der historischen Kunst, aus welchem die Gestalt Heinrichs von Plauen erwachsen ist, wird bereits in den einleitenden Worten des Essays, mit denen der Erretter des Ordens gleichsam vorgestellt wird und die an einen Kommentar zu einem Historienbild erinnern, angedeutet. Zunächst wird ein Bild des Schlachtfeldes von Tannenberg nach dem polnischen Siege in grellen Farben entworfen: „Aber derweil der König nach Barbarenweise tagelang auf der Wahlstatt verweilte, die Häupter der gefangenen Großen unter dem Beile seiner Henker fielen, und der Wein aus den zerschlagenen Ordensvorräten in Strömen durch das polnische Lager floß und mit dem Blute der Gebliebenen sich mischte ...[58]." Nach greller

55) ebd., S. 256, v. 15. 2. 1863.
56) Briefe, Bd. 1, S. 370, v. 15. 7. 1856.
57) Preuß. Jb. 10, S. 138.
58) ebd., S. 134f.

Beleuchtung dieser Massenszene, die schon selbst ein Historienbild darstellt, wechselt der Scheinwerfer auf das historische Einzelbild über: „... da hob sich aus dem grenzenlosen Verderben der andere große Mann des Ordens, Graf Heinrich von Plauen." Wie aus einem Rahmen treten nun die Plauens heraus: „Sie sahen sich Alle gleich, wie ihre Namen und die springenden Löwen in ihren Schildern – diese Heinrich Plauen, aus dem Voigtländischen Hause der heutigen Fürsten von Reuß, ein Geschlecht schroffer, herrischer Menschen, einer königlichen Ehrsucht voll, hart und lieblos, mit dem kalten Blick für das Notwendige[59]." Ganz so, nämlich „furchtbar ernst" sollte ja auch die Darstellung des Ordensmeisters in der dramatischen Studie ausfallen.

In den folgenden Jahren kam Treitschke mehrfach noch in Andeutungen auf seinen Tragödienplan aus der Ordensgeschichte zurück. Die *Vorlesung* über preußische Geschichte, die er bis zu seinem Tode in regelmäßigen Abständen las, gab ihm immer erneut Gelegenheit, bei dem Charakterbild seines Helden zu verweilen und die in seinem Schicksal gegebenen tragischen Möglichkeiten zu ergründen.

Als er in den 90er Jahren sein preußisches Kolleg wieder einmal las, lagerte sich der schwere Eindruck, den Bismarcks Entlassung hinterlassen hatte, über die Darstellung des Schicksals seines alten Helden. Die beiden „Heldenbildnisse" schmolzen gewissermaßen zusammen. Das gegenwärtige Erlebnis eines Vorganges von politisch unheilvoller Bedeutung und menschlicher Tragik, das beides von Treitschke in tiefer nationaler Bedrückung stark und echt empfunden wurde, regte doch auch zugleich ein in seiner Natur tief angelegtes und durch seine Bildung befördertes ästhetisches Bedürfnis an. Unter Zuhilfenahme „eines erhabenen geschichtlichen Beispiels" im Sinne der Vischer'schen Ästhetik verdichtete sich der politische Vorgang von Bismarcks Entlassung zum erschütternden und zugleich ästhetisch befriedigenden „Bilde". Treitschke führte die innere Angleichung soweit durch, daß er Plauens polnische Verbindung nach seiner Absetzung in eine innere Parallele zu Gerüchten brachte, wonach der Kanzler in gewissen politisch fragwürdigen Beziehungen zu ausländischen Persönlichkeiten gestanden haben sollte. Anlaß dieser Gerüchte gab wohl Bismarcks Besuch auf der französischen Botschaft, den er machte, um den Botschafter gegen den kaiserlichen Plan einer internationalen Konferenz über die soziale Frage zu beeinflussen. Einer von Treitschkes Hörern, der nachmalige Gymnasialprofessor Plathner, hat aus dem Kolleg des Wintersemesters 93/94 an der Stelle, wo Plauens Beziehungen zu Polen berührt wurden, folgenden Satz nachgeschrieben: „Wir verstehen heute ganz die Gewalt und die Möglichkeit

59) ebd., S. 135.

solchen Schicksals, da wir in unserer eigenen Zeit erlebt haben, wie staatliche und menschliche Größe durch menschlichen Neid und durch niedrige Gesinnung befleckt werden können[60]."

So wird der vor beinahe 40 Jahren konzipierte Tragödienplan am Ende von Treitschkes Laufbahn schließlich zu einem Mittel, den als stärkste politische Wirklichkeit erlebten zeitgeschichtlichen Vorgang im historischen Bilde zu erläutern und verständlich zu machen. Der Ring in Treitschkes Leben schließt sich und wird zusammengehalten durch dieselben ästhetischen Motive, die Leben und Werk denselben gleichförmigen Charakter geben. Die Beobachtung, daß auch die depressive politische Stimmung, auf die Treitschke beim Entwurf des Plauenplanes 1856 entschuldigend hingewiesen hatte, in der Vorlesung der 90er Jahre unter den Erfahrungen der wilhelminischen Politik wiederkehrt, läßt den einheitlichen Zusammenhang noch deutlicher erkennen, in welchem der frühe und nicht ausgeführte Plan einer Plauentragödie, die historische Darstellung eines Teils der Ordensgeschichte in der Form eines Essays sowie das Erlebnis eines politischen Zeitgeschehens innerlich stehen. So wie Treitschke 1856 „den gräßlichen Ausgang" und den Sieg der Mittelmäßigkeit in der Tragödie auf den politischen Tiefdruck, der über seiner Zeit lagerte, zurückführte, so begründet er 1893 das angebliche besondere Verständnis der Gegenwart für die Größe und den Sturz des deutschen Ordensmeisters damit, daß „wir in unserer eigenen Zeit erlebt haben, wie staatliche und menschliche Größe durch menschlichen Neid und durch niedrige Gesinnung befleckt werden können".

Die Interpretation von Treitschkes dramatischen Entwürfen sollte uns *den* Dienst leisten zu zeigen, worauf es Treitschke in seinen ästhetischen Versuchen, seinen historischen Untersuchungen sowie in seinen historisch-politischen Urteilsbildungen immer wieder ankam. Er wollte historische Dramen schreiben um *„der poetischen Verklärung politischer Ideen* willen" und ferner um *„des humanen Gehalts"* wegen, der in historischen und politischen Vorgängen seiner Ansicht nach enthalten war. Solche irrealen Gesichtspunkte beherrschten genauso auch sein Verhältnis zur politischen Umwelt. Selbst die Form, in welcher Treitschke Bismarcks Sturz erlebt, ist nicht frei von dieser Eigentümlichkeit. So sehr er das schwere politische Schicksal, das mit diesem Ereignis verbunden war, tief empfand, ebensosehr erkannte er sogleich „den dramatisch brauchbaren Kern", der in diesem Vorgang lag. Das politische Geschehen wurde ihm in seiner lebhaften Phantasie leicht zum „Historiendrama".

60) Nach einer mündlichen Mitteilung von Prof. Plathner.

Das gründliche Studium der Vischer'schen Ästhetik, das Treitschke im Winter 1856/57 in Göttingen „im Schweiße seines Angesichts" durchführte, wurde das entscheidende und nachhaltige geistige Erlebnis seiner Jugendentwicklung. Er hat derselben mehr als bloß einen ästhetischen Formen- und Erlebniskodex entnommen[60a]. Vischer wurde ihm eine Hauptumschlagstelle von Gedanken und Wertmaßstäben, die aus der idealistischen Philosophie, vornehmlich derjenigen Hegels, stammen. Durch das Medium ästhetischer Reflexionen wurde er mit dem geistigen Gehalt der idealistischen Philosophie vertraut, von der er auf direktem Wege, abgesehen von Hegels Rechtsphilosophie und Ästhetik und einigen Schriften Schleiermachers wohl nur in äußerst begrenztem Umfang Kenntnis genommen haben würde, wie überhaupt der idealistische Geist in der zweiten Hälfte des 19. Jahrhunderts mehr durch Vermittlungen als durch unmittelbares Studium aus den Quellen heraus geschichtlich wirksam geworden ist. Neben Vischer hat vor allem der Nationalökonom Wilhelm *Roscher* eine bedeutsame Rolle als Mittler idealistischen Gedankengutes in Treitschkes geistiger Entwicklung gespielt (s. 3. Kapitel). Die mittelbaren Wirkungen sind oft geschichtlich stärker, dauerhafter und folgenreicher als sogenannte unmittelbare „Einflüsse". Es sind immer nur einzelne, die sich einen direkten Zugang zu den klassischen Werken verschaffen. Ihre Funktion in der Tradition des Geisteslebens besteht darin, den Ertrag der großen, meist schwer lesbaren Werke in kleinen Münzen in Umlauf zu bringen. Es soll hier nicht die philosophiegeschichtliche Stellung von Vischers Ästhetik untersucht werden, d. h. nicht die Frage, wieweit und wodurch Friedrich Theodor Vischer als „der tiefste nach-hegel'sche Ästhetiker[61]" über Hegel hinausgeführt hat. Treitschke hat Vischer vollkommen unphilosophisch gelesen. Er verhielt sich zu Vischers Ästhetik sozusagen eklektisch. Ohne sich mit der dialektischen hegelschen Form der Ästhetik, die er als für sich unbrauchbar ablehnte, auseinanderzusetzen, schöpfte er aus der Materialfülle, die in den Zusätzen zu den Paragraphen enthalten sind, soviel, wie er für seine geistigen Bedürfnisse und zur Befestigung sowie Vertiefung seiner schon vorhandenen ästhetischen Anschauungen benötigte. Er holte sich hier die fertigen Bausteine zu einem System einer Gehaltsästhetik, das seinen künstlerischen, historischen und auch politischen Anschauungen den festen Zusammenhang und den Rahmen gab.

Als Treitschke mit 20 Jahren der Vischer'schen Ästhetik zum ersten Male in Tübingen, wo er im Sommersemester 1854 seine Dissertation an-

60a) vgl. O. Westphal, Welt- und Staatsauffassung des deutschen Liberalismus, S. 271ff.

61) vgl. Hegels Ästhetik, hrsg. u. eingel. v. A. Baeumler, 1922, Einl. S. 29.

fertigte, begegnete, wies er sogleich auf ihre Doppelgesichtigkeit hin, die dadurch entsteht, daß Vischer „einer der letzten metaphysischen Systematiker der Ästhetik und zugleich Sinnenmensch, Realist, ja Impressionist ist und als Denker wie als Künstler schon mehr durch die Empirie als durch die Spekulation wirkt"[62]. Er schrieb damals an Bachmann, den „philosophischsten" unter seinen Freunden: „Ich beschränke mich auf Vischers Ästhetik. Dieser gesunde, frische Realismus, das kecke Brechen mit allen Vorurteilen ziehen mich ungemein an. Aber grauenhaft geisttötend scheint mir die Methode. Du wirst mir einen Gefallen tun, wenn Du mir erklärst, was diese Hegelei nützen soll. Da erfährt man erst in der These eine Menge absichtlicher Einseitigkeiten, um dann in der Antithese wieder andere Einseitigkeiten zu hören, bis endlich die Synthese das ersehnte Richtige bringt. Das mag bei einem sehr komplizierten Stoff zur Übersicht und unparteiischen Erwägung recht dienlich sein. Wie man aber daraus ein allgemeines Denkgesetz ableiten und unser reiches Leben notwendig immer in drei Teile einschachteln will, das begreife ich nicht[63]."

Die schwerfällige philosophische Diktion der Vischer'schen Ästhetik, die sich im hegel'schen Dreitakt mühselig fortbewegt, und für die Treitschke kein Verständnis aufbringt, hat eine besondere Veranlassung in einer bestimmten Situation seiner wissenschaftlichen Laufbahn, in der sich Vischer genötigt sah, für seine in Frage gestellte Wissenschaftlichkeit den Nachweis zu erbringen. Von Inhalt und Ton seiner Antrittsrede zum Ordinariat für die Wissenschaft der Ästhetik am 22. 11. 1844, in welcher der Zusammenhang der Ästhetik mit allen Wissenschaftsgebieten untersucht und in der ferner vor allem die epochale Bedeutung der David Strauß'schen Forschung hervorgehoben wurde, fühlten sich nicht nur die theologische Fakultät, sondern auch die Vertreter der übrigen Fächer herausgefordert. Vischer bekannte sich bei dieser Gelegenheit zur „Überzeugung" als zu einem obersten Wert. Die Rede wurde der Anlaß zu Vischers zweijähriger Amtsenthebung. Die Gegner des „Strauß-Vischer'schen Wesens" unter der Mehrzahl der Tübinger Professoren gaben sich mit der einstweiligen Suspension jedoch noch nicht zufrieden, sondern bemühten sich darüber hinaus, die dauernde Unfähigkeit des unzünftigen Ästhetikers für ein Ordinariat an der Universität Tübingen nachzuweisen. Sie wiesen deshalb auf den nur publizistischen, ja sogar populären Charakter seiner bisherigen Veröffentlichung und Reden hin. Solchen Angriffen gegenüber wollte Vischer mit einem Werke, das auch in der Form strengste Wissenschaft-

62) E. Volhard, Zwischen Hegel und Nietzsche, Der Ästhetiker Fr. Th. Vischer, S. 113.

63) Briefe, Bd. 1, S. 231, v. 28. 5. 1854.

lichkeit wahrte, seine Befähigung für ein Ordinariat gleichsam demonstrieren. So kam er dazu, den gelehrten Ballast in seinem Werke besonders schwer zu machen. Auf diese wissenschaftsgeschichtliche Kampfsituation führt z. B. auch E. Zeller in seinen Erinnerungen die schwierige und manchmal geradezu unverständliche Ausdrucksweise des gelehrten Werkes zurück: „Vischer ließ sich durch den Vorwurf zu großer Popularität, der ihm gemacht wurde, verleiten, die Ästhetik im ersten Bande mehr als wohlgetan und seiner Natur gemäß war, in die Formeln der Hegel'schen Logik und überhaupt einer schulgemäßen Darstellung einzuzwängen[64]." In seinem „Lebensgang" hat sich Vischer sogar selbst genötigt gefühlt, dem Leser den Rat zu geben, in der Ästhetik „mehr auf das Fleisch als auf die Knochen zu achten"[65]. Diesem Rat ist Treitschke gefolgt; denn die „philosophischen Kunstausdrücke", bei denen man, wie er seinem Vater nach der ersten Lektüre schreibt, „oft glaube Malayisch oder Bengalisch zu hören[66]", haben ihn nicht davon abgehalten, „durch das Stahlbad der Vischer'schen Ästhetik hindurchzugehen"[67]. Schon das Bekenntnis, das die Vorrede zur Ästhetik von 1846 enthielt, mußte eine entsprechende Saite in Treitschke zum Mitschwingen bringen und ihn in dem Verfasser einen verwandten Geist erkennen lassen; denn es heißt dort: „Ich durfte und wollte kein Jota meiner Überzeugung verschweigen; geböte mir dies nicht die Ehre der Wissenschaft, so geböte es mir meine eigene, denn ich muß der Welt zeigen, daß ich keinerlei Verbindlichkeit übernommen habe, der freien Wissenschaft auch den kleinsten Teil der Aufrichtigkeit, die ihre Lebensluft ist, zu entwenden[68]." Es war dieselbe Art von Überzeugung, auf die sich Treitschke berief, wenn er sich gegen den Vater verteidigte und seine idealistische Auffassung von den Pflichten eines akademischen Lehrers erläuterte.

Wenn Treitschke an der Vischer'schen Ästhetik unter dem Eindruck der ersten Begegnung „den gesunden Realismus" preist, so meint er damit durchaus kein Ausmalen der Wirklichkeit, sondern vielmehr die Darstellung jener Einheit, die Idee und Wirklichkeit zusammen bilden. Die Wirklichkeit ohne Idee wäre das poetisch Uninteressante sowie das

64) E. Zeller, Erinnerungen eines Neunzigjährigen, S. 138.

65) Fr. Th. Vischer, Mein Lebensgang, Kritische Gänge, Bd. 6, S. 472.

66) Briefe, Bd. 1, S. 236, v. 20. 6. 1854.

67) ebd., S. 424, v. 11. 6. 1857.

68) zitiert nach Fr. Th. Vischer, Aesthetik oder Wissenschaft des Schönen, 1. Teil, Die Metaphysik des Schönen, 2. Aufl., hrsg. v. R. Vischer, 1922, S. V.

sittlich Wertlose; denn: „Ich verlange von dem Dichter mehr als eine bloße Darstellung dessen, was ich täglich in der Wirklichkeit vor mir habe[69]." Den Streit über Idealismus und Realismus hält Treitschke für „sinnlos"[70]. Er ist der Ansicht, daß dieser Gegensatz auf die Poesie der Gegenwart nicht mehr anwendbar sei. An Stelle dieses Gegensatzes setzt Treitschke den „poetischen Realismus" – ein Synonym für Vischers Idealrealismus – und bezeichnet als dessen Aufgabe auf der einen Seite „die liebevolle Versenkung in den Reichtum des wirklichen Lebens", auf der anderen erklärt er, „daß der poetische Realismus nicht notwendig zu haften brauche an dem Staube des Alltagstreibens, daß er vielmehr verpflichtet und befähigt sei, das Drama unter Könige und Helden zu führen, auf jene Höhen des Lebens, wo es seine Heimat habe"[71]. Die erste Forderung „der liebevollen Versenkung in den Reichtum des wirklichen Lebens" steht, so sehr sie Treitschke später in seinem Lebenswerk der Deutschen Geschichte auch erfüllte, auf dieser Stufe seiner ästhetischen Entwicklung hinter der zweiten, daß „Könige und Helden" die Personen eines Dramas zu sein haben, an programmatischer Bedeutung zurück. „Könige und Helden" gehören zu den „vornehmen und ideenreichen Regionen" und bevölkern Treitschkes Wunschbilder.

Treitschke hat sich die Vischer'sche Definition vom Schönen als „der Idee in der Form begrenzter Erscheinung[72]" gründlich zu eigen gemacht; und gerade dieser ästhetische Ausgangspunkt hat – wie noch im einzelnen gezeigt werden wird – auch noch auf andere als etwa nur künstlerische, z. B. selbst auf politische Gedankengänge, bestimmend eingewirkt. Die wechselseitige Durchdringung von Idee und Stoff, wobei kein Rest übrig bleiben dürfe, ist Wesensmerkmal des Schönen. Wenn Treitschke als eine der ersten Lesefrüchte aus Vischers Ästhetik die ästhetische Regel wiederholt, daß „Vischer dem Gedanken als solchem keine Schönheit zugesteht, wenn er nicht im schönen Bilde erscheint[73]", so bezieht er sich damit auf Vischers Formulierung vom Schönen als einer Erscheinung von Ideen: „Es ist ein sinnlich Einzelnes, das als reiner Ausdruck dieser Idee erscheint, so daß in dieser nichts ist, was nicht sinnlich erschiene und nichts sinnlich erscheint, was nicht reiner Ausdruck der Idee wäre[74]."

69) Briefe, Bd. 1, S. 206, v. 17. 1. 1854.
70) Briefe, Bd. 2, S. 16, v. 25. 1. 1859.
71) Preuß. Jb. 2, S. 623, „Heinrich v. Kleist".
72) Fr. Th. Vischer, a.a.O., § 14, S. 52.
73) Briefe, Bd. 1, S. 236, v. 20. 6. 1854.
74) Fr. Th. Vischer, a.a.O., § 14, S. 52f.

Für Treitschkes geistige Herkunft aus dem Idealismus ist es überaus bezeichnend, daß in seiner geistigen Entwicklung die Auseinandersetzung mit Begriff und Wesen des Schönen einen so breiten Raum einnimmt. Es darf mit Fug gesagt werden, daß durch ihn der *Gehalt* des Idealismus, soweit er vor allem ästhetisch war, noch einmal geschichtlich, ja sogar politisch wirksam geworden ist. Die sogenannte *Gehalts*ästhetik Hegels, in welcher die schöne Form vom Gewicht und vom Umfang des bedeutungsvollen Inhalts abhängig ist, wird von Treitschke dogmatisiert, aufs Geschichtlich-Politische angewandt, ja schließlich gänzlich politisiert. Gemäß Vischers aus Hegel entnommenem Satze, daß *„große Form nur großer Gehalt möglich macht*[75]", verlangt Treitschke „Könige und Helden" für das Trauerspiel. Im Zusammenhang der Historienmalerei wurde schon auf den ästhetischen Gehalt, der a priori in den politischen Stoffen liegt, hingewiesen. In der Rangordnung der Ideen stehen die politischen Ideen an erster Stelle: „Der würdigste Gehalt des Schönen liegt in den sittlichen Mächten des öffentlichen Lebens. Die jetzige Zeit hat dies erkannt und fordert geschichtlichen, politischen Gehalt[76]." Allerdings beschränkte sich Vischer bei seiner Übersicht über die Gebiete des Schönen nicht allein auf diese höchsten Stoffe. Scin realistischer Fortschritt gegenüber Hegel bestand gerade darin, daß er nicht wie dieser „nur eine Erscheinung des gewichtigsten sittlichen Gehalts[77]" für schön erklärte, sondern der Vielfalt der Wirklichkeit mehr als Hegel dadurch gerecht zu werden versuchte, daß er „jedem Lebensgehalte, der Idee auf jeder Stufe ihrer Wirklichkeit mit wenigen einschränkenden Bedingungen ihre Berechtigung in der Schönheit einräumte, allerdings aber so, daß je die höhere Stufe der Idee auch höhere Schönheit begründe"[78]. Von solcher Voraussetzung aus, daß die Idee (= Lebensgehalt bzw. Lebensinhalt) auf jeder Stufe ihrer Entwicklung eine Stelle im großen Zusammenhang der Schönheit zukomme, ist erst der Vorschlag zu verstehen, der Treitschke, als er ihn zuerst kennenlernte, in solche Begeisterung versetzte, der Vorschlag nämlich, eine Weltgeschichte vom Standpunkte der Schönheit zu schreiben. „Was wäre es für ein Genuß, die grandiose Idee einer Weltgeschichte vom Standpunkte der Schönheit, wozu die Anfänge bei Vischer vorhanden sind, wirklich ausgeführt zu sehen[79]." In diesem Gedanken erhält der liberale Fortschrittsglaube eine ästhetische Wendung.

75) ebd., § 19, S. 74.

76) ebd., § 20, S. 75.

77) Fr. Th. Vischer, Aesthetik oder Wissenschaft des Schönen, 2. Aufl., 2. Teil, § 233, S. 10f.

78) ebd., S. 11.

79) Briefe, Bd. 1, S. 400, v. 21. 12. 1856.

Der politische und soziale Fortschritt verfeinert und vervollkommnet sich durch die ästhetische Komponente. Er wird ästhetisiert. Außerdem wäre eine Geschichte nach der Maßgabe der Schönheit politische Ideengeschichte; denn der Fortschritt der politischen Ideen bildet ja den eigentlichen Inhalt des Schönen. Ein solches ästhetisches Verhältnis zu Geschichte und Politik, wozu im Systeme der Gehaltsästhetik die Voraussetzungen gegeben waren, mußte notwendig noch schroffere Urteile über die Vergangenheit sowie auch über politische Gegenwartsfragen hervorrufen, als sie durch den rigorosen Moralismus der Aufklärungshistorie des frühen Liberalismus Schlosser'scher Prägung schon bewirkt worden waren.

Wie sehr Treitschke ästhetische Prinzipien bis zu einem äußersten Punkte politisch zuspitzte, zeigt ein besonders aufschlußreicher Passus aus der 1. Fassung des Aufsatzes über Heinrich von Kleist, die im zweiten Heft der Preußischen Jahrbücher 1858 enthalten ist. Der Passus wurde 1870 allerdings bei Aufnahme des Aufsatzes in die Sammlung der Hist. Pol. Aufsätze fortgelassen. Treitschke geht an dieser Stelle davon aus, daß „in Deutschland die einzige politische Idee, welche allgemein menschliche Bedeutung und darum absoluten ästhetischen Wert hat ... die Selbsterhaltung der Volksgesamtheit noch heute zu den Parteifragen gehört"[80]. Schon die Zurückführung des ästhetischen Werts der „Idee der Selbsterhaltung der Volksgesamtheit" auf die „allgemein menschliche Bedeutung", die dieser Idee zukomme, ist charakteristisch für den klassisch-idealistischen Geist, aus dem die ästhetischen Wertmaßstäbe solcher Beurteilung stammen. Dieser Geist wird durch den Dreiklang des Wahren, Guten und Schönen bestimmt. In der Idee der Erhaltung des Volkstums schwingt dieser Dreiklang besonders rein. Die Idee des Volkstums ist ein integrierender Bestandteil der Humanität. Dasselbe Motiv der Gleichsetzung von allgemein menschlicher Wahrheit und Schönheit in der politischen „Idee des Volkes" kehrt in einem Briefe aus derselben Zeit an Rektor Klee wieder: „Jede Volksgeschichte bietet Züge von allgemein menschlicher Wahrheit, von vollendeter Schönheit[81]." Diese aus Veranlassung ästhetischer Überlegungen getroffene Feststellung bezeichnet zugleich die Aufgabe des Historikers, so wie Treitschke sie auffaßt. Diese Aufgabe besteht gerade darin, die einzelnen Volksgeschichten auf „Züge von allgemein menschlicher Wahrheit und vollendeter Schönheit" zu untersuchen. Diese ästhetische Absicht lag z. B. auch dem glänzenden Aufsatz über das „Ordensland Preußen" zugrunde; in ihm wollte Treitschke „die herrischen und aggressiven Kräfte

80) Preuß. Jb. 2, S. 608; vgl. O. Westphal, Welt- und Staatsauffassung des deutschen Liberalismus, S. 275f.

81) Briefe, Bd. 2, S. 16, v. 25. 1. 1859.

unseres Volkstums", die sich vornehmlich in einer Gestalt wie der H's. v. Plauen verkörpern, zur Darstellung bringen. Bei den „Zügen von allgemein menschlicher Wahrheit und vollendeter Schönheit" handelt es sich um keine gelegentliche Bekundung. Diese Äußerung hängt vielmehr aufs engste mit Treitschkes Gesamtanschauung zusammen. Die Vorstellung von einem gültigen „Bilde der Menschheit" – deren Abhängigkeit von leidvollen Erfahrungen in der Einleitung gezeigt werden sollte – gehört in denselben Zusammenhang hinein. Das Ansinnen, das Treitschke im Aufsatz über „Die Freiheit" an den Historiker stellt, „mit liebevollem Blicke auch unter der wunderlichsten Hülle der Torheit das liebe, traute Menschenangesicht aufzusuchen[82]", hat ebenfalls denselben Sachverhalt „eines Bildes der Menschheit" zur Voraussetzung. Die „Züge", von denen im Brief an Rektor Klee die Rede ist, gehören in „das liebe, traute Menschenangesicht" hinein.

Wenn es Züge von vollendeter Schönheit und allgemein menschlicher Wahrheit in jeder Volksgeschichte gibt, so müssen die entgegengesetzten Züge ebenfalls nachweisbar sein. So gelangte Treitschke zu jenen Urteilen, die ganze Epochen wie z. B. diejenige nach dem Augsburger Religionsfrieden als „ideenlos" und deshalb im Sinne Hegels als „unwirklich" (da nur „das Vernünftige ist") sowic im Gegensatz zu Ranke, dem jede Epoche im unmittelbaren Verhältnis zu Gott steht, verwerfen. Außerdem hat der Satz, daß *jede* Volksgeschichte Züge vollendeter Schönheit und allgemein menschlicher Wahrheit trägt, nur bedingte Gültigkeit. Er schließt nicht den anderen Satz aus, daß das estnische Volkstum z. B. keine Daseinsberechtigung habe[83]. Ein Volk ist überhaupt erst von einer bestimmten Größe an geschichtlich und damit ästhetisch ansprechbar. Dieser Gedanke wird sich noch schärfer anläßlich der Definition des Staates herauskristallisieren. In jenem Zusammenhang wird er einer eingehenderen Untersuchung unterzogen werden. Der aristotelische Gedanke, daß ein spannenlanges Schiff gar kein Schiff sei, liefert das Stichwort, das sich anläßlich der Betrachtung des Staates einstellen wird. Noch in der Vorlesung über Politik kehrt die Größe als geläufiger Maßstab für die Beurteilung eines Volkes wieder: „Niemand hat das Recht, das Dasein eines großen Volkes in seiner Art und Unart kurzweg zu verwerfen[84]." Hier werden bezeichnend die kleinen Völker ausgeschlossen. Was für die Einzelindividuen gilt, dasselbe hat auch für die Völker Geltung. Je bedeutender der soziale Rang des einzelnen ist, desto interessanter und geeigneter wird derselbe für eine poetische Darstellung. Ein Bauer ist ästhetisch vollkommen uninteressant

82) Aufsätze, 3. Aufl., S. 639.
83) Preuß. Jb. 10, S. 111.
84) H. v. Treitschke, Politik, Bd. 2, S. 114.

und unbrauchbar. Dasselbe gilt analog von den Völkern. Ihr ästhetischer Wert steigt mit ihrem Umfange und ihrer geschichtlichen Rolle. Ein Volk von Bauern bietet keinen Stoff für „schöne Darstellungen". Noch eine andere Analogie zwischen Einzelnem und Volk ist feststellbar: So wie den sozial höher stehenden Individuen ein moralisch größerer Spielraum für ihr Tun und Lassen konzediert wird als den geringeren, ebenso wird auch den größeren Völkern ein höheres Maß Freiheit für ihre Aktionen als den kleineren zugebilligt. Diese Maßstäbe sind in Treitschkes Urteilen über zeitgeschichtliche Vorgänge wiederzuerkennen.

Nachdem Treitschke in der Idee der „Selbsterhaltung der Volksgesamtheit" (gemeint ist also immer die Volksgesamtheit nach der Maßgabe einer bestimmten Größe) die höchste politische Idee, die ja bekanntermaßen auch der eigentliche Inhalt seiner Lyrik sein sollte, gefunden hat, wendet er sich zum Gegenteil und geht zum „Abfall von der Idee", zu ihrer „Verkehrtheit" über und fährt fort: „Man mag das Ankämpfen des Partikularismus gegen den Einheitsdrang der Nation historisch begreifen. ja selbst durch einen Blick auf die Verhältnisse politisch entschuldigen. Der Künstler kennt solche Rücksichten nicht, er sieht in jenem Kampfe lediglich die Auflehnung des Interesses gegen die Idee; politische Notbehelfe sind absolut unschön. Eine königlich bayrische oder großherzoglich hessische Nationalhymne ist nicht bloß eine politische Torheit, sondern auch eine ästhetische Sünde; nur eine ganz formalistische Ästhetik wird dies leugnen[85]." Die Politisierung der Hegel-Vischer'schen ästhetischen Grundsätze bzw. die Ästhetisierung des Politischen ist hier so weit getrieben, daß das ästhetische Gefühl als stärkster Trumpf gegen den Partikularismus ausgespielt wird. Der Unitarismus senkt seine Wurzeln tief in den Boden der klassisch-idealistischen Ästhetik hinein. Das drastische Beispiel der großherzoglich hessischen Nationalhymne – wozu 1870 das andere „der häßlichen kornblumenblauen Uniform als einer unveräußerlichen Stammeseigentümlichkeit" der Bayern kommt[86] – enthält ein Symptom für die „Häßlichkeit" und „Unsittlichkeit" des Partikularismus und vermag besonders anschaulich den Sachverhalt zu machen, daß eine so reale politische Bewegung wie der Unitarismus vor 1870/71 in ihrem mächtigsten, wirksamsten und glanzvollsten Vertreter Heinrich von Treitschke mit ihren Wurzelfäden bis in den sublimen ästhetischen Zusammenhang des Wahren, Guten und Schönen aus Schillers ästhetischer Erziehung des Menschengeschlechts hinabreicht. Allerdings läßt der Gebrauch, den solche aus dem Idealismus stammenden ästhetischen

85) Preuß. Jb. 2, S. 600; vgl. O. Westphal, a.a.O.

86) Preuß. Jb. 26, S. 498, Friedenshoffnungen, v. 25. 9. 1870.

Grundsätze auf der politischen Kampfebene finden, erkennen, wie sich dieselben auf ihrem Wege aus der geistigen Höhenluft des frühen 19. Jahrhunderts bis in die politischen Tageskämpfe der mittleren Jahrzehnte abnutzen, vergröbern, ja wie sie sogar bei Treitschke oftmals verballhornen. Die Formulierung von der *Auflehnung des Interesses gegen die Idee,* die zu einer beinahe stehenden Redewendung wird, taucht bezeichnenderweise ebenfalls in dem ästhetischen Zusammenhang des Kleist-Aufsatzes zuerst auf. In der Fichterede von 1862 wird die Politik der Reformen genauso unter dem Gesichtspunkt dieser Antithese gesehen: „Und dennoch haben sie zusammengewirkt, die Männer die sich befehdeten und schalten, einträchtig in dem Kampfe der Idee gegen das Interesse, der Idee des Volkstums wider das Interesse der nackten Gewalt[87]."

Ganz in derselben Weise wird an anderer Stelle der Rede unter Anwendung desselben Gegensatzes dem eigenen Zeitalter die Diagnose gestellt: „wieder ist den Deutschen die Zeit des Kampfes erschienen; wieder steht nicht der Gedanke gerüstet gegen den Gedanken, nicht die Begeisterung wider die Begeisterung. Die Idee streitet gegen das Interesse, die Idee, daß dieses Volk zum Volk werde, wider das Sonderinteresse von wenigen, die an das nicht glauben, was sie verteidigen[88]." Interesse und Idee bilden ein ideologisches Gegensatzpaar und sind von Treitschke ganz ins Ästhetische eingetaucht. Die Bevorzugung der Idee sowie die Idealpolitik hängt bei ihm aufs engste mit den Maßstäben seiner ästhetischen Weltanschauung zusammen. An letztere ist immer zu denken, wenn gewöhnlich die Bedeutung von Rochaus „Realpolitik" für die Entwicklung von Treitschkes politischen Ideen zu hoch eingeschätzt zu werden pflegt. Wenn sich Treitschke auch für den durch Rochau bewirkten Fortschritt des politischen Denkens begeisterte, so hörte er doch nicht auf, unter „Realpolitik" auch eine „Politik der Ideen" zu verstehen.

Während seiner Ansicht nach die Ideen ästhetisch darstellbar sind, ist das Interesse – da ohne Idee – stets vollkommen unästhetisch. Gerade der Kleist-Aufsatz ist für die ästhetische Beurteilung der Idee besonders aufschlußreich. Die Idee wird der Angelpunkt, an dem die ganze ästhetisch-politische Beurteilung der Gestalt Kleists befestigt ist. Ein literargeschichtlicher Vergleich Kleists mit Schiller mittels des Vergleichsmaßstabes der Idee fällt deshalb zu Ungunsten des ersteren aus, weil Schiller ein „Klassiker"

87) Aufsätze, 3. Aufl., S. 138.
88) ebd., S. 151.

ist, der „Probleme sucht, die für alle Zeiten wahr sind, und sie mit der Sicherheit eines Geistes, der in den Ideen lebt, löst"[89]. Von Kleist wird das Gegenteil ausgesagt, nämlich: „Er flieht die Ideen[90]." Mit dieser Feststellung einer *„Flucht vor den Ideen"* erhebt der Idealist Treitschke den denkbar schwersten Vorwurf gegen den Künstler Kleist und will gleichzeitig mit dem Hinweis auf diesen Tatbestand die Erklärung für sein Versagen auf künstlerischem ebenso wie auf praktischem Gebiete geben.

Die Geläufigkeit, die der Vorgang bzw. der Begriff einer „Flucht vor den Ideen" für Treitschke besitzt, zeigt dessen gleichzeitige Verwendung in der um diese Zeit entstandenen Habilitationsschrift, wo es zur Kennzeichnung von politischen Zuständen heißt: „Da finden wir ... Zeiten der Flucht vor den Ideen, wo nur die Beschäftigung mit dem Handgreiflichen, Alltäglichen für politisch ungefährlich gilt – Erscheinungen, wovon das England Karls II. und das Deutschland von heute zu erzählen wissen[91]."

Trotzdem war Kleist als Künstler nicht ganz ohne Ideen, und nur dann hat er Großes zustande gebracht, wenn er dieselben darstellte. Diese Ideen sind in seinen patriotischen Gedichten enthalten. Hier leistete er deshalb sein Bestes, weil „die vaterländische Begeisterung die höchste Idee" war, welche in seinem Herzen lebte. „Sein glühender Fremdenhaß", den er in seine Oden und in die Hermannschlacht ergoß, repräsentiert einen hervorragenden ästhetischen Wert: „Jede Limitation dieser herrschenden Empfindung war sittlich und noch mehr ästhetisch verwerflich[92]." Patriotischer Haß ist von vornherein ästhetisch und deshalb berechtigt. Auch Treitschke hatte ja in seinen vaterländischen Gedichten den Versuch unternommen, die Empfindung des Hasses poetisch zu verklären. Der von ihm verherrlichte Haß richtete sich allerdings nicht gegen einen überlegenen Zwingherrn, gegen einen Imperator, sondern gegen den dänischen Kleinstaat. Der Sieg des dänischen Staates über die schleswig-holsteinische Erhebung war nächst der Revolution von 1848 und der Ablehnung der Frankfurter Reichsverfassung durch den Heimatstaat Sachsen Treitschkes entscheidendes Jugenderlebnis. An der Herzensangelegenheit des deutschen Liberalismus, die Schleswig-Holstein bedeutete, hatte Treitschke vollen Anteil. Der Haß auf Dänemark, den „sieglosen Sieger", versetzte

89) Aufsätze, Neue Folge, 1. Teil, 1870, S. 668 (in der in den Preuß. Jb. enthaltenen Fassung nicht vorhanden).

90) ebd., S. 667, und vgl. Preuß. Jb. 2, S. 602.

91) H. v. Treitschke, Die Gesellschaftswissenschaft, hrsg. v. E. Rothacker, S. 30.

92) Preuß. Jb. 2, S. 607.

dem deutschen Nationalgefühl jener Jahre einen aggressiven Einschlag. Auch daran hatte Treitschke Anteil[93].

93) Unter dem Eindruck des Zusammenbruchs der schleswig-holsteinischen Erhebung begann Treitschke sein Studium in Bonn, wo er sehr bald mit Studenten bekannt wurde, die als Offiziere in Schleswig-Holstein mitgefochten hatten. Das Gefühl dieser Kriegsteilnehmer, für eine gute und gerechte Sache gefochten zu haben und ihre Verbitterung darüber, „daß dunkle Mächte" aus den Kreisen einer „volksfremden Diplomatie" sie um den sicheren Sieg gebracht hätten, werden den jungen Studenten, der „selbst so gern Leutnant geworden wäre", sicher stark beeindruckt haben. Für einen dieser jungen schlewig-holsteinischen Offiziere, die „drei Feldzüge mitgemacht und sich das Ehrenzeichen pp. errungen" (Briefe, Bd. 1, S. 126, v. 14. 7. 1852), verwendet sich Treitschke einmal bei seinem Vater und spricht bei diesem Anlaß von „dem großen Schandfleck auf unserer neuesten Geschichte" (ebd.). Die in die „Studien" aufgenommene „Soldatengeschichte" (Studien, S. 38ff.) gibt am besten die Stimmungen und die Gefühle wieder, die Treitschke im Verkehr mit alten schleswig-holsteinischen Kombattanten vermittelt wurden. Die Frage „Was flohen wir den Dänen ungeschlagen?!" (ebd., S. 39) ist die Frage des Soldaten, der sich verraten fühlt. Der Soldat wird in einem romantisierten Gegensatz zum Diplomaten gestellt:

„Wir bleiben ewig Kinder, wir Soldaten.
Ich lerne schwer. Der Federhelden Kunst
Zweifach zu denken konnt' ich nie erraten.
Noch heute faß' ich's nicht: Wie ward zur Schmach
Das freie Recht? – Was stahlt Ihr unser Hand
Das Schwert, daran des Dänen Macht zerbrach?
Was warft Ihr unser Banner in den Sand?
Siegloser Sieger zog der Feind in's Land
Und trat das Volk, das seinen Thron erschreckte."
(Studien, S. 47f.)

Das Wortgebilde „siegloser Sieger" aus diesen ersten lyrischen Versuchen hat sich Treitschke so fest eingeprägt, daß es später wieder in seinen politischen Aufsätzen zur schleswig-holsteinischen Frage auftauchen wird (vgl. Treitschke in der Vossischen Zeitung am 23. 12. 1858 Zur schleswig-holsteinischen Frage).
Es ist bemerkenswert und verdient festgehalten zu werden, daß sich Treitschkes Nationalgefühl mit unter dem Komplex des „unbesiegten Unterliegenden", dem der Sieg widerrechtlich entrissen sei, ausbildete. Der leidenschaftliche und aggressive Charakter seines Nationalgefühls vermag in diesen frühen Eindrücken vielleicht eine seiner Erklärungen zu finden. Vielleicht darf sogar gesagt werden, daß der Sieg des dänischen Kleinstaates über die nationale Erhebung der Schleswig-Holsteiner gleichsam zum Trauma des deutschen Nationalgefühls in jenen Jahren wurde. Es verdient Beachtung, daß ein ebenso nüchterner wie wohlwollender Beurteiler, den Treitschke in dem Dänen Hjelholt gefunden hat, schreibt: „Die Anbetung des Vaterlandes und seiner Größe nahm bei Treitschke einen ekstatischen Charakter an, der bisweilen fremdartig und geradezu abstoßend auf nüchterne Naturen oder auf Menschen, welche einer längst zusammengeschlossenen Staatseinheit angehören, wirken muß." (H. Hjelholt, Treitschke und Schleswig-Holstein, S. 194f.)

Da, wo Kleist vaterländische Stoffe, die ja auch Treitschke als sein ureigenstes Feld bezeichnet hatte, behandelt, „wird er durch die Größe des Stoffes sichtlich gehoben[94]", während dort, wo er sich wie in der Penthesilea „in die Mysterien des geschlechtlichen Lebens verirrt[95]", die an sich schöne und von Kleist so meisterhaft beherrschte Form des

Das Nationalgefühl, das sich am Gegensatz gegen Dänemark entzündet, wird auch in folgenden Versen aus den Vaterländischen Gedichten charakterisiert:

„Hier sank ein Volk von Helden, gefällt in falschem Streit
Und seine Mörder treiben Gespött mit seinem Leid ...
Und wähnt Ihr, solche Wunden verharschten allgemach
Oh Toren! Nichts ist ewig wie eines Volkes Schmach."

Und in einer anderen Strophe:

„Das einst die große Stunde uns finde recht bewährt,
Die wilde Schmach zu tilgen mit wildem Rächerschwert.
Ja, tobt nur, tobt Ihr Wogen, schlagt wild an unseren Kiel
Wir bringens doch zu Ende, wir kommen doch zum Ziel!"
(Vaterländische Gedichte, S. 116 „Die Dithmarschen")

Ebenso glühend wie diese Vaterlandsliebe ist der Haß gegen den Dänen, dem die Rolle des „Erbfeindes" (ebd., S. 48) zugedacht wird. Dieser Haß ist gleichsam das Komplement einer exaltierten Vaterlandsliebe. Das Gedicht „Eine Soldatengeschichte" (Studien, S. 38ff.) verherrlicht den nationalen Haß. Es erzählt die Geschichte eines Polen, der auf vielen Schlachtfeldern für die Freiheit seines Volkstums, für das nationale Selbstbestimmungsrecht (also für den höchsten ästhetischen, politischen und sittlichen Wert) gegen den Zaren gekämpft hat, bis er schließlich im Kampf für das nationale Recht eines fremden Volkes an der Seite der Deutschen gegen Dänemark fällt. Der Dichter führt den Helden über eine Reihe von Schlachtfeldern, auf denen überall für die Freiheit des „Volkes" gekämpft wird, und spannt einen ideologischen Bogen um Aufstände unterdrückter Völker in der ersten Hälfte des 19. Jahrhunderts. Die deutsche Frage wird so in einen internationalen Gefühls- und Rechtszusammenhang des Volkstums hineingestellt. Der Pole kämpft aus Sympathie im Kampf, den das Nachbarvolk kämpft, mit. Treitschke erblickt in der schleswig-holsteinischen Frage auf dieser „lyrischen" Stufe seiner Entwicklung eine gemeinsame Angelegenheit des europäischen Liberalismus. Ähnlich wird er in einigen seiner Aufsätze, wie z. B. dem Essay über Byron, einen einheitlichen ideologischen Bogen um die Revolutionen der 20er und 30er Jahre spannen.
Die Soldatengeschichte des Polen, der in Schleswig den Soldatentod findet, sollte in erster Linie aber den Haß verherrlichen; so lautet sein letzter Vers:

„Süß war Dein Los, Kam'rad!
Du konntest hassen." (Studien, S. 49)

Daß es ihm in erster Linie um die Verherrlichung des Hasses ging, bestätigt Treitschke in einem der gleichzeitigen Briefe: „Wir leben in Zeiten, wo es kein Frevel mehr ist, die Macht der ewigen Liebe zu bitten: Erhalte mir den Mut zu hassen und zu grollen." (Briefe, Bd. 1, S. 443, v. 18. 10. 1857; vgl. auch H. Hjelholt, a.a.O., S. 32.)

94) Preuß. Jb. 2, S. 607.

95) ebd., S. 612.

Dramas unter der „Verkehrtheit der Idee" leidet. Diese „Verkehrtheit der Idee" ist vielleicht eine Variation „des verkehrten Inhalts", als welchen Vischer in einem soeben erschienenen Aufsatz „Über das Verhältnis von Inhalt und Form[96]" den „widerlichen Stoff" der Marquise von O. charakterisiert. In beiden Fällen wird der „unmoralische" Stoff als unideal und unpoetisch abgelehnt. Solcher Stoff hinterläßt nur „einen Mißklang", und das Ende wird den Leser „nicht beruhigt, nicht versöhnt entlassen". Damit bezeichnet Vischer den eigentlichen Zweck eines Kunstwerks. Treitschke glaubt in Kleists pathologischer Veranlagung den Grund für dessen Neigung zu „virtuoser Kleinmalerei[97]" bei der Zeichnung von Charakteren erblicken zu dürfen. Eine solche Neigung widerspricht Treitschkes klassischem Ideal vom „einfach-großen" Charakter schnurstracks. Der heraufziehende Psychologismus findet in Treitschke einen scharfen Kritiker. „Auch dem psychologischen Talent des Dichters sei eine Grenze gesetzt", heißt es im Essay über O. Ludwig[98], der ein Jahr nach dem Kleist-Aufsatz erschien. Diese Abneigung gegen psychologische Zergliederung, d. h. gegen seelische Kleinmalerei, hängt aufs engste mit seinen ästhetischen Wertmaßstäben zusammen und findet sich bereits in der Hegelschen Ästhetik. Die in der „Ästhetik" entworfene Skizze einer Geschichte der Liebe schließt mit einer Kritik des übertriebenen und detaillierten Interesses, welches der moderne Künstler den erotischen Problemen entgegenzubringen pflege. Treitschke lehnt übertriebene Motivierung ebenfalls ab, weil sie „unschön" sei. „Die Überladung mit psychologischem Detail wirkt verwirrend, sie verdunkelt das Wesentliche, das Ergebnis des psychologischen Prozesses[99]."

Die Verurteilung einer seelischen Detailschilderung entspricht vollkommen der Ablehnung des Genres auf dem Gebiet der Malerei sowie der Abneigung gegen den Roman im Bezirk der Posie. Es handelt sich um einen zusammenhängenden ästhetischen Komplex. Die Idee, um deren Sichtbarmachung in schöner Darstellung es ja vor allem geht, ist erst von einer bestimmten Größe an und außerdem nur bei einfacher Linienführung erkennbar. Für Größe setzt Fr. Th. Vischer gern auch „Großheit" oder fügt hinzu „monumentale" Größe. „Die monumentale Größe der Idee[100]", „die Großheit der Linie[101]", „die höhere, mit der Großheit historischen

96) Fr. Th. Vischer, Kritische Gänge, Bd. 4, S. 211.

97) Preuß. Jb. 2, S. 605.

98) Preuß. Jb. 4, S. 125f.

99) ebd., S. 126.

100) Fr. Th. Vischer, Ästhetik oder Wissenschaft des Schönen, 3. Teil, 2. Abschn., 1854, S. 684.

101) ebd., S. 752.

Geistes getränkte Form[102]" oder auch die an Winckelmanns „stille Größe und edle Einfalt" erinnernde Formulierung von „Großheit und klassischer Einfalt" sind Beispiele für eine „monumentale" Anschauungsweise, die sich leicht vermehren lassen und die sich in Treitschkes Sprachschatz wiederfinden; denn auch er z. B. hält nur „Großheit und Tiefe eines welthistorischen Stoffes[103]" „der Würde und dem Tiefsinn der dramatischen Kunst[104]" für angemessen und spricht oftmals von „der einfachen Großheit des deutschen Charakters"[105]. Aufschlußreich für diesen Zusammenhang ist Treitschkes Kunsturteil über die Gotik. In der Besprechung eines historischen Dramas, „Ludwig der Bayer" von Paul Heyse, beklagt er „die formlose Unbestimmtheit unserer politischen Kämpfe" und setzt sie mit „gotischer Derbheit" gleich. Genauso hält Vischer Stoffe aus der germanischen bzw. der gotischen Geschichte für „ästhetisch zu ungeschlacht, zu unbestimmt"[106]. Aus München schreibt Treitschke, daß ihn der byzantinische Kuppelbau der Allerheiligenkirche mehr fessele „als das vielgerühmte gotische Kirchlein in der Au"[107]. „Ich liebe die Gotik nur in grandiosen Verhältnissen und mir scheint, der Grund davon liegt nicht bloß in dem himmelanstrebenden Charakter dieser Bauweise. Eine uns so gänzlich fremde Kultur wie die religiöse Mystik des Mittelalters kann uns nur ergreifen, wenn sie als ein geschlossenes Ganzes, in monumentaler Großheit gegenübertritt[108]."

Wie sehr ästhetisches und politisches Denken bei Treitschke ineinander verwoben sind, und politische Anschauungen sich aus ursprünglich ästhetischen Motiven nähren, zeigt gerade der typische Ausdruck „grandiose Verhältnisse". Er stammt ursprünglich aus der Bildbetrachtung der Historienmalerei, wird ein fester Bestandteil der Theorie des Tragischen, nach welcher das Drama nur „große Verhältnisse" darstellen solle, und füllt sich von Anfang an mit politischem Inhalt. „Grandiose Verhältnisse" werden z. B. das Kennzeichen von Monarchien, während Republiken stets nur

102) ebd., S. 755.

103) Aufsätze, Bd. 4, S. 115.

104) vgl. ebd., S. 124.

105) Die Neigung zu solchen Sprachmitteln enthält schon der Reifeprüfungsaufsatz des Abiturienten: „aber ernst und groß ist das Bild des Mannes" oder „der einfachgroße Spruch des Dichters" (Mitt. f. Erziehung und Schulgesch., Jg. VII, Heft 1, 1897, S. 263). Dieselben Ausdrücke werden auch gleichmäßig in der Sprache des Publizisten und Historikers wiederkehren.

106) Fr. Th. Vischer, Ästhetik oder Wissenschaft des Schönen, 2. Teil, §355, S. 299.

107) vgl. auch Preuß. Jb. 4, S. 130, Otto Ludwig – Aufsatz: „Miniaturkapelle gotischen Stils".

108) Briefe, Bd. 2, S. 143, v. 22. 4. 1861; vgl. auch Aufsätze, 3. Aufl. S. 283, Ludwig Uhland-Aufsatz: „feierliche Großheit der gotischen Kunst."

die angemessene politische Form bei „kleineren Verhältnissen" sind. Bei der späteren, rein politischen Verwendung dieses Ausdrucks schwingt immer noch ein ästhetisches Grundverhältnis zu Politik und Geschichte mit, so z. B. wenn Treitschke 1877 während der orientalischen Krise schreibt: „Die Verhältnisse der historischen Welt werden immer grandioser[109]", oder im „Konstitutionellen Königtum" von dem „grandiosen Schauspiel" der volkswirtschaftlichen Wandlungen berichtet[110]. Den sehr ernst zu nehmenden politischen Gedankengängen ist unverkennbar der ästhetische Genuß an „den grandiosen Verhältnissen der historischen Welt" beigemischt.

„Großheit" ohne Gehalt, d. h. ohne Idee, sinkt dagegen zum „Kolossalischen" ab. Ein Beispiel dafür bildet die Bauweise des zweiten napoleonischen Kaiserreichs, von der es im Aufsatz über „Frankreichs Staatsleben und der Bonapartismus" heißt: „Das Kolossale ist ein Vorrecht der Despoten; die riesigen Demolierungen und Neubauten des Bonapartismus gemahnen in Wahrheit an jene grandiosen Bauwerke des Morgenlandes, welche Kunde geben nicht von der Größe des Volkes, das sie schuf, sondern lediglich von der Tiefe seiner Knechtschaft, von der Macht seiner Zwingherren[111]." In dem Urteil liegt wieder die typische Vermischung ästhetischer und politischer Urteilsbildung vor, die in diesem Falle der Wirklichkeit jedoch durchaus gerecht wird. Genau dieselbe Unterscheidung traf Vischer zwischen dem Großen und dem Kolossalischen. Stoffe aus der germanischen Frühgeschichte zum Beispiel ergeben nur „kolossale" Bilder[112]. Charakteristisch ist ebenfalls Treitschkes Wendung von der „kolossalen Unwahrheit", die auch im Aufsatz über den Bonapartismus[113] enthalten ist. „Kolossale" Wahrheit wäre nicht denkbar.

Wenn Treitschke in der dramatischen Charakterdarstellung „Kleinmalerei von Details" ablehnt und „das Ergebnis des psychologischen Prozesses" höher stellt als die Stufen des Prozesses, so erinnert diese Einstellung an einen zu beobachtenden Befund in seiner individuellen Entwicklung selbst, in der ganz ähnliche Merkmale vorhanden sind. In der Rückschau auf seine geistige Entwicklung erklärt Treitschke einmal, daß ihm der Sinn für Details nicht von Hause aus mitgegeben, sondern nur durch Erziehung von ihm erworben sei. So bekennt auch der Zwanzigjährige 1854 im Zwiespalt zwischen wissenschaftlicher und künstlerischer

109) Briefe, Bd. 3, S. 447, v. 30. 7. 1877.

110) Aufsätze, Bd. 3, S. 492.

111) Aufsätze, Neue Folge, 1. Teil, S. 277.

112) Fr. Th. Vischer, Ästhetik oder Wissenschaft des Schönen, 2. Aufl., 2. Teil, § 355, S. 299.

113) Aufsätze, Neue Folge, 1. Teil, S. 54.

Tätigkeit, weshalb er von der Kunst stärker als von der Wissenschaft angezogen werde: „Zum wissenschaftlichen Produzieren, wo man alle entgegengesetzten Meinungen vorführen und beleuchten muß, verspüre ich gar keine Neigung. Mich interessiert allein das Resultat. Gerade umgekehrt beim poetischen Schaffen. In aufgeregter Stimmung kommt man nicht eher zur Ruhe, als bis sie in einem Gedichte überwunden worden. Dann ist aber das Gedicht eben nur das Resultat einer Reihe von Gedanken und Stimmungen, die uns bewegt und die wir verschweigen. Das scheint mir doch ein tief eingreifender Unterschied zwischen der wissenschaftlichen und künstlerischen Tätigkeit zu sein. Die Wissenschaft legt uns den ganzen dornigen Pfad, den sie nach der Wahrheit geht, offen dar; das Kunstwerk tritt uns rein und ursprünglich, als fertiges Werk entgegen, ohne daß man ihm den Schweiß der Arbeit ansieht. Die Historik nimmt auch hierin eine Mittelstelle zwischen Wissenschaft und Dichtkunst ein[114]." Ein ähnliches Bekenntnis legt er drei Jahre später vor Fräulein von Haselberg ab: „Aber ich besitze den glücklichen Leichtsinn, der sich nie an Einzelheiten stößt, immer nur das Ganze der Erscheinungen auf sich wirken läßt[115]." Der „versöhnende Einklang[116]" war ihm wichtiger als die Mannigfaltigkeit der Gegensätze. Mit dem Unbehagen, das Treitschke vor den Details empfand, hing wohl auch die Abwesenheit jeglicher biedermeierlichen „Andacht zum Kleinen" bei ihm zusammen. Treitschke hat diese typische biedermeierliche Veranlagung, wenn er auf sie zu sprechen kam, stets nur sehr kühl betrachtet, in ihr leicht nur den Hang zu Nebensächlichkeiten, zu „Raritäten" sehen wollen und gegen sie das Gefühl und den Sinn „für das Große" ausgespielt. Sein oftmals wiederholtes Bekenntnis zur „Moderne", für die er immer neue und in mancher Hinsicht aufschlußreiche Bezeichnungen erfand, gehört in denselben Zusammenhang hinein.

Die Feststellung, daß die „Idee der Erhaltung der Volksgesamtheit" „absoluten ästhetischen Wert" habe, bildet einen der Wertmaßstäbe, die in Vischers Ästhetik eine bedeutungsvolle Rolle spielen. Mit dem Vorschlag einer „Geschichte vom Standpunkt der Schönheit" hatte Vischer nichts anderes als eine Geschichte des Volkes gemeint. Treitschke fand diesen Gedanken „grandios"; in den 50er Jahren liegt der Schwerpunkt seines Denkens fast mehr auf Volk und Volkstum als auf dem Staat und verlagert sich erst ganz allmählich auf diesen. Wenn Treitschke in Briefen an seinen Vater und seine Freunde die Entstehung seiner patriotischen

114) Briefe, Bd. 1, S. 240, v. 30. 7. 1854.
115) ebd., S. 447, v. 13. 12. 1857.
116) ebd., S. 448.

Lyrik kommentiert, wies er immer erneut darauf hin, daß nur dort, wo „Volk" auftrete, „schöner Stoff" gegeben sei. Soziologisch wurde auf dieser Stufe seiner politisch-geistigen Entwicklung unter „Volk" nur ein ganz beschränkter Ausschnitt verstanden; denn weder der Adel noch der handarbeitende Mensch gehörten ihm an. Der liberale Volksbegriff umfaßte nur den Gebildeten und den Besitzenden.

Die „Großtaten der alten deutschen Bürger", wobei in einer literarischen Bekundung erstmals die typische Wortbildung mit „Groß" erscheint, werden vom ästhetischen Gesichtspunkt aus höher als die „zum Teil glänzenden Taten der Hohenstaufen" geschätzt. Eroberungen bilden keinen ästhetischen Stoff; nur der Prozeß, in welchem ein Volk zu seinem Selbstbewußtsein kommt, ist ästhetisch. So heißt es auch in „Bundesstaat und Einheitsstaat", daß „nicht die Größe der Eroberungen der preußischen Geschichte ihren Reiz gibt"[117]. Reizvoll ist vielmehr der Anblick, „wie unendlich langsam und mühselig, in schneidendem Gegensatz zu der jählings emporgeschossenen habsburgischen Großmacht, aber sicher und durch redliche Arbeit dieser Staat emporwuchs"[118]. Aus dem „Selbstbewußtsein des Volkes" entwickelt sich der Treitschke'sche Machtbegriff, der zunächst ganz nach innen gerichtet und auf das Volksleben bezogen ist. Die deutsche Städtegeschichte bietet den Vorteil, daß sie sowohl das ästhetische als auch das patriotische Bedürfnis zu befriedigen vermag. Für die Befestigung wie für die Vertiefung solcher Gedankengänge von einer ausschließlich innenpolitischen Richtung bot ihm die Vischer'sche Ästhetik eine Fülle von Argumenten und Geschichtsbildern dar. Was Treitschke zunächst nur dunkel empfand und mit den ihm zur Verfügung stehenden Mitteln seiner Bildung zu begründen und zu rechtfertigen versuchte, das fand er hier ästhetisch gleichsam systematisiert vor.

Es ist gerade in diesem Zusammenhang bemerkenswert, daß schon der 14-jährige Treitschke aus seinem humanistischen Unterricht die Folgerung gezogen hatte, daß die Republik die „schönste Staatsform" sei[119]. Bei Vischer konnte er sich für diese jugendliche Ansicht, die auch von anderen geteilt wurde, gleichsam die Bestätigung holen: „Über den Wert des republikanischen Lebens als Stoff der Schönheit haben wir nichts hinzuzusetzen; nur der Mensch, welcher Luft der Öffentlichkeit atmet, den Freiheit umweht, der im Ganzen webt, ist wahrer Schönheitsstoff, nur

117) Aufsätze, 3. Aufl., S. 561.

118) ebd., S. 560.

119) vgl. dagegen Bismarcks Feststellung, er habe die Schule als „normales Produkt" mit der Überzeugung verlassen, „daß die Republik die vernünftigste Staatsform sei" (Gedanken und Erinnerungen, Bd. 1, S. 1).

hier sind die echten, großen Motive[120]." Sie fanden sich dagegen nicht in der dynastischen Geschichte: „Die Helden gesunder und freier Völker sind ganz andre ästhetische Stoffe als die zufälligen Tugenden der Fürsten ohne Volk[121]." Letztere werden von Hegel unter dem Begriff der „isolierten Trefflichkeit" zusammengefaßt.

Treitschke gab dem Urteil über die ästhetische Wertlosigkeit der Dynastien eine politisch-polemische Wendung, indem er in seinem grundlegenden Aufsatz über „Bundesstaat und Einheitsstaat" ausführte: „Die Literatur der Gegenwart dankt unseren Höfen ohne Zweifel nicht viel mehr als garnichts. Ihre hervorragenden Talente leben zumeist in offenem Kampfe mit den bestehenden politischen Verhältnissen[122]." Gewiß meinte er, wie besonders der zweite Satz zeigt, mit dieser Bekundung vor allem, daß sich die Schriftsteller vom fürstlichen Mäzenatentum frei gemacht hätten und die freieren unter ihnen sogar zur Opposition gehörten. Zugleich liegt in ihm aber auch der Sinn, daß alles Dynastische in der Gegenwart ästhetisch vollkommen uninteressant geworden sei. Die Literatur findet an den Höfen im Gegensatz zum 17. und 18. Jahrhundert keine Motive mehr, die dagegen auf der „Gegenseite", d. h. der bürgerlichen, reichlich vorhanden sind. Dieser Anschauung entsprach seine Zustimmung zu Freytags „Soll und Haben", dessen Idee er „vortrefflich" nennt[123], weil dieser Roman „das deutsche Volk in seiner Tüchtigkeit, bei seiner Arbeit suchen will"[124].

Nach einer solchen Auffassung steht der Dynast außerhalb eines Zusammenhanges mit „dem ganzen Volksleben"[125]. „Die Höfe blicken mit anderen Augen auf unsere Geschichte[126]" – so lautet das Urteil im Uhland-Aufsatz, das ja durchaus dem wirklichen Sachverhalt gerecht wird. So wurde der fürstliche Hof von Gustav Freytag in der „Verlorenen Handschrift" im Grunde als anachronistisches Überbleibsel eines abgelebten Zeitalters aufgefaßt und geschildert. Er hebt sich gegen die „Tüchtigkeit" „des deutschen Volkes" auffällig ab. Das Wunschbild der Prinzessin, daß in Zukunft „ein herzlicher Verkehr zwischen den Fürsten und dem Geist der Nation sein solle[127]", besagt eben gerade für die Gegenwart die Fremd-

120) Fr. Th. Vischer, Ästhetik oder Wissenschaft des Schönen, 2. Aufl., 2. Teil, § 350, S. 285.

121) ebd., § 353, S. 293.

122) Aufsätze, 3. Aufl., S. 458.

123) Briefe, Bd. 1, S. 302, v. 27. 5. 1855.

124) ebd., S. 302.

125) Die organologische Auffassung des Ausdrucks „Volksleben" spielt vor allem bei Freytag eine Rolle.

126) Aufsätze, 3. Aufl., S. 281.

127) G. Freytag, Die verlorene Handschrift, 2. Teil, S. 346.

heit zwischen beiden. An dieser Stelle der Verlorenen Handschrift wird übrigens deutlich, welche schmale soziale Grundlage der Begriff eines „Geistes der Nation" oder eines „Volksgeistes" hat; denn im vorhergehenden Satz ist die Rede „von den besten Geistern unseres Volkes", mit denen der zukünftige Fürst sich umgeben solle. Die „besten Geister", worunter in diesem Professorenroman zunächst die Universitätsprofessoren verstanden werden, bilden eben den „Geist der Nation".

Mit der Ablehnung dynastischer Politik hängt aufs engste die Aversion gegen die geheime Form der Kabinettspolitik zusammen. Das „Pathos der Volksüberzeugung" steht ihr schroff gegenüber. Friedrich Theodor Vischer wie Treitschke nehmen auch in bezug auf diese dem politischen Liberalismus der mittleren Jahrzehnte eigentümliche politische Aversion eine Sonderstellung ein, indem sie bei ihnen bestimmte ästhetische Akzente erhält.

Am bildhaftesten hatte der Historiker F. C. Dahlmann die sogenannte Kabinettspolitik abgelehnt: „Frieden und Freude kann nicht sicher wiederkehren auf Erden, bis, wie die Kriege volksmäßig und dadurch siegreich geworden sind, auch die Friedenszeiten es werden, bis auch in diesen der Volksgeist gefragt und in Ehren gehalten wird, bis das Licht guter Verfassungen herantritt und die kümmerlichen Lampen der Kabinette überstrahlt[128]." Bei Treitschke stehen diese Dahlmann'schen Sätze am Ende des 1. Bandes seiner Deutschen Geschichte, von ihm 1878 – im Erscheinungsjahr des 1. Bandes – allerdings nur angeführt, um die Stimmungen und Hoffnungen jener Jahre nach 1815 als etwas längst Überwundenes zu charakterisieren.

Friedrich Theodor Vischer gab diesem allgemeinen liberalen Widerwillen gegen die Geheimdiplomatie eine bestimmte ästhetische Begründung: „Der diplomatische Wechselverkehr der Staaten, der sich nun entwickelte, ist nicht nur durch seine abstrakte geheime Form als Kabinettspolitik eine ästhetisch ungünstige Erscheinung, sondern auch, weil nun jede Staatshandlung zu einer reflektierten, weil jedem Pathos der Völker ein verborgener Hintergrund gegeben wird, der gerade die Ironie desselben sein kann, so daß z. B. im Kriege der begeisterte Soldat ganz anderen Zwecken dient, als er weiß und daher überhaupt kein Zutrauen zu dem ist, was erscheint. Ganz in dieses Gewebe feiner List, wo Alles hinter Kulissen spielt, gehört das sogenannte System des politischen Gleichgewichts[129]." Treitschke hatte seit 1864, seit dem preußisch-österreichischen

128) zitiert nach H. v. Treitschke, Deutsche Geschichte, Bd. 1, S. 795.

129) Fr. Th. Vischer, Ästhetik oder Wissenschaft des Schönen, 2. Aufl., 2. Teil, § 372, S. 338.

Kriege gegen Dänemark gelernt, daß „auch ein Kabinettskrieg heilsame wohlbegründete Zwecke verfolgen kann"[130]. Jedoch auch dann noch bestand er darauf, daß „eine gesittete Nation sich ihr selbständiges Urteil auch über die auswärtige Politik nicht verkümmern läßt"[131]. Die idealistisch-liberale Einstellung, die diesem Urteil zugrunde liegt, entbehrt nicht eines aus dem Vischer'schen Werke stammenden ästhetischen Bestandteils.

Der Treitschke so eigentümliche Ausdruck „gesittete Nation" repräsentiert eine Vorstellung, die in Vischers Ästhetik mannigfach variiert wird. Bei Vischer wird stets dasselbe gemeint, ob vom „ethischen Volkscharakter[132]", „von der freien sittlichen Persönlichkeit der Völker[133]", von „den wahrhaft ethischen Völkern[134] oder vom Volk mit „gebildetem Gesamtleben[135]" gesprochen wird. Es handelt sich bei diesen Variationen immer um „die geschichtlichen Völker", die „eben auch die schönen Völker sind"[136]. „Gebildetes Volk" ist eine Analogform zu „gebildeter Mensch" sowie „gesitteter Staat"; in denselben Zusammenhang gehört die bei Treitschke geläufige Formel der „geistreichen Völker"[137].

Wenn Vischer die „ästhetisch ungünstige Erscheinung der Kabinettspolitik" u. a. darauf zurückführte, daß durch dieselbe „jedem Pathos der Völker ein verborgener Hintergrund gegeben werde", so verstand er unter „Pathos" die „Grundidee" oder „den sittlichen Lebensgehalt", „wie solcher in dem Volke und der Zeit, darin der Stoff spielt, gemäß der Art und Stufe ihres ganzen Bewußtseins ausgebildet sein konnte"[138]. Dieser sittliche Lebensgehalt des Volkes wird ästhetisch interpretiert. „Der verborgene Hintergrund" – d. h. „die Politik im Hintergrunde" – kann, wie Vischer feststellt, geradezu die Ironie des Pathos, also ihr Gegenteil sein; so erhält nur jene Politik eine ästhetische Qualität, welche „dem Pathos des Volkes", d. h. seiner „Grundidee", unmittelbar dient, also nur eine „Ideenpolitik". Kabinettspolitik bleibt dagegen als bloße Interessenpolitik unästhetisch. Diese umwegige Argumentation entsprach ganz der Treitschke'schen Denkweise. Schon der Kleist-Aufsatz enthielt in seiner ersten

130) H. v. Treitschke, Zehn Jahre Deutsche Kämpfe, Der Krieg und die Bundesreform, S. 79f.
131) ebd., S. 82.
132) Fr. Th. Vischer, a.a.O., § 349, S. 283.
133) ebd., § 328, S. 224.
134) ebd., § 347, S. 276.
135) ebd., § 327, S. 219.
136) ebd., § 325, S. 214.
137) Aufsätze, Bd. 4, S. 521.
138) Fr. Th. Vischer, a.a.O., § 400, S. 432.

Fassung die Wendung von „der Auflehnung des Interesses", worunter der Partikularismus verstanden wurde, „gegen die Idee", womit die Idee des Volkslebens gemeint war. Es wurde auch schon darauf hingewiesen, daß in der Festrede über „Fichte und seine nationale Idee", die Treitschke 1862 vor vielen Zuhörern in Leipzig hielt, die Politik der Reformer als eine „Staatskunst der Ideen[139]" und der Kampf gegen Napoleon als „Kampf der Idee gegen das Interesse, der Idee des Volkstums wider das Interesse der nackten Gewalt[140]" bezeichnet wurden. Von immer neuen Seiten treffen wir auf dieselben Motive, die in Treitschkes geistigen Haushalt eindringen und hier eine bleibende Rolle spielen.

Dieser „idealen" Einstellung zur Politik entsprach es vollkommen, wenn der junge Treitschke das zeitgenössische Erlebnis der Koalition des Krimkrieges, der 10 Jahre später von ihm als Beispiel eines „heilsamen" und „ergebnisreichen" Kabinettskrieges gewertet werden wird, mit negativen Vorzeichen versah. Der „europäische Krempel[141]", womit er die große Politik bezeichnet, beschäftigte ihn viel weniger als die Fragen des innerstaatlichen Lebens. Vor der Bedeutung der preußischen Grundsteuer z. B., über die der Zwanzigjährige mit Prof. Perthes in Bonn „ein sehr interessantes Gespräch" hatte[142], verschwindet „die große europäische Frage[143]" vollkommen. Diese Frage erscheint ihm als „ein Gemisch von Ohnmacht und roher Gewalt, wie man es nicht widerwärtiger haben könne"[144]. Es darf natürlich nicht übersehen werden, daß sich Treitschke mit dieser Überordnung innenpolitischer Fragestellungen über die Probleme der Außenpolitik gewiß nur der allgemeinen liberalen Zeitströmung anschließt, deren Interesse vollkommen von innenpolitischen Belangen in Anspruch genommen war. Für die Beurteilung der Rolle aber, die ästhetische Motive in seinem Denken spielen, ist es immerhin nicht ohne Belang, daß die Unterschätzung auswärtiger Machtfragen, das ausgesprochene Desinteressement an denselben in dem gleichen Briefe enthalten ist, in welchem von der deutschen Städtegeschichte als etwas „durchaus Patriotischem" und darum Ästhetischem die Rede ist, im Gegensatz zum „erobernden Streben nach außen". Das innere, welchselseitige Verhältnis zwischen politischer Gedankenreihe und ästhetischen Gesichtspunkten, das sich in allen möglichen Formen bekundet, wird im Nebeneinander beider

139) Aufsätze, 3. Aufl., S. 137.
140) ebd., S. 138; vgl. oben S. 89f.
vgl. 1. Aufl. S. 417.
141) Briefe, Bd. 1, S. 242, v. 30. 7. 1854.
142) ebd., S. 209, v. 18. 1. 1854.
143) ebd.
144) ebd.

Motivreihen, der politischen wie der ästhetischen, in vorliegendem Briefe besonders sichtbar.

Unter den Voraussetzungen einer Unterschätzung des selbständigen Bereichs der Außenpolitik sowie eines vorwiegenden Interesses für den Vorgang, wie „ein Volk zu seinem Selbstbewußtsein kommt", stand auch Treitschkes Konzeption der „Deutschen Geschichte im 19. Jahrhundert", die zunächst im Rahmen der Hirzel'schen „Staatengeschichte der neuesten Zeit" als „Geschichte des Deutschen Bundes" geplant war. Die Arbeit, die ihn bis an sein Lebensende begleiten sollte, ging von einem Verlagsauftrag aus. Sie sollte als „Staatsgeschichte" eigentlich in erster Linie eine politische Geschichte werden. Schon in den ersten Mitteilungen über seinen Arbeitsplan weist Treitschke jedoch darauf hin, daß „der Kern der Sache nicht in den Kongressen und Ständeversammlungen liege[145]", also nicht im eigentlich Politischen, sondern in etwas Innerlicherem, gewissermaßen Ideellerem.

Eine der ersten Bekundungen über das Programm seiner Deutschen Geschichte knüpft gleichsam an den Sinn an, der in dem Urteil lag, das der junge Treitschke über den Krimkrieg fällte, wenn er von „dem Gemisch von Ohnmacht und roher Gewalt" sprach. „Böte unsere moderne Geschichte Nichts als das Treiben unserer Fürsten, diesen trostlosen Wechsel von Bosheit und Torheit, es lohnte nicht der Mühe, sich damit zu befassen. Aber wer den freien Blick hat, die großen Grundzüge der Geschichte zu verfolgen, der erkennt in der Entwicklung unseres Volkes ein regelmäßiges Fortschreiten, so stetig, so sicher, daß Einem endlich das Herz groß wird von Stolz und Hoffnung[146]." Statt „trostlosem Wechsel", um welchen es sich bei den partikularistischen Interessen handelt, will Treitschke das „regelmäßige Fortschreiten" der historischen Idee, wie es an anderer Stelle heißt, darstellen. Die historische Idee führt aus dem „Gestrüppe der Endlichkeit" heraus und überwindet „die Mißgestalt des Zufalls"[147]. An diesem Punkte seiner Entwicklung macht sich das historiographische Vorbild von Freytags „Bildern aus der deutschen Vergangenheit" geltend, die Treitschke im Literarischen Zentralblatt nach Erscheinen der einzelnen Bände besprach. Er rühmt in der Besprechung von 1862 dem Verfasser nach, daß er „unbeirrt durch die Verstimmung des Augenblicks die Notwendigkeit und Stetigkeit der Entwicklung unseres Volkes froh

145) Briefe, Bd. 2, S. 208, v. 25. 3. 1862

146) ebd., S. 175, v. 22. 10. 1861.

147) vgl. G. W. Hegel, Vorlesungen über die Ästhetik, Sämtl. Werke, Jubil. Ausg., Bd. 12, S. 125.

und sicher nachgewiesen habe"[148]. Bei der Durchführung der vom Hirzel'schen Verlage gestellten Aufgabe, eine Darstellung der Geschichte des Deutschen Bundes zu schreiben, bot sich Treitschke ein bestimmter Ausweg an, der aus dem Wirrsal „dynastischer Ideenlosigkeit" herauszuführen schien. Treitschke wollte ihn einschlagen, um unter der verwirrenden Oberfläche „ideenloser" Regierungshandlungen „das regelmäßige Fortschreiten" der historischen Idee zu erkennen. Dieser Ausweg, auf den der junge Historiker verfiel – die günstige Atmosphäre der 60er Jahre wies eben auch in die Richtung dieses Weges – lag in der Entwicklung der *öffentlichen Meinung.* Am 27. Juli 1863 schreibt Treitschke an seinen Verleger: „Mir ist es nämlich völlig klar geworden, daß eine Geschichte des modernen Deutschlands, will sie nicht ganz trocken und geistlos bleiben, eine Geschichte der öffentlichen Meinung sein muß . . . nur so kommt Leben und Zusammenhang in die Dürftigkeit der kleinstaatlichen Händel[149]."

Die Ansicht, daß eine öffentliche Meinung auch ästhetisch brauchbar sei, war überdies auch in einem Hinweis der Vischer'schen Ästhetik enthalten: „Wie die wahre Freiheit Schönheit bringt, sieht man schon an den Punkten, an denen die Kraft der öffentlichen Meinung arbeitet[150]." Die Geschichte der öffentlichen Meinung, die Treitschke zu schreiben gedachte, sollte den Vorgang schildern, in welchem das deutsche Volk nach 1815 „zu seinem Selbstbewußtsein" kam. Es war im Grunde das alte Thema aus seiner patriotischen Lyrik sowie aus den Plänen seiner historischen Dramatik. Was er als Lyriker und als Dramatiker darzustellen sich berufen gefühlt und dann doch in rechtzeitiger Einsicht in die wirklichen Bedingungen seiner Begabung aufgegeben hatte, nahm der Historiker auf einer anderen Ebene wieder auf. Es handelt sich von der Lyrik der 50er Jahre an bis zur Konzeption der Deutschen Geschichte im Grunde immer um dasselbe Thema: „Der eigentliche Held der Schrift ist der Glaube, die mir bis zur Religiosität heilige Überzeugung von der großen Zukunft unseres Volkes." Dieser Glaube war seine Religion. Der Ausweg, der sich Treitschke unter Umgehung der „geistlosen" kleinstaatlichen Händel, worin jedoch immerhin die geschichtliche Wirklichkeit des 19. Jahrhunderts lag, in der Geschichte der öffentlichen Meinung oder auch der Volksseele zunächst zu bieten schien, erwies sich indessen als nicht gangbar. Es sollte sich in der praktischen Arbeit bald herausstellen, daß seine ästhe-

148) Aufsätze, Bd. 4, S. 565.

149) Briefe, Bd. 2, S. 280, v. 27. 7. 1863; über die Bedeutung des Begriffes der öffentlichen Meinung und seine Gleichsetzung mit dem Volksgeist s. unten.

150) Fr. Th. Vischer, Ästhetik oder Wissenschaft des Schönen, 2. Aufl., 2. Teil, § 378, S. 355.

tischen Bedenken gegen die Darstellung einer deutschen Geschichte im 19. Jahrhundert auch so nicht zu beruhigen waren. Er klagt oftmals über den Mangel „einer einheitlichen Bühne", auf dem sich das geschichtliche Leben eines Kulturvolkes abspielen solle, sowie über die Abwesenheit „großer Verhältnisse". An Pauli, den Verfasser der Englischen Geschichte in Hirzels Staatengeschichte, schreibt er: „Ihr neuestes Werk (Engl. Geschichte, 1. Bd.) habe ich mit großem Genuß und Nutzen, aber auch nicht ohne Neid gelesen. Das Verdienst, den besten Band der Staatengeschichte geschrieben zu haben, wird Ihnen nicht geschmälert, wenn ich Sie beneide um den großartigen und einheitlichen Schauplatz, auf dem Ihre Darstellung sich bewegt. Mir ist unter allen Mitarbeitern das unerfreulichste Los gefallen. Ich muß einen ganz anderen Weg einschlagen als meine Genossen, ich darf mich nicht binden an den Namen ‚Staatengeschichte', sondern ich muß zeigen, wie wir trotz der Bundespolitik im sozialen und geistigen Leben ein anderes, gesünderes Volk geworden sind . . .[151]." Wenn Treitschke Pauli „um die großen Verhältnisse" beneidete, verstand er darunter nicht etwa die große auswärtige Politik – für die er damals ja nur geringes Interesse hatte – sondern das große englische Parlament und „die vornehmen ideenreichen Regionen", von denen er einmal gesprochen und mit welcher Bekundung er gleichsam seine geheimsten Wünsche für einen Augenblick decouvriert hatte. Die kleinstaatliche deutsche Welt des 19. Jahrhunderts, die er in den Kapiteln seiner Deutschen Geschichte später dann doch so liebevoll ausmalte, enthielt solche „Regionen" eben nicht, und nur „die heilige Überzeugung vom regelmäßigen Fortschreiten seines Volkes" trieb ihn, wie er seiner Freundin Gustava von Haselberg bekannte, immer wieder zu der Arbeit zurück, „deren Details ihn mit Ekel und Widerwillen erfüllten"[152].

Als Treitschke dann mit Archivstudien begann und in intimere Berührung mit den ursprünglich verhaßten „Details der Regierungshandlungen" kam und dieselben als Mittel schätzen lernte, mit welchen „die Welt von oben" zu betrachten wäre, fand er gleichsam eine dokumentarische Bestätigung für seine alte Ansicht, daß eine *schöne* deutsche Geschichte, die zugleich *wahr* sein sollte, unmöglich sei[152a]. Das Archivstudium hat sein Geschichtsverhältnis versachlicht.

Wenn sich Treitschke über den Mangel eines einheitlichen Schauplatzes für seine Darstellung beklagte, so schlug er ein Motiv an, das

151) Briefe, Bd. 2, S. 433f., v. 14. 11. 1865.

152) ebd., S. 175, v. 22. 10. 1861.

152a) vgl. Briefe, Bd. 3, S. 116, v. 21. 11. 1866, und H. v. Treitschke, Deutsche Geschichte, Bd. 5, S. 413.

sich ebenfalls als eine grundlegende ästhetische Forderung schon bei Vischer fand. Dieser begründet die Ablehnung der mittelalterlichen Kaiserpolitik folgendermaßen: „man sucht in den Geschichten der Kaiser vergeblich einen wahrhaft nationalen Stoff; da ist nichts Übersichtliches und Geschlossenes, keine Hauptstadt als Sitz des Monarchen[153]." Die national-liberale und kleindeutsche Ablehnung der mittelalterlichen Italienpolitik wird in der Gedankenführung des großdeutschen Ästhetikers Fr. Th. Vischer somit um eine ästhetische Komponente bereichert.

Treitschkes stereotype Wiederholungen von Ausdrücken wie „einheitliche Bühne" oder „großartiger, einheitlicher Schauplatz", „große Verhältnisse" usw. bezeichnen eine Formenansicht der Geschichte, deren Elemente aus der ästhetischen Theorie der Tragödie und vor allem des historischen Dramas stammen.

> „Die Tragödie schreitet auf geweihtem Boden, sie verlangt den Kothurn, sie fordert eine reine, von der Misère alltäglichen Lebens gesäuberte Luft, sie fordert große Verhältnisse, wenn die großen Leidenschaften, welche sie entfesselt, groß erscheinen, harmonisch wirken sollen, wenn ihr Eindruck nicht traurig statt tragisch, niederschlagend statt erschütternd sein soll[154]."

Die Bedingung „großer Verhältnisse" sowie das Verbot der „Misère alltäglichen Lebens" beziehen sich sowohl auf die reine Tragödie als auch auf den besonderen Fall des historischen Dramas. Solche Maximen ziehen einen engen Zirkel um diejenigen, die sozial wie geistig hoch genug stehen, um mit tragischen Fähigkeiten versehen werden zu können und schließen vom ästhetischen Interesse „die Millionen" aus, „die ackern und schmieden und hobeln müssen, damit einige Tausende forschen, malen und regieren können"[155]. Die für das Trauerspiel maßgeblichen ästhetischen Vorschriften spiegeln ein ähnlich wechselseitiges Verhältnis zwischen ästhetischen und sittlichen Gesichtspunkten wider, wie ein solches genauso auch zwischen ästhetischen und politischen vorhanden ist. Mit dem ästhetischen Wert einer Person, der von ihrem geschichtlichen Range abhängig ist, steigt und fällt auch ihr ethischer Gehalt. Ästhetische und ethische Werte stehen im Verhältnis kommunizierender Röhren zueinander. Wenn Treitschke im Aufsatz über O. Ludwig die Beziehungslosigkeit zwischen den kleinen

153) Fr. Th. Vischer, a.a.O., § 359, S. 306.
Der Mangel an „Übersichtlichkeit" und „Geschlossenheit" gehörte zu den vornehmsten Einwänden gegen das Mittelalter, die Vischer von Hegel übernahm.

154) Preuß. Jb. 4, S. 119, Otto Ludwig.

155) H. v. Treitschke, Die Grundlagen der bürgerlichen Gesellschaft, in: Der Sozialismus und seine Gönner, S. 17.

Verhältnissen einer Alltagsmisere und dem tragischen Inhalt kritisiert, so tut er das sowohl aus ästhetischen als auch aus sittlichen Erwägungen: „Nicht genug aber, daß unser Schönheitssinn gepeinigt wird durch die Enge dieser kleinstädtischen Welt: auch der ethische Gehalt leidet darunter[156]." Erst „auf den Höhen des Lebens[157]" ist wahre Menschlichkeit möglich; nur dort sind die Menschen frei genug, „um die Idee der Schuld und der Zurechnung zu fassen"[158]. Allerdings steht folgende krasse Bekundung nur in der Fassung der preußischen Jahrbücher von 1859: „Entrüstet Euch soviel Ihr wollt über die Herzenshärtigkeit, die aus den Worten des Aristoteles redet: ‚Es ist nicht möglich, daß Werke der Tugend übe, wer das Leben eines Tagelöhners führt'[159]." In der ersten Ausgabe seiner Aufsätze von 1864 hat Treitschke diese Stelle ebenso fortgelassen wie jenen Passus aus dem Kleist-Aufsatz, wo eine großherzogliche Nationalhymne aus ästhetischen Motiven abgelehnt und dem Unitarismus eine ästhetische Grundlage gegeben wird.

Diese ästhetische Personenbestimmung geht über Fr. Th. Vischer unmittelbar auf Hegel zurück, dessen Ästhetik „den Stand der Fürsten" als vorzugsweise tragischen Stand bezeichnet hatte „und nicht etwa aus Aristokratie und Liebe für das Vornehme, sondern der vollkommenen Freiheit des Willens und Hervorbringens wegen, welche sich in der Vorstellung der Fürstlichkeit realisiert findet"[160]. Bei den unteren Ständen fehlt diese „Freiheit des Willens und des Hervorbringens"; die „beschränkten kleinen Verhältnisse" lassen tragisches Interesse nicht aufkommen: „Deshalb sind die Zustände und Charaktere aus diesen Kreisen geeigneter für das Lustspiel und das Komische überhaupt[161]." So stellte sich auch Treitschke, der sich die Wertmaßstäbe der Hegel'schen Ästhetik nicht nur durch Vischer'sche Vermittlung, sondern auch unmittelbar zu eigen gemacht hatte, auf den Standpunkt, daß es sich nicht verlohne, „so vielen Tiefsinn an einen kümmerlichen Stoff zu vergeuden[162]", wobei er unter „kümmerlichem Stoffe" Personen aus den niederen Ständen verstand. Ihr Leiden hat noch nicht den Rang des tragischen Geschicks.

156) Preuß. Jb. 4, S. 127.
157) ebd., S. 119.
158) ebd., S. 127.
159) ebd., S. 126.
160) G. W. Fr. Hegel, Ästhetik, 1. Teil, S. 262, Sämtl. Werke, Jubil. Ausg., Bd. 12.
161) ebd.
162) Preuß. Jb. 4, S. 130.

Treitschke hat sich übrigens genötigt gefühlt, den Vorwurf eines „aristokratischen Ticks" zu entkräften, der „ihn so reden heiße"[163]. Er hätte allerdings mannigfache Gründe gegen den Vorwurf aristokratischer Neigungen anführen können. So hätte er z. B. zu jenem Zeitpunkt auf seine demokratische Gesinnung hinweisen können, die ihn sogar – ganz abgesehen von seiner burschenschaftlichen Aversion gegen die adligen Corps und abgesehen auch von seinen publizistischen Ausfällen gegen die „Junker" – eine Zeitlang veranlaßte, von seinem Adelsprädikat keinen Gebrauch zu machen. Erst seit 1864, seitdem er seine politischen Urteile einer gründlichen Revision unterzogen hatte, änderte er auch sein Urteil über den Adel. Trotzdem konnte Gustav Freytag nicht ganz ohne Grund in einer zwar gehässigen, aber doch scharfsichtigen Anaylse des Treitschke'schen Charakters unter dessen Wesenszügen den der „Ehrfurcht vor altem Blute[164]" besonders hervorheben und in diesem Zusammenhang auch auf die angeblich besondere Entstehung seines Liberalismus hinweisen. Der dem einst so hochgeschätzten Freunde nach 1866 und erst recht nach 1870 entfremdete Dichter meinte, daß sich der Treitschke'sche Liberalismus „aus der höfischen Loyalität einer neugeadelten sächsischen Familie zürnend erhoben habe".

Schließlich widersprach aber auch Treitschkes Glaube, der in Anlehnung an Gervinus allen Fortschritt „vom Volke" und von der großen demokratischen Strömung des Jahrhunderts erwartete, eigentlich einer aristokratischen Haltung, wie sie sich im Bereich der ästhetischen Theorie des Tragischen geltend machte. Und doch scheint vornehmlich in diesen ästhetischen Bekenntnissen zu „den Höhen des Lebens" das Herzblut Treitschkes zu pulsieren. Mit seinen tief eingewurzelten ästhetisch-aristokratischen Neigungen und Bedürfnissen vertrug sich durchaus eine akademisch gestimmte demokratische Gesinnung. Hegels Formulierung von der „Vorstellung der Fürstlichkeit, in welcher sich die vollkommene Freiheit des Willens und Hervorbringens realisiert findet", hat bei Treitschke die kühle Temperatur der philosophischen Sprache verloren; an ihrer Stelle stehen Bekundungen, die von phantasievollen Wunschbildern „großen Lebens" erfüllt sind. Kennzeichnend für diesen Zusammenhang ist ein Satz aus der Charakterschilderung Heinrichs von Plauen, derjenigen Gestalt aus der Vorgeschichte des preußischen Staates, die ihn bis an sein Ende begleitet hat. Es heißt dort, daß es „schrecklich sei, ohne Purpur zu erwachen"[165]. In seinen

163) ebd., S. 127.

164) Deutscher Liberalismus im Zeitalter Bismarcks, Bd. 2, S. 46, v. 25. 2. 1872 an K. v. Normann.

165) Briefe, Bd. 1, S. 393.

ästhetischen Ansichten decouvriert sich Treitschke gewissermaßen, der ja *eigentlich* Staatsmann oder Soldat werden wollte, um am „schaffenden Markt des Lebens" teilzunehmen. Er fühlte sich unter Professoren nie ganz heimisch. Er liebte nicht nur „die vornehmen, ideenreichen Regionen" sondern überhaupt „das Vornehme". Mit Nachdruck verwies er darauf, „daß die große Familientragödie des Lear, das psychologische Drama des Tasso in der vornehmen Welt spielten"[166]. In einer Besprechung von Gustav Freytags historischem Trauerspiel „Die Fabier" versuchte er den ganzen Komplex des einheitlichen Zusammenhangs von Idee – Schönheit – vornehmer Art zu verharmlosen, indem er ganz im allgemeinen von „jener, beinahe allen Künstlern eigentümlichen, wo nicht gar notwendigen Empfänglichkeit für den ästhetischen Reiz der vornehmen Art[167]" sprach. Seine grundsätzlichen ästhetischen Überlegungen führen dagegen das „vornehme Milieu" des Dramas nicht auf den subjektiven Sachverhalt einer nun einmal vorhandenen Empfänglichkeit des Künstlers für alles Schöne und Vornehme zurück, sondern in diesen Überlegungen wird das „Vornehme" vielmehr als ein notwendiger Bestandteil jenes Zusammenhanges aufgefaßt, der zwischen der historischen Idee und dem sozialen Rang der dramatischen Personen besteht.

Ästhetisch-aristokratische Züge finden sich schließlich auch in seinen Urteilen über das Christentum, das er vornehmlich als eine Angelegenheit der niederen Schichten zu betrachten pflegt. „Das Christentum könne allein wohl gute, aber nicht große Menschen bilden[168]", schreibt er gelegentlich, wobei der ästhetische Wert zu bedenken ist, der a priori im „großen Menschen" liegt. Der „gute Mensch" ist noch nicht „ästhetisch".

Der Münchener Aufenthalt

Für das Sommersemester 1861 ließ sich Treitschke in Leipzig beurlauben, um für ein bis zwei Semester nach München zu gehen und sich dort auf die ihm von Salomon Hirzel angetragene Geschichte des Deutschen Bundes von 1815–1848 vorzubereiten. Er wählte München vornehmlich aus dem Grunde, weil er Land und Leute des ihm noch unbekannten Bayern kennenlernen wollte und auch deshalb, weil die Münchener Bibliotheken für seine wissenschaftliche Aufgabe besonders ergiebig zu sein schienen.

166) Preuß. Jb. 4, S. 119.
167) Aufsätze, Bd. 4, S. 521.
168) Briefe, Bd. 1, S. 167, v. 26. 5. 1853.

Daß er nun gerade in München ein reges und vielseitiges künstlerisches Leben mit zahlreichen Werken der bildenden Kunst, deren eingehendes Studium er sich neben seinen politischen und literarischen Arbeiten besonders vorgenommen hatte, vorfand, widersprach eigentlich seiner politisch-ästhetischen Doktrin. Er leugnete bekanntermaßen die Existenz eines bayrischen Staatsgedankens und war auch nicht bereit zuzugeben, daß München eine natürliche Hauptstadt sei. München als ein politischer und vor allem kultureller Mittelpunkt störte seine politisch-ästhetische Konzeption. So ist sein Urteil über die Stadt schon in dem ersten Brief, den er an seinen Vater schrieb, von vornherein abgeschlossen. Die Stadt erscheint ihm trotz aller Schönheiten im einzelnen „gemacht und erkünstelt[169]. Auf der einen Seite muß er zugeben, daß „für Baukunst und Bildhauerei hier Größeres getan ist, als irgendwo in Deutschland[170]", auf der anderen Seite räsoniert er gemäß seiner Doktrin, daß „keine Blüte der monumentalen Kunst rein und echt sei, wenn sie nicht auf dem Boden eines Staates mit reicher Geschichte, einer wirklich großen Stadt erwuchs . . ."[171]. Wie Treitschke wirklich von der bayrischen Geschichte dachte, sprach er ganz offen in der ins Juniheft der Preuß. Jahrbücher 1861 aufgenommenen süddeutschen Korrespondenz aus: „Wenn jedoch ein Staat eine Geschichte hat wie das Königreich Bayern, so handelt er weise, sie in ein wohltätiges Dunkel zu hüllen[172]." Die bayrische Geschichte war kein ästhetischer Gegenstand: sie bot kein „schönes" oder „herrliches Stück deutscher Geschichte". Seinem Verleger, Salomon Hirzel, schrieb er: „Seh ich auf den Straßen all' die Tilly, Max-Emanuel und wie die Schurken und Schwachköpfe heißen, so werde ich die Frage nicht los: ob ein Staat, von dem man verlangen muß, daß er aus Anstandsrücksichten seine Geschichte in Vergessenheit hülle, nicht am besten tut, sich lieber heute als morgen zu begraben[173]?"

Im Falle der *Walhalla*, die er auf der Reise über Regensburg besuchte, machte er allerdings eine bezeichnende Ausnahme. Er übersah hierbei, daß die Idee zu dem „Tempel deutscher Ehren" von Ludwig I., einem der von ihm so verachteten deutschen Kleinkönige stammte. Die Idee eines weltlichen nationalen Tempels, der den nationalen Inhalt der Geschichte in monumentalen Figuren darstellte, entsprach zu sehr seinem innersten Bedürfnis nach großen Formen für nationale Stoffe, als daß der

169) Briefe, Bd. 2, S. 140, v. 19. 4. 1861.
170) ebd., S. 142, v. 22. 4. 1861.
171) ebd.
172) Aufsätze, Bd. 4, S. 78.
173) Briefe, Bd. 2, S. 145f., v. 24. 4. 1861.

dynastische Ursprung des Werkes seinen künstlerisch-patriotischen Eindruck hätte stören können. Die Walhalla bot ihm das, was ein Kunstwerk seiner Ansicht nach zu allererst zu bieten hatte – „Anregung und Begeisterung“ und ferner „Trost“ durch die Geschichte und in der Geschichte. Sie umfaßte „die großen Männer des Vaterlandes[174]“; die nationale Wirkung, die von ihr ausgeht, läßt sich mit den Worten aus der Fichte-Rede adäquat bezeichnen: „. . . so begreift sich das Volk als ein Ganzes in seiner Geschichte[175].“ Und was in derselben Rede als Sinn nationaler Feiern beschrieben wird, gilt auch von nationalen Kunstwerken wie der Walhalla, nämlich: „daß wir rückschauend auf die starken Männer, die unseres Geistes Züge tragen, erfrischen das Bewußtsein unseres Volkstums und stärken den Entschluß, daß aus dieser idealen Gemeinschaft die Gemeinschaft der Wirklichkeit, der deutsche Staat erwachse[176].“ Die Walhalla stellt die germanische Geschichte als „ein geschlossenes Ganzes“ „in monumentaler Großheit“ dar, So sprach Treitschke voller Bewunderung von „dieser herrlichen Walhalla“, bei deren Anblick „ihm jeder Spott verginge“. Aus einer ähnlichen inneren Einstellung heraus nannte er 1871 die Marienburg „das erhabendste weltliche Bauwerk, das ich diesseits der Alpen gesehen“[177]. Solche Bekundungen werden ergänzt durch die andere Äußerung über „die frostigen Kirchenbauten unseres weltlichen Jahrhunderts“[178]. Der Ausdruck des „Tempels“, der zur Kennzeichnung nationaler Vorstellungen und Erinnerungen verwandt wird, ist einer der mannigfachen Belege dafür, wie religiöse Formen und Begriffe ins Weltliche übersetzt werden. Die Andacht vor der nationalen Vergangenheit ist Religionsersatz und bildet den Kern eines Geschichtsbewußtseins, für welches sich die Vernunft der Geschichte in einem stetigen Aufstieg des eigenen Volkes bekundet. „Leute, die wie ich ihren Gott nicht im Himmel, sondern in der Geschichte und dem Berufe ihres Volkes suchen . . .[179].“ Der weltanschauliche Gehalt dieser Aussage kommt trotz ihres burschikosen Tones zum Ausdruck.

Es ist außerdem wichtig, daß ein Denkmal wie die Walhalla genauso wie die Historienmalerei – die ja auch „große Männer“ in großartigen historischen Szenen schildert – ein bestimmtes Maß von Bildung voraussetzt. Das Nationalheiligtum der Deutschen wendet sich also nur an den

174) H. v. Treitschke, Deutsche Geschichte, Bd. 2, S. 339.
175) Aufsätze, 3. Aufl., S. 124.
176) ebd.
177) Briefe, Bd. 3, S. 339, v. 2. 10. 1871.
178) H. v. Treitschke, Deutsche Geschichte, Bd. 3, S. 616.
179) Briefe, Bd. 1, S. 364, v. 8. 6. 1856.

gebildeten Deutschen. Es sind die Deutschen gemeint, die in „der unsichtbaren Kirche“ der Gebildeten[180] zusammengefaßt sind. Auf derselben Linie des Denkens ist der Ausdruck des „Tempels der Einheitspartei[181]“ entstanden.

Treitschke kam mit einem festen System von wechselseitig zusammenhängenden politischen und ästhetischen Wertmaßstäben in die bayrische Hauptstadt, welches ein unbefangenes Urteil ausschloß und ihn überhaupt daran hinderte, sich hier heimisch zu fühlen.

Der Dichter der Vaterlandslieder und Anhänger einer Gehaltsästhetik von starker politischer Prägung vermochte zu dem sogenannten Münchener Poetenbund, an dessen Spitze Emanuel Geibel und Paul Heyse standen, kein wirkliches Verhältnis zu gewinnen. Schon der 18-jährige hatte ja geschrieben, daß er sich nicht denken könne, wie „ein Mann ohne eine bestimmt ausgesprochene, mit Liebe festgehaltene Gedankenrichtung ein großer Dichter sein könne[182]“ und verglich „die gedankenschwere Poesie unserer Dichterheroen“ mit Geibels „leichten zarten Liedchen“. Dieser Überzeugung blieb er treu und brachte sie mittels der Vischer'schen Ästhetik in ein zusammenhängendes politisch-ästhetisches System. Der Einwand gegen die sogenannten formalen abstrakten Ästhetiker, wie der Münchener Dichterkreis der Geibel, Greif, Haushofer usw. literargeschichtlich genannt zu werden pflegt, blieb stets derselbe: sie seien „ohne Inhalt“, worunter die Idee oder die Gesinnung oder auch das Pathos verstanden wurden. Jede echte Kunst hatte politisch zu sein, d. h. angeblich nicht in einem tendenziösen Sinne, sondern vielmehr so, daß sie den „humanen Inhalt“ der Politik darstellen solle. Eine unpolitische Kunst war eben eine Kunst „ohne Inhalt“. Es lag auf derselben Linie, wenn er die bayrische Geschichte „inhaltslos“ oder wenn er die Münchener Kunst „ohne Inhalt“ nannte.

Paul Heyse, den er einmal den Heros des Münchener Literaturkreises nennt, war für Treitschke das Muster eines unpolitischen Dichters, „der von dem Blute unserer Zeit so garnichts in seinen Adern hat“, und gerade deshalb ist er Treitschke „sehr antipathisch“[183]. Auf der Höhe seines liberalen Fortschrittsglaubens rechnet Treitschke Heyse zu jenen Dichtern,

180) vgl. ebd., S. 315, v. 2. 9. 1855.

181) vgl. H. v. Treitschke, Zehn Jahre Deutsche Kämpfe, S. 17: „seit Langem harren wir der gesegneten Stunde, da die Phrasendrescher mit Ruten aus dem Tempel der Einheitspartei gepeitscht werden“; es handelt sich um eine Übertragung der bei Math. 21,12 beschriebenen „Reinigung des Tempels“ ins Weltliche und zwar ins Politische.

182) Briefe, Bd. 1, S. 112, v. 6. 2. 1852.

183) Briefe, Bd. 2, S. 148.

von denen er im Essay über Uhland sagt: „Das Herz der Nation kehrt sich ab von jenen Künstlern, die neben dem großen politischen Kampf der Gegenwart kalt zur Seite stehen[184]." Er pflegt die Dichter nach „den Anregungen" zu beurteilen, „die sie unserem Volksgeist geben"[185].

Es scheint aber trotzdem, als sei Treitschke durchaus nicht abgeneigt gewesen, mit dem Dichterkreis in München bekannt zu werden. Seine Briefe aus dieser Münchener Zeit erwecken manchmal den Eindruck eines gewissen Schwankens einerseits zwischen dem stillen Wunsch, *auch* als Dichter gewertet und als solcher in den gerade damals in hohem Ansehen stehenden Kreis der Münchener Poeten aufgenommen zu werden, und andererseits dem Bewußtsein, in diesen Kreis angesichts der engen Verbindung zwischen seinen politischen und ästhetischen Ansichten gar nicht hineinzupassen. Jedenfalls entspricht es nicht dem wirklichen Hergang und auch nicht seinen Gefühlen und Wünschen vom Sommer 1861, wenn er am 1. Januar 1862 in einem Rückblick einfach feststellt: „Mit Paul Heyse mocht' ich nicht bekannt werden[186]." Im Gegenteil hatte er mehrere Male von einer bevorstehenden Einführung bei Heyse geschrieben. Seine scharfen Urteile über den Kreis um Heyse beruhen sicherlich zu einem Teile auf den Enttäuschungen, die gerade der Sommer 1861 in so hohem Maße enthielt. Zu keiner anderen Zeit seines Lebens fühlte er sich in menschlicher Beziehung so vereinsamt wie in München; die Schranken, die ihm sein Leiden auferlegte, hat er niemals so sehr empfunden. Damals glaubte er, daß er „dem Umgang mit Frauen beinah' ganz entsagen müsse"[187]. In der Stadt der natürlichen Geselligkeit und des leichten Verkehrs reißen seine Klagen nicht ab, daß ihm täglicher Umgang gänzlich fehle, und daß er tagelang kein Wort außer mit dem Kellner spräche. Je eindeutiger er von den poetischen Kreisen ausgeschlossen bleibt, desto lauter beruft er sich darauf, daß er „politisch zu sehr Preuße und ästhetisch zu sehr Ketzer sei, als daß er in den hiesigen Literatenkreisen wohl aufgenommen werden könnte[188]", desto fühlbarer werden ihm auch „Münchens Schattenseiten, die Unnatur dieser Kunstblüte und die gründliche Rohheit des sogenannten Volkslebens"[189].

Die Werke der bildenden Kunst, die sich in der Pinakothek und Glyptothek befanden, wurden dagegen von ihm mit umso größerer Begeisterung

184) Aufsätze, 3. Aufl., S. 302.
185) vgl. ebd., S. 290.
186) Briefe, Bd. 2, S. 195, v. 1. 1. 1862.
187) ebd., S. 161, v. 2. 7. 1861.
188) ebd., S. 162, v. 2. 7. 1861.
189) ebd., S. 184, v. 25. 11. 1861.

genossen. Die Differenzierung seiner Urteile ist jedoch gerade in diesem Punkte bemerkenswert und aufschlußreich. Bezeichnenderweise hebt er unter den Werken der Glyptothek vor allem die Trojanischen Bilder von *Cornelius* hervor, „deren ganze Größe" er empfinde. Dagegen erwähnt er nicht Cornelius' religiöse Fresken und stellt ferner fest, daß das Jüngste Gericht ihn nicht so sehr beeindrucke. Der Grund dieser ästhetischen Empfindung ist weltanschaulicher Art: „So tief ist uns doch Gottlob das gesunde Heidentum, das humane Gefühl in Fleisch und Blut eingedrungen, daß uns diese Darstellungen des Rein-Menschlichen näher stehen als die spezifisch-christliche Kunst . . . vielleicht bin ich auch nicht unbefangen genug der theologischen Afterbildung gegenüber, um an solchen Werken eine reine Freude zu haben[190]." Die paar Semester, die er in Tübingen studiert hatte, hatten ihm keine andere Auffassung von der Theologie seiner Gegenwart vermittelt. Von den Ergebnissen der historischen Bibelkritik nahm er zu jener Zeit noch keine Notiz. Seine ästhetischen Urteile hängen eng mit der Anschauung zusammen, daß die religiöse Kraft in der Gegenwart erstorben ist. Der Künstler und das Bildungspublikum werden auf das große Feld der weltlichen Stoffe verwiesen. Der Treitschke von der Kreuzschule mitgegebene Humanismus ermöglicht ihm ein unmittelbares Verständnis antiker Gestalten. Die Richtigkeit von Franz Schnabels Ausführungen über das Kunstverhältnis des gebildeten Publikums im 19. Jahrhundert vermag durch Treitschkes Beispiel vollkommen bestätigt zu werden. „Von allen großen Werken des Cornelius sind daher die Fresken in der Glypothek, diese vertrauten Gestalten von Göttern, Titanen und Heroen am ehesten durch die ‚Gebildeten' des 19. Jahrhunderts und ihren äußerlich gewordenen Humanismus anerkannt worden[191]." Vor Jahren, als Treitschke vor dem Guhl'schen Kunstatlas nach seinen eigenen Worten „seine Andacht" zu verrichten pflegte, schwärmte er von *Genellis* „herrlichen Umrissen zum Homer"[192]. Der Zweifel an der religiösen Begabung der Zeit schloß den Zweifel an die Möglichkeit einer religiösen Malerei ein. Auf dieser Linie bewegen sich auch seine Urteile über das Nazarenertum, besonders über Overbecks religiöse Malerei. Die Kirchen Münchens werden von Treitschke kaum erwähnt[193]; dagegen ist es auch sehr bezeichnend, daß er bei einem Besuch Würzburgs nur die mittelalterlichen Kirchen würdigt, während er das Barock als unschön ablehnt. Das Barock war nicht nur seinem

190) ebd., S. 143, v. 22. 4. 1861.
191) Franz Schnabel, Deutsche Geschichte im 19. Jahrhundert, Bd. 4, S. 551.
192) Briefe, Bd. 1, S. 401, v. 21. 12. 1856.
193) vgl. oben S. 92f.

ästhetischen Geschmack, sondern auch seinem ästhetischen System diametral entgegengesetzt. Religiöse Gemälde können nach seiner Ansicht nur dann eine ästhetische Legitimierung erfahren, „wenn man die heiligen Bilder kurzweg als historische Bilder auffaßt"; „dann freilich erscheint Rubens' Kreuzabnahme und Kreuzigung grandios[194]", heißt es noch in einem Briefe aus Gent am 7. September 1868. Die reine historische Auffassung des Religiösen, die vornehmlich den „grandiosen Vorgang" in der Religionsgeschichte sucht, wirkt lange in ihm nach. Der 1860 erschienene Hebbelaufsatz enthält ein paar aufschlußreiche Hinweise auf diesen subjektiven Sachverhalt. Die ästhetische Anerkennung „religiöser Stoffe" hängt von deren tragischem Gehalt ab: „Es gibt einige Stoffe von so unergründlicher tragischer Tiefe, daß sie unserer Seele bei jeder neuen Betrachtung immer neue und immer ergreifendere Situationen enthüllen. Wer hat das Bild von Paul Delaroche ‚Maria in ihrem Hause in der Nacht nach der Kreuzabnahme' (religiöses *Historienbild*) gesehen, ohne im ersten Augenblick zu erstaunen über die Neuheit der Erfindung und im zweiten ihre Notwendigkeit freudig anzuerkennen[195]?" Die Oberammergauer Festspiele geben ihm Veranlassung, den ästhetischen Gehalt der Kreuzigung Christi hervorzuheben: „Jener eine Tag des Todes Christi ist so überschwenglich reich an tragischen Momenten, daß der Nachdichter nicht nötig hat zu jenen Verkürzungen zu greifen, welche das Drama insgemein verlangt[196]." So können religiöse Stoffe ebenso erschütternd wie politische Stoffe wirken.

In demselben Briefe, in welchem Treitschke seine Bewunderung für Cornelius' trojanische Bilder ausgedrückt hatte, ist auch seine Ablehnung der „*Kaulbach*'schen Kunst mit ihrer Masse geistreicher Einfälle, die doch nie ein Ganzes gebe[197]", enthalten. Die negativen Urteile über Kaulbach sind bei Treitschke von einer beachtlichen Konstanz. Letztere ist umso bemerkenswerter in Anbetracht der großen Publikumserfolge dieses Malers; Schnabel erklärt die Geschmacksrichtung des Publikums zu Gunsten Kaulbachs folgendermaßen: „Die Bildung der Massen bewegte sich auf der Linie, die von David Friedrich Strauß zu Renan, zu Kaulbach und Piloty, zu Zola und Karl Marx führte[198]." Treitschke weicht von diesem breiten Bildungsgange insofern ab, als er nur die Stationen David Friedrich Strauß und Piloty durchmacht. Schon bei seinem ersten Besuch 1853 in Berlin hatte er Kaulbachs „Zerstörung Jerusalems" und andere Fresken

194) Briefe, Bd. 3, S. 224, v. 7. 9. 1868.
195) Aufsätze, Bd. 1, S. 479.
196) ebd., S. 480.
197) Briefe, Bd. 2, S. 161, v. 2. 7. 1861.
198) vgl. Franz Schnabel, Deutsche Geschichte im 19. Jahrhundert, Bd. 4, S. 551.

als „Triumph des Gedankens, aber nicht der Kunst[199]" abgelehnt. Noch im 5. Bande der Deutschen Geschichte findet sich dasselbe ablehnende Urteil über Kaulbach wieder, dessen Bildern das vielsagende Beiwort „kolossalisch" beigelegt wird. Die im Briefe von 1861 enthaltene Charakterisierung der Kaulbach'schen Kunst als „einer Masse geistreicher Einfälle" taucht nach 30 Jahren im letzten Bande der Deutschen Geschichte in der Formulierung: „Verwirrendes Durcheinander geistreicher Einfälle" wieder auf. Wenn Treitschke im Endurteil der Deutschen Geschichte zusammenfassend meint, daß „mancher Zug in Kaulbachs Charakter an Heine oder Voltaire erinnere" und derselbe nur als „eine flüchtige Erscheinungsform unserer liberalen Aufklärung[200]" zu werten sei, so findet sich das Vorbild solcher Beurteilung aus der Spätzeit Treitschkes erstaunlicherweise schon in Vischers Ästhetik; denn hier wird Kaulbach zeitgeschichtlich folgendermaßen eingeordnet: „... aber auch jener bedenkliche Zug der Zeit ist ihm eigen und hat ihn bis jetzt verhindert, seine bedeutenden Kräfte zu einer ungebrochenen organischen Einheit zu verschmelzen. Fast will es mitunter scheinen, als ob hier etwas von dem Auflösungsprozeß sich fühlbar machen wolle, der in unserer Poesie mit Heine eingetreten ist[201]."

Wenn Treitschke die Kaulbach'schen Gemälde in der Pinakothek ablehnte, so begeisterte er sich um so mehr an den dort ausgestellten griechischen Landschaftsbildern von *Rottmann* und nannte sie „das Größte, was die Landschaftsmalerei bisher geschaffen hat"[202]. Auch in diesem Urteil befand er sich mit Fr. Th. Vischer in voller Übereinstimmung, der 1860 in dem Aufsatz „Eine Reise" – einem Reisebericht ästhetischen und politischen Inhalts, der Treitschke tief erregte – unter Rottmanns Eigenschaften „hohen Stil, klassische Einfalt und Großheit" aufzählte und feststellte: „Deutschland darf stolz darauf sein, daß ihm die Kunst den einzigen Genius verdankt, der die historische Landschaft in echt modernem Sinn neu geschaffen hat, indem er ihren Idealstil mit bestimmter Physiognomie, mit der Individualität der wirklich gegebenen Erscheinung verschmolz[203]." Dem Ästhetiker Treitschke, den die „Einzelheiten" nicht interessierten und

199) Briefe, Bd. 1, S. 163, v. 9. 4. 1853; vgl. F. Schnabel, a.a.O., Bd. 4, S. 606 (Anm. zu S. 551) „Es gibt ein Gutachten Rankes über Kaulbachs Wandgemälde ‚Das Zeitalter der Reformation'; abgedruckt von Helmolt in ‚Beweis des Glaubens' (August 1907)".

200) H. v. Treitschke, Deutsche Geschichte, Bd. 5, S. 399.

201) Fr. Th. Vischer, Ästhetik, 3. Teil, 1854, S. 754.

202) Briefe, Bd. 1, S. 151, v. 5. 5. 1861.

203) Fr. Th. Vischer, Kritische Gänge, Bd. 1, S. 331f.

der nur Sinn für „das Große" hatte, wo immer es sich fand, mußte ein Satz wie folgender unmittelbar aus dem Herzen gesprochen sein: „Rottmann bedurfte keiner besonderen, den Verstand zu Nebenfragen reizenden Einzelheiten, um uns zu sagen, daß hier eine Natur ist, in der große Menschen lebten, große Taten geschahen, das predigt bei ihm Stein, Erde, Berg und Luft von selbst, und er war viel zu groß im bleibend Schönen, als daß er sich auf den Wettkampf mit einzelnen, flüchtigen, auffallenden Lichtwirkungen hätte einzulassen gebraucht[204]." Im 3. Band der Deutschen Geschichte stellt Treitschke den Gedankenreichtum des historischen Stils in Rottmanns Landschaftsmalerei fest und führt aus, daß „seine italienischen Landschaften von der Menschengröße erzählten, die über diese Fluren hingeschritten war . . ."[205]. Der Durchgang durch die Vischer'sche Schule kommt in solchen Urteilen klar zum Ausdruck.

Aus seinem Münchener Aufenthalt zog Treitschke folgende Summe: „Wenn ich auf diese Münchener Zeit zurückblicke, muß ich ihr doch danken. Ich habe Vieles gelernt an Land und Leuten. Wie in der Wissenschaft, am meisten aber in der Kunst. Denn an dem Maler Teschendorff hab' ich nicht nur einen Freund mir erworben, was mir seit mehreren Jahren nicht mehr geschehen, sondern ich bin auch durch ihn mit dem Treiben in der Werkstatt, der unendlichen Mühe der Entwürfe und Studien vertraut geworden[206]." An diesem kurzen Überblick, in welchem sich Treitschke die Ergiebigkeit eines soeben zu Ende gegangenen Lebensabschnitts zu bestätigen wünscht, ist lediglich der Hinweis auf den Historienmaler Teschendorff bemerkenswert. Treitschke ging nach München, um sich vor allem auf die Geschichte des Deutschen Bundes vorzubereiten und dafür die dortigen günstigen Bibliotheksverhältnisse auszunutzen. Diese Seite seines Münchener Studienurlaubs tritt aber ganz hinter der anderen zurück, auf der seine künstlerischen Interessen zu suchen sind. Es bezeichnet den Schwerpunkt seiner Neigungen, daß er die Freundschaft mit Teschendorff als wichtigsten Ertrag der Münchener Monate registriert. Dieser Sachverhalt ist aufschlußreich für die richtige Beurteilung der in Treitschkes geistiger Entwicklung maßgeblichen Faktoren. Der Art, wie in diesem Schlußbericht die Fortschritte, die Treitschke in den Bezirken von Wissenschaft und Kunst macht, gegeneinander abgewogen werden, entspricht der gesamte Briefwechsel aus den Jahren der geistigen

204) ebd., S. 332.
205) H. v. Treitschke, Deutsche Geschichte, Bd. 3, S. 617.
206) Briefe, Bd. 2, S. 191, v. 26. 12. 1861.

Reife. Die Akzente dieser Korrespondenz, die eine genaue Berichterstattung über das geistige Streben des Schreibers enthält, liegen viel mehr auf den künstlerischen als auf den wissenschaftlichen Problemstellungen.

So wird die Freundschaft mit Teschendorff sehr hoch bewertet. Daß dieser den Erwartungen, die Treitschke an ihn stellte, später als Künstler nicht gerecht wurde, ist belanglos gegenüber der Bedeutung, welche diese Begegnung für Treitschke einmal hatte. Teschendorff war Schüler von Piloty und vertrat die moderne Richtung der Historienmalerei. Das war für Treitschke Grund genug, die Freundschaft mit ihm hoch einzuschätzen. Er bot die erwünschte Gelegenheit, die Entstehung eines Historienbildes, worin Treitschke ja ein für die historische Darstellung erstrebenswertes Ideal sah, zu beobachten: „Dann und wann besuche ich Teschendorff, wenn er für sein großes schweres Lutherbild Pläne auf Pläne entwirft . . .[207]." Über einen dieser Pläne, an dem die charakteristische Verbindung dieser historischen Malerei mit einer bestimmten liberalen Richtung der zeitgenössischen Geschichtsschreibung sichtbar wird, schrieb Treitschke seinem alten Lehrer und Kreuzschulrektor Klee folgendes: „So ist der Maler Teschendorff fast mein einziger Umgang, allerdings ein herrlicher Mensch; er ist so tollkühn, jene von Freytag so gut geschilderte Scene zu malen, wie Luther an Melanchthons Krankenbette betet[208]." Freytags Lutherbild bestimmte für lange Zeit die liberale Auffassung der Reformation. In Teschendorffs Darstellung glaubte Treitschke eine genuine Wiedergabe der Freytag'schen Gedanken sehen zu dürfen.

Als Teschendorffs Luther, der zu Treitschkes Freude in München großes Aufsehen erregt hatte[209], auch in Leipzig ausgestellt wurde, ging Treitschke, wie er berichtet, „immer wieder hin[210]", um die „Wahrheit der Köpfe" und „die schöne Malerei" zu bewundern. Seine Briefe vermitteln einen anschaulichen Eindruck von der lebhaften Diskussion, die die Gebildeten jener Jahre über solch ein heute längst vergessenes Bild führten, dessen objektiver künstlerischer Wert nur gering war. Der künstlerische Stil und die Tendenz, die in einem Bilde wie dem Luther von Teschendorff enthalten war, kamen den Bedürfnissen der historisch gestimmten Zeitgenossen der 50er und 60er Jahre offenbar sehr entgegen. Treitschke fand in den künstlerischen Plänen des Piloty-Schülers etwas seinen eigenen Bemühungen Verwandtes und für dieselben sogar Vorbildliches. Er suchte

207) ebd., S. 171f., v. 5. 10. 1861.

208) ebd., S. 179, v. 27. 10. 1861; vgl. G. Freytag, Bilder aus der deutschen Vergangenheit, Bd. 2, S. 115f.

209) Briefe, Bd. 2, S. 227, v. 2. 8. 1862.

210) ebd., S. 255, v. 15. 2. 1863.

ja ebenfalls „schönen Inhalt" – wobei die bestimmte Bedeutung dieser Vokabel der Gehaltsästhetik zu bedenken ist. Sie liegt in der Anwesenheit einer Idee, die Treitschke bei den Münchener Poeten vermißte. „Schöner Inhalt" bedeutet vor allem „schöner Inhalt der Geschichte". Daß Treitschke es sich angelegen sein ließ, Teschendorff auch von sich aus auf schöne historische Stoffe hinzuweisen, wurde schon erwähnt.

So war der Geschichtsmaler Teschendorff in jeder Weise der geeignete Genosse, mit dem Treitschke mehrere Jahre später, und zwar gerade kurz vor Ausbruch des preußisch-österreichischen Krieges, die Potsdamer Gärten und Schlösser, gleichsam „ein schönes Stück preußischer Geschichte" besuchte: „. . . war ich mit Teschendorff in den Potsdamer Gärten und Schlössern, unter der Leitung eines sehr kundigen Führers, Prof. Cauer, einer der besten Kenner der friderizianischen Zeit. Mir hat die Landschaft und die Fülle schöner Kunstwerke sehr gefallen, am meisten doch die Welt großer Erinnerungen, die dort vor uns aufsteigt, von dem Jagdschlosse des Großen Kurfürsten an bis zu dem Mausoleum der Königin Luise . . .[211]."

„Eine Welt großer Erinnerungen" aber gab es in Bayern für Treitschke nicht. In dieser Feststellung war sowohl das politische als auch das ästhetische Urteil über das Land enthalten.

Zwei historische Dramen

Paul Heyse „Ludwig der Bayer"

Treitschke nahm leichten Herzens Abschied von München, froh, die ihm in dem einen Jahr nicht vertrauter gewordene Atmosphäre der bayrischen Residenz zu verlassen. Er fühlte sich in persönlicher Hinsicht so sehr enttäuscht, daß er nun in Leipzig umso freudiger und dankbarer „das Zusammenklingen der Überzeugungen" unter politischen Gesinnungsgenossen empfand. Jetzt begann für ihn eine reiche und erfolgreiche akademische Wirksamkeit. Er hält unter starkem Andrang von Studenten und Stadtpublikum eine öffentliche Vorlesung über „Deutsche Geschichte seit dem Wiener Kongreß". Im Freytag'schen Kreise, der sich nach einem Lokal „Kitzing" nannte und der den der Zeit eigentümlichen politisch-gemütlichen Stammtischen zuzurechen ist[212], wurde er in eine Gemeinschaft

211) ebd., S. 469, v. 28. 6. 1866.

212) Julius v. Eckardt hat im 1. Band seiner „Lebenserinnerungen" (1910) ein feines und anschauliches Bild des Freytag'schen Kreises entworfen; vgl. S. 55ff.

gleichgesinnter Männer aufgenommen, die sich durch dieselbe nationale „Idee" und denselben politischen „Plan" verbunden fühlten. Die „Überzeugung" bildete das feste Fundament ihrer politischen und menschlichen Genossenschaft. Der knapp 30-jährige, der in München von dem Kreise der Gleichaltrigen des Poetenbundes[213] ausgeschlossen und ein Außenseiter blieb, wurde in Leipzig von dem Kreise der sehr viel älteren *Parteigenossen* als gleichberechtigtes und hoch geschätztes Mitglied aufgenommen. Nach den Enttäuschungen des Münchener Jahres in persönlicher und sachlicher Hinsicht empfand Treitschke doppelt die Anerkennung und auch die Bewunderung, die ihm hier in Leipzig in so reichem Maße zuteil wurden. Er fühlte sich in seinem Selbstbewußtsein gestärkt und erhoben vor allem durch die Freundschaft des Dichters, Journalisten, Gelehrten und Politikers Gustav Freytag.

Letzterer wurde für Treitschke gewissermaßen das politisch-ästhetische Gegenstück zum Dichter der reinen Form, den Treitschke in Paul Heyse allein verkörpert fand; der Herausgeber der Grenzboten und Dichter von „Soll und Haben" war das rechte Muster und Beispiel des politischen Dichters, der den „humanen Inhalt" der Politik, nach Treitschkes Ansicht also ihren eigentlichen Sinn, darzustellen sich zur Aufgabe gesetzt hatte.

In dieser Situation, als sich der junge Gelehrte inmitten eines Kreises tüchtiger und angesehener Männer sicher und geborgen fühlte und den Wert seiner eigenen Leistungen von den älteren Genossen überschwenglich gewürdigt fand, nahm er das soeben (1862) erschienene Schauspiel „Ludwig der Bayer" von Paul Heyse zur Veranlassung, im Zusammenhang zu sagen, welche Aufgabe er dem politischen Dramatiker zudachte und was er an dem Werke eines „abstrakten Ästhetikers", wie Paul Heyse einer war, abzulehnen habe. Er rechnete gewissermaßen nachträglich mit der repräsentativsten Münchener Dichterfigur ab. Man spürt der sehr ausführlichen Besprechung, die im September 1862 in Freytags Grenzboten erschien, die Genugtuung an, mit welcher dem Dichter grundsätzliche Irrtümer und Fehler nachgewiesen werden.

Wie stets bei ästhetisch-kritischen Beurteilungen wendet Treitschke den Maßstab der „Idee" an, wobei er feststellt, daß „die Reihenfolge der Werke (von Heyse) das zunehmende technische Geschick, doch nicht die Vertiefung der Ideen des Dichters bezeuge"[214]. Heyse verschmähe es, jene Ideen der Epoche dichterisch zu verkörpern, die der künstlerischen Ver-

213) z. B. P. Heyse, geb. 1830; W. Hertz, geb. 1835; M. Greif, geb. 1839; M. Haushofer, geb. 1840.

214) Aufsätze, Bd. 4, S. 114.

klärung sehr wohl fähig seien[215]. Gemeint ist die politische Idee der nationalen Einheit. Gegen das Argument, daß „der Dichter nur das ‚rein Menschliche schildern dürfe'", stellt Treitschke die Gegenfrage, „ob die staatlichen Gedanken unmenschlich wären"[216]? Wenn Treitschke nämlich vom Dichter, der „die harten und rauhen Kämpfe der geschichtlichen Welt poetisch zu verklären wage", verlangt, „daß er den politischen Gehalt der Geschichte erfasse", so versteht er darunter nicht eine Schilderung von „Staatsaktionen", sondern eine Darstellung „des menschlichen, jedes Herz ergreifenden Sinnes des staatlichen Lebens"[217]. Die Frage nach dem „humanen Inhalt" ist für alle Bezirke des Lebens bezeichnend; sie bezieht sich ebenso auf den religiösen wie auf den künstlerischen oder politischen Bezirk. Die Geschichte Ludwigs des Bayern entbehrt nun nach Treitschkes Ansicht des sogenannten humanen Sinnes vollkommen. Der Umstand, daß es sich bei diesem Teil der Geschichte um „einen lediglich politisch interessanten Stoff" handelt, schließt deshalb seine dramatische Verwendbarkeit geradezu aus. Umso grotesker sei es – so argumentiert Treitschke – daß ein so unpolitischer Dichter wie Paul Heyse gerade diesen „nur politischen Stoff" gewählt habe. Die ausführliche Kritik des *Stoffes* läßt den Gehaltsästhetiker (s. oben) erkennen, der vom ästhetischen Inhalt der Geschichte auszugehen pflegt.

Daß durch „die Großheit und Tiefe eines welthistorischen Stoffes[218]" auch eine unvollkommene Dichterkraft gesteigert zu werden vermöge, glaubt Treitschke an einigen Szenen von Zacharias Werners „Luther" zeigen zu können. Die historische Gestalt Luthers taucht bezeichnenderweise wieder in diesem Zusammenhang auf. Die Bedingungen der „Großheit und Tiefe" treffen aber auf den Stoff Ludwigs des Bayern keineswegs zu. Wie letzterer ohne „humanen Inhalt" ist, so fehlt ihm auch „jener begeisternde stoffliche Reiz, der die Herzen der Hörer zu liebevollem Entgegenkommen stimmt"[219]. An einer einzelnen Stelle seiner Besprechung geht Treitschke in seiner Gleichsetzung von geschichtlicher Wirklichkeit und Poesie so weit, daß er sogar meint: „Ein bloßes Abschreiben der Geschichte wäre hier poetisch wirksam gewesen[220]" – eine Ansicht, die an eine ähnliche Gleichsetzung in Schillers Prolog zum Wallenstein erinnert:

215) ebd., S. 113.
216) ebd., S. 117.
217) ebd., S. 118.
218) ebd., S. 115f.
219) ebd., S. 116.
220) ebd., S. 122.

„An des Jahrhunderts ernstem Ende, wo selbst die Wirklichkeit zur Dichtung wird."

Ein anderes gewichtiges Bedenken gegen die ästhetische Brauchbarkeit des Stoffes lag für Treitschke in „der Zerrissenheit der Handlung", wie sie bei mittelalterlichen Stoffen meistens gegeben ist. „Zerrissenheit der Handlung" erschwert die Anlage poetischer Werke ebenso sehr wie diejenige von historischen. Schließlich spielt bei der ästhetischen Beurteilung von Heyses Drama *der* Sachverhalt eine erhebliche Rolle, daß es sich bei demselben um eine Episode aus der Geschichte des Hauses *Wittelsbach* handelt, wenn Treitschke auch angeblich ausdrücklich ablehnt, „nach der Wahrheit der Behauptung zu fragen, Allerhöchsten Orts sei ein wirkliches und wahrhaftiges Königlich-Bayrisches Nationaldrama gewünscht und darum wohl oder übel jener Ausschnitt der deutschen Geschichte gewählt worden, welcher ausnahmsweise das Haus Wittelsbach einmal nicht im Kampfe gegen Deutschlands Recht und Ehre zeigt"[221]. Nach der ästhetisch-politischen Doktrin der Gehaltsästhetik, die ja bei Treitschke im Dienst seiner nationalpolitischen Ziele stand, war ein bayrischer Stoff von vornherein suspekt und kam für eine ästhetische Darstellung ernstlich nicht in Frage.

Die Forderung, daß der Dichter „den menschlichen, jedes Herz ergreifenden Sinn des staatlichen Lebens darzustellen habe", bezeichnet wieder den charakteristischen Punkt, in welchem ästhetische, sittliche und politische Motive bei Treitschke ineinander überzugehen pflegen. Schon 1858 hatte er ja im Kleist-Aufsatz „die Selbsterhaltung der Volksgesamtheit", worin die eigentliche Aufgabe des Politikers gesehen wurde, „die einzige politische Idee" genannt, welche „*allgemein menschliche* Bedeutung und darum absoluten *ästhetischen* Wert habe"[222]. Die Stelle war ein unmittelbarer Niederschlag aus dem Studium der Vischer'schen Ästhetik. An seinen Lehrer Klee schrieb Treitschke damals, daß „jede Volksgeschichte Züge von allgemein menschlicher Wahrheit, von vollendeter Schönheit, biete"[223]. Da sich nun aber in der Geschichte Ludwigs des *Bayern* solche Züge nicht fanden, bezeichnet Treitschke diesen Stoff als höchstens „politisch interessant".

Die Besprechung des Heyse'schen Dramas gehört nicht nur in die Entwicklung von Treitschkes ästhetischen Maßstäben hinein, sondern sie bildet genauso auch einen Teil seiner politischen Maßstabsbildung. Sie ist wegen des fließenden Übergangs von ästhetischen Absichten zu poli-

221) ebd., S. 117.
222) Preuß. Jb. 2, S. 608; vgl. oben S. 87.
223) Briefe, Bd. 2, S. 16, v. 25. 1. 1859; vgl. oben S. 87.

tischen Erwägungen und umgekehrt, der immer wieder bei ihm nachweislich ist, besonders aufschlußreich. Um die Verschlungenheit der ästhetischen und politischen Gedankenreihen bei Treitschke richtig zu würdigen, ist es erforderlich, die in der vorliegenden Besprechung angewandten Formulierungen auf ihre Verwandtschaft mit ähnlichen Äußerungen zu untersuchen, die in persönlichen oder publizistischen Bekundungen enthalten sind. Der Satz: „Sollen wir einen politischen Gedanken nicht bloß mit dem Hirn verstehen, nein leidenschaftlich uns für ihn begeistern, dann müssen wir sehen, wie sein Gegensatz entsittlichend auf die Menschen wirkt[224]", – dieser Satz aus Treitschkes Besprechung soll nicht nur für den Dichter im poetischen Bezirke Geltung haben, sondern er bezieht sich auch auf den täglichen politischen Kampf, ja er ist aus ganz persönlicher politischer Erfahrung geschöpft. Treitschke führt die Leidenschaftlichkeit seines unitarischen Glaubensbekenntnisses sowie seines Preußentums wiederholt darauf zurück, daß er als gebürtiger Sachse „das entsittlichende Beispiel" des Partikularismus unmittelbarer als diejenigen, die am Segen eines wirklichen Staates Teil hätten, erfahren habe. Es sind auffallend dieselben Vokabeln, die aus Anlaß ästhetischer Besprechungen und im Gange politischer Erwägungen angewandt werden. Gegen Vischers These, daß die Verfechter der preußischen Politik „gelehrte Doktrinäre" seien, macht er mit allem Nachdruck geltend, daß er „durch reine Gefühlspolitik auf den preußischen Standpunkt gelangt sei und sich erst allmählich durch Nachdenken darin befestigt habe"[225]. Der politische Gedanke, für den sich Treitschke leidenschaftlich zu begeistern vermochte, war der nationale Einheitsstaat. Daß Politik Treitschke nur interessierte, wenn sie nicht ohne „einen rein menschlichen Sinn" war und ferner nur dann, wenn sie ihn zu begeistern vermochte, zeigt das ergreifende Bekenntnis, das er seiner Braut 1866 unter dem Eindruck der ersten Siegesnachrichten machte: „Sieh', liebes Herz, da hab' ich recht gesehen, wie der kleine Mensch wächst und besser wird, wenn er ein Vaterland hat, nicht bloß eines im Monde und in seiner Phantasie, sondern ein wirkliches, das ihn oft drückt, aber auch schützt und hebt. Wahrhaftig, wir treiben keine theoretische Klügelei, die wir Deutschlands Einheit wollen; wir wollen die Seele unseres Volkes reicher und menschlicher bilden, sie erretten aus der Zuchtlosigkeit und Selbstsucht des kleinstaatlichen Lebens. Du hast mich wohl oft hart und schroff in meinen Urteilen über politische Gegner gefunden, liebe Emma; und allerdings ich hasse dies Österreich und diese lächerlichen Kleinkönige, seine

224) Aufsätze, Bd. 4, S. 120.
225) Briefe, Bd. 2, S. 113, v. 20. 11. 1860.

Helfershelfer – aber nur, weil ich mein deutsches Volk grenzenlos liebe, weil diese kleine dynastische Politik uns nicht bloß Macht und Wohlstand, sondern auch das Gemüt unseres Volkes verbildet und verkümmert[226]." Dieser Erguß aus einem ganz persönlichen Briefe enthält Treitschkes eigentliches Verhältnis zur Politik, das im Kern nicht „realpolitisch", sondern „moralpolitisch" ist. Der politische Bekenntnisbrief an die Braut findet sich fast wörtlich wieder in einem politischen Jahrbücher-Artikel über „Die Zukunft der Norddeutschen Mittelstaaten", den Treitschke im unmittelbaren Anschluß an die Niederschrift des Briefes verfaßte und wo es heißt: „... daß das Herz des Mannes reicher und besser wird, wenn er ein Vaterland hat, ein wirkliches und wahrhaftiges Vaterland, dem wir leben und dienen, nicht bloß ein Vaterland in den Wolken, dem wir beim Mahle den vollen Becher weihen[227]." Der politische Bekenntnischarakter, der Treitschkes Reden und Schriften eigentümlich ist, kommt in der Wiederkehr solcher Gedankengänge aus Bekundungen persönlichen Charakters in den Schriften der politischen Publizistik gut zum Ausdruck. Immer spricht und schreibt Treitschke als Gefühlspolitiker. Der Ansicht, daß das Herz des Mannes in einem wirklichen Staate „reicher und besser" werde, gab er brieflich einmal den Ausdruck, daß er Preußen „die bessere Hälfte Deutschlands" nannte, was von ihm zunächst nur politisch gemeint sein sollte. Die Äußerung ist aber so vieldeutig, daß sie auch eine moralische Beurteilung mit einschließt. Und in der Tat hat Treitschke den Norddeutschen oftmals höher gestellt als den Süddeutschen, wenn er dann auch wieder die Unterscheidung ablehnte, sobald sie ihm vorgehalten wurde.

Der bewegende Brief an die Braut vom 1. Juli 1866 zeigt, daß der Anspruch an den Dichter, „das politische System des Helden in künstlerischer Weise als eine Leidenschaft darzustellen[228]", nicht etwa nur eine von den aus dem Vischer-Studium erwachsenen Regeln darstellt, sondern zugleich auch Ausdruck eines von Treitschke tief empfundenen Bedürfnisses ist. Die Treitschke'schen Formulierungen, die in diesen Zusammenhang hineingehören, sind gewissermaßen eine Erläuterung zu der von Freytag oftmals geäußerten Ansicht, daß die Politik „der beste Inhalt" im Leben des Mannes sei.

Treitschke führt die Aufgabe des Politikers auf einen Dienst an der Volksseele zurück, die aus kleinstaatlichen Fesseln befreit werden solle. Die Vorstellung, daß die deutsche Seele aus der Enge der kleinstaatlichen

226) ebd., S. 494, v. 1. 7. 1866.
227) H. v. Treitschke, Zehn Jahre deutsche Kämpfe, S. 118.
228) Aufsätze, Bd. 4, S. 121.

Welt zu erretten sei, war Treitschke in Freytags „Bildern aus der deutschen Vergangenheit" begegnet, wo es über die Zeit vor dem 30-jährigen Kriege einprägsam heißt: „In zahllosen Territorien unter schwache Fürsten geteilt, fehlte der deutschen Seele, was ihr zum fröhlichen Leben unentbehrlich ist, eine allgemeine Erhebung, ein großes gemeinsames Wollen, das Gebiet von sittlichen Aufgaben, welches den Menschen vorzugsweise freudig und mannhaft macht, sie hatten ein Vaterland ungefähr von Lothringen bis ungefähr zur Oder, aber sie lebten in keinem Staate wie die Bürger der Elisabeth oder Heinrich IV.[229]" Solche Sätze, von denen jeder einzelne für Treitschke bedeutungsvoll und vorbildlich ist, vermögen eine Erklärung zu geben für die starke Wirkung, die von Freytags Bildern auf Treitschke ausging. Diese Stelle enthält über das Verhältnis von Volksseele und Staat genau das, was Treitschke darüber empfand und zum Ausdruck bringen wollte. Er sah ebenso wie Freytag im wirklichen Staat die Quelle der „männlichsten Empfindung", nämlich „der politischen Begeisterung"[230]. Woran „das wirkliche Vaterland", das Treitschke im Briefe an seine Braut beschwört, zu erkennen sei, hatte er 1862 in der Festrede über „Fichte und die nationale Idee" näher erläutert: „Auf uns lastet das Verhängnis, daß wir staatlosen Deutschen die Idee des Vaterlandes nicht mit Händen greifen an den Farben des Heeres, an der Flagge jedes Schiffes im Hafen, an den tausend sichtbaren Zeichen, womit der Staat den Bürger überzeugt, daß er ein Vaterland hat[231]."

„Das politische System", von dem in der Besprechung über Heyses Drama die Rede ist, setzt sich aus „den politischen Plänen[232]" zusammen, an welchen der Dichter die Zuhörer teilnehmen lassen solle[233], ähnlich wie der Staatsmann „die gebildete Nation" ebenfalls an seinem politischen Plan teilnehmen zu lassen hat. Es handelt sich um eine merkwürdige, aber nachweisliche und für Treitschke typische Analogie. Dieselbe Würdigung „des politischen Plans" als eines adäquaten Gegenstandes der Poesie kehrt 1863 im Essay über Ludwig Uhland wieder: „Die politischen Pläne, die er seinen Helden in die Seele legt, erscheinen als Beiwerk, nicht als ein Pathos, das den ganzen Menschen erfüllt[234]." „Pathos" hatte bei Vischer einen bestimmten Bedeutungsinhalt bekommen (s. oben).

229) G. Freytag, Bilder aus der deutschen Vergangenheit, 1859, 2. Teil, S. 15.
230) ebd., S. 16.
231) Aufsätze, 3. Aufl., S. 123.
232) Aufsätze, Bd. 4, S. 120.
233) ebd.
234) Aufsätze, 3. Aufl., S. 299.

Nicht nur in der Poesie sollte ein politischer Plan den Helden als „Pathos", d. h. als „Überzeugung" erfüllen, sondern genauso hatte der handelnde Staatsmann in der wirklichen Politik seinen politischen Plan mit „Ernst und Pathos" zu verfolgen. „Der politische Plan" spielt in der ästhetischen Argumentation also ganz dieselbe Rolle wie in der politischen Überlegung bzw. der politischen Aktion. Er besitzt hier wie dort denselben Wert. Durch den „Plan" oder – wie auch gesagt werden darf – die „Idee" wird das verschlungene Gewebe der Politik erst „übersehbar", „ein geschlossenes Ganzes", „einheitlich" – also begreifbar und zugleich ästhetisch genießbar, so daß der zuschauende Mensch sowohl als Zeitgenosse wie als Zuschauer im Parterre in die Lage versetzt wird, „den Gang der Handlung" zu verfolgen. Die stetige und konsequente Verfolgung eines „politischen Plans" ist das sichere Kennzeichen einer „Staatskunst der Ideen". So heißt es von Napoleon: „Vergebens suchen wir in seinem Wirken nach Außen einen bestimmten, durch alle Wechselfälle zäh festgehaltenen Plan, wie die Idee der Hellenisierung des Ostens, welche verheißend von Anbeginn vor Alexanders Seele stand oder der Gedanke eines selbständigen norddeutschen Staates, dem Friedrich sein Leben weihte[235]."

Umso enttäuschter war Treitschke bis zum Siege von Königgrätz von der Art, in welcher Bismarck den von ihm „usurpierten" Plan des Liberalismus verwirklichte. Seine in anderem Zusammenhang schon angeführten Sätze aus dem Artikel „Der Krieg und die Bundesreform" vom 25. Mai 1866 (s. oben 1. Kapitel) sollen hier noch einmal zitiert werden, weil sie zeigen, wie der idealistische Gehaltsästhetiker sich die praktische Behandlung eines politischen Planes *nicht* denkt: „Es war ein befremdendes, fast unheimliches Schauspiel, wie der Gedanke der deutschen Einheit so plötzlich aus dem Dunkel unter das unbereitete Volk hinaustrat und die größte politische Idee des Jahrhunderts fast wie ein Fechterstreich in einem diplomatischen Turnier erschien[236]." Nicht mittels eines Fechterstreichs im diplomatischen Turnier, sondern als Idee und als Teil eines politischen Systems sollte sich der Gedanke der deutschen Einheit verwirklichen. Treitschke führt die Schwächen der deutschen Politik Preußens deshalb bezeichnenderweise auf Bismarcks „Mißachtung der Ideen[237]" zurück. Dieser Vorwurf einer „Mißachtung der Ideen" ist genau das politische Gegenstück zu dem gegen Kleist erhobenen ästhetischen Bedenken der „Flucht vor den Ideen".

235) Aufsätze, Neue Folge, 1. Teil, S. 44.
236) H. v. Treitschke, Zehn Jahre Deutsche Kämpfe, S. 78.
237) ebd.

Der Nutzen, den eine Interpretation der in Treitschkes Besprechung über das Heyse'sche Drama enthaltenen Sprachmittel zu bieten vermag, liegt nicht nur in dem Nachweis, daß sich ästhetische und politische Motive und Ausdrucksweisen dauernd vermischen, sondern darüber hinaus auch noch in dem Nachweis der ästhetischen Grundlagen des Treitschke'schen Geschichtsbildes überhaupt: Die Feststellung, daß „dieses bewegte Leben (Ludwigs des Bayern) dramatische Gegensätze in Fülle bietet, aber sie sich nirgends zu einem schönen Bilde konzentrieren, der erschütternde Abschluß fehlt, wie so oft in unserer Geschichte . . .[238]" – diese Feststellung stellt nicht etwa bloß eine vereinzelte Äußerung dar, sondern gehört in einen ganz bestimmten und festen Zusammenhang von Äußerungen über den Sinn der Geschichte. Der *Historiker* Treitschke klagte oft genug bei seiner Arbeit über den Mangel an „schönen Bildern" sowie über das Fehlen des erschütternden und zugleich erhebenden Abschlusses. Seine ästhetischen und seine historischen Bedürfnisse waren sich sehr ähnlich.

Gustav Freytag „Die Fabier"

Wenn Treitschke Paul Heyse wegen „des Mangels an Ideen", „die der künstlerischen Verklärung sehr wohl fähig seien", ablehnte, so stellte er *Gustav Freytag*, „den einzigen Poeten", wie Haym an Salomon Hirzel einmal schrieb[239], „den unsere *Partei* habe", gerade wegen der Anwesenheit von Ideen umso höher. Treitschke findet bei Freytag jene Ideen, die bei Heyse fehlen. Die Verherrlichung der Idee geht bei Treitschke so weit, daß man sagen kann: Die ästhetisch-politische Beurteilung erschöpft sich im einfachen Nachweis, ob „eine historische Idee" vorhanden sei oder nicht. Sie verliert darüber gewissermaßen das Gehör für die Zwischen- und Mitteltöne und gewinnt an Schablone. Der Roman „Soll und Haben" z. B. hatte Treitschkes Billigung allein um der Idee willen gefunden, die noch dazu als ein Motto des Parteifreundes Julian Schmidt vor dem Buche steht wie eine Etikette des ganzen Werkes.

Es ist ein sehr wichtiger Gesichtspunkt, daß die Idee zu ihrem adäquaten Ausdruck nicht im Roman kommen kann, sondern allein in der Tragödie, wo sie sich in der Einheit der dramatischen Handlung zu verwirklichen vermag.

238) Aufsätze, Bd. 4, S. 116.

239) Rud. Haym, Ausgew. Briefwechsel, hrsg. v. H. Rosenberg, Nr. 122, S. 176, v. 13. 4. 1859 an Constantin Rößler.

Freytags Trauerspiel *„Die Fabier"*, das 1859 erschien und das Treitschke im Literarischen Centralblatt noch im selben Jahr besprach[240], wird vom Rezensenten deshalb vor allem auf die Rolle hin untersucht, welche die Idee spielt.

Um dieselbe Zeit erschienen neben der Treitschke'schen auch noch Besprechungen von Rudolf *Haym* und Constantin *Rößler*. Die charakteristische Abweichung der Besprechung von Treitschke ist besonders bemerkenswert, weil auch die beiden anderen Rezensenten dem liberalen Lager angehören und in der Bewunderung für den politischen Dichter des bürgerlichen Liberalismus durchaus übereinstimmen. Der Ausgangspunkt ist bei allen dreien ähnlich: es ist ein politisches Motiv, das dem ästhetischen Interesse am Stücke zu Grunde liegt, oder – wie man sagen darf – das politische Motiv trägt ästhetische Züge. Haym begründet seinen Entschluß, Freytags Fabier für die Preußischen Jahrbücher zu besprechen, in einem Briefe an Constantin Rößler, der sich seinerseits für eine Besprechung angeboten hatte, ausdrücklich damit, „daß hier einmal *Ästhetik und Politik* Hand in Hand gingen"[241]. Wie sehr Ästhetisches und Politisches diesen Männern nicht als Getrenntes, sondern gewissermaßen als ein zusammenhängendes System erscheint, zeigt z. B. Hayms Erwartung, daß Rößlers „Steuerartikel soviel Ästhetik enthalten werde, als leider die meisten Artikel über solche Gegenstände deren entbehren"[242]. Auch Rößler geht in der selbständigen Schrift, zu der sich seine Besprechung der Fabier erweiterte, von der Verwandtschaft zwischen Politik und Ästhetik aus. Er führt bei aller Würdigung der selbständigen ästhetischen Feinheiten, denen er mehr als Treitschke und auch Haym gerecht wird, den Grundgehalt der Tragödie auf die Gleichsetzung von Poesie und Staatslehre zurück. Die Fabier seien ein hohes Beispiel einer in Poesie umgesetzten Staatslehre: „Daß die Teilnahme an der Staatstätigkeit, welche wir Freiheit nennen, kein Gewinn, sondern Opfer: Gewinn nur in dem Sinn, als die kraftvolle Verleugnung des individuellen Selbst, welches sich zum willigen Organ des Allgemeinen macht, höchster Gewinn wird: ist die Wahrheit, welche jetzt nüchterne Staatslehrer, gestützt auf historische Erfahrung, als Wegweiser unserer politischen Zukunft aufstellen. Hier hat sie ein Dichter mit der Eindringlichkeit des Schönen

240) Eine Analyse der Treitschke'schen Besprechung von Freytags Fabiern (Aufsätze, Bd. 4, S. 520ff.) erfolgt erst an dieser Stelle, weil sie noch mehr als seine Kritik des Dramas von P. Heyse Anlaß zu einer eingehenden Interpretation seines ästhetisch-politischen Gedankensystems bietet und die bisherigen Motive vervollständigt und vertieft.

241) Rud. Haym, Ausgew. Briefwechsel, Nr. 122, S. 176, v. 13. 4. 1859.

242) ebd., S. 178, Anm. 1, v. 23. 4. 1859.

gepredigt[243]." Diese Sätze enthalten erneut einen Beleg dafür, wie sehr die „Persönlichkeitsauffassung" innerhalb des politischen Liberalismus unter hegelschem[244] Einfluß steht. Die Persönlichkeitsauffassung, bei welcher dem Einzelnen nur ein Funktionswert für das höhere Allgemeine zugemessen wird, ist ein Bestandteil sowohl des politischen als auch des ästhetischen Denkens. Sie findet sich bei Rößler (1820 geb.) ebenso wie bei dem fast gleichaltrigen Haym (1821 geb.) und um diese Zeit auch bei dem 14 Jahre jüngeren Treitschke (1834 geb.). Der Einzelne wird nicht als „großer Mann", sondern „als williges Organ des Allgemeinen" interpretiert[245].

Ein Vergleich der drei Besprechungen läßt doch einen gewissen Unterschied zwischen den älteren, mit politischen Erfahrungen und Anschauungen gesättigten Schriftstellern Haym und Rößler auf der einen und dem jüngeren Treitschke auf der anderen Seite gerade in dem Punkte der Persönlichkeitsauffassung erkennen. Es macht sich bei Treitschke bemerkbar, daß er seine Bildung autodidaktisch erworben hat, und daß ihm von daher und auch als Folge seiner Taubheit ein vorherrschender Zug zum Abstrakten eigentümlich ist. Rößler und Haym billigen nämlich den handelnden Individuen einen größeren Spielraum selbständiger Entscheidung zu, die diese auf Grund ihres Charakters und nach dem Gesetz, nach dem sie angetreten, fällen, als es Treitschke zu tun bereit ist, der die den Menschen übergeordnete Idee sich selbständig entwickeln läßt. Während Haym und Rößler die einzelnen Charaktere des Freytag'schen Trauerspiels einer sorgfältigen Analyse unterziehen, beschäftigt sich Treitschke mit denselben nur, soweit sie die historische Idee fördern oder hemmen. Bei ihm verlagert sich der Schwerpunkt der Betrachtung von den Charakteren weg zur *„historischen Idee"*. Die Idee ist der eigentliche Held des Dramas, so wie in seiner nur wenige Jahre zurückliegenden Lyrik „die Überzeugung von der großen Zukunft des deutschen Volkes", also auch eine Idee, der eigentliche Held sein sollte. Die bei Vischer enthaltene aristotelische Bestimmung

243) C. Rößler, Gustav Freytag und die deutsche Dichtung der Gegenwart, Berlin 1860, S. 98.

244) Rößler, der sich in seiner Besprechung selbst auf Hegel beruft, stellt ausdrücklich „einen nachhaltigen Einfluß" (Rößler, a.a.O., S. 3) von Hegel auf Freytag fest und hebt besonders hervor, daß Hegels System „für ihn kein Gerüst pedantischer Formeln wurde, sondern eine große Art zu denken, eine Kraft, die Dinge freier und reicher aufzufassen, welche ihn zu keiner Zeit von dem sicheren Boden des Erlebten und Empfundenen abführte." (ebd.).

245) vgl. R. Unger, Gervinus und die Anfänge der politischen Literaturgeschichtsschreibung in Deutschland, S.88, Anm. 1.

der Tragödie, daß „die Handlung Verwirklichung einer Idee“ sein sollte[246], wird von Treitschke ganz wörtlich genommen. Er beurteilt den Gang der Handlung im Hinblick auf die Schicksale, welche „die Idee“ erleidet. Haym erklärt, daß in der modernen Tragödie Schuld und Schicksal innig verknüpft seien und daß „es für sie kein Schicksal gebe, als welches aus dem Charakter der Handelnden, aus ihrer selbstgewählten Stellung zu den substantiellen Mächten des Lebens und der Gesellschaft entspringt“[247]. In dieser Feststellung, daß sich der Mensch seiner Stellung „zu den substantiellen Mächten des Lebens und der Gesellschaft“ selbst zu wählen habe, kommt Hayms moralischer Idealismus eindeutig zum Ausdruck. Eine solche Auffassung, wonach sich der Gang der Handlung aus der Veranlagerung der Charaktere entwickelt, läßt Treitschke nur für die reine Charaktertragödie gelten. Die Unterscheidungen sind aber mehr fließend als starr, und es darf nicht übersehen werden, daß es auch Haym neben der Darstellung von Charakteren gleichzeitig durchaus um eine Darstellung von sittlichen Mächten geht, denen die Charaktere zu dienen haben. Er bedauert, daß bei Freytag „das plebejische Prinzip im Nachteil gegen das patrizische bleibe[248]“, womit er meint, daß „das patrizische Prinzip“ leider durch die reineren Charaktere verkörpert werde. Dem plebejischen Prinzip, also der Idee, um die es in dem Stück geht, fehle „eine wirkliche und geschlossene Partei“[249]. Trotzdem wird den Individuen, wenn sie auch Prinzipien transparent zu machen haben, von Haym ein selbständiger Wirkungsbereich zugestanden. Das Individuelle des Charakters wird nicht vom Allgemeinen der Idee aufgesogen.

Treitschke rechnet die Fabier jedoch nicht zur Charaktertragödie, sondern „zum historischen Drama im strengsten Sinne“[250]. So ist es statthaft, aus der vorliegenden Besprechung Treitschkes positive Ansichten von der höchsten künstlerischen Darstellungsform, die seiner Ansicht nach bekanntermaßen das historische Drama bildet, abzulesen. Während die Charaktertragödie mit der Sühne der individuellen Schuld zu schließen hat, darf – so lautet der nachdenkenswerte und aufschlußreiche Satz der Treitschke'schen Besprechung – das historische Drama *„nur mit dem Siege der historischen Idee, um welche gekämpft wird, zum Abschluß kommen.“* Dieser Satz

246) Fr. Th. Vischer, Ästhetik oder Wissenschaft des Schönen, 2. Aufl., 1. Teil, § 36, S. 100.

247) Preuß. Jb. 3, S. 659.

248) ebd., S. 674.

249) ebd., S. 675; die Verbindung zwischen „Prinzip“ und „Partei“ ist höchst charakteristisch.

250) Aufsätze, Bd. 4, S. 522.

enthält die Quintessenz nicht nur von Treitschkes ästhetischen, sondern auch von seinen historisch-politischen Ansichten. Eine kurze Inhaltsangabe des Freytag'schen Dramas soll die Interpretation der Besprechung erleichtern.

Die dramatische Handlung, die Treitschke zur Veranlassung wird, seine ästhetisch-politischen Ansichten zu entwickeln, spielt in der Zeit des Streites zwischen Adel und Gemeinen und dreht sich im Kerne um das Connubium, das Recht der Eheschließung zwischen Patriziern und Plebejern. Das patrizische Geschlecht der Fabier verteidigt das überlieferte Standesrecht, während die Plebejer für ein im Sinne des Dichters fortschrittliches und menschliches Recht kämpfen. Ein Verbrechen löst den Gang der Handlung aus.

Der Volkstribun Sicanius, selbst ein Halbblut und vom Dichter nicht als reiner Vertreter der Plebejer gedacht, konspiriert mit dem Landesfeind, in welchem er einen Bundesgenossen gegen die Aristokratie erblickt. Angehörige des fabischen Geschlechts reagieren auf dieses Verbrechen mit einem neuen Verbrechen. Sie entledigen sich ihres Gegners Sicanius durch einen Meuchelmord und verletzen somit das Recht des Staates. Spurius Icilius, der hervorragendste und tüchtigste Vertreter der Plebejer, versucht in diesem Augenblick zum Friedensstifter zu werden, indem er gleichzeitig in kluger Ausnutzung der durch das Verbrechen der Fabier geschaffenen Umstände Zugeständnisse vom Adel und größere Rechte für seinen Stand zu gewinnen trachtet. Der Konsul Kaeso Fabius schlägt das Vermittlungsgesuch aber aus und legt seinem Geschlecht eine andere, gleichsam standesgemäßere Strafe auf. Er zieht mit seinem ganzen Geschlecht gegen den äußeren Landesfeind und erliegt der Übermacht. Der Tod für das Vaterland soll das verletzte Recht sühnen.

Als sich der Senat im Augenblick der höchsten Bedrohung durch den Feind bereit erklärt, dem Volk das Recht der Eheschließung zu bewilligen, trifft – im 5. Akt – die Nachricht ein, daß Spurius Icilius' Sohn aus Liebe zur Tochter des Konsuls den Fabriern nachgeeilt ist. Auf diese Kunde hin versäumt Spurius, der bislang so mannhaft kämpfte, das Angebot des Senats, das den Preis seines Kampfes enthält, anzunehmen. Er stürmt fort, nur noch von dem Gedanken an die Rettung des Sohnes erfüllt.

Die ganz verschiedenen Ansichten der Rezensenten kommen in der Deutung der im 5. Akt enthaltenen Wendung zum Ausdruck: Mit der Treitschke'schen Auffassung, daß das historische Drama notwendig den „Sieg der historischen Idee" ergeben und Spurius demnach das Eherecht annehmen müsse, ist Rößler – obwohl er doch Hegelianer ist – nicht einverstanden. Er sieht in dem Tribunen Spurius Icilius durchaus nicht wie Treitschke den Träger einer Idee. So findet er auch dessen Verhalten im 5. Akt natürlich und angemessen. Daß Spurius um des privaten Familieninteresses willen die Sache, für die er angeblich kämpft, aufgibt, entspricht seinem unedlen Charakter, der sich nur von Motiven der eigenen Sorge und des eigenen Vorteils leiten läßt. Er handele „als Charakter nach dem Gesetz, wonach er angetreten". Im Gegenteil würde eine Veränderung dieser Szene zu Gunsten eines idealeren Verhaltens des Plebejers Spurius nach Rößlers Ansicht den ästhetischen Wert der inneren Geschlossenheit des Dramas herabsetzen. Für ihn ist Spurius nur die dunkle Folie zu der hocharistokratischen Gestalt des alten Konsuls Kaeso, um dessen sowie um seines ganzen adeligen Geschlechts willen das Drama von Freytag überhaupt geschrieben worden sei. „Wenn Spurius der Mann ist, ideale Zwecke mit großer Gesinnung und heldenmütiger Festigkeit durchzuführen, so fällt das Recht des Konsuls zu Boden[251]." Mit dieser Satzbildung knüpft Rößler unmittelbar an eine ganz ähnliche Formulierung Treitschkes an, mit der dieser den entgegengesetzten Sinn zum Ausdruck bringen will. Treitschke sieht in dem Verhalten Spurius', der unbegreiflicherweise das persönliche Schicksal höher stellt als die Idee, eine Bruchstelle des Dramas. Der Dichter *hätte* Spurius seinen Auftrag im Dienst der Idee zu Ende durchführen lassen müssen, weil der Gang der Handlung *nur* mit dem Sieg der Idee schließen darf.

In der Deutung gerade dieser Stelle also pointieren sich Treitschkes und Rößlers verschiedene Ansichten. Während Rößler vom Charakter ausgeht, bildet bei Treitschke die Idee den Ausgangspunkt. Das Geschick des individuellen Charakters ist bei letzterem dem Gang der Idee unterworfen. Wenn er auch zugibt, daß Spurius „für sich selbst heischt, andere nennend", so stellt er doch fest, daß die Plebejer den Fabiern sittlich überlegen sind, „denn sie kämpfen für ‚milde Sitten und ein menschlich' Recht'"[252]. Die „historische Idee" ist ja auf ihrer Seite und dieses ideelle Übergewicht ist allein ausschlaggebend. Er ist der Typ des echten Parteipolitikers, der für die Verwirklichung von Ideen kämpft, und er zeigt als solcher „im Grunde nur das Gleichgewicht von Eigennutz und Gemeinsinn, welches die derbe Grundlage für das tüchtige politische Schaffen bildet"[253]. Indem Spurius für „milde Sitten und ein menschlich' Recht" kämpft, kämpft er nach der Auffassung Treitschkes für „die Idee des Liberalismus", und darin sah Treitschke einen genuin poetischen Stoff. In seinen Aufsatz „Lord Byron und der Radikalismus" will er in dieser Idee das eigentliche poetische Anliegen sowohl von Byron als auch von Milton

251) C. Rößler, a.a.O., S. 97.
252) Aufsätze, Bd. 4, S. 522.
253) ebd.

erblicken. Er faßt beide Dichter unter derselben Idee zusammen: „Beide fochten verwandte Kriege für das Recht des Demos, nur daß der eine mit dem heiligen Ernste bibelfester Tugend die Sündhaftigkeit der Höfe, der andere mit frechem Spott die Heuchelei der Mächtigen bekämpfte. Nicht die Sätze eines Parteiprogramms zu verfechten ist des Dichters Beruf; die Idee des Liberalismus, der seine Berechtigung darin findet, daß er hoch denkt von den Menschen, ist noch nirgends großartiger, energischer ausgesprochen worden als in Byrons Werken[254]." In diesem Sinne betrachtete Treitschke auch Freytags Drama aus der altrömischen Stoffwelt als ein Drama des Liberalismus.

Umso unbegreiflicher bleibt Spurius' Verhalten für Treitschke „in dem Augenblicke, wo er nur die Toga zu entfalten braucht, um die reife Frucht aufzufangen[255]", während Rößler in diesem Verhalten nur das folgerichtige Ergebnis seiner charakterlichen Veranlagungen sehen will. Das Bild der vom Baume fallenden reifen Frucht, in welchem die Idee der Gleichberechtigung des Volkes, „das Recht des Demos" – „die Idee des Liberalismus" umschrieben wird, bezeichnet den Grad der Veräußerlichung, ja der Vergröberung, den die Idee in der Auffassung Treitschkes erfährt. Mit dieser Szene des Versagens des Plebejers im entscheidenden Moment „fällt" – so urteilt Treitschke – „die Idee des Stückes zu Boden". Es ist möglich, daß sich Rößlers Formulierung von dem Recht des Konsuls, das bei idealerem Verhalten des Plebejers zu Boden falle, also Unrecht werden müsse, gegen die Treitschke'sche „zu Boden fallende Idee" richten sollte.

Bei der zentralen Bedeutung, die in Treitschkes Interpretation der Idee zukommt, wird auch das fabische Geschlecht einem anderen Maßstab unterworfen als bei Rößler und auch als bei Haym. Das Problem der Schuld wird bei Treitschke ganz von der Idee her gesehen. Während Rößler und Haym in „der Überhebung über das Maß menschlichen Könnens, Dürfens und Sollens[256]" den Kern der Schuld des fabischen Geschlechts sehen, pointiert Treitschke diese Schuld in einem ganz bestimmten Verhalten: „Aber der Kern seiner Schuld liegt doch in seinem Ankämpfen gegen die Idee freier Menschensitte und nur, wenn diese Idee vollkommen siegt, können wir den Untergang dieses Herrlichen mit Erhebung betrachten[257]." Nicht in dem Opfertode des ganzen Geschlechts für den

254) Aufsätze, 3. Aufl., S. 344.
255) Aufsätze, Bd. 4, S. 522.
256) R. Haym, Ausgew. Briefwechsel, S. 670.
257) Aufsätze, Bd. 4, S. 522.

Staat sei die Sühne enthalten, wie Haym und Rößler annehmen, sondern „die Wahrheit liege in Spurius' Worten:

‚Das Recht der Ehe wird der teure Preis,
Um den ein Volk des Toten Blut verzeiht'."

In dieser Argumentation über die Schuld der Fabier sind zwei Motive enthalten, die oftmals wiederkehren und für Treitschkes ästhetisches Gedankensystem konstitutive Bedeutung besitzen. Sie beeinflussen darüber hinaus in hohem Maße Treitschkes historisches und politisches Urteil. Das eine Motiv ist „das Ankämpfen gegen die Idee", das andere liegt in „der Erhebung", mit der wir den Untergang des Herrlichen ansehen können, wenn nur die Idee gesiegt hat. Die Formulierung vom *„Kampf gegen die Idee"* ergänzt jene anderen von *„der Flucht vor den Ideen*[258]*"* und vom *„Abfall von den Ideen"*[259]. Zu dem ästhetischen und politischen Vorwurf der Ideenlosigkeit tritt die sittliche Schuld der Auflehnung gegen das höhere Recht der Idee. Wenn Treitschke an anderer Stelle zitiert, daß „groß sei nur dasjenige, was der Ideen, die immer nur Heil über die Völker bringen, fähig sei und von ihnen begeistert[260]", so schließt diese Bekundung auch das Gegenteil ein, daß keine Tüchtigkeit und kein Verdienst den Mangel an Ideen auszugleichen vermögen. Der von Treitschke zuerst und am unmittelbarsten und deutlichsten aus Veranlassung des ästhetischen Objekts – also in seinen ästhetischen Aufsätzen und in der vorliegenden Besprechung – ausgesprochene Wunderglaube an die Macht die Idee als den eigentlichen „Stein der Weisen" ist der Boden geworden, auf dem sich in Verbindung mit Schlosser-Gervinus'schen Vorbildern die Schwarz-Weiß Malerei seiner historisch-politischen Charakterdarstellung ausbildete. „Die historische Idee" der ästhetischen Reflexion wurde auch der Ausgangspunkt seiner historischen und politischen Urteilsbildung. „Die Idee", die in der Reihe der folgenden Beispiele eine große Rolle spielt, ist letzten Endes identisch mit „der historischen Idee", in welcher Treitschke den Träger der Handlung eines historischen Dramas sieht.

Der immer wiederkehrende Vorwurf gegen diejenigen Staatsmänner, die seiner Ansicht nach die Bildung des nationalen Einheitsstaates der Deutschen verhindern, ist der ihrer „Ideenlosigkeit"; „ohne den Beistand der Macht der Ideen sind ideale politische Ziele nicht erreichbar[261]", heißt es in einer in den Preußischen Jahrbüchern erschienenen politischen Korre-

258) vgl. Preuß. Jb. 2, S. 602, und oben S. 90.
259) vgl. Briefe, Bd. 3, S. 288, v. 19. 9. 1870.
260) Aufsätze, 3. Aufl., S. 148.
261) H. v. Treitschke, Zehn Jahre Deutsche Kämpfe, S. 107.

spondenz vom 10. 7. 1866. Der sehr ernsthaft gemeinte Ausspruch, daß ohne Hilfe des Liberalismus „heute auf der Welt nichts ausgerichtet wird[262]", besagt nichts anderes, als daß „ohne Ideen" nichts zu erreichen sei. Metternich und Beust sind die am meisten genannten Beispiele von Staatsmännern, die schließlich unterliegen, weil die Ideen nicht auf ihrer Seite stehen. Treitschke kann sich nicht genug tun, die politischen Mißgriffe Metternichs sowie alle Schatten in seinem Charakterbilde auf „den Mangel an Ideen" zurückzuführen. „Jeden schöpferischen Gedankens bar, lebte seine Politik aus der Hand in den Mund[263]." Er charakterisiert ihn als „Weltmann, der sich niemals für eine Idee erwärmt"[264]. Bei der Ruhelosigkeit und Gedankenarmut seines Geistes hätte er „völlig unfruchtbar die Idee eines großen schöpferischen Verfassungsplanes niemals fassen können"[265]. „Seine träge Sorglosigkeit und seine faden Liebesabenteuer[266]" werden ebenfalls mit dieser Unfähigkeit zur Idee in Zusammenhang gebracht. – Einer Schwarz-Weiß Manier werden aber nicht bloß die Charaktere, sondern sogar ihr äußeres Erscheinungsbid unterworfen. Die von Treitschke bevorzugte dualistische Betrachtungsweise läßt sich jedesmal auf die Rolle der Idee zurückführen. Die zahlreichen Reiseberichte Treitschkes, der es „dem Historiker deutscher Nation" zur Pflicht macht, Land und Leute kennenzulernen, enthalten eine Fülle von Beispielen, in denen zwischen dem gedankenvollen, d. h. stets protestantischen und dem gedankenlosen, d. h. stets katholischen Menschentypus ein scharfer, an bestimmte Merkmale gebundener physiognomischer Unterschied gemacht wird[267]. Gewiß nimmt Treitschke hier und da an seinem Schematismus Einschränkungen vor; es lassen sich auch Gegenbeispiele in seinen Schriften nachweisen, aber die Neigung zu scharfen moralisch-physiognomischen Unterscheidungen zwischen den einzelnen Individuen sowie zwischen Gruppen von Menschen ist immer bei ihm vorhanden. Für diese Neigung konnte Treitschke bei Vischer ein literarisches Vorbild finden, denn letzterer macht z. B. folgenden Unterschied zwischen protestantischem und katholischem Erscheinungsbild: „Eine protestantische Bevölkerung hat völlig anderen Blick, Ausdruck, Bewegung als eine katholische. Alles hat die Naturfrische nicht wie hier, dafür einen tieferen, verinnerlichten Ton. Die glänzende Feuchtigkeit und Reinheit des Auges ist weg, aber man sieht durch den gefaßteren

262) Briefe, Bd. 2, S. 314, v. 31. 12. 1863.
263) H. v. Treitschke, Deutsche Geschichte, Bd. 2, S. 126.
264) ebd., S. 533.
265) Briefe, Bd. 2, S. 411, v. 30. 8. 1865.
266) H. v. Treitschke, Deutsche Geschichte, Bd. 1, S. 494.
267) ebd., S. 495.

Blick in eine innere Sammlung, Konzentrierung, eine geschlossenere, den Schwerpunkt in sich selbst tragende Persönlichkeit[268]." Als echter Hegelianer führt Vischer diese Unterscheidung auf die Stellung der Idee zurück, „die Befreiung des Geistes durch die Reformation". Von dem katholisch gebliebenen Teil Deutschlands heißt es: „Von Deutschland selbst bleibt jedoch ein Teil im Westen, Nordwesten und Südosten katholisch und dieser wird obskur und steril, deutsche Türkei[269]." So sah Treitschke in diesem Teil nicht mehr als nur „schätzbares Material für die Eroberung"[270].

Mit Treitschkes Schwarz-Weiß Technik, die in politischer, moralischer und ästhetischer Hinsicht angewandt wird und die auf der Befangenheit durch den Glauben an die Macht der Ideen beruht, hängt noch eine besondere Spracheigentümlichkeit zusammen. Dem gewohnheitsmäßigen Anruf der „Idee" entspricht die geradezu massenhafte und großenteils gedankenlose Verschwendung des Begriffs der *Sünde*. Sein ursprünglich religiös-kirchlicher Sinn hat in Treitschkes Sprachgebung kaum noch Spuren hinterlassen, wenn auch dann und wann „der tiefsinnige Inhalt der christlichen Lehre von der Erbsünde[271]" festgestellt wird. Ja, selbst die Verwendung von Sünde im sittlichen Sinne als Übertretung des Sittengesetzes, die neben dem sakralen Bereich ja schon lange ganz geläufig ist, wird nur teilweise durchgeführt und erscheint weniger gebräuchlich als die überwiegende Anwendung von „Sünde" als einem religiös-sittlichen Neutrum. Unter der Masse der Verbindungen, in denen Sünde auftaucht, lassen sich jedoch zwei einheitliche Komplexe herausheben: der politische und der ästhetische. Auf diese beiden Bezirke angewandt erscheint Sünde als eine Negation der Idee. Von politischer Sündhaftigkeit ist dann bei Treitschke die Rede, wenn keine „Idee" nachweisbar ist oder, wie es bei ihm heißt, wenn sie „zu Boden fällt". „Dem ideenlosen Partikularismus" und der Erklärung des Partikularismus als „Auflehnung des Interesses gegen die Idee[272]" entsprechen synonymisch

„die Fürstensünden[273]"
„der Partikularismus in seiner Sündenblüte[274]"

268) Fr. Th. Vischer, Ästhetik oder Wissenschaft des Schönen, 2. Aufl., 2. Teil, § 367, S. 325.

269) ebd., S. 324.

270) Briefe, Bd. 2, S. 350, v. 16. 11. 1864.

271) vgl. Briefe, Bd. 1, S. 378, v. 31. 8. 1856: „Du weißt, welchen reinen Sinn der tiefere Denker in der mystischen Lehre von der Erbsünde findet." (Zu „Sünde" vgl. Deutsches Wörterbuch von J. u. W. Grimm, 10. Bd., IV. Abtlg., 1942, Sp. 1109ff.)

272) Preuß. Jb. 2, S. 608.

273) H. v. Treitschke, Deutsche Geschichte, Bd. 1, S. 184.

274) ebd., S. 232.

„die tiefeingewurzelten Sünden des kleinfürstlichen Despotismus[275]"
„alle Sünden und Lügen jener gierigen, ideenlosen Kabinettspolitik des 18. Jahrhunderts[276]"
„die Sünden der Kleinkönige[277]"
„die Erbsünde kleinstaatlicher Weltanschauung[278]"
„alle Sünden des politischen Dilettantismus[279]"
„die wittelsbachische Erbsünde[280]"
„die Sünden der Karlsbader Politik[281]"
„die Sünden des Adelshochmuts[282]"
„die alte deutsche Fürstensünde[283]"
„der deutsche höfische Absolutismus in seiner Sündenblüte[284]"
„die widerlichste Sünde der deutschen Kleinstaaterei[285]"

Diese Auswahl läßt sich unschwer fortsetzen. Im Uhlandaufsatz von 1863 werden „alle Sünden der Einzelstaaten" auf „den Mangel einer „volkstümlichen einheitlichen Verfassung Deutschlands[286]" zurückgeführt. Ein klassischer Fall von historischer Erbsünde war nach Treitschkes Ansicht mit Georg V. von Hannover gegeben, über den er folgendes Wortungetüm bildet: „Alle Sünden des Welfen- und des Stuartblutes scheinen in dem unheilvollen Manne sich noch einmal angesammelt zu haben[287]."

Der ständige Gebrauch des Begriffs Sünde zur Kennzeichnung politischer Sachverhalte läßt einen politischen Mystizismus erkennen, zu dem Treitschke trotz seiner mannigfachen Bekenntnisse zur „Moderne" und zum „frohen Werkeltag des 19. Jahrhunderts" stark neigt und den in besonders krasser Weise das letztere Zitat über die versammelten „Sünden des Welfen- und des Stuartblutes" erkennen läßt. Wenn Treitschke einmal als Student von „dem reinen Sinn" geschrieben hatte, welchen „der tiefere Denker in der mystischen Lehre von der Erbsünde finde" (s. oben), so meinte er auch

275) ebd., S. 72.
276) ebd., S. 125.
277) ebd., S. 579.
278) ebd., S. 638.
279) H. v. Treitschke, Deutsche Geschichte, Bd. 2, S. 296.
280) ebd., S. 324.
281) ebd., S. 606.
282) H. v. Treitschke, Deutsche Geschichte, Bd. 3, S. 123.
283) ebd., S. 488.
284) ebd., S. 493.
285) ebd., S. 525.
286) Aufsätze, 3. Aufl., S. 310.
287) H. v. Treitschke, Zehn Jahre deutsche Kämpfe, S. 126.

hier wieder „den humanen Inhalt", auf den es ihm in der Religion ebenso wie in der Politik ja bekanntermaßen ankam. Es liegt hier eine ähnliche erstaunlich einfache Umwandlung christlichen Glaubensinhaltes vor, wie wir sie aus den Briefen des ersten Semesters (1852) bei der Beobachtung des Übergangs von christlichem Glauben an einen persönlichen Gott in Vernunftglauben erschließen konnten (s. Einleitung). Die einfache Übertragung christlicher Begriffe auf historisch-politische Tatbestände muß notwendig eine politische Mystik hervorbringen.

Die einfache Sünde kann sich zur „Todsünde" steigern, so z. B. zur „Todsünde des 19. Jahrhunderts" oder im Falle des Rheinbundes zur politischen „Todsünde", die „sich noch heute an dem Volke unseres Südens bestraft"[288]. „Der ewigen Vernunft", die sich in der Geschichte entfaltet, entspricht „die Unsterblichkeit der historischen Schuld"[289]. In diesem Sinn läßt Treitschke die Elsaß-Lothringer „mehr an den Sünden ihrer Väter als an eigenen Sünden kranken"[290] (s. 5. Kap.). Der Begriff der „Erbsünde" findet vornehmlich zur Kennzeichnung der kleinstaatlichen Diplomatie Anwendung.

Spuren eines politischen Mystizismus lassen sich jedoch nicht nur in der Annahme einer politischen Erbsündenlehre, die aus einer Aufzählung politischer „Todsünden" und „Erbsünden" besteht, nachweisen – die naive Gedankenlosigkeit in der Verwendung derartiger Begriffe setzt einer zu genauen Interpretation dieser Sprachvorgänge bestimmte Grenzen – sondern solche Spuren sind ebenfalls im Glauben an die ausschlaggebende Rolle der Idee und zwar besonders in geschichtlichen Krisen erkennbar. Unter dem Eindruck der Siege von Königgrätz und Sedan verstärkte sich diese Tendenz zu der Überzeugung, daß die Idee des nationalen Einheitsstaates gleichsam unter dem Zwange eines Vernunftautomatismus sich unaufhaltsam verwirkliche. Der Sieg der „historischen Idee" könne nicht mehr aufgehalten werden, weder durch diplomatische Bosheit, noch durch politische Dummheit, noch durch politische Irrtümer. Rückschläge werden für ausgeschlossen gehalten, einfach weil sie der Idee widersprechen würden. Von hier aus erhält das Nationalgefühl Treitschkes und bei dessen starker publizistischer Wirkung das deutsche überhaupt einen dogmatischen und starren Einschlag. Es neigt dazu, dem mit 1866 und 1870 Gewonnenen den Charakter der Zwangsläufigkeit und der Selbstverständlichkeit zuzuschreiben. Es verliert an innerer Elastizität.

288) Aufsätze, Neue Folge, 1. Teil, S. 73.
289) ebd.
290) Preuß. Jb. 26, S. 496.

Das Empfinden, daß alles so kommen *mußte*, weil die Idee es so verlangt, schwächt das Gefühl für die Gefahrenzonen ab, die das den Zufällen ausgesetzte Werk der Diplomaten und Soldaten zu durchschreiten hat. Es wirken noch mannigfache andere Ursachen mit, durch deren Zusammenwirken die besondere Form des deutschen Nationalgefühls von 1870 entsteht. Im Falle Treitschkes ist aber eine der wesentlichsten Ursachen in der in der ästhetischen Reflexion zuerst gewonnenen Vorstellung zu suchen, daß „ein historisches Drama" – d. h. ein bestimmter Gang einer Handlung mit dem Zwecke der Verwirklichung einer Idee – „notwendig mit dem Siege der historischen Idee, um welche gekämpft werde, zum Abschluß kommen müsse[291]. Als das Werk der Idee der Einigung Deutschlands auf seinem Höhepunkt angelangt war, nach Sedan, schrieb Treitschke: „Doch das ist ja das Herrliche dieser großen Zeit, daß sie die Vernunft der Geschichte mit übermächtiger Beredsamkeit sprechen läßt und der deutschen Politik grobe Mißgriffe kaum noch gestattet[292]."

Von der politischen Bekundung über die selbständige und unaufhaltsame Wirksamkeit der Idee der deutschen Einheit führt eine gerade Linie rückwärts zu jener ästhetischen Ansicht in der Besprechung von 1859, wonach es „ein Mißgriff" sei, daß Spurius durch sein vernunftwidriges Verhalten im entscheidenden Augenblick den Prozeß der Idee aufhalte. Die Erfolge von 1866 und 1870/71 vermochte sich Treitschke nur durch das Walten der „Vernunft in der Geschichte" begreiflich zu machen, so daß er in dem großen Aufsatz über „Das konstitutionelle Königtum in Deutschland" schrieb: „Die Vernunft der Geschichte redet niemals unzweideutiger, als wenn sie eine große Fügung durch widerwillige Hände vollstrecken läßt[293]."

Die beliebig zu vermehrende Auswahl von Beispielen, die alle gleichmäßig die Stellung der Idee widerspiegeln, wurde getroffen, um den inneren Anschluß dieser „Ideen" an den ästhetischen Ausgangspunkt „der historischen Idee" in der Besprechung eines Historiendramas zu zeigen. Den Ideen, die Treitschke meint, ist „die Notwendigkeit des Sieges" gemeinsam eigentümlich.

Das in der Treitschke'schen Definition von der Schuld des Fabischen Geschlechts enthaltene zweite Motiv der „Erhebung", die der Anblick des Untergangs großer Menschen bei gleichzeitigem Siege der Idee zu bereiten pflege, läßt noch einmal die ästhetische Grundlage von Treitschkes

291) Aufsätze, Bd. 4, S. 522.
292) Preuß. Jb. 26, S. 496, Friedenshoffnungen, v. 25. 9. 1870; vgl. unten S. 335f.
293) Aufsätze, Bd. 3, S. 448.

Geschichts- und Weltverhältnis durchscheinen. Der Sieg der Idee wiegt den Untergang des Individuums auf, ja, dieser Untergang ist geradezu geeignet, einen ästhetischen Genuß sowie eine moralische Befriedigung hervorzurufen; denn in der „Erhebung" ist das ästhetische ununterscheidbar von dem moralischen Moment enthalten.

Ähnlich wie Treitschke im politischen Bereich die „Idee der deutschen Einheit" so hoch schätzte, daß sie ihm „ein paarmal hunderttausend Leben" aufzuwiegen imstande war[294], konnte er in der Kunst „den Untergang dieses Herrlichen mit Erhebung betrachten[295]", wenn dieser Untergang im Dienste einer Idee geschah.

Der Untergang Napoleons dagegen, der „zu Grunde ging an seiner eigenen Unvernunft, als eine Sünde wider den Geist der Geschichte", hinterließ kein solches Gefühl der Erhebung. „An dem Firmament unseres Staatensystems steigt der Gewaltige jählings auf wie ein Wandelstern, der mit grellem Feuerscheine die Sterne rings verdunkelt, nur wenige Nächte, und der mildere Glanz der anderen Gestirne, die ruhig ihre Bahnen ziehen, tritt wieder in sein Recht[296]." Dasselbe Bild stellt sich im 3. Band der Deutschen Geschichte bei der Schilderung des Todes Moritz' von Sachsen wieder ein: „urplötzlich wie ein Wandelstern[297]" sei er geendet. Er fügt noch den bezeichnenden Satz hinzu: „Das Tagewerk seines Lebens war getan; denn es hieße verzweifeln an der göttlichen Führung der Menschengeschicke, wenn einer wähnen wollte, sie rufe den Mann des Schicksals vor der Zeit von hinnen[298]."

Der idealistische Grundsatz einer „Vernünftigkeit des Schicksals" konnte von Treitschke bezeichnenderweise der hegelschen Ästhetik[299] entnommen werden, wo „die absolute Vernünftigkeit[300]" als ein notwendiger Bestandteil des tragischen Abschlusses erscheint, so daß „das Gemüt wahrhaft sittlich beruhigt ist; erschüttert durch das Los des Helden, versöhnt in der Sache"[301]. Erst als Treitschke über der Arbeit am 5. Bande seiner Deutschen Geschichte zu erblinden drohte und sein Lebenswerk gefährdet sah, begann er an seinem Glauben, daß sich die Persönlichkeit ebenso not-

294) Briefe, Bd. 2, S. 75, v. 3. 2. 1860.

295) Aufsätze, Bd. 4, S. 522.

296) Aufsätze, Neue Folge, 1. Teil, S. 44.

297) H. v. Treitschke, Deutsche Geschichte, Bd. 3, S. 489.

298) ebd.

299) G. W. Fr. Hegel, Vorlesungen über die Ästhetik, Sämtl. Werke, Jubil. Ausgabe, Bd. 14, S. 554.

300) ebd.

301) ebd.

wendig vollenden wie die Idee notwendig verwirklichen müsse, irre zu werden.

Der „Sieg der historischen Idee" sowie die „Erhebung", die sich einstellt, wenn Menschen im Zuge des Sieges der Idee zu Grunde gehen, kennzeichnen das im Grunde vollkommen untragische Geschichtsgefühl Treitschkes. Der „Sieg der Idee" schließt das Verhängnis aus. Die Kunst soll ebenso wie die Geschichte erheben und trösten, und sie vermag es, weil der Gang der Handlung von der Idee vorgeschrieben und gelenkt wird.

Treitschkes Beurteilung des Freytag'schen Trauerspiels, die nach seinen eigenen Worten ausdrücklich nicht den „weitschweifigen Macaulay'schen Stil[302]" von Hayms Besprechung haben, sondern „gedankenreich, kurz und prägnant" sein sollte, ist um der Wiederkehr ihrer Hauptmotive willen in den Bekundungen des Politikers und auch des Historikers überaus bedeutsam: „Das Ankämpfen gegen die Idee", „Der Sieg der historischen Idee" sowie „Die Erhebung" bilden Motive nicht nur aus dem Bereich der Kunst, sondern genauso aus dem der Politik und der Geschichte. Sie kennzeichnen das letztlich ästhetische, aber auch untragische Geschichts- und Weltgefühl Heinrich von Treitschkes. Wenn „der Gang der Handlung" mit „dem Sieg der Idee" zu enden hat, so ist „der versöhnende Abschluß" sichergestellt. Daß Treitschke Sinn und Zweck der Geschichte und der Kunst in der Erhebung und im Trost fand, dafür lassen sich mannigfache Belege aus der langen Reihe seiner Äußerungen zu beiden Bezirken finden. Schon der erste eigene dichterische Versuch der Vaterlandsgedichte wurde von ihm als „poetische Verklärung der Empfindungen" erklärt, „die sich einem guten Deutschen aufdrängen in unseren gegenwärtigen namenlosen Zuständen, besonders wenn er Trost sucht in unserer Geschichte"[303]. „Anregung und Begeisterung" holt sich Treitschke aus bestimmten Abschnitten der Geschichte. Von Lessings Huß, in welchem er die künstlerische Verklärung der „Idee der Geistesfreiheit" erblickte, könne „nur ein Stumpfsinniger ohne Erhebung scheiden", so stellte er bei der ersten Begegnung mit diesem Werke fest. Über dem „trostlosen Wechsel von Bosheit und Torheit", der gleichbedeutend ist mit Hegels „Gestrüpp der Endlichkeit[304]", verfolgte Treitschke „die großen Grundzüge der Geschichte", „das regelmäßige Fortschreiten in der Entwicklung unseres Volkes", bis ihm „das Herz groß wurde von Stolz und

302) Briefe, Bd. 2, S. 38, v. 9. 7. 1859.
303) Briefe, Bd. 1, S. 345, v. 17. 2. 1856.
304) G. W. Fr. Hegel, a.a.O., Bd. 12, S. 125.

Hoffnung"[305]. Gemäß seinem Glauben an den Sieg der historischen Idee am Ende des Ganges einer Handlung schrieb er 1864, als Preußen, das der Träger der deutschen Idee im Gange der neueren Geschichte war, bei Düppel gesiegt hatte: „die wundervolle Stetigkeit unserer Geschichte könne nicht in höhnischem Unsinn enden[306]."

Vom literarhistorischen und ästhetischen Standpunkt aus sind die Fabier wohl Freytags schwächsten Werken zuzurechnen. Von seinen Dramen sind heute nur noch „Die Journalisten" lebendig. Freytags Begabung lag mehr auf erzählendem als auf dramatischem Gebiet. Umso bemerkenswerter ist es, daß neben Treitschke, dessen publizistische Laufbahn soeben begonnen hatte, zwei so hochgebildete und mit allen Fragen des nationalen Lebens vertraute Zeitgenossen wie Constantin Rößler und Rudolf Haym das Werk besonders hochstellten. Wenn sich die Besprechungen der drei Rezensenten auch in mannigfachen und nicht unwesentlichen Einzelheiten voneinander unterschieden, so stimmen sie doch gleichmäßig in der Anschauung überein, daß der dem römischen Altertum entnommene Stoff des Dramas hohe politische Aktualität für die Gegenwart besitze. Es ist fraglich, ob der Geschmack des lesenden Zeitgenossen dieses Urteil anerkannt hat. Haym meint sogar, daß „von dem Leben, dem eigensten und besten Leben unserer *Nation*" in den Fabiern noch mehr sei als in Soll und Haben[307]. Bei dieser erstaunlichen Feststellung, daß der Roman von der bürgerlichen Arbeit weniger vom „Leben der Nation" enthalte als das Trauerspiel der Fabier, drängt sich die Frage auf: Was versteht Haym unter dem eigensten und besten Leben unserer Nation? Der Schreiber gibt selbst eine Erläuterung, indem er die Nation vom Publikum unterscheidet. Wie vermag sich aber die Nation zu realisieren – so muß man fragen – wenn das Publikum der Gebildeten etwas anderes bedeutet? Unverkennbar liegt dem Begriffe der Nation die Vorstellung eines anonymen Volksgeistes zugrunde. Es handelt sich an dieser Stelle wieder um die romantische Vorstellung von einem „Volke", das mehr ist als die Summe der gegenwärtig lebenden Individuen.

Die Haym'sche Ansicht von dem höheren nationalen Lebensgehalt in den Fabiern als in Soll und Haben entsprach vollkommen der ästhetischen Grundanschauung Treitschkes, daß sich das höchste künstlerische und nationale Ideal nicht im Roman, sondern nur im Drama verwirklichen könne. Treitschke bezeichnet mit „Abbild des Lebens", was von Haym

305) Briefe, Bd. 2, S. 175, v. 22. 10. 1861.
306) ebd., S. 324, v. 7. 5. 1864.
307) Preuß. Jb. 3, S. 682.

folgendermaßen beschrieben wird: „Wir hatten diese Menschen schon gesehen, von ihnen gehört oder doch geträumt, ehe wir in „Soll und Haben" von ihnen lasen[308]." Das Drama soll dagegen kein „Abbild", sondern „ein Bild des schönen und vernünftigen Lebens" geben, d. h. es soll Ideen, die der künstlerischen Verklärung fähig sind, darstellen. Freytags Drama schien diese Bedingung zu erfüllen, indem es den wahrhaft humanen Inhalt des staatlichen Lebens zur Darstellung brachte.

Bei dem Versuch, den verschlungenen Fäden des ästhetischen Einschlags in Treitschkes Gedankengängen zu folgen, ergibt sich die Beobachtung, daß gerade die historisch-politischen Leitsätze, deren wirksame Formulierung sich Treitschke bei seiner pathetischen Natur besonders angelegen sein ließ, selten der ästhetischen Begründung entbehren. Er unterläßt fast niemals, den Inhalt seiner politischen Überzeugungen tief ins Ästhetische zu senken und aus diesem Element erst die höhere Berechtigung für seine politischen und auch moralischen Thesen zu holen. Es ist ein umwegiges Verfahren, in welchem unter erheblichem geistigen Aufwand das von Anfang an feststehende politische Wunschbild begründet und legitimiert wird. Dies Verfahren soll nicht etwa einer Verhüllung des politischen Anliegens dienen, auf das es Treitschke eigentlich ankommt. Es ist vielmehr ein Zeichen dafür, daß sich der späte Nachkömmling des Idealismus, dem die Gehaltsästhetik ein entscheidendes Bildungserlebnis wurde, mit der einfachen Aussage politischer Sachverhalte nicht begnügt, sondern daß es ihm ein tiefes Bedürfnis ist, den politischen Gegenstand sogleich in einen ästhetischen zu verwandeln. Seine politischen Ideale, die sich in der Zeit des Studiums der 50er Jahre bilden, empfangen von der Auseinandersetzung mit der Ästhetik, die in dieselbe Zeit fällt, eine Reihe bestimmter Züge, die sich dem politischen Weltbild fest einprägen und erst allmählich wieder ausgeschieden werden. Indem das Politische ästhetisiert wird, verliert es darüber gewissermaßen an realem und gewinnt an idealem Gehalt.

Die Funktion der Ästhetik als einer letzten Instanz für politische Urteile und Entscheidungen, läßt sich gerade an den Hauptstellen von Treitschkes politischem Weltbilde, das sich vornehmlich aus den auf der Wende der 50er und 60er Jahre entstandenen Aufsätzen ablesen läßt, sowie ferner an den biographisch bedeutsamen Bekundungen, die in das Konzeptionsstadium der Deutschen Geschichte fallen, in drastischen Beispielen nachweisen.

308) ebd.

Nach seinem eigenen Zeugnis hat Treitschke in den politischen Erfahrungen des Winters 1863/64 seine politischen Ansichten, die ihm mehr waren als „bloß Ansichten", einer gründlichen Revision unterzogen; diese Revision ist ein Teil eines größeren Prozesses, der sich zwischen den Kriegen von 1863/64 bis 1870/71 vollzieht. Gleichzeitig treten die ästhetischen Neigungen mehr in den Hintergrund. Man darf sagen, daß der Prozeß einer Versachlichung seiner politischen Urteile vom wachsenden Verständnis der Bismarck'schen Außenpolitik ähnlich abhängig ist wie der verwandte Prozeß einer Versachlichung seiner historischen Urteile vom fortschreitenden Quellenstudium. Treitschke bezeichnet den ihm aus zeitgenössischem Erleben und wissenschaftlicher Arbeit zugewachsenen Erfahrungsertrag, wenn er an seine Schwester schreibt, daß er anfange, „die Welt von oben zu betrachten"[309].

So folgenreich diese neue Betrachtungsweise für seine politische und historische Urteilsbildung aber auch wurde, so lassen sich auch jetzt noch die Spuren ihrer ästhetischen Herkunft nachweisen. Das Bedürfnis nach einer „idealen" Betrachtungsweise politischer Vorgänge bleibt ständig in ihm wirksam.

Der Hauptinhalt von Treitschkes Denken bezieht sich auf den deutschen Staat. Er verherrlicht den deutschen Großstaat und weist nach, daß der deutsche Kleinstaat keine Existenzberechtigung habe. Immer dann, wenn Treitschke an diesem Punkte seines Gedankenganges angelangt ist, greift er auf ästhetische Motive als letzte und unwiderlegliche Mittel der Beweisführung zurück. In der ersten Fassung des Kleistaufsatzes von 1858, die ja gerade wegen der Spontaneität ihrer Formulierungen in biographischer Hinsicht besonders aufschlußreich ist, hatte er sich veranlaßt gefühlt, die Existenz des Kleinstaates durch den Hinweis auf dessen ästhetische Formen ad absurdum zu führen. Es entspricht dieser im literarischen Essay angewandten Methode, wenn Treitschke auch im politischen Essay über „Die Freiheit" von 1861, in welchem ebenfalls ein persönliches Bekenntnis niedergelegt ist, unter den für den „wirklichen Staat" maßgeblichen Gründen den ästhetischen besonders hervorhebt.

Das politisch-sittliche Problem des gegenseitigen Verhältnisses von Staat und Individuum wird im Freiheitsaufsatz folgendermaßen behandelt: „Für den Staat besteht die physische Notwendigkeit und die sittliche Pflicht, Alles zu befördern, was der persönlichen Ausbildung seiner Bürger dient. Und wieder besteht für den Einzelnen die physische Notwendigkeit und

309) vgl. Briefe, Bd. 2, S. 422, v. 8. 10. 1865.

die sittliche Pflicht, an einem Staate teilzunehmen und ihm jedes persönliche Opfer zu bringen, das die Erhaltung der Gesamtheit fordert, sogar das Opfer des Lebens. Und zwar unterliegt der Mensch dieser Pflicht nicht bloß darum, weil er nur als ein Bürger ein ganzer Mensch werden kann, sondern auch, weil es ein historisches Gebot ist, daß die Menschheit Staaten, schöne und gute Staaten, bilde[310]." Ein echt Treitschke'scher Satz, der unter Verzicht auf logische Vermittlung anscheinend Unvereinbares zusammenzwingt. Der ästhetische Teil der Begründung scheint schon dadurch besonders hervorgehoben zu werden, daß er den übrigen Argumenten gewissermaßen zusätzlich noch angefügt wird. „Die Erhaltung der Gesamtheit" bildet jedoch bereits einen ästhetischen Wert und zwar den höchsten, wie im Kleistaufsatz ausdrücklich festgestellt wurde. Es ist bemerkenswert, daß Treitschke auf dieser Stufe seiner Entwicklung an den Staat den Anspruch stellt: „Alles zu befördern, was der persönlichen Ausbildung seiner Bürger dient." Diese Bekundung ist ebenso typisch für den Charakter seines damaligen Liberalismus wie jene andere aus demselben Essay, daß „in der sittlichen Welt aber nur stützt, was frei ist, was auch widerstehen kann"[311]. Eine Interpretation des an den Staat gestellten Ansinnens, die persönliche Ausbildung „der Bürger" zu befördern, hat allerdings in Rechnung zu stellen, daß der Kreis der Bürger, an den der Schreiber denkt, sehr begrenzt ist. Er ist ganz allgemein an Bildung und Besitz gebunden. Von einem allgemeinen Menschenrecht auf persönliche Ausbildung kann keine Rede sein. Das klassizistische Gepräge dieser Stelle wird deutlich, wenn Treitschke in Anlehnung an Aristoteles feststellt, daß der Mensch erst als „Bürger" „ein ganzer Mensch" werden könne.

Die uneingeschränkte Anerkennung des Vischer'schen Grundsatzes, daß die Weltgeschichte einmal vom Standpunkt der Schönheit aus zu schreiben wäre, bot schon eine Veranlassung, die ästhetische Wendung, die der liberale Fortschrittsglaube in diesem Gedankengang nahm, zu beleuchten. Nun wird auch der Staat als moralisch-sittliche Persönlichkeit von dieser Ästhetisierung ergriffen. Dahlmanns „guter Staat[312]" erfährt eine Erweiterung zum „schönen und guten Staat", wobei es nicht ohne Belang ist, daß das Schöne an erste Stelle rückt. Diese Wandlung bzw. Erweiterung des Staatsbildes, läßt den inneren Abstand zwischen dem nüchterneren,

310) Aufsätze, 3. Aufl., S. 622.

311) ebd., S. 621.

312) vgl. F. C. Dahlmann, Die Politik auf den Grund und das Maß der gegebenen Umstände zurückgeführt, hrsg. v. O. Westphal, S. 56 und S. 184.

„den Grund und das Maß der gegebenen Zustände" abwägenden Dahlmann und dem die Wirklichkeit mit der Idee oftmals überfliegenden Treitschke deutlich erkennen. Es liegt der erstaunliche Sachverhalt vor, daß der ein halbes Jahrhundert später geborene Treitschke trotz der nachweislich starken und anhaltenden Wirkung von Dahlmanns Politik in vielen Zügen einen geistigen Habitus offenbart, der einer geistesgeschichtlich älteren Schicht anzugehören scheint. Treitschke hat gegenüber Dahlmanns Politik von 1835 auf älteres geistiges Erbe zurückgegriffen. In ihm steckt mehr – wenn auch oftmals epigonenhaftes – idealistisches Gedankengut – hegelsche Gehaltsästhetik und vor allem hegelscher Vernunftglaube als in dem älteren und nüchterneren Dahlmann, der sich bei der Betrachtung der staatlichen und menschlichen Dinge immer der Frage bewußt blieb, „wie es denn gekommen sei, daß die Menschheit von Anfang her so schief gegen das Licht stehe, daß sie bei jedem Schritte einen langen Schatten werfe"[313].

Gegenüber der Treitschke'schen Ansicht, daß der einzelne Mensch „nur als ein Bürger ein ganzer Mensch werden könne[314]" und daß die Menschheit „schöne und gute Staaten" zu bilden habe, kommt Dahlmanns völlig andere und „rückständige" Anschauung in der zaudernden Frage, die aber der rechten Antwort sicher ist, zum Ausdruck: „Steht denn wirklich das Gutsein des Staates höher noch als das Gutsein seiner Besten . . .? Wäre da nicht besser ein weniger guter Staat, aber mit besseren Bewohnern[315]?" In diesen Fragen, die Treitschke niemals so stellen könnte, bricht offenbar die Skepsis durch, mit der Dahlmann zuweilen auf den Staat schaut, obwohl auch er glaubt, daß „nichts auf der Erde der göttlichen Ordnung so nahesteht als die Staatsordnung"[316]. Über den Staat vergißt er die Menschheit nicht, die bei ihm noch einen vollen und lebendigen Klang hat, und darin kommt nun wieder der Idealismus zum Ausdruck, wenn er seinen Glauben bekennt „an ein großes gemeinsames Werk der Menschheit, zu welchem das einzelne Staatenleben nur die Vorarbeiten liefert, an eine auch äußerliche Vollendung der menschlichen Dinge am Ende der Geschichte"[317]. Was aber Dahlmann als Unerforschliches ans „Ende der Geschichte" rückte, davon trug Treitschke mitten im politischen Kampf um den nationalen Einheitsstaat „ein ganzes Bild" in seinem Herzen. „Das einzelne Staatsleben" nahm in seinem politischen Weltbild einen höheren

313) ebd., S. 55.
314) Aufsätze, 3. Aufl., S. 622.
315) F. C. Dahlmann, a.a.O., S. 184.
316) ebd., S. 55.
317) ebd., S. 54f.

Platz ein als in dem von Dahlmann. Es lieferte mehr als „nur die Vorarbeiten". „Der schöne und gute Staat" war bereits etwas Vollendetes; und die menschlichen Dinge vollendeten sich für Treitschke dann, wenn die Menschheit „dem historischen Gebote" folgt und „Staaten, schöne und gute Staaten, bildet". Diese Staaten „bestehen um des schönen und vernünftigen Daseins willen[318]" – so stellte Treitschke unter Berufung auf Aristoteles fest. In dem großen Essay „Bundesstaat und Einheitsstaat", den Treitschke wenige Jahre später in der politischen Erregung des Krieges um Schleswig-Holstein schreibt, wird das Bild eines solchen Staates näher ausgeführt werden. Die Wirksamkeit des historischen Gebotes wird dort an geschichtlichen Beispielen erläutert. Der deutsche Einheitsstaat, dem alle Überlegungen ausschließlich gelten, ist als das hervorragendste Beispiel eines „schönen und guten Staates" gedacht. So führt eine Verbindungslinie von der im Freiheitsaufsatz enthaltenen Andeutung über Staat und Bürger hin zu dem großen politischen Programm des Unitarismus, das in „Bundesstaat und Einheitsstaat" von 1864 vorliegt.

Bei dem Versuch, die Bedeutung von Treitschkes Krankheit für den geistig-seelischen Aufbau seiner Persönlichkeit zu erläutern (s. Einleitung), wurde bereits auf die Entstehung und Bedeutung solcher Vorstellungen wie „künstlerisches Bild des Lebens[319]" oder „Bild des ganzen Lebens[320]" hingewiesen. „Wer das Zeug hat zu einem Dichter, trägt ein Bild der Menschheit im Herzen[321]", heißt es im Hebbelaufsatz, und an die Freundin Gustava von Haselberg schreibt er am 15. November 1858 in einem Augenblick der Auflehnung gegen das eigene körperliche Gebrechen: „Ich kann meine sehenden Augen nicht verschließen, ich kann das Bild – nennen Sie es immer ein ästhetisches Traumbild – einer an Leib und Seele vollendeten Menschheit, das ich im Herzen trage, nicht daraus verbannen . . .[322]." Zu der an „Leib und Seele vollendeten Menschheit" gehört nun vornehmlich, wie die Interpretation jener Bekundung des Freiheitsaufsatzes zeigen sollte, „der schöne und gute Staat"; denn mit ihm kommt erst „ein Bild des ganzen Lebens" zustande. Der schwer vollziehbare Begriff der Menschheit geht bei Treitschke an diesen Stellen eine ganz enge, innere Verbindung mit dem Staate ein. Nur im Staate werden die Völker „fähig ein Bild der Menschheit aus sich heraus zu gestalten",

318) H. v. Treitschke, Der Sozialismus und seine Gönner, S. 9.
319) Preuß. Jb. 4, S. 120.
320) Preuß. Jb. 6, S. 421.
321) Preuß. Jb. 5, S. 564.
322) Briefe, Bd. 1, S. 472, v. 15. 11. 1858.

wie es in dem bekenntnishaften Aufsatz über „die Grundlagen der bürgerlichen Gesellschaft[323]“ heißt.

Im „schönen Staat“ Treitschkes wäre eine Trennung zwischen Einzelmensch und Staat, wie sie Dahlmann mit seiner Frage nach „den besseren Bewohnern“ im „weniger guten Staat“ andeutet, nicht denkbar (s. oben), obwohl auch Treitschke immer erneut auf „das unendliche Recht der Persönlichkeit“, welches dem Christentum zu verdanken sei, hingewiesen hat. Es kann nicht überraschen, wenn er zur Bewältigung auch dieses Problems, das in dem Verhältnis des Einzelmenschen zum Staat liegt, auf ästhetische Aushilfen zurückgreift. Er bedient sich solcher Hilfen ebenfalls bei der Beschreibung des Verhältnisses von *Volk* und Staat.

Das aus der Ästhetik stammende Problem von *Form und Inhalt* wird in diesem Zusammenhang eine maßgebliche Rolle spielen.

Fr. Th. Vischer vertrat in der Ästhetik die Ansicht, daß sich die Völker im Staat „zur freien sittlichen Persönlichkeit erheben“[324]. „Das Schöne findet daher hier erst den wahrhaft bedeutenden Gehalt, ein Reich und Schauspiel der sittlichen Idee“; und in der dazugehörigen Anmerkung heißt es: „Das ganze Seelenleben wird nur im Staate zum geistigen, aus dem System der Triebe das System der Tugenden[325].“ Es entsprach ganz dieser Denkweise, wenn Treitschke von dem „liederlichen Seelenleben mittelalterlicher Menschen“, die ohne Staat waren, sprach. Nach Vischers ästhetischen Ansichten vollendet sich das Volk genauso wie der einzelne Mensch nur im Staate zur „schönen Gestalt“. Auch Treitschke stand auf dem Standpunkt, daß sich beide erst im Staate zur harmonischen, d. h. schönen Persönlichkeit entfalten. Er sagte gelegentlich auch, „daß ein Volk ohne Staat nicht existiert“[326].

Wenn nun nach einer Hauptregel der Hegel-Vischer'schen Gehaltsästhetik vorgesehen ist, daß „große Form nur großer Gehalt möglich mache[327]“, so wird dieser ästhetische Grundsatz von Treitschke ohne weiteres auf das Verhältnis von Volk und Staat übertragen. Eine ästhetische

323) H. v. Treitschke, Der Sozialismus und seine Gönner, S. 11.

324) Fr. Th. Vischer, Ästhetik oder Wissenschaft des Schönen, 2. Aufl., 2. Teil, § 328, S. 224.

325) ebd., S. 325.

326) Aufsätze, 3. Aufl., S. 141.

327) Fr. Th. Vischer, Ästhetik oder Wissenschaft des Schönen, 2. Aufl., 1. Teil, § 19, S. 74; vgl. Hegels Ästhetik: „... daß die Mangelhaftigkeit der Form auch von der Mangelhaftigkeit des Inhalts herrührt“ (G. W. Fr. Hegel, Vorlesungen über die Ästhetik, Sämtl. Werke, Jubil. Ausg., Bd. 12, S. 113).

Regel wird auf einen historisch-politischen Sachverhalt angewandt. Je reicher ein Volk an Tüchtigkeit, Bildung und Begabung ist und, nicht zuletzt, je zahlenmäßig größer es ist, desto schöner und vollkommener muß die Form seines Staates werden, desto vernünftiger und glücklicher muß sich das Leben des Volkes in den Formen seines Staates vollziehen. Diese auf literarischem Wege gewonnene Ansicht wird gefühlsmäßig von ihm auf folgende Weise ausgesprochen: „Wenn diesem köstlichen Stoffe keine einige mächtige politische Form zuteil werden sollte, gebe es keinen Gott im Himmel", – so schreibt er an einen Freund am 3. 2. 1860[328]. Was er unter „diesem köstlichen Stoffe" versteht, deutet er in einem vorhergehenden Satz näher an: „unsere Sittlichkeit, uns're Volksbildung ... und die gesunde Verteilung unserer Volkswirtschaft – das alles steht hoch über jedem anderen europäischen Volke[329]." Das einseitig idealistische Verständnis des Volkes, das den schreibenden, lesenden und auch besitzenden Teil eines Volkes mit dem Ganzen gleichsetzt, sowie vor allem auch die Neigung zu nationaler Selbstüberhebung kommen gleichmäßig in diesen Worten zum Ausdruck.

Daß Treitschke das Verhältnis von Volksleben und Staat, worin er die geistig-politische Situation seiner Gegenwart erblickt, vom Standpunkt des Gehaltsästhetikers unter dem Gesichtswinkel von Inhalt und Form betrachtet, spricht er in einem anderen Briefe noch unmittelbarer aus: „Was aber heute den Künstler drückt und noch jeden Künstler unseres Jahrhunderts gequält hat, ist dieses, wie mir scheint: der reichere, geistige Inhalt unserer Epoche erscheint in den denkbar unschönsten Formen und ist deshalb für den Künstler so schwer zu erfassen und darzustellen[330]." Wenn Treitschke nach dem genauen Sinn „der denkbar unschönsten Formen" gefragt worden wäre, so hätte er sicherlich auf die Kleinstaaterei, in der das Volksleben verkümmere, hingewiesen und auf den Mangel eines „schönen und guten Staates", eines Großstaates also, der die Vorbedingung für die Entfaltung aller edlen Anlagen in einem großen Volke sei. Ähnlich hatte auch Vischer festgestellt, daß „die Gegenwart nicht nur für ihren eigenen Gehalt schlechte Formen habe, sondern sie eben dadurch uns auch das Mittel entziehe, uns die lebendigeren Formen dieser Vergangenheit vorstellig zu machen"[331]. Die Gegenwartssituation des Künstlers wurde von Vischer folgendermaßen erläutert: „. . . sucht die politische Idee eine

328) Briefe, Bd. 2, S. 74, v. 3. 2. 1860.

329) ebd.

330) ebd., s. 233, v. 14. 8. 1862.

331) Fr. Th. Vischer, Ästhetik oder Wissenschaft des Schönen, 2. Aufl., 2. Teil, § 377, S. 354.

neue Form und hat sie noch nicht gefunden, so ist der Dichter übel dran; das Formenbedürfnis zieht ihn zum ausgelebten Glanze, und das Gehaltsbedürfnis findet keine Form[332]."

In dieser Feststellung fand Treitschke sein eigentliches Anliegen ausgesprochen. Das Problem, das ihn das wichtigste dünkte, bestand darin, daß für die großen politischen Ideen des 19. Jahrhunderts die rechte Form gefunden werden möge, von der alles Heil kommen sollte. Das gleiche Problem, um das es sich in diesem Zusammenhang handelt, liegt auch in der pathetischen Versicherung vor, deren ästhetischer Einschlag durch den mythologischen Vergleich noch stärker hervortritt: „. . . ein solches Volk sei nicht dazu angetan, gleich jenen verbannten Seelen der Fabel, in Ewigkeit in der Nacht zu wandeln, suchend nach seiner leiblichen Hülle, seinem Staate[333]." In der Inkongruenz von Inhalt und Form kommt für Treitschke das eigentlich politische-sittliche-ästhetische Gebrechen des Zeitalters und besonders des deutschen Volkes zum Ausdruck. Die unschönen Formen gehen zu Lasten des Partikularismus, dessen „entsittlichende Wirkungen" in der Nähe eines kleinen Hofes „mit Händen zu greifen[334]" seien.

Wenn der große Inhalt große Form zu seiner Darstellung benötigt, so wirkt umgekehrt auch die Form auf den Inhalt zurück. Treitschke setzt gerade deshalb seine Hoffnung „auf den deutschen Staat, damit die Herzen unseres Volkes freier und reicher werden"[335]. Der ursprünglich sogenannten „einfachen Großheit[336]" des deutschen Charakters vermag nur der „Großstaat" zu entsprechen, in welchem „die unholden Züge des deutschen Volkscharakters[337]" wieder ausgetilgt werden. „Großheit" und „Großstaat" repräsentieren bekanntermaßen ästhetische Werte. „Jedes anderen Volkes Charakter müßte in Zwergstaaten bis zum Unkenntlichen verkümmern[338]." Es darf nicht übersehen werden, daß Treitschke mit solchen Bekundungen über die Folgen der politischen Zersplitterung von sich aus an den Kern einer ja tatsächlich vorhandenen inneren Beziehung zwischen Volkscharakter und Staat rührt.

Die Vorstellung sogenannter „einfacher Großheit des deutschen Charakters" ist jedoch keinesfalls etwa geschichtlicher Erfahrung entnommen,

332) ebd., § 392, S. 401.
333) Aufsätze, Bd. 3, S. 23.
334) Briefe, Bd. 2, S. 233, v. 14. 8. 1862.
335) ebd.
336) Aufsätze, 3. Aufl., S. 626.
337) ebd., S. 471.
338) vgl. ebd., S. 627.

sondern stammt als Vokabel aus dem Sprachschatz Vischers und dient dazu, jenes Bild auszuschmücken, das bei Treitschke a priori feststeht. Es ist dasselbe Wunschbild, das auch in der Wendung von „dem lieben trauten Menschenangesicht unter der wunderlichsten Hülle der Torheit[339]" enthalten ist.

Das Verhältnis von Volk und Staat wird in folgender Feststellung aus dem großen Essay über die geistigen Grundlagen des Unitarismus, wie man den 1864 erschienenen Aufsatz „Bundesstaat und Einheitsstaat" nennen darf, ganz innerlich aufgefaßt: „Wer in dem Staate nicht eine mechanische Ordnung, sondern den lebendigen Leib des Volksgeistes erkennt, kann mit höchster Sicherheit eine gänzliche Umgestaltung der bestehenden Ordnung nahen sehen[340]." Der Begriff des Volksgeistes führt aus dem ästhetischen Zusammenhang von Form und Inhalt schon wieder heraus und bereits in einen anderen ideologischen Zusammenhang hinein, der noch näher beschrieben werden wird. Der Satz leuchtet in andere Teile von Treitschkes geistiger Aszendenz hinein. Er wird trotzdem an dieser Stelle erwähnt, weil auch in dieser engen, inneren Verbindung von Volk und Staat, die hier zum Ausdruck kommt, unverkennbar ästhetische Momente mitschwingen.

Der Staat als „lebendiger Leib des Volksgeistes" bildet das Grundmotiv von Treitschkes Habilitationsschrift über die „*Gesellschaftswissenschaft*" (1858), die überaus aufschlußreich einen Querschnitt durch die geistige Habe des jungen Gelehrten in dem Augenblick bietet, in dem er wissenschaftlich an einen ersten Abschluß und an einen neuen Anfang gelangt ist. Die Linien seiner geistigen Entwicklung laufen in dieser wissenschaftlichen Erstlingsschrift besonders gut sichtbar zusammen.

Für ihre Entstehungsgeschichte ist bemerkenswert, daß in den zahlreichen brieflichen Äußerungen sowie in anderen Aussagen von persönlicher Art, die in jene Vorbereitungszeit auf die Habilitation fallen, die gleichzeitigen ästhetischen Studien einen stärkeren Niederschlag gefunden haben als die eigentlichen wissenschaftlichen Arbeiten. Ja, die Habilitation wird während dieser ganzen Zeit als eine lästige Ablenkung von der eigentlichen Lebensaufgabe, nämlich der künstlerischen empfunden, bei der es ja – wie gezeigt werden sollte – vor allem darum ging, den „humanen Inhalt" in den staatlichen, politischen Problemen herauszufinden. Der hohe Anteil, den die ästhetischen Interessen an der geistigen Vorgeschichte

339) vgl. ebd., S. 639.
340) Aufsätze, 3. Aufl., S. 474.

der „Gesellschaftswissenschaft“ haben, kommt zum Ausdruck, wenn bestimmte ästhetische Grundfragen im Text der Habilitationsschrift und zwar an entscheidenden Stellen wiederkehren.

Der kritische Ausgangspunkt der Treitschke'schen Untersuchung liegt in der Auseinandersetzung mit *Mohls* Begriff der „Gesellschaftslehre“. Mohl hatte in der soeben erschienenen „Geschichte der Staatswissenschaften[341]“ den Versuch unternommen, eine Lehre über die Gesellschaft aus der Staatslehre auszuscheiden und als ein selbständiges wissenschaftliches Forschungsgebiet zu behandeln. Gegen diese These wendet Treitschke ein, daß Staats- und Gesellschaftslehre untrennbar seien. Er führt Mohls wissenschaftlichen Irrtum, der seiner Ansicht nach in einer Trennung beider Bereiche liegt, auf dessen zu engen und vor allem zu äußerlichen Staatsbegriff zurück, wonach der Staat nur „ein Organismus von Einrichtungen“ sei, „welcher eine Anzahl von . . . Persönlichkeiten zu einer . . . Einheit verbinde“[342]. Treitschke beschreibt den Staat dagegen als „ein Volk in seinem einheitlichen äußeren Zusammenleben“[343]. Volk und Staat lasse sich nicht einmal in der Idee trennen[344]. Seine Gegenargumentation bedient sich bis zu diesem Punkte solcher Argumente, die aus dem Arsenal der historischen Staatswissenschaft stammen; indem er aber fortfährt und an den Angelpunkt seiner Argumentation mit der Feststellung gelangt: „sonst wäre die Staatswissenschaft eine bloße Formenlehre[345]“, vollzieht er eine charakteristische Wendung ins Ästhetische. In das Vokabular, das bei der Beschreibung des engen Zusammenhanges zwischen Volk und Staat angewandt wird, dringt an dieser Stelle ein Begriff aus der Gehaltsästhetik ein.

Der Gehaltsästhetiker, der zuerst vom Inhalt, vom „Geist“ oder von der „Idee“ auszugehen pflegt, lehnt „eine bloße Formenlehre“ ab. Der alte Vorgang, daß sich historisch-politische und ästhetische Gesichtspunkte bei Treitschke durchdringen, wiederholt sich auch hier. Wenn es in der Polemik gegen Mohls Staatsbegriff weiter heißt: „Der Staat kann nicht bloß Form sein; *bloße Formen gibt es garnicht*[346], so knüpft dieser Satz sogar unmittelbar an einen Gedankengang an, der in einem Aufsatz von

341) R. v. Mohl, Geschichte und Literatur der Staatswissenschaften, 1855–58, 3 Bde.

342) vgl. R. V. Mohl, a.a.O., Bd. 1, S. 90; zitiert nach H. v. Treitschke, Die Gesellschaftswissenschaft, S. 61.

343) H. v. Treitschke, Die Gesellschaftswissenschaft, S. 61.

344) ebd.

345) ebd.

346) ebd., S. 62.

Fr. Th. Vischer „Über das Verhältnis von Inhalt und Form in der Kunst[347]" enthalten ist und dort genauso formuliert wird. Die Übereinstimmung ist umso bedeutungsvoller, als der Vischersche Aufsatz 1858 erschien, also in demselben Jahre, in welchem Treitschke seine Habilitationsschrift fertigstellte. Sein praktischer Nutzen ist vor allem darin zu erblicken, daß er gewissermaßen die Quintessenz des gesamten Vischer'schen ästhetischen Systems enthält, das in den 6 Bänden der „Metaphysik des Schönen" in umständlicher Breite und mit dem Ballast hegelscher Dialektik entwickelt wird. Treitschke hat diesen Aufsatz also noch während der Anfertigung seiner Schrift kennengelernt. Daß er den soeben erschienenen Aufsatz sogleich zu zitieren sich genötigt fühlte, ist ein sicheres Zeichen dafür, daß ästhetische Fragen in seinem Bildungsgange eine maßgebliche Rolle spielten. Der Vischer'sche Gedankengang lautet: „Was ist denn Form? Das Äußere eines Inneren, richtiger das Äußere mit seinem Inneren, die Einheit des Inneren und Äußern von der Seite des Äußeren betrachtet. *Eine bloße Form gibt es gar nicht,* ja man kann eigentlich gar nicht sagen: bloße Form, es ist contradictio in adjecto, denn Form ist die durch eine qualitative Kraft, ein innewohnendes Dynamisches, auf höherer Stufe Geistiges, so oder so gebildete oder bewegte Materie. Form ist Ausfluß, daher Ausdruck eines Innern[348]." Diesen Sätzen entnahm Treitschke die Rezeptur, mit deren Hilfe er sogar den Staat und auch die Wissenschaft desselben zu erklären vermochte. In einfacher Analogie wandte er die in der Betrachtung des Kunstwerkes gewonnene Erklärung, daß es „eine bloße Form gar nicht gebe", auf den vollkommen anderen Bereich des Staates an. „Die qualitative Kraft" des Volkes sollte den Staat erzeugen, der ein „auf höherer Stufe Geistiges" darstellt. Die Form des Staates ist a priori mit dem vorhandenen Volke gegeben, so wie im Bereich der Kunst die Formen vom Inhalte her bestimmt werden.

Eine eingehende sprachliche Untersuchung würde ergeben, daß Treitschke das Verhältnis von Volk und Staat durchweg nach dem der Vischer'schen Gehaltsästhetik entnommenen Schema Inhalt – Form, die beide untrennbar sind, auffaßt.

In der Polemik gegen *W. H. Riehl,* nächst Mohl den zweiten, wissenschaftlich allerdings nicht wirklich ernstgenommenen Gegner, wiederholt sich derselbe Vorgang. Das ästhetische Axiom, wonach Form und Inhalt nicht voneinander zu trennen seien, wird auch hier herangezogen. Es ist

347) Fr. Th. Vischer, Kritische Gänge, Bd. 4, S. 198ff.
348) ebd., S. 202.

bedeutungsvoll, daß Treitschke in der Auseinandersetzung mit diesen beiden Gegnern, mit denen es die Habilitationsschrift hauptsächlich zu tun hat, auf ästhetische Hilfen nicht glaubt verzichten zu können, auch wenn er im Falle Riehls versichert: „Aus der Methode einer philosphischen Disziplin folgt für die der Staatswissenschaft durchaus nichts[349]." Im Gegensatz zu dieser Versicherung, die wohl nur im Hinblick auf den staatswissenschaftlichen Charakter der Untersuchung abgegeben worden ist, steht der Gebrauch, den der Verfasser tatsächlich von Vischer'schen Gedankengängen macht. Er steht durchaus auf dem von Vischer in seiner Antrittsrede entwickelten Standpunkt, daß „die Ästhetik nun aber bei der Lehre von den verschiedenen Staatsformen in höchstem Grade beteiligt sei"[350].

So stammt auch der Haupteinwand, den Treitschke gegen Riehl erhebt, aus ästhetischen Überlegungen. Die Quelle von Riehls verkehrten Urteilen über die Gesellschaftswissenschaft liege in der „Berufung auf die Trennung von Form und Inhalt des Kunstwerkes"[351]. Die falsche ästhetische Ansicht erzeugt falsche politische Ansichten. Treitschke argumentiert nämlich, daß ebenso wie eine Trennung von Form und Inhalt innerhalb des Kunstwerkes nicht durchführbar sei, auch die künstliche Trennung zwischen einer sogenannten „Wissenschaft vom Volke", einer „Lehre von den politischen Stoffen" auf der einen und „dem Staatsrecht als bloßer Formenlehre der Politik[352]" auf der anderen Seite nicht möglich wäre. Wie er seine eigene für richtig befundene Anschauung von einem wechselseitigen und untrennbaren Verhältnis zwischen Volk und Staat mit dem ästhetischen Gesetz, wonach es „bloße Formen nicht gebe", verbindet, nimmt er auch einen Zusammenhang zwischen Riehls „verkehrten" staatswissenschaftlichen und „verkehrten" ästhetischen Anschauungen an. Bezeichnenderweise wird auch gegen Riehl wieder Vischers Aufsatz über das Verhältnis von „Inhalt und Form in der Kunst" herangezogen[353].

Die Polemik gegen Riehl enthält noch andere ästhetische Bestandteile, die sich mit politischen vermengen. Treitschke lehnt Riehls angebliche Anschauung, „als sei der Staat künstlich, die Volkssitte allein natürlich[354]" ab und bringt dieselbe in eine ursächliche Verbindung mit Riehls „subjektiver

349) H. v. Treitschke, Die Gesellschaftswissenschaft, S. 66.
350) Fr. Th. Vischer, Kritische Gänge, Bd. 1, S. 173.
351) vgl. H. v. Treitschke, Die Gesellschaftswissenschaft, S. 66.
352) ebd., S. 66f.
353) ebd., S. 66, Anm. 1.
354) ebd., S. 67.

Vorliebe für die idyllische Plumpheit der Bauern, welche ganz naturgemäß in dem hellen und reichen Leben der modernen Staaten nur eine untergeordnete Rolle spielen können"[355]. Mit dieser Feststellung befindet sich Treitschke mitten im altgewohnten ästhetischen Bezirke. Die Einwände gegen Riehl entstammen eindeutig der ästhetischen Theorie. Wie der Bauer im „System der Schönheit" – nach einer Bezeichnung Vischers – nicht tragödienfähig und nur in der Idylle ästhetisch verwendbar ist, so spielt er auch im „Großstaat" eine völlig untergeordnete Rolle. Die politischen, sozialen und ästhetischen Urteile decken sich miteinander. Der Bauer bildet weder ein politisches noch ein ästhetisches noch ein soziales Problem. Er bleibt ganz unter dem Horizont solcher Betrachtungsweisen.

In denselben ästhetischen Zusammenhang gehört es, wenn Treitschke von „einer ästhetisch und politisch gleich wenig gerechtfertigten Neigung für die gute alte Zeit[356]" bei Riehl spricht.

Es ist reizvoll zu beobachten, auf welchen verschlungenen und geradezu absonderlichen und trotzdem geistesgeschichtlich noch erfaßbaren Umwegen sich Treitschkes Staatsansicht ausgebildet hat. Unter „dem köstlichen Inhalt", dem es nur noch die Form zu geben gelte, werden nur ganz bestimmte Schichten des Volkes verstanden – die geistig Tätigen und die Erwerbenden im Sinne Gustav Freytags. Weder Adel noch „der plumpe Bauer" werden dem sogenannten köstlichen Inhalt zugerechnet und daher auch nicht von der Staatsidee erfaßt. Das Bild „des schönen Staates" mit „dem hellen und reichen Leben" erträgt nicht die Züge „idyllischer Plumpheit".

Es handelt sich hier um einen ganz ähnlichen Gedankengang, der auch in der ersten Fassung des Kleist-Aufsatzes enthalten ist, wo ebenfalls politische und ästhetische Motive eng miteinander verkoppelt werden. Es ist bezeichnend, daß der Kleist-Aufsatz und die Studie über die Gesellschaftswissenschaft gleichzeitig entstanden sind. Beide tragen die Merkmale derselben geistigen Entwicklungsschicht an sich. Während Treitschke dort, eine königlich-bayrische oder großherzoglich-hessische Nationalhymne nicht bloß eine politische Torheit, sondern auch eine ästhetische Sünde[357]" nennt, spricht er hier im Zusammenhang mit der idyllischen Plumpheit der Bauern von „der ästhetisch und politisch gleich wenig gerechtfertigten Neigung für die gute alte Zeit"[358]. Politik und Ästhetik erscheinen beide Male wie die zwei Seiten derselben Münze.

355) ebd.
356) ebd.
357) Preuß. Jb. 2, S. 608.
358) H. v. Treitschke, Die Gesellschaftswissenschaft, S. 67.

Es wurde anläßlich der Interpretation des Kleist-Aufsatzes (s. oben) festgestellt, daß der Partikularismus nicht nur vom Fortschritt der politischen, sondern auch von dem der ästhetischen Einsicht überwunden wird. Ähnlich verhält es sich in einem ganz anderen Bereich mit der vom Staate abgelösten und selbständigen „Wissenschaft vom Volke": Vor der reiferen, auf dem Grunde der Ästhetik gewachsenen Einsicht in den unlösbaren Zusammenhang von Inhalt und Form kann diese neue Wissenschaftsart nicht bestehen.

Indem Treitschke die Untrennbarkeit von Volk und Staat, an sich ein Ertrag der romantischen Staatswissenschaft, unter Zuhilfenahme ästhetischer Kategorien nachweist und den Staat in eigenen Formulierungen als „die einheitlich geordnete Gesellschaft", als „das zu einer Gesamtmacht zusammengefaßte Volksleben" definiert[359], lehnt er sowohl die einseitig soziale Betrachtungsweise Riehls als auch den politischen Formalismus Mohls ab. Der Kampf gegen den politischen ist ein Seitenstück zum Kampf gegen den ästhetischen Formalismus. Beide gehören zusammen und stehen in einem einheitlichen inneren Zusammenhang. Erst wenn der Partikularismus überwunden ist und „die letzten Reste des politischen Formalismus, welcher unserer Wissenschaft von der Zeit des allmächtigen Naturrechts her noch immer anhaftet"[360], verbannt sind, können „die Gerechtigkeit und Herrlichkeit der politischen Einheitsidee" sowie „die Feinheit und Großartigkeit des politischen Lebens[361]" erkannt werden. Erst dann kann sich auch eine große Kunst entfalten.

In solchen Beziehungen schwingt unüberhörbar ein ästhetischer Ton mit. An der Wahl derartiger Ausdrücke, die politische Werte kennzeichnen sollen, wird gleichsam der ästhetische Durchgang sichtbar, den Treitschkes politisches, später immer einseitiger auf die Macht gerichtetes Denken durchschritten hat. Der große Anteil, den Treitschke an den ästhetischen Problemen seiner Zeit nimmt, und die Bedeutung, welche die aus Hegel und Vischer übernommenen ästhetischen Wertmaßstäbe für die Entwicklung seiner eigenen ästhetischen Ansichten besitzen, bewirken es, daß sich sein politisches Weltbild unter ständigen Rückgriffen auf den ästhetischen Begriffsapparat der Gehaltsästhetik bildet. Zum Teil geht die Übernahme ästhetischer Begriffe in politische Gedankenreihen in einfacher Analogie vor sich. Dem politischen Weltbild werden auf diese Weise ästhetische Bestandteile beigemischt, die demselben lange anhaften

359) ebd., S. 79.
360) ebd.
361) ebd., S.83.

und konstitutive Bedeutung besitzen, bis sie mit zunehmender politischer Erfahrung und auch Gewöhnung an die politische Entwicklung seit 1866 langsam wieder zurücktreten, ohne daß ihre Spuren je ganz verwischen. Ja, Treitschkes Anschauung gerade von jenen politischen Gütern, die höchsten Wert für ihn besitzen, von Volk und Staat, empfängt ihre höchste Legitimierung aus dem Bereich des Ästhetischen. Von der Ansicht, es sei „ein historisches Gebot, daß die Menschheit Staaten, schöne und gute Staaten, bilde", kam Treitschke im Grunde niemals los. Da es ihm versagt war, Staatsmann zu werden, wollte er zunächst als Dichter, dann als Publizist und Historiker die Idee des „schönen und guten Staates" zur Darstellung bringen. Die Überzeugung, daß es einen solchen Staat gebe, verlieh seinen Worten das hohe Pathos und versperrte ihm zugleich auch den Blick für die politischen Realitäten. 1866 und 1870 glaubte er, daß sein Ideal Wirklichkeit geworden wäre.

Ein Jahr nach seiner Habilitation nahm Treitschke die Auseinandersetzung mit Mohls Staatsauffassung erneut auf, als er im Literarischen Zentralblatt dessen soeben erschienene „Enzyklopädie der Staatswissenschaften[362]" besprach. Gegen Mohls Auffassung, daß „der Staat lediglich ein Mittel für den Menschen sei, ja sogar bloß durch die Unzureichendheit der übrigen einfacheren Menschenverbindungen hervorgegangen", führt der Rezensent die Entstehung des Staates auf „die in der Natur des Menschen begründete sittliche Forderung an die Menschheit" zurück, „daß Staaten – und gute und schöne Staaten – bestehen und die einzelnen sich ihnen beugen sollen; so sei der Staat für das Individuum ebensowohl Zweck als Mittel"[363]. Damals – 1859 – findet sich also zum ersten Mal die Vorstellung „guter und schöner Staaten". „Das Bild der ganzen Menschheit", für dessen Herkunft in der Einleitung eine biographische Erklärung zu geben versucht wurde, entsteht erst, wenn sich schöne und gute Staaten gebildet haben. Treitschkes Humanitätsideal ist vollkommen politisiert. Seine Forderung „an die Menschheit" bezieht sich darauf, Staaten zu bilden. Wenn einst die Humanität gerade im „Weltbürgertum" bestanden hatte, so ist sie für Treitschke nur im Nationalstaat denkbar. Von einem Machtkampf der Staaten untereinander hatte er keine Vorstellung, als er sein Ideal konzipierte und ausgestaltete. Ein gegenseitiger Machtkampf würde dem Wesen dieser Staaten sogar widersprechen.

Das Treitschke'sche Staatsideal der 60er Jahre trägt mehr utopische als sogenannte machtstaatliche Züge an sich. Es entspricht auch gar nicht

362) R. v. Mohl, Enzyklopädie der Staatswissenschaften, Tübingen 1859.
363) Aufsätze, Bd. 4, S. 516.

dem Sinn, den der Sprachgebrauch mit „der Realpolitik" verbindet. Von einer anderen Seite her werden wir diesem Staat Treitschkes wieder begegnen (s. 4. Kap.).

Der Versuch, die ästhetischen Grundlagen, auf denen sich Treitschkes Konzeptionen bilden, zu untersuchen, ist wie jede derartige geistesgeschichtliche Untersuchung politischer Urteilsbildung der Gefahr einer zu weitgehenden Interpretation ausgesetzt. Dieser Gefahr sollte durch die ständige Zurückführung der Interpretation auf die konkreten sprachlichen Vorgänge entgegengewirkt werden.

Unsere Untersuchung ging von dem Vischer'schen Grundsatz aus, daß die höchsten politischen zugleich die obersten ästhetischen Werte seien. Bei Treitschke ist diese Ästhetisierung politischer Werte in mannigfachen Umschreibungen der Vorstellungen von Volk und Staat vollkommen durchgeführt und philologisch stets nachweisbar. Der einheitliche innere ästhetische Zusammenhang, der zwischen Treitschkes literarischem und politisch-historischem Schaffen besteht, kommt darin zum Ausdruck, daß sich „der absolute ästhetische Wert der Idee der Selbsterhaltung der Volksgesamtheit" (Kleist-Aufsatz von 1858) und „der schöne Staat" (Rezension eines staatswissenschaftlichen Werkes von 1859 und im Freiheitsaufsatz von 1863) entsprechen und innerlich ergänzen. Die formalistische Ästhetik, die nicht den ästhetischen Wert von Volk und Staat kennt, entspricht dem politischen Formalismus, der den schönen Staat mit dazugehörigem reichen Inhalt nicht zu erfassen vermag.

Drittes Kapitel

Die wissenschaftlichen Grundlagen in Treitschkes publizistischem und historiographischem Werke

„Mein eigentlicher Lehrer in der Politik war Aristoteles, dann die historischen Juristen, Roscher, Dahlmann, Gneist und die hegelsche Philosophie."

TREITSCHKE an G. Schmoller am 27. 7. 1874.

Wir haben uns noch mit einem besonderen Begriffe auseinanderzusetzen, dem in Treitschkes geistig-politischem Repertoire eine maßgebliche Rolle zukommt. Es handelt sich um den zentralen Begriff der Romantik oder genauer noch der Historischen Schule, um den sogenannten *„Volksgeist"*.

Eine nähere Untersuchung des Gebrauchs, den Treitschke besonders in seiner politischen Publizistik von dieser romantischen Kategorie macht, läßt die geistesgeschichtliche Aszendenz sowie die Fülle der literarischen Abhängigkeiten des Tauben, auf den die Charakteristik „des lesenden Menschen" in besonderem Maße zutrifft, deutlich erkennen. Der „Volksgeist", so wie er von Treitschke gebraucht wird, stellt das Ergebnis aus der Verbindung einer Reihe von geistigen Elementen verschiedenster Herkunft dar, die alle einmal eine Rolle spielen und von ihm für eine ganz bestimmte politische Richtung verwertet und ausgenutzt werden. Ähnlich wie ästhetische Werte und Maßstäbe von ihm politisch umgeprägt werden, erfährt auch der „Volksgeist" eine Verwendung im Dienste einer bestimmten politischen Idee. Am „Volksgeist" läßt sich also gewissermaßen Treitschkes geistige Ahnenreihe ablesen, sobald wir nämlich den Versuch machen, seinen mehrschichtigen Inhalt zu zerlegen.

Die einzelnen Bestandteile aus der vielfältigen Geschichte, die dieser Begriff hat, werden sichtbar, wenn der Gebrauch des Wortes einer sorgfältigen Beobachtung unterworfen wird.

Die Hauptstationen des Weges, auf welchem sich der angehende Publizist und Historiker Sinn und Bedeutung der Vokabel aneignet und für seinen politischen Gebrauch zurechtlegt, bilden neben den ästhetischen Arbeiten Fr. Th. Vischers, dessen maßgeblicher Eindruck auf Treitschke auch in der Rezeption dieser Vorstellung zu spüren ist, das nationalökonomische Werk Wilhelm *Roschers*, in zweiter Linie das von *Knies*, sowie das nachhaltig wirkende literarische Vorbild Gustav Freytags. Daneben spielen auch noch andere Vermittlungen, z. B. selbst die von Rottecks Staatslexikon, eine Rolle. Der Volksgeistbegriff stellte gleichsam einen Probefall auf die eklektische Methode dar, mit der sich Treitschke die ihm auf seinem fast ausschließlich autodidaktischen Bildungsgange zugewachsenen Bildungselemente aneignet und – das ist entscheidend – sogleich politisch brauchbar macht.

Aus der unergründlichen und unerforschlichen Tiefe, in welche die Romantik den stillwachsenden Volksgeist gesenkt hatte, ist bei Treitschke im hellen Licht des Kampfes um die nationale Staatsform der Deutschen ein Wesen geworden, dem seine weltanschauliche, ja seine parteipolitische

Zugehörigkeit an die Stirn geschrieben zu sein scheint. Alle quietistischen und „neptunistischen" Merkmale[1], die aus dem romantischen Erbe der Savigny und Grimm stammen, sind ausgetilgt und durch aktive, ja oftmals revolutionäre Züge ersetzt. Der Volksgeist empfängt von vornherein eine feste Richtung auf ein politisches Ziel und wird politisches Kampfmittel. Wenn sich Treitschke auch noch oftmals auf die Romantik berufen wird, so hat sein Volksgeist doch schon längst alles Romantische gründlich abgestreift. Erst in der bestimmten politischen Situation des deutsch-französischen Krieges wird sich der Publizist wieder des *romantischen* Volksgeistes bedienen.

In Treitschkes erster publizistischer Schaffensperiode jedoch, in welcher die Reihe der glanzvollen ästhetischen und historisch-politischen Essays als Vorarbeiten zur Deutschen Geschichte entstand, ist dieser Volksgeist keine *unbewußt* schöpferische und *still* wirkende Kraft mehr, sondern im Gegenteil eine revolutionäre, die Wirklichkeit umgestaltende Macht, die das Bestehende in Frage stellt. „Die Vorstellung, daß das Bestehende schlechthin unberechtigt sei und einem deutschen Reiche weichen müsse, ward durch Fichtes Reden mächtig gefördert[2]", – diese Vorstellung wird von dem Festredner Treitschke 1862 in einen engen Zusammenhang mit der Bildung des deutschen Volksgeistes gebracht, „aus dem das Reich erwachsen werde." Die Bildung des deutschen Volksgeistes vollzieht sich nicht „organisch" und nicht „anonym", sondern „die starken Männer" sind die Erzeuger und die Träger dieses Volksgeistes. Ihre „Ideen" bilden seinen Inhalt.

Die ersten Spuren dieser Vorstellung vom Volksgeist lassen bereits eine polemische Schärfe gegen das bestehende Territorial-Fürstentum erkennen. Wenn der *romantische* Volksgeist gerade dazu gedient hatte, die bestehenden Gewalten, die aus ihm ihr historisches Recht ableiteten, zu legitimieren, und wenn er somit die Grundlage eines konservativen Nationalgedankens – der auch die partikularen Gewalten mit umfaßte – gebildet hatte, so wird der *liberal-politische* Volksgeist zu einem Wertmaßstab, an dem das fragliche Recht des Bestehenden kritisch gemessen wird[2a]. Die geheimnisvolle Anonymität, in welche der romantische Volksgeist im Kreise Savignys und auch der Brüder Grimm eingetaucht war, schwindet und weicht vor einem neuen Gebilde mit ganz bestimmten und erkennbaren Eigenschaften. „Der Volksgeist", der in der Festrede über Fichte auf dem Leipziger deutschen Turnfeste 1862 als eine letzte nationale Instanz angerufen wurde,

1) vgl. E. Rothacker, Einleitung in die Geisteswissenschaften, S. 69: „Neptunistisches Ideal der Entwicklung."

2) Aufsätze, 3. Aufl., S. 149.

2a) vgl. Fr. Meinecke, Weltbürgertum und Nationalstaat, 7. Aufl., 1928, S. 220ff.

ist keine dunkle „stillwirkende" Urkraft, aus dem das nationale Leben „bewußtlos" emporsteigt, sondern gewissermaßen der Extrakt aus den Überzeugungen der großen Männer, auf die sich der nationale Liberale im Kampf um sein politisches Ziel beruft. So formuliert Treitschke den Sinn des Festes, dessen wirkungsvoller Redner er wurde, folgendermaßen: „Und das ist der Sinn jener Feste, deren die politisch tiefbewegte Gegenwart nicht müde wird, daß wir, rückschauend auf die starken Männer, die unseres Geistes Züge tragen, erfrischen das Bewußtsein unseres Volkstums und stärken den Entschluß, daß aus dieser idealen Gemeinschaft die Gemeinschaft der Wirklichkeit, der deutsche Staat, erwachse[3]." Diese Bekundung bringt uns der Erkenntnis dessen näher, was Treitschke auf dieser frühen Stufe seiner Entwicklung unter „Volksgeist" versteht. Er meint im Grunde immer dasselbe, ob er nun den deutschen Staat – ganz selten wendet Treitschke auf den Gegenstand seiner nationalen Sehnsucht vor 1870 die Bezeichnung „Reich" an – aus dem „deutschen Volksgeist" oder ob er ihn aus „der idealen Gemeinschaft" einer Fest- bzw. Volksversammlung hervorgehen läßt, denn die Volksversammlung, welche Menschen von gleicher Überzeugung zusammenführt, ist die *erkennbare* und also nicht unsichtbare Stätte des Volksgeistes geworden.

Der Volksgeist Treitschkes wird genährt aus den Überzeugungen großer Männer. So ist er kein Urelement im Sinne der Romantik, sondern ähnlich wie bei Hegel „Produkt". Nicht als Wurzel, sondern als Blüte und Frucht des gesamten nationalen Lebens erschien Hegels Volksgeist und unterschied sich grundsätzlich von der Volksgeist-Vorstellung der Romantiker. Hegels Volksgeist führt auf Montesqieus Esprit général zurück, der ebenfalls als das Ergebnis aus der Gesittung eines Volkes gedacht ist. Wenn der Sinn der Treitschke'schen Bekundungen über den Volksgeist auch keine unmittelbare Ableitung aus Hegel zuläßt, so ist die unromantische Art, die diesen Bekundungen der 50er und 60er Jahre anhaftet, doch mehr Hegel als der Romantik verwandt.

„Die ideale Gemeinschaft" umfaßt über den politischen Anlaß einer Volksversammlung hinaus alle jene, die dieselbe nationale und liberale Überzeugung verbindet. Sie schließt in der Zeit der 50er und der ersten Hälfte der 60er Jahre diejenigen aus, die anders als liberal denken. Es handelt sich also um einen Kreis von ganz bestimmten weltanschaulichen und politischen Merkmalen, in welchen nach Treitschkes Ansicht die Quelle des nationalen Lebens zu suchen ist.

3) Aufsätze, 3. Aufl., S. 124; vgl. auch oben S. 41f.

Der liberale Gebrauch des Volksgeistes kommt noch stärker in dem Motive „des Entschlusses" zum Ausdruck, „daß aus dieser idealen Gemeinschaft die Gemeinschaft der Wirklichkeit, der deutsche Staat erwachse". Mit diesen Anschauungen, wonach die Staatsgründung eine Angelegenheit des Volkswillens sei, befindet sich Treitschke ganz in Gedankengängen, die für Gustav Freytag typisch sind. Letzterer ließ es sich angelegen sein, in den Grenzboten über Volks- und Festversammlungen laufend zu berichten und Betrachtungen darüber anzustellen. In einer Übersicht über die Feste des Jahres 1862 und vornehmlich über das Frankfurter Schützenfest faßte er deren Bedeutung folgendermaßen zusammen: „Jede Versammlung von zehntausend Schützen, von zwanzigtausend Turnern ist nicht nur eine siegreiche Schlacht gegen die Tradition des alten Polizeistaates, der machtlos solchem Zusammenfluß zugereister Landsleute gegenübersteht, es ist zu gleicher Zeit die Einführung höherer Staatsbildungen in das Volksleben . . .[4]." Dann heißt es weiter: „Und in diesem Sinne sagt die Behauptung nicht zuviel, daß die Deutschen gegenwärtig dabei sind, sich in der gehobenen Stimmung ihrer Feste, unter Gesang und Hochrufen ihren Staat zu gründen[5]." Dieser Grenzbotenartikel und Treitschkes Fichterede, beide aus dem Jahre 1862, entsprechen einander vollkommen. Sie sind im selben Geiste geschrieben und gesprochen.

Die Volksversammlung als eine der Stätten des Volksgeistes führt schon mitten in Treitschkes politische Publizistik hinein.

Der Weg, auf dem die Vorstellung eines Volksgeistes Treitschke zuwuchs, beginnt jedoch noch im Bannkreis der Romantik. Er spiegelt ein Stück Geistesgeschichte wider.

Eine wissenschaftliche Formulierung der Funktion des Volksgeistes war in dem „Grundriß zu Vorlesungen über die Staatswirtschaft" enthalten, den Wilhelm Roscher 1843 als Leitfaden für seine Hörer herausgegeben hatte[6]. Treitschke hat diese kleine Schrift, die zu seinen ersten Lehrbüchern gehörte, sehr genau durchgearbeitet. In den Semestern, in denen er bei Roscher belegt hatte, war er bereits ganz auf das Nachschreiben von Kollegs angewiesen, und so leistete ihm eine gedrängte Übersicht über einen Vorlesungsstoff, der in etwa 100 Stunden vorgetragen wurde, beson-

4) G. Freytag, Bilder von der Entstehung des Deutschen Reiches, ges. u. hrsg. v. W. Rudeck, S. 260f.

5) ebd.

6) Das in Treitschkes Nachlaß erhaltene Exemplar zeigt, daß er den Grundriß gründlich durchgearbeitet hat; vgl. E. Leipprand, Heinrich v. Treitschke im deutschen Geistesleben des 19. Jahrhunderts, S. 32.

ders gute Dienste. In wenigen Paragraphen dieses nationalökonomischen Leitfadens „zum Gebrauch für Studierende" wurde die sogenannte „historische Methode" erläutert. Der Verfasser wollte mit dem Leitfaden zugleich ein neues Programm bekanntgeben und zwar das Programm für die historische Richtung der Nationalökonomie. Er gedachte „für die Staatswirtschaft etwas Ähnliches zu erreichen, was die Savigny-Eichhornsche Methode für die Jurisprudenz erreicht habe"[7]. Die romantische Einsicht, daß „das Volk nicht bloß die Masse der heute lebenden Individuen sei[8]," ist ebenso in dem Grundriß enthalten, wie die Anschauung, daß Staat, Recht, Sprache und Volkswirtschaft verschiedene Seiten derselben Volksentwicklung, desselben *einen* Volkslebens seien. Es ist gewiß nicht so, als ob etwa Treitschke diese romantischen Feststellungen erstmals aus Roschers Leitfaden kennengelernt hätte. Sie waren vielmehr in die allgemeine Bildung bereits vollkommen eingedrungen. Es ist dagegen nachweislich, daß ihre prägnante Anwendung auf das volkswirtschaftliche Leben, mit dem sich Treitschke ja hauptsächlich beschäftigte, seinem wissenschaftlichen Denken einen entscheidenden Anstoß gegeben hat.

Für seine wissenschaftsgeschichtliche Stellung wurde der Sachverhalt bedeutsam, daß ihm die Leitsätze der Historischen Schule (im Sinne Rothackers) nicht etwa an der Quelle, d. h. also nicht von ihren Begründern, den Savigny, Eichhorn, Grimm und – um diesen Namen schon hier zu nennen – auch nicht von Ranke vermittelt wurden, sondern vielmehr auf dem geistesgeschichtlichen Umwege über eine allerdings ganz unter historisch-romantischen Vorzeichen stehende nationalökonomische Schule. Treitschkes literarische Bildung ist gewiß besonders umfänglich gewesen, und er hat mit Sicherheit auch Savignys „System des römischen Rechtes[9]" gelesen, aber es läßt sich doch leicht nachweisen, daß er seinen historisch-romantischen Begriffsapparat und dessen Vokabular vornehmlich aus den Werken Wilhelm Roschers und des anderen Begründers der geschichtlichen Nationalökonomie, Knies'[10], bezogen hat. Der kurze Grundriß von 1843 bot ihm zum ersten Male eine systematische Darstellung des Gehalts der Historischen Schule. Darin liegt die Bedeutung dieser kleinen Schrift für Treitschkes Bildungsgeschichte.

7) W. Roscher, Grundriß zu Vorlesungen über die Staatswirtschaft, Göttingen 1843, Einleitung S. V.

8) ebd., S. IV.

9) F. C. v. Savigny, System des heutigen römischen Rechts, 1840–49, 8 Bde.

10) K. Knies, Die politische Ökonomie vom Standpunkte der geschichtlichen Methode, Braunschweig 1853, 2. Aufl. 1882.

In der Vorbemerkung dieses Kapitels wurde schon darauf hingewiesen, daß der junge Student nicht nur bei diesen beiden akademischen Lehrern mit Stimmung und Gehalt der Historischen Schule vertraut geworden ist, sondern daß das ständig wirksame literarische Vorbild Gustav Freytags, von dem noch im Zusammenhang ausführlicher gesprochen werden wird, die Nationalökonomie an bleibender und tiefgehender Wirkung vielleicht noch übertrifft. Auf dem Bildungswege aber, den der taube Autodidakt durchschritt, spielen die Lehrbücher der historischen Nationalökonomie eine besondere Rolle. Die Einteilung dieser Werke in Paragraphen hat sicherlich nur dazu beigetragen, ihre Schulwirkung zu verstärken.

Der Zentralbegriff des „Volksgeistes" war bis in die 50er Jahre längst zu einem selbstverständlichen Bestandteil der allgemeinen Bildung geworden, dessen Herkunft keinesfalls im einzelnen ganz feststellbar ist. Es ist ein Teil der geistigen Atmosphäre, an welcher der Gebildete teil hat, und die ihn umgibt. Ein Netz von Verbindungsfäden, die nicht säuberlich auseinandergelegt werden können, spannt sich zwischen denjenigen, die der Vorstellung vom Volksgeist zuerst einen ganz bestimmten Inhalt und Sinn verliehen, und denen, die das Wort als selbstverständliche Vokabel ihres Wortschatzes gebrauchen. Diesen Sachverhalt gilt es zu bedenken, wenn trotzdem der Versuch gemacht wird, Hauptlinien im Gebrauch dieses Begriffes bei Treitschke zu unterscheiden. So selbstverständlich die Anwendung dieser geläufigen Kategorie, deren doppelpolige Entstehungsgeschichte auf Hegel auf der einen und auf die historischen Juristen auf der anderen Seite zurückführt, in der Sprache der Gebildeten auch geworden ist, so bietet eine eingehende und behutsame Analyse doch eine Möglichkeit, unterschiedliche Merkmale zu erkennen, die auf das Überwiegen bestimmter Vorbilder und Strömungen hindeuten, ohne daß etwa die Abwesenheit oder Unwirksamkeit anderer Zwischen- und Bindeglieder sowie anderer Komponenten damit behauptet werden soll. In diesem Sinne darf von einer erheblichen Bedeutung der geschichtlichen Methode der Nationalökonomie für Treitschke gesprochen werden. Diese Bedeutung liegt nicht allein darin, daß Treitschke bei den nationalökonomischen Autoritäten der Roscher und Knies Gehalt und Methode der Historischen Schule kennenlernte, sondern ebenso sehr darin, daß es doch eben eine Vermittlung, ja ein Umweg war, auf dem ihm der geistesgeschichtliche Ertrag der vorausgegangenen großen Wissenschaftsepoche der historischen Juristen zuwuchs und zwar in Verbindung mit anderen wissenschaftlichen Tendenzen. Er hat später einmal (1874) in der Auseinandersetzung mit Gustav Schmoller die Reihenfolge seiner Lehrer, allerdings nur in der Politik, folgendermaßen bestimmt: „Mein eigentlicher Lehrer in der Politik war Aristoteles, dann die historischen Juristen, Roscher, Gneist und die hegelsche Philosophie[11]." Bei dieser subjektiven Aussage über seinen Bildungsgang bleibt offen, ob er diese Reihenfolge chronologisch oder im Sinne einer Rangfolge meinte. Sie ist auf jeden Fall unvollständig, zumal ja auch die Namen G. Freytags und Fr. Th. Vischers, die beide seine Lehrer *auch* in der Politik gewesen sind, fehlen. Die historischen Juristen, die gleich nach Aristoteles genannt werden, und die auch an anderer Stelle in der Erinnerung vor den Vertretern der Nationalökonomie rangieren, sind dagegen im wirklichen Ablauf seines Bildungsganges Treitschke doch nur sehr abgeleitet bekannt geworden. Je skeptischer er nach 1870 die Nationalökonomie wegen ihrer angeblichen Beförderung einer „materialistischen" Lebens- und Geschichtsauffassung beurteilt, desto schwächer wird seine Erinnerung an die ausschlaggebende Mittlerrolle, welche die Nationalökonomie in den 50er Jahren in seinem Bildungsgange gespielt hat. Seine Lehrer waren die nationalökonomischen Größen jener Zeit, aber nicht die historischen Juristen. Der mächtige Eindruck, der von Dahlmann, Treitschkes erstem akademischen Lehrer in Bonn ausging, schob sich gleichsam von Anfang an vor eine tiefergehende Wirkung, die von der eigentlichen Historischen Schule hätte ausgehen können; denn – wie Friedrich von Bezold in einer glänzenden Charakteristik Dahlmanns sagt[12] – „von der historischen Rechtsschule wie von Rankes allumfassender Objektivität schied ihn sein fester Glaube an die größte unmittelbare Aufgabe der deutschen Gegenwart und an die Befugnis der Mitlebenden, sie zu lösen", und ferner heißt es bei Bezold: „Die Nachwirkung der Romantik erscheint bei ihm fast völlig ausgeschaltet, wie die Begriffswelt des naturrechtlichen Dogmas[13]."

In dieser Charakteristik liegt der ganze Unterschied zur historischen Rechtsschule vor, die an „ein stilles Reifen" glaubte und von „einer Befugnis der Mitlebenden" nichts wissen wollte. Von einer „Befugnis" der Gegenwart, „die größte unmittelbare Aufgabe zu lösen" und nicht länger aufzuschieben, war gerade Treitschke tief durchdrungen, wie das Motiv „des Entschlusses" bereits zeigte. So unterschied er sich auch in diesem wesentlichen nationalen Anliegen von der Stimmung der historischen Rechtsschule. Außerdem kam es Dahlmann viel mehr darauf an, seine besondere politische und ethische Geschichtsauffassung fortzupflanzen, als eine bestimmte wissenschaftliche Methode zu tradieren.

11) Briefe, Bd. 3, S. 397, v. 27. 7. 1874.

12) vgl. Fr. v. Bezold, Geschichte der Rheinischen Friedrich-Wilhelm-Universität von der Gründung bis zum Jahre 1870, 1920.

13) ebd., S. 392.

Der greise Arndt, der neben Dahlmann Fachordinarius war und dessen nationales Ansehen nach wie vor eine große Hörerschaft anzog, konnte weder die verklungenen Stimmen der Romatik wiedererwecken noch eine wirkliche geschichtliche Methode lehren. Der dritte Historiker, Loebell, stand im Rufe „eines belletristischen Professors[14]" und war nicht geeignet, dem jungen Treitschke nachhaltige Anregung zu geben.

Die Zusammensetzung der juristischen Fakulät, der Treitschke angehörte, war ebenfalls nicht mehr so, daß von einer vorherrschenden Geltung der historischen Rechtsschule die Rede hätte sein können. Letztere hatte bereits in den 40er Jahren ihren Höhepunkt überschritten. Bei dem Straf- und Völkerrechtler Hälschner, dessen Vorlesung Treitschke im 3. Semester gewissenhaft nachschrieb, überwogen fast ganz die hegelschen Gedanken, obwohl derselbe auch noch von der Historischen Schule bestimmende Eindrücke empfangen hatte. Das von Hälschner vorgetragene Straf- und Völkerrecht wurde somit zu einem der Mittel, durch welches hegelsches Gedankengut an die nächste Generation weitergeleitet wurde. Es ist in diesem Zusammenhang ja auch bezeichnend, daß der junge Student als einen ersten Ertrag aus den Anfängen seines Studiums die hegelsche Ansicht von der Wirklichkeit der Vernunft und Vernünftigkeit der Wirklichkeit besonders hervorhebt (s. Einleitung). Zu den für seinen Bildungsgang bedeutungsvollen Namen gehört schließlich auch noch *Gervinus*. Letzterer hat ebenfalls dazu beigetragen, eine mögliche Wirkung der Historischen Schule zu erschweren bzw. zu verhindern. Durch Gervinus kam Treitschke mit ganz anderen geistigen Traditionen in Berührung.

Im 4. Semester lernt er die gerade erschienene „Einleitung in das 19. Jahrhundert" kennen und empfängt von ihr, wie noch gezeigt wird, bedeutsame und bleibende Anregungen.

Der knappe Versuch, aus der Reihe „gelesener" Bücher, ja selbst nur nachgeschriebener Kollegs, eine Bildungsgeschichte zu rekonstruieren, müßte unglaubwürdig erscheinen, wenn dem tauben Studenten nicht das gesprochene Wort verschlossen geblieben wäre. So zeigen die aufschlußreichen Briefe eindeutig, wie stärker als bei anderen die von Büchern ausgehenden Impulse und Eindrücke in ihm fortwirken. In dieser Bildungsgeschichte spielen die Vertreter der eigentlichen Historischen Schule, auf die sich Treitschke im *Rückblick* auf sein Studium gern zu berufen pflegt, eine recht geringe Rolle.

Hinzu kommt noch etwas anderes: Treitschke hat niemals eine quellenkritische Schule durchschritten. Es unterscheidet ihn wesentlich von der älteren Generation der politischen Historiker, von den Dahlmann, Droysen, Sybel und auch von Gustav Freytag, die alle einmal von der Philologie,

14) vgl. ebd., S. 393.

sei es der klassischen oder der germanistischen ausgegangen sind. Treitschkes klassisch-philologischer Unterricht ist mit seinem Abgang von der Kreuzschule abgeschlossen. Mit dem germanistischen Wissenschaftsbetrieb kam er nur in ganz oberflächliche Berührung. Das Handwerkliche, das mit dem Philologischen zunächst verbunden zu sein scheint, hat ihn niemals interessiert. Mit Karl Joseph Simrock, dem Inhaber des neugegründeten Lehrstuhls für Germanistik in Bonn, wurde er sogar persönlich bekannt. Er hatte Simrocks 7-stündiges Kolleg über altdeutsche Mythologie belegt und berichtet von wiederholten Besuchen bei ihm. Simrock hat ihm aber kein näheres Verhältnis zur altdeutschen Vergangenheit vermittelt. Der junge Treitschke sucht eine Zeitlang auch auf diesem Felde der Vergangenheit nach „Motiven", die er für seine poetische Arbeit zu verwerten hoffte. So gab ihm Simrock einmal eine altdeutsche Sage zur poetischen Bearbeitung. Die Kenntnis altdeutscher Dinge ist jedoch niemals ein Bestandteil seiner Bildung geworden. Er wollte eben keine „Handlangerdienste" leisten, vor denen er sich im philologischen Wissenschaftsbetriebe fürchtete, und er wollte nicht die Geschichte wie „eine Raritätenkrämerei" betreiben[15], sondern sie „scharf und kühn mit der Gegenwart in Beziehung setzen". Die Philologie schien allzu leicht in die „niederen" Bezirke der Wissenschaft zu führen. Nur einmal nahm Treitschke an einem historischen Seminar teil, aber dies Seminar, das ihn in die historische Methode hätte einführen können, kam über die ersten Stunden nicht hinaus. Es wurde von dem erst 30jährigen Professor Abel, einem Lieblingsschüler Dahlmanns, der sich 1848 einen glänzenden Namen gemacht hatte und wenige Jahre später schon starb (1854), veranstaltet. Die Geschichte Ludwigs des Frommen sollte nach den Monumenten durchgenommen werden. Was der 18jährige seinem Vater schreibt, – daß er nämlich „dadurch erst einen Begriff von Quellenstudium bekomme[16]", bestätigt 35 Jahre später noch der Berliner Ordinarius: „. . . bleibt mir dies Kolleg unvergeßlich; denn es ist das einzige, das ich habe hören können, und ich erhielt dadurch zuerst einen Begriff von historischer Kritik . . ."; dann fährt er fort und beschreibt das nicht schwer genug zu nehmende Schicksal seines Studiengangen: „Sonst war ich leider ganz auf den Instinkt meines unreifen Kopfes und auf das traurige Nachreiten der Hefte Anderer angewiesen[17]." Nur in diesen wenigen Seminarstunden lernte Treitschke die eigentliche Praxis historischen Arbeitens kennen, d. h. er bekam von ihr, wie er selber gestand, also nicht mehr als nur einen „oberflächlichen" Begriff. So ist es verständlich, daß er sich nach seiner

15) Briefe, Bd. 1, S. 78, v. 25. 5. 1851.
16) ebd., S. 124, v. 14. 7. 1852.
17) Briefe, Bd. 3, S. 590, v. 14. 8. 1887.

Bonner Studienzeit im ersten Leipziger Semester, als er von Roscher und auch von Albrecht starke Eindrücke empfing, von allen historischen Studien im engeren Sinne so weit entfernt fühlte, daß er schreiben konnte: „Vom vorwiegend historischen Studium habe ich mich schon in meinem zweiten Semester, wo ich die ersten staatswissenschaftlichen Kollegien hörte, und ganz entschieden in meinem dritten Semester, zurückgezogen; denn ich fühlte, daß es bei keinem Studium leichter ist als beim historischen, entweder ein bloßer Handlanger oder ein Phrasendrescher zu werden, und vor allem bei keinem leichter seine Kräfte zu zersplittern, weil nirgends das historische Studium methodisch gelehrt wird, und diese letzte Gefahr war für mich umso größer, da ich nie ein Kolleg habe hören können und stets auf Bücher und Hefte beschränkt gewesen bin[18]." Wenn es sich hier auch um die Aussage eines 19jährigen Studenten im 5. Semester handelt, so vermag sie doch die völlige Entfremdung von der historischen Wissenschaft und von der historischen Methode zu veranschaulichen.

Treitschke sollte diese historische Methode erst bei den führenden Vertretern der Leipziger Nationalökonomie kennenlernen, vornehmlich bei Roscher und auch bei Knies, und zwar in charakteristischer Verbindung mit anderen wissenschaftlichen Traditionen.

So wurde es ein Umweg, auf dem er in den Besitz der Denkinhalte sowie der Sprachformen der Historischen Schule gelangte; und es gilt nun zu untersuchen, ob es die echten Münzen noch waren, die er fand, oder ob sie ihm bereits in bestimmter charakteristischer Umprägung geboten wurden und schließlich, wieweit und wie rasch Treitschke den evtl. Umschmelzungsprozeß alter Begriffe und Vorstellungen gefördert hat.

Wenn zunächst versucht wird, Roschers „geschichtliche Ansicht" der Nationalökonomie an einer Reihe von Äußerungen zu beschreiben, so soll zugleich auch der Stimmungsgehalt, der in ihnen zum Ausdruck kommt, mit berücksichtigt werden; denn aus der allgemeinen Stimmung läßt sich fast noch sicherer auf die geistige Zugehörigkeit des Schreibers schließen als aus dem Inhalt der Bekundungen selbst.

Bei der Erklärung des individuellen Lebens geht Roscher von der Annahme eines organischen Gesamtlebens aus. Das Volk ist ihm im Sinne der Romantik ein „Reales" und „Ganzes": „Wie jedes Leben, so ist auch das Volksleben ein Ganzes, dessen verschiedenartige Äußerungen im Innersten zusammenhängen[19]." Die Reihenfolge, in der die sieben Seiten, die das *eine* organische Volksleben

18) Briefe, Bd. 1, S. 169, v. 20. 5. 1853.

19) W. Roscher, System der Volkswirtschaft, Bd. 1, 21. Aufl., § 16, S. 36 (vgl. auch 1. Aufl. 1854, § 16, S. 22).

hat, aufgezählt werden, ist bezeichnend für die Herkunft aus einem romantisch gestimmten Lebensgefühl, welches die „stillwirkenden" im Grunde höher schätzt als die „tätigen Kräfte". Sprache, Religion, Kunst, Wissenschaft, Recht, Staat und Wirtschaft, wobei die Religion als „tiefster Grund und höchstes Ziel" erklärt wird – das in dieser Aufzählung vorhandene Gefälle läßt auf eine Wertung schließen, die mehr zurückweist in die Richtung der Romantik als vorwärts in Richtung dessen, was unter Realpolitik verstanden wird, für welche der Staat höhster irdischer Wert ist. Es ist eine Aufzählung, die so bei Treitschke nicht denkbar wäre. Bis in die Wahl der sprachlichen Bilder hinein spürt man bei Roscher romantisches Erbe. „Wie das Meer ewig schwankt zwischen Ebbe und Flut, so das Volksleben zwischen Ruhezeiten und Krisen[20]." Die Zuhilfenahme vegetativer Vorgänge zur Veranschaulichung geistiger Entwicklungen ist außerordentlich bezeichnend und gehört in diesen Zusammenhang: „Wer die Entwicklungsgesetze der Pflanze kennt, der mag weder im Samenkorn den Keim des Wachstums, noch in der Blüte den Vorboten des Verwelkens übersehen[21]." Der Begriff des *Organismus*, der aus dem Bereich des Natürlichen stammt, wird auf das gesamte Volksleben und alle seine Äußerungen angewandt. Der menschliche Organismus und der Vorgang des Blutkreislaufs dienen als Analogien für Vorgänge innerhalb des Stromkreises des *einen* Volkslebens. Wenn Roscher auf die sprachlichen Gesetze der Lautverschiebung hinweist, um die innere Planmäßigkeit und Gesetzlichkeit des geschichtlichen Lebens zu demonstrieren, so bekundet sich in diesem Hinweis noch die innere Nähe zur germanistischen Philologie der Brüder Grimm.

Die Sprachform Treitschkes hat dagegen solche Bilder aus dem natürlichen Leben bis auf ganz geringe Reste vollkommen ausgeschieden. Roschers sprachlicher Rückgriff auf Begriffe und Bilder der Historischen Schule verbindet sich jedoch auch schon bei ihm mit einer leichten Skepsis, ob solche Begriffe wirklich noch anwendbar seien. So erklärt er ausdrücklich, daß „der Begriff Organismus ohne Zweifel zu den dunkelsten gehöre". Es solle mit ihm nicht mehr als nur „der kürzeste gemeinsame Ausdruck vieler Probleme" gegeben werden. Schon diese Bekundung zeigt, wie dieser romantische Zentralbegriff langsam bezweifelt und erweicht wird.

Das „organische Leben" wird auch ein „höheres gemeinsames Leben" genannt, dessen „Äußerungen" Sprache, Religion, Kunst usw. seien, und rückt mit dieser Deutung beträchtlich in die Nähe der hegelschen Philosophie, welche die Wirklichkeit des Volkslebens aus einem „höheren Prinzip" oder „allgemeinen Begriff" emanieren läßt. Letzterer ist dem „höheren gemeinsamen Leben" funk-

20) ebd., § 24, S. 57.
21) ebd., § 28, S. 62.

tionell gleich, wenn beide Begriffe inhaltlich auch vollkommen verschieden sind[22].

Bevor wir aber diesen Verbindungsfaden, der zu Hegel läuft, aufnehmen, müssen wir noch andere Spuren verfolgen, auf denen sich Roscher seine Vorstellung vom Organismus gebildet und gedeutet hat. Da „die einzelnen Organe des Volkslebens freie Vernunftwesen seien", sei eine organische Auffassung noch schwieriger als im Falle des menschlichen und tierischen Organismus, heißt es in der ersten Anmerkung zum Paragraphen über den Organismus. So ist er bereit, in seiner innerhalb der „Geschichte der Wissenschaften" erschienenen „Geschichte der Nationalökonomie" die Formel seines nationalökonomischen Vorgängers Rau vom „freien Organismus" zu akzeptieren, „der sich von Naturbildungen dadurch unterscheide, daß bei ihm das Notwendige durch ein Mittelglied, das menschliche Denken, hindurchgehe". In diesen Umschreibungen zeigt sich bereits die Unsicherheit im Gebrauch dieses Begriffes von einstmals kanonischem Ansehen, der in der Vorstellungswelt Treitschkes dann völlig seinen Wert verlieren wird. Das Moment des freien und tätigen Willens greift schon bei Roscher in die im Grunde quietistische Vorstellung vom Organismus störend ein. Die Forderung nach Freiheit und Verantwortlichkeit des Einzelnen" auf der einen sowie der Glaube an „die Fortschrittsfähigkeit der Gattung" (Anm. 3) auf der anderen Seite, lassen die engen Grenzen erkennen, die der Geltung des Organismusgedankens bereits bei Roscher gezogen sind, obwohl er denselben zum Ausgangspunkt seiner wissenschaftlichen Überlegungen macht.

Am deutlichsten spiegelt die *„Anmerkung Nr. 3"* zum Organismusparagraphen den Übergangscharakter und auch die Unsicherheit wider, die dem Worte auf dieser Stufe seiner Verwendung in dem grundlegenden Werk über die historische Nationalökonomie anhaften. Im Grunde läßt Roscher die Deutung dieses dunklen Wortes, das Treitschke dann so unsympathisch wurde, offen. Indem er beschreiben möchte, was „Organismus" zu bedeuten habe, führt er eine Reihe anderer Begriffe an. So taucht an dieser Stelle erstmals im System der Nationalökonomie der *„Volksgeist"* als Analogon zum organischen Leben auf.

In der Anmerkung Nr. 3 hat Roscher gewissermaßen ein wissenschaftliches Selbstbekenntnis abgelegt: „ob man den unerklärbaren Hintergrund,

22) Auf diesen Zusammenhang hat Max Weber aufmerksam gemacht in einer Untersuchung: „Röscher und Knies und die logischen Probleme der historischen Nationalökonomie" in: Aufsätze zur Wissenschaftslehre (zuerst in Schmollers Jahrbuch, 1903f.).

vor dem unsere Analyse jeweilig stehenbleiben muß, Lebenskraft, Gattungstypus, Volksgeist oder Gedanken Gottes nennt, ist für jetzt wissenschaftlich gleichgültig. Umso notwendiger im allgemeinen die Selbsterkenntnis und Ehrlichkeit, welche das Vorhandensein jenes Hintergrundes zugesteht und nicht durch Leugnung desselben den Zusammenhang des Ganzen leugnet, der meistens viel wichtiger ist als die analysierten Einzelheiten[23]."

Bezeichnenderweise setzt Roscher aber hinzu: „Ebenso entschieden freilich muß ich gegen Verketzerungsgelüste protestieren, welche die heilige Pflicht der Wissenschaft nicht begreifen, durch immer weitergehende Forschung jenen unerklärlichen Hintergrund immer weiter zurückzuschieben[24]." Von dieser wissenschaftlichen Feststellung aus wird Roschers geistesgeschichtlicher Standort hell beleuchtet. Zunächst fällt die Beliebigkeit auf, mit welcher der Volksgeist in einer Reihe anderer Vorstellungen von jedes Mal besonderer Herkunft eingereiht wird. Indem die romantische Vorstellung vom „Volksgeist" der historischen Juristen und die „Gedanken Gottes", die einen Bestandteil der Rankeschen Terminologie bilden, synonymisch nebeneinander gestellt werden, gehen beide Vorstellungen eines Teiles ihres besonderen Bedeutungsinhalts sowie auch ihres eigentümlichen Duftes verlustig. Sie verlieren noch mehr an originalem Inhalt, der ihnen ursprünglich innewohnte, wenn Roscher sie auf dieselbe Denklinie mit „Gattungstypus" und „Lebenskraft", denen bis zu einem gewissen Grade sogar ein naturwissenschaftlicher Sinn anhaftet, setzt. Ranke – soviel darf wohl gesagt werden – erleidet in dieser Interpretation gleichsam eine quietistische Umdeutung. An den „Gedanken Gottes", die also nach Roscher auch „Gattungstypus" genannt werden könnten, ist nichts mehr von der Durchsichtigkeit und „dem dynamischen Feingefühl[25]" zu spüren, welches in der Erklärung der Staaten als „geistigen Wesenheiten, originalen Schöpfungen des Menschengeistes, – man darf sagen Gedanken Gottes[26]" schwingt. So sehr die Zusammenstellung von solchen Begriffen und Vorstellungen, die verschiedenen Wissenschaftsstufen angehören, in vorliegender Anmerkung auch den Charakter der Beiläufigkeit zu tragen scheint, so läßt sie doch die Umdeutung, die Ranke bei Roscher erfährt, deutlich genug erkennen. Bei der Untersuchung der

23) W. Roscher, System der Volkswirtschaft, Bd. 1, § 13, Anm. 3, S. 32f. (in der 1. Aufl., 1854, ist diese Anmerkung noch nicht enthalten).

24) ebd.

25) vgl. E. Troeltsch, Der Historismus und seine Probleme, Ges. Schriften, Bd. 3, S. 271.

26) L. v. Ranke, Politisches Gespräch, in: Hist. pol. Zeitschrift, Bd. 2, 4. Abt., S. 794.

Frage, wieweit ein Schülerverhältnis Roschers zu Ranke, zu dem er sich übrigens ausdrücklich bekennt, wirklich besteht, werden wir die Züge wiederfinden, die bereits bei der Analyse dieser Anmerkung sichtbar werden. Roschers Grundstimmung, der das Auffinden von Gesetzen Bedürfnis war und der die Bestätigung der Ansicht, „daß es nichts Neues unter der Sonne gäbe", höchste Befriedigung bereitete, war von der Ranke'schen vollkommen verschieden. Ferner hat die „Lebenskraft", die von Roscher gleichwertig neben „Volksgeist" und „Gedanken Gottes" angeführt wird, so viele vegetative Züge an sich, daß sie etwas vollkommen anderes darstellt als die Rankeschen „Kräfte", die „geistige, Leben hervorbringende, schöpferische Kräfte, selber Leben sind" – und die weiter auch „moralische Energien" genannt werden[27]. Die Betrachtungsweise, die solchen Umprägungen zugrunde liegt, kehrt wieder in der Beurteilung staatlicher Zustände und politischer Vorgänge, in denen selten oder gar nicht das Dynamische geschichtlicher Entwicklungen erkannt und empfunden wird. Wieder einen anderen Sinn wird die Vokabel „Lebenskraft" in der Sprache Treitschkes annehmen, wo sie völlig politisiert zum Maßstab bei der Bewertung politischer Gebilde, zur Rechtfertigung von Groß- und Aburteilung von Kleinstaaten gebraucht wird. Diesen Grad der Politisierung erreicht die Vokabel aber erst, nachdem sie die Sprachgebung Gustav Freytags durchschritten hat. Wir halten jedoch in der Verfolgung der geistigen Wandlungen, die ein Begriff wie „Lebenskraft" auf seinem geistesgeschichtlichen Wege durchmacht, ein und kehren zur Betrachtung der Anmerkung Nr. 3 zurück.

In der Wahl des Ausdrucks „unerklärbarer" sowie „unerklärlicher Hintergrund" kommt zweierlei zum Ausdruck: das romantische Erbstück der Historischen Schule und – vielleicht noch stärker: der dauernd festgehaltene und bewahrte religiöse, ja christliche Standpunkt. Der religiöse Sinn, der dem unerklärbaren Hintergrunde unverkennbar zugrunde liegt, verschiebt nun den Sinn des Volksgeistes ebenso, wie dieser schon durch die Gleichsetzung mit Gedanken Gottes oder Gattungstypus verschoben worden ist. Es ist allerdings eine neue Richtung, in welcher der Volksgeistbegriff jetzt verstanden wird. Die Annahme, daß „der unerklärbare Hintergrund" religiös gemeint ist, entspricht durchaus Roschers lebendigem Christenglauben. So verlangt er auch aus christlicher Einstellung vom Historiker „Selbsterkenntnis und Ehrlichkeit", „welche das Vorhandensein jenes Hintergrundes zugesteht". In dieser Forderung bekundet sich ein religiös-christliches Ver-

27) L. v. Ranke, Die großen Mächte, in: Abhandlungen und Versuche, 1. Sammlung, 2. Aufl., 1877, S. 39.

halten, das das Unerforschbare anerkennt. Diese Selbsterkenntnis und Ehrlichkeit, mit der das Transzendente – wie wir nun sagen dürfen – anerkannt wird, ist also nicht gleichzusetzen mit der poetischen Andacht vor dem „Unerforschlichen" der Romantik oder vor „den stillwirkenden Kräften des Volksgeistes", wenn letztere Stimmungen wohl auch in diesem religiösen Verhalten mitschwingen. So liegt hier gleichsam der Ansatz zu einer religiös-christlichen Interpretation des Volksgeistes vor, wobei dessen ursprünglicher Sinn verblaßt. Mehr echte, religiöse Scheu vor dem Unerklärbaren als poetisch gestimmte Andacht und Genuß am Unergründlichen liegt dieser Äußerung jedenfalls zugrunde. Der Volksgeist transzendiert ins Christliche. Der christliche Sinn, auf den wir bei der Interpretation von Roschers Versuch, das „organische Gesamtleben" zu erklären, gestoßen sind, kommt in dieser Anmerkung nicht etwa zufällig zum Ausdruck, sondern ist ein konstitutiver Bestandteil seines Geschichtsverhältnisses und hat in seinem umfangreichen nationalökonomischen Werke tiefe Spuren bis hin zu den posthumen „Geistlichen Gedanken eines Nationalökonomen[28]" hinterlassen. Im Falle vorliegender Anmerkung vermischt er sich mit romantischem Stimmungsgehalt sowie mit Begriffen und Vorstellungen verschiedenster Herkunft. Die Unterscheidungen zwischen diesen mannigfachen geistesgeschichtlichen Ingredienzen sind mehr in Nuancen anzudeuten, als unmittelbar und handfest zu greifen. Sie sind deshalb aber nicht weniger wirklich. Die „Gedanken Gottes", die bekanntermaßen einen der Namen für den unerklärbaren Hintergrund bilden, tragen ebenfalls christliches Gepräge.

Schließlich erfährt die Anerkennung eines unerklärbaren Hintergrundes, dem unserer Ansicht nach eine christliche Einstellung zugrunde liegt, wieder eine Einschränkung, in dem es nämlich als „heilige Pflicht der Wissenschaft" bezeichnet wird, „durch immer weitergehende Forschung jenen unerklärlichen Hintergrund immer weiter zurückzuschieben"[29].

Wenn wir die Summe aus den Beobachtungen ziehen, die eine Analyse des Roscher'schen Kommentars zum „Organismus" bietet, so kommen wir für die Vorstellung vom Volksgeist zu dem Ergebnis, daß dasselbe kein einheitliches, festumrissenes und eindeutig bestimmtes Wesen ist, sondern vielmehr eins von unbestimmtem Inhalt und mit verschwimmenden Umrissen. Er wird jedenfalls in der Umschreibung „des dunklen Hintergrundes", durch den „der Zusammenhang des Ganzen" erst gewahrt werde,

28) W. Roscher, Geistliche Gedanken eines Nationalökonomen, Dresden 1894.
29) ders., System der Volkswirtschaft, Bd. 1, § 13, Anm. 3, S. 33.

gut charakterisiert. Von dieser Auffassung vom Volksgeist wird sich bei Treitschke kaum eine Spur mehr finden.

Das große Werk über die Grundlagen der Nationalökonomie enthält noch andere Erklärungen des Volksgeistes, die eine eindeutigere Herkunft sowie vor allem eine einfachere und auch unkompliziertere Funktion, die dieser Begriff im Zusammenhang von Roschers geschichtlicher Nationalökonomie hat, erkennen lassen. Es wurde bereits darauf hingewiesen, daß in der Reihenfolge, in welcher die geistigen Äußerungen des organischen Volkslebens aufgezählt werden, die Sprache an erster Stelle rangiert. Sie wurde als „allgemeinster" aber zugleich auch als „genauester Ausdruck des Volksgeistes" von Roscher bezeichnet. Diese „Genauigkeit" wird so ernst genommen, daß sich selbst geographische Unterscheidungen, z. B. Gebirgs- und Küstenlandschaften, die nach Roscher in einem innigen Zusammenhang mit dem Volkscharakter bzw. dem Volksgeist stehen, in analogen sprachlichen Unterschieden wiederfinden. Die Annahme eines solchen Zusammenhanges zwischen geographischem Charakter, Sprache und Volksgeist geht auf folgenden seltsamen, ja – so darf man sagen – naiven Gedankengang zurück. Mit diesem Gedankengang soll übrigens – wie Roscher argumentiert – von vornherein einer materialistischen Erklärung „der Parallele zwischen Volks- und Landesnatur" der Boden entzogen werden. Es heißt an der betreffenden Stelle: „fast jedes Volk ist in einer gewissen Periode seines Lebens gewandert. Da wird schon seine Neigung es womöglich an demjenigen Orte haben verweilen lassen, der seinem Charakter am meisten zusagte[30]." Diese Feststellung hat Max Weber veranlaßt, von „der metaphysischen Einheitlichkeit des Volkscharakters" zu sprechen, an die Roscher geglaubt habe[31]. Es zeigt sich hier aber auch noch mehr als bloß die Anschauung von einer Einheitlichkeit und Realität eines Volkscharakters, den man auch Volksgeist nennen darf und der sich gleichsam ganz nach Neigung *den* Schauplatz seiner Geschichte auswählt, der ihm am meisten konveniert. Der Sachverhalt, daß der Volkscharakter „einheitlich" ist, besagt zugleich, daß er als „sich gleichbleibend" gedacht wird. Die angebliche Konstanz des Volkscharakters ist ein bezeichnender und wesentlicher Bestandteil der Anschauung vom Volke, die Roscher hegte und die sich auch bei anderen Zeitgenossen, z. B. bei W. H. Riehl, findet. Das Volk ist nach dieser Anschauung a priori mit einem einheitlichen, individuellen Charakter versehen, und es voll-

30) ebd., § 37, S. 83.

31) Max Weber, Roscher und Knies und die logischen Probleme der historischen Nationalökonomie, in: Aufsätze zur Wissenschaftslehre, S. 10.

endet gemäß diesem unveränderlichen Charakter seine irdische Laufbahn über Wachstum, Blüte und Verfall. Diese im Grunde vereinfachende Ansicht vom Volke, welche die vielfältige Abgestuftheit der geistigen, seelischen und landschaftlichen Besonderheiten innerhalb eines großen Volkes im Grunde nicht erfaßt, hat die Existenz eines Volksgeistes zur Voraussetzung, der „nicht als Resultante unzähliger Kultureinwirkungen, sondern umgekehrt als der Realgrund aller einzelnen Kulturäußerungen des Volkes angesehen wird, welche aus ihm emanieren"[32]. Wenn das Volk oftmals als eine Persönlichkeit von geprägtem Typus aufgefaßt wird, so steht hinter dieser Auffassung ebenfalls die Annahme eines individuellen Volksgeistes.

Die Zuversicht, mit der Roscher die Äußerungen des Volksgeistes bestimmen zu können glaubt, ist so unbegrenzt, daß er ihn selbst in den Weinen, die in einem Lande wachsen, schmecken und in denselben „Spiegelbilder der Volkscharaktere" erblicken zu können meint[33]. Geistiges wie die Sprache, aber auch Materielles wie eben z. B. der Wein, sind beides Ausdruck desselben einheitlichen Volksgeistes, der wie Roscher erklärt, „selbst für die materiellen Interessen die Hauptsache sei"[34].

Die Rolle, die der Volksgeist bei Roscher spielt, ist jedoch noch immer nicht ausreichend geklärt, wenn nur seine Funktion eines Urelementes beschrieben ist. Diese Funktion wird nämlich bis zu einem gewissen Grade sogleich wieder eingeschränkt. Wenn Max Weber in der Roscher'schen Vorstellung „einer metaphysischen Volksseele", aus welcher „die sämtlichen Charaktereigenschaften des konkreten Volkes emanieren[35]", Spuren von hegelschem Denken gefunden hat, so lassen sich solche Spuren bei Roscher auf noch viel einfachere Weise am sogenannten „wandernden Volke" nachweisen. In den Ausführungen über ein Volk, das sich die Bühne seiner künftigen Taten nach seinen Veranlagungen und Neigungen auswählt, steckt unverkennbar ein Stück von hegelschem Geist. Das Volk, das sich so am Anfang seiner Geschichte auf der Wanderschaft befindet, wird nämlich von der Vorsehung an unsichtbaren Fäden dorthin gelenkt, wo es am besten alle seine Anlagen entfalten kann. Die Feststellung über „die Neigung", die ein Volk „womöglich an demjenigen Orte verweilen lassen wird, der seinem Charakter am meisten zusagt", wird folgendermaßen ergänzt und vor allem eingeschränkt: „Und eine höhere Hand war darüber,

32) ebd., S. 9.
33) W. Roscher, System der Volkswirtschaft, Bd. 1, § 37, Anm. 4, S. 83.
34) ebd., § 21, S. 48.
35) Max Weber, a.a.O., S. 24.

der wir unbedenklich zutrauen dürfen, daß sie jedes Volk in solche äußere Umstände versetzt, wie sie der Entfaltung aller seiner Anlagen am günstigsten sind." Das Zutrauen zur göttlichen Weltlenkung, das in dieser erstaunlich naiven Annahme zum Ausdruck kommt, spiegelt eine Frömmigkeit wider, die eigentlich mehr hegelianisch als christlich ist. Es ist übrigens ganz derselbe Vorsehungsglaube und dieselbe hegelsche Vernunftgläubigkeit, wenn Treitschke nicht daran zweifelt, daß der Tod Moritz' von Sachsen der göttlichen Planung entspricht. „Das Tagewerk seines Lebens war getan, denn es hieße verzweifeln an der göttlichen Führung der Menschengeschicke, wenn einer wähnen wollte, sie rufe den Mann des Schicksals vor der Zeit von hinnen[36]." Dieser Satz stammt aus dem dritten Bande der Deutschen Geschichte und ist also zu einem Zeitpunkt niedergeschrieben, als sich Treitschke schon längst zu einem positiven Christentum bekannte. Er läßt aber den starken Einschlag einer Vernunftgläubigkeit in den christlichen Glauben immer noch deutlich erkennen.

Von beiden, Roscher und Treitschke, wird der Gedanke, daß die Persönlichkeit eines Volkes sich ebenso wie die Persönlichkeit eines Einzelmenschen auslebt, als eine selbstverständliche Erwartung an die Führung der göttlichen Vernunft gehegt und zuversichtlich ausgesprochen. Der Charakter der Selbstverständlichkeit und Notwendigkeit, der diesem Gedanken innewohnt, wird von Roscher noch unterstrichen durch die Annahme eines gesetzmäßigen Ablaufs von Wachstum, Blüte, Reifezeit und Verfall.

Noch deutlicher läßt Roscher in dem von Treitschke so gründlich exzerpierten Grundriß von 1843 die göttliche Vorsehung in die Wanderperiode eines Volkes eingreifen: „Da wohl alle Völker eine nomadische Periode gehabt haben, so ist dies ein Hauptmittel der Vorsehung, die Weltgeschichte zu regeln, jedem Volke seinen angemessenen Wohnsitz anzuweisen und die altgewordenen Stämme durch neue Pfropfreiser gleichsam zu regenerieren[37]." Die Schicksale der einzelnen Volksgeschichten dienen einem allgemeinen Plane, der sich in „der Regelung der Weltgeschichte" verwirklicht. So wenig den Volksgeistern also die Illusion, ihren Weg selbst bestimmen zu dürfen, auch genommen wird, so sinken sie doch fast zu Werkzeugen der Vorsehung herab und erinnern von Ferne aber immer noch deutlich genug an die dienende Rolle, die sie bei Hegel

36) H. v. Treitschke, Deutsche Geschichte, Bd. 3, S. 489.
37) W. Roscher, Grundriß zu Vorlesungen über die Staatswirtschaft, § 19, S. 30.

um den Thron des Weltgeistes – „als Zeugen und Zierraten seiner Herrlichkeit[38]" – spielen.

Es ist nun aber nicht so, als ob die Roscher'sche Ansicht über die Regelung der Weltgeschichte durch die Vorsehung nur ein Niederschlag von Hegels Philosophie wäre und gar keine anderen Motive enthielte. Die Individualität des Volksgeistes wird von ihm immerhin ganz real genommen, und vor allem war Roscher viel zu fromm im ganz einfachen Sinne dieses Wortes, als daß das Bild des persönlichen Gottes nicht doch immer wieder die Geltung der abstrakten Weltvernunft eingeschränkt hätte. „Die höhere Hand", der uns empfohlen wird, die Lenkung des Volkes anzuvertrauen, ist eben für Roscher wirklich die Hand Gottes[39]. Die dauernde Anwesenheit dieses persönlichen echten Glaubens vermag aber die *Bedeutung* des Sachverhaltes nicht herabzusetzen, daß trotzdem die Stellen, die sich mit dem Volksgeist in seiner nomadischen Periode befassen, mit Spuren hegelscher Vorstellungen durchsetzt sind. Wenn Roscher jedes einzelne Volk zu seinem eigentümlichen Rechte kommen läßt, so ist das durchaus historisch individuell gedacht, aber „der angemessene Wohnplatz", den die Vorsehung vergibt – wie ohne Entstellung des Roscher'schen Sinnes und im Gegenteil vollkommen sinngemäß gesagt werden darf – erinnert doch wieder an Zensuren, die der Weltgeist austeilt. Auch hier handelt es sich mehr um Nuancierungen als um greifbare Unterschiede. Es soll nur soviel gezeigt werden, daß die Auffassung des Volkscharakters bzw. Volksgeistes als eines höchst realen und individuellen, ja durchaus handfesten Wesens, wie es sich im wandernden Volke findet, sogleich wieder durch die Dazwischenkunft der hegelschen Vernunft aufgehoben oder mindestens eingeschränkt wird. So ähnlich war auch der romantische Charakter des Volksgeistes in der Anmerkung zum Paragraphen über den Organismus durch die Gleichsetzung mit Vorstellungen von ganz anderer geistiger Herkunft verändert worden.

Beide Beispiele zeigen, wie die ursprüngliche Konzeption des Volksgeistes im Sinne der Historischen Schule durch andere, ja entgegengesetzte geistesgeschichtliche Tendenzen durchkreuzt wird. Sie zeigen ferner die zentrale Funktion, die der Volksgeist im Zusammenhang der historischen

38) vgl. G. W. Fr. Hegel, Grundlinien der Philosophie des Rechts, Sämtl. Werke, Werke, Jubil. Ausg., Bd. 7, § 352, S. 451.

39) Der Abstand Treitschkes zu Roschers religiösem Empfinden wird in der Vergröberung, die in folgender Bekundung Treitschkes zum Ausdruck kommt, sichtbar: „Aber der Finger Gottes hat so sichtbarlich aus den Wolken gewinkt ..." (Politische Korrespondenz 10. 7. 1866, in: Zehn Jahre Deutsche Kämpfe, S. 106) – nämlich am 3. 7. 1866.

Nationalökonomie noch hat und zugleich seine schwankende Begrenzung, vielschichtige Zusammensetzung und vielfältige Anwendung. Sein eigentümliches Wesen, das er bei Roscher angenommen hat, bekundet sich gerade darin, daß er dauernd zu Verbindungen mit anderen geistigen Elementen tendiert.

Dieser Sachverhalt ist für Treitschke besonders belangvoll geworden. Treitschke eignet sich den Begriff des Volksgeistes an, indem er zunächst ebenfalls von dessen romantischer Konzeption ausgeht, um bald jedoch sehr selbständig und großzügig mit derselben umzugehen. Vorwegnehmend darf gesagt werden, daß Treitschke den schon bei Roscher in vollem Gang befindlichen Ablösungsprozeß des Volksgeistes aus dem romantischen Boden weiter fortsetzt und zu Ende führt. Er überführt ihn vor allem ganz ins Politische. Wenn Roscher einmal erklärt hatte, daß der Geist eines Volkes auch für die materiellen Interessen die Hauptsache sei und darunter die volkswirtschaftlichen Interessen verstanden wissen wollte, so stand Treitschke auf dem Standpunkt, daß derselbe für die politischen Neigungen, Interessen und auch Schicksale eines Volkes ausschlaggebend sei.

Wenn wir die bisherigen Ergebnisses dieses Exkurses über Roscher zusammenfassen, so dürfen wir sagen, daß das Werk Roschers gerade deshalb für Treitschke so belangvoll wurde, weil es ihm noch andere als die von der Historischen Schule ausgehenden geistigen Überlieferungen zu vermitteln geeignet war. Ja, diese Überlieferungen haben sich – wie gezeigt werden wird – für Treitschkes wissenschaftliche Laufbahn als noch folgenreicher erwiesen.

Vor der Beschreibung dieser Überlieferungen ist jedoch in wenigen Strichen die Gestalt zu zeichnen, die der Volksgeist bei dem anderen Begründer der geschichtlichen Nationalökonomie, bei Karl *Knies* annahm.

Wir nehmen das Resultat vorweg und stellen fest: Der Volksgeist, den Knies meint, stammt unmittelbar aus der Historischen Schule und entbehrt im Gegensatz zu demjenigen, der für Roscher charakteristisch war, aller fremden Beimischungen. Treitschke vermochte bei Knies den „reinrassigen" Volksgeist der Savigny, Eichhorn und der Grimms unverfälscht kennenzulernen. Er hat das Hauptwerk von Knies „Die politische Ökonomie vom Standpunkt der geschichtlichen Methode" sogleich nach seinem Erscheinen 1853 kennengelernt. Es wurde ihm, wie er an den Vater schrieb, „eine wahre Erholung, ein Buch zu lesen, das keine neuen Data, aber neue Anschauungen bringt"[40]. Der Sinn des Buches schien ihm in dem

40) Briefe, Bd. 1, S. 203, v. 22. 12. 1853.

erbrachten Nachweis zu liegen, daß „es im staatlichen Leben keine Einrichtung gebe, die schlechthin für alle Staaten und Zeiten verwerflich wäre; eine wissenschaftliche Erklärung zu Goethes großem Wort ‚Vernunft wird Unsinn, Wohltat Plage'[41]."

Treitschke fand bei Knies einen Teil jener Grundgedanken aus der Historischen Schule wieder, die ihm bereits aus Roschers Grundriß und aus nachgeschriebenen Kollegs bekannt waren. Diese Gedanken bildeten bei Knies ein zusammenhängendes Ganzes, in welchem anders als bei Roscher keine fremden geistigen Einschläge nachweisbar sind. So wie Roscher will auch Knies „das Gesamtleben des Volkes" beschreiben[42]. Es handelt sich bei beiden um denselben Volksbegriff, der nicht nur die Summe „der gegenwärtig lebenden Individuen" umfaßt, sondern – wie es bei Knies heißt –: „Diese letztere (die Summe der gegenwärtig lebenden Individuen) ist sogar mit ihrem Gemeinschaftsleben erfaßt, nur ein Bruchstück der staatlichen Volkspersönlichkeit. Jenes Volksganze umfaßt alle Generationen, die zukünftigen wie die der Vergangenheit und Gegenwart[43]." Diese Vorstellung einer zeitlich grenzenlosen staatlichen Volkspersönlichkeit ist im Grunde rational nicht vollziehbar und bleibt irreal. Mit diesem Volksbegriff hat die Nationalökonomie das Erbe der Romantik über die Mitte des Jahrhunderts in neue Kanäle geleitet. Bei Karl Knies knüpft sich die Vorstellung eines Volkes, in welcher letzten Endes den vergangenen und den kommenden Generationen größere Bedeutung als den Zeitgenossen zugemessen wird, noch kein politischer Anspruch auf Veränderung des Bestehenden. Ein mit allen Generationen der Vergangenheit und Zukunft überladener Volksbegriff schloß aber trotzdem schon einen Explosivstoff von gefährlicher, politischer Sprengkraft ein, der einmal zur Entladung kommen konnte – nämlich dann, wenn unter Berufung auf ein sozial nicht bestimmbares „Volk", auf einen anonymen Volksgeist politische Forderungen erhoben werden würden, die durchaus nicht der Absicht der ja so gering geachteten „Summe der gegenwärtig lebenden Individuen" zu entsprechen brauchten. – Es wäre eine besondere Aufgabe, die Entwicklung der Volksgeistvorstellungen zu untersuchen, den politischen Mißbrauch aufzudecken, der mit ihnen oftmals getrieben wurde, um politische Ziele zu erreichen und vor allem die Vergröberungen nachzuweisen, die bis hin zur Gegenwart „der kochenden Volksseele" reichen. –

41) ebd.

42) K. Knies, Die politische Ökonomie vom Standpunkte der geschichtlichen Methode, 1853, S. 142.

43) ebd., S. 360.

Schon bei Treitschke werden sich Beispiele eines erstaunlich naiven, unbekümmerten, ja oftmals gedankenlosen Gebrauchs dieser Vokabel finden lassen. Bei Knies ist von diesen zukünftigen Entartungserscheinungen ebenso wenig etwas zu spüren wie bei Roscher.

Der Volksgeist der Politischen Ökonomie von Knies ist noch ganz im Geiste der Historischen Schule eine „stillwirkende Kraft", deren eigentümliches Wesen sich *gleichmäßig* und *kontinuierlich* entwickelt. Die Entfaltung eines Volkstums stellt einen ununterbrochenen Prozeß dar und trägt etwas Naturgesetzliches an sich. Es entspricht dieser Auffassung, wenn sich bei Knies der Vergleich mit dem Wachstumsprozeß der Pflanze einstellt: „... selbst diejenigen (Perioden), welche man als die erschütterndsten Krisen der menschheitlichen Geschichtsentwicklung hinstellt, führen nicht das Volksleben wie durch einen mächtigen Sprung über einen unterbrochenen Untergrund hinweg, so wenig wie das stetige Wachstum der Pflanze vor dem Augenblicke unterbrochen ist, wo die Knospe mit brennender Farbe aus der grünen Blätterkrone an das Licht hervorbricht[44]"; und ebenfalls findet sich bei ihm der Vergleich der menschlichen Geschichte mit der Bewegung der Welle, „die, mag sie sich heben, mag sie sich senken, immer weiter rollt"[45]. Es handelt sich hier um Bekundungen, die einen tiefen Einblick in ein geschichtlich gestimmtes Lebensgefühl gewähren, das weniger von den großen Taten der Helden als vom „stillen Wachstum und Reifen" angezogen wird. Der pflanzliche Vergleich mit geschichtlichen Entwicklungen ist ganz ernst gemeint. Er besagt, daß es weder einen Stillstand noch einen Sprung in der Geschichte gibt. Es gibt demnach auch keine „schlechte Wirklichkeit" im Sinne Hegels, die eigentlich nicht „Geschichte" ist. Ein Urteil wie dasjenige von Treitschke, das die Zeit zwischen 1555 und 1648 in Bausch und Bogen verwirft, weil es eine unfruchtbare und ergebnislose Zeit sei, stammt nicht aus Geist und Stimmung, in denen die wachstümliche Entwicklung des Volksgeistes voller Andacht betrachtet zu werden pflegt.

Das Bild vom Untergrund, der nicht übersprungen werden könne, paßt ganz genau in diesen Zusammenhang hinein und ist geeignet, ihn noch mehr zu veranschaulichen. Das Unterholz des Volkslebens, wo sich das Leben der zahllosen unbekannten Einzelindividuen, „der Bewahrer der nationalen Habe" wie sie in der Sprache Gustav Freytags heißen, abspielt, ist genauso Stätte des Volksgeistes wie die Gipfel, auf denen sich die militärisch-diplomatischen Entscheidungen vollziehen. Ja, diese Art der Geschichtsbetrachtung interessiert sich fast noch mehr für das breite Strom-

44) ebd., S. 143.
45) ebd., S. 152.

bett des Volkslebens als für „die Flügelmänner des Weltgeistes", bei denen Fr. Th. Vischer „den wirklichen Inhalt" der Geschichte sucht. Dieser Gedankengang führt bereits in die Welt der „Bilder aus der deutschen Vergangenheit", in denen das tägliche Leben der Durchschnittsmenschen, die alle Ausdruck des schaffenden Volksgeistes sind, beschrieben wird und wo die Gipfel wie Luther und Friedrich der Große aus dem breiten nationalen Boden hervorwachsen.

Die Führer, die ihr Volk über „einen unterbrochenen Untergrund" hinwegzuführen scheinen, stoßen dagegen auf Mißtrauen und Ablehnung. Sie unterbrechen die kontinuierliche Entwicklung und stören das organische Wachstum. Das Mißtrauen gegen Bismarck, das bei den meisten der historisch gebildeten deutschen Zeitgenossen irgendwann einmal vorhanden war, hat in diesem Gedankenkreis eine ihrer stärksten Wurzeln. Bei Gustav Freytag wird dieser Sachverhalt erst ganz anschaulich werden.

Wo sich bei Heinrich von Treitschke noch solche Gedanken finden, in denen eine Gleichsetzung historisch-politischen Werdens mit organischem Wachstum angenommen wird, handelt es sich um unverkennbare Erinnerungen an jenen selbsttätig wirksamen Volksgeist, den der junge Student in den Lehrbüchern der historischen Nationalökonomie kennenlernte und zwar unverfälschter als bei Roscher noch in der politischen Ökonomie von Knies.

Roschers Funktionswert in Treitschkes Bildungsgeschichte besteht nicht allein und nicht einmal in erster Linie in der Vermittlung von Begriffen und Vorstellungen aus der Historischen Schule.

Wenn wir noch einmal zu seinem Versuch einer historischen Grundlegung der Staatswirtschaft von 1843 zurückkehren, so können wir nun die Beobachtung machen, daß sich die sogenannte Savigny-Eichhorn'sche Methode, auf welche sich der Verfasser vornehmlich beruft, sogleich mit ganz anderen vor und außerhalb der Tradition der Historischen Schule entstandenen geistesgeschichtlichen Motiven verbindet. Letztere bilden – wenn wir näher hinsehen – sogar die Dominante in dem geistesgeschichtlichen Diagramm.

Das Programm des „Grundrisses zu Vorlesungen über die Staatswirtschaft" von 1843 bezeichnet als Ziel der historischen Nationalökonomie: „die Darstellung dessen, was die Völker in wirtschaftlicher Hinsicht gedacht, gewollt und empfunden, was sie erstrebt und erreicht, warum sie es erstrebt und warum sie es erreicht haben. Eine solche Darstellung ist nur möglich im engsten Bunde mit den anderen Wissenschaften vom Volksleben, insbesondere der Rechts-, Staats- und Kulturgeschichte[46]." Der Erreichung dieses Ziels dient die sogenannte vergleichende Methode, d. h.: „alle Völker, deren wir irgend habhaft werden können[47]" sollen miteinander verglichen werden. Diese Methode ist besonders gut anwendbar auf die alten Völker, „die also schon abgestorben sind" und die „das eigentümlich Belehrende haben, daß ihre Entwicklungen jedenfalls ganz beendigt vor uns liegen". Roscher argumentiert folgendermaßen: „Wo sich also in der neueren Volkswirtschaft eine Richtung, der alten ähnlich, nachweisen ließe, da hätten wir für die Beurteilung derselben in dieser Parallele einen unschätzbaren Leitfaden[48]." Die Fülle universaler historischer Vergleiche in Roschers Werken entspricht der ebenfalls im Grundriß enthaltenen Anschauung, daß „der politische Trieb der Menschen nur aus einer Vergleichung aller bekannten Völker erforscht werden könne"[49]. Diese Äußerungen aus den paar Seiten des Grundrisses lassen schon deutlich erkennen, wie bei derartigem Wissenschaftsprogramm das Interesse an der Eigentümlichkeit *einer* Volksentwicklung, *eines* bestimmten Volksgeistes, zurücktritt hinter dem noch größeren Interesse an der Aufgabe, „das Gleichartige in den verschiedenen Volksentwicklungen als Entwicklungsgesetz zusammenzustellen"[50]. Das Einmalige wird weniger gesucht als das Wiederkehrende; das Unberechenbare und Zufällige geschichtlichen Ablaufs ziehen weniger an als das Gesetzmäßige und Gleichartige. Dieser Sachverhalt schließt nicht aus, daß innerhalb des gesetzmäßigen Rahmens gleichartiger Entwicklungen Raum bleibt für die Beschreibung individueller Züge. Das Individuelle wird aber eingespannt in einen gesetzmäßigen Kreislauf. Ja, während das Einmalige einer Volksentwicklung betont wird, erfährt es sogleich eine Abschwächung und Entwertung, indem dasselbe Einmalige auf der analogen Entwicklungsstufe einer anderen Volksentwicklung wieder auftritt. Die Ansichten, daß „das Gängelband des Kindes, die Krücke des Greises dem Manne unerträglich sein würde", und daß aus „Vernunft Unsinn, aus Wohltat Plage werde" dienen dazu, die sogenannte historische Methode zu illustrieren; beide Anschauungen bilden aber den Niederschlag einer *vergleichenden* Methode, der in erster Linie daran gelegen ist, *Gesetze* zu finden. Der Anspruch, daß „diese Methode für die Staatswirtschaft etwas Ähnliches erreichen wolle, was die Savigny-Eichhorn'sche

46) W. Roscher, Grundriß zu Vorlesungen über die Staatswirtschaft, S. IV.
47) ebd.
48) ebd.
49) vgl. ebd., § 1, S. 2.
50) ebd.

Methode für die Jurisprudenz erreicht habe", wird deshalb auch von Roscher folgerichtig ergänzt bzw. korrigiert durch den anderen Anspruch, daß „die historische Staatswirtschaft für die Geschichte etwas Ähnliches leisten könne und solle, wie die Histologie und Zoochemie heutzutage für die Naturgeschichte"[51]. Der Vergleich mit der Arbeit des Naturwissenschaftlers trifft eher das Wesen der neuen Wissenschaftsrichtung als die Hinweise auf das doch recht fragliche Vorbild der Historischen Schule. Die Arbeit des Historikers nähert sich derjenigen des Naturforschers. Diese Auffassung kulminiert in der im System enthaltenen Bemerkung, daß „es nichts Neues unter der Sonne gäbe".

Eine Durchsicht von Treitschkes Jugendbriefen ergibt, daß es in erster Linie die Aussicht auf Gesetze war, die den Studenten an Roschers nationalökonomischen und politischen Vorlesungen anzog. Die im „System der Nationalökonomie" getroffene Feststellung, daß es „auch hier (in der Geschichte der Volkswirtschaft) Harmonien oft von wunderbarer Schönheit gäbe, die lange bestanden haben, als noch kein Mensch sie ahnte[52]", prägte sich dem empfänglichen Geist des jungen Treitschke tief ein. Er ließ sich umso mehr von einer Wissenschaft mit Aussicht auf „Harmonien von oft wunderbarer Schönheit" anziehen, als sein Leiden bekanntermaßen das Bedürfnis nach Vollkommenheit gesteigert hatte. Er zog eine Wissenschaft, die „Resultate" zu bieten hatte, einer solchen vor, an der die Fülle zerstreuender und verwirrender „Details" charakteristisch war. An der Geschichte vermißte er die zuverlässige Methode, welche die Staatswirtschaft an die Hand gab. Die Neigung zur Nationalökonomie wurde ferner durch den Umstand befördert, daß der fast taube Student eher die nach Paragraphen geordneten nationalökonomischen als die nun einmal weniger systematisch gegliederten geschichtlichen Vorlesungen nachzuschreiben vermochte. Aus Bonn schrieb er seinem Vater, daß er die Geschichte der Politik und Nationalökonomie „aus einer Menge von Büchern herauslesen müsse". Er fühlte sich belohnt und befriedigt, wenn er „in dem lebensvollen wechselreichen Gang der Geschichte die allgemeinen Gesetze bestätigt fand", die er zuvor theoretisch in der Wissenschaft kennengelernt hätte[53].

An mannigfachen persönlichen sowie wissenschaftlichen Bekundungen läßt sich leicht der Nachweis erbringen, daß Roschers nationalökonomisches Werk für Treitschke von grundlegender Bedeutung wurde. Seine literarische

51) ebd., S. V.
52) ders., System der Volkswirtschaft, § 13, S. 32.
53) Briefe, Bd. 1, S. 196, v. 27. 11. 1853.

Beispielhaftigkeit ist nicht leicht zu überschätzen und ähnelt derjenigen von Werken Fr. Th. Vischers und Gustav Freytags. Diese Feststellung verliert nicht durch entgegenstehende Aussagen Treitschkes an Gewicht und Glaubwürdigkeit; gemeint sind seine Äußerungen über die von der Nationalökonomie angeblich beförderte „materialistische Gesinnung" (s. oben). Er nahm stets die historische Richtung der Roscher und Knies von diesem Verdacht ausdrücklich aus, obwohl sein Urteil auch in dieser Beziehung mit der Zeit kühler und reservierter ausfiel. Die historische Richtung der Nationalökonomie hat jedenfalls in seinen großen publizistischen Aufsätzen wie überhaupt in seiner ganzen Denkweise bleibende und tiefe Spuren hinterlassen.

Bevor aber der Versuch gemacht wird, die Hauptstufen von Treitschkes wissenschaftlicher Produktion, auf denen das Vorbild Roschers besonders deutlich wird, zu beschreiben, soll für einen Augenblick dieser Untersuchung vorgegriffen und andeutungsweise ihr Ergebnis vorweggenommen werden. Nicht nur an Einzelzügen ist die Auseinandersetzung mit Roscher zu spüren; sie hat vielmehr seine gesamte historisch-politische Zielsetzung entscheidend mit bestimmt. Die Entstehung des nationalen Einheitsstaates, worin das eigentliche sowohl nationale als auch wissenschaftliche Anliegen Treitschkes zu erblicken ist, stellt sich nämlich als ein Vorgang dar, dessen „Gesetzescharakter" aus der Gedankenwelt und genauer noch aus der besonderen wissenschaftlichen Methode Roschers stammt.

Treitschkes gedankliche Begründung dieses nationalstaatlichen Vorgangs enthält unverkennbar einen Einschlag einer Betrachtungsweise, die aus der Beschäftigung mit Roscher zu erklären ist. Es liegen gewiß auch noch andere Motive und Gedanken, namentlich aus Hegels Geschichts- und Rechtsphilosophie vor, die der Publizist der Reichsgründung in seine eindringlichen und leidenschaftlichen Kommentare und Bekundungen zu den zeitgeschichtlichen Vorgängen hineingeflochten hat. Die in der wissenschaftlichen Form der großen historisch-politischen Untersuchungen enthaltene Gesamtanschauung vom Vorgang der deutschen Reichsgründung bedeutet in Treitschkes Gedankengang weniger ein „Ereignis" als ein „Resultat", das aus vielen Vorbedingungen zu errechnen und dessen Verwirklichung nicht mehr aufschiebbar ist. Mittels eines analogisierenden Verfahrens, dessen Zusammenhang mit Roschers wissenschaftlicher Methode unverkennbar ist, kommt Treitschke zu dem Ergebnis, daß der deutsche

Staat der nächsten Zukunft auf Grund aller zur Verfügung stehenden Vergleichsmöglichkeiten mit anderen Staatsgründungen und auf Grund der Faktoren, die Volksgeist, Geschichte, Geographie usw. bieten, so und nicht anders aussehen wird. Eine Analyse der Schrift „Bundesstaat und Einheitsstaat", von der Schmoller in richtiger Einschätzung ihres publizistischen Ranges und zugleich Überschätzung der Theorie für die praktische Politik gesagt hat, „sie sei der Höhepunkt der ganzen publizistischen und historisch-politischen Schule, ohne deren Hilfe das deutsche Reich nicht zustande gekommen wäre[54]", erst diese Analyse wird die innere Zugehörigkeit zur Gedankenwelt Roschers und seiner Tradition genauer und konkreter zeigen.

Die vergleichende Methode, die in der Programmschrift des Grundrisses von 1843 für die eigentlich historische ausgegeben wird, hat eine selbständige geistesgeschichtliche Vorgeschichte, über die sich Roscher einmal in einem wissenschaftlichen Selbstbekenntnis geäußert hat. Diese Vorgeschichte ist – so darf man sagen – bis zu einem gewissen Grade auch diejenige seines Schülers Treitschke geworden. Das wissenschaftliche Bekenntnis liegt in einem Briefe an Ranke[55] aus dem Jahre 1842 vor. Der Anlaß des Briefes ist Roschers Bitte, eine Erstlingsschrift über Thukydides Ranke widmen zu dürfen. Der Briefschreiber fühlt sich bei dieser Gelegenheit genötigt, die Lehrer, denen er vornehmlich seine wissenschaftliche Ausbildung zu verdanken hat, aufzuzählen.

An erster Stelle nennt er *Heeren*, den letzten der Göttinger Kulturhistoriker, und zwar als „seinen frühesten Lehrer". Dieser vorromantische Ausgang von einem Träger der Göttinger kulturhistorischen Tradition ist bezeichnend und folgenreich. Die breite Wissensfreude an der Mannigfaltigkeit der konkreten Dinge, die Neigung zum Universalgeschichtlichen sowie auch die charakteristische Verbindung historischer, nationalökonomischer und politischer Ideen stammen aus dieser wissenschaftlichen Tradition.

Als zweiter Lehrer wird *Gervinus* genannt, dessen literarisches Vorbild folgendermaßen beschrieben wird: „er hat mich vorzugsweise angeleitet, die verschiedenen Seiten der historischen Entwicklung, namentlich der Staats- und Literaturgeschichte gleichmäßig zu studieren. Ihm verdanke ich die Methode, durch fortwährende Analogien in das Wesen der Ge-

54) zitiert nach Th. Schiemann, Heinrich v. Treitschkes Lehr- und Wanderjahre, S. 227.

55) Preuß. Jb. 133, 1908, S. 383ff.: W. Roscher an L. v. Ranke v. 27. 2. 1842.

schichte einzudringen." In diesem Bekenntnis zu Gervinus als einem von Roschers geistigen Aszendenten liegt ein interessantes Stück Wissenschaftsgeschichte vor, dessen eigentliche Bedeutung noch mehr beleuchtet wird, wenn wir Roschers Ansicht über seine geistige Aszendenz weiter verfolgen.

Er fährt nämlich in der Beschreibung seiner Bildungsgeschichte fort: „so bin ich denn zuletzt in Ihre Schule gekommen . . ." und versichert *Ranke* seiner Liebe und Ehrfurcht.

Heeren, Gervinus, Ranke – diese drei Namen bilden zusammen eine wissenschaftliche Entwicklung, zu welcher sich Roscher bekennt.

Die Aussage über den eigenen Bildungsgang bezeichnet ganz entgegengesetzte geistige Richtungen, deren Belang für seinen Schüler Treitschke richtig abzuschätzen ist. Es ist vor allem wichtig, das Bekenntnis zu Ranke nicht isoliert, sondern nur im Zusammenhang mit demjenigen zu Gervinus richtig zu werten. Es darf nicht überschätzt und nicht einmal zu ernst genommen werden. So wie in der Anmerkung zum Organismus-Paragraphen Rankes „Gedanken Gottes" bei näherer Betrachtung des eigentlich Rankeschen verlustig gingen, ebenso verliert das vorliegende Bekenntnis zu Ranke vor dem sehr viel substantielleren zu Gervinus an Gewicht und Bedeutung. Roscher war niemals ein echter Schüler Rankes, so wie Knies nach Schmollers Worten „ein echter Jünger Savignys und Niebuhrs[56]" gewesen ist. Das literarische Vorbild von Gervinus, der Professor für Geschichte in Göttingen war, als Roscher dort promovierte und sich für Geschichte habilitierte, zog dem zeitlich späteren Beispiel, das Rankes historische Methode gab, von vornherein enge Grenzen. Gervinus' wissenschaftliche Anregungen erwiesen sich auf die Dauer als stärker in Roscher als diejenigen, welche von Ranke ausgingen. So ist es auch Roschers nationalökonomischem Lebenswerk mit in erster Linie zuzuschreiben, wenn neben der Göttinger kulturhistorischen Tradition die von Gervinus gegebenen Tendenzen und Motive im 19. Jahrhundert fortlebten und sich innerhalb der politischen Historie, vornehmlich Treitschkes, wie ein Rinnsal fortsetzten. Gervinus hat in der „Geschichte der florentinischen Historiographie[57]" sein „Nachdenken über die Gesetze der geschichtlichen Welt", worin er die eigentliche Arbeit des Historikers erblickt, der Beschäftigung

56) G. Schmoller, Zur Literaturgeschichte der Staats- und Sozialwissenschaften, 1888, S. 207.

57) vgl. R. Unger, Gervinus und die Anfänge der politischen Literaturgeschichtsschreibung in Deutschland. Eine Säkular-Erinnerung. Nachr. d. Ges. d. Wissensch. zu Göttingen, 1935.

mit Machiavelli zugeschrieben. Diese Aussage ließe sich analog auch auf das Verhältnis Roschers zu Gervinus anwenden, ohne etwa durch den Hinweis auf ein solches Schüler-Lehrer-Verhältnis die literarischen Abhängigkeiten einer Persönlichkeit zu überschätzen und dasjenige, was als Atmosphäre selbstverständlich vorhanden und ständig wirksam ist und dessen Herkunft, im einzelnen nicht immer nachweisbar, im Dunkeln bleiben muß, zu unterschätzen.

Mit dem „Nachdenken über die Gesetze der geschichtlichen Welt" hing Gervinus' Methode eines fortwährenden Analogisierens aufs engste zusammen, die ihn wiederum auch mit seinem Lehrer Schlosser verbindet. Die Gesetze der geschichtlichen Welt sollen mittels historischer Vergleiche erschlossen werden. Am prinzipiellsten erscheint diese Methode in der „Einleitung in die Geschichte des 19. Jahrhunderts" angewandt, die eins von jenen Büchern ist, mit denen sich der junge Treitschke gründlich und folgenreich auseinandersetzte. Roscher wurde der eigentliche Erbe dieser Methode, die er mehr noch, als es sein Lehrer tat, an einer ungeheuren Stoffmasse ausprobierte. Als Gervinus 1833 vor der Wahl stand, welchen Gegenstand er für seine erste wissenschaftliche Bearbeitung wählen solle, erwog er neben einer Politik auf geschichtlicher Grundlage und einer Geschichte der deutschen Dichtung in Anlehnung an Schlossers Geschichte des 18. Jahrhunderts, auch eine kurzgefaßte Geschichte der europäischen Staaten, „um", – wie er selbst berichtet – „in ganz historisch-philosophischer Vergleichung die Gegensätze der staatlichen Entwicklungen hervorzuheben"[58].

Mit der „ganz *historisch-philosophischen Vergleichung*" ist das Stichwort für die wissenschaftliche Tradition gefallen, von der wir glauben, daß aus ihr Treitschkes wissenschaftsgeschichtliche Stellung richtiger als bisher verstanden werden kann.

Es handelt sich im Kern um eine verwandte Konzeption, wenn Roscher 10 Jahre später im Grundriß die Aufgabe der historischen Nationalökonomie darin erblicken wird, „aus der großen Masse von Erscheinungen das Wesentliche, Gesetzmäßige herauszufinden", wozu es dringend nötig sei, „alle Völker, deren wir irgend habhaft werden können, in wirtschaftlicher Hinsicht miteinander zu vergleichen"[59]. Übrigens hing es mit einer besonderen politischen und historiographischen Auffassung von Gervinus zusammen, daß er damals – um 1830 – den Plan einer politischen Geschichte vorläufig zurückstellte (s. unten).

58) G. G. Gervinus' Leben. Von ihm selbst, Leipzig 1893, S. 232.
59) W. Roscher, Grundriß zu Vorlesungen über die Staatswirtschaft, S. IV.

Es ist nun durchaus die Wiederkehr desselben Problems, wenn sich Treitschke 1858 in einer Leipziger Probevorlesung das Thema wählt, die Charakterveranlagungen der europäischen Hauptvölker im Verhältnis zum Staat miteinander zu vergleichen. Wenn er sodann in einer seiner ersten Vorlesungen, die er als Leipziger Privatdozent hält, im Winter-Semester 1859 zweistündig die französische und englische Staatsentwicklung vergleicht, so befindet er sich ebenfalls in demselben Problemkreis. Er bewegt sich in demselben auch bei den Überlegungen über das Thema für seine Freiburger Antrittsvorlesung; denn zuerst hatte er vor, über „Staatenbund, Bundesstaat, Einheitsstaat" in vergleichender Weise zu sprechen. Er nannte es „eine sehr mühselige Arbeit[60]", weil er die Geschichte aller modernen Föderativstaaten dazu studieren müsse. So sprach er schließlich über die Geschichte der Niederlande, während aus den Arbeiten über die Staatenbünde noch im nächsten Jahre der große Essay „Bundesstaat und Einheitsstaat" erwuchs.

Die historisch-philosophische Vergleichung wurde das eigentliche und bleibende wissenschaftliche Anliegen, von dem Treitschke ausging und zu welchem er stets wieder als zur Hauptaufgabe seines wissenschaftlichen Lebens zurückkehrte[61]. Die lebenslange Arbeit an der Deutschen Geschichte war ja gar nicht als das wissenschaftliche Hauptziel gedacht; letzteres meinte er vielmehr in einer Politik zu sehen, die sich ganz auf der historisch-philosophischen Vergleichungsmethode aufbauen sollte. Die wissenschaftlichen Aufgaben identifizieren sich bei ihm in jedem Augenblick mit den nationalen Aufgaben.

Der Nachweis eines Zusammenhangs, in welchem die Roscher'schen Pläne mit wissenschaftlichen Bestrebungen im Sinne von Gervinus stehen, sollte dazu dienen, die Feststellungen des ersteren über seine geistigen

60) Briefe, Bd. 2, S. 303, v. 9. 10. 1863.

61) Ein bedeutendes wissenschaftliches Beispiel der vergleichenden Methode liegt übrigens auch in Scherers „Geschichte der deutschen Literatur" vor, über welche sich der Verfasser in seiner Antrittsrede vor der Berliner Akademie 1884 folgendermaßen äußerte: „Gestützt auf diese und andere Vorarbeiten wagte ich es, ein Gesamtbild der deutschen Literaturgeschichte aufzustellen, die Perioden derselben genau zu scheiden und zu vergleichen und dabei von der historischen Analogie, an deren methodischen Wert ich fest glaube, einen ausgedehnten Gebrauch zu machen. Herders ‚Ideen' und die ‚Geschichte der deutschen Dichtung' von Gervinus haben früh auf mich gewirkt und mir solche Betrachtungen dauernd nahegelegt." (Scherer, Kleine Schriften, Bd. 1, S. 211f.) Das wissenschaftliche Selbstzeugnis, das Scherer an dieser Stelle ablegt, führt also die vergleichende Methode ausdrücklich auf Gervinus zurück. Scherer nimmt in der Geschichte der Germanistik eine ähnliche Stellung ein wie Treitschke in der politischen Publizistik und Geschichtsschreibung.

Ahnen in eine schärfere Beleuchtung zu rücken. Seine Verbindung mit der Historischen Schule strenger Observanz erscheint wesentlich modifiziert und abgeschwächt durch die eindeutigere Herkunft von Gervinus sowie durch das Übergewicht, das dessen Vorbild besitzt. In ganz denselben Zusammenhang vergleichender historisch-philosophischer Geschichtsbetrachtung gehören nun auch Treitschkes wissenschaftliche Pläne hinein, die – wie noch gezeigt werden wird – erst aus der geistesgeschichtlichen Linie Gervinus–Roscher richtig verstanden werden können.

Roscher, der sich in Göttingen nicht nur für Staatswissenschaften, sondern auch für Geschichte habilitierte, hat die Methode des fortwährenden Analogisierens nicht bloß in seinen nationalökonomischen, sondern erst recht in seinen historisch-politischen Arbeiten angewandt und zwar am konzentriertesten und prinzipiellsten in einer Folge von historisch-staatswissenschaftlichen Untersuchungen, welche die Formen der Monarchie, Aristokratie und Demokratie zum Thema haben. Es handelt sich um eine Aufsatzreihe über „Umrisse zur Naturlehre der drei Staatsformen“, die in der von Adolf Schmidt herausgegebenen „Allgemeinen Zeitschrift für Geschichte“ in den Jahrgängen von 1847 bis 1849 enthalten ist. Diese in mehreren Fortsetzungen erschienenen Aufsätze enthalten die Grundgedanken der Roscher'schen Politik-Vorlesung, die Treitschke als Student nachgeschrieben und seinem Freunde Frensdorff dringend empfohlen hatte, weil sie geeignet wäre, ihm „über unzählig halbverstandene Parteisätze ein wissenschaftliches Licht aufzustecken“[62]. Treitschke waren aber auch die Roscher'schen Aufsätze selbst bekannt. Er bezog sich nämlich auf dieselben in einer Besprechung von Mohls „Enzyklopädie der Staatswissenschaften“[63]. Wenn diese äußere Berufung auf die Aufsätze aber auch nicht vorläge, würde eine nähere Betrachtung ihres Inhalts sogleich ihre innere Vorbildlichkeit für Treitschkes wissenschaftliches Arbeiten zeigen. Letztere ist nicht leicht zu überschätzen, wenn auch die Roscher'schen Aufsätze in der bald eingehenden Allgemeinen Zeitschrift für Geschichte in Vergessenheit gerieten.

Roscher führt im Gange seiner fragmentarisch gebliebenen Untersuchungen in Anlehung an aristotelische Unterscheidungen die Formen von Monarchie, Aristokratie und Demokratie auf die Prinzipien der Einheit, der Ausschließung und der Gleichheit zurück und verfolgt die Verwirklichung dieser Prinzipien, die seiner Ansicht nach in der Form eines

62) Briefe, Bd. 1, S. 428, v. 16. 7. 1857.
63) Aufsätze, Bd. 4, S. 517.

gesetzmäßigen Kreislaufes vor sich gehe, an Hand eines schier unübersehlichen weltgeschichtlichen Vergleichsmaterials. Es würde interessant sein, wenn uns ein Urteil Rankes über diese Arbeiten eines Verfassers, der sich selbst als sein Schüler bezeichnete, vorläge. Die heterogensten geschichtlichen Formen aus allen Völkern und Zeiten werden nebeneinander wie in einem Versuchskasten ausgereiht. Es kommt nur darauf an, daß die miteinander verglichenen Formen analogen Entwicklungsstufen angehören. So werden z. B. die Monarchie der Völkerwanderungszeit mit der russischen Monarchie von Rurik bis Wladimir d. Großen, so die Anfänge der amerikanischen Kolonien und das Auftreten des königlichen Statthalters Lord Delaware mit der Situation des fränkischen Reiches im 8. Jh. und dem politischen Vorgehen Karl Martells usw. in Parallele gesetzt. Jeder Vergleich soll ein bestimmtes Prinzip, eine bestimmte Leitidee feststellen. Es ist eine ähnliche „historisch-philosophische Vergleichung", wie sie Gervinus 1833 vorschwebte und wie er sie dann in der „Einleitung ins 19. Jahrhundert" in Form eines Überblicks durchführte. Von dieser Methode ist Treitschke in seinen großen halb publizistischen, halb wissenschaftlichen Aufsätzen niemals losgekommen, bis ihm in der „Deutschen Geschichte im 19. Jahrhundert" in der unmittelbaren Begegnung mit den Quellen schließlich eine wirkliche Erzählung von Begebenheiten gelang. Am folgenreichsten und wirksamsten ist diese Methode im Essay „Bundesstaat und Einheitsstaat" angewandt, in welchem die Staaten der neueren Geschichte einer „historisch-philosophischen Vergleichung" unterzogen werden.

Bevor wir im nächsten Kapitel aus diesem Aufsatz, der den glänzenden Höhepunkt von Treitschkes publizistischer Produktion bildet, die Summe der Gedanken und Ideale ziehen, die sich Treitschke um den deutschen Nationalstaat machte, ist es nötig, die Roscher'schen Aufsätze über die Naturlehre der drei Staatsformen auf ihre Bedeutung für die Ausbildung von Treitschkes politischen Gedankengängen hin noch eingehender zu untersuchen.

Die historiographische Vorbildlichkeit dieser Aufsätze für einen großen, vielleicht den innerlich bedeutendsten Teil von Treitschkes historisch-politischen Untersuchungen liegt nicht allein in dem methodischen Beispiel einer historisch-philosophischen Vergleichung, die sie bieten. Sie enthalten über das Methodische hinaus bestimmte Gedanken, die in leichter Abwandlung in Treitschkes politischen Werturteilen wiederkehren. In der schon angeführten Rezension von Mohls Enzyklopädie knüpft Treitschke an Roschers Unterscheidungen von Monarchie, Aristokratie und Demokratie „die Aussicht auf überraschende Gesichtspunkte, wenn jene drei

Formen – wie von Roscher – zurückgeführt werden auf die Prinzipien der Einheit, der Ausschließung und der Gleichheit"[64]. Diese überraschenden Gesichtspunkte sind vornehmlich in folgenden Gedankenreihen zu suchen: Roscher versteht „unter dem Prinzip einer Staatsform diejenige Tendenz, welche ihre charakteristischen Handlungen zuwege bringt, welche eben das Charakteristische darin bilden. Je reiner die Staatsform ist, desto rücksichtsloser wird ihrem Prinzip gehuldigt". In diesem Sinne liegt das Prinzip der Monarchie in der Einheit. In einem inneren Zusammenhang mit dem Sinn dieser Feststellung stehen bestimmte und charakteristische Gedanken Treitschkes, wonach es im vernünftigen Gang der Geschichte liege, möglichst „reine Staatsformen" zu erzeugen (der Gesichtspunkt „reiner Kunstformen" bildet das ästhetische Gegenstück zu dieser mehr geschichtsphilosophischen als historisch-politischen Anschauung). Die Monarchie ist nach Treitschkes Ansicht dann am reinsten vorhanden, wenn die Einheit am vollkommensten durchgeführt ist. Von der Durchführung des „Prinzips der Einheit" hängt der Fortschritt des Volkslebens ab. Es heißt an einer Stelle der Gesellschaftswissenschaften, daß ein Staat dann hochsteht und seiner universellen Aufgabe am vollkommensten entspricht, „wenn er die gesamten Lebenszwecke der Gesellschaft seiner Zeit fördernd und ordnend in sich vereinigt"[65]. Mit diesem Staat ist die „reine Monarchie" gemeint. Ein innerer Anschluß dieses Gedankenganges an Roschers Ausführung über „das Prinzip einer Staatsform" ist sichtbar. Je reiner sich die monarchische Form ausgebildet hat, desto stärker werden die Einheit und die Fruchtbarkeit aller gesellschaftlichen Kräfte befördert.

Die Verwandtschaft mit Roscher kommt noch an einem anderen Punkte zum Ausdruck: ähnlich wie Roscher den Entwicklungsprozeß der Staatsgewalt, den er bei den meisten Kulturvölkern verfolgt, auf das Prinzip der Arbeitsteilung zurückführt, stellt Treitschke „die allmähliche Trennung der Staatsfunktionen in Parallele zu der durch den Kulturfortschritt notwendig gebotenen Arbeitsteilung in allen Zweigen menschlichen Wirkens"[66]. Die Bedeutung und der Umfang der Staatsgewalt wachsen mit dem politischen Bedürfnis eines Volkes, das wiederum zunimmt mit steigender Volkszahl und noch mehr mit steigender Volksbildung. Das notwendige Ergebnis dieses Prozesses ist die konstitutionelle Monarchie. Politisches Bedürfnis, Volkszahl, Volksbildung und Staatsgewalt stehen im Verhältnis kommunizierender Röhren zueinander. Ganz ähnlich ließe sich

64) ebd.
65) H. v. Treitschke, Die Gesellschaftswissenschaft, S. 83.
66) Aufsätze, Bd. 4, S. 517.

ein solcher zusammenhängender und wechselseitiger Fortschrittskomplex von Volkszahl, Volksbildung usw. bei Gustav Freytag nachweisen, bei dem er sogar zum eigentlichen Thema der „Bilder aus der deutschen Vergangenheit" gehört. Es handelt sich hier offensichtlich um eine typische Erscheinung des Fortschrittsglaubens im 19. Jahrhundert, wobei der Glaube an die Zahl eine große Rolle spielt. In der ihm eigenen vorsichtigen und abwägenden Formulierung spricht Roscher die Vermutung aus, daß bei den neueren Völkern die monarchische Staatsform ungleich notwendiger zu sein scheine als im Altertum.

Schließlich führt Roscher im Laufe seiner Untersuchung noch ein besonderes Moment an, das für die Monarchie von großem Belang ist. Er weist auf die räumliche Größe der meisten neueren Staaten und folgert daraus das historische Gesetz: „Wie für große Staaten die Monarchie im weiteren Sinne des Wortes notwendig ist, so bedarf auch sie umgekehrt eines verhältnismäßig bedeutenden Staatsgebietes[67]." Dieser Gedanke führt in den Mittelpunkt von Treitschkes Staatsdenken hinein. Roscher erhebt jedoch keinen Anspruch auf Originalität dieses Gedankens.

Wenn er auf die räumliche Größe als eine der wesentlichsten Bedingungen, die für die Form eines Staates maßgeblich seien, hinweist, so beruft er sich bei diesem Hinweis auf *Schleiermacher* und zitiert dessen Akademieabhandlung von 1814 „Über die Begriffe der verschiedenen Staatsformen"[68]. Schleiermacher sei der erste gewesen, der die wissenschaftlich begründete Ansicht ausgesprochen habe, daß Staaten kleineren Umfangs eine Neigung zur Demokratie hätten, während solche von einem größeren Umfang in der Monarchie ihre adäquate Staatsform fänden. Roscher akzeptiert diesen Gesichtspunkt für seine Staatslehre und weist dessen Richtigkeit am Material der Weltgeschichte nach. Es liegt nahe, daß Treitschke den zweimal von Roscher zitierten Aufsatz nachgelesen hat[69]. Überdies enthält letzterer soviel Gedanken, die sich bei Treitschke wiederfinden und zum festen Bestande seiner Anschauungen von den Staatsformen gehören, daß die Kenntnis der Abhandlung mit Sicherheit anzunehmen ist. Und wenn selbst diese sichere Annahme widerlegt werden würde, so bliebe doch die geistesgeschichtliche Vorbildlichkeit, welche

67) W. Roscher, Umrisse zur Naturlehre der drei Staatsformen, in: Allgem. Zeitschr. f. Geschichte, Jg. 1847.

68) F. Schleiermacher, Über die Begriffe der verschiedenen Staatsformen. Abhandlungen d. Königl. Akad. d. Wissensch. in Berlin aus den Jahren 1814–15, Berlin 1818, S. 33.

69) Treitschke hat in seiner Habilitationsschrift die Schleiermacher'sche Abhandlung zitiert (Sonderdruck, S. 82, Anm. 1).

die Schleiermacher'schen Ansichten über den Staat und seine Form für Treitschke besitzen, unangefochten. Jedenfalls ist Treitschke über Roscher zum ersten Male mit Gedanken Schleiermachers über den Staat bekannt geworden, zu deren größerer Verbreitung unter den Gebildeten erst zu Beginn der 60er Jahre der Aufsatz von Dilthey in den preußischen Jahrbüchern[70] wesentlich beitrug. Die Vermittlerrolle Roschers bezieht sich also auch auf Schleiermacher. Wenn Treitschke oftmals von dem „natürlichen Gesetze" spricht, nach welchem kleinere in größere Staaten aufzugehen pflegen, so führt dieser Gedanke unmittelbar auf Schleiermachers Ansichten über die Entstehung von Staaten zurück.

Die Gründe für das Gesetz, an welches Treitschke wie an ein Dogma glaubte, waren in der Akademieabhandlung näher erläutert.

Schleiermachers Gedankengang enthält eine Reihe von Hauptpunkten, die ohne Rücksicht auf ihre in der Abhandlung vorhandene logische Verbindung etwa folgendermaßen lauten: Wenn sich in einer Horde, einem Stamme oder einem Volke das Bewußtsein der Zusammengehörigkeit bildet, entsteht ein Staat: „Diese Entstehung des Bewußtseins der Zusammengehörigkeit ist das Wesen des Staates[71]." Der Staat ist die Form des Volkes: „Das Volk ist nur völlig ausgebildet, wenn sich diese Form rein und vollendet in ihm darstellt[72]." Von diesem Gesichtspunkt aus – daß es ein wesentlicher Unterschied sei, ob eine Horde, ein Stamm oder ein Volk zum Staate werden – gelangt Schleiermacher zu einem besonderen Einteilungsprinzip für die Staatsformen. Letzteres, auf das Roscher in seinen Aufsätzen hinwies, bekam für Treitschkes Urteilsbildung über den Rang der Staatsformen entscheidende Bedeutung. Schleiermachers Werturteile kehren nämlich bei ihm ähnlich wieder.

Schleiermacher klassifiziert die Staaten nach „der Kraft, womit das staatenbildende Prinzip sich seines Gegenstandes (d. h. des Volkes) bemächtigt"[73]. Er nennt die kleinen Staaten, „die nur eine Horde oder Völkerschaft umfassen, eine . . . unvollkommene Entwicklung der geselligen Kraft" und vergleicht sie mit „den unvollkommenen lebendigen Erzeugnissen im Gebiete der Natur, wo auch die Arten nicht recht feststehen wollen, sondern in Übergängen alles ineinander fließt"[74]. Der Vergleich

70) W. Dilthey, Schleiermachers politische Gesinnung und Wirksamkeit, in: Preuß. Jb. 10, 1862, S. 234ff.

71) F. Schleiermacher, a.a.O., S. 29.

72) ebd., S. 28.

73) ebd., S. 33.

74) ebd., S. 34.

kleinerer Staaten mit niederen Naturarten ist sehr vielsagend. Stimmung und Gehalt dieses Vergleichs sind außerordentlich bedeutsam für die politische Urteilsbildung über großstaatliche und kleinstaatliche Gebilde im 19. Jahrhundert geworden, und zwar hat Treitschke den ausgedehntesten politisch-publizistischen Gebrauch von diesem Vergleich gemacht. Schleiermacher findet nun „Grund genug, dieser ganzen niedern Stufe die demokratische Form überwiegend zuzueignen"[75]. Die Demokratie ist also die „natürliche" Form eines kleinen Staatsgebietes, wenn auch die Formen der Monarchie und Aristokratie hier ebenfalls aufzutreten pflegen. Ja, dieser Zustand wechselnder Staatsformen ist für den noch unentwickelten Grad staatlichen Bewußtseins, wie er für kleinere Gebiete zutrifft, sogar typisch.

Über dem kleineren erhebt sich der mittlere Staat auf größerem Flächenraum und mit einer zahlreichen Bevölkerung, die sich aus ungleichartigen Bestandteilen zusammengeschlossen hat. Dieser Mittelstaat, dessen Entstehung Schleiermacher genau beschreibt, „wird . . . nun ebenso wesentlich aristokratisch sein, als der Staat der niederen Ordnung wesentlich demokratisch war"[76].

„Der Staat der höchsten Ordnung"

ist schließlich mit der Monarchie gegeben, in der ein großes Volk zum vollen Bewußtsein seiner Einheit gelangt ist und diese Einheit im Monarchen verkörpert findet.

Die Stufenfolge der drei Staatsformen besitzt nach Schleiermacher „eine weltgeschichtliche Bedeutung, in der sie (die Staatsformen) aber auch einander nicht beigeordnet sind, sondern untergeordnet, und also auch nicht Arten und Gattungen von Staaten anzeigen, sondern die verschiedenen Entwicklungsstufen der politischen Idee, indem die niedrigste Stufe ebenso wesentlich demokratisch als die höchste monarchisch"[77]. Diese Formulierung des Untersuchungsergebnisses der Akademie-Abhandlung, deren Inhalt hier nur in den Hauptthesen wiedergegeben worden ist, führt unmittelbar an die Zentralpunkte der Treitschke'schen Lehre von den Staatsformen heran, die von ihm niemals systematisch entwickelt wird, aber trotzdem in einer Fülle von Urteilen über den sogenannten natürlichen Wert der Staatsformen vorhanden ist[78].

75) ebd., S. 35.

76) ebd., S. 37.

77) ebd., S. 49.

78) vgl. die im Kleistaufsatz enthaltene Mahnung, „den natürlichen Wert der Kunstgattungen nicht zu vergessen" (Preuß. Jb. 2, S. 621).

Die weltgeschichtliche Stufenfolge von Demokratie (Hellas), Aristokratie (Rom und Mittelalter) und Monarchie (moderner Staat)[79] enthält eine Rangordnung von niederen über mittleren zu höheren Formen des politischen Daseins. Diese von Schleiermacher der Geschichte entnommene aufsteigende Entwicklungslinie, die eine historische Vertikale darstellt, wird bei Treitschke als eine Horizontale in die Gegenwart verlegt. Die Stufen der historischen Aufwärtsentwicklung kehren bei ihm als Maßstäbe in der Beurteilung der gegenwärtigen staatlichen Formen wieder.

Von bleibender Bedeutung für Treitschkes politisches Urteil wurde die Unterscheidung, die Schleiermacher zwischen niederen und höheren Staatsformen macht. Die für Treitschke so charakteristisch werdende Geringschätzung von Kleinstaaten, deren „natürliche" Staatsform seiner Ansicht nach die Demokratie zu sein pflege, stammt in erster Linie von diesem.

Schleiermacher sprach in der „Sittenlehre", die in ihren Abschnitten über den Staat die Grundgedanken der Akademieabhandlung enthält, von „der Zulänglichkeit des Bodens"[80]. Er stellte in diesem Zusammenhang ferner „das Bedürfnis für kleinere Staaten" fest, „in einen größeren, der die Volkseinheit repräsentiert, zusammenzuschmelzen[81]", und an einer anderen Stelle, die Treitschkes für solche Gedankengänge überaus empfänglichen Geist stark beeindruckt hat, heißt es: „Kommt nun eine Zeit, wo die kleinere Einheit in der größeren untergeht: so ist dies ihre Euthanasie, die ganz dem Tode des einzelnen zu vergleichen ist[82]."

Diese geschichtsphilosophische Ansicht von der Entwicklung kleinerer zu größeren Staaten findet sich in mannigfaltiger publizistischer Anwendung bei Treitschke wieder, der im „Bundesstaat" z. B. von dem Gesetz des historischen Undanks spricht, wonach unbrauchbar gewordene staatliche Gebilde verschwinden werden. Im Aufsatz über „das konstitutionelle Königtum" berief er sich sogar unmittelbar auf Schleiermacher und schrieb: „Es sind nun fünfzig Jahre, seit der milde Schleiermacher schrieb: ‚Je mehr der Verkehr zunimmt, desto überwiegender werden die äußeren Verhältnisse und ein kleiner Staat wird Unsinn. Das tritt in den kleinen Miniaturstaaten Deutschlands recht hervor, die nur eine ungeheure Rechtlichkeit bei den vielen Collisionen schont[83]'."

79) vgl. auch J. C. Bluntschli, Geschichte des Allgemeinen Staatsrechts und der Politik, München 1864, S. 613.

80) F. Schleiermacher, Sittenlehre, Philosophische Bibliothek, Bd. 24, 1870, S. 385.

81) ebd.

82) ebd., S. 587.

83) Aufsätze, Bd. 3, S. 540.

Bei Anlaß der Betrachtung der kleinstaatlich hellenischen Welt macht Schleiermacher noch von einem bestimmten Gesichtspunkt Gebrauch, der unter den Befürwortern und Bewunderern des Großstaates eine bedeutende Rolle spielt. Es ist der qualitative Wert der großen Zahl:

„Die Hellenen hatten unter sich nur kleine politische Gebilde, auf welche sie ihre Betrachtung richten konnten, schon die großen orientalischen Formen blieben ihnen eigentlich fremd. Und wenn sie philosophierend ein hohes Ideal eines Königs in großem Stil aufstellten: so war der weder ein kleiner hellenischer König, noch auch irgend im wesentlichen dem persischen Großkönig nachgebildet, sondern dies Ideal war nur der natürliche Ausdruck ihrer Gefühls von der Unvollkommenheit der kleinen Verfassungen durch eine Ahnung größerer, die allein näher bestimmt wurde durch die Einsicht, daß dasjenige, worin die Menge unmittelbar herrscht, immer nur etwas geringfügiges sein könne. Und höher als zu einer solchen Ahnung war diesem geistreichen Volke nicht bestimmt sich emporzuschwingen, wahrscheinlich, weil in den damaligen Weltverhältnissen die Notwendigkeit, daß auch die Intelligenz in großen Massen und Formen existieren müsse, noch nicht gegeben war. Die einzelnen griechischen Staaten vergingen alle als Märtyrer für diese kleinliche Form des politischen Daseins, bei der ein loses föderatives Band sie nicht zu schützen vermochte[84]."

Wir sind damit schon längst an der Schwelle des großen Essays über „Bundesstaat und Einheitsstaat" angelangt, den Treitschke im Freiburger Sommer 1864 ausarbeitete – ja, haben sie sogar überschritten. Es fehlt uns leider das Zwischenglied seiner Probevorlesung. „Über den Charakter der Hauptvölker im Bezug auf ihr Verhältnis zum Staate"[85]. Die historisch-philosophische Richtung, die der Inhalt gehabt haben wird, scheint in der Formulierung des Themas noch durch. Wir können seine Grundgedanken aus dem großen Essay kennenlernen, wo sie sowohl in reicher historischer Verkleidung als auch in der Zuspitzung auf die akute politische Situation der Auseinandersetzung mit Dänemark wiederkehren werden.

Es bleibt aber vorher noch die Aufgabe übrig, in der Form eines Überblicks die Entwicklung von Treitschkes wissenschaftlichen Plänen und Vorhaben sowie deren Zusammenhang mit ganz bestimmten und säkularen geistesgeschichtlichen Traditionen zu verfolgen.
Zunächst sollen die Vorstufen, die zu dem Höhepunkte des großen Essays von Bundesstaat und Einheitsstaat führen, beschrieben werden.

84) F. Schleiermacher, Über die Begriffe der verschiedenen Staatsformen, S. 34.
85) vgl. Th. Schiemann, Heinrich v. Treitschkes Lehr- und Wanderjahre, S. 129.

Der erste Versuch einer *Doktorarbeit*, den Treitschke im 7. Semester in Tübingen unternahm, ist bereits aufschlußreich. Das Thema, das sich der Student anscheinend selbständig gewählt hatte, sollte heißen: „Über die staatlichen und volkswirtschaftlichen Zustände Deutschlands im 16. Jahrhundert[86]." Die Bedeutung, die der Wahl gerade dieses Themas zukommt, wird nicht dadurch herabgesetzt, daß er es bald wieder aufgab, als er dessen Weitsichtigkeit und Weitläufigkeit einsah und ein einfacheres, streng nationalökonomisches wählte, mit dem sich rascher fertig werden ließ. Die Doppelheit in der vorläufigen Formulierung der „staatlichen" und der „wirtschaftlichen Zustände" läßt erkennen, daß Treitschke diese Zustände ganz im Sinne seines Lehrers Roscher als verschiedene Seiten desselben einen und unteilbaren Volkstums betrachtete. Der erste Erfahrungsbericht, den der gewissenhafte 20jährige Doktorand dem teilnehmenden Vater sandte, enthält Motive und Tendenzen, die bereits aus dem Zusammenhang Gervinus-Roscher bekannt sind, und die in Zukunft nicht mehr verschwinden werden, sondern anläßlich neuer schriftstellerischer Vorhaben sowie auch aus Anlaß der Vorarbeiten zur Deutschen Geschichte wieder auftauchen werden. Der Brief, der diesen Bericht enthält, lautet: „Seit einigen Tagen sitze ich nun an meiner Doktorarbeit und sehe ein, daß die gewöhnliche Geschichtsschreibung, das Aufsuchen historischer Tatsachen, eine viel leichtere Arbeit ist, als das Entwerfen eines kulturhistorischen Gemäldes. Du weißt, mein Plan ist, darzustellen, wie sich die Begriffe vom Staat und von der Volkswirtschaft in der Theorie und Praxis im 16. Jahrhundert in Deutschland gestaltet haben. Mein Wunsch wäre es gewesen, die weitere Entwicklung dieser Begriffe bis auf die Gegenwart fortzuführen. Das ist aber natürlich für eine Doktorarbeit eine viel zu weit aussehende Aufgabe. Ich beschränke mich also auf die Zeit, wo der moderne Begriff vom Staat anfängt, sich zu bilden, auf das 16. Jahrhundert, und sehe, daß ich daran mehr als genug zu tun habe. Tatsächliches ist nicht allzuviel zu berichten, aber es kommt hier das Paradox in Anwendung, daß man sehr viel wissen muß, um sehr wenig zu sagen. Man muß eben die ganze Geschichte einer Zeit in der Gewalt haben, um daraus das wenige für einen einzigen Gesichtspunkt Wesentliche herauszufinden, noch dazu, wenn dieser Gesichtspunkt ein so tief in alle Lebensverhältnisse eingreifender ist, wie in diesem Falle der Begriff des Staates[87]." Wenn dieser Plan auch über das Stadium der Erwägungen nicht hinausgelangte und eine wissenschaftliche Episode blieb, so lassen die Spuren, die er hinterließ, doch den eigen-

86) Briefe, Bd. 1, S. 222, v. 28. 4. 1854.
87) ebd., S. 224, v. 21. 5. 1854.

tümlichen Gang seiner Studien sowie ihre zukünftige Richtung deutlich genug erkennen. Er hat in biographischer Hinsicht einen ähnlichen Wert wie jene niemals oder nur fragmentarisch ausgeführten Dramenentwürfe, die aufschlußreich für die konstitutive Bedeutung von Treitschkes ästhetischer Lebens- und Weltansicht waren. An den Bekundungen über dieses rasch beiseite gelegte wissenschaftliche Erstlingsprojekt lassen sich in vorsichtiger Weise die Neigungen sowie die zukünftigen Zielsetzungen und Bestrebungen des werdenden Publizisten und Historikers erkennen. – Treitschke nahm die Arbeit in einem Augenblick in Angriff, als er die Behinderung durch sein Körperleiden besonders schwer empfand. Das Gefühl dieser Belastung wird oft genug wiederkehren, wenn er schriftstellerische Vorhaben unter dem Druck seines Gebrechens durchzuführen hat. „Ich weiß nicht, liegt es an dem nassen Wetter, das wir nach den herrlichen Sommertagen jetzt haben, oder an dem Umstande, daß mir fast Alle, die ich hier treffe, fremd sind – aber ich fürchte, es ist seit langem mit meinem Gehör nicht so schlecht gegangen . . . Manchmal tritt mir der Gedanke in furchtbarer Nähe vor die Augen, daß es immer weiter bergab damit gehen wird, bis die Welt der Töne mir ganz in Nacht verschlossen ist[88]", so lautet die bewegende Klage an den Vater, und ein anderes Mal klagt der gerade 20jährige über „manchmal Tagelang anhaltendes abscheuliches Kopfweh, das ihn zur Arbeit unfähig mache"[89].

Der bedrückende Umstand, daß er auf die menschliche Unterhaltung sowie auf das wissenschaftliche Gespräch fast vollkommen Verzicht leisten muß, wird sein Leben stets begleiten. Umso mehr wird er sich dann veranlaßt, ja gedrängt fühlen, auf geistigem Felde erst recht Leistungen hervorzubringen, die den Mangel des Gebrechens auszugleichen vermögen.

Unter den Büchern, die Treitschke damals las, hat nach den Zeugnissen der Briefe Gervinus' Einleitung in die Geschichte des 19. Jahrhunderts den nachhaltigsten Eindruck auf ihn gemacht. In der Unterscheidung, die er in dem Brief an den Vater zwischen einer „gewöhnlichen Geschichtsschreibung", „dem Aufsuchen historischer Tatsachen" und „dem Entwerfen eines kulturhistorischen Gemäldes" (was zur „vornehmeren" Richtung der Geschichtsschreibung gehört) macht, klingt unverkennbar die Erinnerung an Gervinus' Einleitung nach. Er hatte sie bei ihrem Erscheinen im letzten Winter sogleich gelesen und sie „eines der geistreichsten Bücher" genannt. „Tatsächliches" war in ihr nicht viel zu finden, aber Treitschke fesselte die scharfe Erfassung des „der Geschichte innewohnenden Geistes"

88) ebd., S. 222, v. 28. 4. 1854; vgl. hierzu die Einleitung.
89) ebd., S. 235, v. 20. 6. 1854.

sowie „der großen Strömung der bestimmenden Zeitideen"[90]. Wenn er auch erhebliche Einwände gegen eine Reihe politischer Grundansichten, die in der Einleitung enthalten waren und seinen Überzeugungen schnurstracks entgegenliefen, machte, so schien ihm Gervinus doch sowohl in der Methode als auch in den Resultaten „auf dem rechten Wege" zu sein, und dieser Sachverhalt war für sein Gesamturteil ausschlaggebend. Bekanntermaßen interessierte sich Treitschke ja nicht für „Details", für die ihm der Sinn nach seiner eigenen Aussage erst anerzogen werden mußte, sondern nur für fertige „Resultate". Noch 1865 zählte er in einer im Literarischen Centralblatt enthaltenen Besprechung des 7. Bandes der Geschichte des 19. Jahrhunderts das gesamte Werk „zu den gedankenreichsten Geschichtswerken, welche je erschienen[91]" und fand „eine der stärksten Seiten von Gervinus' Talent" bezeichnenderweise „in den historischen Rückblicken, wo es gilt, einen großen, die Jahrhunderte durchziehenden historischen Gegensatz in starken Zügen gedankenreich zu schildern"[92]. Erst nach 1866 wurde sein Urteil auf Grund politischer Antipathien gegen Gervinus reserviert und ablehnend, aber immer noch gesteht er ihm „geistreiche und anregende Gedanken" zu, und bis in den 5. Band seiner Deutschen Geschichte schreibt er ihm das historiographische Verdienst zu, zuerst „den Stammbaum unserer literarischen Ideen nachgewiesen" sowie „das Werden der Dichtung im Zusammenhang mit den Schicksalen, den Taten, den Empfindungen der Nation, mithin in einer Notwendigkeit" aufgefaßt zu haben[93]. Er macht sich die historiographischen Ideale, die ihm in der programmatischen Einleitung von Gervinus geboten wurden, ganz zu eigen. Sie kamen seiner publizistischen Veranlagung und Begabung sehr entgegen, und so wird er seine publizistische Aufgabe auch immer darin sehen, aus der Fülle des historischen Materials stets nur „das Wenige für einen einzigen Gesichtspunkt Wesentliche herauszufinden".

Jene Formulierung vom „Entwerfen eines kulturhistorischen Gemäldes" enthält überdies einen Niederschlag des Interesses an der Historienmalerei, die ja ebenfalls in kulturhistorischen Gemälden Kampf und Sieg von Ideen darzustellen sich zur Aufgabe gemacht hatte. Die erste Konzeption der Deutschen Geschichte zu Beginn der 60er Jahre wird denselben Kern enthalten, der bestimmend werden sollte für Anlage sowie gesamte Durch-

90) G. G. Gervinus, Einleitung in die Geschichte des neunzehnten Jahrhunderts, S. 12.

91) Aufsätze, Bd. 4, S. 633.

92) ebd.

93) H. v. Treitschke, Deutsche Geschichte, Bd. 5, S. 418.

führung des Werkes. Treitschkes wissenschaftliche Absicht lag nicht im „Aufsuchen neuer Tatsachen", er wollte nicht „Tatsächliches" berichten, sondern von Anfang an schwebte ihm *„das Entwerfen eines kulturhistorischen Gemäldes"* vom 19. Jahrhundert vor.

Auf der nächsten Stufe seiner wissenschaftlichen Laufbahn wird dasselbe Problem ähnlich wieder begegnen. Als Treitschke im Gange der Untersuchung seiner Habilitationsschrift über die Gesellschaftswissenschaft bis zu dem Punkte gelangt war, an dem er den Beweis erbracht zu haben glaubte, daß es keine selbständige, vom Staate getrennte Gesellschaftswissenschaft gebe, wirft er die Frage auf, ob es trotzdem möglich sei, die gesellschaftlichen Kreise in einer Wissenschaft darzustellen. Die Antwort, die er auf diese Frage gibt, bezeichnet Geschichts- und Staatswissenschaft als die beiden Wissenschaften, in denen eine solche Darstellung möglich und sogar notwendig sei. Eine solche Darstellung würde endlich *das kulturhistorische Gemälde* enthalten, von dem im Bericht zum ersten Doktorplan die Rede war. Der Historiker solle „von dem Geiste eines Volkes ausgehen und zeigen, wie sich dieser Genius im Staate, im geistigen, wirtschaftlichen Leben usf. offenbart"[94]. Wenn er eine „rein tatsächliche Schilderung" liefere, was das „einfachste" genannt wird, „trete der Staat, als Mittelpunkt der Taten des Volkes, von selbst in den Vordergrund", zumal „die Geschichte vorwiegend immer politische Geschichte sei"[95]. Eine politische Geschichte ist nach dieser Auffassung also auch Geschichte des Volksgeistes, die Geschichte seiner äußeren Taten. Der Ausgangspunkt vom „Geist eines Volkes" mache sich jedoch erst voll geltend in der Kulturgeschichte, und zwar wird letztere dem Prinzip ihres Ausgangspunktes vom Geist des Volkes dann ganz gerecht, wenn sie „nur *die* Tatsachen berücksichtigt, soweit sie einen Fortschritt der menschlichen Natur oder eines bestimmten Volksgeistes bezeichnen"[96].

Zweierlei ist an dieser Bekundung bemerkenswert: Der Volksgeist geht eine Verbindung mit dem liberalen Fortschrittsgedanken ein – eine charakteristische Verbindung auf dieser Stufe seiner Entwicklung, und die Fortschrittsfähigkeit des Volksgeistes wird mit derjenigen der menschlichen Natur in einen Zusammenhang gebracht.

Wie sehr in der Gesellschaftswissenschaft von 1858 der Volksgeist als Träger des Fortschritts in liberalem und idealistischem Sinne aufgefaßt wird, zeigt auch eine andere Stelle aus dieser wissenschaftlichen Erstlings-

94) H. v. Treitschke, Die Gesellschaftswissenschaft, S. 60.
95) ebd.
96) ebd.

schrift. Treitschke äußert nämlich den Verdacht, daß „unsere großen historischen Juristen das Recht vielleicht (?) zu ausschließlich als ein Werk der *Ideen* eines Volkes auffaßten"[97]. Für „Geist eines Volkes", der hier eigentlich gemeint ist, wird ohne weiteres „Ideen eines Volkes" gesetzt, als ob beides dasselbe wäre. Der Bedeutungswandel, den der Volksgeist bei Treitschke durchgemacht hat, wird gerade in dieser Verwechslung sichtbar, ohne daß etwa der alte Sinn sogleich ganz aufgegeben wird. Indem Treitschke an dieser einen Stelle aber den Volksgeist durch die „Ideen" ersetzt, enthüllt er den eigentlichen Sinn, den der Volksgeist für ihn noch besitzt. Er drängt das Dunkle zurück, das diesem Begriff von seinem Ursprung her anhaftet, und setzt dafür die rational erfaßbare Idee. Gemeint sind im Grunde die politischen und literarischen Ideen der geistig führenden Schichten – also einfach die „Bildung"[98]. Durch die Gleichsetzung des „Volksgeistes" mit den „Ideen eines Volkes" wird ferner klar, daß Treitschke nicht jedem Volke einen Volksgeist konzediert, sondern nur solchen Völkern, die „der Ideen fähig sind, die immer nur Heil über die Völker bringen". Einen Volksgeist gibt es also nur bei „den gesittigten Völkern", „den geistvollen Völkern" und „den gebildeten Völkern". Der bei der sittlich-ästhetischen Einstufung des Menschen übliche Maßstab der Idee kehrt in der Beurteilung des Volkes wieder. Die hohe Gesittung unterscheidet z. B. das Handelsvolk der Holländer von demjenigen der Karthager, von welchem es heißt: „Kein Künstler, kein Denker durchleuchtet dies umnachtete Volkstum mit den Strahlen der Idee[99]." „Das umnachtete Volkstum" ist eben ein Volk ohne Geist und ohne Ideen.

An die Stelle des wachstümlichen und stillwirkenden ist der fortschrittliche und „gebildete" Volksgeist getreten. Die Richtigkeit dieser Auffassung von einer Identität zwischen Volksgeist und Bildung vermag noch durch folgenden Gesichtspunkt bestätigt zu werden. Wenn Treitschke vom Fortschritt des Volksgeistes spricht, meint er ebenfalls nur den Fortschritt, den die „Ideen" und die „Bildung" machen. Die Staaten, die nach seiner Auffassung ja nichts anderes sind als die entsprechenden und notwendigen Formen, die im Zuge des Fortschritts von Volksgeistern entstehen, unter-

97) ebd., S. 32.

98) s. auch Beilage I.

99) Aufsätze, Neue Folge, 2. Teil, S. 603.

Die Metapher kehrt wieder in einer politischen Betrachtung über die europäische Lage am Ende des Jahres 1877. Zu den innerpolitischen Kämpfen, die sich damals in Frankreich abspielten, sagt Treitschke: „Kein Schimmer einer Idee durchleuchtet diesen dumpfen Kampf um den Besitz der Macht." (Zehn Jahre Deutsche Kämpfe, S. 753.)

scheiden sich – wie es in der Gesellschaftswissenschaft heißt – „sehr bedeutend nach der Geltung der Bildung von ihnen“[100]. Er wiederholt in dieser Bekundung zunächst allerdings nicht mehr als nur die gängige liberale Anschauung, wonach „Bildung zugleich ein Element politischer Macht sei“[101]. Diese übliche und der liberalen Zeitströmung angehörige Wertschätzung der Bildung erhält bei ihm jedoch noch eine charakteristische Färbung durch ihre eigentümliche Verknüpfung mit dem Volksgeist. Der geschichtliche Rang eines Volksgeistes richtet sich nach den „Ideen“, die in den gebildeten Schichten eines Volkes nachweisbar sind, d. h. nach Literatur, Philosophie usw. Das Urteil über „das umnachtete Volkstum“, „das von keinem Strahl der Idee durchleuchtet wird“, gehört in diesen Zusammenhang hinein. Vor dem literarischen Hintergrund von Freytags Verklärung und Verherrlichung der Bildung, die sowohl die Tagesaufsätze des Journalisten als auch die Romane des Dichters erfüllen, wird dieser abstrakte Sachverhalt erst anschaulich werden können. Bei Treitschke fungiert die „Bildung“ nun aber nicht nur als ein Unterscheidungsprinzip innerhalb der Staatenkunde, sondern wird darüber hinaus auch ein Einteilungsprinzip innerhalb der Staatsgeschichte, die ja nach der in der Gesellschaftswissenschaft enthaltenen Definition Geschichte, d. h. stets Fortschritt eines bestimmten Volksgeistes ist. Der Grad der Geltung und des Ansehens der Bildung bestimmt die historische Periodisierung. Die Bildung gibt somit gewissermaßen ein neues Mittel an die Hand, die Geschichte sinnvoll zu gruppieren und verständlich zu machen. Einem verwandten Bemühen, Geschichte zu gliedern und damit verständlicher zu machen, diente der von Fr. Th. Vischer übernommene Gedanke, „eine Geschichte nach dem Gesichtspunkt der Schönheit zu schreiben“. Nun soll der Gesichtspunkt der Bildung diesen Zweck erfüllen. Es handelt sich jedesmal um dasselbe Bedürfnis, an die Stelle der „gewöhnlichen“ eine „geistreiche“ Geschichtsschreibung zu setzen. Was Treitschke schon bei der ersten Doktorarbeit vorschwebte, nämlich zu zeigen, wie sich der Begriff des Staates im Zusammenhang mit den Erscheinungen des gesamten Volkslebens entwickelt habe, kehrt hier in der Gesellschaftswissenschaft als ein ähnlicher Gedanke wieder, der ebenfalls nur angedeutet und nicht ausgeführt wird. Solche nur angedeuteten Erwägungen, welche fast nie den Zustand der literarischen Formung erreichen, vermögen *den* Dienst zu leisten, daß sie die besonderen wissenschaftlichen Anliegen und Ziele erkennen lassen, die Treitschke am Anfang seiner wissenschaftlichen Laufbahn konzipierte, die er ständig weiter-

100) H. v. Treitschke, Die Gesellschaftswissenschaft, S. 28.
101) ebd.

verfolgte und die über den wissenschaftlichen Charakter solcher Pläne hinaus eng mit seinem nationalpolitischen Denken und Wollen zusammenhängen. Sein Denken bewegt sich unaufhörlich auf den Staat der Deutschen in der Zukunft zu, der einmal – wenn er Wirklichkeit geworden ist – die vollendetste Form staatlichen Daseins annehmen wird und muß, weil eben die Bildung der Deutschen nach seiner Ansicht so unvergleichlich hoch steht. Dieser Staat wird den äußersten Punkt bezeichnen, den der staatliche Fortschritt überhaupt zu erreichen vermag.

So äußert sich der Fortschritt der Bildung im analogen Fortschritt der Staatsformen folgendermaßen: Der patriarchalische Absolutismus erhält das Prädikat „einer unwürdigen Staatsform", die nur möglich gewesen sei „bei einem Volke von Bauern und Handwerkern, dessen wenige gebildeten Elemente, durch die kleinlichen Umgebungen verkümmert, gegen das politische Leben gleichgültig waren"[102]. Der aufgeklärte Absolutismus stellt gegenüber dieser niedrigen Stufe bereits einen Fortschritt dar. Er ist jedoch noch „eine sich selbst widersprechende Staatsform", da er die Bildung „zugleich fördert und bedrückt"[103]. Erst die konstitutionelle Monarchie bildet die vollendete Staatsform und „setzt ein gebildetes Volk voraus". Hier liegt Treitschkes erste wissenschaftliche Bekundung über den hohen Rang der konstitutionellen Monarchie vor. Wir können schon an dieser Stelle seinen Gedankengang ergänzen und – wie er bald selbst in seiner Publizistik ausführen wird – sagen, daß genauso, wie die konstitutionelle Monarchie ein gebildetes Volk voraussetzt, dieses die Form der konstitutionellen Monarchie notwendig entwickelt, weil ein solches Volk nur unter einer solchen Staatsform die Erfüllung seiner Lebenszwecke zu erreichen vermag. Damit sind wir dem innersten Kern von Treitschkes sowohl wissenschaftlicher als auch nationalpolitischer Thematik ganz nahegerückt. Sie besteht darin, die Berechtigung und die Notwendigkeit der Formen, in denen die Völker leben, zu untersuchen. Dieses Thema hat sich aus den von Wilhelm Roscher gegebenen wissenschaftlichen Anregungen gebildet.

Es ist schon der Versuch gemacht worden (2. Kapitel), den Anteil, den die ästhetischen Reflexionen an diesen politischen Beurteilungen haben, festzustellen. Das Ästhetische ist immer als ein zugehöriger Bestandteil in allen Werturteilen, die Treitschke über Staaten und Völker fällt, zu denken. Der natürliche Wert der Kunstformen und der natürliche Wert der Staatsformen entsprechen einander so genau, daß die Tragödie gleichsam das

102) ebd., S. 24f.
103) ebd., S. 29.

künstlerische Gegenstück der Monarchie und das Lustspiel dasjenige der Demokratie bilden. Ja, das Lustspiel wird von Vischer sogar „demokratisch" genannt. Diesen abstrakten Beziehungen liegt die Vorstellung zugrunde, daß die Monarchie genauso „großartige Verhältnisse" zur Voraussetzung hat wie die Tragödie. Bei der Demokratie handelt es sich angeblich ähnlich um ein Volk „von Bauern und Handwerkern" und um „einfache Verhältnisse", wie eine Lustspielhandlung vom Personal „einfacher Leute" getragen wird. Politische und ästhetische Motive pflegen sich in Treitschkes Denken eigentümlich zu mischen. Wenn sich Treitschke in der Gesellschaftswissenschaft in Anlehnung an Wilhelm Roscher darauf beruft, daß „die Erscheinungen des geistigen Lebens überraschende Erklärungen und Analogien für politische Fragen bieten[104]", so ist dazu zu sagen, daß er sich vornehmlich *ästhetischer* Erklärungen und Analogien bedient hat, um *politische* Wunschziele zu begründen.

Die Anlehnung an Roscher und auch an Gervinus geht in der Gesellschaftswissenschaft so weit, daß Treitschke ebenso wie seine beiden wissenschaftlichen Vorgänger der Politik und der Geschichtsschreibung die Aufgabe zuschreibt, „das Notwendige, die historischen Gesetze in der politischen Geschichte der Völker nachzuweisen, deren staatliche Entwicklung uns vollendet vorliegt"[105]. In dieser Formulierung ist die Abhängigkeit von Roscher, aber auch zugleich die völlige Verschiedenheit des politischen Programmatikers von dem Universalhistoriker, der Roscher gewesen ist, enthalten. Roscher denkt nämlich bei den Völkern, die sich für Vergleiche und Analogien besonders eignen, in erster Linie an „die alten Völker, die also schon angestorben sind"; denn sie „haben das eigentümlich Belehrende, daß ihre Entwicklungen jedenfalls ganz beendigt vor uns liegen"[106]. Roscher denkt von seinem universalgeschichtlichen Standpunkt aus an die abgelebten Völker, die sein großes Vergleichsmaterial bilden und an deren *„beendigte* Entwicklungen", während Treitschke an die *„vollendete* staatliche Entwicklung" der lebenden Völker, deren politischen Höhepunkt er sicher bestimmen zu können glaubt, denkt. An dem verschiedenen Sinn, der sich in den Formulierungen von den „beendigten Entwicklungen" auf der einen und den „vollendeten staatlichen Entwicklungen" auf der anderen Seite bekundet, ist der ganze Unterschied sowohl in der wissenschaftlichen Methode als auch im wissenschaftlichen Anliegen selbst zwischen Roscher und Treitschke zu fassen. Die Treitschke'sche Formu-

104) ebd., S. 9.
105) ebd., S. 80.
106) W. Roscher, Grundriß zu Vorlesungen über die Staatswirtschaft, S. IV.

lierung ist aus einer Ideenassoziation mit der Roscher'schen entstanden, bedeutet aber etwas anderes. Treitschke fällt sogleich ein Werturteil, indem er die „Vollendung" der staatlichen Entwicklung – das staatliche Ideal festzustellen wünscht, während Roscher in der Art des Naturforschers beschreibend vorgeht. Letzterer will nicht mehr als den zeitlichen Abschluß bezeichnen.

Roscher ist daran gelegen, „alle Völker, deren wir irgend habhaft werden können, ... miteinander zu vergleichen[107]", während Treitschke vom gegenwärtigen politischen Standpunkt aus eine bestimmte Auswahl trifft. Treitschkes Ausgangspunkt liegt jedesmal bei Roscher, aber dessen Maßstäbe werden sogleich einer völligen Veränderung unterworfen. Wie vollkommen unterschiedlich die Grundstimmung beider in bezug auf ihre Gegenwart ist, zeigt die Anschauung des Älteren, daß „man nie wissen könne, ob sich ein Volk in aufsteigender oder absteigender Entwicklung befinde, und manches spreche bei uns für die letztere Annahme"[108]. Eine solche Skepsis gegen die nationalen Erfolgschancen des eigenen Volkes war Treitschke vollkommen fremd. Das „Pathos", das Freytag an Treitschke als bemerkenswerte Eigenschaft hervorhob, fehlte der Gelehrtennatur Roschers ganz, für die im Gegenteil die Distanz des Urteils charakteristisch war. Hinzu kam, daß die Erinnerung an „den dunklen Hintergrund", der sich nur zurückschieben lasse, Roscher auch in seiner politischen Urteilsbildung nicht verließ. Den Nachweis historischer Gesetze traute sich der Universalhistoriker nur für die Vergangenheit, die abgeschlossen hinter uns liegt, zu. An der Schwelle der Gegenwart wurde sein Urteil vorsichtig und blieb offen. Er meinte, erst dann „einen objektiven Maßstab" für die Beurteilung von Völkern finden zu können, wenn es möglich wäre, „die Geschichte der Menschheit als Ganzes, wovon alle einzelnen Völkergeschichten bloß die Abschnitte bildeten, zu überschauen"[109]. Bemerkenswert ist seine Warnung vor „der einseitigen Vertiefung in das Leben eines einzigen Volkes"[110]. Sie ist so, wie sie sich bei ihm findet, in erster Linie an die Adresse des historischen Nationalökonomen gerichtet. Sie gilt jedoch über den Kreis dieses einen wissenschaftlichen Adressaten weit hinaus. Die Folgen einer solchen Vertiefung in „das stille Wachstum" eines einzelnen Volksgeistes sind z. B. bei einem Kulturhistoriker wie Gustav Freytag leicht zu spüren. Julius von Eckardt urteilt einmal sehr fein, daß sich

107) ebd.
108) zitiert nach Karl Bücher, Nekrolog auf W. Roscher; Preuß. Jb. 77, 1894, S. 120.
109) W. Roscher, System der Volkswirtschaft, Bd. 1, § 28, S. 63.
110) ebd., § 29, S. 64 (in § 29 der 1. Aufl. 1854 nicht enthalten).

Freytag „zu bewußt und zu vollständig in das deutsche Volkstum vertieft hätte, um sich auf Rechnungen mit einer fremden Volksseele einzulassen“ und daß er „fremden Bildungselementen – mindestens während der zweiten Hälfte seines Lebens – wirklichen Eingang in sein Inneres nicht mehr gestattet habe“[111]. Für Treitschke gilt diese Begrenztheit, wenn auch in anderer Weise, ebenfalls, obwohl er ausdrücklich die Vergleiche mit anderen Völkern methodisch fordert. Sein Horizont wurde ganz vom eigenen Volke, in politischer Hinsicht vielleicht sogar nur vom preußischen Staate begrenzt. Die Urteile, die sich bei ihm über fremde Völker und Staaten finden, zeigen diese Einseitigkeit sehr deutlich. Sein Verhältnis zu England ist mit aus der einseitigen Versenkung in das für allein richtig gehaltene Bild deutscher Geschichte und deutscher Bedürfnisse zu erklären. Über solche Einzelbeispiele hinaus ist überhaupt die politische Urteilsbildung eines charakteristischen Teils des deutschen Bürgertums, soweit es an publizistischen und literarischen Äußerungen zu erkennen ist, aus diesem Sachverhalt zu erklären: Die staatliche Entwicklung des eigenen Volkes vollendet sich in angeblicher Notwendigkeit und ungestört von außen; diese Entwicklung enthält eine immanente Logik. Für eine solche Auffassung der deutschen Frage bietet das Werk G. Freytags eine Fülle von Beispielen. Diese Bemerkungen greifen aber dem Gang der Untersuchung voraus.

Es erschien nötig, den großen Abstand Treitschkes zu seinem Lehrer Roscher zu veranschaulichen, um das literarische Abhängigkeitsverhältnis, das trotz dieser Unterschiedlichkeit besteht, richtig festzustellen. Roschers „höchstes Ziel“, das darin bestand, „die politischen Resultate der Menschheit in wissenschaftlicher Verarbeitung fortzupflanzen[112]“, gab Treitschkes Denken den entscheidenden Anstoß und lenkte es in eine feste Bahn, von der es nicht mehr abwich. Das Bedürfnis nach „Resultaten“, auf das wir im Gange der Untersuchung immer von neuem stoßen, konnte auf dem von Roscher angegebenen Wege in ausreichendem Maße befriedigt werden. Die politischen Resultate lagen in den vollendeten Staaten der Hauptvölker vor. Diese vollendeten Staaten sind gleichsam Staatsmodelle von ganz bestimmter Größe und Qualität. In ihrer Betrachtung fand Treitschke hohen ästhetischen Genuß. Wenn Roscher es als eine Hauptaufgabe seiner Wissenschaft bezeichnet hatte, diese Staatsformen, in denen die Völker leben, nicht nur zu beschreiben – wenn auch bei ihm auf dieser Tätigkeit der Schwerpunkt lag – sondern außerdem auf ihre Be-

111) Julius v. Eckardt, Lebenserinnerungen, Bd. 1, S. 67.
112) W. Roscher, Grundriß zu Vorlesungen über die Staatswirtschaft, § 1, S. 2.

rechtigung hin zu untersuchen, so wurde dieses Verfahren überaus folgenreich für den Gang von Treitschkes Denken.

Die bisherige Summe aus dem literarischen Abhängigkeitsverhältnis Treitschkes von Roscher ergibt, daß Treitschkes empfänglicher Geist von dem Begründer der historischen Nationalökonomie entscheidende Eindrücke und Anregungen empfing. Das Eigentümliche seiner Studien, die in der Abhandlung über den Bundesstaat und Einheitsstaat einen ersten publizistischen Höhepunkt erreichen, ist aus dem Vorbild, das Roschers geschichtliche Nationalökonomie bot, erst richtig zu verstehen. Treitschkes Rezeption dieses nationalökonomischen Vorbildes geht allerdings sehr eigenwillig vor sich und trägt ganz die Spuren seiner eklektischen Natur. Bezeichnend ist ja auch Roschers Urteil über Treitschkes Habilitationsschrift. Bei allem Lob und allen glänzenden Aussichten, die er dem Verfasser dieser Schrift prophezeite, vermißt er in ihr „das logische Gerüst"[113]. Treitschke verkürzt gewissermaßen das Roscher'sche Verfahren indem er den langen, mühsamen Weg des Meisters durch die gesamte Weltgeschichte auf eine kürzere Strecke durch die jüngste Vergangenheit reduziert. Das am toten Objekt ausgelebter Völker erprobte Verfahren wird am lebenden der modernen Völker angewandt, oftmals allerdings unter Heranziehung von Analogien aus dem Altertum – was die Herkunft dieser Methode nur noch deutlicher werden läßt. Wohl ist sich Treitschke bewußt, daß „bei der Betrachtung der gegenwärtigen Staaten, wo Leidenschaft und mangelhafte Kenntnis notwendig auch den klarsten Blick trüben, zwar der rein-wissenschaftliche Standpunkt nicht streng festgehalten werden könne[114]", aber er glaubt doch, wenigstens für einige politische Fragen der Gegenwart zu sicheren, auf historischem Grunde ruhenden Ergebnissen gelangen zu können[115]. In dieser Feststellung meldet sich schon der Anspruch seiner bald machtvoll einsetzenden nationalen Publizistik auf wissenschaftliche Beweiskraft an. Dieser Anspruch leitet sich vornehmlich aus dem Studium der historischen Nationalökonomie und zwar besonders der von Roscher ab, obwohl auch andere noch zu erläuternde philosophische Voraussetzungen in der Entstehung und Begründung dieses Anspruchs wirksam sind. Die sicheren politischen Ergebnisse, von denen er spricht, liegen in dem Nachweis, daß der deutsche Einheitsstaat ein berechtigtes nationales Ziel und ein *notwendiges* Resultat aus dem Verlauf der deutschen Geschichte ist. Dieser Nachweis soll in Vergleichen mit Verlauf und Ergebnissen anderer

113) vgl. Th. Schiemann, Heinrich v. Treitschkes Lehr- und Wanderjahre, S. 132.
114) H. v. Treitschke, Die Gesellschaftswissenschaft, S. 80.
115) ebd.

Volksgeschichten gewonnen werden. So ergibt sich der Sachverhalt, daß zwischen dem nationalpolitischen Kampfziel, um das im Streit der Parteien mit publizistischen Waffen gestritten wird, und dem wissenschaftlichen Ertrag aus einem Bücherstudium Verbindungsfäden nachweisbar sind. Dieser Nachweis soll nicht bedeuten, daß die politischen Ideale, vornehmlich dasjenige des Einheitsstaates, nur aus literarischen Quellen erklärt werden könnten. Die Enttäuschungen über den deutschen Mittel- und Kleinstaat, die auf so realen Erfahrungen wie dem Jugenderlebnis von 1848/49 beruht, spielt bei der Bildung von maßgeblichen politischen Ideen vielmehr eine große Rolle. Mit dem Nachweis literarischer Abhängigkeiten soll nur eine bestimmte Linie herausgearbeitet werden, deren Bedeutung allerdings groß ist. Treitschke holt sich die theoretischen Begründungen für seine politischen Ideale aus literarischen Vorbildern, deren Gehalt er seinen Bedürfnissen sehr selbständig nutzbar macht. Die Bedeutung des wirklichen Lebens für die Entstehung seiner politisch-geistigen Ideenwelt soll nicht unterschätzt werden, aber sein Anteil am wirklichen Leben sowie vor allem auch dessen Aufnahme sind doch recht begrenzt. Sein unruhiges Verlangen nach tätiger Teilnahme am „schaffenden Markt des Lebens" entstammt dem drückenden Gefühl des eigenen Gebrechens, das ihn von der Umwelt weitgehend ausschließt. Der wissenschaftliche Autodidakt, dessen Erlebnisvorrat sehr gering ist, empfängt mehr als seine Weggenossen aus Büchern die theoretischen Grundlagen seines politischen Weltbildes. Er schuf sich ein Bild vom Staate, nach welchem sich die Wirklichkeit zu formen hatte. Seine oftmals verächtlichen Bemerkungen über die weltfremde Gelehrsamkeit von Kommilitonen und später von Kollegen darf nicht über die im Grunde überaus abstrakten, oftmals sehr umwegigen Voraussetzungen seiner eigenen politischen Ansichten hinwegtäuschen. Hinzu kommt bei ihm der Erfahrungsmangel eines wirklichen Staates, worin Gustav Freytag die Ursache mancher Unausgeglichenheit glaubte sehen zu dürfen[116].

In der Gesellschaftswissenschaft hat Treitschke zum ersten Mal den Idealfall eines Staatsmodells andeutungsweise beschrieben, nach dessen Muster die geschichtlichen Staaten beurteilt werden sollten. Das Staatsmodell paßt genau auf das gesamte Leben eines Volkes. Der Einheitsstaat ist die Form, die dem Volksleben gleichsam „nach Maß" – so darf dieser Sachverhalt mit Fug ausgedrückt werden – angepaßt ist, wobei an die Ausführungen über den ästhetischen Einschlag dieser Staats*ansicht* im

116) vgl. Deutscher Liberalismus, Bd. 2, S. 45f., v. 25. 2. 1872, G. Freytag an K. v. Normann.

wörtlichen Sinne erinnert werden kann. Inhaltlich wird das Verhältnis von Staat und Volk auf die Formel gebracht: „Der Staat ist ein Volk in seinem einheitlichen äußeren Zusammenleben. Es läßt sich Volk und Staat nicht einmal in der Idee trennen[117]"; oder: „Die Staatswissenschaft sieht den Staat als die einheitlich geordnete Gesellschaft, als das zu einer Gesamtmacht zusammengefaßte Volksleben an[118]." Ein solcher Staat, der das gesamte Volksleben umfaßt, übt in Bezug auf die Pleonexie der sozialen Kräfte eine regulierende Tätigkeit aus: „Ein Staat steht hoch, entspricht seiner universellen Aufgabe in vollem Maße, wenn er die gesamten Lebenszwecke der Gesellschaft seiner Zeit fördernd und ordnend in sich vereinigt[119]." Die in diesem Zusammenhang enthaltene Berufung Treitschkes auf „jenes berühmte Wort Savignys: ‚Der Staat ist die äußere Form, die sich das innere Leben der Nation auf natürliche Weise selbst geschaffen'[120]", rechtfertigt noch lange nicht die Annahme, daß die romantischen Motive in dieser Staatsanschauung überwiegen. In der Staatsverherrlichung der Gesellschaftswissenschaft von 1858 steckt viel zu viel von einem ästhetischen Rationalismus, als daß dieser Staat „romantisch" im Sinne eines wachstümlichen oder gar organischen Staatsgedankens genannt werden könnte. Die „natürliche" Weise, auf welche der Staat nach Savigny entsteht, entspricht nicht der Treitschke'schen Denkweise, der nicht an der Naturhaftigkeit, sondern an der Notwendigkeit eines rational erklärbaren historischen Gesetzes in der Entwicklung des Staates gelegen ist. Ein Stück hegelscher Rechtsphilosophie wirkt ebenfalls in dieser Auffassung unverkennbar mit – ein Sachverhalt, der u. a. auch in seiner „unromantischen" Ansicht vom Mittelalter zum Ausdruck kommt.

Wie rational Treitschkes Staatsgedanke ist, zeigt deutlich die oftmals geäußerte Befremdung über die Abwesenheit des ordnenden Staatsgedankens im Mittelalter, wo „die Teile das Ganze überwucherten". Und doch sollte er die vollendetste Staatsform gerade in dieser Epoche finden, nämlich im deutschen Ordensstaat, dessen einzigartiges Modell er bald in einem großen Essay so glänzend beschreiben wird. Der Idealfall des universellen Staates war im Ordensstaat deshalb so vollkommen verwirklicht, weil „hier die Kirche ein Glied, nicht, wie sonst überall, ein Nachbar oder ein Feind des Staates war"[121]. „Die Tätigkeit des hochgebildeten

117) H. v. Treitschke, Die Gesellschaftswissenschaft, S. 61.
118) ebd., S. 79.
119) ebd., S. 72.
120) ebd., S. 71.
121) ebd., S. 73.

Staates[122]" der Gegenwart entfaltet sich am reinsten in der Monarchie, die deshalb als die natürliche – d. h. genauer „vernünftige" – Staatsform für die „geistvollen" unter den neueren Völkern zu gelten hat. Aus der Kenntnis der Treitschke'schen Gesamtansicht von Völkern und ihren Staatsformen können wir diese Beurteilung der monarchischen Staatsform schon an dieser Stelle unserer Untersuchung ergänzen durch das komplementäre Urteil über die Republik, die den weniger geistvollen Völkern angemessen sei. Unter „weniger geistvoll" versteht Treitschke ein geringeres Maß an politischen Ideen unter den Gebildeten. „Die Gerechtigkeit und Herrlichkeit der politischen Einheitsidee" ist überdies nur in der Monarchie denkbar.

Die wissenschaftliche Tradition, die durch die Linie Göttinger Kulturhistorie – Gervinus – Roscher angedeutet wird, zieht sich durch Treitschkes gesamte Publizistik einschließlich seiner großen und breit angelegten historisch-politischen Essays hindurch. Die besondere Methode, die von ihm in den Dienst seines nationalen Wunschzieles gestellt wird, stammt aus dieser Linie. Indem er dieselbe fortsetzt, weiß er sich im Gegensatz zu *Ranke*. In wenigen Strichen nur mag an dieser Stelle Treitschkes Verhältnis zu Ranke gezeichnet werden.

Spuren einer erziehlichen Wirkung von Belang, die von Rankes Werk hätten ausgehen können, sind in Treitschkes geistiger Entwicklung nicht nachweisbar. In dem von Cornicelius sehr ausführlich und sorgfältig herausgegebenen Briefwechsel finden sich keinerlei Anzeichen einer Rankelektüre in den Jahren des Studiums.

Im Rückblick auf seine geistige Lebensgeschichte schrieb Treitschke 1893 an Erich Marcks: „Ich habe in jungen Jahren Rankes kalte, blutlose Weise verabscheut und erst bei reifender Erfahrung seine Weisheit bewundern gelernt[123]." Eine Fülle von vernichtenden Urteilen über Rankes „Charakterlosigkeit" und Mangel an Überzeugung läßt sich leicht aus den 50er und 60er sowie 70er Jahren zusammenstellen und durch entsprechende Urteile der liberalen Zeitgenossen ergänzen.

Charakteristisch dafür, wie wenig selbstverständlich die Kenntnis der Rankeschen Werke von Treitschke genommen wird und auch bezeichnend für den geringen Verbreitungsgrad dieser Werke ist eine Bitte, die der Heidelberger Professor für neuere Geschichte an seinen Freiburger Kollegen Kern richtet. Die Bitte ist in einem Briefe vom 7. 6. 1869 enthalten: „Wollen Sie mir eine kleine Gefälligkeit erweisen? Der Zustand der Frei-

122) ebd., S. 75.
123) Briefe, Bd. 3, S. 630, v. 22. 12. 1893.

burger Bibliothek bürgt dafür, daß ich Ihnen nicht zum zweiten Mal mit einer ähnlichen Bitte kommen werde. – Wenn mich mein Gedächtnis nicht ganz täuscht, so las ich vor Jahren in Freiburg die Vorrede zu Rankes erster Schrift („Die romanischen und germanischen Völker" etc.). Darin steht ein anspruchsloser Passus, der im Grunde das Programm für Rankes ganzes Wirken enthält, etwa des Inhalts: ‚Andere stellen Betrachtungen über die Geschichte an, ich bescheide mich zu erzählen, was wirklich geschah' – oder ähnlich. Bitte, lieber Freund, schreiben Sir mir diesen Satz ab; ich brauche ihn für eine Arbeit, die ich in einigen Tagen an die Jahrbücher abschicken will und das Buch ist nicht in unserer Bibliothek . . . (Es war ein bescheidenes Löschpapierbuch in grünem Papiereinbande)[124]." Mit der Arbeit, für die er das Rankezitat benötigte, war der für die Preußischen Jahrbücher bestimmte große Essay „Die Republik der vereinigten Niederlande" gemeint[125].

Der richtige Wortlaut des Zitats, von dem Treitschke nicht mehr genau wußte, wann und wo er es zuerst gelesen hatte, wurde von ihm an den Anfang seines Aufsatzes über die Niederlande gestellt: „Als Leopold von Ranke vor 45 Jahren sein reiches Wirken begann, warf er den Ausspruch hin: ‚Ich will bloß sagen, wie es eigentlich gewesen ist'[126]." Wenn Treitschke sodann im Anschluß an diese Mitteilung eines programmatischen Satzes auf die großen Erfolge hinweist, welche die von diesem Programm inspirierte sogenannte reine Quellenforschung zu verzeichnen gehabt habe, so scheint es, als ob er damit nur eine konventionelle wissenschaftliche Pflicht erfüllen wolle; denn sogleich geht er zu seinem eigenen Ideal historischer Darstellung über, „welche – nenne man sie didaktisch oder diskussiv oder wie sonst – dem erforschten Einzelnen seine Stelle in dem Zusammenhang der Geschichte anweist; sie schildert nicht den Fluß der Ereignisse, sondern betrachtet die Zustände, welche aus dem unendlichen Ringen der historischen Kräfte sich herausbildeten, sie versucht die Berechtigung dieser Lebensformen der Völker, die Notwendigkeit ihres Gedeihens und ihres Verfalls zu ergründen. Eine solche Darstellung läuft Gefahr, von dem Einzelnen ein nur annähernd richtiges Bild zu entwerfen, weil sie lediglich den Durchschnitt des Geschehens geben kann; dafür darf sie zuweilen

124) ebd., S. 246, v. 7. 6. 1869.

125) Wir greifen an dieser Stelle dem großen Essay „Bundesstaat und Einheitsstaat" vor und sparen seine Interpretation für das nächste Kapitel auf, um das ungebrochene und gradlinige Fortwirken einer neben der Rankeschule herlaufenden besonderen geistesgeschichtlichen Linie über das Jahr 1870 hinaus zu verfolgen.

126) Aufsätze, Neue Folge, 2. Teil, S. 497.

jenen Vorhang lüften, welcher die unabänderlichen Naturgesetze des Völkerlebens dem Auge des Forschers verbirgt"[127].

Wie jede inhaltsvolle Aussage eines geistig bedeutenden Menschen, der sich wie in diesem Falle trotz der Verkümmerung eines entscheidenden Sinnesorgans allen geistigen Anregungen gegenüber empfänglich verhält, bietet auch die vorstehende historiographische Bekundung mannigfache Veranlassung für eine eindringliche Interpretation. Der Ertrag aus der geistigen Laufbahn, die über Gervinus und Roscher als die beiden maßgeblichen Stationen geführt hatte, ist in derselben gleichsam im Extrakt vorhanden. Die Hauptelemente jener Bildungsgeschichte, der Treitschke angehört, liegen hier nebeneinander vor. Er nennt an dieser Stelle von seinen Lehrern allerdings nur Dahlmann, dessen Vorlesungen die Fruchtbarkeit der sogenannten didaktischen Methode eindrücklich bewiesen hätten. Roscher und Gervinus werden dagegen nicht ausdrücklich genannt. Und doch verdankt er vor allem den letzteren seine Methode und die historiographische Eigentümlichkeit, die er soeben beschrieben hat. Dahlmann hat mehr als ein persönlicher Eindruck gewirkt, mehr als sittliches denn als wissenschaftliches Vorbild (s. oben S. 9).

Die Ansicht, daß es ja im Grunde weniger auf Einzelheiten, auch nicht auf „den Fluß der Ereignisse" ankomme als vielmehr auf „die Zustände, welche aus dem unendlichen Ringen der historischen Kräfte sich herausbildeten", knüpft wieder an den Komplex von geistig-politischen Voraussetzungen an, der für das literarische Lebenswerk von Gervinus so bedeutungsvoll ist. Geschichte soll zu einem „Ergebnis" führen, von welchem nach rückwärts Licht auf die sonst unverständlichen Ereignisse fällt. Der Historiker soll aus der Summe der Vergangenheit ein „Resultat" ziehen. Deshalb hatte sich ja Gervinus 1832/33 bei der Wahl zwischen verschiedenen Themen dasjenige ausgesucht, das am geeignetsten schien, ein „Ergebnis" zu demonstrieren. Um 1830 lehnte er eine *politische* Geschichte des deutschen Volkes ab, weil auf diesem Felde noch kein „Ziel" gewonnen worden war. Im *literarischen* Bereich war dagegen in der Klassik bereits eine Vollendung erreicht; der deutsche Volksgeist war um 1800 an einem „Höhepunkt" angelangt, und aus diesem Grunde schrieb Gervinus „Die Geschichte der deutschen Nationalliteratur"[128].

127) ebd.

128) Rudolf Unger zitiert in der feinsinnigen Akademieabhandlung über Gervinus (Gervinus und die Anfänge der polit. Literaturgeschichtsschreibung in Deutschland) eine Stelle aus der Einleitung zum ersten Bande der Literaturgeschichte, welche geeignet ist, die Frage des „rechten wissenschaftlichen Themas" zu erläutern:

Das kulturhistorische Gemälde, das der junge Doktorand gleich im ersten Anlauf hervorzubringen gedachte, wird auch jetzt wieder in den einleitenden Bemerkungen des Aufsatzes über die Niederlande als ein würdiges historiographisches Ziel dargestellt. „Von dem einzelnen ein nur annähernd richtiges Bild zu entwerfen", wird dabei gern in Kauf genommen, wenn nur „der Durchschnitt des Geschehenen" richtig ist. Als er die „Geschichte des 19. Jahrhunderts" von Gervinus für das literarische Zentralblatt besprach, hob er deshalb besonders hervor, daß die Stärke des Verfassers in den großen Überblicken läge. – Diese Art der Geschichtsschreibung kam außerdem seiner individuellen Veranlagung besonders entgegen; denn er hatte oftmals versichert, daß ihm der Sinn für Details nicht von Hause aus eigentümlich sei. „Die liebevolle Versenkung" in die Einzelheiten lag ihm weniger als der Sinn für das Große.

„Keine politische Geschichte, welche Deutschlands Schicksale bis auf den heutigen Tag erzählt, kann je eine rechte Wirkung haben, denn die Geschichte muß, wie die Kunst, zur Ruhe führen und wir müssen nie von einem geschichtlichen Kunstwerke trostlos weggehen dürfen. *Den* Geschichtskünstler aber möchte ich doch sehen, der uns von einer Schilderung des gegenwärtigen (1833) politischen Zustandes getröstet zu entlassen verstände. Die Geschichte der deutschen Dichtung dagegen schien mit ihrer inneren Beschaffenheit nach ebenso wählbar, als ihrem Werte und innerem Zeitbedürfnis nach wählenswert. Sie ist, wenn anders aus der Geschichte Wahrheiten zu lernen sind, zu einem Ziele gekommen, von wo aus man mit Erfolg ein Ganzes überblicken, einen beruhigenden, ja einen erhebenden Eindruck empfangen und die größten Belehrungen ziehen kann." (G. G. Gervinus, Geschichte der deutschen Nationalliteratur, S. 8; vgl. R. Unger, a.a.O., S. 85, Anm. 1.) Auf diese Stelle bezog sich L. v. Ranke, wenn er in seinem vor der Bayerischen Akademie der Wissenschaften gehaltenen Nachruf auf Gervinus (HZ 27, S. 134ff.) den Einwand erhob: „Während wir in der Literatur einen Zweig des nationalen Lebens sehen, der wesentlich zu dem Ganzen gehört, es aber nicht ausmacht, meint Gervinus, das wahre innere Leben der Nation in der Literatur selbst zu erblicken. Er glaubte beinahe die deutsche Geschichte zu schreiben, indem er der Bewegung folgte, welche die literarische Produktion bei uns gewonnen hat." (Zit. nach Unger, a.a.O., S. 85, Anm. 1).

Unger sieht mit Recht in diesen Bemerkungen Rankes die wahre Ansicht, die Gervinus hatte, wiedergegeben. Treitschke gerät Ende der 50er und zu Beginn der 60er Jahre in eine ganz ähnliche und innerlich verwandte historiographische Situation hinein, worauf schon hingewiesen worden ist. Die Geschichte des Deutschen Bundes war von ihm ursprünglich vornehmlich als eine Geschichte der literarischen und politischen Ideen gedacht, weil sich nur auf diesem Felde der Fortschritt des Volksgeistes geltend gemacht hatte. In den literarischen Essays, die er damals schrieb, erblickte er Teile der deutschen Geschichte. Die literarischen Leistungen waren Produkte des Volksgeistes und sollten stellvertretend für den Mangel an politischen Taten beschrieben werden.

Die Äußerung, die solche Veranlassung gibt, nochmals auf das Erbstück „Gervinus" in Treitschke hinzuweisen, trägt außerdem unverkennbar Roschersches Gepräge. „Die Berechtigung der Lebensform der Völker" – diese Themastellung hatte Treitschke unmittelbar von Roscher übernommen, dessen wissenschaftliche Arbeit er ja gewissermaßen auf einer anderen, politischen Ebene fortsetzte. Wie „aus Vernunft Unsinn, aus Wohltat Plage" ward, das wollte auch Treitschke darstellen. Der tiefe Unterschied zwischen der frommen Gelehrtennatur Roschers und der politischen Kämpfernatur Treitschkes, von denen letztere ihren Religionsersatz im Glauben an die Nation fand, kommt auch an dieser Stelle in der Wahl bezeichnender Formulierungen zum Ausdruck. Während Roscher den „dunklen Hintergrund", dessen Rest bleiben wird, nur zurückzuziehen gedenkt, traut Treitschke der von ihm vertretenen Wissenschaft zu, daß „sie zuweilen jenen Vorhang lüften darf, welcher die unabänderlichen Naturgesetze des Völkerlebens dem Auge des Forschers verbirgt".

Noch in den 70er Jahren hat sich Treitschke mehrfach zu dem historiographischen Ideal bekannt, dessen Stammbaum über Roscher-Gervinus bis in die Göttinger Publizistenschule hinaufreicht.

In dem bedeutenden Essay über *Pufendorf*, der zunächst als Vortrag gehalten war und mit welchem sich Treitschke 1875 in Berlin wissenschaftlich gewissermaßen einzuführen gedachte, hat er diesen Stammbaum sogar bis zu diesem Denker des 17. Jahrhunderts verlängert. Die im „Pufendorf" enthaltenen Feststellungen sind umso bedeutungsvoller, als Treitschke hier gleichsam sein eigenes Leben mit beschrieben hat. Es ist unverkennbar, daß er in dem streitbaren sächsischen Publizisten, dessen Weg schließlich nach Berlin führte, ein Selbstbildnis zeichnen wollte. Die einzelnen Hinweise auf eigene Schicksale, Erfahrungen und Gedanken geschehen in einer geradezu erstaunlich offenen und naiven Weise. So darf dieser Aufsatz aber als eine besonders intime Quelle für den Treitschke der 70er Jahre gelten.

Unter Pufendorfs historischen Werken schreibt er der „Einleitung zur Historie der vornehmsten Reiche und Staaten" (1682) eine ganz besondere und fortwirkende Bedeutung zu. Die Interpretation dieses Werkes veranlaßt ihn zu der in den Briefen aus diesen Jahren oftmals wiederholten Klage: „Unter den heutigen Geschichtsformen nimmt in erschreckendem Maße eine kenntnisreiche Gedankenarmut überhand, die alle Ideen aus der Geschichte verbannen möchte: Nur eine grau in grau gemalte Aufzählung der Tatsachen, die auf jedes sittliche und politische Urteil verzichtet, soll noch des Historikers würdig sein[129]." „Jener alte Denker" habe dagegen schon weiter gesehen. Er habe „das Urteil der Leser bestimmen" und „die Entwicklung der Verfassungen . . . in ihrem Zusammenhang verfolgen und zeigen wollen, wohin das ‚Interesse' der verschiedenen Staaten gehe . . ." Es sei „eine noch unfertige Verbindung von politischer Geschichte und Staatskunde[130]" gewesen. Die Schrift habe „sehr tief und nachhaltig gewirkt" und „in der gesamten publizistischen Geschichtsschreibung des 18. Jahrhunderts sei Pufendorfs Einfluß unverkennbar"[131]. Treitschke geht dann dazu über, die Nachwirkungen der Pufendorf'schen Geschichtsschreibung bis in die Göttinger Publizistenschule zu verfolgen, mit der er selbst unserer Ansicht nach über Roscher in einem unmittelbaren Zusammenhang steht: „Der Stammbaum seiner Ideen läßt sich leicht verfolgen; sie gelangen zuerst in Halle, in dem Kollegium Thomasianum, zur Herrschaft und verzweigen sich von da in das preußische Beamtentum und in die Göttinger Publizistenschule. Gatterers Werke sind ganz von ihm erfüllt und Spittlers Geschichte der europäischen Staaten konnte nie geschrieben werden, wenn nicht Pufendorf 112 Jahre zuvor ihr die Wege gebahnt hätte[132]."

Spittler, dem Pufendorfs „Einleitung" zum Vorbild für seinen „Entwurf der Geschichte der europäischen Staaten" (Berlin 1793) diente, habe „verstanden, zugleich den Gedankenreichtum einer reiferen Zeit in seine Darstellung aufzunehmen"[133]. Aus dieser wissenschaftsgeschichtlichen Perspektive erörtert Treitschke sodann die historiographische Situation der 70er Jahre und schreibt: „. . . und es bleibt ein Gebrechen unserer heutigen historischen Literatur, daß wir kein Buch besitzen, das ebenso wie Spittlers Werk, auf der Höhe der neuesten Forschung stehend, mit großem und freiem Urteile uns eine Übersicht gäbe über die entscheidenden Momente der neueren politischen Geschichte: Statt diese Lücke zu verdecken durch jene hochmütige Geringschätzung der ‚epitomatorischen Darstellung', die heute für vornehm gilt, sollten wir lieber bescheiden den Mangel eingestehen. Er entspringt zum Teil aus der mächtig angewachsenen Fülle des Stoffes, die dem Historiker auf Schritt und Tritt kritische Bedenken vor die Füße wirft und ihn fast von selber in die Bahnen der Einzelforschung treibt. Er entspringt aber auch aus der verwahrlosten philo-

129) Aufsätze, Bd. 4, S. 274.
130) ebd.
131) ebd., S. 275.
132) ebd.
133) ebd., s. 275f.

sophischen Bildung unserer Tage. Sobald wir einst wieder ein lebendiges System der Philosophie besitzen, wird auch unzweifelhaft ein denkender Historiker sich finden, der den Versuch erneuert, die wesentlichen Entwicklungsstufen der Menschheit, wie sie dem historischen Bewußtsein der Gegenwart erscheinen, aus der Masse der Tatsachen herauszuheben[134]." Die Namen Gervinus und Roscher werden in diesem Zusammenhang nicht genannt, aber sie gehören in denselben hinein. Ja, seine Neigung zu „epitomatorischen Darstellungen", von denen er spricht, und bei denen es auf den richtigen großen Zusammenhang mehr als auf Einzelheiten ankomme, wurde von diesen beiden begünstigt.

Als Gervinus 1832 den Plan erwog, eine Geschichte des europäischen Staatensystems zu schreiben, wollte er damit mehr als Spittler, an den er bei seinem Vorhaben dachte und an den er bewußt anknüpfte, erreichen. Noch in seinen Lebenserinnerungen schrieb er: „Nicht in den politisch-pragmatischen Zwecken Spittlers, sondern um in ganz historisch-philosophischer Vergleichung die Gegensätze der staatlichen Entwicklungen hervorzuheben[135]." So wollte auch Gervinus „den Gedankenreichtum einer reiferen Zeit" seinem Werk zugute kommen lassen.

Mit seinen großen Essays wie vor allem mit seinen historiographischen Idealen und Auffassungen von einer gedankenreichen und das politische Urteil der Zeitgenossen beeinflussenden und lenkenden Geschichtsschreibung setzt Treitschke diese Tradition einer publizistischen Historie ohne Zweifel fort.

Wenn Dilthey einmal an Treitschke schrieb: „Sie sind von der Beschäftigung mit den Sachen, nicht von der mit der Behandlung der Quellen ausgegangen[136]", so stellt er einen vollkommen richtigen wissenschaftsgeschichtlichen Befund fest und wies zugleich auf das Charakteristische von Treitschkes Historisch-Politischen Aufsätzen hin, die aus der Tradition der Göttinger Universalhistoriker – wie man die Publizistenschule auch zu nennen pflegt – über die bekannten Zwischenglieder Gervinus-Roscher stammen, und die der von Ranke ausgehenden quellenkritischen Schule so ganz entgegengesetzt sind. Treitschke war der große Publizist der Reichsgründungszeit, darin besteht seine geschichtliche Stellung. Im Ringen mit den archivalischen Stoffmassen zur Geschichte des 19. Jahrhunderts

134) ebd., S. 276.

135) G. G. Gervinus' Leben, Von ihm selbst. S. 232; zitiert nach R. Unger, Gervinus und die Anfänge der politischen Literaturgeschichtsschreibung in Deutschland, S. 80, Anm. 4.

136) Briefe, Bd. 3, S. 279, Anm. 2.

erst wurde er zum Historiker, ohne daß er die Spuren seiner Herkunft ganz verwischen konnte. Zunächst hatte er gar keine Ahnung davon, welche Arbeitslast er mit der Übernahme einer „Geschichte des deutschen Bundes" auf sich geladen hatte.

Die im Pufendorf-Essay von 1875 ausgesprochene Erwartung, daß sich „ein denkender Historiker" finden werde, der auf Grund „eines lebendigen Systems der Philosophie" unzweifelhaft den Versuch erneuern werde, „die wesentlichen Entwicklungsstufen der Menschheit, wie sie dem historischen Bewußtsein der Gegenwart erscheinen, aus der Masse der Tatsachen herauszuheben[137]", diese Erwartung der Leistung eines kommenden denkenden Historikers bezog sich auf den Fortschritt der Menschheit. Sie entsprach dem in der Habilitationsschrift von 1858 entworfenen Plane einer Kulturgeschichte vom Standpunkt des „Geistes eines Volkes", durch den ebenfalls der Fortschritt der „menschlichen Natur", wie es damals u. a. hieß, zur Darstellung gebracht werden sollte. Von „der Fortschrittsfähigkeit der ganzen Gattung" hatten ja schon Roscher und auch Dahlmann gesprochen. „Der denkende Historiker" – mit Bedacht wählt Treitschke dieses bei ihm gebräuchliche Partizipium zur Kennzeichnung seines Historikers-Ideals im Gegensatz zu dem „gewöhnlichen" Historiker, der mit der „Tiftelei der Quellenforschung[138]" beschäftigt ist.

Das Ideal einer „denkenden Geschichtsschreibung" war auch schon von H. Hettner am Schluß seiner 1845 erschienenen Schrift „Gegen die spekulative Ästhetik" (vgl. H. Hettner, Kl. Schriften, Braunschweig 1894, S. 164ff.) proklamiert worden. Hettner, dessen wissenschaftliche Ausbildung in die Zeit der Vorherrschaft der hegelschen Philosophie fällt, knüpft sowohl an die Ästhetik als auch an die Rechtsphilosophie von Hegel an. Das Wort einer „denkenden Geschichtsschreibung" lehnt sich offensichtlich an Hegels Geschichtsphilosophie an, die das Vorbild dieser Art von Geschichtsauffassung im 19. Jahrhundert wurde und wo es heißt: „Jedoch ist die Philosophie der Geschichte nichts anderes als die *denkende* Betrachtung derselben; und das Denken einmal können wir nirgend unterlassen. Denn der Mensch ist *denkend*; dadurch unterscheidet er sich von dem Tier[138a]."

Der Nekrolog auf A. L. v. Rochau (1873) hatte ihm schon einmal Gelegenheit gegeben, das Wunschbild einer großangelegten Gesamtdarstellung eines Volkes zu erörtern. Mit innerer Sympathie berichtet er bei diesem

137) Aufsätze, Bd. 4, S. 276.

138) Briefe, Bd. 3, S. 585, Anm. 2, v. 13. 6. 1885.

138a) G. W. Fr. Hegel, Philosophie der Weltgeschichte, Bd. 1, S. 1, Sämtl. Werke VIII, hrsg. von G. Lasson; vgl. auch oben.

Anlaß von einem Plane, den Rochau nach den Siegen von 1866 gefaßt habe, als er „der Nation in 2 Bänden den politischen Inhalt ihrer Geschichte überzeugend darlegen wollte"[139]. Das Stichwort der „Überzeugung" stellt sich zur Kennzeichnung dieses Vorhabens bezeichnenderweise ein. Treitschke bejaht dasselbe und versichert, daß er „nicht den Hochmut der Zunftgelehrten gegen die sogenannten epitomatorischen Geschichtswerke teile"[140]. Er rechtfertigt seine Ansicht, indem er auf ein sehr interessantes Beispiel aus der italienischen Historiographie hinweist und in wieder bezeichnender Formulierung schreibt: „Welchen Schatz besitzen doch die Italiener an Cäsar Balbos Sommario; das kleine Buch mit all' seinen zahlreichen Schnitzern weckt der Jugend Italiens das denkende Bewußtsein ihres Volkstums[141]." Es ist eine überaus charakteristische Wortprägung und sie gehört zu den mannigfachen Variationen, die von dem beliebten Verbum „denken" gebildet werden. „Das denkende Bewußtsein des Volkstums" ist der Arbeit „der denkenden Historiker" zuzuschreiben.

Noch im 5. Bande seiner Deutschen Geschichte hebt Treitschke unter den Verdiensten von Gervinus' Literaturgeschichte vor allem jenes hervor, daß dieselbe ein „denkendes Bewußtsein unseres ästhetischen Werdeganges[142]" erweckt habe. Die Wortbildung wird einen Höhepunkt ihrer sprachlichen Verwendungsmöglichkeit und ihres Sinnes im „denkenden Selbstbewußtsein des Staates" finden, wobei auch ihre besondere Herkunft sichtbar werden wird.

Für einen deutschen Historiker hält Treitschke die von Balbo so vorbildlich gelöste Aufgabe für außerordentlich schwer: „Das größte historische Genie wäre für solche Arbeit gerade gut genug[143]." Die Aufgabe ist so schwer, „nicht weil unsere Geschichte kein Ganzes bildet, wie Rochau meint, sondern weil dies Ganze ewig wechselnd sich auseinanderfaltet in eine unendliche Vielheit glänzender Teile"[144]. Indem Treitschke sodann jenes wissenschaftliche Projekt, das die gesamte deutsche Geschichte umfaßt, in wenigen Strichen skizziert, gerät er in Gedankengänge hinein, die sich aus seiner Bildungsgeschichte ergeben. Die ursprüngliche roman-

139) Aufsätze, Bd. 4, S. 195; um ein ähnliches Problem handelt es sich bei G. Freytag, dessen Ideen zum Roman „Die Ahnen", der eine Gesamtdarstellung der Geschichte des deutschen Volkes enthält, im Verlauf des Feldzuges von 1870 entstand.

140) ebd.

141) ebd.

142) H. v. Treitschke, Deutsche Geschichte, Bd. 5, S. 418.

143) Aufsätze, Bd. 4, S. 195.

144) ebd.

tische Vorstellung von einem sich gleichbleibenden Volkstum verbindet sich mit Gedanken, die aufs engste mit Gervinus zusammenhängen. Der Historiker solle nämlich zeigen, „wie dies allezeit gleiche und allezeit einige Volkstum", das in Entlehnung einer ganz wesensfremden Vorstellung aus der griechischen Sage ein „Proteus unter den Nationen" genannt wird, „bald in diesem, bald in jenem Bereiche des menschlichen Schaffens seine ursprüngliche Kraft bewährte"[145]. Mit dem Gedanken nimmt Treitschke einen eigentümlichen Gervinus'schen Gesichtspunkt auf, der ihn, als er denselben aus der „Einleitung in die Geschichte des 19. Jahrhunderts" zuerst kennenlernte, sogleich beeindruckt hatte. Schon 1853 hebt er unter „den geistreichen Gedanken", die das Buch habe, „das schöne Wort" hervor, „daß ein Volk nie auf zwei Feldern seiner Tätigkeit (z. B. auf politischem und religiösem Gebiete) zugleich fortschreite"[146]. Er bezog sich mit dieser Andeutung auf die von Gervinus auf den letzten Seiten seiner „Einleitung" erläuterte Ansicht von einem regelmäßigen Verlauf der deutschen Geschichte, der „uns durch religiöse Freiheit (Reformation) und geistige Freiheit (Literaturperiode des vorigen Jahrhunderts) an die Schwelle der staatlichen Freiheit geführt hat" und der uns hoffen läßt, „daß wir auch diese in einem Maße erringen werden, das den gründlichen Vorbereitungen entspricht"[147]. Das auch von Baumgarten, einem Schüler Gervinus' übernommene Schema von den drei Höhepunkten, die aufeinander folgen, dem religiösen im 16., dem literarischen im 18. und dem politischen im 19. Jahrhundert, gelangt bei Treitschke oftmals zur Anwendung. Es liegt auch der Anschauung zugrunde, daß das *eine* Volkstum „bald in diesem, bald in jenem Bereiche des menschlichen Schaffens seine ursprüngliche Kraft bewährte".

Diese theoretische Ansicht vom Verlaufe der Volksgeschichte als eines Wechsels sogenannter religiöser, literarischer und politischer Epochen wurde nun bei Treitschke zum Ausgangspunkt für eine ganz bestimmte Urteilsbildung über das Verhältnis von *Kirche und Staat*. Bei seinen Bekundungen über die Rolle, die Kirche und Religion im Leben des Volkes noch zu spielen vermögen, stand er ganz unter dem Eindruck der Meinung, daß das „Volkstum" seine religiöse Begabung im 16. Jahrhundert erschöpft habe und nicht mehr fähig sei, auf religiösem Felde Besonderes zu leisten. Seine häufige Versicherung, daß das gegenwärtige Zeitalter ein durchaus weltliches sei, hängt eng mit dieser Anschauung zusam-

145) ebd.

146) Briefe, Bd. 1, S. 197, v. 27. 11. 1853.

147) G. G. Gervinus, Einleitung in die Geschichte des 19. Jahrhunderts, S. 179.

men. Sein Mißtrauen gegen die Chancen der altkatholischen Bewegung ist z. B. ebenfalls – so sehr er sich hier auch von seinem richtigen Instinkte oder besser seinem richtigen Urteilsvermögen leiten ließ – auf die von Gervinus entwickelte Argumentation zurückzuführen. In einer Betrachtung zu „den Maigesetzen und ihren Folgen" stellte er 1878 die Frage, die wurzelhaft mit dem Komplex verbunden ist, nach welchem „religiöses Leben" eigentlich etwas Überholtes sei: „Den großen kirchenpolitischen Kampf der Gegenwart sieht Jedermann und nimmt Partei für oder wider, doch wer darf dreist behaupten, daß wir auch in einer Zeit tiefer religiöser Bewegung leben[148]?" An einer anderen Stelle dieser Betrachtung heißt es: „Die Klage ‚es fehlt ein Luther', die man heute so oft hört, sagt garnichts. Eine wahrhaft schöpferische Bewegung, welche den Gedanken der Zeit gebiert, bringt auch notwendig einen genialen Führer hervor ... Darum muß der Staat auf seine Kraft allein vertrauen[149]." Daneben stehen seit 1870 allerdings auch schon Äußerungen, die anzeigen, daß das Geschehen von 1870 im Spiegel von 1813 gesehen wird, und daß vor allem die religiösen Züge aus der Zeit der Erhebung und Befreiung den Reichsgründungskämpfen in einfacher Analogie zugeschrieben werden. Hinter den Ausführungen des Mai-Artikels steht jedoch der Gedanke, daß der Volksgeist keinen religiösen Führer hervorzubringen in der Lage sei. Helden existieren in der Gegenwart nur im politischen und im militärischen Bereich.

Mit dem Namen von Gervinus ist nur ein Strang aus dem geistigen Wurzelgeflecht bezeichnet, aus welchem Treitschkes kirchenpolitische Urteile hervorwachsen. Die Kapitel der hegelschen Rechtsphilosophie über das Verhältnis des paritätischen Staates zu den Kirchen[150] und ferner auch die Rothe'sche Theologie haben wichtige Beiträge zur Entstehung seiner Ansichten geliefert. Das religiöse Problem sollte an dieser Stelle unserer Untersuchung aber nur soweit angedeutet werden, als die Spuren einer von Gervinus ausgehenden Wirkung erkennbar sind. Schließlich stehen Treitsch-

148) H. v. Treitschke, Zehn Jahre Deutsche Kämpfe, S. 442, v. 10. 2. 1873.
149) ebd., S. 443.
150) vgl. G. W. Fr. Hegel, Grundlinien der Philosophie des Rechts, Sämtl. Werke, Jubil. Ausg., Bd. 7, § 270, S. 362: „nur so, über den *besonderen* Kirchen hat der Staat die *Allgemeinheit* des Gedankens, das Prinzip seiner Form, gewonnen und bringt sie zur Existenz." Vgl. hierzu Fr. Rosenzweig, Hegel und der Staat, Bd. 2, S. 187.

kes kirchenpolitische Ansichten auch noch in einem erheblichen Abhängigkeitsverhältnis von Pufendorfs Gedankengängen.

Die Untersuchung über Treitschkes Bildungsgeschichte stößt immer wieder und von immer neuen Seiten auf den Komplex Gervinus-Roscher, der vornehmlich in dem für Treitschke maßgeblichen historiographischen Stammbaum ein wichtiges Glied bildet. Als es unter den veränderten politischen Verhältnissen der 70er Jahre immer mehr Mode wurde, Gervinus' Verdienste auch auf wissenschaftlichem Gebiet zu verkleinern, bewahrte sich Treitschke sein selbständiges Urteil. Wenn er auch die politischen Ideen dieses längst überholten Denkers vollkommen ablehnte, so blieb er doch eingedenk der entscheidenden Anregungen, die er einst von ihm empfangen hatte. Er vergaß auch nicht, daß Gervinus der Literaturgeschichte einen entscheidenden Anstoß gegeben hatte. Bis in den letzten Band der Deutschen Geschichte läßt sich das Gefühl der wissenschaftlichen Verpflichtung gegen den politisch toten Mann verfolgen. Er hielt in dieser Beziehung eine ähnliche Linie inne wie Dilthey, der ebenfalls die in seinem Schlosseraufsatz von 1862[151] – der von Unger mit Recht „ein jugendlicher Meisteraufsatz" genannt wird[152] – geäußerten Ansichten nur variiert und niemals ganz aufgibt[153].

Schließlich bewährt sich Treitschkes wissenschaftlicher Gerechtigkeitssinn gegenüber Gervinus auch in dem Urteil über einen Aufsatz, den Karl Hillebrand 1873 in den Preußischen Jahrbüchern[154] veröffentlichte und in dem dieser geistvolle Kulturhistoriker nicht nur die Persönlichkeit von Gervinus, sondern die ganze von derselben repräsentierte liberale und demokratische Bildungsschicht der Mitte des Jahrhunderts einer scharfen Kritik unterwarf. Treitschkes Distanz zu Hillebrand ist umso beachtlicher, als viele von den in jenem Aufsatz entwickelten Gedanken genau mit den Treitschke'schen Ansichten übereinstimmen. Er war nicht bereit zuzulassen, daß auch Gervinus wissenschaftsgeschichtliche Stellung geschmälert würde! In einem Brief an Overbeck nannte er Hillebrand aus Anlaß des Jahrbücherartikels „einen Kopf, dem bei vielem Geist der einfache sensus recti gänzlich fehlt; das hat er soeben wieder bewiesen in der Arbeit über Gervinus, einem ungeheuerlichen Gemisch von Wahrem und Falschem, woraus ich das allertollste vorher noch weggestrichen habe"[155]. So sah

151) vgl. Preuß. Jb. 9, 1862.

152) vgl. R. Unger, Gervinus und die Anfänge der politischen Literaturgeschichtsschreibung in Deutschland, S. 73f., Anm. 3.

153) vgl. W. Dilthey, Gesammelte Schriften, Bd. 7, S. 109.

154) Preuß. Jb. 32, S. 379ff.

155) Briefe, Bd. 3, S. 377, v. 28. 10. 1873.

sich Treitschke auch zu der folgenden ernstgemeinten redaktionellen Bemerkung veranlaßt: „Da die Jahrbücher bald nach Gervinus' Tode einen warmen Nachruf von H. Grimm und schon vor Jahren den geistvollen Essay W. Diltheys über Schlosser gebracht haben, so bedarf es kaum der Versicherung, daß die Redaktion nicht alle Behauptungen des nachstehenden Aufsatzes vertritt. Wir glauben uns aber verpflichtet, unseren Lesern das Urteil eines Mannes mitzuteilen, der, wohlvertraut mit der Kultur des Auslandes an die Werke deutscher Wissenschaft nicht den in unserer Gelehrtenwelt üblichen Maßstab legt[156]." Es ist eine recht interessante Bemerkung, die die einstige Bedeutung von Gervinus widerspiegelt und ein kleines Stück Geistesgeschichte enthält. Die Preußischen Jahrbücher, die einen Gervinus so völlig entgegengesetzten politischen Standpunkt schon seit je vertreten, fühlen sich doch veranlaßt, von Hillebrand, der von seinen Auslandsposten aus mehr beobachtend am deutschen Geistesleben teilnimmt, abzurücken und für einen deutschen Gelehrten einzutreten, der noch dazu als einer von den Göttinger Sieben die besondere geistige Atmosphäre mit erzeugt hatte, in welcher Wissenschaft und Politik ihr denkwürdiges Bündnis eingegangen waren.

Mit dem Hinweis auf das Stichwort der politischen Historie, womit gewöhnlich die geschichtliche Stellung von Gervinus umschrieben zu werden pflegt, ist jedoch seine Bedeutung für Treitschke noch lange nicht erschöpft. Diese liegt vielmehr in der unmittelbar und mittelbar über Roscher überlieferten Methode „der historisch-philosophischen Vergleichung" sowie in der Übertragung bestimmter historiographischer Anschauungen, von denen Treitschke niemals ganz frei wurde.

So sehr Treitschke die Deutsche Geschichte mit seinem Herzblut schrieb, so sehr wurde sie ihm von Jahr zu Jahr mehr zur drückenden und seine Kräfte aufzehrenden Last. Als er in den 80er Jahren in den Archivmassen ganz versunken war und sich einer unübersehbaren Masse von „Details" gegenübersah, stöhnte er oftmals auf und wiederholte die alte Klage aus den 50er und 60er Jahren: „Wen soll die Lächerlichkeit dieser kleinen Kammern und ihrer Diplomatie anziehen? Auch die Bosheit erscheint in diesen winzigen Verhältnissen philiströs und abgeschmackt. Dieser dritte Band wird der schlimmste, ein rechter Prüfstein für die Geduld der Leser; ich tue das Mögliche, um durch einzelne lebendige Portraits etwas Abwechslung zu bieten, aber schließlich ist der Historiker doch Sklave seines Stoffes . . .[157]" Wenn er dann fortfuhr: „. . . ich freue mich schon auf

156) Preuß. Jb. 32, S. 379, Anm. d. Red.
157) Briefe, Bd. 3, S. 564, v. 19. 7. 1884.

die Zeit, wo ich ein Werk freier aus meinem Kopfe werde gestalten können[158]", so nimmt auch diese Bekundung alte Jugendwünsche wieder auf. Er meinte mit dieser freieren Gestaltung um diese Zeit kein poetisches Werk mehr, sondern etwa eine Geschichte des politischen Denkens, eine „Politik". Jedenfalls knüpft er mit solchen Wünschen an wissenschaftliche Planungen der Jugendzeit wieder an, die unter dem beherrschenden Eindruck von Gervinus und Roscher entstanden waren. Bei den Quellen fühlte sich Treitschke im Grunde niemals ganz wohl, nachdem er zunächst allerdings versichert hatte, wie lehrreich es sei, die Welt vom Standpunkt der Regierenden aus zu betrachten und zu sehen, wie schwierig die Geschäfte der Regierung zu vollbringen seien. Sein leidenschaftliches Temperament nahm ihm die Ruhe, die nötig ist, um sich liebevoll auch in das Einzelne versenken zu können. Wenn er 1886 von der „lebhaften Sehnsucht nach einer umfassenden universalhistorischen Arbeit[159]" sprach, so bedeutete diese Äußerung keine Annäherung etwa an Ranke, der im selben Jahr mitten in rastloser Arbeit an der „Weltgeschichte" starb, sondern vielmehr eine Wiederaufnahme alter Jugendideale, von Plänen, die nur „Übersichten im Großen", „den Durchschnitt des Geschehenen" enthalten sollten. Die alte Neigung zu sogenannten „epitomatorischen Darstellungen" brach wieder durch, wenn der Weg durch ein einziges Jahrhundert so unendlich mühselig wurde. So lebten die alten wissenschaftlichen Ideale in ihm fort, während ihn der Zwang der unter ganz anderen Voraussetzungen übernommenen Aufgabe ans Archiv band. Hier fühlte er sich niemals heimisch; er wurde zum Sammler, ohne am Sammeln wirklich Freude zu haben. „. . . Mein Leben ist jetzt recht eintönig, jeden Morgen übe ich mich auf dem Archiv in übermenschlicher Selbstüberwindung. Dieser Aktenstaub ist zu trocken . . .[160]" Und im nächsten Jahr dieselbe Klage im Brief an den ungeduldig drängenden Verleger: „Seit mehr als siebzehn Monaten verbringe ich täglich mehrere Stunden auf den Archiven und noch ist nicht alles gesammelt[161]." Er wiederholte oftmals seinen Wunsch, das 19. Jahrhundert zu verlassen, denn „die Luft dieser neuen Tage werde einem auf die Dauer doch zu dünn"[162]. Er wollte weiter nach rückwärts greifen und meinte, daß „man den Reiz der abgeschlossenen Bildungen der Vergangenheit doch erst mit den Jahren ganz würdigen lernt"[163].

158) ebd.
159) ebd., S. 585, v. 23. 9. 1886.
160) ebd.
161) ebd., Anm. 1, v. 4. 5. 1887.
162) ebd., S. 357, v. 5. 11. 1872.
163) ebd., S. 354, v. 3. 8. 1872.

Alle solche Bekundungen lassen mehr das Fortwirken von einstmals aufgenommenen wissenschaftlichen Anregungen erkennen als etwa die Bildung neuer historiographischer Ideale. Der Zwanzig- und Dreißigjährige hatte schon seinen Sinn für das Große und die Zusammenhänge sowie sein geringes Interesse für die Details auf eine individuelle Veranlagung zurückgeführt. Es entsprach dieser Haltung der Jugendzeit, wenn der Fünfzigjährige und damals schon „alte" Treitschke erklärt, daß die „Vielseitigkeit" einer universalhistorischen Arbeit „eigentlich seiner Natur entspreche"[164]. Es war eine universal-historische Arbeit nicht im Sinne Rankes, sondern Gervinus' und Roschers gemeint.

Die Deutsche Geschichte beanspruchte je länger desto mehr alle geistigen und physischen Kräfte des Mannes. Er kam niemals dazu, die Pläne, für deren Gestaltung er sich eigentlich berufen fühlte und die er im Alter von 20 bis 30 Jahren konzipierte, zu verwirklichen. Es ging ihm auf historiographischem ähnlich wie auf ästhetischem Gebiet. Er behielt immer das Gefühl, zum „Eigentlichen", das seiner Begabung und seinen Neigungen zu entsprechen schiene, nicht zu kommen. Das bleibende Werk der Deutschen Geschichte, das er schuf, machte ihn nicht recht froh und legte sich im Gegenteil oftmals wie ein Alp auf seine Seele.

Die Einsamkeit wurde immer größer um ihn. Es war nicht nur die Taubheit, die ihn isolierte, auch die Deutsche Geschichte trennte ihn von vielen Weggenossen. Sie trug ihm viel Feindschaft ein. Die Konservativen waren ebensowenig wie die Liberalen zufrieden. Die offizielle Geschichtswissenschaft ging andere Wege. Treitschke blieb Außenseiter. Er bildete keine Schule und hatte keine Schüler, wenn auch seine Vorlesungen im Gegensatz zu den Ranke'schen überfüllt waren. Die Fachgenossen sahen in ihm mehr den Publizisten als den Forscher. Erst bei den Jüngeren, unter denen Dove, Lehmann, Koser, Marcks und Delbrück von ihm besonders geschätzt wurden, glaubte er Verständnis und auch wieder gleiche Gesinnung zu finden, obwohl auch diese nicht als seine Schüler anzusprechen sind. In die Akademie wurde er erst 1895 gewählt. Er weigerte sich, ihr ein Richteramt über seine wissenschaftlichen Leistungen zuzugestehen. „Sterbe ich einmal ohne ihr angehört zu haben, so werde ich es nicht sein, über den man die Achseln zucken wird . . .[165]", so schrieb er in sicherem Selbstgefühl, um seine Frau zu trösten, als er wieder einmal nicht gewählt war.

164) ebd., S. 585, v. 23. 9. 1886.
165) ebd., S. 565, v. 19. 7. 1884.

Treitschke war tief einsam. Er war es menschlich und wurde es auch immer mehr wissenschaftlich. Die glücklichste Zeit seines Lebens waren die Leipziger Dozentenjahre, als er im Kitzing unter der Führung Gustav Freytags in vertrauter Genossenschaft lebte. Die menschlichen Beziehungen bröckelten immer stärker ab. Freytag zog sich von dem „Bismarckianer" zurück; die Freundschaft mit Overbeck, der in Basel in den Bann eines Stärkeren geriet, erkaltete; der Bruch mit Baumgarten versetzte ihm den schwersten Schlag. Ein Schülerkreis bildete sich nicht um den Tauben, der kein Seminar abhalten konnte.

So ist es erklärlich, daß seine zeitgeschichtliche Wirkung auf das breite lesende Publikum größer und nachhaltiger war als auf den Kreis der Zunftgenossen. Die eigentlichen wissenschaftlichen Anregungen, die er der Forschung gab, waren nur gering. In seinem literarischen Werke spiegelt sich der reiche Bildungsinhalt des 19. Jahrhunderts; dies Werk war ein Ausdruck der Zeit, aber bewegte sich in Bahnen, die von der historischen Forschung längst verlassen waren.

Viertes Kapitel

Das politische Wunschbild eines deutschen Einheitsstaates

„Wir freuen uns zu leben in dem Jahrhundert der inneren Kriege. Denn mögen ängstliche Gemüter darob erschrecken, der ernstere Sinn begrüßt als das Zeichen einer tieferen Auffassung des Staatslebens, daß dies neunzehnte Jahrhundert nicht wie das vorige seine Kraft erschöpft in der Bekämpfung der Nachbarn, sondern die Arbeit der Völker sich richtet auf den verständigen Ausbau des heimischen Staates."

H. v. TREITSCHKE: „Bundesstaat und Einheitsstaat", S. 466.

So wie Roscher es als eine Hauptaufgabe der Staatswissenschaft bezeichnet hatte, die Lebensformen und auch die Ideale der Völker auf ihre Berechtigung hin zu untersuchen, führt Treitschke eine solche Untersuchung an den politischen Zuständen und an den politischen Ideen des deutschen Volkes durch. Es ist der alte Gegensatz, der zwischen beiden besteht: Roschers Objekt war die Universalgeschichte, Treitschke unternimmt seinen Versuch am lebenden Körper der Gegenwart.

Sein kritischer Ausgangspunkt bildet das 1848er Ideal des Bundesstaates, wie es von Georg Waitz im Pauls-Parlament praktisch vertreten und 1862 leicht abgewandelt in den „Grundzügen der Politik" wissenschaftlich formuliert wurde. Treitschke stellt sich die *politische* Aufgabe, mit *wissenschaftlichen* Mitteln und „mit historischem Sinne die Berechtigung jenes Ideals (von 1848) zu prüfen, welches für die große Mehrzahl der deutschen Patrioten den Mittelpunkt aller politischen Wünsche bildet"[1].

Der Waitz'sche Bundesstaatsbegriff teilt die gesamte Staatsgewalt zwischen der Zentralgewalt und den Einzelstaatsgewalten so, daß die erstere die sogenannten nationalen, die letzteren die territorialen Aufgaben besorgen. Zentral- und Einzelstaatsgewalten sind beide in ihren Bereichen souverän und treten nicht miteinander in Konkurrenz. Der Bundesstaat ist ein wirklicher Staat, in welchem die Bürger in einem unmittelbaren Verhältnis zum Gesamtstaat stehen und von ihm Befehle erhalten. Die wesentlichste bundesstaatliche Bestimmung ist die, daß das Oberhaupt in keiner Weise von den Einzelstaaten abhängen dürfe[1a]. Auf den Gebieten und in den Geschäften, die den Einzelstaaten abgenommen und ihm zugewiesen sind, trägt der Bundesstaat sogar unitarischen Charakter. Über den unitarischen Zügen, die ihm also zum Teil anhaften, sind aber im Waitz'schen Bundesstaat die ebenfalls vorhandenen partikularen und föderativen Motive nicht zu vergessen; derselbe ist doppelgesichtig und kann einmal sein unitarisches, dann auch sein föderalistisches Gesicht zeigen, je nachdem worauf der Schwerpunkt der Betrachtung liegt. Treitschke stellt die theoretische Unanfechtbarkeit des Waitz'schen Bundesstaatsplanes nicht in Frage, aber erhebt, sobald derselbe auf die deutschen Verhältnisse angewandt wird, die Frage, welche seine Untersuchung überhaupt in Bewegung setzt:

> „Ist der Plan, die deutschen Monarchien zu einem Bundesstaat zu vereinigen, möglich und eines großen Strebens wert[2]?"

1) Aufsätze, 3. Aufl., S. 447.

1a) vgl. zu G. Waitz: Fr. Meinecke, Weltbürgertum und Nationalstaat, 7. Aufl., S. 501.

2) Aufsätze, 3. Aufl., S. 447.

Die Zweiseitigkeit dieser Fragestellung deutet bereits in eine zweigleisige Untersuchung hinein, mämlich in eine historisch-philosophische und in eine historisch-politische Richtung, die beide durcheinander wirken. Diese Mischung zweier Methoden ist höchst charakteristisch, sie bringt etwas sehr Unruhiges in die Gangart der Abhandlung hinein. Beide Tendenzen liegen auch gleichmäßig nebeneinander in den beiden Fragen, die den Aufsatz inhaltlich folgendermaßen gliedern:

1) „Ist ein Bundesstaat als dauernder Zustand mit den gegebenen Machtverhältnissen und Verfassungsformen der deutschen Staaten verträglich?"
2) „Sind wir nach dem Gange unserer Geschichte zu der Erwartung berechtigt, daß eine föderative Staatsform den natürlichen Abschluß der deutschen Einheitskämpfe bilden werde[2a]?"

Die *erste* Frage nimmt die Problematik von 1848 wieder auf, die nach einem Worte von G. Waitz in der Lösung der Aufgabe bestanden hatte, wie aus Monarchien ein Bundesstaat geformt werden könne: „eine Aufgabe, welche die Politik der Weltgeschichte bis zu diesem Augenblick noch nicht gelöst habe[3]."

Die Antwort, die Treitschke gibt, setzt sich aus historischen, politischen und aus besonderen geschichtsphilosophischen Argumenten zusammen – auch dies wieder eine charakteristische Kreuzung.

Die *zweite* Frage ist an den „Geist der Geschichte" gerichtet und sucht das Ziel zu bestimmen, das die Vernunft auf dem Wege ihrer Selbstverwirklichung durch die Geschichte erreichen wird; denn „die Wissenschaft soll . . . zeigen, wie die göttliche Vernunft durch eine unendliche historische Entwicklung in den Verfassungsgebilden der Menschheit sich offenbart und entfaltet"[3a]. An solchen Stellen wie dieser aus dem bekenntnisreichen Pufendorf-Essay ist die gleichsam quasi-religiöse Funktion zu spüren, welche das Studium der Verfassungsgeschichte im Denken Treitschkes und seiner Generation erfüllt. In den Verfassungen verwirklicht sich die göttliche Vernunft. Solche Äußerungen enthalten einmal einen Niederschlag idealistischer Gedankengänge; bei Hegel heißt es z. B.: „Denn eine Verfassung ist kein bloß Gemachtes: sie ist die Arbeit von Jahrhunderten,

2a) ebd., S. 481.

3) zitiert nach: Fränkel, G. Waitz im Frankfurter Palament, Diss. phil. Breslau 1924, S. 28.

3a) Aufsätze, Bd. 4, S. 255.

die Idee und das Bewußtsein des Vernünftigen, in wie weit es in einem Volke entwickelt ist[4]."

Diese Äußerungen haben dann aber auch einfach als eine Folge der im 19. Jahrhundert „mit Glaubenseifer" geführten Kämpfe um Verfassungen zu gelten, von deren Einführung das liberale Bürgertum mit einem Schlage die Lösung aller schwebenden Fragen erwartete. Dieser Einstellung entspricht auch die Charakterisierung des Aufsatzes über „Bundesstaat und Einheitsstaat" als „eines Glaubensbekenntnisses der Unitarier in gebildeter Form"[4a]. Von dem Licht guter Verfassungen hatte ja auch Dahlmann schon 1815 die Wiederkehr von „Frieden und Freude" erwartet, und Treitschke schloß mit diesen Worten den 1. Band der Deutschen Geschichte, weil er in ihnen die Weissagungen der Leiden und Kämpfe der kommenden Jahrzehnte erkennen zu können glaubte.

Wenn Treitschke in der *zweiten* Frage nach dem *natürlichen* Abschluß fragt, so meint er sinngemäß den *vernünftigen* Abschluß.

Diese Art der Fragestellung erinnert wieder an das von Gervinus her bekannte Motiv, wonach Geschichte zu einem Ziel bzw. einem beruhigenden Abschluß zu kommen habe, so daß man nicht ungetröstet von ihr weggehe. Es wurde schon gezeigt, wie dasselbe Motiv auch im Konzeptionsstadium von Treitschkes Geschichtswerk über das 19. Jahrhundert eine bedeutende Rolle spielt, so daß neben mancherlei anderen Verbindungsfäden, die Gervinus' Literaturgeschichte und Treitschkes Deutsche Geschichte verbinden, beide in diesem gemeinsamen Grundmotiv einen innerlich ähnlichen Ausgangspunkt besitzen. Es ist eine innerlich verwandte historiographische Lage, in der beide ihr bedeutendstes Lebenswerk im Zeitabstand eines Menschenalters konzipieren. Treitschkes große Darstellung blieb jedoch Fragment, da seine überforderte Arbeitskraft vor der Vollendung erlahmte. Nur auf der publizistischen Ebene des Essays ist ihm der theoretische Entwurf, gleichsam die „Übersicht", gelungen, in welcher er nachwies, wie die deutsche Geschichte zu ihrem Ziel, zum Vernunftabschluß im *monarchischen Einheitsstaat,* der das „Resultat" aus den Bestrebungen der vorausgegangenen Zeiten bilde, kommen müsse – zumal Geschichte stets sinnvoll ist.

In mehreren Motivreihen, die sich oftmals verschlingen, führt Treitschke seine Untersuchungen, ob Bundesstaat, ob Einheitsstaat, an ihr Ziel heran, das sich nicht erst am Ende aus der Fülle der Gedanken entwickelt, sondern

4) G. W. Fr. Hegel, Grundlinien der Philosophie des Rechts, Sämtl. Werke, Jubil. Ausg., Bd. 7, § 274, Zus. S. 376.

4a) Briefe, Bd. 2, S. 349, v. 16. 11. 1864.

in immer neuen Anläufen gewonnen und von allen Seiten beleuchtet wird. Zunächst führt er den historischen Nachweis, daß der Bundesstaat bisher nur in demokratischen Staatenverbindungen durchgeführt worden sei und folgert aus der Summe der bisherigen historischen Erfahrungen die geschichtsphilosophische „Idee", nämlich: daß „die Idee der Föderation ein wesentlich republikanischer oder genauer ein demokratischer Gedanke sei"[5]. – Die Idee oder das Prinzip der Einheit dagegen sei monarchisch.

Nach rascher Gewinnung dieses höchsten Standpunktes, daß einer Staatsform eine zugehörige „Idee" innewohnt – womit eigentlich das Ergebnis der ganzen Untersuchung schon vorweggenommen ist – kehrt Treitschkes Argumentation vorläufig auf den Boden verfassungsrechtlicher sowie historisch-moralischer Begründungen zurück.

Die verfassungsrechtlichen Bedenken beziehen sich auf die Entstehung des monarchischen Bundesstaates aus einem monarchischen Staatenbund, worin das Verfassungswesen des Deutschen Bundes ungefähr gesehen wird. Der Übergang aus einem Staatenbund in die festere Form des Bundesstaates vollzieht sich nach Treitschkes Argumentation nur in Republiken, wenn auch unter Kämpfen, leicht und einigermaßen reibungslos, wenn sich demokratische Institutionen und Sitten erst wirklich durchgesetzt haben; denn jede echte Föderation beruhe ja auf dem demokratischen Prinzip der Unterordnung einer Minorität unter eine Majorität. – Nur im Vorübergehen sei an dieser Stelle auf den zeitgeschichtlichen Hintergrund dieser erstaunlichen Ansicht von einer angeblich „reibungslosen" Entstehung demokratischer Bundesstaaten hingewiesen: In dem mehrjährigen, wechselvollen Sezessionskrieg, den Treitschke übrigens sehr aufmerksam verfolgte, zwangen die demokratischen Nord- die abtrünnigen Südstaaten *mit Gewalt* unter die Autorität des Bundes zurück. Der eidgenössische Staatenbund ging ebenfalls nicht reibungslos in einen Bundesstaat über. Ein solcher historisch-politischer Erfahrungsertrag aus der erlebten Zeitgeschichte hindert Treitschke keineswegs an seinen dogmatischen Feststellungen.

Treitschke setzt seine Argumentation folgendermaßen fort: In monarchischen Staatenbünden kann von einer Mehrheitsherrschaft keine Rede sein; denn hier ist jeder Souverän dem anderen gleich und vertritt die Einheit seines Gebiets nach außen. Es ist auch hier denkbar, daß die Monarchen freiwillig einer Verkürzung ihrer Souveränität zustimmen, indem sie z. B. in die selbst im lockersten Bundesstaat unbedingt notwendige Abtretung der auswärtigen Angelegenheiten und in die auch nur teilweise

5) Aufsätze, 3. Aufl., S. 501.

Aufgabe der vollen Verfügung über das Heer zugunsten der Zentralgewalt einwilligen. Ein solcher „hochherziger Entschluß" sei im besonderen nicht von einem dem Volksgeist entfremdeten deutschen Fürstenstande zu erwarten. Treitschke weist auf die sogenannten „Rheinbundserfahrungen" hin, welche die deutsche Geschichte enthalte, und will mit diesem Hinweis die Undurchführbarkeit des bundesstaatlichen Ideals in Deutschland nachweisen. Der historisch-moralische Gesichtspunkt, der in dieser geschichtlichen Erinnerung zum Ausdruck kommt, ergänzt somit wieder den verfassungsrechtlichen.

Schließlich – so räumt die Argumentation ein – könnte das föderalistische Ideal des Bundesstaates, wenn überhaupt, nur durch eine Macht wie Preußen mit Unterstützung einer Volkserhebung und unter Ausnutzung günstiger auswärtiger Verhältnisse verwirklicht werden. Ein durch Gewalt entstandener Bundesstaat trüge aber nicht die Gewähr der Dauer in sich, weil ihm das notwendige Ingredienz „der eidgenössischen Gesinnung", worauf Föderationen nicht verzichten können, fehlen würde. Die eidgenössische Gesinnung ist ein wesentlicher Bestandteil der demokratischen Idee der Föderation und kann sich deshalb in Monarchien, die in der Eroberung und in der Einheit ihr Prinzip entfalten und verwirklichen, nicht entwickeln. Die für einen Augenblick aufblitzende Andeutung der Entstehung eines monarchischen Bundesstaates durch den Einsatz der Macht Preußens, die also den wirklichen Verlauf der Geschichte vorausnimmt, wird sofort wieder fallengelassen, weil eine solche Lösung angeblich der „Idee" widerspricht und deshalb von Anfang an den Keim des Verderbens in sich trägt. Eine bundesstaatliche Einigung durch Preußen und unter Führung Preußens *kann* nicht sein.

Der Gedanke, daß eine bundesstaatliche Ordnung unter der Führung Preußens nicht möglich ist, trifft sich durchaus mit den charakteristischen Bedenken der Generation, deren zentrales politisches Erlebnis die Revolution von 1848 war. Selbst der beste Sachkenner des Bundesstaates, Georg Waitz, hegte Zweifel, ob es nicht dem bundesstaatlichen Wesen widerspreche, wenn nicht einem zu errichtenden Gesamtstaat, sondern einem Einzelstaat die Vormachtstellung zugewiesen würde. Diese Frage hängt mit einer ganz bestimmten Bildungsseite des 19. Jahrhunderts zusammen; S. A. Kaehler nennt es einmal „das Schreckgespenst des antiken Hegemoniegedankens, durch welches die ganz in der klassischen Atmosphäre gebildete Generation in ihren Wünschen sich bestimmen ließ"[5a]. Dieselben

5a) S. A. Kaehler, Das preußisch-deutsche Problem seit der Reichsgründung, Preuß. Jb. 155, 1921, S. 31.

humanistischen Bildungsvoraussetzungen machen sich auch in Treitschkes politischer Urteilsbildung geltend. Er weist ausdrücklich auf die Beispiele der alten Geschichte hin, um zu zeigen, „was die Abtretung des militärischen Oberbefehls an einen übermächtigen Genossen bedeute"[6]. Er ist der Ansicht, daß „die Vergleichung mit den heutigen Zuständen Deutschlands sehr naheliege"[7]. Von einem übermächtigen Bundesgenossen, wobei an Preußen gedacht wird, ist kein eidgenössischer Rechtssinn zu erwarten, wie der humanistisch erzogene Zeitgenosse schon aus dem Schulunterricht weiß. Ein lebensfähiger Bundesstaat setzt unter seinen Gliedern ein gewisses Gleichgewicht der Macht voraus. Unter den zahlreichen Staatenverbindungen der hellenischen Geschichte hätten nur zwei den Charakter einer gleichberechtigten Föderation im großen Stil gezeigt, und beide, der achäische wie der ätolische Bund, keinen übermächtigen Staat unter ihren Genossen gezählt. Dieses historisch-politische Erfahrungsmaterial des Altertums war den wissenschaftlich gebildeten Politikern der Jahrzehnte vor der Reichsgründung gegenwärtig, wenn sie sich mit dem Problem der deutschen Einigung auseinandersetzten.

Die Beschreibung der verfassungsrechtlichen Schwierigkeiten, die der Einführung eines monarchischen Bundesstaates im Wege stehen, berührt noch nicht den innersten Kern von Treitschkes Beweisführung. An diesen gelangen wir erst, wenn wir Treitschkes vergleichende Beschreibung und Wertung der verschiedenen Staatsformen verfolgen und dabei die geistesgeschichtlichen Voraussetzungen seiner Urteile mit berücksichtigen. Indem wir das Ergebnis dieses Teils unserer Untersuchung vorausnehmen, können wir schon jetzt feststellen: die Verwirklichung der demokratischen Idee der Föderation kann nicht das Ziel der deutschen Geschichte sein und nicht die Form bilden, in der das monarchische und „zum Großen" angelegte deutsche Volk seine Bedürfnisse zu befriedigen und seine reichen Anlagen zu entwickeln vermag. Die „vernünftige" Vollendung, der „natürliche" Abschluß der deutschen Geschichte, liegen allein im monarchischen Einheitsstaat. In dieser Feststellung, die wir vorausnehmen und bei der Treitschke das Ergebnis einer „historisch-philosophischen Vergleichung" mit der Geschichte einer Reihe von Föderationen und Einheitsstaaten ist, dürfen wir das Problem seiner Leipziger Probevorlesung „über den Charakter der Hauptvölker Europas in bezug auf ihr Verhältnis zum Staat" wiedererkennen.

6) Aufsätze, 3. Aufl., S. 522.
7) ebd.

Zu diesem Ergebnis führt eine Reihe von Erwägungen: die Föderation einschließlich der Spielart des Bundesstaates ist eine Staatsform, die sich nur in Demokratien auf die Dauer als „heilsam und lebenskräftig" zu erweisen pflegt und zwar deshalb, „weil dort wenig regiert wird, der Staat nur Geringes leistet"[8]. In der letzteren Feststellung liegt schon das Werturteil, auf das es Treitschke ankommt. Es kann sich nur um eine „niedere Form" handeln, wenn „der Staat nur Geringes leistet". Solche Staatenvereine dagegen, welche bereits „an das Vielregieren, an eine allseitige Staatentätigkeit gewöhnt sind", werden die Form des Bundesstaates – sollte dieselbe eingeführt werden – rasch überwinden und ihrer starken Neigung, „in den Einheitsstaat überzugehen", folgen[9]. Treitschke denkt bei diesen Worten an die im deutschen Bunde lose zusammengefaßten monarchischen Einzelstaaten. An dieser Stelle knüpft er erstaunlicherweise an das aristotelische Gesetz an, wonach der Staat aus der Herrschaft des Einen zu der Herrschaft Einiger und endlich der Vielen übergehe[10]. Er deutet den Sinn, den dasselbe heute noch habe, folgendermaßen: Wenn mit der Bevölkerungszunahme Wohlstand und Bildung eines Volkes zunehmen, wächst auch sein politisches Bedürfnis und dehnt sich „die aktive politische Berechtigung" auf immer weitere Bevölkerungskreise aus. Nur in diesem Sinn einer Teilnahme größerer Bevölkerungsschichten am politischen Leben habe das Gesetz für die moderne Welt noch Gültigkeit; denn: „Die Monarchie ist in unserem Weltteile noch einer langen Zukunft sicher[11]." Der monarchische Großstaat bildet die Stufe, welche die göttliche Vernunft auf dem Wege ihrer Verwirklichung in der Geschichte erreicht hat. Es ist das Ziel, das auch von dem so reich begabten deutschen Volk gewonnen werden soll. In einer sehr gewaltsamen, aber für ihn höchst charakteristischen Weise hat Treitschke den Sinn des aristotelischen Gesetzes sich zurechtgelegt. Derselbe Kreislauf, der bei Aristoteles in der Demokratie ausmündet, führt bei Treitschke zum monarchischen Einheitsstaat. Der Schleiermachersche Gedankengang von „der Notwendigkeit, daß auch die Intelligenz in großen Massen und Formen existieren müsse[12]" und ferner, daß deshalb „die Demokratie als oberste Form eines Staates, der eine große Nation umfaßt, nicht möglich sei[13]", spielt in Treitschkes Auf-

8) ebd., S. 512.
9) ebd.
10) ebd., S. 513.
11) ebd.
12) F. Schleiermacher, Über die Begriffe der verschiedenen Staatsformen, a.a.O., S. 34; s. oben.
13) ebd., S. 35.

fassung eine große Rolle mit. Auf dieser Denklinie liegt die oftmals von ihm wiederholte Bekundung, daß ein zahlreiches und gebildetes Kulturvolk der Stetigkeit und des Schutzes bedürfe, die nur eine monarchische Staatsordnung zu gewährleisten vermöge. Jeder Kulturfortschritt, der an einer Stelle des Volkslebens erreicht wird, erweitert notwendig den Kreis der Staatstätigkeiten, die schließlich so zahlreich werden, daß sie nicht mehr in der losen Form der Föderation, sondern in der strafferen Form des monarchischen Einheitsstaates zusammengefaßt und erledigt werden können. Die innere Berechtigung der Monarchie liege „in der Pflicht des europäischen Großstaates, sehr Vieles für das Volk zu leisten, also auch ein zahlreiches Beamtentum zu halten"[14]. Eine Republik sei dazu nicht in der Lage, jedenfalls sei noch keine moderne Form der Republik gefunden, „die im Stande wäre, ein starkes Beamtentum zu ertragen und eine vielseitige Staatstätigkeit zu entfalten"[15]. Aus diesen Gründen gilt die einheitliche und großstaatliche Monarchie als die „natürliche" Staatsform der modernen europäischen Völker, wie die kleinstaatliche Demokratie als diejenige des griechischen Altertums zu gelten hat. Der monarchische Einheitsstaat ist der Gipfelpunkt einer politischen Aufwärtsentwicklung.

An einer Reihe von praktischen Aufgaben, die einem deutschen Bundesstaat notwendig zufallen müßten, versucht Treitschke die Unhaltbarkeit dieser für „die großen deutschen Verhältnisse" ungeeigneten Staatsform nachzuweisen.

Abgesehen von den militärischen und außenpolitischen hält er folgende Aufgaben für unerläßlich, wenn ein Bundesstaat existieren soll. Die Auswahl einiger dieser Aufgaben ist höchst charakteristisch für diese Stufe seines unitarischen Ideals, von dem er nach 1870 bemerkenswerte Abstriche machen wird.

Der deutsche Bundesstaat, den Treitschke in seiner Argumentation nur theoretisch annimmt, müßte – wie jeder Bundesstaat – „seinen Bürgern ‚Grundrechte' der persönlichen und geistigen Freiheit u.s.f. garantieren[16]" und dieselben wie auch andere Reichsgesetze unter die Aufsicht eines Reichsbeamtentums stellen.

Es sei nur angedeutet, daß Treitschke in seiner ersten Rede vor dem deutschen Reichstag von 1871 gerade die Aufnahme von Grundrechten in die deutsche Reichsverfassung ablehnte. In

14) Aufsätze, 3. Aufl., S. 513.
15) ebd.
16) ebd., S. 515.

dieser Rede sprach er von „Opfern der Überzeugung", die ein jeder zu bringen habe.

Da die Deutschen sich „als Nation" fühlen, wie Treitschke nicht müde wird zu versichern, muß vor allem das Privat- und Strafrecht vereinheitlicht werden: „denn eine große Nation erträgt nicht auf die Dauer, daß in dem einen ihrer Staaten straflos bleibt, was in den anderen als Vergehen verfolgt wird[17]."

Bezeichnend sind die beiden Programmpunkte des *Reichskultusministeriums* und auch der *Nationalkirche*, auf welche der „Bundesstaat der Deutschen" kaum verzichten könne. Diese beiden Forderungen lassen noch mehr als die anderen erkennen, was Treitschke von dem künftigen Staat der Deutschen alles erwartet. Mit dem Gedanken des Reichskultusministeriums hängt der Wunsch nach einer Deutschen Akademie eng zusammen, „welche ganz erfüllte, was die Berliner Akademie heute nur halb leistet"[18]. An die Existenz der gerade für die Geschichtswissenschaft so bedeutungsvollen Münchener Akademie der Wissenschaften denkt er gar nicht. Alle diese Wünsche, die sich auf das geistige Gebiet beziehen, gilt es zu bedenken, wenn der fälschlicherweise für so charakteristisch gehaltene Ausspruch Treitschkes zitiert wird, daß der Staat „keine Akademie der Künste, sondern zuerst Macht sei"[19]. Das Reichskultusministerium, die deutsche Nationalkirche und die Deutsche Akademie sind feste Bestandteile seines Wunschbildes von einem einheitlichen, monarchischen Großstaat mit parlamentarischen Formen. Es entspricht diesen Erwartungen an einen Großstaat, wenn er einen Kleinstaat ablehnt nicht nur, weil derselbe keine militärische, sondern auch keine Kulturaufgabe mehr zu lösen in der Lage sei. In dieser Hinsicht sollte Treitschke seine theoretischen Ansichten innerhalb weniger Jahre grundlegend ändern.

„Und so weiter ins Unendliche" – mit dieser Wendung bricht Treitschke die Aufzählung der Sachbereiche ab, die in die Zuständigkeit „eines Bundesstaates der Deutschen" fallen, um daraus zugleich die Schlußfolgerung zu ziehen, daß ein Bundesstaat für Deutschland nicht „ausreiche". Der Übergang zur höheren Form staatlichen Daseins, die im Einheitsstaat vorliegt, wird in dem volkreichen und gebildeten Deutschland unvermeidlich sein, wobei zu beachten ist, daß „volkreich" und „gebildet" in einem nicht nur bei Treitschke wechselseitigen Verhältnis stehen. Ein Bundesstaat würde den Einzelstaaten ihre politischen Funktionen entziehen und sie überflüssig

17) ebd.
18) ebd., S. 515f.
19) vgl. Aufsätze, Bd. 3, S. 470f., Das konstitutionelle Königtum in Deutschland.

machen. Der entscheidende Gesichtspunkt jedoch, weshalb ein „Bundesstaat", das Ideal der Masse der deutschen Patrioten, die Deutschen nicht zu befriedigen vermöge, kommt schließlich in folgender Feststellung zum Ausdruck: „Aber diese Gemeinschaft der Bedürfnisse und Neigungen kann auch so stark und innig werden, daß die Nation sich mit einem föderativen Dasein nicht mehr begnügen kann und zum Einheitsstaat fortschreiten muß[20]." In diesen Gedankengängen spielt die anonyme Größe der Nation immer erneut eine große Rolle: „... und die Nation würde früher oder später sich die Frage vorlegen, ob es nicht rätlich sei, so kostspielige und nutzlose politische Organisationen – wie die Einzelstaaten – zu beseitigen[21]." Eine große und gebildete Nation „erträgt" keine föderative Ordnung – in dieser mannigfach zu variierenden Aussage läßt sich das Ergebnis der Treitschke'schen Argumentation zusammenfassen. Eine große und einheitliche Nation wie die deutsche schreitet sowohl aus einer Reihe von praktischen Gründen als auch vor allem aus dem Grunde einer der geschichtlichen Entwicklung immanenten Zwangsläufigkeit zur höheren Vernunftform des monarchischen Einheitsstaates fort.

Mit dem Komplex von Sach- und Vernunftgründen, mit denen die Notwendigkeit eines deutschen Einheitsstaates bewiesen werden soll, verquickt sich endlich auch noch die Volksgeistvorstellung, die ebenfalls in die Richtung eines Einheitsstaates für die Deutschen weist. „Wer in dem Staate nicht eine mechanische Ordnung, sondern den lebendigen Leib des Volksgeistes erkennt, kann mit höchster Sicherheit eine gänzliche Umgestaltung der bestehenden Ordnung nahen sehen[22]." Der Zusammenhang, in dem dieser Satz steht, enthält erneut die Gleichsetzung des Volksgeistes mit den politischen Ideen, die „sich mit unerhörter Raschheit verwandeln"[23]. (Thema der Deutschen Geschichte!) Der wahre Volksgeist offenbart sich nämlich in der Presse: „Man lausche auf den Ton der gelesensten Blätter des Mittelstandes, wenn sie von gekrönten Häuptern reden[24]." Der Volksgeist schreitet über die Einzelstaaten hinweg zu einem einheitlichen Staat der Deutschen. Die *eine* Volksseele oder der *eine* Volksgeist in dem *einen* Staate bildeten ja auch das geschichtsphilosophische Thema, das Freytag in den „Bildern aus der deutschen Vergangenheit" poetisch verklären wollte[25].

20) Aufsätze, 3. Aufl., S. 500.
21) ebd., S. 516.
22) ebd., S. 474.
23) ebd.
24) ebd.
25) vgl. dazu A. Dove an G. Freytag v. 24. 1. 1877; A. Dove, Ausgewählte Aufsätze und Briefe, hrsg. von Fr. Meinecke und O. Dammann, Bd. II, S. 52.

Der Grundgedanke der Bilder lag in der Ansicht, daß „der deutschen Seele in zahllose Territorien unter schwache Fürsten geteilt, überall von kleinlichem Gezänk umgeben und angefüllt, fehlte, was ihr zum fröhlichen Leben unentbehrlich ist, eine allgemeine Erhebung, ein großes gemeinsames Wollen . . ."[26]. So ist der einheitliche deutsche Staat das Ziel der gesamten deutschen Geschichte. Diese echt Freytag'sche Formulierung aus der Einleitung zu den „Bildern" enthält genau das auch von Treitschke behandelte politische Thema, das im Zusammenhang von Volksgeist und Staat liegt.

Schon in der Gesellschaftswissenschaft hieß es, daß „der Geist sich nicht teilen lasse: ein großer Aufschwung des nationalen Lebens strebe immer zugleich nach politischen und kirchlichen Reformen"[27]. „Unteilbarer Geist" – eine schwer zu veranschaulichende Größe – legt die Frage nahe, was Treitschke denn eigentlich unter „Geist" versteht. Es kann an dieser Stelle nur der „einheitliche" und „unteilbare" Volksgeist gemeint sein. „Daß der Geist sich nicht teilen lasse" – ist eine von Treitschke gebrauchte Wendung, die aus der auch in den 50er und 60er Jahren immer noch von Philosophie übermäßig durchsetzten Bildungsatmosphäre stammt. Es ließe sich von der Vokabel des „unteilbaren Geistes" aus eine innerliche Verbindung bis hin zu Hegels Geistvorstellung herstellen, wobei das wichtige Zwischenglied Fr. Th. Vischers mit zu berücksichtigen wäre. Letzterer mutet einmal der Kirche zu, „sich zu bekennen als eine flüssige Besonderung desselben allgemeinen Geistes, der sich im Staate zusammenfaßt"[28]. Treitschke steht solchen Urteilen sehr nahe, auch wenn er auf der anderen Seite wieder von der Reihenfolge der religiösen, künstlerischen und politischen Betätigungen eines Volkes spricht, die sich ablösen und nicht gleichzeitig nebeneinander vorhanden sind. Widersprüche durchsetzen bekanntermaßen sein gesamtes Werk. – Die abstrakte Vorstellung eines „unteilbaren Geistes" enthält schließlich auch eine Erklärung für das „einer großen Nation" zugeschriebene Bedürfnis nach einem Reichskultusministerium, gleichsam einem „Ministerium des Volksgeistes".

Der Kreis der reichlich umwegigen Argumentation, die Treitschke zur Begründung seines nationalpolitischen Wunschbildes durchführt, ist mit der Feststellung der Bedürfnisse und Ansprüche, die ein großes und reich veranlagtes Volk hat und stellt, noch nicht abgeschlossen.

26) G. Freytag, Bilder aus der deutschen Vergangenheit, 1859, 2. Teil, S. 15.

27) H. v. Treitschke, Die Gesellschaftswissenschaft, S. 46.

28) Fr. Th. Vischer, Kritische Gänge, Bd. 1, S. 196, Gervinus und die Deutsch-Katholiken, erschienen 1845.

Der Gang der bisherigen Beweisführung hat zu folgendem Ergebnis geführt: „Ein altes Kulturvolk, das der Monarchie und vielseitiger Staatstätigkeit bedarf und zwischen mächtigen Nachbarn eingepreßt ist, muß an seinen Staat Forderungen stellen, welche ein Bundesstaat nicht befriedigen kann. Er ist für einfache Gesellschaftszustände bestimmt; will er auch verwickelten Kulturverhältnissen gerecht werden, so hebt er sich selber auf, d. h. er wird eine den Einheitsstaat vorbereitende Übergangsform[29]." Es folgt sogleich die Analogie der geschichtlichen Beispiele: „Der praktische Instinkt der europäischen Völker weiß dies sehr wohl[30]."

Der ästhetische Vorgang, daß großer Gehalt große Formen notwendig macht und umgekehrt, wiederholt sich auch im Staatswissenschaftlichen und ergänzt die bisherigen Motive. Das Reichskultusministerium ist das typische Merkmal des Treitschke'schen Einheitsstaates von 1864. *Ein* Volksgeist, *ein* Staat, *eine* einheitliche und liberale Kultur und *eine* Nationalkirche bilden zusammen den Inhalt seines Unitarismus. Er bevorzugt den Vergleich eines einheitlichen politischen Schauplatzes mit einer Bühne, auf der die politisch handelnden Männer eines Volkes auftreten. Der klassische Maßstab der „Einheit des Ortes" macht sich in diesem Zusammenhang geltend. Mit dem Hinweis auf die stets wiederkehrende Rolle der Ästhetik sind wir bei einem anderen wichtigen Stück der Treitschke'schen Beweisführung angelangt.

Der Auffassung, daß ein altes, reiches und großes Kulturvolk des monarchischen Großstaates bedarf, entspricht die komplementäre Ansicht, daß „die Monarchie eine anspruchsvolle Staatsform sei"[31]. Sie bedarf eines großen Kulturvolkes und gedeiht nur in großen Verhältnissen, so wie die Tragödie nur auf den Höhen des Lebens spielen durfte. Der ästhetische Ausgangspunkt scheint immer wieder durch. „Die natürlichen Mängel der Kleinstaaterei[32]" treten deshalb in kleinen Monarchien besonders in Erscheinung. So spricht Treitschke von „hochkomischen Zügen", die winzige Monarchien an sich haben; (ähnlich wirken große Leidenschaften und tragische Verwicklungen in kleinbürgerlichen Verhältnissen „komisch"; vgl. Kritik an O. Ludwig). Derselbe Gedanke war bereits im Kleist-Aufsatz anläßlich der großherzoglichen Nationalhymne aufgetaucht. Hierzu ist zu sagen, daß Treitschkes Urteil über die Fragwürdigkeit räumlich kleiner

29) Aufsätze, 3. Aufl., S. 516.
30) ebd.
31) ebd., S. 518.
32) ebd.

monarchischer Staaten durchaus einen realen Erfahrungsertrag enthält, der dem Erlebnisinhalt des fortschrittlichen Teils unter den Zeitgenossen entspricht und von so vollkommen verschiedenen und beliebig ausgewählten Geistern wie z. B. Riehl und Bluntschli genauso festgestellt wird. Das Eigentümliche seiner Urteilsbildung besteht aber darin, daß Treitschke für die seinen Urteilen zugrunde liegende Erfahrung, mit deren einfacher Feststellung er sich nicht zu begnügen vermag, nach einer Bestätigung und Rechtfertigung durch höhere Gesichtspunkte sucht. Er findet dieselben vornehmlich mit den Mitteln, die ihm seine philosophische und ästhetische Bildung bietet, wie er umgekehrt aber auch diese Mittel am Erfahrungsinhalt der erlebten Wirklichkeit korrigiert. Die einfache Wirklichkeit befriedigt ihn nicht. Er war immer eingedenk der ästhetischen Regel, daß der Künstler „kein Abbild des Lebens" geben solle. Es zog ihn stets von neuem in „vornehmere und ideenreiche Regionen". Dieser von ihm zum besonderen Lobe eines kaum gelesenen und längst vergessenen Bildungsdramas geprägte Ausdruck ist kennzeichnend für ihn selber, für seine Neigungen und Bedürfnisse.

So wird der monarchische Großstaat mit allem Glanz versehen und mit allen großartigen Eigenschaften ausgestattet, die Treitschke nur erdenken kann. Seine anthropomorphen Neigungen, die ihn zur Gleichsetzung „geistvoller Menschen" und „gebildeter Völker" mehrfach veranlassen, verführen ihn dazu, das Bild des monarchischen Einheitsstaates mit der „ausdrucksvollen Kraft der durchgearbeiteten Schönheit der Züge des Mannes[33]" zu konfrontieren.

Viel hat zu der Verherrlichung und Ausschmückung des Einheitsstaates *der* Umstand beigetragen, daß Treitschke „ohne Staat" war. Er holte sich aus der Phantasie, was ihm die Wirklichkeit versagte. – In manchen Zügen erscheint Treitschke mit dem nüchterneren Staatsrechtler Bluntschli verwandt, der seine Schweizer Heimat verließ und sich von dem werdenden deutschen Großstaat anziehen ließ. Die verschiedenen Auflagen von dessen Allgemeinem Staatsrecht spiegeln die wachsende Bewunderung für großstaatliche und monarchische Formen sowie die Mißachtung kleinlicher politischer Formen wider. Als Blutschli während des Zollparlaments an einem Empfang im Berliner Schloß teilnahm, trug er in sein Tagebuch ein: „Die geschmückten Säle und die glänzende Versammlung weckten das Gefühl eines großen Staates[34]." Diese Tagebucheintragung läßt eine Stimmung erkennen, die auch für Treitschke kennzeichnend ist.

33) ebd., S. 456.
34) J. C. Bluntschli, Denkwürdiges aus meinem Leben, Bd. 3, S. 190.

Der monarchische Großstaat ist nicht ein einseitiger Machtstaat, sondern vor allem auch „Kulturstaat". „Die Vielseitigkeit der Staatstätigkeit[35]" umfaßt vornehmlich die Pflege des geistigen Lebens. „... von der Herrlichkeit deutscher Kunst und Bildung wollen wir nicht das Kleinste missen und nur einem Staat, der uns ein reiches Kulturleben gestattet, unsere zahllosen Bildungsanstalten aufrechterhält und weiter baut, nur einen solchen Staat nennen wir den unseren[36]." Daß „die Wehrkraft von einem gesitteten Staat niemals als höchster Lebenszweck betrachtet werden könne", ist eine von Treitschke niemals aufgegebene Ansicht, wenn sich auch nach den Einigungskriegen der Schwerpunkt seiner Bewertung leicht nach dem Militärischen hin verlagert. Er vertrat z. B. im Grunde stets dieselbe, allerdings mit einem Fragezeichen zu versehende historische These, daß Preußen kein Militärstaat sei. In einer der ersten aus seiner Feder stammenden Buchbesprechungen für die Preuß. Jahrbücher hat er diese These bereits eingehend zu begründen sich bemüht. Die Formulierungen aus dieser im Januarheft 1859 erschienenen Rezension von C. Frantz „Der Militärstaat" werden von nun an wiederkehren – solche Wiederholung derselben Wendungen erweist sich ja immer von neuem als eine charakteristische Eigentümlichkeit seines Sprachbildes. Die Grundgedanken dieser Auseinandersetzung mit dem „Militarismus" von C. Frantz bleiben sich im Grunde gleich über „Bundesstaat und Einheitsstaat", über „Das konstitutionelle Königtum in Deutschland" bis hin zu den Vorlesungen über Politik.

1859 heißt es: „Die Größe der preußischen Herrscher liegt darin, daß ihnen der Kriegsruhm immer nur ein Mittel war für die Blüte des Staates, daß in ihnen der Staatsmann jederzeit den Feldherrn überwog[37]."

1864 im Bundesrat: „Nicht die Größe der Eroberungen gibt der preußischen Geschichte ihren Reiz ...[38]."

1870/71 im „Konstitutionellen Königtum ...": „Auch Preußen war nie ein Militärstaat in diesem rohen Sinne. Nur einmal regierte in der deutschen Hauptstadt der Säbel; und diese kurze Episode des Berliner Belagerungszustandes, die unter den verwandten Erfahrungen anderer Hauptstädte immerhin sehr mild erscheint, gilt heute jedem Denkenden als eine Schmach, als eine häßliche Störung der streng bürgerlichen Rechtsordnung, welche sonst immer in Preußen herrschte. Unter den Hohenzollern überwog der Staatsmann jederzeit den Feldherrn ...[39]."

35) Aufsätze, 3. Aufl., S. 513.

36) ebd.

37) Preuß. Jb. 3, 1859, S. 111.

38) Aufsätze, 3. Aufl., S. 561.

39) Aufsätze, Bd. 3, S. 477.

Und schließlich im 2. Band der Politik: „Von unverständigen Feinden ist Preußen oft so (Militärstaat) genannt worden, und doch ist deutlich, daß dieser Begriff das mannigfaltige Leben unseres Staates nicht erschöpfen kann[40]."

Karl XII. und Gustav Adolf gelten deshalb auch nicht als „Helden", sie sind keine „reinen historischen Größen". In diesem Punkte hat sich Treitschke niemals ganz von dem Liberalismus Freytag'scher Art getrennt.

Das Bedürfnis, den Staat als einen ästhetischen Gegenstand zu betrachten, war viel zu groß in Treitschke, als daß ihm an seiner sogenannten Machtseite allein gelegen gewesen wäre. Es kam ihm viel mehr auf den Kulturinhalt des Staates an. Er unterscheidet zwischen „jenem ruhigeren Dasein geistiger Sättigung und staatlicher Fürsorge, das alten Kulturvölkern eigen ist[41]" und der z. B. in Amerika sich vollziehenden „Entfesselung aller sozialen Kräfte, welche zwar den Durchschnitt der Menschen mit einem sehr hohen Maße von Wohlstand und Bildung segnet, aber dem ganzen Volksleben das Gepräge geistiger Mittelmäßigkeit aufdrückt"[42]. Es handelt sich hier um eine typische Unterscheidung zwischen der „höheren Kultur" des monarchischen Großstaates und „der geistigen Mittelmäßigkeit" der Demokratie. Der in dieser Unterscheidung enthaltene Hochmut gibt allen Bekundungen über staatliche Formen dasselbe einseitige Gepräge und ist vor allem – da er noch schroffer in seinen Vorlesungen als in seinen Schriften zum Ausdruck kam – von den Ausländern unter seinen Hörern wahrgenommen worden. Das Wesen seiner klassizistisch-ästhetischen Staatsanschauung liegt darin, daß eine höhere und reiche Kultur eine ebenso „selbstverständliche" und „natürliche" Eigenschaft der großstaatlichen Monarchie ist, wie eine „geistige Mittelmäßigkeit", „geistiger Durchschnitt" demokratischen Staatsformen a priori eigentümlich sind. Aus dem Vergleich zwischen Groß- und Kleinstaaten zog er in der Vorlesung über Politik folgenden Schluß: „Also wenn man die Summe zieht, so gelangt man zu dem Ergebnis, daß der große Staat die edlere Anlage hat[43]." Zum großen Staat gehört ferner die große Hauptstadt, damit die Einheit des Ortes gewahrt ist; „ohne einen großen Kulturmittelpunkt kann keine große Nation auf die Dauer bestehen"[44]. Er zählt u. a. London, Paris und Rom auf; der Wunsch, so zu sein wie die anderen großen Völker, war stets als ein agens seines Denkens in ihm vorhanden. Aus dem geschichtlichen Ver-

40) H. v. Treitschke, Politik, Bd. 2, S. 17f.
41) Aufsätze, 3. Aufl., S. 513.
42) ebd.
43) H. v. Treitschke, Politik, Bd. 1, S. 44.
44) ebd., S. 45.

gleichsmaterial glaubt er die Erfahrung ableiten zu dürfen, „daß überhaupt die Kultur im weitesten Sinne in den großen Dimensionen mächtiger Staaten glücklicher gedeiht als in der Enge der Kleinstaaterei . . ."[45]. Es gibt allerdings in den Vorlesungen über Politik, die einer späteren Zeit angehören, Stellen, wo Treitschke den ästhetischen und sittlichen Rangunterschied zwischen großstaatlicher Monarchie und kleinstaatlicher Republik abzuschwächen versucht, indem er z. B. sagt: „Man kann die Monarchie also nicht als eine absolut höhere Staatsform über die Republik stellen[46]", und einmal sogar das Zugeständnis macht: „Es wird immer hochbegabte Völker geben, deren Genius sich in monarchischen Formen nicht äußern kann[47]." Und doch gibt Treitschke die Unterscheidung, die gleichzeitig ästhetisch und moralisch gemeint ist, nicht auf. Er schätzt den Wert der Hauptformen der Staatsverfassungen so hoch ein, daß er „ganze Zeiträume der Geschichte, ja ganze Weltteile nach diesen Kategorien sich unterscheiden[48] läßt. Der natürliche Wert der Staatsformen entspricht dem der Kunstformen.

.Er hielt seine Gegenwart für monarchisch und glaubte, daß die moderne Welt noch eine lange monarchische Zukunft vor sich haben werde. „Das moderne Europa ist die eigentliche Welt der Monarchie[49]", (analog war er der ästhetischen Ansicht, daß die historische Tragödie die natürliche Kunstform der Gegenwart sei). Von der Höhe des monarchischen Großstaates sah er auf die Weltgeschichte herab. Wenn sein klassizistisches Staatsideal auch zahlreiche aristotelische Züge trug, so hob er doch die „sehr reiche monarchische Erfahrung" hervor, welche die moderne Staatswissenschaft dem griechischen Denker voraushabe. „Wir können daher sagen: er hat die Monarchie nicht begriffen, wie die Hellenen sie überhaupt nicht begriffen haben[50]." Diese Worte drücken nur schärfer dasselbe aus, was schon in Schleiermachers Akademieabhandlung von 1814 so lautete: „Und höher als zu einer solchen Ahnung war diesem geistreichen Volke nicht bestimmt sich emporzuschwingen . . .[51]."

45) ebd.

46) H. v. Treitschke, Politik, Bd. 2, S. 69.

47) ebd.

48) ebd., S. 9.

49) ebd., S. 69; vgl. G. W. Fr. Hegel, Grundlinien der Philosophie des Rechts, Sämtl. Werke, Jubil. Ausg., Bd. 7, § 273, S. 371: „Die Ausbildung des Staats zur konstitutionellen Monarchie ist ein Werk der neuen Welt, in welcher die substantielle Idee die unendliche Form gewonnen hat."

50) H. v. Treitschke, Politik, Bd. 2, S. 8.

51) F. Schleiermacher, Über die Begriffe der verschiedenen Staatsformen, a.a.O., S. 34.

Dem monarchischen Großstaat mit seiner zahlreichen und gebildeten Bevölkerung steht die kleinräumige Republik mit ihren Bewohnern von Bauern und Handwerkern gegenüber; den großartigen monarchischen Verhältnissen die einfache demokratische Sitte. Als Treitschke nach seinem ersten Freiburger Semester und mitten aus der Arbeit am Bundesstaat und Einheitsstaat die Schweiz besuchte, faßte er die Eindrücke und den Erfahrungsertrag dieser Reise in einem Briefe an den Vater folgendermaßen aufschlußreich zusammen: „. . . meine kurze Anwesenheit hat mir ungefähr das bestätigt, was ich aus Büchern und Erzählungen und aus der Natur der Demokratie geschlossen hatte. Das durchschnittliche Maß des Wohlstandes, der Bildung, des Selbstgefühls im Volke ist dort erstaunlich groß, größer vermutlich als irgendwo sonst. Aber damit ist auch alles gesagt. Wahrhaft Bedeutendes, Glänzendes scheint diese kleine Republik nicht zu ertragen. Keine Kunst: – in den reichen Städten Basel, Bern, Luzern ist von Kunstwerken kaum die Rede. Keine Wissenschaft – denn was sind die schweizerischen Hochschulen anders als Kolonien der deutschen und französischen Wissenschaft? Keine große Politik, sondern grundsätzliche Neutralität in allen europäischen Fragen; keine bedeutenden politischen Talente, sondern schlichte Geschäftsmänner, welche die Dinge wohl oder übel nach der Meinung des souveränen Volkes weiterführen. Der Streit wird nie aufhören, was menschenwürdiger sei: Dieser Zustand einer allgemeinen ehrenwerten Mittelmäßigkeit oder die Lage unserer Monarchien, wo die niederen Stände sich unzweifelhaft schlechter befinden, aber auch eine reiche selbständige Kultur gedeiht! Ich persönlich würde mich in der reinen Demokratie auf die Dauer nicht heimisch fühlen[52]." Diese briefliche Bekundung zeigt in der leichten Form des Reiseberichts anschaulich den typischen Vorgang, wie sich Treitschkes Urteilsbildung vollzieht. Er läßt sich von der Wirklichkeit bestätigen, was er vorher aus der Natur oder aus der Idee einer Sache erschlossen hat. Wichtig ist an dieser Äußerung auch der Hinweis auf „Bücher" als eine der Quellen, aus denen der Taube in hohem Maße den Ersatz seines Erlebnisgehalts und seiner unzureichenden Wirklichkeitsbekenntnis schöpfte. Wenn er schreibt, daß „diese kleine Republik wahrhaft Bedeutendes, Glänzendes nicht zu ertragen scheine", so will er einen Sachverhalt ausdrücken, welcher der Staatsform der demokratischen Republik seiner Ansicht nach eigentümlich ist. Er wendet dazu ein sprachliches Mittel an, das häufig wiederkehrt. Daß „eine große Nation auf die Dauer nicht erträgt[53]", daß eine Republik

52) Briefe, Bd. 2, S. 339, v. 30. 8. 1864.
53) Aufsätze, 3. Aufl., S. 515.

kein starkes Beamtentum „erträgt" oder daß „die dynastische Politik keine anderen Minister erträgt[54]" – das sind Beispiele, die sich leicht vermehren lassen. Die Spur dieses Wortes scheint zu dem sprachlichen Vorbild Gustav Freytags hinzuführen, der in dem 1859 herausgekommenen Bande seiner Bilder über Luther einmal schreibt: „Aber solche Herrschaft einer einzelnen geschlossenen Persönlichkeit erträgt der Geist der Nation nicht lange[55]."

„Allgemeine ehrenwerte Mittelmäßigkeit" ist gewissermaßen die Etikette, die der kleinräumigen Demokratie zur Kennzeichnung ihres Charakters ein für allemal aufgeklebt wird. Das immer anwesende ästhetische Grundgefühl des Briefschreibers liegt auch dem Urteil über die angeblich „unzweifelhaft schlechtere" Lage der niederen Stände in der Monarchie als in der Demokratie zugrunde, obwohl doch andererseits der Monarchie die besondere Pflicht zugeschrieben wird, „sehr Vieles für das Volk zu leisten"[56]. Dieser offenkundige Widerspruch zeigt einmal den gedankenlosen Gebrauch solcher anonymen Bezeichnungen wie „das Volk" oder „die Nation", dann aber auch, wie klein der soziale Ausschnitt nur ist, an den Treitschke bei: „dem Volk" denkt. Den krassesten Ausdruck fand Treitschkes von ästhetischen Motiven durchsetzte soziale Ansicht in den Worten, die allerdings nur eine allgemeine Wahrheit wiedergeben: „Die Millionen müssen ackern und schmieden und hobeln, damit einige Tausende forschen, malen und regieren können[57]."

In „Bundesstaat und Einheitsstaat" hat Treitschke die Schweiz als „das klassische Land des bündischen Lebens[58]" charakterisiert und beschrieben, wie sie „im ganzen das Bild eines Volkes zeigt, welches jederzeit seinen natürlichen Staat, die seinem Kulturleben entsprechende Verfassung besaß"[59]. Die eidgenössische Geschichte bietet somit in Treitschkes vergleichender Untersuchung das Lehrbeispiel einer besonders glücklichen und idealen, ja – beinahe ließe sich sagen – vorschriftsmäßigen Staatsentwicklung. Ein Volk gelangt im Laufe seiner Geschichte zu der seinen Veranlagungen und Bedürfnissen entsprechenden Form staatlichen Daseins, so daß hier am Ende geradezu ein bundesstaatliches Modell vorliegt. Nachdem sich der demokratische eidgenössische Rechtssinn durchgesetzt hatte, war es – wie Treitschke argumentiert – nur noch eine Frage der Zeit,

54) ebd., S. 525.

55) G. Freytag, Bilder aus der deutschen Vergangenheit, 1859, 1. Teil, S. 121; vgl. auch Beilage III.

56) Aufsätze, 3. Aufl., S. 513.

57) H. v. Treitschke, Der Sozialismus und seine Gönner, S. 17.

58) Aufsätze, 3. Aufl., S. 526.

59) ebd.

wann „die stetig anschwellende Einheitsbewegung“ im Bundesstaat ihr natürliches Ziel erreichen werde. Die Geschichte ist hier auf kleinem Raum zu einem Abschluß, zu einem Ziel gekommen, von welchem aus die bisherige Geschichte übersehbar ist. Dieser besondere Fall einer musterhaften Staatsgeschichte, der Treitschke eine gute Gelegenheit gibt, die Richtigkeit seiner Theorie und Methode zu demonstrieren, läßt seine Schilderung schweizerischer Verhältnisse scheinbar positiver ausfallen, als sonst seine Beschreibungen kleinstaatlichen Lebens auszufallen pflegen. Die Feststellung einer glücklichen staatlichen Entwicklung enthält jedoch nur eine relative Anerkennung. Der Bundesstaat ist nämlich, wie ja auch der Brief zeigt, das höchste und letzte Ergebnis, das die verhältnismäßig geringe politische Begabung der Schweizer in Verbindung mit den kleinräumigen Verhältnissen zeitigen konnte. Zu einer „höheren“ Verfassungsform vermochten es die Eidgenossen nicht zu bringen. So enthält die wohlmeinende Schilderung der Eidgenossenschaft gleichzeitig eine Zensur für die Staatsform des Bundesstaates. Der monarchische und großstaatliche Standpunkt dringt unverkennbar durch. Bei aller Anerkennung, daß die politische Geschichte der Schweiz im Bundesstaat ein natürliches Ziel erreicht habe, wird das eidgenössische Staatswesen doch als eine im Grunde niedere, unentwickelte Form staatlichen Lebens dargestellt. Der Schweizer Bundesstaat entspricht allerdings den politischen Überzeugungen der Eidgenossen, worin vom Standpunkt des Liberalismus ein außerordentlich wichtiger Sachverhalt zu erblicken ist, denn es war ja eine von dessen Grundforderungen, „im Walten der Obrigkeit seine eigene sittliche Überzeugung wiederzuerkennen“[60]. Bei den politischen Überzeugungen der Schweizer handelt es sich aber doch um ein staatliches Bewußtsein, dem das höchste durchschnittliche Wohlsein der Vielen oberster Staatszweck ist. Statt politischer Talente gibt es nur schlichte Geschäftsmänner, denn – so dürfte man ergänzen – die kleinräumige Demokratie „erträgt“ keine großen Politiker. Der Schwerpunkt des Werturteils liegt auf der Feststellung, daß „von einem glänzenden eigentümlichen Kulturleben, von irgendwelchen über die Mittelmäßigkeit hinausgehenden Staatsleistungen in dem kleinen, von vier Nationen bewohnten Lande, ebensowenig die Rede sein kann, wie von einer selbständigen europäischen Politik“[61]. Wieder taucht die Charakterisierung der „Mittelmäßigkeit“ auf. „Ein sehr ehrenwerter Staat“ – so lautet sein Schlußurteil, ähnlich wie sein Urteil über eine Person niederen Standes in einem bürgerlichen Trauerspiel lauten würde, und es besagt, daß die Schweiz

60) C. Rößler, Ausgewählte Aufsätze, hrsg. v. W. Rößler, 1902, S. 276.
61) Aufsätze, 3. Aufl., S. 532.

in der Sammlung seiner Staatsmodelle einer niederen, untergeordneten Gruppe angehört. „Für die großen Verhältnisse des deutschen Staatslebens[62]" kann die Schweiz niemals ein Vorbild sein. Auf das Ergebnis dieses Nachweises kam es Treitschke an, als er die Beschreibung der eidgenössischen Föderation mit in seinen Essay aufnahm[63].

62) ebd.

63) An dieser Stelle sei hingewiesen auf die knappe Charakteristik, die neuerdings ein so zuständiger Historiker wie Werner Näf in einem Vortrag über „Föderalismus und Demokratie in der Schweiz" (Freiburg 1947) seinen deutschen Hörern von den geschichtlichen Voraussetzungen und politischen Verhältnissen seiner Heimat gegeben hat. Auch der moderne Schweizer Historiker geht von der Grundtatsache einer „genossenschaftlich-republikanischen Anlage von Staat und Staatsgesinnung" (S. 10) aus und hält ganz wie Treitschke das „Kleinformat" der „selbstverwaltenden Republik" für angemessen (S. 12). Näf schränkt jedoch die Gültigkeit seiner Aussage insofern wieder ein, als er das Kleinformat nicht grundsätzlich, sondern „mindestens in technisch-primitiven Zeiten" mit der Form der Republik gleichsetzt. Es ist eine Formulierung, die von Treitschke stammen könnte und vollkommen in seinen Sprachschatz hineinpaßt, wenn er derselben auch einen völlig anderen Sinn und Wert verleihen würde, denn er schätzte bekanntermaßen die politischen Kleinformen ebensowenig wie die Kleinform der Idylle in der Poetik. Die Vokabel des „Kleinformats" gibt jedenfalls besser und genauer als irgendeine andere Bezeichnung den Sinn wieder, den Treitschke zum Ausdruck bringen möchte, wenn er kleinräumige politische Gebilde beschreibt.
Der großstaatliche und der kleinstaatliche Historiker behandeln denselben Gegensatz von entgegengesetzten Idealen aus, indem sie beide unter Verwendung eines ähnlichen Vokabulars dieselben Einzelheiten hervorheben und etwas ganz Verschiedenes meinen. Sie messen beide ihren Gegenstand an einem Ideal, wobei zu sagen ist, daß dasjenige von Näf aus der konkreten Erlebnisfülle, die das Leben im heimatlichen Staate bietet, stammt, während das Ideal des zur Zeit der Niederschrift des Aufsatzes im Grunde „staatslosen" Treitschke seinen Inhalt und seine besondere Färbung aus Abstraktionen und aus der ästhetischen Anschauung bezieht. Hinzu kommt, daß das großstaatliche Ideal des Deutschen mit dem Mangel einer wirklichen politischen Erfahrung zusammenhängt. Beide vertauschen gleichsam miteinander den Sinn derselben Vokalbeln, die sie verwenden. Derselbe Grund, der den einen anzieht, stößt den anderen an. Wenn Treitschke die Monarchie eine „anspruchsvolle Staatsform" nannte, so wendet Näf erstaunlicherweise denselben Ausdruck auf die Demokratie an. Beide begegnen den Staatsformen mit ihren Sympathien und Antipathien. Beider Gegensatz kommt am eindrucksvollsten in der Bewertung des Kleinstaatlichen zum Ausdruck. Treitschke sieht im Kleinstaat letzten Endes nur das krüppelhafte Ergebnis einer unentwickelten, unvollkommenen staatsbildenden Kraft; Näf dagegen läßt „das kleinstaatliche Wesen und Bewußtsein" „aus einem spontanen Willen zum Volkstümlichen und heimatlichen Staat" hervorgehen (S. 12). Er bestreitet ausdrücklich die Ansicht, wonach sich der Kleinstaat „durch ein Steckenbleiben, durch ein Verkümmern der Lebenskraft ergeben hätte" (S. 12). Treitschke glaubt ferner, daß sich „wirkliche" Geschichte nur im Großstaat vollziehe; im Kleinstaat dagegen löse sich Geschichte in der Anekdote auf.

Über das Ereignis des Sonderbundskrieges gleitet Treitschkes Betrachtung erstaunlich leicht hinweg. Das gewaltsame Ereignis eines Krieges soll nicht das Bild „der stetig anschwellenden Einheitsbewegung stören[64]", die sicher „ihr natürliches Ziel erreicht" – ein Bild übrigens, dem ein ganz ähnlicher Stimmungsgehalt zugrunde liegt, wie der Vorstellung vom „stillen Wachstum und Reifen", die so charakteristisch für jene bürgerliche Schicht ist, die in den mittleren Jahrzehnten literarisch zu Worte kommt. Man glaubte innerhalb dieser Schicht daran, daß sich die Geschichte organisch entfalte, daß sie „natürlich" wachse und daß vor allem ihre *Entwicklung* keine Sprünge und plötzlichen Wendungen enthalte, die sich unberechenbar dem verstehenden Blicke des historisch gebildeten Zeitgenossen entziehen könnten. Aus solchen Motiven, die in Stimmung und Bildung der Zeitgenossen zu suchen sind, war man befremdet von Bismarcks scheinbar gewaltsamem Vorgehen. Man fühlte sich in seinem Behagen gestört, das man empfand, wenn man die Geschichte seiner Gegenwart mit Verständnis zu verfolgen meinte und zu wissen glaubte, was not tat und was „richtig" war. Eine Durchsicht des Vokabulars von Vertretern jener Schicht, wie es in Tagebüchern, Briefen, Reden, Denkschriften und Aufsätzen vorliegt, würde diesen wichtigen geistesgeschichtlichen Sachverhalt deutlich machen. Der innere Widerstand der historisch gebildeten und gestimmten Zeitgenossen gegen Bismarck hat in diesem Stimmungs- und Bildungskomplex eine seiner Wurzeln. Die Klage über das „intermittierende Eingreifen" des Kanzlers stammt von dem Historiker H. v. Sybel. Bei Gustav Freytag lassen sich ganz ähnliche Klagen nachweisen. Sein Ideal liegt in der „geräuschlosen und gefahrlosen" Entwicklung. In die für die deutsche Bürgerlichkeit typische Stimmung gewährt gerade Freytags ausgedehnter Briefwechsel einen höchst intimen und reizvollen Einblick. Der Brief des 19. Jahrhunderts hat als eine selbständige literarische Form zu gelten; das trifft auch besonders auf Freytags Briefe zu. Sie zeigen anschaulich, daß sich der Dichter die Stimmung, von der hier die Rede ist, auch nach 1870 bewahrt. Ein Brief, den Freytag während des russisch-türkischen Krieges an Stosch schreibt, mag diesen Sachverhalt veranschaulichen: „Der beste Trost und die wahre Freude in diesem häßlichen Zersetzungsprozeß auf der Balkanhalbinsel ist doch immer, daß über und aus

64) vgl. Aufsätze, 3. Aufl., S. 531.

den leidenschaftlichen Forderungen der Weltgeist ganz still, vernünftig und naturnotwendig sich etwas Neues schafft, was zu der menschlichen Vernunft besser stimmt als das alte[65]." Dieser Volksgeist wird wohl auch als „der große und vernünftige Gott unseres Lebens" bezeichnet[66]. Er dient hier also gewissermaßen einer quietistischen Geschichtsauffassung[67].

Diese beliebigen, aber charakteristischen Beispiele können leicht vermehrt werden. Treitschkes Bild der „stetig anschwellenden Einheitsbewegung" gehört mit in diesen sprachlichen und geistesgeschichtlichen Zusammenhang hinein; es wird bezeichnenderweise zur Charakterisierung der eidgenössischen Geschichte angewandt und enthält einen bei Treitschke sonst nur selten nachweisbaren quietistischen Stimmungswert, der z. B. auch an anderer Stelle in dem ebenfalls ungewöhnlichen Vergleich der Stetigkeit der unitarischen Bewegung mit dem Wachstum der Bäume zum Ausdruck kommt. Solche Bilder und Vergleiche sind in Treitschkes Sprache nur noch Reste älterer Sprachvorbilder, die z. B. bei Roscher und Knies ganz geläufig waren. Ja, Treitschke wehrt sich geradezu gegen den Gebrauch solcher Bilder.

An der Stelle, an der Treitschke die Wortbildung von der stetig anschwellenden Einheitsbewegung gebraucht, dient sie dazu, die

65) G. Freytag, Briefe an A. v. Stosch, hrsg. v. H. F. Helmolt, S. 123, v. 15. 8. 1877.

66) ebd., S. 125, v. 28. 4. 1878.

67) Die Fortsetzung der Briefstelle v. 15. 8. 1877 läßt das Vertrauen in den ruhigen und vernünftigen Gang der Weltgeschichte, dem nach Freytags Auffassung so leicht zu folgen ist, noch deutlicher erkennen; sie lautet: „Der Panslavismus ruiniert das unerträgliche Türkentum und bereitet die Balkanhalbinsel vor für eine christliche Kultur, welche doch noch für mehrere Jahrhunderte der Zukunft ein Durchgangspunkt zu höheren Bildungen sein muß, und der Pansalvismus denunziert sich während dieser Arbeit selbst in seinen ungerechtfertigten Prätensionen und in seiner Hohlheit und bereitet den Kampf gegen sich und seine Beschränkung durch die anderen Nationalitäten vor." (ebd.) Der Brief darf gewissermaßen als Beispiel eines popularisierten Weltgeistes gelten; dieser ist ein leicht faßliches Mittel geworden, die Weltgeschichte begreiflich zu machen. Der Panslavismus spielt die dienende Rolle der „List der Idee"; er steht in der Dienstbarkeit einer höheren Idee. So selbstverständlich ist Freytag die hegelsche Vernunft geworden, daß er sein Vertrauen in die nächsten Jahrhunderte mit ihrer Hilfe bekundet und erläutert. Die Fortsetzung des Briefes enthält außerdem noch eine typische Eigentümlichkeit der Freytag'schen Denkweise. Der Dichter vertraut auf die Überlegenheit der Deutschen im Kampf gegen die slavischen Prätensionen und zwar auf Grund der deutschen Tüchtigkeit: „Uns wird doch die Hauptarbeit zufallen, die slavischen Prätensionen zu beschränken. Und jeder einzelne Deutsche mag sich mühen, daß wir brav und tüchtig bleiben werden, damit wir in diesem künftigen Streit die Stärkeren sind."

Zäsur des Sonderbundskrieges auszugleichen und zu verhüllen. Das Ereignis des Sonderbundkrieges wäre nämlich trotz seiner kurzen Dauer geeignet, das Schema zu stören, wonach in Demokratien der Übergang von einem Staatenbund in einen Bundesstaat – wenn auch unter Kämpfen – doch leicht vor sich zu gehen pflege. Ausdrücklich stellt Treitschke fest, daß sowohl Nordamerika als auch die Schweiz „beide vom Staatenbunde zum Bundesstaate glücklich und friedlich übergegangen seien"[68].

Daß bei Treitschke nur noch ganz selten Sprachbilder auftauchen, die Analogien aus dem „natürlichen Leben" enthalten und die geschichtliche Entwicklung eines Volkes mit dem „Wachstum der Bäume" vergleichen, hängt aufs engste mit einem bestimmten geistesgeschichtlichen Vorgang zusammen. Der Organismus-Begriff hat 1864, als Treitschke den Essay über „Bundesstaat und Einheitsstaat" niederschrieb, längst den alten Wert verloren, den derselbe einst auch für ihn besessen hatte. Die Ablösung aus älteren Bildungsschichten wird an diesem sprachlichen Vorgang deutlich. In der Gesellschaftswissenschaft von 1858 spricht er von einem „ethischen Organismus"[69]. Die Anlehnung an Roscher ist unverkennbar. Noch im Nekrolog auf Dahlmann, der 1861 in den Preuß. Jahrbüchern erschien, hebt er als einen wesentlichen, durch Dahlmann bewirkten Fortschritt der Staatsauffassungen hervor: „Ihm entsteht der Staat nicht aus Zufälligkeiten, weder des Bedürfnisses noch der Kunst, sondern aus organischen Gesetzen wie das Wachsen und Leben der Natur und des Individuums[70]." Wenige Jahre später wird Treitschke im „Bundesstaat und Einheitsstaat" die Anwendung des Organismus-Begriffs auf das geschichtliche und staatliche Leben entschieden ablehnen: „Wir wissen endlich, daß dies unglückliche Wort ‚organisch' sich in der Politik immer da einstellt, wo die Gedanken aufhören[71]." Er läßt einen anderen Wert dafür umso mehr gelten: den *Willen*, der die Vorstellung des Organismus vollkommen verdrängt. „So wahr ist es, daß jeder Staat des reformatorischen und, tut es not, des durchgreifenden revolutionären Willens bedarf, soll nicht die Vernunft in ihm allmählich zum Unsinn werden[72]."

68) Aufsätze, 3. Aufl., S. 479.
69) H. v. Treitschke, Die Gesellschaftswissenschaft, S. 74.
70) Preuß. Jb. 7, S. 196f.
71) Aufsätze, 3. Aufl., S. 451.
72) vgl. ebd.

Treitschkes Kritik an den historischen Juristen bezieht sich gerade auf *den* Sachverhalt, daß bei ihnen die Befangenheit im organischen Denken die volle Erkenntnis der Bedeutung, die dem vernünftigen menschlichen Willen für das Leben des Staates zukomme, nicht zugelassen habe. Wenn er 1858 (Gesellschaftswissenschaft) auf der Stufe seiner liberalen Interpretation des Volksgeistes gemeint hatte, die historischen Juristen erklärten die staatlichen Institutionen zu sehr aus den *Ideen* eines Volkes, so erkennt er in den Vorlesungen über Politik das Wesen der Historischen Schule richtiger im Übergewicht, welche das organologische Denken bei ihr habe. Im Vergleich der Staatsbildung mit der Sprachbildung[73] ist seiner Ansicht nach die Fehlerquelle in den Staatsanschauungen der Romantiker zu suchen. – Das Wesen des Staates konzentrierte sich ihm immer eindeutiger im Willen, und er pflegte zu sagen: „Man soll den Willen, die köstlichste Kraft aus dem Leben des Staates nicht streichen[74]." Dieser Wille, der die Grundlage des Staates bildet, stammt ursprünglich aus dem 18. Jahrhundert, aber er hat in der Form, in welcher er bei Treitschke erscheint, nichts mehr gemein mit Rousseaus volonté générale. Seit den im Winter 1863/64 gemachten politischen Erfahrungen wußte Treitschke im Gegenteil, „daß auch der Volkswille das Unvernünftige wollen kann"[75]. Treitschkes Wille führt dagegen auf ein anderes geistesgeschichtliches Vorbild zurück, auf Hegels „vernünftigen Willen". Franz Rosenzweig hat in der Schlußbemerkung seiner Monographie „Hegel und der Staat[76]" u. a. am Begriff des Willens den Zusammenhang nachgewiesen, der Treitschke und Hegel verbindet[77]. Er hat den Zusammenhang, der zwischen beiden besteht, in abgewogener Untersuchung zugleich wieder eingeschränkt, indem er zeigte, wie Treitschkes Wille anders als der sich zum Dasein selbst verwirklichende, vernünftige Wille Hegels an ein schon Daseiendes, an das Volk gebunden ist. Der Zusammenhang dünkt uns jedoch größer als die Verschiedenheit; denn der Gedanke an einen auf dem vernünftigen Willen gegründeten Staat war stärker in Treitschke als der Gedanke an das gegebene Volk. Der Entschluß

73) H. v. Treitschke, Politik, Bd. 1, S. 20.

74) ebd., S. 28.

75) H. v. Treitschke, Zehn Jahre Deutsche Kämpfe, S. 42, Die Parteien und die Herzogtümer.

76) Fr. Rosenzweig, Hegel und der Staat, Bd. 2, 1920, S. 239ff.

77) ebd., S. 243.

zum Staat, der endlich Wirklichkeit werden sollte, erwies sich – so z. B. 1866 – kräftiger als etwa das Zusammengehörigkeitsgefühl des Gesamtvolkes. Staat ohne Volk war für Treitschke gewiß nicht denkbar, aber im Grunde noch weniger Volk ohne Staat, der ihm einen selbständigen Wert repräsentierte.
Diese Gedanken lassen sich bei Treitschke nicht systematisch darstellen; dazu ist sein Verhalten gegenüber den Bildungsmächten, mit denen er sich auseinandersetzte, viel zu eklektisch. Trotzdem sind allgemeine und vorherrschende Tendenzen, die andere zurückdrängen, zu bestimmen. So kann auch von dem auf einem vernünftigen Willen beruhenden Staat gesagt werden, daß er in Treitschkes Gedankengängen eine größere Rolle spielt als das daseiende Volk. Diese Beziehung zwischen dem Staat als Wille und dem Volk hat nun eben zur geistesgeschichtlichen Voraussetzung, daß der „Organismus" aus Treitschkes Denken und Sprache verschwunden ist. Treitschke geht in seiner Ablehnung des Organismus sogar so weit, daß er unter Berufung auf den Naturforscher Helmholtz den Begriff des Organischen selbst in der Natur mit einem Fragezeichen glaubt versehen zu dürfen[78], da die Grenze zwischen organischen und unorganischen Wesen fließend sei.

Treitschkes Überzeugung, daß sich „wirkliche" Geschichte nur im Großstaat vollziehe, im Kleinstaat dagegen sich Geschichte in der Anekdote auflöse, gehört einem saekularen Zusammenhang an. Mit den so diametral entgegengesetzten Auffassungen vom Wesen des Kleinstaatlichen ist ein Unterschied bezeichnet, der sich seit dem 18. Jahrhundert durch das europäische Denken zieht. In der politischen Situation des Jahres 1938, als das Kleinstaatliche wieder in eine drohende Krise geraten war, hat der Schweizer Historiker Werner *Kaegi* „den Typus des Kleinstaates im europäischen Denken[79]" in einer Aufsatzreihe beschrieben, die – wie der Verfasser mitteilt – aus Arbeiten seines Seminars entstanden ist. Die Untersuchung ist in dem Gefühl der akuten Bedrohung durch den Großstaat entstanden, der sich damals anzuschicken schien, einen Kleinstaat nach dem anderen zu vernichten. Der politische Erfahrungsgehalt von 1938, sowie der subjektive Sachverhalt, daß der Verfasser einem Kleinstaat angehört, geben der Arbeit ihre besondere Färbung. Wenn es an einer Stelle der Untersuchung heißt, daß die Idee der Nation um die Mitte des 19. Jahrhunderts eine

78) vgl. H. v. Treitschke, Politik, Bd. 1, S. 28.
79) Neue Schweizer Rundschau, Neue Folge, 1938, S. 257ff., S. 345ff. und S. 414ff.

Ehe mit dem Großstaat eingegangen sei und daß dieser Ehe „in den Jahren zwischen 1848 und 1870 ein bald freiwillig friedliches, bald gewaltsames blutiges Opfer einiger Dutzend uralter, kleinstaatlicher Gebilde dargebracht worden sei[80]", so steht diese historische Erinnerung unverkennbar unter dem Eindruck der Wiederholung eines ähnlichen Geschehens im Augenblick der Niederschrift. Kaegi rekapituliert die Stimmen für und wider den Kleinstaat, wobei sein Gefühl der Teilnahme für das Kleinstaatliche, das er liebt und das er in Gefahr sieht, ständig durchdringt.

Kaegis Untersuchung vermittelt einen Eindruck davon, daß die Argumente und Motive, die von den Anhängern des Großstaates im Laufe eines Jahrhunderts gegen den Kleinstaat vorgebracht werden, alle von einer inneren Einheitlichkeit sind, ebenso wie sich auch die Gründe, die für den Kleinstaat angeführt werden, innerlich ähnlich sind. Die Übersicht aller Gründe und Gegengründe vermag uns den guten Dienst zu leisten, daß gleichsam die politisch-geistige Ahnenreihe sichtbar wird, deren großstaatliches Repertoire von Treitschke bewußt oder unbewußt benutzt wird. Es darf mit Fug gesagt werden, daß in seiner Gedankenwelt alle jene Einwände wiederkehren, die einmal gegen den Kleinstaat erhoben worden sind. Er fügt eigentlich keine neuen Gesichtspunkte hinzu. Seine Rezeptionsfähigkeit erweist sich auch auf diesem Felde; er zehrt auch hier von einem überkommenen geistigen Erbe. Das seit seiner Jugend in ihm angesammelte politische Ressentiment[81] gegen den Kleinstaat schließt sich einer säkularen geistig-politischen Linie an, die Kaegi etwa mit Schlözer beginnen läßt. Bei letzterem tauchen bereits Argumente auf, die in der Polemik gegen den Kleinstaat von nun an nicht mehr verschwinden werden. Das wechselseitige Verhältnis von Bevölkerungszahl, Reichtum und Bildung ist eins von diesen Argumenten, das im Laufe der kommenden Auseinandersetzungen – die vor allem auf der publizistischen Ebene ausgefochten werden – eine große Rolle spielen wird. Es nimmt bei Freytag eine hervorragende Stelle ein und wird auch bei Treitschke wiederkehren. Kaegi charakterisiert Schlözer folgendermaßen: „Nach ihm ist ein Volk dann glücklich, wenn es reich, zahlreich und aufgeklärt ist[82]", und fügt hinzu: „Wenn die Zahl ein Hauptfaktor des politischen Glückes wäre, dann begriffe man freilich, daß die Menschen heute, wie Burckhardt prophezeite, zu heulen beginnen, wenn ihrer nicht gleich hunder beisammen sind[83]."

80) ebd., S. 415.
81) s. unten S. 252.
82) ebd., S. 269.
83) ebd.

Wenn Schlözer im 4. Bande seiner Staatsanzeigen schrieb: „Demokratie sei nur für Leute gut, die keine anderen gemeinsamen Geschäfte hätten, als miteinander zu grasen[84]", so lenkte er das Urteil über die demokratische Staatsform in eine Richtung, die auch bei Treitschke wieder sichtbar wird. Daß Demokratie für eine bestimmte Volksart bzw. Menschengattung „gut genug" sei, ist eine Anschauung, die von letzterem wohl nicht in dieser Schärfe ausgesprochen wird, aber in Umschreibungen deutlich genug enthalten ist. Es bedeutet etwas Ähnliches und setzt eine verwandte Grundeinstellung voraus, wenn Treitschke sagt, daß Demokratie für einfache Verhältnisse ausreiche, und wenn er demokratische Staatsformen von oben herab beurteilt. Bei keinem Publizisten und Historiker der Reichsgründungszeit, auch nicht bei Droysen, wird das Kleinstaatliche in einem solchen verächtlichen Ton behandelt wie bei Treitschke. Es ist ein Ton, wie er schon für Schlözer charakteristisch war.

Am Ende der von Kaegi behandelten Linie steht unter den Gegnern des Kleinstaates Bluntschli, auf dessen gemeinsame Züge mit Treitschke schon hingewiesen wurde. Bluntschli ist als gebürtiger Schweizer gewissermaßen großstaatlicher Renegat; er wird deshalb auch als ein besonderer Fall von Kaegi behandelt. Sicherlich überschätzt Kaegi die Bedeutung von Bluntschlis „Allgemeinem Staatsrecht" von 1863, wenn er dasselbe eine Waffe im Kampf um die Verwirklichung des deutschen Nationalstaates nennt.

Auf die große Bedeutung, die Schleiermacher und Hegel in dieser geistespolitischen Urteilsbildung spielen, geht Kaegi nicht ein. Er übergeht mit diesen Gliedern der deutschen Philosphie zwei der wichtigsten Stationen auf dem Wege, der zur Verherrlichung des monarchischen Großstaats führt.

Die Auffassung Treitschkes vom Kleinstaat, die seiner Schilderung schweizerischer Verhältnisse zugrunde liegt, kommt zum vollen polemischen Ausdruck erst, wenn es sich um die deutschen Mittel- und Kleinstaaten handelt, erst dort, wo „die Märchenwelt des Partikularismus" beschrieben wird. Wo der Kleinstaat als Republik wie in der Schweiz vorliegt, wird ihm seine Daseinsberechtigung nicht abgesprochen. Treitschke stellte dem Staat der Eidgenossenschaft im Gegenteil sogar die Prognose einer sehr langen Lebensdauer und hielt ihn für „ein Gemeinwesen, das mit seiner Friedensliebe und gastlichen Freiheit inmitten der unfertigen und gärenden Zustände Mitteleuropas ein heilsames und noch auf lange hinaus unentbehrliches Glied bildet"[85]. Ja, in seinen Vorlesungen über Politik wurde sein Urteil an manchen Stellen noch positiver: „Solange

84) ebd., S. 270.
85) Aufsätze, 3. Aufl., S. 532.

die heutige Staatengesellschaft sich nicht wesentlich verändert, kann die Schweiz auf eine lange Dauer zählen[86]"; er meinte wohl auch, „man könne gar nicht wünschen, diese republikanische Entwicklung des deutschen Geistes zu vernichten"[87]. Es handelt sich bei diesen Äußerungen Treitschkes um sehr ernst gemeinte Bekundungen, die innerlich mit der grundsätzlichen Beurteilung eines bestimmten Sachverhaltes zusammenhängen. Treitschke war kein Nationalist – schon gar nicht in dem Sinne, der diesem Begriffe vom heutigen Sprachgebrauch gegeben zu werden pflegt. Sein klassizistisch-ästhetischer Staatsgedanke wäre mit einem Nationalismus unvereinbar gewesen. „Die berauschende Lehre von dem Recht der Nationalitäten[88]" wurde von ihm stets abgelehnt. Als Bluntschli 1866 eine anonyme Schrift herausgab „Die Neugestaltung Deutschlands und die Schweiz", in welcher er den Schweizern „den politischen Geist der deutschen Ereignisse[89]" erläuterte, dankte ihm Treitschke „für dies zu rechter Zeit gesprochene gute Wort[90]": „Recht aus der Seele geschrieben sind mir Ihre Worte über die Zukunft der Schweiz. Ich halte das Land für eine europäische Notwendigkeit – wenigstens in der Epoche, welche *wir* überschauen können – und habe die Träume der absoluten Nationalitätsfanatiker nie geteilt[91]." Treitschke dachte wirklich nicht daran, um „des vagen Begriffes der gemeinsamen Abstammung[92]" willen, die Schweizer deutscher Abstammung aus ihrem geschichtlich gewordenen Staatsverbande herauszulösen.

Dieser sich gleichbleibenden Beurteilung der Schweiz entsprach allerdings nicht dieselbe Gleichmäßigkeit der Auffassung von der Lebensdauer des *holländischen* Staates. An dem radikalen Wechsel seines Urteils über Holland, der sich seit 1870 vollzog, ist die politische Wandlung, die Treitschke unter dem Eindruck des Sieges über Frankreich durchmachte, zu erkennen.

Vor 1870 schloß er die Abhandlung über „Die Republik der vereinigten Niederlande" mit folgendem Satze, in welchem ein ästhetisches Gefühl für die Schönheit des europäischen Staatensystems deutlich mitschwingt: „Der alte Baum der europäischen Gesittung ist stark genug, um neben

86) H. v. Treitschke, Politik, Bd. 1, S. 42.

87) H. v. Treitschke, Politik, Bd. 2, S. 299.

88) Aufsätze, 3. Aufl., S. 475.

89) vgl. J. C. Bluntschli, Denkwürdiges aus meinem Leben, Bd. 3, S. 173; Bluntschli berichtet in seinen Denkwürdigkeiten, daß man um diese Zeit in leitenden Schweizer Kreisen erwogen habe, ihn als Gesandten nach Berlin zu senden.

90) Briefe, Bd, 3, S. 107, v. 10. 11. 1866.

91) ebd.

92) Aufsätze, 3. Aufl., S. 475.

den schweren Ästen der großen Kulturvölker, die seine Krone tragen, auch einige bescheidene Zweige zu dulden, die das Laubdach reich und gefällig abrunden[93]." Dem schönen Staat entspricht das schöne Staatensystem. Diese ästhetische Anschauung des Staatensystems hat in dieser Bekundung die machtpolitische vollkommen verdrängt. Die Kleinstaaten finden in dem Bilde, das Treitschke aus der Feder fließt, immerhin noch als Verzierungen, „die das Laubdach reich und gefällig abrunden", Platz. Die Politik-Vorlesung enthält dagegen an mehr als einer Stelle die Hoffnung, „daß aber wenigstens Holland noch einmal zum alten Vaterlande zurückkehrt"[94].

Sobald der Kleinstaat auf deutschem Boden jedoch in „der anspruchsvollen Staatsform der Monarchie" erscheint, wird er unter dem Gesichtspunkt der „Reinheit der Staatsform" grundsätzlich verworden, d. h. nur eine *großstaatliche* Monarchie stellt eine reine Staatsform dar. Die republikanische und neutrale Eidgenossenschaft konnte immerhin noch den sogenannten „natürlichen Staatsformen" zugerechnet werden; der dynastische deutsche Kleinstaat ist dagegen eine unnatürliche Staatsform, ein Zerrbild und eine Mißbildung; er ist vor allem gegen die Vernunft, die sich in der Geschichte entfaltet.

Das Beispiel der Schweiz sollte im Gange der Untersuchung von „Bundesstaat und Einheitsstaat" dem Nachweis dienen, daß die Lehren ihrer bundesstaatlichen Entwicklung weder auf die „Großheit des deutschen Charakters", noch auf die „großen deutschen Verhältnisse" übertragbar sind. Das Gefühl, daß der Staat der Deutschen die „vernünftigste" und „schönste" staatliche Form einmal ergeben werde, begleitet – obwohl es nicht immer ausgesprochen und oftmals sogar geleugnet wird – doch alle Ausführungen, die Treitschke in den Jahren der Erwartung vor 1866 macht. Er ist nicht etwa der einzige, der solch eine Ansicht hegt, sondern andere neben ihm haben ebenfalls an dieser politischen Wunschvorstellung Anteil; sie sind alle gleichmäßig in die Anschauung des eigenen Staates versenkt, von dem sie – wenn er nur erst verwirklicht ist – eine Versittlichung und Verschönerung des Volkstums und Volkslebens erwarten und nicht zuletzt eine lange Friedenszeit für das europäische Staatensystem.

Mit einer besonderen Erscheinungsform des demokratischen Bundesstaates hat sich Treitschke in seinem großen Essay schließlich noch beschäftigt, als er das Staatswesen der Vereinigten Staaten von Nordamerika

93) Aufsätze, Neue Folge, 2. Teil, 1870, S. 634.
94) H. v. Treitschke, Politik, Bd. 1, S. 128.

beschrieb. Auch diese Beschreibung einer demokratischen Föderation diente der „historisch-politischen Vergleichung" mit den deutschen Zuständen und sollte den Nachweis erbringen, daß die bundesstaatlichen Erfahrungen der amerikanischen Geschichte nicht übertragbar auf die Verhältnisse Deutschlands seien. Wenn Treitschke bislang die Demokratie vornehmlich in kleinstaatlichen Gebilden verwirklicht fand, so mußte er nun für ihre großstaatliche Form eine Erklärung suchen. Er kam dabei auf folgende Erwägungen, die umso bemerkenswerter sind, als sie mit unter dem zeitgeschichtlichen Eindruck des amerikanischen Bürgerkriegs entstanden sind. Treitschke stellt zunächst fest, daß „der Nationalcharakter der Nordamerikaner noch im Werden sei"[95]. Diese Feststellung enthält bereits eine wichtige Erklärung für die Entstehung des Bundesstaates in Amerika und entspricht jener anderen, wonach ein einheitliches Volkstum eine der wesentlichsten Voraussetzungen für die Bildung eines Einheitsstaates sei. Zu dem Mangel eines ausgebildeten Nationalcharakters kommen die besonderen Eigenheiten des amerikanischen Lebens hinzu, die einen demokratischen Bundesstaat als angemessene und natürliche Staatsform form erscheinen lassen. Es handelt sich um die alten der Demokratie zugeschriebenen Eigenschaften, die wieder aufgezählt werden: „Hohes Durchschnittsmaß von Wohlstand und Bildung, unvergleichliche Selbständigkeit und rührige Kühnheit jedes Einzelnen, davon wir Deutschen nie genug lernen können; aber auch Vorherrschen der geistigen Mittelmäßigkeit, prosaische Nüchternheit der Lebensanschauungen . . .[96]." So sind Bundesstaat und „republikanische Richtung" „in den *Ideen* und in der Wirtschaft dieses Volkes wohl begründet[97]" bzw. „so sehr in der Natur der Dinge begründet, daß neuerdings sogar die abtrünnigen Südstaaten sich selber wiederum als ein Bundesstaat konstituierten"[98]. Es handelt sich bislang um Argumente, die aus Treitschkes bekanntem Repertoire stammen und ganz geläufig sind.

Seine Erläuterung des amerikanischen Bundesstaates enthält jedoch außerdem noch ein besonderes Motiv, auf das hinzuweisen sich verlohnt, weil es auch für seine Vorstellung von einem künftigen deutschen Einheitsstaat aufschlußreich ist. Er meint nämlich, den größten und eigentümlichsten Vorzug dieser Bundesstaats-Verfassung darin erblicken zu dürfen, daß „sie das Staatsrecht eines werdenden Reiches sei, durchaus

95) Aufsätze, 3. Aufl., S. 532.
96) ebd., S. 533.
97) ebd., S. 534.
98) ebd., S. 537.

berechnet auf die ungeheure Expansivkraft der Union"[99]. „Nicht ein Land, nein, ein Kontinent sollte politisch geeignet werden. Ein Weltteil aber läßt sich – soweit unsere historische Erfahrung reicht – als ein Staat organisieren nur durch eine despotische Gewalt, wofür hier alle Voraussetzungen fehlten, oder in der freien Form einer Föderation[100]." Der Bundesstaat bilde eine Staatsform, bei der eine unbeschränkte Erweiterung des Staatsgebietes möglich sei; das stetige Vordringen der USA nach Westen und die Gründung immer neuer Staaten durch die Union hätten nur bei der Elastizität einer bundesstaatlichen Verfassung erfolgen können.

Der Eroberungslust, der sich im Westen des amerikanischen Kontinents ein unermeßliches Betätigungsfeld bot, entsprach innerhalb der Union ein fester „eidgenössischer Rechtssinn". So sei das Gebiet der Unionstaaten selber von den Bundesgenossen gegenseitig gewissenhaft geachtet. Die einzige Gebietsveränderung innerhalb der Unionstaaten sei die friedliche Loslösung des Staates Maine von dem Staate Massachusetts gewesen – „ein Vorgang, der den Grundsätzen des demokratischen Bundesstaates durchaus entsprach"[101]. Was Treitschke hier schildert, ist im einzelnen das genaue Gegenstück des europäischen monarchischen Großstaates, von dem er hofft, daß er sich am reinsten in Deutschland verwirklichen wird. Was unter der bundesstaatlichen Verfassung Nordamerikas ein normaler Vorgang von ihm genannt wird – die friedliche Loslösung eines Staates von einem anderen – darin würde er in Deutschland einen Verstoß gegen die historische Vernunft erblicken; denn hier pflegen nach einem *historischen Gesetz* schon seit 200 Jahren kleinere in größeren Staaten aufzugehen. Während der *Bundesstaat* den Besitzstand seiner Glieder peinlich achtet, entsteht der *Einheitsstaat* gerade auf die Weise, daß ein einzelner führender Stamm benachbarte schwächere Stämme erobert. Der Gegensatz geht noch weiter: Wenn sich der Bundesstaat der Nordamerikaner beliebig durch Erorberungen vergrößert, so liegt es im Wesen des Einheitsstaates, daß er eine bestimmte räumliche Auslehnung – wenn er sie erreicht hat – nicht überschreiten darf. Er darf nicht zu klein, aber auch nicht zu groß sein. Der Einheitsstaat ist „von Natur" saturiert. Daß Treitschke oftmals die Eroberungslust als eine natürliche Eigenschaft von Monarchien bezeichnet, stellt keinen Widerspruch dar. Diese Eroberungslust ist das charakteristische Zeichen jeder nationalstaatlichen Entwicklung. Er denkt bei dieser Begriffsbestimmung vornehmlich an die Eroberung der Klein- und Mittel-

99) ebd., S. 535.
100) ebd.
101) ebd., S. 536.

staaten durch den werdenden deutschen Einheitsstaat. Der vollendete Einheitsstaat hat nichts mehr zu erobern. Er bildet ein festes Glied der aristokratischen Gestalt des europäischen Staatensystems, deren normaler Zustand seiner Ansicht nach der Friede ist.

An die Diagnose des bundesstaatlichen Wesens Nordamerikas schließt sich eine Prognose, welche die Dauer der Föderation von Nord- und Südstaaten mit einem Fragezeichen versieht. Diese Prognose ist umso erstaunlicher und auch befremdlicher, als der Zweifel an dem Fortbestand der Union erst von der 2. Auflage der Hist. Pol. Aufsätze (Ende 1865) auftaucht – also nach der Niederwerfung der Südstaaten. Treitschke geht davon aus, daß sowohl der Kongreß von Washington als auch die Zentralgewalt der Südstaaten während des Bürgerkrieges „nahezu die Macht eines Parlaments im Einheitsstaate übten"[102]. Er hält es für fraglich, ob ein politisches Organ Gewalten, die es einmal besaß, freiwillig wieder aufgeben werde. Aus der Erfahrung des Krieges zieht er zunächst die an die Adresse der deutschen Föderalisten gerichtete Lehre: „Selbst dies klassische Land des demokratischen Selfgovernement, dies Land einer streng föderalen Geschichte – selbst diese Union sah sich genötigt, in den Tagen des Krieges und angestrengter auswärtiger Politik eine Bundesgewalt zu ertragen, deren Gewalt der Macht eines Einheitsstaates sehr nahe kam und doch kaum ausreichte, die ungeheure Schwierigkeit der Lage zu bewältigen. Um wieviel weniger können wir hoffen, unser von Feinden rings umdrohtes Vaterland durch eine Bundesstaatsverfassung auf die Dauer zu sichern[103]!" Sodann meldet Treitschke seinen Zweifel an dem Fortbestand der Union an, indem er wieder daran erinnert, daß „sich die Union bewährt hat als die Verfassung eines werdenden Volkslebens"[104]. Was für Aussichten wird die Union aber noch haben, wenn das Volksleben sich befestigt und „vollendet" haben wird? „Ob sie fortbestehen wird, wenn auf dem Festlande Nordamerikas nichts mehr zu erobern, nichts mehr zu kolonisieren ist, wenn einst mit zunehmender Bevölkerung und Gesittung der wohlbegründete Gegensatz der Interessen des Nordens, des Südens und des Westens schärfer hervortritt, – diese Frage kann nur verblendeter demokratischer Parteigeist kurzerhand bejahen. Die schwächlichen Versuche der Neugestaltung, welche wir heute befremdet erleben, gestatten mindestens die Vermutung, daß der jüngste Bürgerkrieg nicht

102) ebd., S. 538.
103) ebd.
104) ebd.

der letzte gewesen ist. – [105]." Mit diesen wenigen Sätzen verläßt Treitschke den Boden der historischen Beschreibung und Vergleichung und unternimmt den sehr gewagten Versuch, die Zukunft der Vereinigten Staaten vorherzusagen. Sein unitarisches Ideal, in dem ja sein eigentliches Glaubensbekenntnis zu sehen ist, verführt ihn dazu, die Zukunft Amerikas – wenn einst mit zunehmender Bevölkerung und Gesittung der wohlbegründete Gegensatz zwischen Norden, Süden und Westen schärfer hervortritt – im Lichte von Einheitsstaaten zu sehen[106].

Diese Prognose enthielt wohl kaum eine Antwort auf „die ungeheuren Fragen, welche diese Union an den alten Weltteil stellt"[107]. So hatte Treitschke nämlich in seinem Essay über Dahlmann geschrieben und hinzugefügt, daß der Verfasser der „Politik" von 1835 diese Fragen gar nicht beantwortet habe. Der Dahlmann-Essay ist nicht nur auf der Höhe des Sezessionskrieges, über welchen die preußischen Jahrbücher laufend berichteten, geschrieben worden, sondern hat auch den preußischen Verfassungskonflikt als historisch-politische Erfahrung zur Voraussetzung. Bei „den ungeheuren Fragen", welche die Union an den alten Weltteil zu stellen habe, dachte Treitschke im Dahlmann-Aufsatz an die Einführung von Volksrechten in die monarchischen Verfassungen des Kontinents. Amerika war das große demokratische Vorbild, so wie England seit je das liberale Vorbild gewesen war. „Bundesstaat und Einheitsstaat" ist im selben Jahr wie die endgültige Fassung des Dahlmann-Aufsatzes ausgearbeitet worden. Die Fragen sind nun umgekehrt an die Zukunft der Vereinigten Staaten gerichtet. Die im Dahlmann-Aufsatz enthaltenen „Fragen an Europa" sind gleichsam ein Nachhall demokratischer Stimmungen unter dem Eindruck des preußischen Verfassungskampfes. In „Bundesstaat und Einheitsstaat" ist von solchen Stimmungen kaum noch die Rede. Das in historisch-philosophischer Vergleichung der europäischen Geschichte gewonnene unitarische Ideal wird sogar der absolute Maßstab, mit dessen Hilfe selbst die zukünftige staatliche Entwicklung Amerikas abgeschätzt wird. Aus den unitarischen Erfahrungen der europäischen Geschichte glaubt Treitschke auf eine ähnliche Entwicklung in Amerika schließen zu dürfen. Seine politische Prognose beruht also auf der Methode des historisch-philosophischen Analogisierens[108].

105) ebd.

106) Die Lehre, welche die europäische Geschichte enthält, wurde von ihm so ausgedrückt: „Die Geschichte spottet des Toren, der ihre Lehren nicht verstehen will, sie hat mit unwandelbarer Sicherheit alle großen Kulturvölker Europas dem Einheitsstaat entgegengeführt . . ." (Aufsätze, Bd. 3, S. 539).

107) Aufsätze, 3. Aufl., S. 412.

Wenn Treitschke die kleinstaatliche und bundesstaatliche Schweiz als republikanischen Pol des deutschen Lebens, wie er sich einmal ausdrückte, noch geduldet und ferner auch die USA als Bundesstaat eines noch werdenden Reiches von kontinentaler Ausdehnung und noch nicht vollendetem Nationalcharakter anerkannt hatte, so lehnte er einen deutschen Bundesstaat von dynastischen Kleinstaaten entschieden ab. Er sprach den deutschen Klein- und Mittelstaaten jede politische, sittliche und auch ästhetische Daseinsberechtigung ab. Es sind ganz besondere Gründe, die ihn dazu veranlassen und die bislang noch nicht berührt worden sind. Sie führen noch weiter in die Eigentümlichkeiten seiner Bildungsgeschichte hinein.

Eine Untersuchung der Ansichten, die Treitschke über den deutschen Kleinstaat zum Ausdruck bringt, läßt wieder den alten Vorgang erkennen, wie sich in seiner Argumentation ein einfacher politischer Sachverhalt mit unpolitischen Tendenzen und Motiven durchsetzt. Es genügt ihm keineswegs, den Kleinstaat nur aus politischen Zweckmäßigkeitsgründen einfach abzulehnen und zu bekämpfen, sondern es ist ihm ein Bedürfnis, sein politisches Urteil gleichsam mit einer teleologischen Begründung zu versehen.

In Übereinstimmung mit dem Ausgangspunkt, den sein großer Aufsatz in der Gedankenwelt Roschers hat, weist Treitschke zunächst „das historische Gesetz" nach, wonach Kleinstaaten in größeren Gemeinschaften aufzugehen pflegen. Die Ausführungen über ein „erbarmungsloses Walten des historischen Undanks" nehmen den Charakter einer politischen Mystik an, sobald der ihm so geläufige Begriff der Sünde in dem gleichen Zusammenhang auftaucht. Das historische Gesetz besagt, daß „jede politische Gewalt, wenn sie ihr Amt erfüllt hat und überflüssig geworden ist, unfehlbar beseitigt wird, ohne alle Rücksicht auf ihre früheren Verdienste ... Nach diesem Recht wird auch das deutsche Kleinfürstentum (sei es durch die Nation, sei es durch fremde Gewalt) vernichtet werden, sobald es nicht mehr wie sonst im Stande ist, etwas zu leisten für die Gesittung der Völker. Die Guten büßen in solchen historischen Krisen für die Sünden

108) Die Ansicht von O. Westphal, daß „auch Treitschke in seiner großen Abhandlung ‚Bundesstaat und Einheitsstaat' auf konkrete staatliche Verhältnisse reflektierte" (O. Westphal, Welt- und Staatsauffassung des deutschen Liberalismus, S. 208), bedarf einer Einschränkung. Das oben angeführte Beispiel einer Prognose der amerikanischen Entwicklung zeigt, daß die für „Bundesstaat und Einheitsstaat" charakteristische Methode einer historisch-philosophischen Vergleichung zu sehr seltsamen Urteilen führen konnte. Treitschke reflektiert weniger auf „konkrete staatliche Verhältnisse" als vielmehr auf „das politische Wunschbild eines Einheitsstaates".

der Bösen"[109]. Die Neigung zu einem politischen Mystizismus dringt immer wieder durch. So wie er an dieser Stelle die Guten für die Sünden der Bösen mit untergehen läßt, wird er, nachdem die Entscheidung von 1870 gefallen und am Fortbestand der deutschen Dynastien zunächst nicht mehr zu zweifeln ist, einen ebenfalls politisch-mystischen Zusammenhang konstruieren: „. . . die Königskronen des Rheinbundes erkauften sich durch deutsche Treue die Verzeihung der Sünden der napoleonischen Tage[110]." Es wurde schon gezeigt, wie der Begriff der Sünde in Treitschkes Sprachgebung zu einer Verbindung mit der „Kleinstaaterei" geradezu inkliniert. „Die Sünden der Kleinstaaterei" sind ein stehendes Begriffspaar in Treitschkes Sprache (s. oben).

Daß ein Staat den Beweis seiner Existenzberechtigung nur durch „Leistungen für die Gesittung der Völker" erbringen könne, ist ein von Treitschke niemals aufgegebener Gedanke. Solcher Leistungen ist seiner Meinung nach in der Gegenwart nur noch der monarchische Großstaat fähig. Ein Gang durch „die Märchenwelt des Partikularismus" soll zeigen, daß „die kleinen Dynastien für die modernen Lebenszwecke der Nation vollkommen überflüssig sind[111]", wobei sich die Frage zur Beantwortung stellt, was Treitschke denn unter „modernen Lebenszwecken" im Einzelnen versteht.

Wenn er im „Bundesstaat und Einheitsstaat" den „Geist der Geschichte" nach dessen vorherrschender Tendenz befragt, läßt er sich sogleich die Antwort geben, daß „Deutschlands Entwicklungsgang . . . die nachhaltige, zuletzt immer erfolgreiche Tendenz zeige, unbrauchbare Kleinstaaten zu größeren Staatskörpern zusammenzuschweißen"[112]. In einem der zahlreichen belehrenden Briefe an seine Braut erklärt er ihr dasselbe Gesetz. Im Jahre 1866, das ja die Probe auf dies historische Gesetz glänzend zu erbringen schien und über welchem für ihn ein noch vollerer Glanz lag als über dem Jahre 1870, schrieb Treitschke, der soeben einem Kleinstaat den Rücken gekehrt hatte: „Aber in welchem großen Tagen leben wir doch! Von den 59 Staaten Europas sind binnen weniger Jahre 18 verschwunden, jetzt fällt auch die mächtigste der alten Gewalten und binnen kurzem werden noch ein paar Dutzend Krönchen nachfolgen[113]."

109) Aufsätze, 3. Aufl., S. 509f.
110) Aufsätze, Bd. 3, S. 549; s. oben S. 130ff.
111) ebd., S. 541.
112) Aufsätze, 3. Aufl., S. 601.
113) Briefe, Bd. 3, S. 122, v. 12. 12. 1866.

Einen publizistischen Höhepunkt fand sein Glaube, daß es mit den kleinen Staaten des Deutschen Bundes nun endgültig zu Ende sei, in dem Pamphlet „Die Zukunft der norddeutschen Mittelstaaten[114]", nach dessen Publikation der General von Treitschke sich öffentlich in der Zeitung von seinem Sohne lossagte. Die Lehren der europäischen Geschichte schienen eine unüberhörbare Sprache zu sprechen, und vollends schien ihr Sinn in den Erfahrungen des Sommers 1866 offenbar zu werden. Er schrieb damals: „Wer aus der Vergangenheit aller Nationen Europas noch immer nicht gelernt hat, daß die Kleinstaaterei in gereiften Kulturvölkern keine Stätte mehr hat und der Zug der Geschichte auf das Zusammenballen großer nationaler Massen weist, dem müssen nach den Erfahrungen dieser reichen Wochen endlich die Augen sich öffnen[115]." In der Beseitigung der kleinen Kronen erkannte er „einen Akt der historischen Notwendigkeit[116]", aber mit Genugtuung stellt er ebenfalls fest, daß „die monarchische Strömung des modernen europäischen Völkerlebens ohnehin dem Bestande kleiner Republiken nicht günstig sei"[117].

In den innersten Kern von Treitschkes Gedanken über den Untergang kleiner Staaten gelangen wir jedoch erst, wenn wir dieselben auf ihre Beziehung zu ästhetischen Reflexionen und überhaupt auf ihren ästhetischen Gehalt hin untersuchen. Es handelt sich bei „der immer erfolgreichen Tendenz", nach welcher unbrauchbar gewordene Kleinstaaten verschwinden, nämlich nicht nur um „einen Akt der historischen Notwendigkeit" oder auch „Gerechtigkeit", sondern ebenso sehr oder noch mehr um einen ästhetischen Vorgang. In den Erfahrungen der europäischen Geschichte suchte Treitschke nicht allein nach einer Bestätigung und Rechtfertigung seines historisch-politischen Wunschzieles, sondern er fand außerdem an ihnen auch die gesuchte Veranlassung für die Befriedigung seines Bedürfnisses nach einer ästhetischen Geschichtsbetrachtung. Im Walten des Gesetzes, nach welchem kleinere in größeren Staaten aufgehen, erblickte er „die geschichtliche Schönheit", deren Sinn sich erst durch den Zusammenhang mit der zeitgenössischen Stilrichtung der historischen Malerei erschließt. Auf seinen zahlreichen Reisen suchte er nicht zuerst die „schöne Natur", sondern die *„schöne Geschichte"*. Das „Stück Geschichte" war schön, wenn es Vernunft und Fortschritt der staatlichen Lebensformen sowie die Entwicklung auf „einen befriedigenden Abschluß" hin sichtbar

114) H. v. Treitschke, Zehn Jahre Deutsche Kämpfe, S. 108ff.
115) ebd., S. 114.
116) ebd.
117) ebd., S. 113.

werden ließ. Ein Reisebericht, den Treitschke im Herbst 1866 von einer Ostseereise an seine Braut schickte, ist für diese Richtung seines Geistes in besonderem Maße aufschlußreich. „Die Vernunft in der Geschichte", die sich in der Entstehung von innerlich und äußerlich wohlgeformten Großstaaten offenbart, wird vom Briefschreiber unter Zuhilfenahme ästhetischer Anschauungsformen beschrieben. Der Brief läßt übrigens anschaulich die hauptsächlichen Bestandteile von Treitschkes individuellem Bildungsgang aus der zweiten Hälfte der 50er Jahre im Spiegel einer farbigen Reiseschilderung erkennen. Er enthält außerdem ein politisches und ästhetisches Glaubensbekenntnis – die ja beide eng zusammenhängen – in der Form eines Geschichtsbildes, dessen Farben der Palette des Historienmalers entnommen sind: „. . . Nach einer sehr hübschen Fahrt durch die Seen und Buchenwälder von Lauenburg kam ich nach Lübeck. Die Stadt macht doch zu sehr den Eindruck gefallener Größe, als daß ich mich da wohlfühlen könnte. Ich liebe die Trümmer der alten Zeit, wenn neues Leben aus ihnen aufsprießt, wie in Rostock oder Wismar; aber die Stille in Lübecks Straßen kontrastiert doch zu grell mit dem stolzen Doppeladler, mit dem weiten Umfang der Stadt und mit der Erinnerung an die mächtigen Orlogsflotten, die sich dereinst auf der Trave drängten. Auch schöne Bilder schmücken hier die Kirchen. Zwar die modernen Overbeck'schen Bilder gefallen mir nicht, so sehr ich den tiefsinnigen Künstler achte. Es bleibt doch etwas Gemachtes in diesem modernen Nazarenertum. Und in der Kunst haben wir Deutschen zuerst den Inhalt, dann erst die Form zu fassen vermocht, zuerst schöne Köpfe gemalt, dann erst schöne Leiber; das ist echtdeutsch, obwohl ich mich freue, daß wir seitdem bei den Griechen in die Schule gingen – – –. Ich habe viel gelernt auf der Fahrt; nun ich diese Seeplätze kenne, wie man sich im Stillen von einem vielgenannten Manne ein Bild gemacht hat; sieht man ihn dann, so ist er ganz anders, und doch sagen wir uns nach einiger Zeit, daß er gerade so aussehen mußte. Halb aus Sentimentalität, halb aus Faulheit pflegen wir modernen Menschen beim Reisen fast nur auf landschaftliche Reize auszugehen. Ich habe das diesmal nicht getan und freue mich dessen: die Natur ist überall schön für ein Auge, das sie versteht; das Beste aber an meiner Fahrt war das schöne Stück Geschichte, das ich sah. Erst die Tage kriegerischer Bürgerherrlichkeit; dann eine lange Zeit philisterhafter Erstarrung, währenddem der Dom von Lübeck und von Bremen und die Stadt Wismar von den Fremden erobert und alle unsere Ströme von ihnen geschlossen werden; dann das Erstarken Preußens und die Vertreibung der Feinde, bis nach und nach die Seestädte dem deutschen Großstaat eingefügt werden und im gesicherten Lande an die Stelle der Wälle schattige Alleen treten; – wenn man diesen Wandel der Geschicke überdenkt, so sieht man doch ein stetiges Gesetz, eine ewige Vernunft, über unserem Volke walten. Und ich meine, es ist eine heilsame Fügung, welche an die Stelle der alten Städtebünde die moderne Monarchie gesetzt hat; wir leben freier und menschenwürdiger als die Hansebürger; namentlich wenn man das Los der kleinen Leute betrachtet, ist der Fortschritt unverkennbar[118]."

Es kommt bei der Beurteilung dieses Briefes auf den Inhalt an, der die Bezeichnung „das schöne Stück Geschichte" hat. Diese Formulierung soll den Wandel von der lockeren Form der Föderation zu der festeren der einheitlichen und großstaatlichen Monarchie enthalten. Darin liegt, wie der Schreiber feststellt, Fortschritt und zugleich Schönheit. Es ist das alte Thema aus den Jahren der ästhetischen Studien, das Treitschkes eigentliches wissenschaftliches und künstlerisches Anliegen bleibt und das in „Bundesstaat und Einheitsstaat" am eingehendsten behandelt ist.

Der Aufsatz über die Niederlande, der die „vorbildliche" Entstehung eines nationalen Einheitsstaates zum Thema hat und dessen Grundgedanken schon in „Bundesstaat und Einheitsstaat" entwickelt sind, enthält an einer Stelle einen dem Reisebericht innerlich verwandten Gedanken. Treitschke unternimmt hier nämlich den Versuch, den Wechsel von staatlichen Organisationsformen über den Rahmen einer einzelnen nationalen Volksentwicklung hinaus im Gange der allgemeinen Weltgeschichte und zwar am Beispiel des Wechsels der Seeherrschaft nachzuweisen. „. . . und herrlicher als das alternde Batavia strahlte die jüngste Königin des Ostens, Kalkutta. Der Denker aber erblickt auch hinter diesem Wettkampf (zwischen Holländern und Engländern) das Walten eines historischen Gesetzes. Wer erkennt nicht das stetige Fortschreiten der expansiven Zivilisation, wer nicht die tiefsinnige Wechselwirkung der politischen und der volkswirtschaftlichen Kräfte in der Reihenfolge der Mächte, welche nacheinander die Seeherrschaft unter den Germanen behaupteten? Auf den weithin versprengten Städtebund der Hanse folgte die niederländische Republik, die immerhin ein Staat war mit geschlossenem Gebiet; auf diese England, ein nationales Reich mit eigenem Ackerbau und Gewerbefleiß und kraft derselben Notwendigkeit wird dereinst Nordamerika, das über die unermeßlichen Hilfsmittel eines Weltteils gebietet, die erste Seemacht der Erde sein[119]."

Der Fortschritt, den das nationale Einzelbeispiel im Wechsel von der lockeren Form der Städtebünde zum Einheitsstaat erkennen ließ, wieder-

118) Briefe, Bd. 3, S. 93, v. 16. 10. 1866.
119) Aufsätze, Neue Folge, 2. Teil, S. 608f.

holt sich in den größeren Dimensionen der maritimen Weltgeschichte. Die Seeherrschaft wird *dem* Staatswesen zuteil, das jeweils den größten Fortschritt seines staatlichen Daseins erreicht hat. In diesem Wechsel bekundet sich die Vernunft der Geschichte. So spiegelt die Geschichte der Seebeherrschung die Aufwärtsentwicklung der Staatsformen wider. Dieser Gedankengang scheint bereits in die Nähe jener unheilvollen Idee zu führen, daß Deutschland das altgewordene England im Besitz einer großen Flotte ablösen müsse. Der „Denker" wird dann auch in dieser Ablösung nur „das Walten eines historischen Gesetzes" erkennen. Indem Treitschke solche Äußerungen macht und solche Prophezeiungen wagt, ist es sicher, daß „die Dinge stetig und sicher vorangehen", wie es einmal in einem Briefe an Overbeck heißt[120]. Der Fortschrittsgedanke, der Treitschkes Denken durchzieht, wird von immer neuen Seiten sichtbar. Eine Niederlage Englands wäre eben auch „ein Fortschritt". Der rationalistisch-aufklärerische Charakter, der dem Treitschke'schen Fortschrittsgedanken z. T. anhaftet, wird deutlich an der Formulierung vom „stetigen Fortschreiten der expansiven Zivilisation". Der Briefschreiber möchte denselben Sinn zum Ausdruck bringen, wenn er dem durch die großstaatliche Monarchie bewirkten „Wandel der Geschichte" zuschreibt, daß „wir freier und menschenwürdiger leben"; „schattige Alleen" nehmen die Stelle „befestigter Wälle" ein – in diesem Wechsel findet der Fortschritt einen „schönen" Ausdruck. Der humanitär-zivilisatorische Einschlag gehört wesentlich zum Bilde des monarchischen Großstaates. Er verträgt sich auch durchaus mit dem der Monarchie eigentümlichen Machtstaatsgedanken, dessen Wesen erst aus seiner besonderen Entstehungsgeschichte verstanden werden kann. „Das zu einer Gesamtmacht zusammengefaßte Volksleben[121]" bedeutet die einheitliche Zusammenfassung des Volkstums; „Macht" ist die Summe der gesellschaftlichen Kräfte; ihrer Konzeption fehlt das aggressive Element vollkommen. Die Einführung der großstaatlichen Monarchie eröffnet deshalb auch nicht in erster Linie Aussicht auf äußeren Machtzuwachs, etwa durch Eroberungen, sondern sie bedeutet eine „Versittlichung" und zugleich „Verschönerung" des Volkslebens. So glaubt Treitschke auch, daß mit der Gründung eines nationalen deutschen Staates eine Friedensära anbrechen werde: Der Wandel von „befestigten Wällen" zu „schattigen Alleen" im gesicherten Lande veranschaulicht im Bilde, worin Treitschke den Fortschritt des Großstaates erblickt.

Eine kleine sprachliche Beobachtung vermag den Zusammenhang, in welchem die großstaatliche Monarchie von Treitschke gesehen wird, noch

120) Briefe, Bd. 3, S. 431, v. 17. 7. 1876.

121) H. v. Treitschke, Die Gesellschaftswissenschaft, S. 79.

behandelt, schwebt eher das Bild eines Großstaates vor als die Vorstellung einer Großmacht, der er im Gegenteil skeptisch gegenübersteht. „Großstaat" spiegelt die Größe der Kultur und den Reichtum der sozialen Kräfte wider. Treitschke wendet die Bezeichnung „Großstaat" vornehmlich dann an, wenn es ihm auf das innere Leben des Staates ankommt, auf seinen Inhalt.

Im Worte „Großstaat" liegt der ganze ästhetische Zauber, den Treitschke um den deutschen Staat seiner politisch-ästhetischen Einbildungskraft webt. Es ist der Staat mit einer großen glänzenden Hauptstadt und nicht zuletzt auch mit einem Reichskultusministerium. Wenn Treitschke einem großen Staate eine militärische und eine Kulturaufgabe zuweist, so kommt im Großstaat die letztere vornehmlich zur Geltung.

Der providentielle Gang der Weltgeschichte liegt darin, daß Kleinstaaten verschwinden und durch Großstaaten ersetzt werden. Diese weltgeschichtliche Perspektive verlieh Treitschkes Kampf gegen die deutsche Kleinstaaterei das hohe Pathos, das die Zeitgenossen entweder mitriß oder abstieß. Er glaubte fest daran, daß die Großstaaten mehr dem Fortschritt dienen als die Kleinstaaten. Der naive Optimismus, mit dem er auf die großstaatliche Existenz schaute, ist in dem gutgläubigen Vergleich enthalten: „Auch von dem staatlichen Leben gilt das feine Wort, daß der Mensch mit seinen Zwecken wächst[123]."

Der Verlauf der Geschichte seit 1648 schien dem historischen Gesetz, nach welchem die Zahl der Kleinstaaten regelmäßig abnimmt, ja vollkommen zu entsprechen. In der Beglückung darüber vergaß Treitschke allerdings zu sehen, daß die Folgen der Vereinfachung und Vereinheitlichung der politischen Landkarte nicht nur Preußen, sondern auch den sich kräftigenden und arrondierenden Mittelstaaten, die ebenfalls Nutznießer dieses Gesetzes waren, zugute kamen. Er wollte die Formel der Einheit sogleich auch auf diese Mittelstaaten angewandt wissen. Hier ist der Punkt, an welchem bereits das Zerwürfnis mit H. Baumgarten begann, das erst nach Erscheinen des 2. Bandes der Deutschen Geschichte (Ende 1882) offen aufbrechen wird, sich aber lange vorher ankündigte.

Als Baumgarten 1870 in der Weserzeitung die Neue Folge von Treitschkes historisch-politischen Aufsätzen besprach, sandte er ihm gleichzeitig einen Brief und erläuterte darin nochmals die Bedenken, die er gegen Treitschkes historische Behandlung der Kleinstaaten hatte. „Ihr Urteil über die Kleinstaaterei, auch über die rheinbündischen Kronen scheint

122) Aufsätze, 3. Aufl., S. 446.
123) ebd., S. 457.

mir nicht gerecht, nicht historisch. Ich glaube, Sie haben nicht das Recht, von aller Welt die sofortige, unbedingte Annahme einer Formel der Einheit zu fordern, die eigentlich in dieser Präzision zum ersten Male von Ihnen vor fünf Jahren aufgestellt wurde, die weder Bismarck noch die liberale Partei akzeptiert hat. Gewiß ist es heute wahrscheinlich, daß wir einst den Einheitsstaat haben werden, so gut es wahrscheinlich ist, daß einst unser Parlament die Rollen spielen wird, die Viele schon heute voreilig beanspruchen. Aber es fragt sich doch, ob es weise ist, immer mit äußerster Schärfe einen letzten Entwicklungspunkt zu urgieren, mit dem wir es praktisch in diesem Moment gar nicht zu tun haben[124]." Deshalb erfülle es ihn „mit ernster Sorge", wie Treitschke „mit dieser Ansicht" die deutsche Geschichte von 1815–1840 schreiben wolle. Es handelt sich scheinbar um eine geringfügige politische Meinungsverschiedenheit über die Art, auf welche Weise man sich demselben politischen Ideal zu nähern habe. In Wirklichkeit zeigt sich in diesem Briefe, in welchem Baumgarten seinen Zweifel an Treitschkes Eignung für eine Bearbeitung der deutschen Geschichte im 19. Jahrhundert anmeldet, schon der tiefe Riß, der Treitschke von seinen liberalen Weggenossen trennt. Baumgartens Brief war vom 28. Januar datiert. Treitschke nahm ihn sich anscheinend sehr zu Herzen; denn am 30. Januar antwortet er bereits ausführlich. Er begegnete Baumgartens Vorwürfen mit dem Hinweis, daß die Kleinstaaterei von ihm erlebte Wirklichkeit sei. Bezeichnenderweise greift er auf das frühe Kindheitserlebnis von 1848 zurück: „Ich habe auch mein Leben in den Kleinstaaten verbracht und ich werde mein Tagelang den sächsischen Verrat von 1849 nicht vergessen, noch weniger den wahnwitzigen Jubel, womit diese Menschen im Herbst 1850 sich gegen Preußen rüsteten[125]." Nach Sachsen war Bayern der nächste deutsche Mittelstaat, den Treitschke kennenlernte, d. h. vor allem die Residenz München. Der Münchener Studienaufenthalt hatte ihm jedoch auch kein Gefühl für eine wachstümliche Staatlichkeit Bayerns zu vermitteln vermocht, sondern im Gegenteil ihm immer wieder Veranlassung gegeben zu fragen, warum ein solcher Staat wie Bayern nicht aufhöre zu existieren. Und ähnlich erging es ihm mit dem großherzoglichen Baden, dem er seine erste Professur verdankte.

Die einfache Erfahrung und politische Anschauung, auf welche sich Treitschke vor dem nüchternen Baumgarten beruft, reicht jedoch zur Erklärung seines großstaatlichen Ideals noch lange nicht aus. Dieses hat sich nicht allein in den Erfahrungen, welche das tägliche politische Leben

124) Briefe, Bd. 3, S. 261, Anm. 2, v. 28. 1. 1870.
125) ebd., S. 263, v. 30. 1. 1870.

bietet, gebildet, sondern mehr noch aus einer Fülle geistesgeschichtlicher Beziehungen herauskristallisiert. Das Ideal des Großstaates hat eine vielschichtige geistige Vorgeschichte.

Im Anschluß an aristotelische Gedanken macht Treitschke den Unterschied zwischen Macht und Ohnmacht, Staat und Nichtstaat[126] und wendet diesen grundsätzlichen Unterschied auf Preußen und die übrigen deutschen Staaten an. Mit dieser Unterscheidung hängt jene Äußerung zusammen, die oftmals zum scheinbaren Beweise seiner Machtanbetung und seines Machiavellismus herangezogen wird und die doch gerade das Gegenteil dessen, was darunter verstanden zu werden pflegt, besagen soll: „Das Wesen des Staates ist zum Ersten Macht, zum Zweiten Macht und zum Dritten Macht[127]." Es folgt nämlich sogleich die Erläuterung dieses durchaus nicht naturalistisch gemeinten Machtbegriffes, wenn Treitschke fortfährt: „ein spannenlanges Schiff ist eben gar kein Schiff, und nicht bloß an der räumlichen Ausdehnung eines Staates, sondern mehr noch an der Gesamtheit der historischen Verhältnisse, in deren Mitte er gestellt ist, läßt sich erkennen, ob er jene erste und höchste politische Fähigkeit besitze, sich durch eigene Kraft zu behaupten[128]." Um Treitschkes Machtbegriff nicht mißzuverstehen, ist an dieser Stelle nochmals der Hinweis nötig, daß derselbe ganz auf dem Hintergrund der Vorstellung von einer friedlichen Völkergesellschaft entstanden ist, die auch für den Essay „Bundesstaat und Einheitsstaat" maßgebend ist. Es handelt sich um eine Macht, die nach außen Frieden hält und sich nach innen gegen die Pleonexie der sozialen Kräfte richtet. Es wird diesem Machtbegriff stets ein Rest jener innenpolitischen Betrachtungsweise anhaften, unter deren Voraussetzungen er sich in der zweiten Hälfte der 50er Jahre ausbildete. „Das zu einer Gesamtmacht zusammengefaßte Volksleben" war die in der Gesellschaftswissenschaft angewandte Formel, die kennzeichnend für eine solche Auffassung ist, welche – gleichfalls in der Gesellschaftswissenschaft – auswärtige Kriege zu den ungewöhnlichen und eigentlich unnormalen Unterbrechungen des geschichtlichen Fortschritts rechnet, und welche das 19. Jahrhundert als das Jahrhundert der inneren Kriege bezeichnet. In dieser Eigentümlichkeit wäre nun wieder der Fortschritt dieses Jahrhunderts zu erblicken. Spuren aus der Zeit dieses früheren Gebrauchs werden sich in dem Machtbegriff niemals ganz verlieren. Er wird allerdings mehr und mehr auf einen außenpolitischen

126) vgl. Aufsätze, 3. Aufl., S. 519.
127) ebd.
128) ebd.

Kampf ums Dasein angewandt werden, ohne den friedlichen Sinn, der ihm einst innewohnte, jedoch völlig zu verleugnen. Der Machtkampf unter den Staaten wird stets einer Begrenzung durch die ästhetische Vorstellung einer aristokratischen Staatengesellschaft unterliegen, die nur unwesentlichen Veränderungen und Schwankungen unterworfen ist.

„Die Fähigkeit, sich durch eigene Kraft zu behaupten" – die Fähigkeit, sich selbst zu genügen, d. h. die Autokratie, wird unter den deutschen Staaten allein Preußen zugesprochen. Preußen ist ein *wirklicher* Staat im Gegensatz zur Schein-Existenz der übrigen Staaten des Deutschen Bundes. Dieser Unterscheidung lag nur zum Teil die Realität der Machtverhältnisse zugrunde; denn das staatliche Schwergewicht eines Staates wie z. B. Bayerns war ja in den 60er Jahren noch durchaus vorhanden. Diesem politischen Sachverhalt trug Treitschke ja auch später anläßlich einer Betrachtung der norddeutschen Bundesverfassung mit den Worten Rechnung: „Wie wenig begreifen doch diese politischen Dilettanten, was der politische Widerspruch auch eines kleinen Staates bedeutet[129]." Ganz dieselbe realistische Einsicht findet sich an einer Stelle des Cavour-Aufsatzes, wo am Beispiel der süditalienischen Staaten „die lehrreiche Erfahrung" bestätigt wird, „daß auch der elendeste Staat, weil er ein Staat ist, noch einige Kraft besitzt . . ."[130]. Dieses Zutrauen zur Staatlichkeit an sich enthält unverkennbar die Spuren einer hegelschen Staatsansicht: „Der Staat ist kein Kunstwerk, er steht in der Welt, somit in der Sphäre der Willkür, des Zufalls und des Irrtums, übles Benehmen kann ihn nach vielen Seiten defigurieren. Aber der häßlichste Mensch, der Verbrecher, ein Kranker und Krüppel ist immer noch ein lebender Mensch: Das Affirmative, das Leben, besteht trotz des Mangels, und um dieses Affirmative ist es hier zu tun[131]." Die gelegentliche Anerkennung, daß auch der elendeste Staat nach Kraft besitze, einfach *weil* er ein Staat sei, ist jedoch für Treitschkes Gedankensystem nicht in der gleichen Weise bezeichnend wie die charakteristische Unterscheidung zwischen „wirklichen Staaten" und Scheinexistenzen, worunter Preußen und die deutschen Mittel- und Kleinstaaten verstanden werden. Eine hegelsche Vernunftansicht vom Staate liegt diesem Gegensatz erst recht zugrunde. Auch hier wiederholt sich der alte Vorgang, daß nämlich durchaus realen politischen Erfahrungen unpolitische Prinzipien, die den Bereichen der Philosophie oder der Ästhetik entnommen sind, untergelegt werden. Hegel macht in der Rechtsphilosophie einen Unter-

129) H. v. Treitschke, Zehn Jahre Deutsche Kämpfe, S. 195: Die Verfassung des Norddeutschen Bundes – Politische Korrespondenz v. 10. 6. 1867.

130) Aufsätze, Neue Folge, 1. Teil, S. 469.

131) G. W. Fr. Hegel, Grundlinien der Philosophie des Rechts, § 258, Zus. S. 336.

schied zwischen Staaten, die wirklich sind, d. h. nach seiner Interpretation Vernunft in sich haben, und solchen, welche: „bloß existieren". „Ein schlechter Staat ist ein solcher, der bloß existiert, ein kranker Körper existiert auch, aber er hat keine wahrhafte Realität. Eine Hand, die abgehauen ist, sieht auch aus wie eine Hand, und existiert, doch ohne wirklich zu sein; die wahrhafte Wirklichkeit ist Notwendigkeit: was wirklich ist, ist in sich notwendig . . . Zum vollendeten Staat gehört wesentlich das Bewußtsein, das Denken; der Staat weiß daher was er will und weiß es als ein Gedachtes. Indem das Wissen nun im Staate seinen Sitz hat, hat ihn auch die Wissenschaft *hier* und nicht in der Kirche[132]." Aus Sätzen wie diesen, die in der Rechtsphilosophie stehen, zog Treitschke gewissermaßen den philosophischen Extrakt heraus, mit welchem seine eigene Staatsansicht durchtränkt ist. Der philosophische Sinn, der hier zum Ausdruck kommt, bildet die Grundlage, auf welcher das Staatsideal des großen Essays von 1864 liegt. Der politische Publizist bezieht sein philosophisches Rüstzeug vornehmlich aus der Rechtsphilosophie. Das Verständnis für die dunklen Sätze der Einleitung zur Rechtsphilosophie über die Wirklichkeit der Vernunft und die Vernunft der Wirklichkeit, unter deren Eindruck schon der Anfang von Treitschkes Studium gestanden hatte, konnte sich Treitschke an dieser Stelle besonders einfach erschließen. Hier stand ja ausdrücklich, daß nicht jede Wirklichkeit notwendig, d. h. vernünftig sei, sondern nur „die wahrhafte Wirklichkeit". Letztere ist identisch mit „dem vernünftigen Staat".

Es ist erforderlich, an dieser Stelle die Vorbildlichkeit von Hegels „Vernünftigem Staat" für Treitschkes Staatsanschauung nachzuweisen. Schon bevor sich Treitschke im Göttinger Winter 1856/57 eingehend mit der Rechtsphilosophie befaßte und auf Grund ihres eingehenden Studiums erhebliche Korrekturen an seinen Ansichten über den Staat und dessen Einrichtungen, vor allem am Soldatenstand, vornahm – was sich in den Briefen verfolgen läßt –, waren ihm die Hauptzüge der hegelschen Vernunftansicht bereits durch das Medium der Vischerschen Ästhetik bekannt geworden. Alles, was Vischer über den „wahren Inhalt" eines Kunstwerkes aussagt, hängt mit Hegels „vernünftigem Inhalt[133]" eng zusammen, der einem wirklichen Staate innewohnt. Es wurde schon darauf hingewiesen, daß eine starke Wurzel von Treitschkes Denken über Staat und Geschichte in der Gehaltsästhetik zu suchen ist. Der Münchener Aufenthalt, der sich an die Jahre gründlicher ästhetischer Studien anschloß, hatte ihm mannigfache Gelegenheit gegeben, die im Vischer-Studium gewonnenen Maßstäbe

132) ebd., § 270, Zus. S. 363.
133) ebd., § 258, Zus. S. 332.

in die Wirklichkeit anzuwenden. Die angebliche politische Wert- und Zwecklosigkeit des Staates Bayern bekundete sich für ihn in der „Inhaltlosigkeit" der bayerischen Geschichte und Kunst. Daß „das Schöne erst hier (im Staat) den wahrhaft bedeutenden Gehalt findet . . .[134]" – dieser von Vischer der hegelschen Ästhetik entnommene Gedanke bekam für Treitschkes Staatsanschauung grundlegende Bedeutung. Das ästhetische Studium hatte ihn also schon darauf vorbereitet, „den vernünftigen Staat" der Rechtsphilosophie seinem politischen Weltbilde einzuverleiben, bevor er diesem Staat im System der Rechtsphilosophie mit dem ganzen Ballast seiner philosophischen Begründungen, aber auch in abstrakter Reinheit kennenlernte. Die Kongruenz von vernünftigem Inhalt und von zugehöriger Form war ihm ein von der Ästhetik Hegel-Vischer'scher Prägung her vertrautes Problem, dessen Aktualität er auch im staatlichen Bereich nicht in Zweifel stellte. Die Interpretation der Gesellschaftswissenschaft sollte der Erläuterung dieses Sachverhalts dienen (s. oben).

Hegels Definition, daß „zum vollendeten Staat wesentlich das Bewußtsein, das Denken gehört", ist eine jener Formulierungen über das Wesen des wahren Staates, deren sprachliche Fruchtbarkeit außerordentlich groß gewesen ist. Sie läßt sich in ähnlichen Sprachbildungen der folgenden Jahrzehnte mannigfach wiedererkennen. Wenn Treitschkes Sprache also hegelsche Züge aufweist, braucht nicht unbedingt das direkte Vorbild Hegels vorzuliegen. Die von hegelschen Geiste durchtränkten Sprachbildungen der literarischen Zwischenglieder, die sich Treitschke auf seinem Bildungsgang einprägten, kommen vielmehr zur unmittelbaren Vorlage des Vernunftstaates, die in der Rechtsphilosophie und in der Ästhetik gegeben war, hinzu. Sie hinterlassen in seinem Denken und in seiner Sprache nicht weniger Spuren als das unmittelbare Hegelstudium und sind ebenso wie dieses philosophisch nachweisbar. Sie bilden die geistige Atmosphäre, in der sich Treitschkes individueller Bildungsgang vollzog. Am frühesten ist wohl gerade in diesem Zusammenhang die literarische Wirkung der von Gustav Freytag und Julian Schmidt geleiteten „Grenzboten" zu greifen, aus deren Aufsätzen die „Bilder aus der deutschen Vergangenheit" erwuchsen. Gustav Freytag gab hier ein von Treitschke gründlich befolgtes Beispiel, wenn er Preußen als einen Staat, „in dem Vernunft sei[135]", von den übrigen Staaten ohne Vernunft unterschied, die „nur ein Scheinleben führen" und „die in Wahrheit gar keine Staaten mehr sind"

134) Fr. Th. Vischer, Ästhetik oder Wissenschaft des Schönen, 2. Aufl., 2. Teil, § 328, S. 224.

135) G. Freytag, Bilder von der Entstehung des Deutschen Reiches, S. 137.

und „auch bis jetzt nur eine Lüge waren". Freytag läßt sie nur „existieren", wie ja auch Hegel „einen schlechten Staat" bloß „existieren" läßt. Nun wird bezeichnenderweise gerade auch Bayern von Freytag in die Reihe der Schein-Existenzen eingeordnet. Es „besteht aus Provinzen, es ist allerdings ein Staat, aber auch sein Leben ist nur scheinbar, es fehlt ihm die Seele, welche die verschiedenartigen Glieder verbindet, eine Idee und Aufgabe, welche sich über den gesonderten Interessen der einzelnen Teile erhebt und diese adelt. Bayern ist nichts als ein zufälliges Konglomerat von Landestrümmern"[136]. Der geistesgeschichtliche Stammbaum dieser publizistischen Bekundung geht auf Hegel zurück, der die „Idee des Staates" den „wirklichen Gott" oder „die sich als Wille verwirklichende Vernunft[137]" nennt, und dessen Staat „eine belebende Seele hat"[138]. Eine ähnliche Beurteilung des bayerischen Staates mit verwandten aus Hegel stammenden Wertmaßstäben findet sich bei Treitschke, aber an der Art und Weise der polemischen Wendung, welche dieselbe Gedankenreihe bei ihm erfährt, läßt sich zugleich das geistige Gefälle des parteipolitischen Tageskampfes erkennen: In einer der zahlreichen politischen Korrespondenzen führt Treitschke Bayerns „gespenstische Bundespolitik" auf „die angeborene Unfähigkeit des Kleinstaates" zurück, „einen ernstlichen politischen Gedanken zu fassen"[139]. An anderer Stelle wird der Partikularismus „eine von geistigen Mächten so ganz verlassene politische Richtung in unserem denkenden Volke[140]" genannt. Die philosophische Begründung des Staates, zu dem „das Bewußtsein, das Denken" wesentlich gehören, scheint nur noch schwach durch die vergröberte Sprache dieser publizistischen Attacken auf den geistlosen Kleinstaat hindurch. „Noch weit häßlicher erschien der Verwesungsprozeß der Kleinstaaterei in Württemberg" – dieses Urteil aus dem „konstitutionellen Königtum" entstammt demselben Geiste.

136) ebd., S. 132.

137) G. W. Fr. Hegel, Grundlinien der Philosophie des Rechts, § 258, Zus. S. 336.

138) ebd., § 270, Zus. S. 363.

139) H. v. Treitschke, Zehn Jahre Deutsche Kämpfe, S. 107, Politische Korrespondenz v. 10. 7. 1866.

140) ebd., S. 191, Die Verfassung des Norddeutschen Bundes, Politische Korrespondenz v. 10. 6. 1867. –
Daß der Staat eine Seele habe, war Treitschke so sicher, daß er seine Habilitationsschrift mit dem in folgenden englischen Versen enthaltenen Glaubensbekenntnis schloß:

„There is a mystery, with whom relation
Durst never meddle, in the soul of state,
Which hath an operation more divine,
Than breath or pen can give expression to."

Dort, wo Treitschke jedoch nicht gegen den Kleinstaat polemisiert, sondern das Wesen des von ihm für „wirklich" gehaltenen Staates beschreibt, nimmt seine Sprache eine strengere und reinere hegelsche Färbung an.

Die hegelsche Bestimmung, daß die Idee des Staates „in der sich als Wille verwirklichenden Vernunft" zu erkennen sei, trifft auf Treitschkes Staatsansicht durchaus zu, in welcher der Wille das Organische und Naturhafte längst verdrängt hatte. Es scheint, als ob der Niederschlag von Hegels Vorbild in Treitschkes Sprachgebung im Laufe der Zeit zunehme und sichtbarer würde. Folgendes einzelne Beispiel mag diesen Prozeß, in welchem sich zusammen mit der allgemeinen Staatsanschauung Hegels auch dessen Sprache bei Treitschke durchsetzt, erläutern.

Als Treitschke 1857 den Aufsatz über „die Grundlagen der englischen Freiheit" ausarbeitete, der im Aprilheft des 1. Jahrganges der Preuß. Jahrbücher (1858) erschien und die lange Reihe seiner Beiträge für diese Zeitschrift eröffnete, stellte er die Bedeutung des Begriffs des Hochverrates mit dem einfachen Satz fest: „Der Begriff des Hochverrates, der nur in Gemeinwesen, welche die Vertragstheorie abgeschüttelt haben, zur Geltung kommt, ward schon im Jahre 1352 in das englische Recht eingeführt[141]." Die einfache Feststellung eines Sachverhaltes verzichtet noch ganz auf jede höhere philosophische Begründung.

In der Vorlesung über „Politik", die Treitschke von 1865 an mit nur wenigen Unterbrechungen in jedem Wintersemester bis zu seinem Tode las, wird der Begriff des Hochverrates dagegen in folgenden charakteristischen Formulierungen, deren Herkunft im zweiten Falle ganz eindeutig ist, näher interpretiert, wobei allerdings zu berücksichtigen ist, daß die zeitliche Mehrschichtigkeit der auf Grund von nachgeschriebenen Kollegs besorgten Ausgabe der Politik nicht zu bestimmen ist. Es scheint, als ob der Niederschlag des hegelschen Vorbildes im Laufe der Zeit zunehme und sichtbarer werde. Jedenfalls spiegelt die Politik aber gewissermaßen die letzte Fassung von Treitschkes politischen Gedanken wider. In Band 1 heißt es auf S. 61: „Erst sehr spät fängt der Staat an zu begreifen, daß er etwas anderes ist als bloß das Werkzeug eines Standes. Dafür ist besonders charakteristisch, wann der Begriff des Hochverrats aufkommt. Schon im Jahre 1352 wird in England der Begriff des Hochverrats formuliert. Man kann hieraus erkennen, wie der Staat anfängt, sich seiner Majestät bewußt zu werden."

Und in Band 2, S. 92 heißt es dann endlich ganz bezeichnend: „England hat den Begriff des Hochverrats schon 1352, und zwar aus seiner

141) zitiert nach Aufsätze, Bd. 4, S. 9.

eigenen Rechtsentwicklung heraus, gefunden und scharf formuliert. Damit aber kommt ein Staat zu *denkendem Selbstbewußtsein.*"

Was hier als „das denkende Selbstbewußtsein" des wahren Staates festgestellt wird, stammt aus dem Geist der Rechtsphilosophie, wo es heißt: „Der Staat ist als die Wirklichkeit des substantiellen Willens, die er in dem zu seiner Allgemeinheit erhobenen besonderen Selbstbewußtsein hat, das an und für sich Vernünftige[142]." Dieser Staat des denkenden Selbstbewußtseins ist am reinsten in der konstitutionellen Monarchie verkörpert, die „das Werk der neuern Welt[143]" und „das Ergebnis der Einbildung der Vernunft in die Realität, woran die ganze Weltgeschichte gearbeitet, ist"[144].

Der Staat der Rechtsphilosophie hat wesentliche Züge zum Bilde des deutschen Großstaates, dem vergrößerten Preußen, das im „Bundesstaat" und „Einheitsstaat" als das notwendige Resultat aus der deutschen Geschichte dargestellt wird, beigesteuert. Dieser Sachverhalt trifft nicht nur auf Treitschke zu. Er ist genauso bedeutungsvoll für die anderen Anhänger des Großstaates, die seit 1848 in den Grenzboten und erst recht seit 1858 in den Preuß. Jahrbüchern ihr gemeinsames Organ hatten. Mochten sie alle auch die dialektische, hegelsche Methode verwerfen und auch von Hegel als preußischem Staatsphilosophen nichts wissen wollen, sofern er als philosophischer Vertreter jenes Preußens nach 1815 galt, das die Liberalen ablehnten, so sind doch alle gleichmäßig ergriffen worden von seiner Staatsidee und seinem Gedanken, daß sich die Sittlichkeit des Mannes nur im vernünftigen Staat, d. h. im Großstaat der konstitutionellen Monarchie zu entfalten vermöge und im kleinen unbedeutenden Staat zu „privater Moralität" herabsinke. Treitschkes Sonderstellung besteht nun aber darin, daß er als Jüngster in diesem Kreise Hegel am unbefangensten gegenübersteht. Er wird nicht mehr von dem einst heftig entbrannten Streit um diesen Philosophen berührt. So entnimmt er unbefangen der hegelschen Philosophie inhaltlich das, was ihm zusagt und ihn brauchbar dünkt. Es ist bezeichnend, daß Hegels Paragraphen über den Soldatenstand zuerst ein größeres Interesse in ihm für die ganze Rechtsphilosophie weckten. Hegels Staatsidee prägte sich ihm nachhaltig ein. –

Das Bild, das Treitschke vom Staate hatte, verlor in immer stärkerem Maße die ursprünglich zum Teil auch bei ihm vorhandenen romantischen Restbestände und nahm an ihrer Stelle hegelsches Gedankengut auf. Von

142) G. W. Fr. Hegel, Grundlinien der Philosophie des Rechts, § 258, S. 329.
143) ebd., § 273, S. 371.
144) ebd., § 270, S. 352.

letzterem enthält das Idealbild des Einheitsstaates, das in „Bundesstaat und Einheitsstaat", dem bedeutendsten und wirkungsvollsten politischen Essay der Reichsgründungszeit, entworfen wird, einen starken Einschlag.

Es wurde schon darauf hingewiesen, daß der Einheitsstaat nach Erreichung ausreichender Grenzen saturiert sei. Für den so leicht und oftmals gegen Treitschke erhobenen Verdacht eines nationalistischen Machtstrebens findet sich daher auch in seinen großen historisch-politischen Essays, die im Laufe der 60er Jahre entstanden, gar kein Beweismaterial. Treitschkes Wertmaßstäbe lassen eine unbegrenzte Vergrößerung eines „wirklichen" Staates gar nicht zu. So darf man mit Fug sagen, daß in „Bundesstaat und Einheitsstaat", dem „gebildeten Glaubensbekenntnis des Unitarismus", das Gegenteil eines aggressiven Nationalismus zum Ausdruck kommt.

Der Exkurs unserer Untersuchung über den Anteil, den der „Vernunftstaat" der Rechtsphilosophie am Treitschke'schen Staatsideal hat, ging von der aristotelischen Unterscheidung zwischen Staat und Nichtstaat aus, die von Treitschke mit einem Wesensunterschied zwischen Preußen und den übrigen Staaten identifiziert wird. Er beruft sich auch an anderen Stellen auf die aristotelische Wesensbestimmung des Staates, so daß wir ihr vielleicht eine Reihe von Zügen entnehmen können, die für das Wesen seines eigenen Staates bedeutsam sind. Der Zusammenhang, dem Treitschke den Satz entnimmt, daß „ein spannenlanges Schiff eben gar kein Schiff sei[145]", hat bei Aristoteles folgenden Wortlaut: „Daraum muß auch vom Staate gelten, daß er dann am schönsten ist, wenn sich in ihm gedachte Grenzen zugleich mit der Größe vorfinden. Aber auch die Staaten haben ein bestimmtes Maß ihrer Größe, so gut wie alle anderen Dinge, die Tiere, die Pflanzen, die Werkzeuge. Aber auch hier wird ein jedes, weder weder es zu klein, noch wenn es übermäßig zu groß ist, sein eigentümliches Vermögen behalten, sondern entweder gänzlich seiner Natur beraubt oder mangelhaft bestellt sein. Ein Fahrzeug von einer Spanne Länge wird gar kein Fahrzeug mehr sein, so wenig wie eines, das zwei Stadien mäße. Hat es aber eine Größe, die einigermaßen an ein Schiff erinnert, so wird es entweder durch seine Kleinheit oder durch seine unmäßige Größe die Fahrt beeinträchtigen. Ähnlich ist auch der Staat mit zu wenig Einwohnern sich nicht selbst genug – und doch soll der Staat ein sich selbst Genügendes sein – mit zu vielen ist er sich zwar in den notwendigen Dingen genug wie ein Volk, aber nicht wie ein Staat. Denn ein staatliches Gemeinwesen kann dann nicht leicht bestehen. Wer könnte

145) Aufsätze, 3. Aufl., S. 519; vgl. oben S. 253.

Feldherr einer maßlos großen Menge sein, oder wer ihr Herold ohne eine Stentorstimme?

Deshalb muß es einen Staat erst von dem Augenblicke an geben können, wo er aus einer Volksmenge besteht, die hinreichend groß ist, um sich zu einem glücklichen Leben in staatlicher Gemeinschaft selbst zu genügen. Es mag aber auch größere Staaten geben, die ihn an Einwohnerzahl übertreffen. Aber dieses Steigen der Bevölkerungsziffer darf, wie gesagt, nicht ins Grenzenlose fortgehen, und welches die Grenze ist, bis zu der es gehen darf, läßt sich leicht aus den Aufgaben, die ein Staat hat, abnehmen[146]." In diesen einer Übersetzung von Aristoteles' Politik entnommenen Sätzen (auch Treitschke benutzte nur Übersetzungen) stoßen wir gleichsam auf die älteste geistesgeschichtliche Schichtung, bis zu welcher die Wurzeln von Treitschkes Staatsideal hinunterreichen. Der aristotelische Charakter des nicht zu kleinen und nicht zu großen Staates findet sich in Treitschkes Großstaat wieder, dessen „Schönheit" im rechten Maße seiner Begrenzung besteht. Das „Kolossalische" wurde von Treitschke bekanntermaßen immer abgelehnt. In der Bemessung des richtigen Maßes, den seine räumliche Ausdehnung haben soll, zeichnet sich der neue deutsche Großstaat vor allem auch vor „dem heiligen Reich" aus, dessen Grenzen „im Nebel zerflossen"[147]. Es ist das klassische Ideal des rechten Maßes und des richtigen Maßhaltens, das zunächst die Grundlage von Treitschkes ästhetischen Anschauungen bildete und das dann genauso diejenige seiner politischen Überzeugungen wird, wobei sich wieder der schon bei Aristoteles vorhandene innere Zusammenhang ästhetischer und politischer Maßstäbe geltend macht.

Die Übersichtlichkeit und die Übersehbarkeit des künstlerischen Bildes werden ohne Schwierigkeiten auf die Ansicht vom Staat übertragen und werden zu Merkmalen am Bilde des Einheitsstaates. Der Gegensatz von groß im Sinne der Begrenztheit und von kolossalisch im Sinne des Unbegrenzten, den wir aus der Analyse von Treitschkes ästhetischen Maßstäben her kennen, kehrt in der Abschätzung des deutschen Großstaates wieder. Der ästhetisch gebildete Sinn für feste Formen unterstützt und kommt zugute einem auf dieser Stufe seiner Entwicklung durchaus vorhandenen politischen Instinkte für die begrenzten Möglichkeiten eines neugegründeten deutschen Staates.

146) Aristoteles, Politik, übers. u. hrsg. v. E. Rolfes, Philosophische Bibliothek, Bd. 7, 3. Aufl., Leipzig 1922, 7. Buch, Kap. 4, S. 241f.

147) Aufsätze, 3. Aufl., S. 554.

Auf dem Boden dieser politisch-ästhetischen Ansicht vom Staate sind folgende politische Urteile über die Aufgaben des zu gründenden deutschen Großstaates, dessen „Großmacht"-Charakter zunächst mit einem Fragezeichen versehen wird, erwachsen, und es werden demselben folgende Prognosen gestellt: „Eine Großmacht im stolzesten Sinne kann dies Deutschland in jener Spanne Zeit, die das gegenwärtige Geschlecht überblicken mag, nicht werden. Die Seeherrlichkeit der Hansa ist dahin und nur die seegewaltigen Staaten, die Gebieter der überseeischen Lande, sind heute die Großmächte der Erde. Wohl aber ist es möglich, jene Länder, die uns geblieben, die noch in der Tat und in Wahrheit dem deutschen Volke gehören, zu vereinigen zu einer angesehenen europäischen Macht, welche geachtet aber nicht herrschend Anteil nimmt an dem Weltverkehre[148]." In der 1864 erschienenen Sammlung der „Historisch-Politischen Aufsätze", in welcher diese maßvollen Sätze aus „Bundesstaat und Einheitsstaat" stehen, nahm Treitschke allerdings am Essay über die „Freiheit" gegenüber der 1861 ausgearbeiteten und im selben Jahre in den Preußischen Jahrbüchern veröffentlichten Fassung eine bemerkenswerte Veränderung vor, die auf einen Sinneswandel schließen lassen könnte. Er ließ nämlich jetzt 1864 folgenden Passus aus der ersten Fassung fort: „Die Welt ist bereits verteilt. Der überseeische Besitz, die maritime Größe, ohne welche heutzutage eine wahrhafte Großmacht nicht besteht, wird auch dem einigen Deutschland für lange Zeit noch versagt bleiben[149]." Die Bedeutung dieser Streichung ist nicht ohne Belang, aber noch wird sie reichlich aufgewogen durch eine Reihe von Bekundungen, in denen das Gefühl für die Begrenztheit der Machtmittel, die dem deutschen Staat zur Verfügung stehen werden, vorherrscht. Wenn also dieser einsichtsvolle Satz auch 1864 von Treitschke gestrichen ist, so wird ein anderer, der dem gestrichenen Passus vorangeht, doch unverändert abgedruckt: „Und doch, gelingt einst das Werk der nationalen Reform, so wird zwar die Schande ein Ende haben, daß ein großes Volk durch sein Grundgesetz zu der defensiven Politik eines Kleinstaates verurteilt wird, aber unsere Macht wird nach wie vor fürs Erste eine ziem-

148) ebd., S. 470; Nicht denkbar wäre vor 1870 bei Treitschke eine solche Überschätzung der eigenen Macht gewesen, der Baumgarten einmal folgenden Ausdruck gab: „Ein Parlament, das 30 Millionen vertritt, d. h. eine auf eigenen Füßen stehende Weltmacht, ist mit der schlechtesten Verfassung ein ander Ding als das preußische Abgeordnetenhaus mit der besten Verfassung." (Deutscher Liberalismus, hrsg. v. v. J. Heyderhoff, Bd. 1, S. 362, H. Baumgarten an Fr. Oetker v. 21. 1. 1867.) „Weltmacht" ist eine bei Treitschke bis 1870 nicht nachweisbare Vokabel.

149) Preuß. Jb. 7, 1861, S. 388.

lich bescheidene sein. Denn so schnell nicht verharschen die Wunden, welche die Sünden und das Unglück von Jahrhunderten geschlagen haben[150]." Die außenpolitischen Erwartungen an den nationalen Staat sind maßvoll und bescheiden geblieben und von allem Teutonismus – einem Wort, das Treitschke ebenso zuwider war wie Pangermanismus – weit entfernt. Und doch ist es notwendig zu überlegen, was es bedeutet, daß Treitschke immerhin schon von der 2. Fassung der Freiheitsessays von 1864 an den ausdrücklichen oder wenigstens für „lange Zeit" berechneten Verzicht auf „überseeischen Besitz", auf „maritime Größe" fallen ließ. Eine solche Überlegung enthält keinen Widerspruch gegen unsere bisherige Interpretation; denn wenn diese kleine Änderung auch noch kaum auffällt gegenüber den Äußerungen von gleichbleibender politischer Mäßigung und in Treitschkes politischem Gesamturteil keine grundlegende Verschiebung der Akzente hervorzurufen vermag, so ist sie aber doch geeignet, eine erst nach 1870 stärker hervortretende politische Linie schon jetzt für einen Augenblick schlaglichtartig zu beleuchten. Die Korrektur, die für 1864 noch belanglos ist, weist in die Zukunft. Daß „die Welt verteilt sei", war eine Resignation, mit der sich Treitschke nicht auf die Dauer abfinden sollte. Sie wird bald nach 1870 in das Gegenteil umschlagen und zu einer Begehrlichkeit werden, die mit der wachsenden Antipathie gegen England zusammenhängt. Ja, es wurde geradezu eine fixe Idee von Treitschke, daß das deutsche Reich das altgewordene England in der Beherrschung der See ablösen werde. Schon Ende 1875 gab er der Hoffnung Ausdruck, den Zusammenbruch der englischen Seeherrschaft noch zu erleben, und zwar fand er in einem Briefe an Freytag dafür die eigentümliche Begründung, daß dieselbe „offenbar dem vorigen Jahrhundert angehöre"[151].

Mit dem Gedanken „maritimer Größe" konnte Treitschke überdies innerlich an Vorstellungen und Empfindungen seiner Jugendzeit anknüpfen, als er sich für die „seegewaltige Hanse" begeisterte und einen Zyklus dichtete, dessen Stoff der hansischen Geschichte entnommen war. Es besteht durchaus ein realer Gefühlszusammenhang zwischen dieser jugendlichen Begeisterung und den Bekundungen des politischen Publizisten zur Frage einer deutschen Flotte und deutschen Seeherrschaft. Die jugendliche und poetische Schwärmerei für „die Seeherrlichkeit der Hanse" taucht schließlich wieder auf in der Begeisterung für die Flotte des deutschen Kaiserreiches. Von „unserer werdenden Seemacht" ist schon 1865 in einem

150) ebd. und ebenso Aufsätze, 3. Aufl., S. 625f.

151) A. Dove, G. Freytag und H. v. Treitschke im Briefwechsel, S. 174, v. 19. 12. 1875.

politischen Tagesaufsatz[152] die Rede. Es schwingt in dieser Formulierung ein Gemütston mit, der für die Gedichte der Jugendzeit charakteristisch war und der immer wieder anklingen wird, wenn über Flotte und See politische Betrachtungen angestellt werden.

Sobald das deutsche Reich gegründet ist, wird der Komplex einer deutschen Seeherrschaft Treitschke immer stärker beunruhigen. Nach den in den Vorlesungen über Politik enthaltenen Ansichten „handelt es sich doch um unser Dasein als Großstaat bei der Frage, ob wir auch jenseits der Meere eine Macht werden können"[153]. Es stellt die Deutschen sonst vor „die gräßliche Aussicht, daß England und Rußland sich in die Welt teilen" und fügt hinzu: „Da weiß ich wirklich nicht, was unsittlicher und entsetzlicher wäre, die russische Knute oder der englische Geldbeutel[154]." Die Bedeutung eines Volkes hängt ab von seinem Anteil an der Beherrschung der transatlantischen Welt – „darum ist die Wichtigkeit der Flotte in unseren Tagen wieder gewachsen"[155].

Es besteht ein weiter Abstand zwischen diesen Äußerungen, welche für die politischen Ansichten Treitschkes in der Zeit nach der Reichsgründung typisch sind, und jenen maßvollen Bekundungen der 60er Jahre, vor allem aus der ersten Hälfte des 7. Jahrzehnts, in denen das Wesen des monarchischen Einheitsstaates beschrieben wurde. In diesem größeren zeitlichen und sachlichen Zusammenhang gewinnt aber auch die für das Jahr 1864 selbst allerdings noch geringfügige Weglassung jenes kleinen Satzes, in welchem Treitschke „die Verteilung der Erde" als gegebene Tatsache hingenommen hatte, erhöhte Bedeutung. Diese kleine Veränderung zwischen zwei Auflagen erscheint somit als ein erstes und in jenen Jahren einziges Anzeichen einer politischen Begehrlichkeit, die erst später stärker sichtbar werden sollte. Als Treitschke vor 1870 das politische Wunschbild eines deutschen Einheitsstaates – der also noch nicht existierte – entwarf, war er vollkommen frei von ausschweifenden außenpolitischen Wünschen und weit entfernt von jedem Gedanken an Eroberungen.

Eine politische Betrachtungsweise, die sich der Begrenztheit der vom eigenen Staat einzusetzenden Machtmittel bewußt blieb, mußte eine sogenannte Volkstumspolitik – wenn darunter eine Politik mit dem Ziel

152) H. v. Treitschke, Zehn Jahre Deutsche Kämpfe, Die Parteien und die Herzogtümer vom 23. 9. 1865, S. 33f.

153) H. v. Treitschke, Politik, Bd. 1, S. 42f.

154) ebd., S. 43.

155) H. v. Treitschke, Politik, Bd. 2, S. 413.

eines Zusammenschlusses aller Deutschen in einem Staate verstanden wurde – grundsätzlich ablehnen. Ein solcher Staat wäre auch gar kein wünschenswertes Ziel für Treitschke gewesen. Der Staat behält vor dem Volk seinen eigenen selbständigen Wert. Die geschichtlich entstandene staatliche Lebens- und Erlebnisgemeinschaft gilt mehr als das auf angeblich gleicher Abstammung beruhende Volk. Treitschke wittert die Gefahren, die der aristokratischen Staatengesellschaft von der Sprengkraft drohen, die in „der berauschenden Lehre von dem Recht der Nationalitäten" liegt[156]. Sein idealistischer Sinn wehrt sich gegen die Ableitung des nationalen Staates aus „dem vagen Begriff der gemeinsamen Abstammung"[157]. Die naturalistische Begründung des Staates wird von ihm genauso abgelehnt, wie die Erklärung des Volkstums durch sogenanntes „reines Blut". Er lehnte den Naturalismus überall ab, wo er ihn antraf.

Es hängt mit diesen Erwägungen zusammen, daß sich mit dem Gedanken an einen nationalen Staat noch keinerlei Revisionismus verbindet. „Was Frankreich, die Niederlande und die Schweiz dem Reiche entrissen, steht heute gänzlich außerhalb des deutschen Bundes[158]." Diese Anerkennung gewordener geschichtlicher Verhältnisse enthält weder einen publizistischen Opportunismus noch auch eine nationale Resignation. Die gewordene und vernünftige Geschichte soll nicht korrigiert werden: „Es ist nicht die Aufgabe dieser nationalen Staatskunst, jede Scholle deutschen Bodens, die wir in den Tagen der Schwäche preisgegeben, in unser neues Reich hineinzuzwängen[159]." Dieser Satz gehört allerdings einer späteren Stufe an; er ist dem 1870 entstandenen polemischen Artikel „Was fordern wir von Frankreich" entnommen. Sein Sinn ist jedoch charakteristischer für Geist und Stimmung, die Treitschke bei der Ausarbeitung des großen Essays von 1864 erfüllten, als für die Kriegsstimmung von 1870. Der Verzicht auf nationale Restitutionen erschien unglaubwürdig in einem Augenblick, als das soeben entstehende deutsche Reich zwei Provinzen von Frankreich zurückforderte. Der Sinn dieser Bekundung von 1870 entspricht aber vollkommen den grundsätzlichen Gedanken, die Treitschke über den deutschen Staat entwickelt, bevor derselbe existiert. Er entspricht vor allem auch dem Grundgedanken von Bismarcks nationaler Politik. Der Treitschke eigentümliche ästhetische Formensinn, der ihn – wie gezeigt wurde – auch

156) Aufsätze, 3. Aufl., S. 475.

157) ebd.

158) ebd., S. 554; vgl. oben den Wechsel des Urteils über die Niederlande nach 1870.

159) Preuß. Jb. 26, S. 371: Was fordern wir von Frankreich?, 1870.

nicht bei der Betrachtung des Staatensystems verließ, und der sich in ihm mit einem bis 1870 durchaus vorherrschenden Gefühl für das politisch Mögliche und Maßvolle verband, kam Bismarcks ganz anders geartetem politischen Realismus entgegen.

Der maßvollen Beurteilung der dem nationalen Staat gestellten außenpolitischen Aufgaben entsprach übrigens die idealistische Vorstellung von einem Volksgeist, dem der deutsche Staat bekanntermaßen entwachsen sollte. Dieser Volksgeist, der vollkommen frei von „naturalistischen" Bestandteilen war, bedeutete soviel wie „Ideen eines Volkes", d. h. Ideen der literarisch führenden Schicht, also der gebildeten öffentlichen Meinung. Nur *der* Teil des Volkes, der dieser Ideen teilhaftig ist, kann Träger des nationalen Einheitsstaates sein. Die Ideen, die gemeint sind, entstammen der geistesgeschichtlichen Dreiheit von Protestantismus, Idealismus und Liberalismus. Nur wer aus diesen geistigen Quellen lebt, vermag dem nationalen Staat der Deutschen wahrhaft anzugehören. Auf diese Argumentation griff Treitschke zurück, wenn er gegen die Großdeutschen polemisierte. Abgesehen von der politischen „Verkehrtheit", „dem entsetzlichen politischen Unglück", das die Auflösung des habsburgischen Kaiserstaates bedeutete, würde der Anschluß von 14 Millionen katholischen Österreichern an das kleindeutsche Kaiserreich die Einheitlichkeit und Geschlossenheit des protestantischen Volksgeistes erheblich gefährden. So darf man sagen, daß die idealistische Auffassung eines Volksgeistes maßgeblich Treitschkes Denken über politische Probleme seiner Gegenwart mitbestimmt hat.

Die in „Bundesstaat und Einheitsstaat" ausgesprochene Versicherung, daß „das sich selber zurückgegebene Deutschland niemals Eroberungspolitik treiben werde[160]", bezeichnet eine der wesentlichsten Eigenschaften des Einheitsstaates von eiheitlichem Volksgeist. Sie ergänzt jene andere, scheinbar entgegengesetzte Definition, daß der Eroberungstrieb zu den natürlichen Eigenschaften des monarchischen Großstaates gehöre. Beide Aussagen gehören zusammen. Es wurde schon darauf hingewiesen, daß Treitschke an die innerdeutsche Entwicklung dachte, wenn er vom Erobern als von einer besonderen Eigentümlichkeit der großstaatlichen Monarchie sprach. Von dem vollendeten deutschen Einheitsstaat, der sich durch Eroberungen innerhalb Deutschlands gebildet hatte, erwartete er sogar eine Befriedung Europas. Die ausländischen Beobachter des deutschen Geisteslebens haben allerdings von dieser feineren Unterscheidung selten Kenntnis genommen. Der Fortschrittsgedanke, der in immer neuen Formen bei Treitschke auftaucht und im Grunde niemals von ihm aufgegeben

160) Aufsätze, 3. Aufl., S. 450.

wird, verleiht auch dem Urteil über die Gründung des nationalen deutschen Staates ein charakteristisches Gepräge. Der deutsche Staat selbst stellt einen politischen Fortschritt dar. Die liberale Maxime aus der Freihandelslehre von der Harmonie der Interessen wird ohne Bedenken auf die Staatenwelt angewandt: „Nach der vollzogenen Umwandlung wird dann wie immer, wenn das Notwendige vollbracht ist, die Welt sich bekennen zu der großen segensreichen Wahrheit: die Interessen der Völker sind harmonisch[161]." Der Satz spiegelt einen bemerkenswerten naiven politischen Optimismus wider, der auf dem Gedanken beruht, daß die übrigen Mächte eine Machtverschiebung in Mitteleuropa allein deshalb anerkennen werden, weil die Gründung eines deutschen Staates notwendig und vernünftig sei.

Die Versicherung, daß der deutsche Staat keine Eroberungspläne verfolge, bezog sich vor allem auf das *Habsburger* Reich. Treitschke wollte zeigen, daß Eroberungsabsichten auf die deutschen Teile Österreichs dem Charakter des von Preußen gegründeten deutschen Staates geradezu widersprechen würden.

Er hörte niemals auf, in Österreich „geistiges Ausland[162]" zu sehen. Seine Urteile über das österreichische Deutschtum sowie über den österreichischen Gesamtstaat sind von einer bemerkenswerten Einheitlichkeit. Grundsätzlich entfernte er sich nicht von den emotionalen Bekundungen seiner Reiseberichte aus dem Jahre 1863, als er zum ersten Male in Wien war und gerade an dem Tage in der Stadt eintraf, als der vom Fürstentag heimkehrende Kaiser Franz Joseph von den Wienern jubelnd begrüßt wurde. Diese Bekundungen sind jedoch nicht nur emotional, sondern hängen eng mit der Gesamtheit seines Wertesystems zusammen. Sie zeigen erneut das alte Problem der wechselseitigen Abhängigkeit, in welcher sich bei ihm ästhetische und politische Urteile befinden. So entspricht in Wien wie in München dem politischen das künstlerische Urteil. Treitschke, der künstlerisches Leben und besonders Kunstdenkmäler so lebendig zu schildern versteht – wenigstens da, wo seine Sympathie mitschwingt – vertritt den Standpunkt, daß es in Wien keine gewachsene Kunst gebe. Er berichtet von „den verpfuschten Bauten" der Habsburger, „der Menge unerhört geschmackloser Prachtbauten" und behauptet, „kein einziges öffentliches Bauwerk, das dem guten Geschmack nicht geradezu ins Gesicht schlüge[163]",

161) ebd.

162) Dieser von H. v. Srbik (vgl. Deutsche Einheit, Bd. 1, 2. Buch, 4. Kap.: War Österreich geistiges Ausland?) in die Diskussion eingeführte Ausdruck findet sich bei Treitschke nicht.

163) Briefe, Bd. 2, S. 289, v. 12. 9. 1863.

gefunden zu haben. Von dem Wiener Leben versichert er nichts gesehen zu haben als „wirklich nur kolossale Esserei und Trinkerei und eine Unmasse feiler Weiber". „Deutsches Leben ist es nicht[164]" – so lautet sein endgültiges Urteil über die Hauptstadt des Kaiserstaates, das er im Grunde niemals revidierte. Er wird dasselbe nach 1870 nur verbindlicher formulieren.

Dies Urteil wird in allen Äußerungen zur österreichischen Frage sichtbar oder unsichtbar enthalten sein. *„Deutsches Leben"* – das besagt mehr einen geistigen als einen nationalen Zusammenhang im Sinne des Nationalitätsprinzips. Die gemeinsame deutsche Abstammung – die ja in den niederen Bereich des bloß „Natürlichen" fällt – besagt nichts gegen den geistig-politischen Sachverhalt, daß „diese österreichischen Lande seit vier Jahrhunderten dem deutschen Leben entfremdet sind"[165]. So kommt „ernster historischer Sinn[166]" der den „Geist der Geschichte" befragt, in Bundesstaat und Einheitsstaat zu dem Ergebnis, daß „Österreich stetig aus Deutschland hinausgewachsen sei". Ein solcher Sinn wird „in diesem regelmäßigen Werdegang nicht ein Walten des Zufalls, sondern ein Zeugnis dessen erkennen, daß das österreichische Deutschtum die Kraft nicht besaß, die hochgesitteten Länder des Westens zu halten, während es in den Völkern des Ostens empfänglichen Boden findet für seine große Kulturarbeit"[167]. Treitschkes moralisch-politische Interpretation von historischen Vorgängen kommt an dieser Stelle, an der er den geringeren Qualitätswert des österreichischen Deutschtums feststellen möchte, deutlich zum Ausdruck.

Auf die Bedeutung, welche die Kulturarbeit an den östlichen Völkern für den Zusammenhang der Monarchie zukomme, verwies er die deutschnationalen österreichischen Pessimisten immer wieder, wenn sie von einem nahe bevorstehenden Zerfall der Donaumonarchie redeten und sogar darauf hofften. Er wandte in diesem Zusammenhang gern den von einem Schüler Karl Ritters geprägten Begriff „der subgermanischen Völker" an, an denen Österreich eine politische und auch eine Kulturaufgabe zu erfüllen habe. Die subgermanischen Völker wurden wohl als „ungarisch-slawisch-wallachisches Völkergemisch[168]" bezeichnet. Die Tendenz dieser Bezeichnungen ist jedesmal unverkennbar.

164) ebd., S. 291.

165) H. v. Treitschke, Zehn Jahre Deutsche Kämpfe, S. 362; vgl. im nächsten Kapitel die ebenfalls typische Formulierung: „Versöhnung Nordschleswigs mit dem deutschen Leben." In „Bundesstaat und Einheitsstaat" wird „deutsches Leben" als wahrer Quell der preußischen Macht bezeichnet. (S. 569.)

166) Aufsätze, 3. Aufl., S. 486.

167) ebd.

168) H. v. Treitschke, Deutsche Geschichte, Bd. 1, S. 10.

Unter den Argumenten, mit welchen Treitschke für den integren Fortbestand des Kaiserstaates sowie für dessen dauernde Trennung vom deutschen Reich eintrat, spielt dasjenige, daß Österreich nach Lebensstil und allgemeiner Kultur gar nicht zu Deutschland zu rechnen sei, eine Hauptrolle. Den Grund für die Entfremdung der österreichischen Lande vom deutschen Leben fand Treitschke ebenso wie z. B. der Österreicher Wilhelm *Scherer* im religiösen Terror der Gegenreformation. Die Konfrontierung mit Scherer vermag manchen interessanten Gesichtspunkt zu bieten. Der Germanist drückt seine Ansicht einmal mit den Worten aus: „Die Nacht des Jesuitismus über diesem Paradies[169]." Treitschke erläutert denselben Sachverhalt ähnlich in folgenden Worten: „Die daheim Gebliebenen verloren in der Schule der Jesuiten die Lebenskraft des deutschen Geistes: den Mut des Gewissens, den sittlichen Idealismus[170]." Zu seinen Grundüberzeugungen gehörte die Anschauung, die tief im Liberalismus verankert war, daß „kirchlicher Druck den innersten Kern der Volksseele treffe"[171]. So heißt es auch noch in der Einleitung zum ersten Band der Deutschen Geschichte: „Kirchlicher Druck zerstört die tiefsten Wurzeln des Volkslebens[172]." Gustav Freytag dachte nicht anders. Der einheitliche innere Zusammenhang, der zwischen der Gedankenwelt Freytags, Treitschkes und Scherers besteht, wird bereits an solch einer einzelnen Äußerung sichtbar. Sie gehört zu der im ersten Band der Deutschen Geschichte enthaltenen Summe von Anschauungen aus liberaler Wurzel, an die Freytag dachte, wenn er an den gemeinsamen Verleger Hirzel nach der Lektüre des Bandes schrieb: „Denn als alter Socius und Parteigenosse fühle ich aus den ersten Bogen der Einleitung oft mit besonderer Freude gemeinsame Habe heraus . . .[173]." Die „gemeinsame Habe" bestand vornehmlich in den verwandten Anschauungen von „Volksleben" und „Volksseele" sowie von deren Gefährdung durch „kirchlichen Druck".

Eine eingehendere Erläuterung des liberalen Sinnes, der in den Treitschke'schen Feststellungen über die Ursachen der österreichischen Entfremdung vom „deutschen Leben" und über das Verhältnis von Volksseele und Kirche enthalten ist, würde ein selbständiges Kapitel über die Stellung des Liberalen der 60er Jahre zur Kirche erforderlich machen. Es soll an dieser Stelle nur darauf aufmerksam gemacht werden, daß Treitschke

169) W. Scherer, Vorträge und Aufsätze, S. 145.
170) H. v. Treitschke, Deutsche Geschichte, Bd. 1, S. 10.
171) H. v. Treitschke, Zehn Jahre Deutsche Kämpfe, S. 371. Österreich und das deutsche Reich.
172) H. v. Treitschke, Deutsche Geschichte, Bd. 1, S. 10.
173) G. Freytag an S. Hirzel und die Seinen, S. 233f., v. 11. 3. 1879.

unter „kirchlichem Druck" bereits jeden Anspruch der Kirche meint, das Volksleben mit zu bestimmen. Dieser Anspruch wird der Kirche bestritten. Es darf an dieser Stelle an die Verlorene Handschrift erinnert werden, wo es als eine spezifische Aufgabe der Professoren – und also nicht mehr der Kirche – bezeichnet wird, die Seele der Nation zu leiten und das Denken des Volkes zu bewachen. „Volksleben" – das stellt einen Bezirk dar, an dem „Kirche" nicht beteiligt ist. Eine vollkommene Kirchenfremdheit liegt diesen Formulierungen zugrunde. Treitschkes Gedanken berühren sich auch an dieser Stelle mit denen von Scherer, der in einem Aufsatz „Literatur und Kirche" in der Wiener „Presse" vom 8. 12. 1869 einmal schreibt, „daß das Herrlichste, was dem deutschen Geist geglückt, im bewußten Gegensatz gegen die Kirche sich emporgerungen habe"[174]. Nach 1871 spricht Treitschke von „dieser geistlosen Kirche", die niemals auch nur versucht hätte, „an den großen realen Interessen, welche die Gegenwart bewegen, mitzuarbeiten . . ."[175]. Daß Österreich an diesem „Herrlichsten", das der deutsche Geist in Reformation und Idealismus geschaffen habe, keinen Anteil habe, war sowohl Treitschkes als auch Scherers Überzeugung. Beide vertraten ferner die Ansicht, daß – nach Treitschkes Worten – „erst im 19. Jahrhundert das zertretene Deutschtum der Südostmarken wieder die Kraft finden sollte, allen Arbeiten der modernen deutschen Kultur mit lebendigem Verständnis zu folgen"[176]. Mehr allerdings, als „mit lebendigem Verständnis zu folgen", wollte Treitschke dem österreichischen Deutschtum niemals zutrauen.

Die Übereinstimmung zwischen den Urteilen des Historikers Treitschke und denen des Germanisten Scherer geht sehr weit. In den Urteilen über österreichische, aber auch allgemeine deutsche Literatur, welche die Deutsche Geschichte enthält, ist Treitschke ohne Zweifel stark von Scherer beeinflußt worden, während sich dieser als junger Wiener Dozent seine politischen Überzeugungen mit aus Treitschkes Historisch-Politischen Aufsätzen gebildet hatte. Zwischen ihnen besteht ein Geben und Nehmen. Scherer gab Treitschke gleichsam literarisch zurück, was er von diesem an politischer Belehrung empfangen hatte. Es wäre eine besondere Aufgabe, die Vorbildlichkeit von Scherers 1874 erschienenen „Vorträgen und Aufsätzen zur Geschichte des geistigen Lebens in Deutschland und Österreich" sowie auch die seiner „Geschichte der deutschen Literatur" von 1883 für die literarischen Kapitel von Treitschkes Deutscher Geschichte im

174) W. Scherer, Kleine Schriften, Bd. 1, 1893, S. 667.
175) H. v. Treitschke, Deutsche Geschichte, Bd. 1, S. 11f.
176) ebd., S. 10f.; vgl. hierzu A. Springer, Aus meinem Leben, 1892.

Einzelnen nachzuweisen. Es gibt mannigfache geistesgeschichtliche Parallelen in beider geistigem Lebenswege. Sie erreichten beide, die im Alter nur sieben Jahre auseinander waren, nebeneinander ein Ordinariat an der Berliner Universität als äußeres Ziel ihres Lebens.

Wenn beide aber auch die österreichische politische und geistige Geschichte in der gleichen liberalen Weise beurteilten, so ging jedoch ihr *politisches* Urteil über das künftige Verhältnis des Deutschen Reiches zur Donaumonarchie umso weiter auseinander. Eine kleine briefliche Mitteilung Treitschkes kann über diesen Gegensatz Aufschluß geben. Er schriebt am 2. 10. 1869 seiner Frau von einem Besuche Scherers, der seit einem Jahr Professor in Wien war: „Vorgestern hättest Du . . . Scherer hören sollen, der, ein echtes Wiener Kindl und ein ungewöhnlich bedeutender Mensch, mit Leidenschaft versicherte, nur als k. *preußische Provinzialstadt* könne Wien noch einmal ein anständiger Ort werden ... Natürlich war ich nicht von Scherers Meinung, denn ich sehe nicht ab, woher wir die Kräfte für so ungeheure Aufgaben nehmen sollen[177]." Was Treitschke hier im Briefe versichert, blieb seine dauernde politische Überzeugung, die er erst recht vor den sogenannten Deutschnationalen in Österreich verteidigte. So ist der Ende 1871 geschriebene grundsätzliche Artikel über „Österreich und das deutsche Reich[178]" gerade an ihre Adresse gerichtet. Treitschke bekennt sich hier zu den 1866 gelegten Grundlagen des deutschen Reiches. „Prächtiger, glänzender als der Tag von Königgrätz strahlt der Ruhm von Sedan; doch der feste Grund unserer heutigen Macht, die schöpferischen Gedanken der neuen deutschen Politik sind durch das gesegnete Jahr 1866 geschaffen[179]." 1866 blieb immer „das gesegnete Jahr", weil eben damals die Trennung von Österreich, von den sogenannten „deutschen Brüdern" durchgeführt worden war. Seine Sprache wird schwungvoll und seine historisch-politische Argumentation frei von der Widersprüchlichkeit, zu der sie oftmals zu neigen droht, wenn die Notwendigkeit der dauernden Trennung von dem deutschen Stamm Österreichs nachgewiesen wird. Im unverkenn-

177) Briefe, Bd. 3, S. 255, v. 2. 10. 1869.
Über Warschau urteilte Treitschke genauso nüchtern. Gleich nach dem deutsch-französischen Kriege schrieb er, daß ein gültiges Geschick Deutschland vor der Aufgabe bewahren möge, „auch Warschau wieder zu einer deutschen Stadt machen zu müssen"; vgl. ebd., S. 337, v. 23. 9. 1871. – In dem Brief, der diese Ansicht enthält, steht allerdings auch der Satz: „Dies Volk (Polen) ist tot – daran ist mir kein Zweifel." Daß Treitschke trotzdem von dem Gedanken an weitere polnische Erwerbungen weit entfernt war, zeigt seine Ansicht über Warschau. Er hatte ein lebhaftes Gefühl dafür, daß in Posen „die deutsche Welt aufhört" (ebd.).

178) H. v. Treitschke, Zehn Jahre Deutsche Kämpfe, S. 360ff., v. 15. 12. 1871.

179) ebd., S. 361f.

baren Gegensatz zur Leichtigkeit und auch inneren Einheitlichkeit, womit Treitschke diesen Nachweis führt, steht – wie im nächsten Kapitel gezeigt werden wird – die verschlungene und komplexe, ja geradezu gewundene Gedankenführung, in welcher die Annexion Elsaß-Lothringens von ihm gerechtfertigt wird. Die Trennung von den Deutschen Österreichs, von ihm seit je herbeigesehnt, fiel ihm leicht – die Rückforderung einer einst zum Reich gehörigen Provinz war ihm keineswegs von vornherein selbstverständlich, sie hatte nicht zu seinem ursprünglichen nationalpolitischen Programm gehört und bedeutete etwas Neues. So sah Treitschke in der Entscheidung des Jahres 1866 weder eine Notlösung noch gar eine Tragik, sondern einen dauernden Segen. Von einem „3. Akt der deutschen Revolution", der angeblich in Wien spielen werde, nachdem der erste in Nikolausberg und der zweite in Versailles gespielt hätten, wollte er nichts wissen[180]. Er bezeichnete solche politischen Pläne als „wunderliche Verblendung" und fragte: „Wann hat denn jemals eine heilsame Revolution in ihrem 3. Akt des Werks des ersten wieder zerstört"[181]? Für ihn bestand kein Zweifel, daß die deutsche Geschichte mit der endgültigen Trennung von Österreich und mit den Grenzen von 1871 ihr „natürliches" und „vernünftiges" Ziel erreicht hätte. So schrieb er am Ende des Jahres 1871: „Unser Reich kann und darf lediglich den Ehrgeiz hegen, innerhalb seiner Grenzen, die uns Allen vollauf genügen, ein freies und festes Gemeinwesen auszubauen[182]." Dieser Bekundung entsprach das *damals* aufrichtige Erstaunen darüber, daß „in diesem ehrlich friedliebenden Volke, nachdem das neue Reich kaum gegründet ist, da und dort bereits begehrliche Täume auftauchen, die an die Tage der Staufer gemahnen"[183]. Solche nationalistische Begehrlichkeit bereitete Treitschke wirkliche Sorge, und so schrieb er auch in der Widmung einer neuen Auflage seiner Aufsätze an Freytag Ende 1871: „. . . und schon regt sich uns die Sorge, wie die überschwellende Kraft dieses erweckten Volkes in Schranken zu halten, wie sie zu bewahren sei vor den weltumspannenden Plänen des alten heiligen Reichs[184]." Damals meinte Treitschke, daß der Staat von 1871 ein endgültiges und vernünftiges Ziel der deutschen Geschichte sei.

Daß Treitschke keineswegs selbst ganz frei von „begehrlichen Träumen" blieb, die durchaus nicht zu seinem ursprünglichen Plan eines geschlosse-

180) vgl. Aufsätze, Bd. 3, S. 559.

181) ebd.

182) H. v. Treitschke, Zehn Jahre Deutsche Kämpfe, S. 361.

183) Aufsätze, Bd. 3, S. 557f.

184) A. Dove, G. Freytag und H. v. Treitschke im Briefwechsel, S. 154, v. 31. 10. 1871.

nen Einheitsstaates von einheitlichem Volkstum paßten, sollte sich in den 70er Jahren sehr bald zeigen.

In scheinbarem Gegensatz zu der Auffassung, daß die geschichtlich entstandene Erlebnis- und Denkgemeinschaft innerhalb eines Staates etwas Höheres sei als die „Nationalität", als der auf gleicher Abstammung beruhende „Blutzusammenhang", stehen Äußerungen, wonach es Recht und Pflicht des nationalen Staates sei, „überall in der Welt sein Volkstum zu schützen"[185]. Solche Äußerungen, die ein gesamtdeutsches oder gar völkisches Empfinden zu enthalten scheinen, lassen sich auf den verschiedensten Stufen der Treitschke'schen Entwicklung nachweisen. Der scheinbare Gegensatz löst sich jedoch auf, sobald die konkrete Veranlassung und der Zusammenhang, in welchem derartige Äußerungen stehen, näher untersucht werden. Die Festrede, die Treitschke am 5. 8. 1863 auf dem dritten deutschen Turnerfest zur Erinnerung an die Leipziger Völkerschlacht hielt und mit der sich der junge Dozent nach einem Worte Max Lehmanns „bei der Nation einführte[186]", könnte als frühestes und eindruckvollstes Zeugnis einer Präponderanz des Volkstums- über den Staatsgedanken gelten; denn Treitschke sagte in dieser Rede: „Was der fernste unserer Stämme leidet durch Unrecht und Gewalt, das soll uns schmerzen wie eine Wunde an unserem eigenen Leibe[187]." So wurde gerade auf letztere Bekundung hingewiesen, um den erwünschten Nachweis zu erbringen, daß Treitschke sich mit der „großdeutschen Gemeinschaft" verbunden gefühlt habe[188]. In Wirklichkeit war der schwungvolle Redner aber vollkommen frei von einem großdeutschen Gefühl[189]. Bei „dem fernsten unserer Stämme" hätte er ganz gewiß nicht beim Wort genommen werden wollen. Als er diesen leicht mißverständlichen Ausdruck gebrauchte, dachte er an nichts anderes als an eine nationale Verbindung der historischen deutschen Stämme in den Grenzen des engeren Bundes von 1848 und keineswegs an deutsche Volkstumsinseln, ja selbst nicht einmal an den deutschen Stamm Österreichs. Er konnte sich damals bekanntermaßen nicht genug tun, die österreichischen Deutschen von der deutschen Lebensgemeinschaft auszuschließen. Der begrenzte Volkstumsbegriff, um den es sich in dieser

185) H. v. Treitschke, Zehn Jahre Deutsche Kämpfe, S. 345, Luxemburg und das deutsche Reich v. 25. 10. 1870.

186) vgl. M. Lehmann, Bismarck. Eine Charakteristik, hrsg. v. G. Lehmann, Berlin 1948, S. 61.

187) H. v. Treitschke, Zehn Jahre Deutsche Kämpfe, S. 5.

188) R. Craemer, Über die völkische Haltung Treitschkes, HZ 158, 1938, S. 77ff.

189) vgl. Treitschkes Reisebericht aus Wien 1863!

Rede handelt, wird auch nicht durch die andere Wendung, „daß wir Ein Fleisch sind und Ein Blut[190]", gesprengt. Eine solche Äußerung, die Treitschke gelegentlich wiederholen wird, besagt noch lange nicht, daß der Sprecher ein Gefühl für „die arthafte Ganzheit des Volkstums[191]" bekunden wollte. Die Tendenz, welche diese geschraubte NS-Bezeichnung enthält, ist dem Sinn der Treitschke'schen Rede diametral entgegengesetzt. „Das Bild der deutschen Geschichte[192]", das der Redner in der Festversammlung plastisch vor sich zu sehen meint, entsteht im historischen Zusammenleben der „edlen deutschen Stämme[193]"; es ist bemerkenswert, daß die Niedersachsen und Schwaben besondere Erwähnung finden. Treitschkes Gedanken und Vorstellungen verlassen niemals den Boden „des engeren Deutschlands". „Deutsche Geschichte" ist ihm nicht etwa Geschichte aller Deutschen schlechthin, sondern Geschichte jener historischen Stämme, deren Zusammenschluß in einem begrenzten Staate er herbeisehnt. In der Schlußapostrophe an die Festgenossen steckt er gewissermaßen die Grenzen *des* Deutschlands ab, an das er in seiner Rede denkt; der Sinn der rhetorischen Wendung von einem Mitgefühl mit „den fernsten unserer Stämme" wird durch folgende unmittelbare Anrede gleichsam richtiggestellt und vor einer Mißdeutung geschützt: „Deutsche, geliebte Landsleute! Ihr, die Ihr wohnet, wo die Türme von Lübeck und die weißen Felsen von Arcona dem heimwärts segelnden deutschen Seemanne die Nähe seines Landes künden, und Ihr Mannen, die Ihr daheim seid, wo die Schweizer Alpen sich spiegeln in dem schwäbischen Meere, und Ihr, deren Wiege stand, wo die graue Pfalz aus dem Rheine steigt und in der Neujahrsnacht des großen Krieges Vater Blücher den deutschen Strom überbrückte! Ihr Alle, wess' Stammes, wess' Gaues Ihr seid, stimmt ein in den Ruf: ‚Es lebe Deutschland.'[194]!" Es ist also nicht das Bild eines Großdeutschlands, das der Redner in gehobener Feststimmung den ergriffenen Hörern entwarf, für das er ja sehr leicht einprägsame Namen von Landschaften hätte finden können, sondern das Bild, und zwar das übersehbare Bild, von einem engeren Deutschland, von einem Vaterland im ganz konkreten Sinne des Wortes, das heraufbeschworen wird. Die Frage „Was ist des Deutschen Vaterland?" beunruhigte Treitschke nicht mehr in dem Sinne, daß er sich etwa im Unklaren gewesen wäre, welche Teile zum künftigen deutschen Staat ge-

190) H. v. Treitschke, Zehn Jahre Deutsche Kämpfe, S. 4.
191) R. Craemer, a.a.O., S. 82.
192) H. v. Treitschke, Zehn Jahre Deutsche Kämpfe, S. 5.
193) ebd.
194) ebd., S. 7.

hören sollten und welche nicht. Die Deutschen Österreichs sollten jedenfalls draußen bleiben.

Was Treitschke eigentlich mit den Leiden eines Stammes „durch Unrecht und Gewalt" meint, kommt in dem vorhergehenden Satz zum Ausdruck: „Und Eure härteste Verachtung treffe jene Phärisäer, die, wenn irgendwo in einem deutschen Staate das Recht gebrochen wird, behaglich lächeln: ‚solches könnte nicht geschehen in unserem Lande'!" Dann folgt nämlich die scheinbar vieldeutige Metapher: „Was der fernste unserer Stämme leidet durch Unrecht und Gewalttat . . ." Dieser Hinweis auf „irgendwo in einem deutschen Staate" und „unser Land" läßt erkennen, daß sich Treitschkes politische Gedanken ganz im Rahmen der deutschen Einzelstaaten bewegen. Die Rede ist auf dem Höhepunkt des preußischen Verfassungskonflikt gehalten. Soeben hatte die preußische Regierung die Preßordonnanz erlassen. Die Anhänger Preußens sahen sich in die Lage versetzt, das preußische Volk vor den im Schutze eines gewissen Konstitutionalismus lebenden Süddeutschen zu verteidigen. Der Redner lebt und webt im Gedanken an die Einheit, aber an eine parlamentarisch ausgestattete Einheit unter preußischer Führung. Die Erinnerung an den Kampf des „Volkes" um sein Recht erfüllt ihn. Hannoverscher Verfassungsbruch, kurhessische Verfassungskämpfe und preußischer Konflikt bilden das der jüngsten Vergangenheit entnommene Erfahrungsmaterial, das den Inhalt des politischen Zeitbewußtseins im Augenblicke der Rede bildet. Neben den Kämpfen um eine deutsche Einheit bilden die Kämpfe um rechtsstaatliche Sicherungen, um Verfassungen den eigentlichen geschichtlichen Erlebnisinhalt. „Erlittenes Unrecht" – darunter versteht der Zeitgenosse von 1863 gebrochene Verfassung. Für den Süddeutschen des Bodensees, den Treitschke anspricht, gehört eben Preußen zu „dem fernsten unserer Stämme", bei dem zur Zeit das Recht gebrochen wird. Für den Süddeutschen lag Berlin in größerer Ferne als z. B. Paris. „Solches könnte nicht geschehen in unserem Lande" – schon der Ton dieses Satzes verrät die Anspielung auf die Überheblichkeit des badischen Liberalismus und auf den Stolz des badischen „Musterlandes". Nur in diesem Sinne ist die Sprachgebung der Rede, deren Pathos überdies ganz aus dem Geiste Gustav Freytags stammt, zu verstehen[195]. Keine Interpretation wäre falscher als eine solche, die aus einigen dem geistigen und dem politischen Zusammenhang entrissenen Wendungen ein sogenanntes „gesamtvölkisches" Denken Treitschkes herauskonstruie-

195) H. v. Sybel ließ es sich in seiner ausgedehnten Korrespondenz mit süddeutschen Liberalen stets von neuem angelegen sein, ein größeres Verständnis für den Verfassungskampf in Preußen zu erwecken. (Vgl. z. B. Deutscher Liberalismus, Bd. 1, S. 152f., v. 26. 5. 1863, H. v. Sybel an H. Baumgarten.)

ren sollte. Der Ton dieser Wendungen mag gesamtdeutsch klingen; der Sinn, der zum Ausdruck gebracht werden sollte, war es nicht. Der Redner des deutschen Turnerfestes stand der „Turnerei", die großdeutsch gestimmt war, innerlich fremd gegenüber. Er gab sein kleindeutsches Ideal auch in dieser Festrede nicht auf.

Als Treitschke seinem Vater über den Verlauf des Festes berichtete, schrieb er allerdings, daß ihm am meisten der Beifall politischer Gegner, „namentlich der Österreicher[196]" gefreut habe. Er war sich also des politischen Gegensatzes bewußt, und politische Ansichten waren ihm ja mehr als nur „Ansichten"; sie sollten tiefe „Überzeugungen" des Mannes sein. R. Craemer nimmt in der erwähnten Studie „Über die völkische Haltung Treitschkes" eine scheinbar geringfügige Veränderung an dieser Stelle vor, die jedoch eine Sinnverschiebung darstellt. Aus dem Beifall „namentlich der Österreicher" wird bei ihm „der Volksgenossen aus Österreich"[197]. Es ist *scheinbar* eine harmlose Abänderung, in Wirklichkeit eine Entstellung des bei Treitschke vorhandenen Sinnes. „Volksgenossen aus Österreich" ist eine bei Treitschke nicht denkbare Formulierung, eine contradictio in adjecto, zumal in jener Zeit, als er von „den sogenannten deutschen Brüdern" sprach und wenige Wochen nach dieser Rede in Wien feststellte, daß von „deutschem Leben" in Österreich keine Rede sein könne. Hinzu kommt, daß der von Craemer eingefügte Ausdruck „Volksgenosse" Treitschke überhaupt nicht geläufig ist. Er spricht in seiner Rede seine Hörer wohl mehrfach mit „Festgenossen", jedoch niemals mit „Volksgenossen" an. Es ist eine gewiß kleine, aber doch nicht unwichtige Beobachtung, daß nicht nur in der Sprache Treitschkes, sondern z. B. auch in der ihres Vorbildes Freytag der „Genosse" leichter in Verbindungen mit „Fest" oder „Partei" auftritt, als in solchen mit „Volk".

Es lohnt sich deshalb, den mit Scharfsinn geschriebenen Aufsatz von R. Craemer in diesem Zusammenhang heranzuziehen, weil er Veranlassung bietet, die vollkommene Ferne Treitschkes von einem überladenen Volkstumsbegriff, wenn er noch dazu auf der Grundlage einer gemeinsamen natürlichen – etwa gar rassischen – Abstammung beruht, zu demonstrieren. Treitschkes Rede zur Erinnerung an die Leipziger Völkerschlacht enthält keine Spuren einer solchen Gesinnung. Auf Äußerungen wie den soeben behandelten aus der Festrede von 1863 sowie aus einer Reihe anderer Bekundungen aus späteren Jahren, die alle in einen ganz bestimmten Denk- und Gefühlszusammenhang hineingehören, baut Creamer eine

196) Briefe, Bd. 2, S. 282, v. 8. 8. 1863.
197) R. Craemer, a.a.O., S. 90.

Phraseologie auf, die z. B. aus folgenden, Treitschke völlig fremden Formulierungen besteht: „arthafte Ganzheit des Volkstums[198]", „Ganzheit von Blut und Sprache[199]", „völkischer Charakter seiner Reichsidee[200]", „gesamtdeutsche Gemeinbürgerschaft[201]", „eine neue Ganzheit des Volksreichs[202]" usw. Alle diese künstlichen Begriffe sind dem, was Treitschke dachte und fühlte, diametral entgegengesetzt. Sein Staatsideal von klassizistisch-ästhetischem Gepräge liegt in dem Essay „Bundesstaat und Einheitsstaat" vor.

Ein ähnliches Mißverständnis der Treitschke'schen Intentionen pflegt sich leicht an den Schluß des Aufsatzes „Österreich und das deutsche Reich" zu knüpfen. Es heißt dort: „Bräche dereinst das Unglück der Zerstörung über Österreich herein – und es wäre ein Unglück, auch für Deutschland – dann muß unser Reich bereit und fertig sein, den Stürmen des Geschicks zu trotzen, das Deutschtum an der Donau aus den Trümmern zu retten. Reifsein ist Alles – sagt das Dichterwort[203]." Der Aufsatz ist mit Recht als Gruß an das österreichische Deutschtum interpretiert worden[204]. Er enthält nämlich die Antwort auf das Drängen und Hoffen der Deutsch-Österreicher, die sich dem neuen deutschen Reich anzuschließen wünschten. Diese Antwort ist eindeutig ablehnend. Der Schwerpunkt der Treitschke'schen Ausführungen liegt trotz aller Verbindlichkeit, die größer geworden ist, seitdem die politische Trennung 1866 vollzogen wurde, auf den Worten, daß ein Zusammenbruch Österreichs ein Unglück für Deutschland wäre. Es ist auch hier wieder erforderlich, die Worte Treitschks in ihrem geistigen Zusammenhang sowie in der realen Situation der Niederschrift zu interpretieren.

Der Aufsatz soll dem Nachweis dienen, daß die Existenz des österreichischen Gesamtstaates eine europäische Notwendigkeit sei und nicht zugunsten eines kleinen Teils deutscher Pessimisten in Österreich geopfert werden dürfe. Die konditionale Form der Schlußsätze läßt deutlich genug erkennen, daß die Zerstörung Österreichs kein wünschenswertes Ziel der

198) ebd., S. 82.

199) ebd., S. 85.

200) ebd., S. 87.

201) ebd.

202) ebd., S. 96.

203) H. v. Treitschke, Zehn Jahre Deutsche Kämpfe, S. 375, Österreich und das deutsche Reich v. 15. 12. 1871.

204) vgl. F. Bilger, Briefe eines Deutsch-Österreichers an Heinrich v. Treitschke, in: Quellen und Darstellungen zur Geschichte der Burschenschaft und der deutschen Einheitsbewegung, Bd. 5, S. 300.

geschichtlichen Entwicklung ist – keine „Erfüllung der Zeit", „da aus der Not eine neue Ganzheit des Volksreichs hervorgehen werde"[205]. Treitschke faßt lediglich eine letzte bedauerliche Möglichkeit ins Auge, worin aber keineswegs eine volkstumspolitische Chance von seinem Standpunkt aus zu erblicken ist. Hinzu kommt, daß die Versicherung dereinstiger Bereitschaft, das Deutschtum der Donau aus den Trümmern zu erretten, an den deutschösterreichischen Adressaten gerichtet ist, auf dessen empfindliche Stimmung und reizbares Gefühl Rücksicht genommen werden soll. Treitschke stand in sehr lockerem Briefwechsel mit einem der Wiener Burschenschaftler, der sich erstaunlicherweise gerade bei Treitschke politischen Rat holte[206] und der ein Beispiel dafür ist, daß Treitschke auch in jungen Akademikerkreisen Wiens gelesen wurde. Die Rücksicht auf diese Gruppe, deren Weggenosse Wilhelm Scherer eine Zeitlang war, hat Stil und Ton des ganzen Aufsatzes mitbestimmt.

Eine volkstumspolitische Einstellung zu den Problemen der Donaumonarchie ließe sich allenfalls an den Äußerungen ablesen, die Treitschke über die Siebenbürger Sachsen macht. „Wenn die Magyaren ihre Macht mißbrauchen, um die deutsche Gesittung der Schwaben in Ungarn oder gar der siebenbürgischen Sachsen, des tüchtigsten deutschen Stammes im Südosten, zu zerstören", so werde die freundliche Stimmung in Deutschland rasch verschwinden[207], schrieb er und fügte hinzu: „Unser Nationalstolz ist Gott sei Dank reizbarer geworden; wir fühlen Alle, daß unser Reich offenbare Gewalttaten gegen unser Fleisch und Blut nicht schweigend hinnehmen kann[208]."

Die Sympathie gerade für die Siebenbürger Sachsen ist bezeichnend und hat einen besonderen Grund. Es war vor allem die Verbindung von deutschem Volkstum und Protestantismus, die ihn hier anzog. Der Führer der Volksgruppe und ihrer Landeskirche, Bischof Teutsch, mit dem Treitschke auch persönlich bekannt wurde, war überdies ein Mann von hoher Bildung. So war Treitschke imstande, von „deutscher Gesittung" bei den Siebenbürger Sachsen zu sprechen; im selben Zusammenhang gebraucht er auch die Wendung von „unserem Fleisch und Blut". „Protestantismus", der in einem Briefe an Teutsch als „eigentlich deutscher Volksglaube[209]" bezeichnet wird, sowie „Bildung" bestimmen in erster Linie das Urteil über die Siebenbürger Sachsen, die noch 1887 „die

205) R. Craemer, a.a.O., S. 96.
206) F. Bilger, a.a.O.
207) H. v. Treitschke, Zehn Jahre Deutscher Kämpfe, S. 365.
208) ebd.
209) Briefe, Bd. 3, S. 346, v. 14. 1. 1872.

besten Deutschen Österreichs[210]" genannt werden! „Unser Fleisch und Blut", diese eigentlich ja nur eine natürliche Zusammengehörigkeit bezeichnende Redewendung bedeutet in diesem Falle zugleich eine Feststellung über einen Zusammenhang, an welchem die geistigen Erkennungszeichen keineswegs fehlen. In diesem Sinne wandte Treitschke die naturalistische Bezeichnung auch in einem Brief an Teutsch an: „Ich fange wieder an zu hoffen, daß Österreich zusammenhalten wird, und sollte selbst der Gesamtstaat zerfallen, so ist doch das deutsche Reich stark genug, um sein Fleisch und Blut vor Vergewaltigung zu schützen[211]." In den Kampfjahren, als es um die Trennung von Österreich ging, wäre er nicht bereit gewesen, die Bezeichnung „unser Fleisch und Blut" auf „die sogenannten deutschen Brüder" in Österreich anzuwenden.

Die Teilnahme für die Siebenbürger hat ihn aber niemals dazu verführt, die außenpolitischen Interessen des deutschen Kaiserreichs der Rücksicht auf deutsches Volkstums außerhalb der Reichsgrenzen unterzuordnen.

Wenn Treitschke in einer vom 3. 8. 1870 datierten politischen Betrachtung, der er die Überschrift „Die Feuerprobe des Norddeutschen Bundes" gab, schrieb: „Wir suchen nicht mehr den Vätern gleich in unbestimmter Sehnsucht ein deutsches Reich, soweit die deutsche Zunge klingt; wir stemmen unseren Fuß voll guter Zuversicht fest auf den Boden unseres wirklichen Staates[212]" – so wollte er in einer solchen Bekundung den Fortschritt des Staatsgedankens, den derselbe unter „den Denkenden" gegenüber den Wünschen von 1848 gemacht hatte und der ja auch das Thema der Deutschen Geschichte werden sollte, zum Ausdruck bringen. „Unser wirklicher Staat" – das sollte das verstärkte Preußen sein, von dem er den erstaunlichen Glauben hegte, daß es „in der weiten Welt als der Großstaat beneidet werde, der innerhalb eines einigen Volkstums den reichsten Schatz provinzieller Selbständigkeit und Eigenart besitze[213]." Die Phrase „soweit die deutsche Zunge klingt" erschien ihm in „Bundesstaat und Einheitsstaat" genauso als Verirrung wie das Projekt des 70-Millionen-Reiches[214].

In denselben Zusammenhang gehört auch seine anfänglich entschiedene Ablehnung des *Kaisertitels*. Nachdem er in seinen Jugendbriefen, die wir ungefähr bis an den Zeitpunkt seiner Habilitation am Ende der 50er Jahre

210) ebd., S. 593, v. 20. 11. 1887.
211) ebd., S. 346, v. 14. 1. 1872.
212) H. v. Treitschke, Zehn Jahre Deutsche Kämpfe, S. 274.
213) ebd., S. 146 – Politische Korrespondenz v. 10. 8. 1866.
214) vgl. Aufsätze, 3. Aufl., S. 468 und S. 589.

reichen lassen wollen, mehrfach den Wunsch geäußert hatte, der preußische König möge als „Kaiser von Deutschland" in Dresden einziehen, gibt er diesen „Kaisergedanken", in dem eine Kindheitserinnerung an den Erbkaiser von 1849 vorliegt, in seiner politischen Publizistik wieder auf. Der wissenschaftliche Streit zwischen Sybel und Ficker im Jahre 1859 entschied endgültig seine Stellung. Von nun an erschien ihm „der pomphafte Kaisertitel" mit theokratischen und bonapartistischen Erinnerungen behaftet[215]. Er kritisierte einen Artikel Aegidis im Staatswörterbuch deshalb, weil derselbe „eine schwülstige Rederei über das heilige römische Reich" enthalte, „die von Kaiser-Enthusiasmus strotze"[216]. Die Kyffhäuser-Gedanken[217] gelten nun als ein Zeichen süddeutscher politischer Unreife. Die deutsche Frage kann seiner Ansicht nach nur von einem „rechtschaffenen König[218]" gelöst werden. Er meint, „den dauernden Kern in den Traditionen der liberalen Partei" in „einem starken Königtum[219]" zu finden.

Noch am 12. 12. 1870 schrieb er an Sybel: „ein bescheidener deutscher König mit wirksamen Herrscherrechten wäre mir ungleich lieber als dies noch unbefestigte Königtum[220]." Allerdings könnte der Adressat, dessen wissenschaftlicher und politischer Standpunkt seit 1859 feststand, das Urteil des Briefschreibers beeinflußt haben; denn dieser hatte einen Tag vorher Salomon Hirzel, dem vertrauten Genossen aus der Leipziger Tischrunde, immerhin schon eine andere Auffassung mitgeteilt: „. . . die Kaiserkrone ist jetzt ein wirklicher Gewinn, nachdem man die Verfassung so sündlich aufgelockert hat[221]." Jedenfalls hat sich Treitschke nur zögernd und widerstrebend mit dem Kaisertitel abgefunden. Er hat sich dann allerdings angelegen sein lassen, das deutsche Kaisertum, als es – wie ja so manche Einrichtungen des neuen deutschen Reiches – gegen seinen Willen und gegen seinen Erwartungen – Wirklichkeit geworden war, seinen Zeitgenossen in *dem* Lichte zu zeigen, in dem er es gesehen wissen wollte. In dem die politische Publizistik der 60er Jahre abschließenden Aufsatz über „Das konstitutionelle Königtum", dessen einzelne Abschnitte von 1869 und 1871 parallel mit der Reichsgründung, gleichsam als deren großer publizistischer Kommentar entstanden, schützte er das junge Kaiser-

215) H. v. Treitschke, Zehn Jahre Deutsche Kämpfe, S. 359.

216) Briefe, Bd. 2, S. 336, v. 5. 7. 1864.

217) ebd., S. 375, Anm. 2, v. 20. 12. 1864.

218) Aufsätze, Bd. 3, S. 572.

219) H. v. Treitschke, Zehn Jahre Deutsche Kämpfe, S. 24, Die Lösung der schleswig-holsteinischen Frage.

220) Briefe, Bd. 3, S. 299, v. 12. 12. 1870.

221) ebd., S. 298, v. 11. 12. 1870.

tum sorgsam vor einer Auffassung, die in ihm die Grundlage zu einer deutschen Weltherrschaft zu sehen geneigt war und interpretierte es als „nationales Königtum"[222]. Er wollte den monarchischen Sinn des deutschen Volkes „von mystischem Aberglauben" freihalten; denn „die blinde Ergebenheit gedeiht nicht mehr in unserem handfesten Jahrhundert, das schon einige Hundert deutscher Fürsten- und Herrenkronen zerschlagen hat und in dieser löblichen Arbeit ohne Zweifel fortfahren wird"[223]. Fast ängstlich wehrte er einen höfischen Kaiserkult ab und wollte, daß „das Kaiertum mit höchster Bescheidenheit auftritt, also daß die neue Würde fast nur wie ein Feierkleid für seltene Festtage erscheint"[224]. Er vertraute nach 1870 darauf, „daß die Hohenzollern ihre neue Würde genau in demselben Geiste verstehen werden, wie bisher ihre preußische Königspflicht"[225].

Es ergab sich im Gange dieser Untersuchung schon mehrfach Gelegenheit zu der Feststellung, daß Treitschkes literarische Abhängigkeiten größer und folgenreicher sind, als der großartige und geschlossene Eindruck seiner machtvollen und wirksamen Persönlichkeit vermuten läßt. Der rednerische Glanz seiner Sprache sowie der Schwung und Rhythmus seiner Gedankenführung täuschen leicht über den geringen Grad der Originalität, den seine Gedanken haben, hinweg. Seine große Leistung bleibt dennoch, daß er die ihm zugekommenen und zugewachsenen literarischen Bestandteile aus verschiedenen Quellen zu einem Ganzen umschmolz. Geistige Elemente von verschiedenster Herkunft erscheinen bei ihm wie aus einem Guß. Auch in der Kaiserfrage erwiesen sich seine Gedanken zunächst als das Ergebnis einer charakteristischen literarischen Abhängigkeit. Die Vorstellung vom „rechtschaffenen König" und vom königlichen Dienst, der wie jede bürgerliche Arbeit „rechtschaffen" zu sein habe, gehört der Gedanken- und Empfindungswelt Gustav Freytags an, die sich Treitschke in gründlicher Lektüre, intimem Verkehr und regelmäßigem Briefwechsel erschloß. Nicht nur die Vorstellungen, die er sich von deutschen Fürstlichkeiten machte, bezogen ihren Inhalt vornehmlich aus den Schriften Freytags, sondern auch seine Erwartungen an „den deutschen König" bekamen von daher ihre charakteristische Färbung. Treitschkes eigene Erlebnisse waren auch auf diesem Felde gering. Die Begegnungen, die er mit Vertretern des deutschen Fürstenstandes hatte, hielten sich – obwohl er der Sohn eines dem sächsischen Königshause nahestehenden Generals war – in engen Grenzen.

222) Aufsätze, Bd. 3, S. 462f.
223) ebd., S. 461.
224) ebd., S. 551.
225) ebd., S. 462f.

Die wenigen Male, die er dem badischen Großherzog als Professor der Landesuniversität Vortrag hielt, sowie ein einzelner Besuch beim Herzog von Gotha gaben dem Tauben kein Bild von der Wirklichkeit des höfischen Lebens in den Mittel- und Kleinstaaten. Das Bild verschaffte er sich aus den Schriften, die der Dichter des deutschen Bürgertums verfaßt hatte. Und genauso hat er auch dem deutschen König solche wünschenswerten Züge verliehen, die er bei diesem Dichter fand, und hat in einem „Kaiser" Gefahren gewittert und später seine Zeitgenossen über dieselben zu beruhigen versucht, die Gustav Freytag groß an die Wand malte.

Wenn Treitschke in „Bundesstaat und Einheitsstaat" „die knabenhafte Begeisterung für den theokratischen Staatsbau des Mittelalters[226]" verwarf und dafür auf die „redliche Arbeit" als Unterpfand des nationalen Erfolges hinwies, so sprach er ganz einfach jene Sprache, mit der er in dem Grenzboten vertraut geworden war. Mit den Wertmaßstäben bürgerlicher Arbeit werden auch die nationalen Aufgaben eines deutschen Königs gemessen.

Der Gedanke an einen pomphaften Kaiser drohte die bürgerliche Auffassung des preußischen Königtums zu vernichten. Der bisherige preußische König, der Akten las und exerzierte, paßte besser in den Rahmen der nationalen Arbeit hinein als ein „Kaiser".

Der Essay über „Bundesstaat und Einheitsstaat" ist von Gedanken an jene bürgerliche Arbeit, der das Motto Julian Schmidts vor „Soll und Haben" gewidmet ist, durchsetzt. Eine Reihe typischer Formulierungen, in denen der bürgerliche Arbeitsbegriff zum Ausdruck gelangt, hat das sprachliche Vorbild Freytags zur Voraussetzung:

> „. . . aber sicher und durch redliche Arbeit wuchs dieser Staat empor[227]."
>
> „Kein Volksrecht aber im Verfassungsstaat ist gesichert, das nicht erworben ward durch den Schweiß des Volkes[228]."
>
> „Ehrenhafte, nachhaltige Arbeit" des preußischen Volkes[229].
>
> „In der arbeitsvollen Schule dieses Staates[230]."
>
> „Bei der Arbeit unserer nationalen Einigung[231]."

226) Aufsätze, 3. Aufl., S. 469f.

227) ebd., S. 560.

228) ebd., S. 564; vgl. auch Briefe, Bd. 2, S. 226, v. 29. 7. 1862: „. . . und doch wie hat dies Volk im Schweiß seines Angesichts gearbeitet für den Neubau seines Staates und wie müht es sich noch."

229) ebd., S. 573.

230) ebd., S. 567.

231) ebd., S. 604.

Dieser Katalog von Beispielen „redlicher politischer Arbeit" ist leicht fortzusetzen und aus anderen Schriften Treitschkes zu ergänzen. Das häufig wiederkehrende und gern gebrauchte Bild vom „frohen Werkeltag des 19. Jahrhunderts" gehört in denselben Zusammenhang hinein und spiegelt den Optimismus wider, den das Bewußtsein rechtschaffener und redlicher Arbeit am nationalen Staate verleiht. Die bürgerliche Arbeitsauffassung bestimmt auch das Urteil über die Hohenzollern. Sie wirken im Gegensatz zu den anderen deutschen Dynastien am nationalen Arbeitsgange mit. So verehrte Freytag im preußischen König „den großen Arbeiter für die Nation"[232]. Treitschke schreibt: „Am preußischen Hof lebt ein starker dynastischer Stolz . . ., sie alle haben, oftmals irrend und mit falschen Mitteln, doch mit redlicher Selbstüberwindung für ihren Staat gesorgt und geschafft und hoch in Ehren gehalten das Wort ihres Ahnherrn: ‚Möge dieser Staat blühend dauern bis an das Ende der Zeiten'[233]." Die Arbeit für dasselbe Ziel hat in Preußen Fürst und Volk zusammengeführt.

Wenn Gustav Freytag in den „Bildern aus der deutschen Vergangenheit" seine Beschreibung der Hohenzollern mit der merkwürdigen Feststellung abschloß: „denn es ist eine alte, herzliche Freundschaft zwischen ihnen und dem Geiste der deutschen Nation[234]" und dasselbe Motiv in der Verlorenen Handschrift als eine allgemeine Forderung an den Fürsten wieder aufnahm: „. . . es soll sein ein herzlicher Verkehr zwischen dem Fürsten und dem Geist der Nation[235]", so wollte er mit solchen Formulierungen, deren Herkunft aus der Romantik unverkennbar ist, und die nun einen bürgerlichen, aber immer noch romantischen Sinn enthalten, zum Ausdruck bringen, daß die Hohenzollern nicht abseits der „Ideen" und „der Arbeit" ihres Volkes stehen. Treitschke eignete sich die Metapher an und variierte sie mannigfaltig in Anlehnung an das Freytag'sche Vorbild. Er kehrte wohl auch die Freundschaft in Feindschaft um und schrieb: „Wenn die kleinen Königreiche ihr Veto übermütig mißbrauchen, so kann leicht offene Feindschaft entstehen zwischen ihnen und dem Geiste der Nation[236]", oder er schrieb dem Geist der Nation eine politisch-therapeutische Wirkung zu: „Der Geist der Nation . . . er wird auch den Münchener Hof heilen können von krankhaft ehrgeizigen Träumen, die eine verständige bayerische Staats-

232) G. Freytag, Gesammelte Werke, Bd. 15, S. 530.

233) Aufsätze, 3. Aufl., S. 567f.

234) G. Freytag, Bilder aus der deutschen Vergangenheit, Bd. 4, 7. Aufl., Aus neuer Zeit, S. 486.

235) ders., Die verlorene Handschrift, 2. Teil, S. 346.

236) H. v. Treitschke, Zehn Jahre Deutsche Kämpfe, S. 354.

kunst nicht hegen darf[237]." Nüchterner bringt er denselben Sachverhalt zum Ausdruck, wenn er die Stellung des englischen Königs beschreibt und den „Geist der Nation", mit dem derselbe keinen Kontakt habe, durch „öffentliches Leben" ersetzt: „. . . er (der englische Thronfolger) bekleidet nie ein Amt im Heere oder im Zivildienst, nur bei der Einweihung von Brücken und Eisenbahnen lernt er das öffentliche Leben kennen[238]." „Geist der Nation" – „öffentliche Meinung" und auch „öffentliches Leben" liegen bei Treitschke auf derselben Denklinie.

Wie sehr sich Treitschke einen König und nicht einen Kaiser an der Spitze des deutschen Staates wünschte, wird ja schon an dem Titel des großen Essays, der 1871 fertig wurde, deutlich: „Das konstitutionelle *Königtum* in Deuschland." „Die friedlichen Aufgaben[239]", die „dem vollendeten deutschen Staate" bevorstehen, konnte er sich nur durch ein Königtum gelöst denken.

Die Sorgen und die Bedenken, die sich dem historisch gebildeten Zeitgenossen vor der ungewissen Zukunft des jungen deutschen Staates und vor dem fremdartigen Glanze eines Kaisertums, an dem gefährliche Erinnerungen hingen, aufdrängten, sind am nachdrücklichsten von Gustav Freytag in den zahlreichen Briefen ausgesprochen, die er an Herzog Ernst von Coburg und an Albrecht v. Stosch, den Generalquartiermeister des deutschen Heeres in Frankreich, richtete. Er nennt „das Hervorsuchen der alten Kaiseridee" durch Bismarck „das Spekulieren auf einen Gewaltcoup"[240]. Die Wahl des Ausdrucks „Gewaltcoup" ist nicht zufällig, sondern im Gegenteil sehr bezeichnend. Sie soll das Gewaltsame zum Ausdruck bringen, welches durch Bismarcks Politik in den ruhigen und vernünftigen Gang der deutschen Staatsbildung hineingerät und das Ideal „der gefahrlosen und geräuschlosen Entstehung" von etwas Neuem und Besserem an Stelle des Alten unmöglich macht. Wer die Geschichte historisch und vernünftig anschaut, wird von einer Politik der „Gewaltcoups" abgestoßen. Der Vergleich mit einem Gewaltcoup spiegelt eine Gemütsstimmung wider, die auch Treitschke, der ja in mancher Beziehung Freytags Empfindungswelt so nahe steht, beherrschte, als er über Bismarcks Parlamentsantrag von 1866 schrieb: „Wir brauchen nicht erst zu versichern, wie wenig diese

237) ebd., S. 324f.
238) Aufsätze, Bd. 3, S. 458f.
239) ebd., S. 463.
240) Gustav Freytag und Herzog Ernst v. Coburg im Briefwechsel 1853 bis 1893, hrsg. v. E. Tempeltey, S. 244. v. 1. 7. 1870.

Weise die deutsche Frage zu behandeln, unseren Wünschen entspricht ... Es war ein befremdendes, fast unheimliches Schauspiel, wie der Gedanke der deutschen Einheit so plötzlich aus dem Dunkel unter das unbereitete Volk hinaustrat und die größte politische Idee des Jahrhunderts fast wie ein Fechterstreich in einem diplomatischen Turnier erschien[241]." Eine verwandte historische Stimmung liegt 1866 ebenso wie 1870 vor. Die Kaiserkrone schien vom guten und ordentlichen Wege abzuführen, auf dem sich eine solide und arbeitsame Nation seit vielen Jahren befand. Von dieser Nation schrieb Freytag in jenen Tagen: „Unser Volk ist ein schönes und gutes Volk[242]." Die Kaiserkrone drohte aber vor allem, die Dynastie der Hohenzollern selbst ihres alten guten Sinnes zu berauben: „Ihre Königswürde, altherkömmlich durch tüchtige Arbeit bereitet, fest behauptet, ist für die alten Provinzen, ja für das gesamte Ausland wie ein wohlverdientes, würdiges Ehrenamt, ihr persönlicher Vorzug, daß sie wie höchste Beamte ihres Staates anders und viel moderner gearbeitet, exerziert, in Akten gelesen haben als die meisten anderen Herrscher. Auch die Gegner achten widerwillig diese historische, wohlerworbene Größe. Die Kaiserkrone aber zerstört diesen Nimbus sofort. Auch sie sind der Eitelkeit, dem hohlen Schein, dem selbstgefälligen Spiel mit selbsterfundenem Flitterkram verfallen ... Im Volke lebt durchaus kein Verständnis und keine Sehnsucht nach einem Kaiser, auch die Kyffhäusersage wird fast nur durch unsere Altertümler gepflegt[243]." In einer der ersten Nummern der Wochenzeitschrift „Im Neuen Reich", die 1871 die eigentliche Nachfolge der Grenzboten antrat, und deren erster Redakteur Alfred Dove war, ließ Gustav Freytag ein Gedicht abdrucken: „Die Kaiserkrone." Es enthält in poetischer Form, die Freytag allerdings weniger als die ihm geläufigere Form der Prosa glückt, alle jene Bedenken, die er gegenüber dem Kaisertitel hatte. Die Unzufriedenheit über Bismarcks Vorgehen, das den gebildeten Zeitgenossen durch unvorhergesehene Wendungen immer von Neuem überrascht, steht hinter dem Verse: „... s'ist schnelle Lagermache, der Sattler war in Eile[244]." Unverkennbar ist es boshafte Ironie, die in dem Vergleich Bismarcks ausgerechnet mit einem Sattler liegt. Der König und der Kronprinz von Preußen werden dagegen als „Werkmeister" ihres Staates angeredet, deren „zugemessene Arbeit" schwer und „gering oft das Behagen im engen Haus"

241) H. v. Treitschke, Zehn Jahre Deutsche Kämpfe, S. 78.

242) Gustav Freytag, Briefe an A. v. Stosch, S. 63, v. 20. 7. 1870.

243) ebd., S. 59f., v. 17. 4. 1870.

244) Im Neuen Reich. Wochenschrift für das Leben des deutschen Volkes in Staat, Wissenschaft und Kunst, hrsg. v. A. Dove, 1871, Bd. 1, S. 6.

gewesen sei. „Beim Geiste des großen Friedrich“ werden beide beschworen, „mit goldenen Schein dem Wesen der Macht“ vorzuziehen.

„Kiffhäuser heißt ein Hügel in Schwarzburg/Rudolstadt
Dort haust in Spinneweben die Kaisermajestat.“

Freytag gefällt sich darin, als Sprecher „die kleinen Leute“ aufzutreten und vor den Gespenstern der Zukunft seine warnende Stimme zu erheben. „Um Thron und Krone schweben neidmutig finstre Gewalten.“ Als „kleiner Mann“, der in Wirklichkeit der gefeierte Schriftsteller und der Dichter-Gelehrte und außerdem der Vertraute eines Herzogs und befreundete Begleiter des preußischen Kronprinzen ist, besorgt er, daß „der alte Cäsarenname ein graulich Gewölke vom staubigen Trödelkrame erregt.“ Bisher war es gute und solide Arbeit, die in Preußen geleistet wurde, nun befürchtet er „Nippes-Arbeit, zu fein für den Werkeltag“.

Es sind Gedanken und Erwägungen, die sich ähnlich auch bei Treitschke wiederfinden. Und doch waltet zwischen beiden ein Unterschied, der in der Kaiserfrage deutlich hervortritt. Der Gegensatz zwischen den beiden Persönlichkeiten von verschiedener Struktur setzt sich gerade in der Beurteilung des Kaisertitels gegenüber der bestehenden Verwandtschaft ihrer literarischen Vorstellungen und auch gegenüber der Gleichläufigkeit ihrer historisch-politischen Anschauungen durch. Wenn sich Treitschke schließlich doch zum deutschen Kaiser bekannte, nachdem er lange Zeit gegen denselben Gründe erhoben hatte, die z. T. aus der Redaktionsstube der Grenzboten stammen, so bedeutet diese Revision seines Standpunktes keinen „Umfall“ von den vollendeten Tatsachen, sondern es kam in diesem Verhalten vielmehr ein Mitgefühl mit den tieferen Strömungen seiner Gegenwart zum Durchbruch. Er hatte ein Gefühl dafür, daß der Name des „Kaisers“ ein nationales Imponderabile war, das seine Wirkung noch nicht völlig eingebüßt hatte.

Aufschlußreich ist für diesen Zusammenhang das Urteil eines Mannes von so großer publizistischer und praktisch-politischer Erfahrung wie das Otto Gildemeisters. Letzterer war Redakteur der Weserzeitung, des angesehenen liberalen Blattes, und diente seiner Heimatstadt Bremen als Senatsmitglied und nach 1871 als Bevollmächtigter am Bundesrat. In seiner Person war gleichsam die von Freytag gewünschte ideale Mischung von Politiker und Journalist gegeben.

Wie zu allen größeren politischen Fragen der Reichsgründungszeit nahm Gildemeister auch zum Kaisertitel Stellung und zwar in einem Leitartikel der Weserzeitung vom 8. 12. 1870. Er unterschied hier sehr fein zwischen der Belanglosigkeit der gelehrten Einwände gegen die wirkliche Geschichte des Kaisertums, die nur von wenigen gekannt werde, und der wirkungsvollen und geschichtshaltigen Legende um Namen und Kaiser und Reich, deren Zauber noch lebendig sei. „So sehr nun unser jetziger Reichstag der permanenten Perückenversammlung zu Regensburg unähnlich sieht, so unähnlich glauben wir, wird das neue deutsche Kaisertum dem untergegangenen werden.

In der Tat hat es mit dem Letzteren nichts gemein als die ursprüngliche Idee einer monarchischen Spitze der gesamten deutschen Nation, erhaben über alle Landeshoheiten und Stammesselbständigkeiten. Dieser Idee trägt die Nation eine Pietät und eine Hingebung entgegen, welche durch kein anderes Wort so kurz, schlagend und allgemein verständlich sich auszusprechen vermöchte. Den Wert eines solchen Losungswortes, welches in einer Sekunde sagt, was sonst Stunden erfordern würde und was doch in stundenlanger Erörterung nie so deutlich veranschaulicht werden könnte, diesen Wert wird ein praktischer Politiker nicht gering anschlagen ...[245]."

Treitschke bewies an der Kaiserfrage denselben praktischen Instinkt für die geschichtliche Wirklichkeit, der in dem Gildemeisterschen Artikel enthalten ist und der dem Schriftsteller Freytag abging. Diese Interpretation verträgt sich durchaus mit der anderen Feststellung über Treitschkes „literarische Abhängigkeiten", die wir so häufig Gelegenheit haben zu machen. Der Taube mit seinen begrenzten Erfahrungen, aber seinem glühenden Patriotismus, beweist an manchen Punkten der geschichtlichen Entwicklung einen überraschenden und erstaunlich freien Blick für die Wirklichkeit des geschichtlichen Lebens. Vielleicht liegt der Unterschied zwischen beiden auch darin, daß Treitschke von der Wirklichkeit Belehrungen annahm, während Freytag vor allen Dingen Recht behalten will. Treitschke nahm schließlich den Kaisertitel als Symbol der wiedergewonnenen Einheit unbefangener hin als Freytag, der scheinbar realistisch urteilte und doch befangen blieb in dem Übermaß gelehrter Erinnerungen. Es ist interessant, daß sich Freytag in einem Aufsatz des Neuen Reichs einmal selbst als „bescheidenen Antiquar" bezeichnete[246]. Vielleicht enthält diese Selbstcharakterisierung eine einleuchtende Erklärung für den Eifer, mit dem er die Kaiserkrone ablehnte. Der gelehrte Kenner machte sich Sorgen, die der durchschnittliche Patriot nicht teilte und nur ersterem war „Angst vor dieser Zeit, wo ein Gespenst aus alter Zeit einen langen Schweif

245) O. Gildemeister, Aus den Tagen Bismarcks. Politische Essays, Leipzig 1909, S. 64.

246) vgl. G. Freytag, Gesammelte Werke, Bd. 15, S. 525, Neues und altes Kaiserceremoniell, aus: Im Neuen Reich, 1871, Nr. 13.

von anderen Schatten und Nichtigkeiten in unser preußisches Leben führen wird"[247]. Von dem Fluch, „welchen die Kaiserkrone mit einer fatalistischen Notwendigkeit um die Familien der Herrscher legt[248]", wußte wohl vornehmlich der Verfasser der Verlorenen Handschrift zu erzählen, denn dieser Roman enthält ja eine eingehende Abhandlung über die wechselnden Formen des Cäsaren-Wahnsinns. Über der Fülle der antiquarischen Kenntnisse vergaß Freytag, daß sich alte Formen mit neuem Leben und Inhalt füllen können. Freytag wurde schließlich in seinem Widerwillen gegen die Kaiseridee, die den *nationalen Fortschritt* zu hemmen schien, noch durch das Bewußtsein gesteigert, daß er – wie er an Stosch schrieb – seit 1848 gegen dieselbe gekämpft habe[249]. Er trennte sich nur schwer von einer Meinung, die er einmal für richtig gehalten hatte. Wie wenig Gustav Freytag es verschmerzen konnte, daß die Kaiserkrone entgegen seinen Warnungen 1871 eingeführt worden war, zeigt eine Schrift „Der Kronprinz und die deutsche Kaiserkrone", die er nach dem Tode Kaiser Friedrichs veröffentlichte. Hier zahlte er dem toten Kaiser gleichsam heim, daß er 1870 als Kronprinz nicht auf den besseren Rat des Kenners deutscher Geschichte gehört hatte. „Die Nation" sollte nun endlich wissen, daß der Kronprinz damals der Auffassung gewesen sei, „die neue Kaiserwürde erhalte nur dann die rechte Weihe, wenn sie als Fortsetzung jener alten römisch-kaiserlichen Majestät betrachtet werde" und daß „er es war, welcher bei der Eröffnung des ersten deutschen Reichstages, 1871, zum Erstaunen der Abgeordneten, den uralten Stuhl der Sachsenkaiser in die moderne Eröffnungsfeier hineinschob"[250].

Es hieße jedoch dem Dichter nicht gerecht werden, wenn seine Haltung in der Kaiserfrage etwa allein auf den Schatz der gelehrten Erinnerungen, die dem Kenner beim Anblick der Kaiserkrone sogleich aufsteigen, und ferner auf die Bedeutung einer einmal ergriffenen theoretischen Überzeugung zurückgeführt würde. Die Ablehnung ist durchaus der Ausdruck eines lebendigen preußischen Staatsbewußtseins, das er bedroht glaubt und das sich ja übrigens auch in dem Träger der preußischen Königskrone selbst ebenfalls gegen die Zumutung der fremdartigen neuen Würde wehrte. Das Unbehagen, das König Wilhelm vor der Kaiserkrone empfand, war demjenigen ähnlich, welchem Gustav Freytag so beredten literarischen,

247) Gustav Freytag, Briefe an A. v. Stosch, S. 67, v. 1. 11. 1870.

248) ebd., S. 58, v. 17. 4. 1870.

249) ebd.

250) G. Freytag, Der Kronprinz und die Kaiserkrone, Erinnerungsblätter, 3. Aufl., 1889, S. 30.

wenn auch etwas verschnörkelten Ausdruck gab, z. B. in folgenden Sätzen: „Aber den Kaisermantel sollen unsere Hohenzollern nur tragen wie einen Offiziers-Überrock, den sie im Dienst einmal anziehen und wieder von sich tun. Sich damit aufputzen und nach altem Kaiserbrauch unter der Krone dahinschreiten sollen sie uns um Alles nicht[251]."

Als das deutsche Kaisertum am 18. Januar in Versailles gegründet ist, wird es freudig von Treitschke begrüßt: „Inzwischen sind Kaiser und Reich wieder auferstanden und die helle Freude, die den Kaiser in dem lang entfremdeten Süden begrüßt, gab abermals ein Zeugnis von der monarchischen Gesinnung des Volkes. Auch daran ist kein Zweifel, daß die Nation das Kaisertum nicht als eine Weltherrschaft, sondern als ein nationales Königtum auffaßt . . .[252]." Allerdings schwebt noch die Erinnerung an die Bedenken Freytagscher Art, die aber nur zitiert werden, um sogleich beschwichtigt zu werden, über dem anschließenden Satz: „sie erwartet einfach, daß die Hohenzollern ihre neue Würde genau in demselben Geiste verstehen werden, wie bisher ihre preußische Königspflicht[253]." Vielleicht hat der Umstand, daß Treitschke diese Zeilen in Heidelberg schrieb, mit zu der Berücksichtigung süddeutscher Stimmungen beigetragen. Indem er das allgemeine nationale Gefühl für „Kaiser und Reich", das sich 1870/71 durchsetzte, anerkannte und teilte, stand er jedenfalls in engerer Verbindung mit der „Volksseele" als Gustav Freytag, der so stolz darauf war, ihr Leben und Weben genau zu kennen, und dessen Bedenken doch schließlich nicht frei von einem antiquarischen Einschlag waren. Die Freude über Kaiser und Reich war eine reale Macht in den Herzen der Deutschen jener Tage und wurde keineswegs „fast nur durch unsere Altertümler gepflegt"[254]. Freytags angebliche Nüchternheit, die er sich als moralisch-politisches Verdienst zuzuschreiben nicht vergaß, rührte im Grunde bedenklich an die Grenze eines gelehrten Doktrinarismus.

251) G. Freytag, Gesammelte Werke, Bd. 15, S. 524f.
252) Aufsätze, Bd. 3, S. 462.
253) ebd.
254) vgl. G. Freytag, Briefe an A. v. Stosch, S. 60, v. 17. 4. 1870.

Wenn Treitschke das Kaisertum nicht als Weltherrschaft, sondern als nationales Königtum aufgefaßt wissen wollte, so traf er sich in dieser Deutung mit einer gewichtigen Stimme von jenseits des Kanals. James *Bryce*, der englische Historiker, Londoner Rechtsanwalt und auch Staatsmann, der in Oxford und Heidelberg studiert hatte, veröffentlichte 1864 eine Geschichte des Heiligen Römischen Reichs[255], die bis 1888 neunmal aufgelegt und 1873 ins Deutsche übersetzt wurde. Nach seinen eigenen Worten in der Einleitung zur deutschen Ausgabe nahm der Verfasser einen inneren Zusammenhang zwischen dem alten Reich und den deutschen Einheitsbestrebungen der Gegenwart an, die er als aufmerksamer und wissenschaftlich geschulter Zeitgenosse beobachtet hatte. Er hat deshalb in einem besonderen Anhang „die deutschen Einheitsbestrebungen und das Neue Deutsche Reich" beschrieben. Dieser Anhang bietet das interessante Beispiel, wie ein wissenschaftlich gebildeter Engländer, dessen Sympathie im deutsch-französischen Kriege auf seiten der Deutschen ist, seinen gebildeten Lesern den Charakter der deutschen Reichsgründung aus der Geschichte heraus verständlich zu machen versucht. Sein Urteil, daß „die Erbfolge, welche Deutschland in jüngster Zeit durch die Erlangung seiner staatlichen Einheit, die Wiedererwerbung lange verlorener Provinzen, die Züchtigung einer Nation und Herrscherfamilie . . . erworben habe, von dem größten Teil der Engländer mit aufrichtiger Teilnahme und Freude verfolgt worden seien[256]", dieses Urteil ist jedoch ein sehr subjektives und vermag nicht, die gebildete öffentliche Meinung Englands wiederzugeben. Bezeichnenderweise denkt Bryce allerdings an die historisch Gebildeten unter den Engländern, „deren Kenntnis der kontinentalen Geschichte der letzten vier Jahrhunderte ihrem Urteil einen besonderen Wert verleihe". Dieser Engländer von historischer Bildung ist also weder dem politisch maßgeblichen Engländer noch dem Durchschnittsengländer gleichzusetzen. Noch weniger typisch erscheint Bryce' Teilnahme für Deutschland, wenn

255) J. Bryce, The Holy Roman Empire, 1864.
256) James Bryce, Das heilige römische Reich, dt. Ausgabe, 1873, S. VII.

er dieselbe mit folgenden Worten bekennt: „Vor allem aber gereichen die deutschen Siege denjenigen zur größten Genugtuung, welche durch das Studium seiner Literatur und Kunst das Wesen des deutschen Volkes kennen und bewundern gelernt haben." – Der sich so deutscher Kultur verbunden fühlte und mit der deutschen Geschichte vertraut war, setzte sich im Anhang seines Buches auch mit der Frage auseinander, „in wie weit das neue Reich ein rechtmäßiger Nachfolger oder Vertreter des Reiches sei, das im Jahre 1806 erlosch"[257]. Diese vom Ausländer gestellte Frage enthielt eine unüberhörbare politische Aktualität; denn es war die Frage der politischen Welt an das junge deutsche Reich, ob es den Weg des alten Reiches einer universalen Herrschaft über andere Völker beschreiten oder ob es sich mit dem erreichten staatlichen Ziel von 1871 begnügen werde. Bryce führt das heilige römische Reich deutscher Nation auf die Vereinigung „zweier ganz verschiedener politischer Wesen in einer Person[258]" zurück: „des deutschen Königtums, welches damals aus der ursprünglichen Herrschaft eines Stammhäuptlings in eine Feudalmonarchie überging, und des römischen Kaisertums mit all' seinen Ansprüchen auf die autokratische Universalherrschaft." Eine solche Vereinigung bestehe im neuen deutschen Reich von 1871 nicht mehr, das nur das eine jener beiden Elemente vertrete: „Das deutsche Königtum, welches Otto von seinem Vater vor seiner verhängnisvollen Romfahrt empfing[259]." So sei, „streng genommen, Kaiser Wilhelm nicht der Nachfolger Ottos des Großen und Franz des Zweiten, sondern vielmehr Konrads des Ersten und Heinrichs des Voglers, der deutschen Könige, jenes Heinrichs, der bei einer Expedition gegen die heidnischen Wenden deren Feste Brannibor erstürmte (928) und zum Schutze der Nordostgrenze die Mark Brandenburg gründete, jene Mark, die zur preußischen Monarchie angewachsen ist"[260]. Unverkennbar ähnelt dieser politische Stammbaum, der dem deutschen Kaiserreich zugeschrieben wird, demjenigen, den Treitschke für gut befindet. Auch er sah in dem Reich von 1871 die Fortsetzung einer uralten politischen Tradition, so sehr er andererseits wieder betonte, daß etwas „vollkommen Neues" mit der Gründung des nationalen Staates der Deutschen in der politischen Welt aufgetreten sei. So sehr er den Vernunftcharakter des neugegründeten deutschen Staates betonte, ebenso sehr legte er auch auf seinen historischen Charakter und sein historisches Alter Wert. Ausdrück-

257) ebd., S. 322.
258) ebd.
259) ebd.
260) ebd., S. 323.

lich leitete er „unser unveräußerliches Recht auf einen nationalen Staat" nicht aus Abstraktionen, auch nicht zuerst aus „dem vagen Begriffe der gemeinsamen Abstammung" ab, sondern aus „jener politischen Verbindung, die unsere Stämme seit unvordenklicher Zeit umschlang und in einem Jahrtausend nur einmal, während der 8 Jahre Napoleonischer Anarchie gänzlich gelöst ward"[261]. Treitschkes Rückgriff auf die ältere deutsche Geschichte geschah allerdings in sehr allgemeiner Weise, ihm fehlte ja auch die Kenntnis der Details jener Zeiten, mit denen er sich kaum befaßt hatte, und über die der englische Historiker in reichem Maße verfügte. Treitschkes Ansicht vom Staat bezog ihren hauptsächlichen Inhalt vornehmlich aus der Theorie. Jedoch – die historische Linie, die rückwärts in die Vergangenheit führt und an deren Endpunkt das Reich von 1871 steht, fehlt auch bei ihm nicht. Schon in der politischen Betrachtung über das abgelaufene Jahr 1866 vergleicht er die Stellung Norddeutschlands mit „den Tagen der Sachsenkaiser"[262]. Und der Aufsatz über die Verfassung des Norddeutschen Bundes schließt mit den vielsagenden Worten: „Die Zeit ist gekommen, da es dem Deutschen erlaubt ist, das Höchste zu hoffen. Das große Wort ‚Deutsches Königtum' ist noch nicht ausgesprochen. Aber der gesegnete Tag rückt näher, da vor diesem verheißenden Klange jeder Widerstand verstummen muß und der Spruch sich erfüllt, der dem Adler Preußens zuruft: ‚Einst trägst Du noch den goldenen Reif, Zepter, Schwert vom heil'gen Reich'[263]!" Das moderne Kaiserreich von 1871 sollte das alte „nationale Königtum" erneuern. So deckt sich seine historisch-politische Ansicht vom Bismarckreich durchaus mit der von Bryce. Auf dessen wohlmeinende und kaum noch besorgliche Äußerung: „hoffentlich hat das deutsche Reich für immer den Traum einer Herrschaft über fremde, durch Blut und Sprache von ihm getrennte Völker aufgegeben[264]", – darauf fand sich bei Treitschke als bei einem der maßgeblichen deutschen Publizisten, dem „Propheten des Neuen Reiches", wie ihn Dove treffend genannt hatte, die beruhigende Gegenversicherung: „Aber auch daran ist kein Zweifel, daß die Nation das Kaisertum nicht als eine Weltherrschaft, sondern als ein nationales Königtum auffaßt[265]."

Nicht nur diese bemerkenswerte Anerkennung des friedlichen Charakters des deutschen Staates, den Bryce auf Grund seiner Diagnose der

261) Aufsätze, 3. Aufl., S. 475.

262) H. v. Treitschke, Zehn Jahre Deutsche Kämpfe, S. 171, Zum Jahresanfang, v. 23. 12. 1866.

263) ebd., S. 206.

264) J. Bryce, Das heilige römische Reich, S. 323.

265) Aufsätze, Bd. 3, S. 462.

deutschen Geschichte im Grunde für erwiesen hält, fällt an seinem Bilde vom modernen Deutschland auf – es zeichnet sich auch sonst durch einen hohen Grad von Vertrautheit mit den inneren deutschen Verhältnissen aus. Am erstaunlichsten scheint aber, wie seine Urteile und Auffassungen über die jüngste politische Entwicklung bis in eine Reihe von durchaus nicht nebensächlichen Einzelheiten mit den Ansichten der sogenannten kleindeutschen Schule übereinstimmen. Indem Bryce seine Leser über „die Natur der großen politischen Veränderung[266]", die sich in Mitteleuropa vollzogen hat, belehrt, mißt er ihr einen ähnlich hohen Grad politischer Bedeutung zu, wie es sein Landsmann Disraeli in einer Parlamentsrede über „the german revolution" tat. Während letzterer aber eine Störung des von England her bislang ausbalancierten europäischen Gleichgewichts als Folge der Umwälzung in Mitteleuropa voraussehen zu müssen glaubte, nimmt der Gelehrte, der historisch zu urteilen gewohnt ist, ganz im Geiste der deutschen politischen Historiker an, daß die Weltgeschichte mit 1866 und 1870/71 ein großes und schönes Ziel erreicht habe: „Wir scheinen eine große Epoche der Weltgeschichte geschlossen zu haben, und staunen nun und plagen uns zu ergründen, was die nächste enthalten mag[267]." Die innere Nähe dieser Bekundung zu verwandten Äußerungen Treitschkes über den vernünftigen Abschluß der deutschen Geschichte ist erstaunlich und geradezu erregend. Der Historiker Bryce billigt den Charakter der historischen Notwendigkeit der Staatsgründung der Deutschen zu, worin der Politiker Disraeli eine Revolution von unabsehbaren Folgen sieht. Wenn die Deutschen Baumgarten, Sybel, Treitschke usw. aus dem überquellendem Reichtum nationalen Erlebens heraus in den Tagen der Erfüllung verkünden und feierlich bekennen, daß „die Sünden der Vergangenheit" nun gesühnt und getilgt seien, so stellt Bryce in nüchterner Formulierung ganz denselben subjektiven Sachverhalt fest: „das alte Unrecht ist gesühnt, die alten Probleme sind gelöst[268]." Worin Bryce die Sühne alten Unrechts und die Auflösung alter Probleme sieht, erklärt er genauer in dem Satze: „Die beiden großen Völkerstämme, deren nationale Existenz dem mittelalterlichen Kaisertum geopfert wurden, erlangen dieselbe zu gleicher Zeit und zwar beide durch die Niederlage der alten Gegner des Kaisertums, der Kirchengewalt und der französischen Monarchie[269]." Diese Duplizität der nationalen Geschicke Deutschlands und Italiens bildet ja eines der großen

266) J. Bryce, a.a.O., S. 318.
267) ebd., S. 324.
268) ebd.
269) ebd.

Themen seit Hegel in den Betrachtungen der deutschen Historiker. Es ist interessant, wie in jener Zeit ein Engländer von dem Range Bryce' im Verschwinden kleinerer Staaten zugunsten der Entstehung nationaler Reiche „kein Unrecht" sieht, sondern im Gegenteil geschichtlichen Fortschritt: „In West- und Mitteleuropa sind die kleinen Staaten verschwunden und die Großen haben ihre durch Stammesgemeinschaft und Sprache geforderten natürlichen Grenzen zu erlangen gewußt[270]."

Eine ähnliche Vorstellung von einem Kreise „vollendeter" Staaten, die alle ihr geschichtliches Entwicklungsziel erreicht haben, besteht sowohl bei den deutschen Historikern als auch bei Bryce, wobei das Bild der Staatenwelt bei letzterem um einige Töne liberaler, ja demokratischer ausfällt. Die Worte, in denen er seinen Glauben an die Macht des Liberalismus bekennt, erinnern an die pathetische Sprache von 1848: „Jetzt werden die Wünsche und Interessen der Völker in der Politik für mächtigere Faktoren angesehen, als die der Fürsten[271]." Mit diesem Wechsel des politischen Schwergewichts, das sich vom Fürsten auf das Volk verlagert, hielt er also das Dasein einer konstitutionellen deutschen Monarchie für durchaus vereinbar. Die Harmonie der Staatengesellschaft schien Bryce durch die Abstufung in der Zuteilung demokratischer Verfassungsrechte an die verschiedenen Nationen nicht gestört; denn auch dort, wo noch keine demokratischen Verfassungen eingeführt sind, seien „die Rechte der Untertanen anerkannt worden"[272]. Dieses zeitgenössische Urteil von maßgeblicher Seite über das deutsche Reich von 1871 ist sehr wichtig. Es ist bemerkenswert, daß der wissenschaftlich gebildete Engländer das Deutschland von 1871 als ein notwendiges und innerlich zugehöriges Glied des europäischen Staatensystems betrachtet.

Wenn Bryce in der „so klar hervortretenden Abnahme des alten Gefühls ehrfurchtsvoller persönlicher Ergebenheit, an dessen Stelle die vernunftgemäße Anschauung von der Natur des Staates und der Macht des Volkswillens sich Geltung verschaffte[273]", einen charakteristischen Zug der deutschen Geschichte des 19. Jahrhunderts sieht, so bietet der biographische Befund Treitschkes, der Unterschied zwischen Vater und Sohn, die allerbeste Bestätigung dieser Ansicht.

In diesem Zusammenhang verdient schließlich noch eine einzelne Bekundung in seinem Anhang Beachtung, weil sie noch mehr in den inneren

270) ebd.
271) ebd.
272) ebd., S. 318.
273) ebd., S. 324.

geistigen Zusammenhang hineinleuchtet, in dem Bryce mit Tendenzen und Motiven steht, die im Laufe dieser Untersuchung mehrfach auftauchten. Er warnt davor, die deutsche Reichsgründung für „unerwartet" und „zufälliger" anzusehen, „als es in Wirklichkeit der Fall ist und Alles nur den von dem gegenwärtigen Reichskanzler angewendeten gewaltsamen Mitteln zuzuschreiben"[274]. Es handelt sich in dieser Warnung um denselben Gedankengang, den z. B. auch Scherer anwendet, wenn er anläßlich der Besprechung einer Bismarckschrift aus dem Gefühl der historischen Kontinuität heraus gegen die Ansicht des Verfassers polemisiert, als hätten die Deutschen alles Bismarck allein zu verdanken – „wie einem vom Himmel herabgefallenen Götterbilde . . ."[275]. Die Arbeit der Vergangenheit sei wichtiger und dauerhafter als das Tun eines einzelnen Menschen. Eine große Rolle spielt dieser Gesichtspunkt in Freytags Schriften. Aus dem gleichen historischen Bedürfnis, den inneren Zusammenhang zwischen den einzelnen Stufen der deutschen Einigung zu erhalten und nachzuweisen, schreibt Bryce – und man meint, die Gedanken eines Deutschen wie Freytag vor sich zu haben – daß „dieses Werk (der deutschen Einheit) jedoch niemals vollendet sein würde ohne die Anstrengungen gerade jener ‚sentimentalen' oder ‚romantischen' Politiker, welche anfangs als Agitatoren verfolgt und, als der Augenblick zur Tat gekommen war, auf die Seite geschoben wurden. Denn sie waren es, welche die Gesinnungen der Nation auf diese Umwälzung vorbereitet und das zur Höhe einer großen nationalen durch den Volkswillen gerechtfertigten Bewegung erhoben hatten, was anderenfalls den Lauf einer gewaltsamen Selbstvergrößerung genommen hätte. In Deutschland war dasselbe der Fall wie in Italien, wo auch das Werk Cavours ohne die vorhergegangenen Bemühungen des größeren und erhabeneren Mazzini niemals hätte ausgeführt werden können"[276]. Diese Feststellung, mit welcher sich Bryce schützend vor das historische Recht „der Besiegten" von 1866 und 1870 stellen will, böte reiche Gelegenheit zu mannigfachem und ergiebigem Vergleich mit ganz ähnlichen Verlautbarungen auf deutscher Seite, mit denen sie sogar bis in die Sprachgebung hinein verwandt ist. Dem Vergleich zwischen dem Vollstrecker Cavour und „dem größeren und erhabeneren Mazzini" liegt ein politischer Wertmaßstab zugrunde, der ganz derselbe ist, an welchem auch Gustav Freytag die politischen Erscheinungen seiner Gegenwart zu messen pflegt. Dieser Vergleich entsteht aus einer politischen Gesinnung,

274) ebd., S. 318.
275) W. Scherer, Kleine Schriften, Bd. 2, S. 216.
276) J. Bryce, a.a.O., S. 321f.

die auf beiden Seiten ähnlich ist. Der Sachverhalt, daß Bryce frei von den Enttäuschungen der „Bei-Seite-Geschobenen" ist, begünstigt jedoch sein unbefangeneres Urteil über Bismarck, für dessen staatsmännische Leistung er ein volles Verständnis aufbringt. Für unsere eigene geschichtliche Selbstbesinnung erscheint am wichtigsten die Anerkennung dieses bedeutenden Engländers, daß die nationalstaatliche Einigung von 1866 bis 1870/71 nicht den Charakter einer „gewaltsamen Selbstvergrößerung" trug, sondern emporgehoben war „zur Höhe einer großen nationalen durch den Volkswillen gerechtfertigten Bewegung".

Das außerordentliche Verständnis, das der englische Gelehrte und Staatsmann der deutschen Reichsgründung entgegenbringt und das so viele vertraute Züge trägt, an denen sich eine innere Verwandtschaft mit der Gedankenwelt der nationalen und liberalen Publizistenschicht zeigt – wenn wir eine Gruppe von Gelehrten und Journalisten einmal verkürzend und vergröbernd so nennen dürfen – gehört dem Bereich einer individuellen wissenschaftlichen Überzeugung an und darf in seiner politischen Wirkung nicht zu hoch veranschlagt werden. Auf dem Wege wissenschaftlichen Forschens bildet sich Bryce sein politisches Urteil über den gegenwärtigen Charakter der Politik des neugegründeten deutschen Kaiserreiches, von dessen Übereinstimmung mit dem Treitschke'schen Urteil dieser Exkurs ausgegangen ist. Das Aufschlußreiche dieses Sachverhaltes besteht darin, daß ein in geschichtlicher Überlegung gewonnenes Urteil am Ende richtiger ist als das politische Urteil von Berufspolitikern, die ihre Urteilsmaßstäbe praktischen Erfahrungen entnehmen und die den Täuschungen und Mißverständnissen unterworfen sind, welche das tägliche Leben mit sich bringt. Die Wirkung des Urteils ist jedoch nicht an seine Richtigkeit gebunden.

Anschließend mag noch die bemerkenswert illusionsfreie Prognose wiedergegeben werden, die Bryce anders und mit größerer Wirklichkeitskenntnis, als sie Treitschke zur Verfügung stand, stellt: „Man darf nicht etwa annehmen, daß die Begründung von nationalen Königreichen das Gift sozialer Unruhen weniger ansteckend und gefährlich gemacht habe, oder daß durch die Wiederherstellung des Reiches für Deutschland nun eine geringere Gefahr als für das übrige Europa vorhanden und eine Aera des Friedens, des Behagens und des Glückes eingetreten sei[277]." Es findet sich allerdings gerade auch bei Treitschke ein Vorgefühl heraufziehender schwerer sozialer Unruhen, das sich jedoch bei ihm sogleich in ein ästhetisch genießbares Bild verwandelt und seinen wirklichen Ernst darüber verliert: nachdem er soeben die Ungleichheit des Besitzes und

277) ebd., S. 325.

„die Massenarmut der großen Kapitale" festgestellt hat, fährt er bezeichnenderweise fort: „Es ist ein grandioses Schauspiel, vielleicht das größte dieser reichen Zeit. Sein erster Akt hat kaum geendet und Niemand kann sagen, ob der Verlauf der Handlung zu einer Versöhnung oder – wie so viele verwandte Epochen der Geschichte – zu einem sozialen Kriege führen wird[278]." Wer sich Probleme von solcher Explosivkraft und solchem Wirklichkeitsgehalt wie das soziale im Bilde von Aktabschlüssen und versöhnenden oder tragischen Ausgängen vergegenwärtigt, dem sind dieselben keine wirklichen Anliegen des Herzens und des Verstandes. Die soziale Frage stand vollkommen außerhalb von Treitschkes Denk- und Erlebniskreis.

Wenn Bryce seine Betrachtung über das deutsche Kaiserreich mit der Feststellung und zugleich Warnung abschloß: „einen großen Militärstaat geschaffen zu haben ist viel, doch ist es nur ein kleiner Teil von den großen Aufgaben, deren Lösung den zivilisierten Nationen der Gegenwart obliegt[279]", so befand er sich in vollkommener Übereinstimmung mit Treitschkes Anschauungen von den friedlichen Aufgaben des monarchischen Großstaates, dessen höchster Lebenszweck – wie er oftmals äußert – niemals in der Wehrkraft liegen dürfe. Ein gesitteter Staat kann kein Militärstaat sein[280].

Mit der Aufzählung solcher Ähnlichkeiten und Übereinstimmungen, wie sie in diesem Exkurs enthalten sind, sollte nicht die „Richtigkeit" eines Vergleichs zwischen zwei Persönlichkeiten von doch verschiedener Herkunft und Struktur nachgewiesen werden. Dieser Exkurs über Bryce sollte vornehmlich den Dienst leisten, uns zu zeigen, daß die nationalen Ansichten eines von leidenschaftlichem Patriotismus so ganz erfüllten und besessenen Mannes wie Treitschke keineswegs des Zusammenhangs mit den Anschauungen von gebildeten Vertretern der führenden literarischen Schicht außerhalb Deutschlands entbehren.

278) Aufsätze, Bd. 3, S. 492.
279) J. Bryce, a.a.O., S. 325.
280) vgl. Aufsätze, Bd. 3, S. 477, und vgl. oben S. 229.

Im Laufe der Jahre hat Treitschke die ursprünglich so skeptisch und zurückhaltend behandelte sogenannte mittelalterliche Linie in der Deutung des deutschen Kaiserreichs von 1871 stärker hervortreten lassen. Er hat noch zweimal, in den 70er und in den 80er Jahren, – abgesehen von seinen alljährlich wiederholten Vorlesungen über Politik – in selbständigen Aufsätzen den Charakter des deutschen Reiches beschrieben. Schon in dem im Oktoberheft der Preuß. Jahrbücher 1874 erschienenen Aufsatz über *„Bund und Reich"* betonte er mehr als früher die historische Kontinuität des alten Reiches. „Das deutsche Reich hat die großen Überlieferungen des alten heiligen Reiches, soweit sie noch zu leben vermochten, in einer verwandelten Zeit, von neuem wachgerufen[281]." Wogegen er bis 1870/71 stärkste Abneigung empfand, dafür schien er nun besondere Sympathien zu haben: für „den wunderbaren Zauber altheiliger Erinnerungen"[282]. An der historischen Ableitung einzelner Institutionen zeigt sich der Wandel seines politischen Urteils. So meinte er z. B., daß sich das Wesen des Bundesrates nur verstehen lasse, wenn man „wieder anknüpfe an die Traditionen unseres alten Reiches"[283]. Der Bundesrat sei „der in neuer Gestalt wieder aufgelebte Reichstag des heiligen Reichs, die Vertretung der Reichsstände neben dem Kaiser[284]"; allerdings fügt er auch jetzt hinzu: „nur erscheint auch hier wie überall die kaiserliche Majestät des neuen Deutschland in der Form bescheidener, in der Sache mächtiger als das alte Kaisertum[285]." Auf eine noch grauere Vergangenheit geht er zurück, um die Stellung des Reichskanzlers zu erklären. In seinem Amte sei „die uralte Würde des Erzkanzlers in Germanien wieder aufgelebt, die so oft, vornehmlich in den Tagen Bertholds von Henneberg, bestimmend eingriff in die deutschen Geschicke"[286]. An solchen Äußerungen, die vor 1870/71 so nicht denkbar gewesen wären, spürt man die Neuverteilung der Wert-

281) H. v. Treitschke, Zehn Jahre Deutsche Kämpfe, S. 576.
282) ebd., S. 582.
283) ebd., S. 585.
284) ebd.
285) ebd.
286) ebd., S. 583.

akzente, die Treitschke vornimmt – ein Vorgang, der sich ebenfalls im praktischen Verhalten zu den politischen Tagesfragen vollzieht und zwar hier in der Form einer Annäherung an konservative Kreise. Sein um mehrere Jahre jüngerer Theologenfreund Overbeck, der sich nach seinem Weggang aus Deutschland in Basel eng Nietzsche angeschlossen hatte, fühlte sich einmal in einem Briefe der 70er Jahre zu der Bemerkung veranlaßt, daß sich Treitschke von den weltanschaulichen Grundlagen, auf denen seine Publikationen der 60er Jahre aufgebaut seien, vollkommen entfernt hätte. Diese Feststellung ist nur zum Teil richtig, aber auf dem politischen Felde seiner publizistischen Bekundungen ist von den 70er Jahren an ohne Zweifel eine grundlegende Veränderung seiner Wertmaßstäbe vor sich gegangen. Die Urteile über Kaiser und Reich spiegeln diese Veränderung deutlich wider. An Stelle „des wunderbaren Zaubers altheiliger Erinnerung", der nun an Kaiser und Reich hängt, wurde bis 1870 „die derbe Prosa des konstitutionellen Staates[287]" gepriesen. Aus den Historisch-Politischen Aufsätzen, deren Entstehung und Ausarbeitung in die Zeit der Erwartung und Vorbereitung auf den Nationalstaat fallen, ließe sich leicht ein abwechslungsreicher Katalog von Bezeichnungen für „das moderne Leben" aufstellen, das unromantisch aufgefaßt werden soll, aber ja trotzdem romantisch verklärt wird:

> „die helle Lebenslust, die sich zuversichtlich auf den Wellen großer Tage wiegt" sowie
> „das freudige Selbstgefühl[288]" stehen in Kontrast zu
> „der verschwommenen Traumwelt des Mittelalters[289]",
> „unsere hellen Tage[290]",
> „unser handfestes Jahrhundert[291]" oder
> „unser erwerbendes Jahrhundert[292]"
> „der harte prosaische Werkeltag[293]"
> „der Weltsinn des modernen Lebens[294]"
> „die ehrlichen Weltkinder[295]"
> „unsere Tage der hellen Bildung[296]".

287) Aufsätze, Neue Folge, 1. Teil, S. 487.
288) Preuß. Jb. 26, S. 373f.
289) Aufsätze, 3. Aufl., S. 27.
290) H. v. Treitschke, Zehn Jahre Deutsche Kämpfe, S. 223.
291) Aufsätze, Bd. 3, S. 461.
292) ebd., S. 467.
293) Aufsätze, Neue Folge, 1. Teil, S. 472.
294) Aufsätze, Bd. 4, S. 112.
295) vgl. ebd., S. 115.
296) ebd., S. 125.

Alle diese der ersten Schaffensperiode zugehörigen und wiederkehrenden Ausdrücke spiegeln eine andere Empfindungs- und Anschauungsweise wider, als sie für die Ausführungen über „Bund und Reich“ in der Mitte der 70er Jahre charakteristisch ist. Solche Bezeichnungen, die nicht etwa ganz verschwinden, spielen nicht mehr die alte Rolle. Eine gewisse Ermüdung und ein Nachlassen der alten Energie kommen deutlich im Sprachbild zum Ausdruck. Die politischen Gefühlswerte, die von nun an in den Vordergrund treten, erscheinen von einer mehr altertümlichen Art. Eine Vorliebe für mehr archaische Formen der Sprache und auch der politischen Anschauung macht sich unverkennbar mehr und mehr geltend. „Die lebendige historische Pietät der Germanen[297]“ sowie „die alte Kaisertreue der deutschen Nation[298]“, die wieder erwacht sei, sollen von nun an den Inhalt des monarchischen Sinnes ausmachen. Trotzdem liegt nicht etwa ein völliger Bruch mit früheren Anschauungen vor; denn ihre Spuren werden immer wieder in Treitschkes Denken, auch nach 1871, auftauchen[299]. Der Schwerpunkt verschiebt sich aber zugunsten eines traditionalistischen Monarchismus, der überdies mit der germanischen Kontinuität in einen ziemlich unklaren Zusammenhang gebracht wird. Treitschke hat keine Bedenken, das Verhältnis der Bundesfürsten zum Kaiser mit altgermanischen Zuständen in Parallele zu setzen: „Verwandte Zustände finden sich wohl nur in der ältesten Geschichte der Germanen. In ähnlicher Weise standen einst die Ealdormen der festländischen Angelsachsen und die Herzöge der Langobarden ihrem König gegenüber, die schuldeten ihnen Gehorsam, doch sie übten Herrenrecht, ihr Amt war älter als das Amt des Königs. Ein solches Verhältnis sozialer Gleichberechtigung und politischer Unterordnung kann sehr wohl auf eine lange Dauer zählen, wenn die Territorialherren dem nationalen Staat treue Hingebung erweisen und ihre Ehre darin setzen, im Herr des Reiches unter den Befehlen des Kaisers zu dienen[300].“

Als sich Treitschke nach über einem Jahrzehnt 1886, erneut mit dem Wesen des Reiches befaßte und eine Betrachtung über *„Unser Reich“* niederschrieb, bestimmten die altertümlichen Züge noch entschiedener seine Auffassung. Die Patina „einer ehrwürdigen Vergangenheit“ hatte sich über das Bild des Reiches gelegt, auf dessen ganz modernen Charakter er einst so großen Wert gelegt hatte. Die Kaiserkrone, die er im Augenblick ihrer

297) H. v. Treitschke, Zehn Jahre Deutsche Kämpfe, S. 576.
298) ebd., S. 582.
299) vgl. Aufsätze, Bd. 4, S. 227, Samuel Pufendorf.
300) H. v. Treitschke, Zehn Jahre Deutsche Kämpfe, S. 587.

Einführung so überaus skeptisch beurteilt hatte, ist nun die Kaiserkrone Karls des Großen geworden. So gelangt er zu dem völlig verkehrten Urteil, daß „das Kaisertum der Hohenzollern das älteste und vornehmste der Welt sei[301]" und vergißt über diesem großen historischen Irrtum völlig das wirklich älteste Kaisertum der Habsburger. Wertmaßstäbe, die einst verpönt waren, spielen jetzt eine ausschlaggebende Rolle. Die „Lebenskraft" politischer Institutionen hatte früher vollkommen andere Erkennungszeichen als „ehrwürdiges Alter".

Noch weiter entfernt sich Treitschke von seinem weltanschaulichen und politischen Ausgangspunkt, wenn er das Recht des Kaisers aus dem Gottesgnadentum ableitet. Einer dynastisch-monarchischen Gesinnung von solcher konservativen Prägung entspricht auch das vollkommen gewandelte Urteil über die deutschen Fürsten. Während Treitschke letztere einst für „die modernen Lebenszwecke der Nation" als vollkommen unbrauchbar und überholt bezeichnet hatte, erinnert er sich nun daran, daß „sie doch auch die Staaten- und Städtegründer der Nation waren" und daß „sie in den Jahrhunderten der Religionskriege den ganzen Bestand der deutschen Kultur retteten"[302]. „Die rühmlichen alten Traditionen reichsfürstlicher Gesinnung[303]" lassen „die Sünden der Fürsten", die einmal zum ständigen Repertoire seines politischen Wortschatzes gehört hatten, in Vergessenheit geraten. Ja, sogar „der kulturfördernde Zauber der Kleinstaaterei[304]", der noch 1864 ein von „dem denkenden Teil der Nation" verlachtes „Ammenmärchen" genannt wurde, ist inzwischen ein selbstverständlicher Bestandteil landesfürstlicher Tätigkeit geworden. Von einem Reichskultusministerium, einer der Grundforderungen des Essays über Bundesstaat und Einheitsstaat, ist nicht länger mehr die Rede, sondern es heißt: „dem Landesfürsten sind gerade jene Hoheitsrechte geblieben, welche die Volksgunst gewinnen; unter seiner Obhut steht alles, was das Leben ziert und verschönt; er erscheint als der öffentliche Wohltäter, wenn er jene stille kulturfördernde Tätigkeit übt, welche von jeher die starke Seite des deutschen Partikularismus war[305]." Was einst also hauptsächlicher *Inhalt* des deutschen Einheitsstaates sein sollte, wird nun den Einzelstaaten zugedacht.

Die konservative monarchische Gesinnung, deren christlicher Einschlag im Laufe der Jahre ebenfalls zunimmt, kommt somit auch den einst so gehaßten deutschen Fürsten zugute: „Zur monarchischen Gesinnung gehört

301) Aufsätze, Bd. 2, S. 553, Unser Reich.
302) ebd., S. 559.
303) ebd.
304) vgl. H. v. Treitschke, Zehn Jahre Deutsche Kämpfe, S. 590.
305) Aufsätze, Bd. 2, S. 560.

aber auch die Achtung vor dem gesetzlich anerkannten Besitzstand der Reichsfürsten[306]." Diese Äußerung läßt die völlige Wandlung des politischen Weltbildes erkennen. Auf der politischen Entwicklungsstufe von „Bundesstaat und Einheitsstaat" galt die *Abwesenheit* von „eidgenössischem Rechtssinn" als ein unterscheidendes Merkmal der monarchischen Staatsform, die ihrem Wesen und ihrer Bestimmung nach „erobernd" zu sein hatte. Nun sichert die als germanisch deklarierte historische Pietät den fürstlichen Besitzstand innerhalb Deutschlands.

Dieser ganze Prozeß, den wir an Einzelbeispielen, wie „Kaiser und Reich" und „Bundesfürsten" zu veranschaulichen suchten und der gleich nach 1871 beginnt, würde mißverstanden werden, wenn darin nur die absinkende Kraft von Treitschkes politischem Denken und eine Erstarrung in hochkonservativen Anschauungen erblickt würden. In diesem Prozeß unterliegen seine politischen Vorstellungen nämlich nicht nur einer Archaisierung, sondern zugleich auch einer *Versachlichung.*

Von dieser Versachlichung werden vor allem politische Begriffe wie *Bundesstaat* und *Einheitsstaat* ergriffen, die 1864 noch durch den Abgrund der Idee voneinander getrennt waren. Staatenbund und Bundesstaat gingen nach damaliger Auffassung verhältnismäßig leicht ineinander über und wurden als dieselben reinen Formen „der Idee der Föderation", die immer „demokratisch" sei, definiert, während die „Idee der Einheit" ausschließlich von der Monarchie verwirklicht werden könnte. Ein Bundesstaat von Monarchien erschien deshalb als eine contradictio in adjecto. Was 1864 theoretisch noch undenkbar und deshalb auch praktisch nicht möglich schien, nahm seit den Verträgen mit den Südstaaten greifbare Formen an. Das deutsche Reich von 1871 hatte in seinem bundesstaatlichen Aufbau eine ganz andere Gestalt bekommen, als Treitschke bei der Abfassung seines Essays „Bundesstaat und Einheitsstaat" für notwendig und wünschenswert gehalten hatte. So geraten unter dem Einfluß der nationalen Umwelt, d. h. der geschichtlichen Erfahrung, die starren politischen Begriffe in Bewegung. Der „Bundesstaat" wird aus der einseitigen Ideenverbindung mit dem „Staatenbund" herausgelöst. Seine Verwandtschaft mit dem Ideal des Einheitsstaates wird von Treitschke neu entdeckt: „Der Bundesstaat ist dem Einheitsstaat näher verwandt als dem Staatenbunde[307]." So heißt es jetzt in diametralem Gegensatz zu den theoretischen Ansichten seiner großen Arbeit von 1864. Zwischen Einheitsstaat und Bundesstaat findet Treitschke nun die Mittelform „der nationalen Monarchie mit bündischen

306) ebd., S. 565.

307) H. v. Treitschke, Zehn Jahre Deutsche Kämpfe, S. 572, Bund und Reich.

Institutionen[308]" und kommt damit dem wirklichen Charakter des deutschen Reiches sehr nahe. Der wirkliche Einheitsstaat bleibt nach wie vor das politische Ideal, aber im Grunde war Treitschke nun doch auf dem Freytagschen Standpunkt von 1864 angelangt, den er damals noch abgelehnt hatte: „Ob dann Bundesstaat, ob noch schärfer angezogenes Band, das würde von der Zeitlage abhängen. In jedem Falle wäre dann der Bundesstaat nur ein sanfter Übergang. Ich hoffe, daß auf diesem Wege sich die Einheit vollziehen wird, aber ich meine, wir kommen über das Stadium eines Bundesstaates nicht hinweg[309]."

Es wäre eine Aufgabe von besonderem biographischen Reiz zu untersuchen, wann und wie oft Treitschke von seinen Idealen Abstriche machte, um den inneren Anschluß an die nationale Wirklichkeit nicht zu verlieren. Die hegelsche Ansicht, daß die Wirklichkeit immer vernünftig sei, kam dieser Tendenz einer Anpassung an die gegebenen Zustände entgegen und konnte gute Dienste leisten. Hinzu kommt noch etwas anderes: für Treitschkes Einstellung zu dem neuen deutschen Kaiserreich ist der subjektive Sachverhalt entscheidend, daß die Freude über das gewonnene nationale Gut sich in ihm stets als größer erwies denn die Enttäuschung darüber, daß die Form nicht immer den Ideen entsprach. „Das Reich besteht und wird blühend dauern[310]." Dieser Satz spiegelt seine nationale Grundstimmung nach 1871 getreulich wider. Anstelle des hochgespannten Ideals des Einheitsstaates als eines logischen Produktes aus dem bisherigen Geschichtsverlauf war das beruhigende und tief beglückende Gefühl getreten, nun endlich, wie die anderen Völker schon längst, einem wirklichen Staat anzugehören, der „nicht nur in den Wolken seine Existenz hatte", ganz einerlei, ob die Form auch der Idee entsprach. Kaiser und Reich waren wirklicher und tagtäglicher Erfahrungsinhalt des nationalen Lebens geworden und tief ins Volksgefühl eingedrungen. Treitschkes Nationalgefühl nach 1871 bekam sicherlich einen Einschlag aggressiver und militanter Züge, unter denen der Glaube an eine deutsche Herrschaft zur See am verhängnisvollsten ist, aber über die groben Züge eines oftmals hochmütigen Nationalstolzes breitet sich immer wieder der nationale Schimmer aus den frohen und erwartungsvollen Jahren zwischen 1866 und 1870. Treitschkes Nationalgefühl wird deshalb auch niemals ganz epigonenhaft werden. Es ist noch nicht das gesättigte Gefühl des Erben, der sich im

308) ebd., S. 579.

309) A. Dove, G. Freytag und H. v. Treitschke im Briefwechsel, S. 31 Freytag an Treitschke v. 12. 12. 1864; vgl. Freytags Ideal vom *„sanften Übergang"*.

310) Aufsätze, Bd. 2, S. 550, Unser Reich.

sicheren und nicht bezweifelten Besitz weiß, sondern trägt noch in sich die Erinnerung an „die schwere nationale Arbeit", welche die Errichtung dieses Staates gekostet hat. Er wird niemals ganz das frohe Erstaunen darüber verlieren, daß das Reich gegründet ist. Eine aufrichtige und innige Empfindung der Dankbarkeit für die nationale Erfüllung bleibt stets in ihm lebendig. Den persönlichsten und innigsten Ausdruck gab er dieser ganz echten Empfindung im Augenblick der Erfüllung nach dem Siege über Österreich einmal mit den Worten: „Auch warmherzige Deutsche stehen noch verwirrt vor diesem großen Wandel der Zeiten, wie das Kind am Weihnachtstische, das so viel Herrlichkeit nicht fassen kann[311]." Kein Bild als das des Kindes am Weihnachtstische könnte schöner und eindrücklicher die Gefühle widerspiegeln, die Treitschke erfüllten, als sein nationales Wunschziel verwirklicht wurde. Vielleicht vermag das Bild aber auch anzudeuten, wie derjenige, dem es sich einstellt, geblendet wird vom Glanz des nationalen Erfolges und unfähig zu nationaler Selbstkritik. Dem großen Manne, dem die Lösung der nationalen Frage gelang, sah Treitschke bereitwillig vieles nach. Es war gleichsam eine „nationale Andacht", mit welcher Treitschke auf den deutschen Staat schaute. So sah er seine Aufgabe als Professor in Berlin vornehmlich auch darin, der gebildeten Jugend den von Bismarck gedeckten nationalen Gabentisch immer von Neuem im schönsten Lichterglanz zu zeigen. Trotz der schroffen Einseitigkeiten und der Mißtöne, welche die nationalen Predigten des tauben Professors von der Mitte der 70er Jahre an oftmals entstellen, läßt ihn dieses warmherzige und leidenschaftliche nationale Empfinden immer von neuem sympathisch und groß, wenn auch einseitig, erscheinen. Wenn man ihn mit Gustav Freytag, mit dem ihn so viele literarische Gemeinsamheiten verbinden, vergleicht, so erscheint er doch als die menschlich reichere und vollere Persönlichkeit. Gustav Freytag konnte niemals ganz verwinden, daß nicht seine Partei, sondern daß dieser Bismarck von ganz anderem Stoffe das Reich gegründet hatte. Es war keine Phrase, sondern bezeichnete das Ergebnis der Versachlichung, die wir in der Entwicklung nach 1871 glauben *auch* feststellen zu dürfen, wenn Treitschke in jenem Aufsatz von 1886 über „Unser Reich" schrieb: „Die Theorie soll sich nicht anmaßen, die großen Neubildungen der Geschichte in das Prokrustesbett fertiger Begriffe zu spannen; sie bleibt nur dann wahr, wenn sie vom Leben lernt und ihre Begriffe fortbildet nach den Lehren der Erfahrungen[312]." Es besteht keine Veranlassung, daran zu zweifeln, daß Treitschke wirklich gelernt und seine Theorien an den Erfahrungen geprüft hat. Er hat sich keineswegs nur vor „dem Erfolg" gebeugt.

311) H. v. Treitschke, Zehn Jahre Deutsche Kämpfe, S. 109.

312) Aufsätze, Bd. 2, S. 550, Unser Reich.

Fünftes Kapitel

Treitschkes nationalpolitisches Verhalten zwischen 1864 und 1871

„Doch das ist ja das Herrliche dieser großen Zeit, daß sie die Vernunft der Geschichte mit übermächtiger Beredsamkeit sprechen läßt und der deutschen Politik grobe Mißgriffe kaum noch gestattet."

H. v. TREITSCHKE „Friedenshoffnungen" 25. 9. 1870

Es ergaben sich im Gange der nationalstaatlichen Einigung Deutschlands zwei akute Anlässe, bei denen die Gültigkeit der Feststellung, daß sich Treitschke nicht dem Erfolg gebeut habe, fragwürdig erscheint. Gemeint sind die *nordschleswigsche* und die *elsaß-lothringische* Frage.

Als Treitschke 1870 schrieb: „. . . es ist nicht die Aufgabe dieser nationalen Staatskunst, jede Scholle deutschen Bodens, die wir in den Tagen der Schwäche preisgegeben haben, in unser neues Reich hineinzuzwängen[1]", wiederholte er eine von den Grundanschauungen aus dem Essay über „Bundesstaat und Einheitsstaat", deren theoretische Gültigkeit auch jetzt noch unangefochten sein sollte, mit der er sich im Augenblick der Niederschrift dieser Bekundung aber bereits in einen praktischen Widerspruch gesetzt hatte. Er hatte nämlich schon zu diesem Zeitpunkt nicht nur die Wiedererwerbung verlorengegangenen deutschen Landes publizistisch unterstützt, sondern sogar die Erorberung nichtdeutscher Gebiete seine prinzipielle Zustimmung gegeben. Dies schien umso bedenklicher, als auch Treitschke in dem jahrelangen publizistischen Kampf um die Herzogtümer von dem Nationalitätsprinzip, das einen der vornehmsten Rechtstitel in dem Kampf gebildet hatte, reichlich Gebrauch gemacht hatte, obwohl das Motiv „gemeinsamer Abstammung" ebenso wenig seiner idealistischen Volksgeistvorstellung wie seinem idealistischen Staatsbegriff zu entsprechen schien. Es bot sich ihm aber nun einmal als Waffe an, und so hat er sie auch benutzt.

Die Leichtigkeit, mit der Treitschke in der nordschleswigschen Frage seine ursprüngliche Ansicht preisgibt, wiederholt sich in der elsaß-lothringischen. Wenn er in ersterem Falle das Nationalitätsprinzip leichten Herzens zurückstellte, so holte er es im letzteren genauso bereitwillig wieder hervor, um es jedoch ebenso rasch wieder einzuschränken bzw. beiseite zu schieben, sobald es den Interessen der Politik zu widersprechen begann. In beiden Fällen beruft er sich zu seiner Exkulpation u. a. auch auf den *großstaatlichen* Gesichtspunkt.

Im Jahrbücher-Artikel „Die Lösung der schleswig-holsteinschen Frage", der im Februarheft 1865 erschien, bekannte sich Treitschke noch „zu dem ketzerischen Glauben, daß die Erwerbung Nordschleswigs ein zweifelhafter Gewinn für Deutschland sei"[2]. Er zählt sich zu denjenigen, die „beklagt hätten", „daß auf der Londoner Konferenz der preußische Vorschlag, das dänische Nordschleswig von Deutschland zu trennen, nicht durchgegangen sei"[3]. Zu dieser Äußerung machte Wehrenpfennig, dessen

1) Preuß. Jb. 26, S. 371; vgl. oben S. 264.
2) H. v. Treitschke, Zehn Jahre Deutsche Kämpfe, S. 14.
3) ebd., S. 20.

praktische Ratschläge von Treitschke in jenen Jahren hoch geschätzt wurden und dessen bestimmender Einfluß noch im einzelnen zu untersuchen wäre, den bezeichnenden kritischen Einwand, daß Preußen bald die Linie Apenrade–Tondern vorgeschlagen habe, bei welcher immer noch ein Drittel der Dänen zu Deutschland gekommen wäre[4]. Noch 1865 macht Treitschke nicht etwa den Versuch, das dänische Volkstum der Nordschleswiger in Frage zu stellen. Diesen Vorschlag wird er erst später unternehmen. Er stellt im Gegenteil ausdrücklich fest, daß „sie dänischen Blutes und Sinnes seien", und fügt ironisch hinzu, „was auch die Staatsweisen unserer Volksversammlungen sagen mögen"[5]. Trotz dieser richtigen Einsicht in die Volkstumsverhältnisse im Norden Schleswigs vertritt er aber den Standpunkt, daß Deutschland dieses Gebiet jetzt festhalten müsse. Für diesen Sinneswandel bleibt er jede ernsthafte Begründung schuldig, wenn nicht in dem Gedankengang, daß nur ein Großstaat wie Preußen in der Lage sei, eine nationale Minderheit seinem Staatsverbande einzuverleiben, eine solche gesehen werden soll. Die Anwesenheit einer dänischen Minderheit böte dann also ein erwünschtes Argument gegen die Gründung eines selbständigen schleswig-holsteinischen Mittelstaates.

Nach dem erfahrenen Urteil von Wehrenpfennig hat der Artikel eine außerordentliche Wirkung gehabt. Mit einem Schlage sei Treitschke eine Berühmtheit gewesen. Überall – d. h. mit der Einschränkung: dort, wo man im liberalen Sinne politisch interessiert war – sei man der Frage begegnet: „Haben Sie schon den usw. gelesen[6]?" Umso fragwürdiger erscheint die eigenartige Mischung von Realismus und Wirklichkeitsfremdheit, die diesen Aufsatz, der die interessierten Zeitgenossen so außerordentlich beeindruckte, kennzeichnet. Auf der einen Seite die ganz nüchterne Beurteilung der besiegten Nationalität, von der treue Anhänglichkeit im nächsten Menschenalter nicht zu erwarten sei, auf der anderen die illusionistische Parole „Versöhnung Nordschleswigs mit dem deutschen Leben[7]", in welcher Redensart die oftmals gebrauchten Formulierungen wie „Freundschaft bzw. Feindschaft mit dem Geist der Nation" anklingen. Auf der einen Seite die Feststellung: „der ganze Norden Schleswigs er-

4) vgl. H. Hjelholt, Treitschke und Schleswig-Holstein, 1929, S. 77, Wehrenpfennig an Treitschke v. 25. 1. 1865.

5) H. v. Treitschke, Zehn Jahre Deutsche Kämpfe, S. 13.

6) Deutscher Liberalismus, Bd. 1, S. 242, v. 3. 3. 1865: „Es ist nicht meine individuelle Ansicht, sondern ein Urteil, das ich zehnmal von Abgeordneten, Beamten und Zeitungsredakteuren habe wiederholen hören – der Aufsatz war ein Ereignis."

7) H. v. Treitschke, Zehn Jahre Deutsche Kämpfe, S. 12.

trägt murrend das neue Wesen[8]" und die Forderung: „dort gilt es zu germanisieren, die dänischen Sympathien zu ersticken", auf der anderen das entgegengesetzte und mit dieser Forderung nicht recht vereinbare Verlangen: „und dennoch gerecht und mild zu verfahren gegen die besiegten Nationalität[9]." Worin die Gerechtigkeit und Milde in der Behandlung eines Völkerteils, dessen fremde Nationalität ausdrücklich anerkannt wird und das trotzdem germanisiert werden soll, eigentlich zum Ausdruck kommen sollen, das sagt der Verfasser des Aufsatzes nicht. Seine Ansicht, daß sich die Nordschleswiger trotz ihres Deutschenhasses „in die unwiderrufliche Ordnung der Dinge fügen werden[10]", hat keine andere Grundlage als sein Vertrauen in die Anziehungskraft eines Großstaates: „Man muß diesem fremden Stamme das Bewußtsein geben, einem mächtigen, geachteten Staate anzugehören, der die materiellen Interessen vollauf zu befriedigen vermag[11]." In der Hochschätzung des Großstaates als eines höchsten ästhetischen und sittlichen Wertes liegt der eigentliche Grund für die wirklichkeitsfremde Annahme, daß sich die jetzt noch murrenden Dänen in Nordschleswig damit abfinden werden, „einem selbständigen ruhmreichen Staate[12]" anzugehören.

Wie er über die Dänen, die es bekanntermaßen nur zu einem Kleinstaat bringen konnten, dachte, schrieb er einmal seiner Frau aus Kopenhagen. Er nannte das dänische Volk ein „Käsehändlervolk[13]" und bestritt in demselben Brief, daß Thorwaldsen ein Däne sei. Während das Schicksal je eigentlich „vernünftig" zu sein hatte, bezeichnete er es in diesem Falle als „eine unbegreifliche Dummheit" desselben, ihn hier in einem Kleinstaat geboren werden zu lassen. Daß es sich bei dieser Ansicht nicht etwa um eine nicht zu wörtlich zu nehmende briefliche Äußerung handelt, zeigt eine Stelle aus dem 1. Band der Politik, wo Treitschke dieselbe Frage der Herkunft Thorwaldsens wieder aufnimmt: „. . . aber übersieht man die Geschichte im Großen, so ist deutlich, daß alle wirklichen Meisterwerke der Dichtung und Kunst auf dem Boden großer Nationalitäten entstanden sind . . . Der Dichter und Künstler muß auf ein großes Volk zurückwirken können. Wann wäre je ein Meisterwerk in einem kleinen Völkchen entstanden? . . . Thorwaldsen war kein Däne. Er war auf einem Schiffe auf der Fahrt von Island nach Dänemark

8) ebd., S. 11.
9) ebd.
10) ebd., S. 15.
11) ebd., S. 14.
12) ebd., S. 15.
13) Briefe, Bd. 3, S. 172, v. 19. 9. 1867.

geboren und kam schon früh nach Rom. Von dänischem Wesen entdeckt man in seinen Werken garnichts. Er war ein moderner Hellene. Auf die Frage nach seinem Geburtstag antwortete er: das weiß ich nicht; am 8. März 1797 kam ich zum ersten Mal nach Rom[14]." Treitschke stellt hier eine vollkommen unrichtige Behauptung auf, denn Thorwaldsen war am 19. 11. 1770 in Kopenhagen geboren, wo er auch am 24. 3. 1844 starb. Die Version, ihn auf einem Schiffe zur Welt kommen zu lassen, nur um einen Kleinstaat als Stätte seiner Geburt zu vermeiden, streift geradezu ans Lächerliche. Diese Nähe zum Lächerlichen mindert aber nicht die Bedeutung, welche diese Aussage für die Erkenntnis von Treitschkes politischer Urteilsbildung hat. Gewiß waren weder die Vorlesungen über Politik in der uns vorliegenden Form noch gar der Brief vom 19. 9. 1867 an seine junge Frau von Treitschke für eine Veröffentlichung vorgesehen, und es bedarf deshalb besonders behutsamer Interpretation, um vor allem aus einem Dokument von solcher Gelegenheit und auch Intimität, wie sie für einen Brief charakteristisch sind, konstante politische Gedanken herauszulesen. Aber in Treitschkes mannigfach erwiesenes Großstaat-Kleinstaat-Schema mit allen seinen Folgerungen paßt das Märchen von Thorwaldsens Geburt zu gut hinein, um nicht ganz ernst genommen und für Treitschkes Denkungsart hoch eingeschätzt zu werden. Gerade dieser skurrile Einfall vermag besonders deutlich zu zeigen, bis zu welchem Grade die Einzelheiten der Wirklichkeit unter der Last der Theorie umgebogen werden.

Der Wunderglaube an den Großstaat gab letzten Endes auch in der nordschleswigschen Frage den Ausschlag. Die Chance, einen ruhmreichen Staate eingegliedert zu werden, hielt Treitschke für so unwiderstehtlich, daß er sich nicht anders denken konnte, als daß die nationale Minderheit schließlich doch die neue Ordnung bejahen und sich mit dem deutschen Leben „versöhnen" werde. Er ließ seine ursprünglichen Bedenken, daß es für den deutschen Staat besser wäre, seine Homogenität nicht durch die Einverleibung von fremden und widerstrebendem Volkstums zu gefährden, sehr rasch fallen und gab prinzipiell zu, daß sich der nationale Einheitsstaat durch fremdes und noch dazu feindseliges Volkstum vergrößern dürfe. Wenn man ihm entgegengehalten hätte, daß der jahrzehntelange Kampf um die Herzogtümer doch gerade für das Recht und besonders für das nationale Selbstbestimmungsrecht geführt worden sei, so hätte er auf den konstitutiven Unterschied hingewiesen, der zwischen einem Kleinstaat und einem Großstaat bestünde, nämlich: „vollständig fehlt auch

14) H. v. Treitschke, Politik, Bd. 1, S. 47.

den Kleinstaaten die Fähigkeit des Großstaates, gerecht zu sein[15]." Im Vertrauen auf die Gerechtigkeit und die Milde als auf die angeblich natürlichen Eigenschaften des Großstaates, hielt er es für richtig und gerechtfertigt, daß Preußen Nordschleswig behalte und – wie er ausdrücklich sagte – germanisiere.

Treitschkes Bereitwilligkeit, seine anfänglichen Bedenken über die Zulässigkeit und Zweckmäßigkeit einer Annexion Nordschleswigs zurückzustellen, wurden noch durch praktische Einwirkungen erheblich befördert. Auf die Bedeutung von Wehrenpfennigs Ratschlägen wurde schon hingewiesen. Hinzu kommt die Beeinflussung durch Treitschkes schleswig-holsteinsche Gesinnungsfreunde, vornehmlich durch seinen Jugendfreund Alfred von Gutschmidt, der Professor für alte Geschichte in Kiel war, und dessen Briefe über schleswig-holsteinische Zustände manchmal zum Teil wörtlich, wie Hjelholt in seiner Studie gezeigt hat, für die Artikel der Preußischen Jahrbücher übernommen wurden. Als Treitschke nach 1866 die Kieler Professur für neuere Geschichte erhalten hatte, verstärkte sich dieser Einfluß des schleswig-holsteinschen Milieus noch mehr.

Inzwischen hatte der Artikel V des Prager Friedens bestimmt, daß die Bevölkerungen der nördlichen Distrikte von Schleswig, wenn sie durch freie Abstimmung den Wunsch zu erkennen geben, mit Dänemark vereinigt zu werden, an Dänemark abgetreten werden sollen[16]. Wenn man bedenkt, daß Treitschke noch 1865 als seine ursprüngliche Absicht bezeichnet hatte, so wäre das Beste gewesen, Nordschleswig bei Dänemark zu belassen, so könnte es naheliegen, wenn er jetzt gegen diese Vertragsklausel keine Einwände erheben, sondern zu seiner alten Ansicht – die ja auch seinen Bekundungen von 1864 über die Idealform des nationalen Einheitsstaates besser entsprochen hätte – zurückkehren würde. Dann hätte er auch die contradictio in adjecto, die darin lag, daß der Großstaat gerecht und milde sei und doch gleichzeitig germanisieren solle, nicht länger aufrecht zu erhalten brauchen. Er ist jedoch durchaus nicht zu seiner besseren Einsicht zurückgekehrt, sondern hat an der Anschauung, Nordschleswig dürfe nicht aufgegeben werden, trotz der Vertragsklausel festgehalten. Unverkennbar sind es schleswig-holsteinsche Ansichten, die er jetzt von Ende 1866 an widergibt. Er betrachtet die Grenzfrage Nordschleswigs nicht aus dem allgemeinen politischen Bedürfnis des Norddeutschen Bundes, sondern ausschließlich aus dem schleswig-holsteinschen

15) ebd., S. 43.

16) vgl. Ursprung und Geschichte des Artikels V des Prager Friedens. Die deutschen Akten zur Frage der Teilung Schleswigs 1863 bis 1879, hrsg. v. F. Hähnsen, Bd. 1, 1929, Nr. 402, S. 491.

Landesinteresse, dem Interesse also einer Partei, deren politische Stimmung noch von dem antidänischen Ressentiment durchsetzt war, das sich in dem jahrzehntelangen Volkstumskampfe ausgebildet hatte. In einem von Hjelholt mitgeteilten ungedruckten Briefe an Max Duncker vom 11. November 1866 rückt er den Provinzialgesichtspunkt ganz in den Vordergrund: „Die Leute dort sind freilich unzweifelhaft dänisch gesinnt, doch wir sind jetzt stark genug, sie mit dem norddeutschen Staate zu verschmelzen. Die Abtretung würde hier unter allen deutschen Parteien eine sehr bedenkliche Mißstimmung hervorrufen und die Verschmelzung der Provinz mit Preußen sehr erschweren. Dies muß vermieden werden, wenn die diplomatische Lage es irgend erlaubt[17]." Duncker war damals Vortragender Rat beim Kronprinzen, und über ihn wollte Treitschke seine Bedenken gegen die Erfüllung des Artikels V an maßgebliche Berliner Stellen heranbringen. Der Brief betont neben dem schleswig-holsteinschen Partikularinteresse den unverhüllten Machtstandpunkt. Wenn es im Februarartikel von 1865, der sich allerdings auch an die Öffentlichkeit gewandt hatte, nach recht illusionistisch und in einer Formulierung, in der wir einen älteren sprachlichen Anklang heraushören zu dürfen glaubten, „Versöhnung Nordschleswigs mit dem deutschen Leben" geheißen hatte, so wird derselbe Sachverhalt in vorliegendem Briefe an einen Adressaten, dessen entschiedene Betonung der Macht Treitschke natürlich nicht unbekannt war, unverhüllt ausgesprochen. Treitschke verzichtet hier auf die bisherige Drapierung des machtpolitischen Zieles durch solche Prachtstücke wie großstaatliche Gerechtigkeit und Milde usw. Die brutale Kehrseite der sogenannten „Versöhnung mit dem deutschen Leben" lautet einfach: „Wir sind jetzt stark genug, sie mit dem norddeutschen Staate zu verschmelzen."

Noch detaillierter setzt Treitschke seinen Standpunkt in einem Briefe vom 26. November 1866 an den Chefredakteur der Kölnischen Zeitung, Dr. Heinrich Kruse, auseinander. Kruse gehörte zu den ganz wenigen unter den Liberalen – vielleicht war er sogar der einzige – der entschieden gegen eine Eingliederung des nordschleswigschen Distrikts gewesen war und der sich jetzt für die Erfüllung des Artikels V publizistisch rückhaltslos einsetzte. Seine Argumentation mußte umso ernster genommen werden, als sie die Gründe eines preußischen Patrioten enthielt, der sich schon frühzeitig für den Anschluß der Herzogtümer eigesetzt hatte, und der jetzt vor der Annexion Nordschleswigs warnte. Es war also nicht etwa ein einseitiger Moralpolitiker, der seine warnende Stimme erhob. In seinen politischen Gedankengängen halten sich vielmehr moralische und

17) vgl. H. Hjelholt, a.a.O., S. 223.

realpolitische Begründungen das rechte Gleichgewicht. Er vergaß über der Moral nicht das preußische Machtinteresse und war der Meinung, daß sich Preußen in Deutschland territorial zu vergrößern habe; denn „die Anziehungskraft des größeren Körpers gegen den kleineren hinge in der moralischen Welt wie in der physischen z. T. von der *Masse* ab"[18]. So beruft er sich ebenso sehr auf Gründe einer vernünftigen Politik wie auf solche einer Moral, die beide seiner Ansicht nach zusammengehören, wenn er die Rückgabe Nordschleswigs an Dänemark empfiehlt. Die Korrespondenten, die von seiner Zeitung nach Nordschleswig entsandt wurden, lieferten ihm ein von schleswig-holsteinschen Parteiansichten ungetrübtes Bild von den wirklichen Zuständen im Lande sowie von der eindeutig dänischen Gesinnung der Bevölkerung, die sich nicht germanisieren lassen wollte. Am 1. 5. 1865 schrieb Kruse an Sybel: „. . . Wir haben gegenwärtig eigens einen Korrespondenten nach Schleswig geschickt, um über die dortige Stimmung zuverlässige und unparteiische Auskunft zu erhalten. Wir erhalten tägliche Briefe von ihm. Er versichert uns als Endergebnis, daß unsere Darstellung der nordschleswigschen Zustände nur zu wahr und richtig sei. Die 150000 Dänen sind und bleiben auf Menschenalter hinaus ‚Landesverräter'! Und müssen also von ‚allen Ämtern und Würden, geistlichen und weltlichen, ausgeschlossen bleiben'. Müssen als völlige Heloten behandelt werden! Tyrannei demoralisiert den, der sie ausübt ebenso sehr wie den, der sie erduldet, und ich wenigstens kann und will die Politik nicht von der Ethik trennen[19]." Daß Kruse ein starkes Gefühl für die Wirklichkeit hatte, zeigt neben der feinsinnigen Bemerkung über die doppelte Wirkung der Tyrannei vor allem auch sein Urteil über die außenpolitische Rückwirkung der nordschleswigschen Frage, die von der übrigen deutschen Publizistik kaum in Rechnung gestellt wurde. In einem Briefe vom 16. 5. 1865 an einen Beamten im preußischen Ministerium der Auswärtigen Angelegenheiten erläuterte er die außenpolitische Seite folgendermaßen: „Wir haben es hier mit einer Unnatur der Verhältnisse zu tun. Der Verlust von Nordschleswig würde ein Gewinn und es würde ein Meisterzug unserer Regierung sein, wenn sie die Abtretung dieses Landstreifens bei den Mächten als ein Opfer geltend machen könnte, um die Annexion zu erkaufen. Wenigstens Schweden würde mit einer solchen Annexion sehr zufrieden sein. Mich besuchte im vorigen Jahr ein dem König von Schweden nahestehender Mann, der mir das aufs lebhafteste versicherte, freilich hinzufügend, daß ohne Rückabtretung von Nordschleswig der ganze Norden

18) Deutscher Liberalismus, Bd. 1, S. 248, v. 13. 4. 1865.
19) ebd., S. 249, v. 1. 5. 1865.

sich als unser Erbfeind ansehen würde[20]." Mit diesem Verständnis für die außenpolitische Natur der nordschleswigschen Frage stand Kruse in der deutschen öffentlichen Meinung – wenigstens soweit sie literarisch zu Worte kam – wohl ganz für sich allein. Den anderen, zu denen z. B. ein Moralpolitiker wie Gustav Freytag und ein so entscheidener Liberaler wie Twesten als typische Wortführer zu rechnen sind, entgeht ihr außenpolitischer Zusammenhang völlig; sie sehen das Problem der Grenzziehung nur aus dem deutschen, ja nur aus dem schleswig-holsteinschen Gesichtswinkel heraus. Twesten z. B. bezeichnete in einer Debatte des preußischen Abgeordnetenhauses am 20. 12. 1866 den Abschluß und die Ausführung des Artikels V „als mit dem Ehrgefühl der Schleswig-Holsteiner und ihrer Forderung der Untrennbarkeit beider Länder bis zur Königsau nicht vereinbar"[21]. Die nationale Ehre hatte schon einmal in der Diskussion der Schleswig-Holsteinfrage eine verhängnisvolle Rolle gespielt. Als die Demokraten 1848 den von Preußen mit Dänemark abgeschlossenen Malmöer Waffenstillstand verwarfen, beriefen sie sich vornehmlich auf das nationale Ehrgefühl, das einen solchen Abschluß nicht zulasse[22]. Freytag gab mehrfach in Briefen an Treitschke seiner Besorgnis Ausdruck, daß die Herausgabe von Nordschleswig bei Bismarcks „Gewissenlosigkeit" evtl. zu befürchten wäre. Freytag war nur darauf bedacht festzuhalten, was der preußische Soldat „in harter Arbeit" erworben hätte. Er warf der preußischen Politik nicht etwa vor, Eroberungspolitik zu treiben, sondern traute ihr im Gegenteil dieselbe gar nicht zu. Nicht zu viel, sondern zu wenig Eroberungswillen machte er der preußischen Regierung zum Vorwurf. Über den Erfolg der preußischen Heeresform lautete sein Urteil, das bezeichnend für seine oftmals geradezu peinlich wirkende Besserwisserei

20) F. Hähnsen, a.a.O., Bd. 1, S. 424, an den Sekretär Dr. Mettley v. 16. 5. 1865.

21) ebd., Bd. 2, Nr. 450, S. 64.

22) s. oben Erstes Kapitel: Die Überzeugung . . .

Bismarcks bezeichnende Antwort auf das Twesten'sche Argument der „Ehre" hatte folgenden Wortlaut: „Der Herr Vorredner hat auch diesen und, wie mir scheint, die ganze Weltlage aus dem ausschließlich schleswig-holsteinischen Standpunkt aufgefaßt. So können wir die Frage nicht beurteilen. Wären wir mit Schleswig-Holstein und mit Dänemark allein auf der Welt, so würde ein solcher Friedensparagraph nicht existieren . . . Ich bin stets der Meinung gewesen, daß eine Bevölkerung, die wirklich in zweifellos und dauernd manifestiertem Willen einem unmittelbar angrenzenden Nachbarstaate ihrer Nationalität angehören will, keine Stärkung der Macht bildet, von welcher sie bestrebt ist sich zu trennen." Bismarck fährt dann aber fort: „Man kann zwingende Gründe haben, dennoch auf ihre Wünsche nicht einzugehen, die Hindernisse können geographischer Natur sein, die es unmöglich machen, solche Wünsche zu berücksichtigen . . ."; trotzdem erkennt er ausdrücklich die vertragliche Bindung durch den Artikel V an und erklärt, „daß . . . wir (die

ist: „Einiges ist dadurch gebessert, aber ein Heer, um zu erobern, hat Preußen immer noch nicht[23]."

Solche Meinungen und Urteile innerhalb des liberal gesinnten und literarisch zu Worte kommenden Bürgertums bilden zusammen mit der schleswig-holsteinschen öffentlichen Meinung den Hintergrund, vor welchem sich Treitschkes Urteilsbildung über Nordschleswig vollzieht. Er gab seine ursprüngliche Überzeugung von der Schädlichkeit einer Angliederung fremden Volkstums auf und beugte sich vor der lockenden Aussicht auf preußische Machterwerbung. Er selbst rechnet sich den Wechsel seiner Ansicht als „realpolitischen Fortschritt" an, den er sich zugute hielt und auf den er stolz war. Allerdings begnügte er sich nicht allein mit dieser Deutung, sondern wies auch auf höhere Gesichtspunkte hin, wie z. B. das überlegene Recht eines Großstaates. Seine ursprünglich auf den geschlossenen Nationalstaat zugeschnittene Großstaatstheorie ließ sich – wie wir sahen – leicht umbiegen und in den Dienst der Annexion fremdvölkischer Gebiete stellen. Er schloß sich aber nur der überwiegend gebildeten und öffentlichen Meinung an, wenn er auf Nordschleswig nicht verzichten wollte. Umso höher ist das originale und selbständige Urteil des Chefredakteurs der Kölnischen Zeitung zu veranschlagen, das den herrschenden Ansichten vollkommen entgegengesetzt war. Kruse folgte nicht nur seinem Rechtsgefühl, sondern hatte auch die richtige Witterung – die die anderen nicht hatten – für die Belastung, die der deutsche Staat mit Nordschleswig auf sich nahm, und dafür, daß dieser Grenzbezirk eine offene Wunde am Staatskörper bleiben werden. Er wird denselben Instinkt in der elsaß-lothringischen Frage beweisen.

Nun sah sich Treitschke in einem Briefe an diesen durch große Sachkenntnis und angesehenes politisches Urteil ausgewiesenen Journalisten veranlaßt, seine Ansicht über Nordschleswig und besonders über die Erfüllung des Artikels V substantieller zu erläutern. Der Brief ist ungedruckt und von Hjelholt mitgeteilt. Zunächst versichert der Briefschreiber Dr. Kruse seiner Hochachtung für die Kölnische Zeitung, die er 15 Jahre lang täglich gelesen zu haben behauptet. Er pflichtet ihm vollkommen bei, daß die Nordschleswiger dänisch seien und daß die Deutschen bei einer Abstimmung nach Köpfen unterliegen müßten. Dieser letzte Gesichts-

preußische Regierung) uns doch unmöglich durch die Kommission und die Beschlüsse des Landtages von Verpflichtungen entbinden lassen können, die wir eingegangen sind, sondern wir müssen sie halten . . ." (Vgl. Die politischen Reden des Fürsten Bismarck, hrsg. v. H. Kohl, Bd. 3, S. 107ff.)

23) A. Dove, G. Freytag u. H. v. Treitschke im Briefwechsel, S. 57, v. 14. 9. 1865; vgl. auch S. 75, v. 19. 11. 1865.

punkt – leider wird er von Hjelholt nicht wörtlich wiedergegeben – ist bezeichnend. Dieselbe Skepsis gegen den Wert einer Volksabstimmung wird in der elsaß-lothringischen Frage wiederkehren, wo Treitschke auf einen merkwürdigen Ausweg verfallen wird[24]. Obwohl er auch jetzt wieder die dänische Nationalität der Nordschleswiger ausdrücklich anerkennt, gibt er dem Redakteur doch folgende Punkte zu bedenken. Von hier an zitiert Hjelholt wörtlich:

1. „Durch eine ausgedehnte Abtretung im Norden wird die Einverleibung der Herzogtümer in den preußischen Staat ungeheuer erschwert werden. Sie kennen genugsam die Suffisance der Schleswig-Holsteiner, aber schwerlich wissen Sie, mit welchem ungerechten Fanatismus alle hier diese Frage betrachten. Es ist für Preußen nicht leicht, eine so bestimmte Volksmeinung zu verletzen[25]."

Es ist eine erstaunliche Bekundung einer bei Treitschke eigentlich befremdlichen Anschauungsweise. Ganz angesehen von dem Übergewicht, das dem Provinzialinteresse auch an dieser Stelle wieder über andere und höhere Gesichtspunkte eingeräumt wird, ist es merkwürdig, daß der von ihm selbst „ungerecht" genannte „Fanatismus" der Schleswig-Holsteiner „einer so bestimmten Volksmeinung" gleichgesetzt wird, die Preußen nicht leicht verletzen dürfe. Der, dem die Volksmeinung im Gegensatz zur „gebildeten öffentlichen Meinung" sonst so wenig gilt, mißt ihr hier, wo sie eindeutig ungerecht ist, wo es aber um die Behauptung eines eroberten Landstreifens geht, maßgeblichen Wert bei. Dieser Sachverhalt, daß die als fanatisch und ungerecht gekennzeichnete Volksmeinung eine so große Berücksichtigung erfährt, legt die Frage nahe, warum die Volksmeinung des dänischen Bevölkerungsteils nicht auch beachtet wird.

2. Nach dem schleswig-holsteinschen Landesinteresse, das es zu bedenken gebe, führt Treitschke ferner den sogenannten „*strategischen* Gesichtspunkt" an, aus welchem heraus er nicht zulässig sei, den Artikel V zu erfüllen. Es ist derjenige Gesichtspunkt, der in der Metzer Frage eine so große Rolle spielen wird. Das Gutachten des Fachmannes, noch dazu des militärischen, gewinnt ausschlaggebende Bedeutung. „Die reine Anwendung des Nationalitätsprinzips im Norden ist unmöglich. Wir können und dürfen das dänische Alsen und die gegenüberliegende Ostküste aus strategischen

24) vgl. Preuß. Jb. 26, S. 371: „Wir haben in den ungeheuren Wandlungen dieser Zeiten allzu oft froh erstaunt das unsterbliche Fortwirken der sittlichen Mächte der Geschichte gesehen, als daß wir noch an den unbedingten Wert einer Volksabstimmung glauben könnten." S. unten S. 319.

25) H. Hjelholt, a.a.O., S. 223f., H. v. Treitschke an H. Kruse.

Gründen niemals aufgeben[26]." Aus genau denselben Gründen darf nach einigen Jahren Metz „nicht aufgegeben werden". 3. Und drittens spricht er die Erwartung aus, daß im Norden „kein deutsches Venezien" entstehen und daß „das deutsche Element langsam, aber unwiderstehlich nordwärts dringen werde". „Mir scheint sicher, daß unter preußischer Herrschaft jene Distrikte ohne Zwang germanisiert werden können[27]." Die wirklichkeitsfremde und im Grunde so gar nicht überlegte Formulierung, daß sich ein fremdes Volk „ohne Zwang" sein Volkstum nehmen lassen werde, kehrt also wieder.

Am Schluß dieses von Hjelholt mitgeteilten Briefes wird die ganze Angelegenheit immerhin nicht „einfach" genannt. Treitschke erklärt sich schließlich damit einverstanden, wenn Preußen „die nördlichsten Distrikte" an Dänemark abtrete. In einem der nächsten Briefe sagt er genauer, was für ein Gebiet er mit den nördlichsten Distrikten meint. Er denkt dabei nämlich nur an „einen kleinen Distrikt, etwa das Törning-Lehen"[28]. Wenn der Brief an Baumgarten vom 14. Dezember 1866 auch noch die Einsicht enthält, daß „sich die Verpflichtung des Friedens doch nicht einfach brechen lasse[29]", so zeigt trotzdem gerade diese briefliche Mitteilung besonders deutlich, wie im Gegensatz zu früheren Anschauungen das Volkstumsinteresse anderen Überlegungen diplomatisch-politischer Natur übergeordnet wird. „Nehmen Sie hinzu, daß im Norden doch zahlreiche Deutsche vorhanden sind, deren Volkstum unter Dänemark rettungslos unterginge . . .[30]" – dieser Gedanke bestimmt die politische Entscheidung. Die Grenzdeutschen schreiben der nationalen Politik ihre Richtung vor. Diese Auffassung stammt nicht aus dem Geiste, in welchem der Essay über „Bundesstaat und Einheitsstaat" niedergeschrieben war. Sie liegt auf einer ganz anderen Denklinie als jener, auf der es auch noch 1870 programmatisch heißt: „Es ist nicht die Aufgabe dieser nationalen Staatskunst, jede Scholle deutschen Bodens, die wir in den Tagen der Schwäche preisgegeben, in unser neues Reich hineinzuzwängen[31]." (S. oben.) Die Sorge für das deutsche Volkstum, die im Gange der Überlegungen aus Anlaß der Nordschleswigfrage immer mehr in den Mittelpunkt rückt, war nicht von jeher das Thema der nationalen Politik, wie sie von Treitschke verstanden wurde, und stand bei den theoretischen Erörterungen über die Form des Einheitsstaates noch keineswegs im Vordergrund. Sie wird auch niemals allein

26) ebd., S. 224.
27) ebd.
28) Briefe, Bd. 3, S. 125, v. 14. 12. 1866.
29) ebd.
30) ebd.
31) Preuß. Jb. 26, S. 371, Was fordern wir von Frankreich? Vgl. oben S. 303.

den maßgeblichen politischen Wertmaßstab für Treitschke bilden. Sie dringt aber durch, sobald eine politische Situation ihre Berücksichtigung notwendig zu machen scheint.

Schließlich darf nicht übersehen werden, daß es sich bei dem Nord-Schleswig-Problem ja überhaupt nicht um den sogenannten „Schutz deutschen Volkstums" handelte, bei welcher Vorstellung sich unvermeidlich verhängnisvolle Erinnerungen aus der jüngsten deutschen Vergangenheit – sowohl der des Nationalsozialismus als auch des Zusammenbruchs – einstellen. Es handelt sich gar nicht um die Rettung von Deutschen, sondern nur um die Annexion eines dänischen Volksteils. Es ist bezeichnend, wie der Sachverhalt, daß 150000 Dänen, die nichts vom deutschen Großstaat wissen wollten, germanisiert werden sollten, allmählich im Bewußtsein Treitschkes und der Zeitgenossen vor der Idee untertaucht, daß „im Norden doch zahlreiche Deutsche vorhanden seien", die zu schützen wären. Für diesen Vorgang, in dessen Verlauf sich ein ursprünglich klar erkannter Sachverhalt einfach verschiebt und ins Gegenteil verkehrt, bietet die Reihe der Treitschke'schen Bemerkungen über Nordschleswig ein sehr einleuchtendes und anschauliches zu zugleich warnendes Beispiel. Seine Auffassung dieser Grenzfrage unterliegt im unmittelbaren Zusammenhang mit den sich steigernden und konsolidierenden nationalen Erfolgen fortschreitenden Veränderungen von „dem Augustenburgischen Märchen eines deutsch gesinnten Nordschleswigs" des Aufsatzes von 1865 über die Annahme, daß im Norden zahlreiche zu schützende Deutsche wohnen in den Briefen nach Abschluß des Prager Friedens bis hin zu den völlig entstellten Ansichten der Deutschen Geschichte, als der Artikel V offiziell schon wieder aufgehoben war (1878).

Die *Deutsche Geschichte* enthält Treitschkes letzte Äußerungen über Nordschleswig, das längst nicht mehr den Charakter eines politischen Problems an sich trug. Nordschleswig ist nun ein „stilles Land[32]", das von jeher mit dem ganzen Schleswig-Holstein zusammengestanden habe und zwar „auch in seinen Kämpfen wider Dänemark"[33]. Der dänische Dialekt, den man dort noch spreche, sei ein „Rabendänisch", das von den Inseldänen gar nicht verstanden werde. Von den Grenzbewohnern werde das Deutsche als die Sprache der Bildung und des großen Verkehrs geehrt. Die Deutsche Geschichte weiß nichts mehr von einem dänischen Volkstum in Nordschleswig. Die mit dem Namen Grundtvigs verbundene nationaldänische

32) H. v. Treitschke, Deutsche Geschichte, Bd. 5, S. 570.
33) vgl. H. v. Treitschke, Deutsche Geschichte, Bd. 4, S. 176.

und religiöse Bewegung, die sich besonders auch auf Nordschleswig erstreckte und hier das nationale Zusammengehörigkeitsgefühl mit Dänemark erhielt und pflegte, wurde von Treitschke nicht mehr zur Kenntnis genommen und blieb ganz unter seinem Horizont. Fragen von solcher scheinbaren nationalen Geringfügigkeit, wie die nordschleswigsche eine zu sein schien, hatten ihren Sinn in dem groß gewordenen Deutschland endgültig verloren. Die Zeit der „verbrokkelde nationaliteiten[34]" war ja vorbei, wie Treitschke versichert hatte. „Das große Deutschland[35]" hatte sich seit 1871 anderen und größeren Aufgaben zugewandt. Das Wort vom „großen Deutschland" ist charakteristisch für die Stimmung, in der die Deutsche Geschichte geschrieben wurde. Einst sollte der preußische Großstaat Nordschleswigs „mit dem deutschen Leben versöhnen". Davon war längst keine Rede mehr. An seine Stelle war nun „das große Deutschland" getreten, dessen Erinnerung an Probleme, die wie die schleswig-holsteinsche und die nordschleswigsche Frage einmal im Vordergrund der öffentlichen Meinung gestanden hatten, verdunkelt war. Auch für diesen Erinnerungsschwund ist die Deutsche Geschichte charakteristisch.

Die Beschreibung der Gedankengänge, in denen sich Treitschke mit der Nordschleswigfrage auseinandersetzte, sollte sein Verhalten an einem praktischen politischen Problem überprüfen. Seine vorausgegangenen theoretischen Erörterungen, vor allem die Gedanken seines Essays über Bundesstaat und Einheitsstaat hätten eigentlich eine andere Entscheidung erwarten lassen, als wie sie dann wirklich von ihm getroffen wurde, wenn er die Germanisierung der Dänen als ein gerechtes Ziel der Großstaatspolitik empfahl. Seine damalige Auffassung von „einem erobernden Vorgehen der Monarchie" als einer ihrer „natürlichen" Eigenschaften bezog sich ja nicht auf auf eine kriegerische Expansion über die nationalen Grenzen hinaus, sondern sie beruhte vielmehr auf der geschichtlichen Erfahrung, daß sich die Nationalstaaten im Kampf mit den Partikulargewalten gebildet hatten. Der ausgebildete Nationalstaat sollte den übrigen Staaten ein friedlicher Nachbar sein und sich davor hüten, das Gebiet einer fremden Nationalität zu erwerben.

Der Bericht über Treitschkes Verhalten im Falle Nordschleswigs sollte zeigen, wie wenig sich theoretisch die Grenzen abstecken ließen, und welche gefährliche Anwendung von der Begriffsbestimmung der Monarchie jederzeit gemacht werden konnte, wie ja die umwegige Begründung für die Eroberung der dänischen Minderheit durch den preußischen Großstaat gezeigt hat.

34) Aufsätze, Neue Folge, 2. Teil, S. 633.

35) vgl. H. v. Treitschke, Deutsche Geschichte, Bd. 3, S. 602; Bd. 4, S. 177.

Die Eigentümlichkeiten in dem Verhalten, das Treitschke aus Anlaß der nordschleswigschen Frage gezeigt hat, wiederholen sich bei Gelegenheit eines anderen territorialen Problems von ebenfalls fragwürdigem Charakter, das sich in der Schlußphase der nationalstaatlichen Einigung, im deutsch-französischen Kriege ergab. Gemeint ist die elsaß-lothringische Frage. Wir werden hier ähnlichen Motiven und Argumenten und sogar einer ähnlichen Entwicklung des Urteils begegnen. Die erste grundsätzliche Stellungnahme, die von Treitschke zur elsässischen Frage erhalten ist, findet sich an jener Stelle von Bundesstaat und Einheitsstaat, wo es heißt: „Was Frankreich, die Niederlande und die Schweiz dem Reich entrissen, steht heute gänzlich außerhalb des deutschen Bundes[36]." Diese Äußerung schließt also auch das Elsaß mit in den Verzicht ein, den Treitschke ausdrücklich auf Gebiete leistet, die im Laufe der Jahrhunderte einmal verloren gegangen sind. Dieses Sich-Abfinden mit den Resultaten der gewordenen Geschichte ist kennzeichnend für Geist und Stimmung der Stufe, auf welcher Treitschke das Ideal des nationalen Einheitsstaates konzipierte und ausführte.

Als Treitschke von Freiburg aus einen Ausflug ins nahe Elsaß unternahm, schrieb er seinem Vater noch ganz in diesem Sinne: „Das Land ist doch herrlich, fast noch schöner als unser Ufer. Den patriotischen Groll wurde ich leider nicht los, so gut ich auch weiß, daß das geschehene Dinge sind, die sich nicht wieder ändern lassen. Das Land verwelscht zusehends. Das Deutsche herrscht zwar vor, ist aber für den gemeinen Mann bloß Dialekt. Reines Hochdeutsch versteht er kaum und wer seinen Jargon nicht redet, tut am besten französisch zu sprechen. Und ich fürchte, die Verwelschung wird rasch vor sich gehen . . . Die Hoffnungen des deutschen Wesens ruhen auf dem Protestantismus – den läßt sich der Elsässer nicht nehmen – und auf den gebildeten und gelehrten Kreisen Straßburgs. Aber mehr als ein Bastardvolk werden sie nicht, wir müssen zufrieden sein, wenn sie zwischen französischer und deutscher Kultur die Vermittlerrolle spielen und nur nicht gänzlich sich uns entfremden . . .[37]." Es handelt

36) Aufsätze, 3. Aufl., S. 554.

37) Briefe, Bd. 2, S. 403, v. 5. 7. 1865. – Die Feststellung, daß die Hoffnungen des deutschen Wesens auf dem Protestantismus beruhten, war nicht das Ergebnis eigener Beobachtung an Land und Leuten des Elsasses, sondern entsprach seinem Denkschema, in welchem Volkstum, Bildung und Protestantismus eine selbstverständliche Einheit bildeten. Die Wirksamkeit des Straßburger Bischofs Andreas Räß blieb Treitschke unbekannt. Räß, Sohn eines elsässischen Weinbauern, hatte den bischöflichen Stuhl zu Straßburg von 1841 bis 1881 inne und fühlte sich völkisch und seelisch dem Deutschtum zugehörig. („Er hat im Straßburger Münster deutsch ge-

sich hier – soweit die gedruckten Briefe Aufschluß geben – um die einzige ausführliche Äußerung zur Frage des Elsasses vor 1870. Die unter dem unmittelbaren Eindruck der Reiseerfahrung getroffene nüchterne Feststellung über „geschehene Dinge, die sich nicht wieder ändern lassen", war trotz der Erwähnung des „patriotischen Grolls" nicht etwa der Ausdruck einer schmerzlichen Resignation, sondern sie entsprach einem historischen Gefühl für die Bedeutung und den Vorrang, welche die Erlebnisse der neueren Geschichte, besonders seit der französischen Revolution, vor allen älteren historischen Erinnerungen für das nationale Empfinden der Völker besitzen. Sie entsprach ferner auch dem zeitgenössischen Urteil, das gerade während des zweiten Kaiserreichs dazu neigte, dem Elsaß und vor allem Straßburg eine Vermittlerrolle zwischen den beiden Kulturnationen zuzudenken. Daß die Hoffnungen des deutschen Volkstums ausgerechnet auf den gebildeten Kreisen Straßburgs beruhen sollten, war eine Ansicht, die er 1870 wieder zurücknehmen mußte. Sie stimmte auch mit der Wirklichkeit durchaus nicht überein; denn für die Straßburger Intelligenz war Paris genauso das geistige Gravitationszentrum wie für die Gebildeten im übrigen Frankreich. Diese Ansicht entsprach jedoch seiner Theorie, wonach „Bildung" immer eine eigentümliche Angelegenheit des deutschen Bürgertums sei und zu sein habe.

Wenn Treitschke in dem Reisebericht fortfährt und von „der herrlichen Gebirgsromantik" im Tale von Rappoldsweiler sowie von dem sagenumwobenen altdeutschen Leben der „Pfeifer und Sänger und fahrenden Leuten des heiligen Reiches", das sich hier abspielte, schreibt, so denkt er nicht daran, aus diesen nicht mehr als nur „germanistischen Erinnerungen" politische Anrechte abzuleiten. Auf solchen Erinnerungen wird erst später das Schwergewicht seiner Beweisführung ruhen, daß „das Elsaß deutsch sei" und deshalb zu Deutschland gehöre. Wohl spricht er in einem anderen Bericht über dieselbe Reise (aus welchem der Herausgeber des Treitschke'schen Briefwechsels, Max Cornicelius, leider nur eine kurze Notiz mitgeteilt hat) von „Wiedereroberungsgedanken", die sich in Rappoldsweiler bei ihm geregt hätten, aber setzt sogleich hinzu: „als ob es gar keine Realpolitik gäbe[38]."

predigt." Vgl. Franz Schnabel, Deutsche Geschichte im 19. Jahrhundert, Bd. 4, S. 93.) Im deutschen Reichstag erregte er am 18. 2. 1874 durch seine unerwartete Anerkennung des Frankfurter Friedens Aufsehen.

38) Briefe, Bd. 2, S. 404, Anm. 1, an M. Busch, v. 13. 6. 1865.

Mit Ausbruch des deutsch-französischen Krieges hat Treitschke seine Ansicht, daß es sich bei der staatlichen Zugehörigkeit des Elsasses um geschehene und nicht mehr zu ändernde Dinge handele, sogleich sehr rasch und gründlich revidiert. Sein „pompöses" Gedicht „Ein Lied vom Schwarzen Adler", welches das Datum vom 25. Juli trägt, enthält die Verse

„Holt uns wieder Straßburgs Dom
Und befreit den deutschen Strom[39]."

Mit Straßburg war das publizistische Stichwort für die patriotische Forderung nach Rückgewinnung des deutschen Elsasses, dann auch Deutsch-Lothringens und schließlich Elsaß-Lothringens gegeben. Die Größe der Annexionsforderung stand nicht von Anfang an fest. Sie nimmt rasch zu, und es ist interessant und lehrreich, das bei den Historikern und Publizisten durchaus verschiedene Tempo ihrer zunehmenden Annexionsfreudigkeit zu beobachten. Es verlohnt sich ferner zu untersuchen, auf welche Gründe Treitschke, der unter den literarischen Wortführern am wirksamsten für eine Annexion eintritt, zurückgreift, um seinen Forderungen Nachdruck zu verleihen. Nachdem er zunächst beinahe zögernd und vorsichtig die deutschen Ansprüche auf eine Wiedererwerbung verlorengegangener Gebiete anmeldet, wird er dieselben sehr rasch entschiedener vertreten. Ein bestimmter publizistischer Einfluß, der sich auch schon in der Nordschleswigfrage geltend gemacht hatte, hat bei dieser Wandlung eine Rolle gespielt. Es handelt sich wieder um die energischen Ratschläge, die Wehrenpfennig von Berlin aus erteilte[40]. In einem Briefe vom 16. 8. 1870 gab er gleichsam eine publizistische Weisung zur elsaßlothringischen Frage heraus, die Treitschke in einem programmatischen Jahrbücher-Aufsatz „Was fordern wir von Frankreich" vom 30. August sowie in einem Artikel „Friedenshoffnungen" vom 25. September an den entscheidenden Stellen, zum Teil wörtlich, benutzte. Wehrenpfennig schrieb: „Das nächste Nötige ist, daß in Deutschland ein allgemeiner, unwiderstehlicher Sturm nach den beiden verlorenen Perlen des Reiches sich erhebt[41]." Der folgenreichste Absatz des Briefes aber hat folgenden Wortlaut: „Ich würde Metz nicht evtl. sondern positiv fordern. Die Sprachgrenze entscheidet nichts, ja sie darf schon Rußlands und Österreichs wegen gar nicht in den Vordergrund gestellt werden, sie ist überhaupt kein politisches Prinzip[42]." Diese harte politische Auffassung räumte alle Ge-

39) H. v. Treitschke, Zehn Jahre Deutsche Kämpfe, S. 270.

40) Wehrenpfennig hat auch in der Judenfrage bestimmend auf Treitschke eingewirkt.

41) Deutscher Liberalismus, Bd. 1, S. 476, v. 16. 8. 1870.

42) ebd.

wissensbedenken hinweg, die der Gedanke des nationalen Selbstbestimmungsrechts hervorrufen mußte und bis dahin auch bei Treitschke verursacht hatte. Wenn sich Treitschke zunächst noch unsicher und schwankend in der Abgrenzung der territorialen Forderungen verhalten hatte, erst nur vom Elsaß gesprochen, dann noch Deutsch-Lothringen hinzugenommen hatte, so wird er von nun an „Elsaß-Lothringen" unbedenklich und entschieden verlangen.

Bei *Baumgarten* liegt eine ganz ähnliche Entwicklung vor, die sich nur in einem etwas langsameren Tempo vollzieht. Noch am 11. 8. 1870 schrieb er von Karlsruhe aus an Sybel: „Am liebsten freilich, aufrichtig gesagt, ließe ich das Elsaß den Franzosen, wie es jetzt ist. Denn von dem dort herrschenden Fanatismus gegen uns können Sie sich keine Vorstellung machen. Man ist nirgends in ganz Frankreich feindseliger gegen uns. Sollte man sich da nicht genügen, Straßburg zur Reichsfestung zu machen und die Grenze von Bayern und Preußen vorzuschieben? Duncker meint, ohne Metz und Elsaß dürften wir keinen Frieden machen. Genügte es nicht, Metz zu schleifen? Ich denke, Frankreichs Macht hat auf einige Generationen den Stoß bekommen[43]." Aus dem Briefe spricht unverkennbar Baumgartens Unsicherheit sowie vor allem sein Unbehagen an der Erwerbung eines Gebietes mit einer nicht deutsch gesinnten Bevölkerung. Sein nüchterner, oftmals allerdings auch hausbackener Sinn bildet eine besondere Variante in dem nationalen und liberalen Stimmenchor der Reichsgründungszeit. Eine Woche später aber hat er sich dem Dunkerschen Standpunkt schon genähert; an Treitschke schreibt er nämlich am 18. August: „Mir scheint nun die ganze deutsche Frage darin zu liegen, daß Elsaß und ein schmaler Streifen von Lothringen in preußische Hand kommen[44]." Und 14 Tage später wird auch Metz als eins der Friedensziele genannt[45]. Baumgartens Brief vom 18. hatte sich mit einem von Treitschke gleichen Datums gekreuzt. Beide enthielten ungefähr dieselben Ansichten; denn auch Treitschke schrieb: „das Elsaß und Deutsch-Lothringen muß preußisch werden[46]." Bei Baumgartens Entscheidung spielt sicherlich die badische Eifersucht auf Bayern eine erhebliche Rolle mit. Ehe Bayern etwa einen Gebietszuwachs im Elsaß erhält, soll das Gewonnene preußisch werden. Baumgarten stand in jenen Tagen in einem sehr engen, selbstgewählten dienstlichen Verhältnis zu den Leitern der badischen Politik und war gleichsam deren Sprecher in

43) ebd., S. 475, v. 11. 8. 1870.
44) ebd., S. 477 v. 18. 8. 1870.
45) vgl. ebd., S. 478, v. 22. 9. 1870, und ebd., Anm. 2.
46) Briefe, Bd. 3, S. 283, v. 18. 8. 1870.

dem ausgedehnten Briefwechsel mit den zahlreichen Parteifreunden in ganz Deutschland. Er scheint oftmals, als habe die Feindseligkeit gegen Bayern mit zu dem Eifer beigetragen, mit dem Baumgarten nun die Annexionsforderung betreibt, der er zunächst so überaus skeptisch und zurückhaltend gegenübergestanden hatte.

Der Name Dunckers, auf den sich Baumgarten beruft, taucht auch in dem schon erwähnten und folgenreichen Briefe Wehrenpfennigs an Treitschke auf. Dunckers politisches Urteil genoß hohes Ansehen. Seine Stimme für die Annexion wog schwer. Er stand ja von allen politischen Historikern den politischen Geschäften am nächsten und galt vornehmlich als ein Experte der Machtpolitik. Treitschke hatte viel in seinem Hause verkehrt, als er im Frühsommer 1870 im Berliner Archiv arbeitete. Dunckers Einfluß, den Treitschke in der Widmung des ersten Bandes seiner Deutschen Geschichte ausdrücklich bestätigte, ist nicht leicht zu überschätzen. Der Sinn für die Rolle, welche die Macht in der Politik spielt, wurde durch ihn unter den Historikern und Publizisten seiner Zeit wesentlich gefördert. Ja, vielleicht darf man sagen, daß Baumgartens Gedanken der „Selbstkritik des Liberalismus", die 1866 bei ihrem Erscheinen eine außerordentliche Wirkung hatte, ursprünglich aus einem Briefwechsel mit Duncker aus dem Jahre 1858 stammen, wo sie von letzterem im wesentlichen bereits entwickelt sind[47]. Duncker äußerte schon Anfang August die ganz bestimmte Ansicht, daß das Elsaß und Metz Frankreich abgenommen werden müßten. Sein Biograph Rudolf Haym hat die machtpolitischen Motive der Staatsräson, die für ihn maßgeblich waren und die zugleich aber auch eines moralpolitischen Einschlags nicht entbehren, beschrieben: Er habe geglaubt, daß Frankreich dann am wenigsten in der Lage sein werde, einen Revanchekrieg zu führen, wenn es „am gründlichsten abgestraft worden", wenn es „von der Unmöglichkeit, sich rächen zu können, am besten – nämlich durch Abtretung von Land und Leuten und starke Widerlagen – überführt worden wäre"[48]. „Abtretung von Land und Leuten" –

47) vgl. HZ 113, 1914. Ein Brief M. Dunckers an H. Baumgarten über Junkertum u. Demokratie in Preußen (6. Juni 1858), S. 323ff.

48) vgl. R. Haym, Das Leben Max Dunkers, 1891, S. 447; vgl. M. Dunckers Politischen Briefwechsel, S. 453, an Baumgarten v. 7. 8. 1870: „... ohne die Herausgabe von Metz und des gesamten Elsasses dürfen wir nicht Frieden schließen." – Es wäre lohnend, Roggenbachs Denkschrift vom 5. 9. 1870, auf welche mich Herr Prof. S. A. Kaehler, Göttingen, aufmerksam machte, zur Erschließung des Bewußtseinshorizontes der liberalen Oberschicht in Deutschland zu interpretieren. Folgende Sätze enthalten Roggenbachs Ansichten über eine Behandlung des besiegten Frankreich: „Das französische Volk selbst und der *französische Volksgeist* stellen sich somit als der eigentliche Störer der Ruhe des westlichen Europas und seines Friedens

darum ging es im Kern bei der elsaß-lothringischen Frage. Es war eine Maßnahme, die eigentlich dem politischen Stil des 18. Jahrhunderts entsprach und dem politischen Gegenwartsempfinden entgegengesetzt war. So sah auch das Ausland in der Annexion Elsaß-Lothringens einen Rückfall in überwunden geglaubte, rohe Methoden der Politik. Es war nicht bereit, ein noch so gutes „historisches" Recht anzuerkennen, wenn die Abtretung dem klaren Willen der Landesbewohner, die sich in ihrer Mehrheit daran gewöhnt hatten, Franzosen zu sein, widersprach. Duncker sprach das Prinzip der Eroberung, um das es sich bei der Annexion Elsaß-Lothringens handelte, unverhüllt aus, während Treitschke dasselbe mit einer Fülle von Umschreibungen umgab und verkleidete.

Diese Umschreibungen sind in den beiden Jahrbücher-Aufsätzen „Was fordern wir von Frankreich[49]?" vom 30. 8. und „Friedenshoffnungen[50]" vom 25. 9. enthalten. Beide Artikel sind geradezu überfüllt von Motiven und Argumenten, die alle angeführt werden, damit die Notwendigkeit und Rechtmäßigkeit der Annexion beider Provinzen bewiesen werden können. Der ganze Begriffsapparat mit dazugehörigen Vokabeln, den wir aus dem Gange dieser Untersuchung schon kennen, wird wieder aufgeboten und in den Dienst der elsaß-lothringischen Sache gestellt. Die Aufsätze lassen sich inhaltlich in zwei Teile gliedern: Zunächst die Reihe der Gründe für Rückkehr der deutschsprachigen Teile und dann diejenige für Erwerbung jener Gebiete, die eindeutig französisch sind. Beide Reihen sind nicht von einander zu trennen, sondern verschlingen sich oftmals, so daß eine säuberliche Gliederung des überladenen Beweismaterials schwierig ist.

Der Einwand, der eigentlich am schwersten wiegen sollte, daß nämlich die Elsässer und Lothringer Franzosen bleiben wollen, wird durch einen Rückgriff auf einen der ältesten Bestandteile von Treitschkes geistigem Haushalt, den *Volksgeist*, entkräftet. Die evtl. Mehrheitsbeschlüsse, die eine Volksabstimmung in Elsaß-Lothringen für das Verbleiben bei Frankreich ergeben könnten, erscheinen belanglos gegen „das unsterbliche Fortwirken der sittlichen Mächte der Geschichte"[51]. „Der Geist eines Volkes" als die metaphysische Einheit der Volksindividualität erhält das höhere Recht

heraus"; oder: „Wer so schwer verletzt ist wie Frankreichs Eitelkeit und dessen militärische Ehre, der muß auch ein für allemal der *Macht beraubt* werden, uns künftig etwa in russischer oder österreichischer Allianz gefährlich werden zu können." (Kaiser Friedrich III. Das Kriegstagebuch von 1870/71, hrsg. v. H. O. Meisner, 1926, Anhang Nr. 2, S. 431ff.)

49) Preuß. Jb. 26, 1870, S. 367ff., v. 30. 8. 1870.

50) ebd., S. 491ff.

51) ebd., S. 371.

gegenüber der demokratischen Vorstellung einer Volkssouveränität. Treitschke wählt aus dem romantischen Vokabular folgenden Kernsatz: „Der Geist eines Volkes umfaßt nicht nur die nebeneinander, sondern auch die nacheinander lebenden Geschlechter[52]." Der romantisch-mystische Charakter des Volksgeistes bekommt mit einem Schlage höchste politische Aktualität, wenn es heißt: „Wir berufen uns wider den mißleiteten Willen derer, die da leben, auf den Willen derer, die da waren. Wir rufen sie an, alle die starken deutschen Männer, welche einst der Sprache und Sitte, der Kunst und dem Gemeinwesen des Oberrheines den Stempel unseres Geistes aufprägten – und noch ehe das 19. Jahrhundert zu Ende geht, wird die Welt bekennen, daß die Geister Erwins von Steinbach und Sebastians Brandts noch leben und daß wir, indem wir den Willen der heutigen Elsässer geringschätzen, lediglich ein Gebot der nationalen Ehre erfüllten[53]." Treitschke war ein schlechter Prophet, wenn er von der Welt, wie er sich ausdrückte, in so kurzer Zeit ein solches Bekenntnis erwartete. Diese illusionistische Hoffnung erklärt sich nicht nur aus seinem sanguinischen politischen Temperament, sondern auch aus der erstaunlich lebendigen Vorstellung von der Wirksamkeit eines Volksgeistes, die ein unersetzlicher Bestandteil seiner Bildung ist. Hier findet der Begriff einer Volkspersönlichkeit, den der Student in der Politischen Ökonomie von Knies kennengelernt hatte, unmittelbare praktische Anwendung in einem besonderen politischen Falle. Hier war also die Stelle in der Entwicklung des romantischen Volksbegriffes, wo die mit seiner Anlage gegebenen politischen Möglichkeiten und auch Gefahren offenbar wurden – d. h. offenbar für diejenigen, der in der Anonymität des Volkes eine Gefahr sehen zu müssen glaubt. Das geistesgeschichtliche Vorbild der Treitschke'schen Ansicht, wonach „der Wille der heutigen Elsässer geringzuschätzen" sei, ist vornehmlich dort bei Knies zu suchen, wo er die Summe der gegenwärtig lebenden Individuen „sogar mit ihrem Gemeinschaftsleben erfaßt, nur ein Bruchstück der staatlichen Volkspersönlichkeit" nennt. „Jenes Volksganze umfaßt alle Generationen, die zukünftigen wie die der Vergangenheit und Gegenwart[54]." Unter dem Gewicht der Vergangenheit schrumpft die Gegenwart zusammen.

Die Volksgeist-Vorstellung, wie sie von Treitschke an dieser Stelle gebraucht wird, hat gegen die sonstige Verwendung bei ihm eine Wandlung durchgemacht. Sie ist gewissermaßen rückgebildet. Der Volksgeist stellt

52) ebd.
53) ebd.
54) K. Knies, Die politische Ökonomie, S. 360.

nicht wie sonst die Gesamtheit der politischen Ideen der gebildeten Klassen eines Volkes dar, sondern er bezieht in diesem Falle einer bestimmten politischen Situation seinen Inhalt aus dem dunklen Schoß der Vergangenheit.

Und doch läßt die besondere Verbindung dieses Volksbegriffes mit einem anderen nationalen Werte den großen Abstand von Knies erkennen. Die Verquickung mit „der nationalen Ehre", auf die sich bekanntermaßen gerade die Demokraten in schwierigen nationalpolitischen Situationen berufen hatten, zeigt, wie der Volksgeist, der noch bei Knies so viele quietistische Züge trägt, ins Nationalistische verzerrt ist. Keine andere Vokabel aus dem Wortschatz des Nationalismus vermöchte so wie gerade die schwer bestimmbare „nationale Ehre" den politischen Mißbrauch des Volksgeistes zu kennzeichnen. Aus der Anerkennung der geschichtlichen Rolle des „Volksgeistes" wird „ein Gebot der nationalen Ehre[55]", abgeleitet. Begriffe aus ganz verschiedenen geistigen Schichtungen verquicken sich miteinander.

Dem überladenen Volksbegriff, der an die Stelle „der einheitlich organisierten Gesellschaft" tritt, entspricht eine im Grunde romantisierende Geschichtsauffassung. Während Treitschke sonst in seinen historischen Argumentationen den Schwerpunkt auf die neuere Geschichte seit der Reformation zu legen pflegt, aus deren Ideen und Begebenheit sich das Bewußtsein der Völker bilde, betont er jetzt den Wert der älteren Geschichte, vornehmlich der altdeutschen Vergangenheit, die bislang bei ihm kaum eine Berücksichtigung gefunden hatte[56]. Treitschke beruft sich auf tausend Jahre deutscher Geschichte, um die letzten beiden Jahrhunderte in der Geschichte des Elsasses ausstreichen und rückgängig machen zu können. Das Übermaß an gelehrter historischer Bildung wird hier zur Veranlassung eines ganz ungeschichtlichen Denkens. Ein Zuviel an „Geschichtshaltigkeit" trübt das historisch-politische Urteil. „Und dies reiche Jahrtausend deutscher Geschichte sollte ganz zerstört sein durch zwei Jahrhunderte französischer Herrschaft[57]?" Diese Frage beleuchtet hell die Wirklichkeitsfremdheit, welche seinen Gedankengang charakterisiert. Er hatte sich einst gegen „die Raritätenkrämerei" der Geschichtswissenschaft aufgelehnt; jetzt betrieb er sie selbst in hohem Maße, um die politische

55) Preuß. Jb. 26, S. 371.

56) Es handelt sich hier um einen Teil jenes am Schluß des vorigen Kapitels beschriebenen Vorganges, in welchem Treitschke zur Erläuterung von Einrichtungen des deutschen Kaiserreichs auf Vorbilder der älteren deutschen Geschichte zurückgreift. (Vgl. oben S. 296 über: Kaiser, Kanzler, Bundesrat usw.)

57) Preuß. Jb. 26, S. 384.

These zu verteidigen. Seine Begründung erhält gleichsam einen antiquarischen Einschlag.

Mit den beiden Aufsätzen hatte Treitschke seinen vollen Anteil an der Haltung der deutschen Wissenschaft, die Alfred Dove in einer Betrachtung zum Frankfurter Frieden im „Neuen Reich" folgendermaßen beschrieb: „diesmal hat die deutsche landes- und sprachkundige Wissenschaft nicht umsonst ihre Stimme erhoben, auch die äußersten Splitter unseres Volkstums sind beim Zusammenlesen nicht übersehen worden[58]." Er wies mit diesem Satze ahnungslos auf gefährliche Abwege hin, die in der Zukunft vor einem Teil der deutschen historischen und germanistischen Wissenschaft lagen.

An keiner übrigen Stelle seines historischen sowie publizistischen Werkes hat Treitschke seine Wertmaßstäbe so sehr abgeändert wie in den Aufsätzen, die beweisen sollen, daß Elsaß und Lothringen von Rechts wegen zum deutschen Reich gehören. Ein radikaler Unterschied besteht zwischen Gedanken und Stimmung dieser Aufsätze und den Anschauungen des Essays über „Bundesstaat und Einheitsstaat".

Noch 1865 hatte Treitschke geglaubt, in den gebildten elsässischen Schichten die Träger und Bewahrer des deutschen Volkstums sehen zu dürfen. Inzwischen konnte auch er nicht mehr die Tatsache übersehen, daß gerade die Gebildeten im Elsaß französisch gesinnt waren und Franzosen bleiben wollten. Bislang war es ein wichtiger Bestandteil seiner Theorie gewesen, daß es bei der Bildung sowie Erhaltung eines Volkstums mehr auf „jene Bürger" ankomme, „welche im Besitz einer höheren Bildung sind[59]", als auf „die Ungebildeten". Dieser Maßstab, dessen Gültigkeit gerade bei der Beurteilung des deutschen Volkstums außerhalb des Deutschen Bundes stets unangefochten war, wird im Falle des Elsasses gründlich revidiert. Der „unästhetische" Gegenstand des Bauern gewinnt unversehens neue Bedeutung. Wenn man sich seiner Bekundungen anläßlich der Nordschleswigfrage erinnert, in deren Zusammenhang das Deutsche als die Sprache der Gebildeten eine so große Rolle spielte, so ist man sehr erstaunt über den Sinneswandel, der sich sehr robust vollzieht: „Wie herrlich erscheint neben solcher Verwelschung der Gebildeten das treue Beharren des alemannischen Bauern bei der Sitte der Väter. Hier, unter den kleinen Leuten, wo die Bildung nichts gilt und das gesamte geistige Leben in dem Gemüte enthalten ist, herrscht noch unum-

58) Im Neuen Reich, Bd. 1, 1871, S. 762.
59) H. v. Treitschke, Die Gesellschaftswissenschaft, S. 22.

schränkt die deutsche Sprache, die auch unter den Vornehmen noch oft die Sprache des Gemütes, des häuslichen Herdes geblieben ist[60]." Das „Volkstum" trägt nun nicht länger mehr die Erkennungszeichen einer hohen Bildung, sondern die früher geringgeschätzten Merkmale der „Sitte". Der Sinneswandel, der sich an dieser Stelle beobachten läßt, bestätigt die Overbeck'sche Feststellung, daß sich Treitschke von den Grundlagen seiner Weltanschauung allmählich entfernt habe, voll und ganz (s. oben). Er unterscheidet sich in dieser Bekundung überhaupt nicht mehr von W. H. Riehl, in dessen Ablehnung er sich sonst nicht genug tun kann. Die Sitte rangiert vor der Bildung – ein Verhältnis, das die völlige Verschiebung seiner Wertmaßstäbe zeigt; Trachten und Brauchtum werden wie bei Riehl Grundlagen eines Volkstums. „Rote Westen, große Pelzmütze und Dreispitz – uralte Volkstrachten, wie nur in den entlegenen Tälern des Schwarzwaldes[61]" – an solchem vorher und auch bald wieder nachher so mißachteten und übersehenen „Kleinleben des Volkstums[62]" wird das Deutschtum des Elsasses nachgewiesen. Solche Anschauung von Inhalt eines Volkstums liegt auf derselben Linie, auf der es in Riehls „Land und Leuten" heißt: „Wenn die Mittagsonne der Zivilisation die Ebenen bereits versengt hat, dann wird von den kulturarmen Berg- und Hochländern der Odem eines ungebrochenen Volksgeistes wie Waldesluft wieder neu belebend über sie hinwehen[63]." Auch Treitschke wollte die verwelschten höheren Stände des Elsasses an den Jungbrunnen des deutschen Volksgeistes, wie es unter dem einfachen Volk angeblich sprudelte, zurückführen und übersah dabei, daß es bei solchen territorialen Veränderungen wie der Annexion einer Provinz viel mehr auf die politischen Ansichten der gebildeten Oberschicht als auf Sitte und Brauchtum einer bäuerlichen Bevölkerung anzukommen pflegt.

Die Abtretung der deutschsprachigen und von deutschem Volkstum besiedelten Gebiete Elsaß-Lothringens ließ sich trotz der französischen Gesinnung ihrer Bewohner allenfalls noch durch Berufung auf das Nationalitätenprinzip vertreten, wenn es in vorliegendem Falle auch nicht mit dem Selbstbestimmungsrecht in Deckung zu bringen war. Hinzu kam bei Treitschke in der Hauptsache der Rückgriff auf den romantischen Begriffsapparat und sein zugehöriges Vokabular, die er beide hervorholte, um mit Volksgeist, Volkstum, Sprache, Sitte, Siedlung, Trachten usw. das

60) Preuß. Jb. 26, S. 393.
61) ebd.
62) W. H. Riehl, Land und Leute, Stuttgart 1861, S. 14.
63) ebd., S. 256.

Recht Deutschlands auf das deutsche Elsaß und das deutsche Lothringen zu beweisen. Die Rechtfertigung einer Annexion von Gebieten, die eindeutig französisch waren, mußte dagegen umso schwerer fallen, als alle diese Gründe hier fortfielen und unbrauchbar waren. Wir sahen, daß Treitschke zunächst noch zögerte, französisches Land zu fordern – ganz ähnlich, wie er zunächst auch bei Nordschleswig gezögert hatte, dänisches Volkstum in den deutschen Nationalstaat mit aufzunehmen – bis er schließlich seine grundsätzlichen Bedenken aufgab und in die annexionistische Richtung einschwenkte und sogar die Führung übernahm. Es wiederholt sich jetzt, 1870, derselbe Vorgang wie 1864/65. Der Stimmungsumschlag oder eigentlich sogar der Gesinnungsumschlag scheint sich diesmal nur noch rascher zu vollziehen. Nordschleswig hatte gewissermaßen schon den Präzedenzfall für eine solche Umstellung geliefert. Es scheint, als habe Wehrenpfennig mit seinem Briefe vom 16. August nur das Stichwort „Metz" auszugeben brauchen, das nicht „eventuell, sondern positiv zu fordern sei", worauf Treitschke seine nationalpolitische Zurückhaltung sogleich aufgab. Von nun an will er realpolitisch nicht mehr zurückstehen und fordert deshalb nicht nur Metz, sondern auch Belfort[64]. Er übernimmt für diese Forderungen fast wörtlich Wehrenpfennigs Begründung, daß nämlich „die Sprachgrenze nichts entscheide, ja schon Rußland und Österreichs wegen gar nicht in den Vordergrund gestellt werden dürfe". Sie sei überhaupt kein politisches Prinzip (s. oben). Die Tatsache, daß Treitschke diese Sätze fast wörtlich übernimmt, ist vielleicht geeignet zu zeigen, wie wenig ihm deren Inhalt ursprünglich genehm war. Die realpolitischen und militärpolitischen Gedankengänge, die von Wehrenpfennig in den Vordergrund geschoben werden, sind nicht auf dem Boden der Treitschke'schen Weltanschauung und Erfahrung gewachsen. Wenn er dieselben trotzdem mit Nachdruck und sogar Übertreibung vertreten wird, so spricht das mehr für das gegen diese Interpretation. Während die „moralpolitischen" Begründungen nationaler Ansprüche, die sich eines Begriffes wie des Volksgeistes bedienen, leicht aus dem Zusammenhang seiner Bildungsgeschichte erklärt werden können, stammen die der sogenannten „Realpolitik" zugehörigen Gründe aus fremder Wurzel. Das Verständnis für das Wesen der Realpolitik hat sich Treitschke erst erarbeiten müssen, während er für kulturgeschichtliche Zusammenhänge ein ursprüngliches Verständnis besaß. Es ergab sich bei der Auseinandersetzung mit „realpolitischen" Gedankengängen, daß er gewisse Thesen und Prinzipien dogmatisierte und überspitzte.

64) Preuß. Jb. 26, S. 379.

Kaum an einer anderen Stelle wird die Abhängigkeit, in welcher sich Treitschkes publizistische Behandlung militärisch-diplomatischer Fragen vom Vorbild Wehrenpfennigs befindet, so deutlich wie in der elsaß-lothringischen Frage.

Der Wehrenpfennig'sche Gedankengang über die politische Unbrauchbarkeit einer Sprachgrenze hat bei Treitschke folgenden Wortlaut angenommen, zunächst im Artikel vom 30. August: „. . . doch darf sie [eine weise, nationale Politik] auch nicht mit doktrinärem Eigensinn an der Sprachgrenze als einer unüberschreitbaren Schranke festhalten. In keinem Lande Europas fällt die politische Grenze mit der nationalen vollständig zusammen; keine der großen Mächte, auch Deutschland nicht, kann den unausführbaren Grundsatz, ‚die Sprache allein bestimmt die Gestalt der Staaten' jemals anerkennen[65]." Und dann im zweiten Artikel vom 25. September: „Die unbedingte Trennung der Staaten nach der Sprachgrenze ist kein politisches Prinzip; wir würden unsere diplomatische Stellung erschweren, wenn wir eigensinnig einen Grundsatz aufstellen wollten, den alle großen Mächte als revolutionär und gefährlich bekämpfen[66]."

Es ist fast derselbe Wortlaut, der aus dem Briefe Wehrenpfennigs schon bekannt ist. Und doch hat inzwischen eine leichte Veränderung seines Sinnes stattgefunden. Wehrenpfennig wollte aus außenpolitischer Rücksicht vermeiden, daß das Problem einer politischen Grenzziehung nach dem Gesichtspunkt der Sprache überhaupt in die Diskussion gezogen würde. Sie sollte diese heikle Frage möglichst umgehen. Der Instinkt des praktischen Politikers meldete sich in seinem Ratschlag an. Wenn er von einer publizistischen Verwendung abriet, so tat er es, weil er die heikle Natur dieses Problems kannte und weil er meinte, daß sich das Recht an Elsaß-Lothringen nicht auf die Sprache und das Volkstum zurückführen lassen könne. Er warnte also vor einer Argumentation, die sich solcher Maßstäbe bediente, auf denen Treitschke bereits einen großen Teil seiner Beweisführung für das Eroberungsrecht des deutschen Reiches aufgebaut hatte. Treitschke fühlte sich durch den Gebrauch dieser Maßstäbe aber durchaus nicht daran gehindert, sie aufzugeben und zu verleugnen, sobald sie für weiterreichende politische Ziele nicht mehr ausreichten. Seiner eklektischen Natur entging dabei der tiefe Widerspruch, in welchen er sich verwickelte, wenn er neben der Verherrlichung der Werte des deutschen Volkstums und der Berufung auf „historische Rechte" solche Gedanken guthieß, die der Annexion fremden Volkstums dienten. Er war sich ja auch

65) ebd.
66) ebd., S. 492.

im Falle Nordschleswigs nicht des Widerspruchs bewußt geworden, der zwischen dem Anspruch auf Verteidigung des eigenen Volkstums und dem Wunsche, ein fremdes Volkstum zu germanisieren, bestand sowie ferner nicht des noch größeren Widerspruchs, daß dieses fremde Volkstum „gerecht und milde" behandelt auf der einen und zugleich „germanisiert" auf der anderen Seite werden sollte. Sein heißes Temperament ließ ihn solcher Widersprüche gar nicht erst inne werden.

Wenn Wehrenpfennig die Sprachgrenze nach Möglichkeit gar nicht erwähnt wissen wollte, so hatte er nicht gemeint, daß nun umgekehrt die Notwendigkeit ihrer Nichtbeachtung ausdrücklich ausgesprochen und anerkannt werden sollte. Der publizistische Ratschlag war also sicherlich nicht zur direkten, d. h. wörtlichen Übernahme bestimmt. Er sollte lediglich eine Warnung vor der öffentlichen Verwendung eines Grundsatzes enthalten, in welchem die anderen Mächte mit Recht die Gefahr einer Sprengkraft für den Zusammenhang ihrer Staaten fürchten mußten. Treitschke griff das angedeutete Argument auf, und sogleich wurde bei ihm daraus ein politisches Prinzip, das von der Politik des neuen Reiches zu beachten sei, wenn sie ebenso erfolgreich vorgehen wolle wie die der anderen Mächte. Er argumentiert also, daß sich die diplomatische Lage verschlechtern werde, wenn die deutsche politische Führung an der Sprachgrenze stehen bleibe, d. h. also Metz nicht fordere. Die Eroberung des altfranzösischen Metz wird somit unversehens zu einem Mittel, das für geeignet gehalten wird, das Odium revolutionärer Volkstumspolitik vom deutschen Reiche abzuwälzen. Es ist ein merkwürdiger und seltsamer subjektiver Gedankengang, den Treitschke als Publizist hier verfolgt.

Die Art, wie Treitschke die Vorlage des Wehrenpfennig'schen Briefes und seines Hinweises benutzt, läßt einen Einblick in seine Rezeption fremder Anregungen sowie auch in seine Arbeitsweise zu. Letzten Endes kommt in der Art, wie er die Nichtbeachtung der Sprachgrenze und damit den Erwerb von Metz „aus diplomatischen Rücksichten" verlangt, eine erstaunliche außenpolitische Gutgläubigkeit und Naivität zum Ausdruck. Der Wehrenpfennig'sche Hinweis, daß die Sprachgrenze politisch belanglos sei, wird nämlich sogar zum Anlaß sanguinischer außenpolitischer Hoffnungen und Erwartungen. Treitschke geht von der Annahme aus, daß Deutschland im hellen Scheinwerferlicht der öffentlichen Meinung um 1870 genau dieselben Grundsätze und Methoden anwenden könne, die von den älteren Mächten in früheren Zeiten, aber eben ohne Beobachtung durch die öffentliche Meinung, auch so erfolgreich angewandt worden seien. Deutschland wiederholte seiner Ansicht nach nur verspätet denselben Vorgang einer nationalstaatlichen Konsolidierung, den die anderen Hauptvölker Europas schon lange hinter sich hatten. Was bei den anderen ein selbstverständlicher Bestandteil ihrer Staatsgründung gewesen war, dessen Selbstverständlichkeit sollte auch 1870 nicht in Zweifel gezogen werden. Die lockende Aussicht auf Landgewinn brachte alle früheren Bedenken zum Schweigen.

Das Aufgeben der älteren Bedenken wurde Treitschke noch durch einen anderen Gesichtspunkt erleichtert, der schon in der Nordschleswigfrage ebenfalls eine bedeutsame Rolle gespielt hatte. Treitschke vertrat auch jetzt wieder den Standpunkt, daß der Wert eines ruhmreichen Großstaates groß genug sei, um ein Volk über den Verlust seines bisherigen Staates hinwegzutrösten[67]. „Geben wir ihnen einen Ersatz für das Verlorene: einen großen glorreichen Staat, eine mächtige Hauptstadt, freien Wettbewerb um die Ämter und Ehrenstellen eines weiten Reiches[68]."

Der eklektische Charakter, der den beiden Aufsätzen in so hohem Maße eigentümlich ist, kommt in dieser Bekundung noch stärker zum Ausdruck; denn die darin enthaltene formalistische Auffassung des Staates, der gegen einen anderen einfach eingetauscht werden könne, widerspricht der hohen Einschätzung des Volkstums sowie der sonst bei Treitschke geläufigen Ansicht, daß Volk und Staat zusammengehören. Daß der Großstaat einen politischen, sittlichen und ästhetischen Wert an sich bildet, wird hier ganz deutlich. Es wäre aber nicht mehr als eine Konsequenz dieses Gedankenganges gewesen, wenn Treitschke auch *den* geschichtlichen Sachverhalt gewürdigt hätte, daß die Elsässer und Lothringer ja bereits in einem Großstaat zu leben gewohnt waren und sich in ihm wohlfühlten, zumal er selbst zugab: „Diese Deutschen (in Elsaß-Lothringen) sind gewöhnt an den weiten Gesichtskreis eines großen Staates[69]." Ja, allenfalls wäre das Vorbild des französischen Staates geeignet gewesen, die Richtigkeit seiner Großstaatstheorie zu erweisen. Die Namen Ney und Kellermann, Lefèvre, Rapp und Kleber, die Treitschke „die Tapfersten der Tapferen[70]" nennt und die er aufzählt, um den Beitrag des deutschen Volkstums zu den kriegerischen Erfolgen Frankreichs zu illustrieren, wären gute Beispiele für die Anziehungskraft des französischen Großstaates gewesen, aber umso weniger waren sie geeignet, in dem von Treitschke gemeinten Sinne zitiert zu werden, d. h. als Kronzeugen für den deutschen Charakter des Elsasses. Mit größerem geschichtlichen Rechte konnte sich H. Taine auf diese Namen mit der Feststellung berufen: „s'il y a des hommes qui de coeur et de volonté soient

67) vgl. oben S. 304.
68) Preuß. Jb. 26, S. 404.
69) ebd.
70) ebd., S. 372.

Français, ce sont les compatriotes de Kléber, de Rapp, de Küß und d'Ulrich. Le siège de Strasbourg vient d'en témoigner; la presse allemande elle-même le reconnait[71]." Und doch hat Treitschke gerade an dieser Stelle, wo seine theoretische Befangenheit so deutlich zum Ausdruck kommt, zugleich einen sicheren Blick für das, was im Falle einer Annexion praktisch nötig war, bewiesen. Die Erfahrung mit dem überaus kunstvollen und schwierigen Gebilde der Reichslande hat bis 1918 gezeigt, daß es vielleicht besser gewesen wäre, wenn die beiden Provinzen zu Preußen gekommen wären, was Treitschke so dringend verlangte. Er schrieb: „Sie (die Elsaß-Lothringer) können lernen, preußische Bürger zu werden, doch sie würden es lächerlich finden, wenn sie einem Könige in München, einem Oberkönige in Berlin gehorchen müßten. Nur hier keine halben, künstlichen Verhältnisse, wo allein die einfache, handgreifliche Wirklichkeit des deutschen Staates frommen kann; nur hier keine Bundesfestungen, kein reichsunmittelbares Bundesgebiet – oder wie sonst die überklugen Vorschläge spielender Dilettanten lauten[72]." Wenn „die Welt" dann auch immer noch nicht das von ihm erwartete Bekenntnis, daß „die Geister Erwins von Steinbach und Sebastian Brandts noch leben[73]" so bald abgelegt hätte (s. oben), so würde sich aber vielleicht doch das Einleben der Elsaß-Lothringer in Deutschland leichter vollzogen haben, und das elsaß-lothringische Problem hätte viel von seiner Schärfe verloren.

In Verbindung mit den politischen Argumenten, die Treitschke von Wehrenpfennig an die Hand gegeben wurden, taucht schließlich noch ein Gesichtspunkt auf, der sowohl in den publizistischen Erörterungen als auch in den amtlichen Beratungen jener Tage grundlegende Bedeutung erhält. Es ist der *strategische* Gesichtspunkt, der sich schon im Zusammenhang der nordschleswigschen Frage geltend gemacht hatte und der jetzt eine ausschlaggebende Rolle spielt. Die neue Größe des militärischen Spezialisten, des Fachmannes, dessen Urteil unangefochten bleibt, und vor dem sich der Laie seines eigenen Urteils begibt, wird eingeführt[74]. Seiner Entscheidung wird das Problem der Grenzziehung zwischen Frankreich und Deutschland

71) H. Taine, Essais de critique et d'histoire, 1882, S. 415ff.: „L'opinion en Allemagne et les conditions de la paix."

72) Preuß. Jb. 26, S. 404.

73) ebd., S. 371.

74) Im Cavour-Aufsatz (Aufsätze, Neue Folge, 1. Teil, S. 474) wird bezeichnenderweise die Überlegenheit des Nordens über den Süden u. a. mit einem Hinweis auf die größere Zahl von „Fachmännern" erläutert: „Fachmänner gedeihen dort seltener als im Norden."

unterworfen und geht dabei seines hochpolitischen Inhalts verlustig. Militärische Gesichtspunkte beherrschen die politische Überlegung. „Wie weit diese militärisch notwendige Grenze reicht, darüber steht dem Nicht-Fachmann kein selbständiges Urteil zu; und nachdem soeben der Bundeskanzler, offenbar nach dem Rate des Generalstabes, den Besitz von Metz als strategisch unersetzlich bezeichnet hat, halten wir für patriotische Pflicht der Presse, auf untergeordnete Bedenken zu verzichten und dem Reichsfeinde gegenüber wie Ein Mann diese Forderung der Krone Preußens zu unterstützen[75]." Noch bei Beginn des deutsch-österreichischen Krieges hatte Treitschke die Ansicht vertreten, daß „sich eine gesittete Nation ihr selbständiges Urteil auch über die auswärtige Politik nicht verkümmern lasse"[76]. Diese Feststellung vom 25. Juni 1866 enthielt damals eine an die Adresse Bismarcks gerichtete Warnung. Zwischen beiden Bekundungen von ganz verschiedener Gedankenrichtung liegen die militärischen Erfolge von 1866 und 1870, deren Belehrungen sich kaum ein Liberaler zu entziehen vermochte. Einst war „der Presse eines hochgebildeten ruhmreichen Volkes[77]" die Aufgabe zugeschrieben, „Überzeugungen" zu vertreten und „auf die Seele ihrer Leser zu wirken"[78]. Nun gilt es als „patriotische Pflicht, auf untergeordnete Bedenken zu verzichten". Worin diese untergeordneten Bedenken bestehen, sagt Treitschke an dieser Stelle nicht ausdrücklich, aber sie gehen aus dem ganzen Zusammenhang hervor. Sie beziehen sich auf die Annexion von fremdem Volkstum, die der ursprünglichen liberalen Überzeugung widerspricht. Was einst den Rang von „Überzeugungen" hatte, sinkt vor „militärischen Erfordernissen" zu untergeordneten Bedenken herab.

Treitschke stellt keineswegs einen individuellen Fall einer solchen Wandlung dar. Es handelt sich vielmehr weitgehend um eine allgemeine Entwicklung, an der auch ein so überzeugungstreuer Anwalt des liberalen und gebildeten Bürgertums wie Gustav Freytag seinen vollen Anteil hat. Fast noch deutlicher als Treitschke bringt Freytag die Unterordnung unter das militärische Fachurteil in einer Betrachtung zur „Kapitulation von Paris" zum Ausdruck: „Sagen unsere Feldherren, daß wir das französische Metz und Belfort nicht entbehren können, um das deutsche Hinterland und das Elsaß zu behaupten, so dürfen wir diesem Erwerb nicht entsagen, obwohl wir wissen, daß es kein Gewinn für unsere nationale Kultur ist und daß wir die Franzosen dort nie zu Deutschen machen

75) Preuß. Jb. 26, S. 492, Friedenshoffnungen.

76) H. v. Treitschke, Zehn Jahre Deutsche Kämpfe, S. 82, Der Krieg und die Bundesreform, v. 25. 5. 1866.

77) Aufsätze, Bd. 4, S. 126, Das Schweigen der Presse in Preußen v. 14. 7. 1863.

78) ebd., S. 129.

werden[79]." Bezeichnenderweise fügt er hinzu, daß der Gewinn französischer Städte kein Siegespreis sei, „der unser Leben behaglich macht"[80]. Es ist Freytags eigentümliche Auffassung vom Zweck der Politik, daß sie dazu dienen solle, „das Leben behaglich zu machen".

Nach dem zuständigen Urteil eines nationalliberalen Abgeordneten, Bernhard Oppenheims, der die süddeutsche Stimmung gut kannte, nahmen besonders die Süddeutschen „ein leidenschaftliches Interesse an der strategischen Sicherung der Westgrenze[81]" „sie hätten zuerst die desfallsigen Forderungen mit Enthusiasmus gestellt . . ."; „diese Leute sind keine preußischen Chauvinisten und dennoch wollen sie Metz bei Preußen wissen"[82]. Das Sicherungsbedürfnis der Süddeutschen war im Sommer 1870 nur zu verständlich. Baumgarten hat die Bedrohung Badens bei Beginn eines Krieges mit Frankreich auf Grund der militärgeographischen Lage des Landes in einem Briefe an Sybel folgendermaßen beschrieben: „Sie wissen, was das badische Land ist. Wenn die Franzosen irgendwo mit 5000 Mann über den Rhein gingen, schnitten sie das Land auseinander, machten die Einziehung der Reserven und Landwehren, ja die Heranziehung der Regimenter von Freiburg und Konstanz unmöglich. Was dann Württemberg und Bayern tun, wissen die Götter[83]." Für den Widerspruch, der zwischen solchen annexionistischen Wünschen und dem gerade für den süddeutschen Liberalismus überaus charakteristischen Wunsche nach Abrüstung und Herabsetzung des Heeresetats besteht, findet Oppenheim eine pazifistische Erklärung. Er schließt sich nämlich selbst dem seiner Ansicht nach „ganz guten Kalkul" der Süddeutschen an, daß der Besitz der stärksten Festung „uns künftig eine Armee von *mindestens* 100 000 Mann, wenn nicht von 150 000, ersparen, bzw. entbehrlich machen wird"[84]. Die Anschauung, um die es sich hier handelt, wird treffend durch die Beziehung des „Kalkuls" charakterisiert. Man hofft, sich durch den Erwerb von Festungen von den Lasten eines großen Heeres loszukaufen. Die Ansicht und das Zeugnis eines Mannes von so eindeutig liberaler Gesinnung, wie sie für Oppenheim

79) G. Freytag, Bilder von der Entstehung des Deutschen Reiches, S. 470.
80) ebd.
81) Deutscher Liberalismus, Bd. 1, S. 479, H. B. Oppenheim an E. Frensdorf v. 30. 9. 1870, vgl. auch F. v. Roggenbachs Denkschrift, a.a.O., S. 438: „Für die Auswahl der Territorien, welche dem deutschen Staatsgebiete zugeschlagen werden sollen, muß der strategische Gesichtspunkt die Entscheidung geben. Nicht die Sprachgrenze allein und auch nicht der antiquarische Umstand, daß ein Gebiet früher zum Reich gehört hat."
82) ebd.
83) ebd., S. 474, v. 11. 8. 1870.
84) ebd., S. 480.

zutrifft, vermag eine Vorstellung davon zu geben, mit welcher Selbstverständlichkeit der Anspruch auf Elsaß-Lothringen einschließlich Metz im damaligen Deutschland angemeldet wurde. Die damaligen Zeitgenossen von ganz verschiedener politischer Färbung, geistiger Prägung und landschaftlicher Herkunft haben ihren vollen Anteil an der Annexion französischen Gebietes und teilen sich gleichmäßig die literarische Verantwortlichkeit dafür. Treitschkes Aufsätze bilden nur einen charakteristischen Ausschnitt aus dem publizistischen Stimmenchor. Sie steuern besondere Argumente bei zur Begründung einer Sache, die von dem „gebildeten" Volksempfinden nicht in Frage gestellt war.

Der Oppenheim'sche Brief enthält außer dem Zeugnis für die süddeutsche Annexionsfreudigkeit noch zwei interessante Hinweise: Der Briefschreiber versichert, daß „unsere Militärpartei die stärkste Festung trotz Bismarck nicht fahren lassen würde"[85]. Die Spannungen zwischen militärischer und politischer Leitung des Reiches, die in jenen Tagen im Hauptquartier gerade über die Frage der Annexion von Metz zu heftigen Auseinandersetzungen führten, scheinen die Öffentlichkeit also nicht verborgen geblieben zu sein. „Das populäre Gefühl", das gewissermaßen eine Witterung für diese höchsten Auseinandersetzungen hatte, nahm – soweit es sich literarisch zu äußern wußte – für die Militärs und gegen Bismarck Partei. Schon anläßlich der Schleswig-Holsteinschen Frage ergab sich ja Gelegenheit zu beobachten, daß ein so typischer Sprecher für das liberale Bürgertum wie Gustav Freytag besorgte, Bismarck könnte in der Lage sein, Nordschleswig aufgeben. Diese Sorge wiederholt sich 1870 aus Anlaß der Frage der französischen Festungen. Das „Volksgefühl", wie es von Freytag und seinen Gesinnungsgenossen aufgefaßt und hochgeschätzt wurde, orientierte sich leichter an den einfacheren Maßnahmen und Gedankengängen der Militärs als an Bismarcks scheinbaren diplomatischen Finessen. Daß Moltke bei einem großen Teil der Gebildeten populärer war als Bismarck, hat neben mancherlei politischen Gründen auch in diesem Zusammenhang eine ihrer Ursachen. Die Sympathie, mit welcher Freytag Moltke charakterisiert, kontrastiert mit dem Mißtrauen, ja mit der immer wieder durchbrechenden Feindseligkeit, die seine Urteile über Bismarck kennzeichnen. Die Betrachtung über „die Heeresleitung des Grafen Moltke im französischen Kriege", die Freytag beim Erscheinen des Generalstabswerks über 1870 niederschrieb, enthält ein solches Maß von Anerkennung, wie es Freytag im politischen Bereich nur etwa Karl Mathy gezollt hat. Die Motive dieser Hochschätzung sind einander in beiden Fällen verwandt. Auch in der Beschrei-

85) ebd.

bung Moltkes spielt, wie bei Mathy, der unausgesprochene Vergleich mit Bismarck eine Rolle. Wenn Freytag „die Eigentümlichkeit dieses wundervoll klaren und übersehenden Geistes" darin findet, „daß es in jedem vorliegenden Fall das Einfachste und Zweckmäßigste ohne Vorliebe für irgendwelche künstliche Operationsweise anordnet[86]", so will er zugleich zum Ausdruck bringen, daß „der andere", dessen Name in seinen Lebenserinnerungen kein einziges Mal ausgesprochen wird, gerade für das Gegenteil des Einfachen und Zweckmäßigen eine bedenkliche Vorliebe habe. Mit der tiefen Abneigung gegen Bismarck im Herzen hat Freytag wie kurz vorher Mathy so jetzt Moltke beschrieben: „Darf man einzelnes als seine Eigenart rühmen, so ist es gerade der klare, feste, alles gleichmäßig erwägende Geist, der nicht durch Schlauheit und kleine Mittel[87] militärische Erfolge sucht, weder durch Ehrgeiz noch durch die Aufregung des Kampfes beirrt wird, und dazu ein steter Wille, der unverrückt das letzte Ziel des Kampfes vor Augen hat und im entscheidenden Augenblick alles daran zu setzen bereit ist[88]." Und am Schluß wendet Freytag die ihm am eigentümlichsten und geläufigsten Wertmaßstäbe an, um Moltkes Größe ins rechte Licht zu rücken. An Moltke ist nicht nur „die Autorität eines überlegenen Geistes" zu rühmen, mit der er über „den stürmischen und ehrgeizigen Führern des deutschen Heeres" waltet, sondern wichtiger ist, daß er der deutschen Volksseele nahesteht. Er ist nicht nur ein großer Mann, sondern „ein treuer, selbstloser Diener seines Kriegsherrn, ein guter unsträflicher Mann[89]"; „. . . dem deutschen Volke aber ist dieser stille Denker der Schlachten ein ehrwürdiger Hausfreund geworden, zu dem es mit herzlichem Dank und festem Vertrauen hinschaut"[90]. Das von Freytag als spezifisch deutsch deklarierte Bedürfnis „zu lieben und zu verehren" wurde hier in hohem Maße befriedigt. Freytag hat der Charakteristik Moltkes alle jene Farbtöne seiner Sprache gegeben, die für ihn typisch sind. Er wollte ihn dem Gedächtnis des deutschen Volkes weniger als „großen" denn als „guten Menschen" einprägen, genauso wie er in seinen Erinnerungen Kaiser Wilhelm nicht unabsichtlich „unseren guten Kaiser Wilhelm[91]" nannte.

86) G. Freytag, Bilder von der Entstehung des Deutschen Reiches, S. 453f.

87) Der stets wiederkehrende Vorwurf gegen Bismarck bezieht sich auf sein mangelndes Verständnis für einen großen Plan und die Anwendung sog. „kleiner Mittel".

88) ebd., S. 454f.

89) ebd., S. 455.

90) ebd.

91) ders., Gesammelte Werke, Bd. 1, S. 235.

So ist es auch nicht zufällig, sondern hängt mit diesen Wertmaßstäben zusammen, wenn Freytag schreibt: „Sagen unsere Feldherren, daß wir das französische Metz und Belfort nicht entbehren können, um das deutsche Hinterland und den Elsaß zu behaupten, so dürfen wir diesem Erwerb nicht entsagen[92]." Was Freytag also dem Militär zugestand, verweigerte er gleichzeitig dem Politiker. Um dieselbe Zeit beklagte er sich bei Stosch darüber, daß die Nation dem Grafen Bismarck soviel Vertrauen entgegenbringe, so daß dieser z. B. mit Nordschleswig und dem Elsaß machen könne, was er für gut befinde. Das sollte nichts anderes heißen, als daß er befürchte, Bismarck könne in seinem diplomatischen Schachspiel das im gerechten Kriege Eroberte leichtfertig gegen anderweitige Zugeständnisse wieder aus der Hand geben. „Ob Metz behalten werden soll oder nicht, das wird jetzt mit einer Leidenschaftlichkeit behandelt, die seit Jahren unter uns unerhört war. Dennoch, wenn Graf Bismarck so oder so will, wird man's bereitwillig akzeptieren, das Murren wird zu leisem Flüstern. Und er könnte sich jetzt viel erlauben. Aber es wäre doch ein Irrtum zu glauben, daß das anhalten wird . . .[93]." Es ist eine von jenen zahlreichen Beschwerden Freytags über Bismarcks unerträgliche Vorherrschaft über die Nation. Hart daneben steht die Bereitschaft, sich der höheren Entscheidung des militärischen Fachmannes, den Freytag ja übrigens auch in Stosch bewunderte, bedingungslos zu beugen[94].

Auf Bismarcks Stellung zur elsaß-lothringischen Frage kann hier nicht näher eingegangen werden. Sie bildet eines der fragwürdigsten Probleme in der politischen Geschichte des Kanzlers. Die Aufgabe dieser Unter-

92) ders., Bilder von der Entstehung des Deutschen Reiches, S. 470.

93) G. Freytag, Briefe an A. v. Stosch, S. 66, v. 1. 11. 1870.

94) Wenn Freytag Moltke den Vorzug vor Bismarck gab, so befand er sich offensichtlich in Übereinstimmung mit einem großen Teil der gebildeten öffentlichen Meinung. Ein aufmerksamer Zeitbeobachter wie J. v. Eckardt glaubte den Grund für diese Bevorzugung in der größeren Annexionsfreudigkeit des Militärs finden zu dürfen: „In weitausgedehnten Kreisen, insbesondere denjenigen der politischen Gegner des Kanzlers und der ausgesprochenen Chauvinisten, gefiel man sich darin, den großen Feldherrn als den *eigentlichen* Held des Tages zu feiern und ihm als besondres Verdienst anzurechnen, daß er weitergehende als die von Bismarck durchgesetzten Gebietsabtretungen verlangt hatte. Fehlte es doch nicht an Leuten, die Politiker zu sein glaubten und nichtsdestoweniger davon sprachen, daß man zum mindesten Burgund und die Freigrafschaft (Franche Comté) hätte fordern müssen; mir selbst war es zum Vorwurf gemacht worden, daß ich die Aufnahme von Artikeln verweigert hatte, die unsere maßlose Bescheidenheit getadelt und u. a. die Abretung von Dünkirchen für geboten angesehen hatten. Redensarten solchen Inhalts und Berufungen darauf, daß ein siegreiches Volk sich noch niemals so maßvoll wie das unsrige gezeigt habe, das mit nur fünf Milliarden und zwei Provinzen zufrieden gewesen,

suchung besteht nur darin, den publizistischen und literarischen Rahmen für Treitschkes besondere Auffassung zu beschreiben, sowie ferner in dem Versuch, die Atmosphäre deutlich werden zu lassen, in welcher sich sein Urteil über Elsaß-Lothringen bildete. Nur soviel mag zu Bismarcks Einstellung gesagt sein, daß der Oppenheim'sche Hinweis auf das Übergewicht der Militärs bei der Entscheidung über die Annexionen durchaus den zeitgenössischen Quellenzeugnissen entspricht. Robert von Keudell trug die Äußerung Bismarcks vom 6. 9. in sein Tagebuch ein: „Mir ist zwar die Erwerbung von Lothringen politisch unerwünscht, aber die Generale halten Metz für unerläßlich, da es den Wert von mindestens 120000 Mann repräsentiert[95]."

Der Oppenheim'sche Brief, auf den zur Kennzeichnung süddeutscher Stimmung hingewiesen wurde, ist schließlich noch aufschlußreich wegen einiger grundsätzlicher Bemerkungen über das Verhältnis von individueller Überzeugung und öffentlicher Meinung besonders im Kriege. Anlaß dieser Bemerkungen bildet die Haltung der Kölnischen Zeitung in der Metzer Frage. Ihr Redakteur Dr. Kruse bewahrte sich auch jetzt wieder wie in der Nordschleswig-Frage seine unabhängige Stellung und verwarf in mehreren Artikeln „Zur Sprachgrenze" die Annexion von Metz. Der Leitartikel vom 23. Sept. enthielt die bündige Erklärung: „Die Lehre, daß Metz als Festung in Frankreichs Händen eine Ausfallspforte, in unseren Händen aber ein Friedenspfand sei, scheint uns ganz und gar mit Vernunft und Billigkeit zu streiten[96]." Mit dieser nüchternen Meinung stand

konnte man selbst von gefeierten Reichstagsabgeordneten aussprechen hören." (J. v. Eckardt, Lebenserinnerungen, Bd. 1, S. 249f.)
An derselben Stelle seiner Erinnerungen berichtet Eckardt über ein Gespräch mit Windthorst, der sich als „ein enthusiastischer Verehrer Moltkes" bekannt habe, „dieses wahrhaft großen und dabei kindlich reinen Mannes" (ebd., S. 251).

95) R. v. Keudell, Fürst und Fürstin Bismarck, Erinnerungen aus den Jahren 1846–1872, 1902, S. 457; vgl. vor allem die bedeutsame Äußerung Bismarcks aus einem Gespräch mit dem französischen Botschafter, das dieser noch am selben Tage, am 14. 11. 1879, im Wortlaut nach Paris weitergab: „Man zerstört eine Nation, wenn Ihre Stärke es Ihnen erlaubt, oder wenn Ihr Interesse es erfordert, aber man verstümmelt sie nicht ungestraft, und die Geschichte, diese große Lehrmeisterin der Staatsmänner, lehrt uns, daß man es immer zu bereuen hat. Indem Napoleon Preußen verstümmelte und demütigte, hat er Männer wie Stein und Scharnhorst erstehen lassen; indem mein kaiserlicher Herr und die Militärs, die ihm diesen Entschluß eingegeben haben, Ihnen Metz und ein Stück von Lothringen fortnahmen, haben sie den schwersten politischen Fehler begangen." (Doc. dipl. franc. Nr. 476; zitiert nach B. Schwertfeger, Das deutsch-österreichische Bündnis vom 7. 10. 1879 im Lichte der französischen Akten, Hist. Vj. Schr. 29, 1935, S. 162.)

96) Deutscher Liberalismus, Bd. 1, S. 480, Anm. 1.

Kruse in jenen national erregten Tagen unter den deutschen Journalisten fast ganz allein. Seine publizistische Stimme, die wie die Stimme des Rufers in der Wüste war, verhallte ungehört und ging unter im Chor der Annexionisten. Außer ihm trat nur noch der Balte Julius von Eckardt mit einer Reihe von Aufsätzen „Für und wider das elsässisch-lothringische Projekt[97]" in gleichem Sinne auf. Seine Bedenken sind aber komplizierter und vielschichter und müßten eingehender analysiert werden. Der besondere baltische Gesichtspunkt spielt in seine Argumentation stark hinein[98].

97) J. v. Eckardt, Lebenserinnerungen, Bd. 1, vgl. S. 226ff.

98) Eckardt befürchtet, daß die Annexion Elsaß-Lothringens zur Veranlassung einer unerträglichen außenpolitischen Abhängigkeit des jungen deutschen Kaiserreiches von Rußland werde. Im Rückblick der Erinnerungen faßt er seine damalige Hauptsorge folgendermaßen zusammen: „Im Prinzip war das Zustandekommen einer russisch-französischen Allianz schon damals entschieden und nur darüber konnte noch gestritten werden, ob uns vielleicht gelingen könne, diese Allianz durch bedingungslose Hingabe an Rußlands Interessen und Wünsche hinzuhalten oder gar gegenstandslos zu machen. Tertium non dabatur. Wollten wir nicht zwischen zwei von Ost *und* West entzündete Feuer kommen, so mußten wir entweder auf Elsaß-Lothringen verzichten oder – mittelbar oder unmittelbar – die Rolle von Helfershelfern der russischen Welteroberungspolitik übernehmen und schließlich dabei ankommen, unsern östlichen Nachbarn als ‚Kettenhunde des Panslawismus' noch schätzbarer zu sein, als die Franzosen. Verlockend konnte diese Aussicht nicht genannt werden und Täuschung über dieselbe war kaum möglich. Von Frankreich und wahrscheinlich auch von England waren und blieben wir geschieden, wenn wir unsere Grenze bis über Metz hinaus vorschoben – die kleineren und mittleren Staaten des Weltteils sahen uns längst mit scheelen Augen an, Österreich und Italien – die damals mit ihren Sympathien im französischen Lager standen – vermochten auch im günstigsten Falle kein ausreichendes Gegengewicht gegen eine französische Allianz zu bieten. Was blieb da übrig als Hingabe an Rußland bis zur äußersten Grenze des Möglichen. Konnte die Herbeiführung eines solchen Zustandes vom europäischen wie vom deutschen und liberalen Standpunkte verantwortet werden? Standen Gewinn und Verlust dabei in irgendeinem Verhältnis?" (J. v. Eckardt, a.a.O., Bd. 1, S. 231f.)
Der Gedanke an das Schicksal seiner baltischen Heimat hat an diesen Sorgen einen erheblichen Anteil: „Für mich persönlich kam noch hinzu, daß das Geschick meiner Heimat am Tage der Annexion Elsaß-Lothringens für unterschrieben gelten konnte. War erbarmungslose Russifikation dieses deutsch-protestantischen Landes bereits nach der deutschen Besitznahme der Elbherzogtümer zum Schlachtruf *aller* russischen Parteien geworden, so verstand sie sich nach moskowitischer Rechnung von selbst, wenn Frankreich seine Grenzprovinzen der Wiederherstellung des Deutschen Reiches zum Opfer bringen mußte. Welcher Wert immer der Wiedergewinnung der Vogesengrenze zugeschrieben werden mochte, – der Preis dafür schien mir zu hoch zu sein. Aufrichtung einer unübersprinlichen Schranke zwischen den beiden mächtigsten Kulturvölkern des Kontinents, Inaugurierung einer Vergewaltigungspolitik, die auf das neue Reich und dessen Entwicklung verhängnisvoll zurückwirken

Es ist nun überaus bezeichnend, wie sich Oppenheim, der doch ein Mann von eindeutig liberaler Gesinnung war, mit Kruses Widerspruch gegen die herrschende öffentliche Meinung auseinandersetzte. Seine Ablehnung Kruses ist umso bemerkenswerter, als sich ja der Inhalt seiner theoretischen Überzeugungen durchaus mit den Kruse'schen Ansichten deckte. Er schrieb nämlich: „Ich selbst bedauere, nach meiner tiefsten Überzeugung, jedes undeutsche Dorf, das der deutsche Bundesstaat zu verdauen bekommt, als eine Schwierigkeit, als ein Element der Schwäche und habe das auch mehrfach ausgesprochen[99]." Metz bilde jedoch eine Ausnahme, so argumentiert er weiter, denn hier „liege die Sache . . . doch so, daß die Lösung unausweichlich vorgeschrieben sei"[100]. Dann folgt der für eine Liberalen immerhin erstaunliche Verschlag an die Kölnische Zeitung, ihre bisherige unabhängige Haltung aufzugeben: „Die Kölnische Zeitung hat nun einmal in ihrem Sinne protestiert; könnte sie nicht von jetzt ab dem Schicksal seinen Lauf lassen? Eine Zeitung hat doch auch andere Aufgaben als die theoretischen Überzeugungen einzelner Männer zu propagieren, Überzeugungen, welche wenigstens von keiner *Partei* gestellt werden[101]." Diese Bekundung läßt den großen Sinneswandel deutlich werden, der sich in Deutschland zwischen 1848 und 1871 vollzogen hat. Oppenheim, der sich 1841 in Heidelberg habilitiert hatte, gab 1848 zusammen mit Arnold Ruge die „Reform" in Berlin heraus. Für seine theoretischen Überzeugungen mußte er 11 Jahre lang als Flüchtling in der

mußte – Permanenz des Rüstungszustandes und abermalige Erweiterung des russischen Einflusses auf die europäischen Völkergeschicke, – konnte sich dabei beruhigen, wer an eine ideale Aufgabe des deutschen Volkes, an einen Fortschritt der Menschheit glaubte?" (Ebd., S. 232.) Die Erinnerung an das warnende Beispiel der Russifizierungspolitik in den baltischen Provinzen liegt seinem politischen Urteil über Elsaß-Lothringen zu Grunde, und er glaubte voraussehen zu dürfen, „daß die Assimilierung dieses vor zweihundert Jahren französisch gewordenen und hundert Jahre lang wirklich französisch gewesenen Landes anders als mit Gewaltmitteln nicht durchzuführen sein und daß es darauf herauskommen werden, die Massen gegen die Elite auszuspielen. Was es damit auf sich habe und welche Konsequenzen das mit sich führe, wußte ich aus der Geschichte der Russifizierung der einstmals russisch gewesenen und polnisch gewordenen litauischen Länder, die sich vor meinen Augen vollzogen hatte und aus den Wirkungen, welche diese Politik nationalistischer Vergewaltigung auf meine Heimat geübt hatte. Vor dem Gedanken, Deutschland in die nämlichen Bahnen gezogen und in diesem Sinne zum Nachtreter des russisch-nationalen Despotismus gemacht zu sehen, graute mit." (Ebd., S. 227.)

99) Deutscher Liberalismus, Bd. 1, S. 480, H. B. Oppenheim an E. Frensdorf, v. 30. 9. 1870.

100) ebd.

101) ebd. („Partei" vom Briefschreiber gesperrt!).

Schweiz, in Frankreich und England leben. Seine nun ausgesprochene Ansicht, daß eine Zeitung andere Aufgaben habe, „als die theoretischen Überzeugungen einzelner Männer zu propagieren", entsprach übrigens genau der Freytag'schen Auffassung, die dieser vor einigen Jahren in dem Aufsatz über „Die Pflichten eines Fortschrittsmannes" erläutert hatte. Für diesen schwer sichtbaren und schwer greifbaren Vorgang, in dessen Verlauf individuelle Überzeugungen an Wert und Ansehen verlieren und hinter genormten Parteiansichten zurücktreten, besitzt also nicht nur Freytag, sondern auch ein Durchschnittsliberaler wie Oppenheim typische Bedeutung. Die theoretische individuelle Überzeugung findet ihre Grenze an der Haltung der Partei. So versäumt Oppenheim nicht, auf *den* Sachverhalt, daß Kruses Überzeugungen von keiner *Partei* geteilt würden, als auf ein schwerwiegendes Moment hinzuweisen. Dieser Hinweis ist nicht nur bemerkenswert, weil er die Belanglosigkeit einer individuellen Meinung, die ohne Rückhalt an einer Parteiansicht ist, feststellt, sondern auch weil er die Bestätigung eines zuständigen Zeitgenossen enthält, daß alle Parteien hinter den Annexionen von 1871 standen. Das Verhalten der Sozialisten, die von Braunschweig aus einen Aufruf für einen ehrenvollen Frieden mit der französischen Republik und gegen die Annexion Elsaß-Lothringen erließen, blieb ganz unter dem Horizont der gebildeten öffentlichen Meinung. Als die Verfasser dieses Aufrufes auf die Festung Boyen geschickt wurden und der preußische Landtagsabgeordnete Johann *Jacoby*, der sich in Königsberg auf einer demokratischen Versammlung ebenfalls gegen die Annexion ausgesprochen hatte, dieselbe Behandlung erfuhr, schrieb die im übrigen ebenfalls annexionistische Weserzeitung allerdings: „So gewinnt das Wort: ‚inter arma silent leges' eine ungeahnte furchtbare Bedeutung[102]." Der Fall Jacoby ist nicht nur wegen der demokratischen Überzeugungstreue, die er zeigt, bemerkenswert, sondern er ist vor allem durch sein Nachspiel lehrreich geworden. In diesem Nachspiel wurde der Volkswille eindrücklich offenbar. Nach seiner Freilassung fiel Jacoby bei den Landtagswahlen nämlich durch. Die freisinnige Mehrheit der Berliner wählte an seiner Stelle den Fortschrittsmann Eugen Richter, der sich dem allgemeinen Wunsch nach Annexionen angeschlossen hatte. Das unpopuläre Verhalten in der elsaß-lothringischen Frage, die zu einer Herzensangelegenheit des deutschen Volkes geworden war, hatte Jacoby den Landtagssitz gekostet.

Nachdem die oftmals widerspruchsvollen Gründe gemustert sind, die Treitschke aufzählt, um Recht und Notwendigkeit der Wiedereroberung Elsaß-Lothringens zu beweisen, bleiben noch einige Gesichtspunkte übrig,

102) zitiert nach E. Eyck, Bismarck, Bd. 2, S. 511f.

die in den Bekundungen zum deutsch-französischen Kriege enthalten sind und Beachtung verdienen.

An keiner Stelle seines Werkes sowie zu keinem anderen Zeitpunkt wird so deutlich wie hier in der besonderen nationalpolitischen Situation, in der es darum ging, die Eroberung französischen Gebietes zu rechtfertigen, daß „die patriotische Pflicht" für Treitschke Religionsersatz ist. Bezeichnenderweise fehlen auch gerade hier jene Ausdrücke nicht, die aus dem religiösen Bereich stammen und auf politische Vorgänge Anwendung finden. Mit Hilfe religiöser Begriffe spielt Treitschke gewissermaßen die allerletzten Trümpfe in seinem Plädoyer gegen Frankreich aus. Gleich bei Beginn des Krieges wird das Friedensziel in eine Abrechnung mit der gesamten französischen Geschichte der letzten beiden Jahrhunderte verlegt. Der Friede soll nämlich „die Ausgleichung der ungeheuren Sündenrechnungen, die seit dem Raube der lothringischen Stifter aufgelaufen sei[103]", enthalten. Die nationale Argumentation, die sich so religiöser Verkleidungen bedient, macht Treitschke seine Aufgabe im Grunde sehr leicht; denn „vor der heiligen Notwendigkeit dieser Tage[104]" werden alle Einwände zuschanden. Von der neueren Geschichte der eigenen Nation wird feierlich als von „der großen Auferstehung unseres Volkes[105]" gesprochen. Wenn der Historiker so zu urteilen und zu sprechen sich berufen fühlte, dann erfüllte er wirklich „das Priesteramt und das Fürstenamt[106]", das Freytag dem deutschen Professor zuweis und das H. Taine so in Erstaunen versetzte.

Hinzu kommt die hegelsche Vernunftgläubigkeit, die aus allen Äußerungen Treitschkes in jener Zeit spricht. „Wer ist so blind, in den wunderbaren Ereignissen der jüngsten Tage die göttliche Vernunft zu verkennen, die uns Deutsche zwingt, ein Volk zu werden[107]." Es ist nicht irgendeine Vernunft, die Treitschke meint, sondern gemeint sind die Vernunft und die Idee Hegels. Wenn die Stunde ihres Erscheinens angebrochen ist, dann – so glaubt er – „bildet sie sich die Männer, die ihr den starken Arm und die beredten Lippen leihen", und ganz im Sinne der „List der Idee" glaubt er außerdem, daß „sie ihre Feinde selber zwingt, ihr zu dienen"[108]. Wer so wie Treitschke von dem Wirken der Vernunft überzeugt war, konnte wohl im Hinblick auf den bevorstehenden Frieden schreiben: „Doch

103) vgl. H. v. Treitschke, Zehn Jahre Deutsche Kämpfe, S. 280, Die Feuerprobe des Norddeutschen Bundes, v. 3. 8. 1870.

104) Preuß. Jb. 26, S. 371.

105) ebd., S. 389.

106) G. Freytag, Die verlorene Handschrift, 2. Teil, S. 423.

107) H. v. Treitschke, Zehn Jahre Deutsche Kämpfe, S. 272.

108) ebd.

das ist ja das Herrliche dieser großen Zeit, daß sie die Vernunft der Geschichte mit übermächtiger Beredsamkeit sprechen läßt und der deutschen Politik grobe Mißgriffe kaum noch gestattet[109]." Dies war gleichsam die äußerste Konsequenz, die aus der hegelschen Vernunft gezogen werden konnte. Die Vernunft hob die individuelle Verantwortung auf und übernahm die Gewähr für alle Maßnahmen der Politik auch in der Zukunft. Der Werkzeugcharakter des handelnden Menschen war damit vollendet. So liegt auch der allerletzte Rechtstitel für die Erwerbung Elsaß-Lothringens in dieser Vernunft; „die Natur der Dinge", „der Zwang der Tatsachen" bewirken letztlich die Einverleibung der beiden Provinzen in den preußischen Staat.

Diese Vernunft trägt ebenso wie die Religion im Jahre 1870 ein deutschnationales Gepräge. Wenn Treitschke schreibt, daß „die Beherrschung eines deutschen Stammes durch Franzosen jederzeit ein ungesunder Zustand bleibe" und „heute ein Verbrechen wider die Vernunft der Geschichte sei", so kommt ihm nicht der Gedanke, daß es etwa auch wider die Vernunft der Geschichte sein könnte, wenn Deutsche Franzosen wie z. B. in Metz beherrschen. Im Gegenteil schien ihm die Vernunft im Falle Metz besonders deutlich und unüberhörbar zu sprechen. Er fand einen der versöhnenden und vernünftigen Abschlüsse, die er vornehmlich in der Geschichte suchte – von welcher der Betrachtende getröstet hinweggehen soll – gerade darin, daß sächsische Truppen an der Wiedereroberung der Festung mitgeholfen hätten, die einst der *Sachse* Moritz verraten habe[110]. Aus diesem Sachverhalt zog er den politischen Schluß, daß es „einem aufsteigenden Volke übel anstehe, die Stätte, wo die Gerechtigkeit seines Schicksals so sichtbar gewaltet habe, wieder zu verlassen"[111]. Gewiß handelt es sich hier um temperamentvolle publizistische Bekundungen, welche für die Wirkung im Augenblick bestimmt waren. Sie hängen aber aufs Engste mit der Gesamtheit seiner Wertmaßstäbe zusammen.

Es scheint, als sei Treitschke diese umwegige und geradezu konstruktivische Begründung für das Recht auf Metz geläufiger als noch so gute militärische bzw. realpolitische Gesichtspunkte. Er befand sich hier gewissermaßen wieder auf dem Boden seiner eigentümlichen Neigungen.

Die Motive einer Vernunftsgläubigkeit ließen sich leicht in den Bekenntnissen auch anderer Historiker und Publizisten nachweisen, obwohl sie nirgends gleichsam so mit Händen zu greifen sind und so naiv ausgesprochen werden wie bei Treitschke.

109) Preuß. Jb. 26, S. 496; vgl. oben S. 132.
110) ebd., S. 379.
111) ebd.

Denen, die wie Treitschke glaubten, daß die Vernunft in diesem Jahr 1870 einen entscheidenden Schritt vorwärts auf dem Wege ihrer Verwirklichung getan hatte, entging fast ganz, daß gerade in dies denkwürdige Jahr die Säkularfeier des Philosophen dieser Vernunft fiel. Der ereignisreiche Verlauf des Jahres war wenig geeignet, in akademischen Feiern Hegels 100. Geburtstag zu begehen. Und doch erscheint es als ein geistesgeschichtlich denkwürdiges Zusammentreffen, daß gerade in diesem Säkularjahr die von Hegel geprägten Gedanken eine hohe nationalpolitische Aktualität erfuhren. Die Sprache der führenden Publizisten war ungewollt erfüllt von dem Fluidum der Rechts- und Geschichtsphilosophie. Die beiden Werke bildeten das philosophische Reservoir, aus dem die Argumente stammen, die in dem publizistischen Kampf gegen Frankreich eine so bedeutungsvolle und zugleich fragwürdige Verwendung fanden. Die Niederlagen der französischen Armeen schienen erst dann ins rechte Licht einer weltgeschichtlichen Betrachtung zu rücken, wenn sie in der philosophischen Bedeutung des unterlegenen Volksgeistes, der eine abgelaufene Herrschaft an den siegreichen Volksgeist abtritt, verstanden wurden.

Diese politische Aktualität der Hegelschen Ideen über Staat und Geschichte stand in umgekehrtem Verhältnis zur Geltung des eigentlich Hegelschen Systems. Während in der Geschichte der Philosophie Hegels dialektische und spekulative Methode längst mißachtet war und sein eigentliches philosophisches System abgelehnt wurde, wirkten seine geschichts- und staatsphilosophischen Gedanken im Kreise der politischen Historiker und Publizisten umso lebendiger. Die Weltgeschichte schien seinen Ideen ja eine gewaltige Bestätigung zu geben. Ein so nüchterner Zeitgenosse wie Baumgarten, der vor dem Glauben an „die Selbstherrlichkeit der Idee“ warnte, sprach die allgemeine Stimmung aus, wenn er in der jüngsten deutschen Geschichte „das erhabene Daherschreiten providentieller Mächte“, „den providentiellen Gang unserer Geschicke[112]“ sowie „den Tiefsinn der Weltlenkung“ bewunderte. Diese Ausdrucksweise ist gewiß zu allgemein, als daß von ihr auf das sprachliche Vorbild Hegels geschlossen werden dürfte, aber es ist doch so, daß Hegels Vernunftansicht der Geschichte erst vorausgegangen sein mußte, damit ein Historiker wie Baumgarten so sprechen konnte. Konkreter ist dies Vorbild Hegels aber zu fassen, wenn es bei Treitschke heißt: „Die Vernunft der Geschichte redet niemals unzweideutiger, als wenn sie eine große Fügung durch widerwillige Hände vollstrecken läßt[113].“

112) H. Baumgarten, Aufsätze und Reden, S. 316, Wie wir wieder ein Volk geworden sind.

113) Aufsätze, Bd. 3, S. 448.

Es mag bezeichnend sein, daß die Säkularrede an der Tübinger Universität nicht von einem Fachphilosophen gehalten wurde, sondern von dem in Wissenschaft und Politik gleichmäßig tätigen Gustav Rümelin. Er brachte die hegelsche Staatsphilosophie in eine unmittelbare Verbindung mit den Ereignissen des Jahres und sagte: „Dies Jahr ist vor unserem staunenden Blick zu einem jener großen Marksteine, zu einer der Leuchtfackeln der Menschheit geworden, welche die dunklen und verschlungenen Pfade der Vergangenheit mit Einem Male erhellen und uns für die Zukunft eine breite, weithin sichtbare Hochstraße zeigen. Wenn die Geschichtsauffassung Hegels in ihrem Rechte ist, daß der Reihe nach führende Volksgeister auf- und wieder abtreten, welche als die Träger der herrschenden Weltanschauung den Zeitaltern das eigentümliche Gepräge ihres Wesens aufdrücken, so kann es in der Geschichte nicht wohl ein wichtigeres Ereignis geben als einen solchen Szenenwechsel auf dem Welttheater, wenn das bisher führende Volk hinter die Bühne tritt und ein anderes, das bis dahin zur Seite gestellt war, den Vordergrund in Besitz nimmt. Doppelt großartig aber wird der Eindruck sein, wenn dieser Wechsel mit so glänzendem dramatischen Effekt erfolgt, in so gewaltigen Schlägen, als die Strafe unerhörter Anmaßung und Verblendung, als ein Sieg der stillen und verkannten Kraft, als ein Gottesgericht wie kaum je ein zweites mit deutlicherer Flammenschrift in die Tafeln der Geschichte eingezeichnet worden[114]." Und am Schluß der Rede kommt geradezu eine kausale Verknüpfung von Hegel und 1870 zum Ausdruck: „Ja, ich sage nicht zuviel, wenn ich in den großen Ereignissen unserer Tage auch einen Triumph, eine Bewährung hegelscher Staatsweisheit sehe[115]." Diese Rede besitzt einen hohen zeitgeschichtlichen Wert. Dieselbe Stimmung, die in den gleichzeitigen Zeugnissen des Historikers enthalten ist, bekundet sich auch in Rümelins Worten. Es ist die gleiche Bildung, von der sie alle erfüllt sind. Daß diese Bildung zu einem sehr großen Teil auf den von Hegel gelegten Grundlagen beruht, wird an der Sprachgebung dieser Rede deutlich. So bezeichnet es auch der Berichterstatter der Wochenzeitschrift „Im Neuen Reich" aus Anlaß der Hegelfeiern im Jahre 1870 als „eine dankbare Aufgabe für spätere Kulturhistoriker" „zu untersuchen, welchen Anteil die hegelsche Philosophie an unserer heutigen Bildung habe"[116]. Ihm ist kein Zweifel daran, daß diese Philosophie „als allgemeines Bildungsmoment noch von keiner anderen abgelöst sei"[117]. Der Tübinger Festredner

114) G. Rümelin, Reden und Aufsätze, 1875, S. 33, Über Hegel, v. 6. 11. 1870.
115) ebd., S. 59.
116) Im Neuen Reich, 1871, Bd. 2, S. 411.
117) ebd., S. 410.

hatte in seiner Jugend ebenso gründlich die hegelsche *Ästhetik* studiert wie der jüngere Treitschke[118]. Der ästhetische Einschlag einer Geschichtsbetrachtung, für welche der geschichtliche „Szenenwechsel" „mit so glänzendem dramatischen Effekt erfolgt", stammt aus den Eindrücken dieser Lektüre.

Wenn Rümelin die „eigentliche Überzeugungskraft" eines philosophischen Systems „weniger in dem logischen Zwange" erblickte, als in der „Bewährung im Großen und Ganzen in der Rechnungsprobe, die schließlich im Vergleich mit dem unmittelbaren Eindruck des Weltlaufes und der Gesamterfahrung herauszukommen scheint[119]", so befand er sich in dieser Einschätzung der Philosophie in vollkommener Übereinstimmung mit Treitschke. Das Jahr 1870 bedeutete eben die „Rechnungsprobe" für Hegels Gedanken über Staat und Geschichte; sie erfuhren jetzt ihre „Bewährung im Großen und Ganzen". Sie hatten dazu beigetragen, „die dunklen und verschlungenen Pfade der Vergangenheit" zu erhellen. „Eine breite, weithin sichtbare Hochstraße" schien von 1870 aus in die nationale Zukunft zu führen.

118) Beide stimmen im Urteil über die geistige Fortwirkung der Ästhetik genau überein.
Rümelin: „Seine Ästhetik ist ein bahnbrechendes Werk, das zum ersten Mal den ganzen Stoff gestaltend und ordnend bewältigt hat ... Man wird heutzutage (1870) kaum irgendein ästhetisches Buch oder Urteil finden, in welchem nicht hegelsche Gedanken offen oder versteckt eine Hauptrolle spielen." (Reden und Aufsätze, 1875, S. 56.)
Treitschke: „Um so mächtiger entfaltete sich Hegels Genius auf dem Gebiete der Ästhetik. Was er hier sagte über die Einheit von Idee und Bild im Kunstwerk war groß, tief, neu und so lebensvoll, daß noch heute alle ernsten ästhetischen Urteile der Deutschen sich bewußt oder unbewußt an Hegel anlehnen." (Deutsche Geschichte, Bd. 3, S. 717.)

119) G. Rümelin, a.a.O., S. 42.

Sechstes Kapitel

Opinion, Öffentliche Meinung, Volksgeist: Ausdrucksmittel politischer Vorstellungen und Wünsche

„Man begreift, daß die Regierung eines wirklichen Staates, weil sie regiert, in der Beurteilung der Lage einen Vorsprung hat vor dem souveränen Publikum."

H. v. TREITSCHKE „Die Verfassung des Norddeutschen Bundes".
10. Juni 1867.

Die im Grunde völlig unanschauliche Vorstellung von einem Volke, dessen Charaktersubstanz in Vergangenheit, Gegenwart und Zukunft eine Konstante bildet, wird von der deutschen Publizistik und Geschichtsschreibung nicht nur auf die deutsche, sondern erst recht auf die feindliche Nation angewandt. Die Anklage der deutschen Historiker gegen Frankreich bezieht sich daher nicht nur auf die Gegenwart und auf die unmittelbaren Kriegsursachen, sondern weit mehr noch auf die Vergangenheit. „Die Ausgleichung der ungeheuren Sündenrechnung", die seit zwei Jahrhunderten aufgelaufen sei, wird von Treitschke als das eigentliche Friedensziel bezeichnet. Die Ansicht, daß der französische Nationalcharakter „ein hoffnungsloser Fall" sei, dringt immer wieder durch, und gerade deshalb – so lautet die Argumentation – ist es richtig und notwendig, eine solche Grenze zu ziehen, die einen militärischen Schutz gegen den unruhigen Nachbarn gewährleistet. Der „Volksgeist" braucht nicht immer ausdrücklich genannt zu werden, aber der durch ihn bezeichnete Komplex bildet jedesmal – so darf man sagen – den geistesgeschichtlichen Ausgangspunkt für solche Urteile, welche die fremde Nation in Bausch und Boden verurteilen. Auch hier lassen sich erhebliche Abstufungen erkennen, aber durch die gesamte nationale Publizistik der Kriegszeit zieht sich die Dominante einer Generalabrechnung mit der für unheilbar gehaltenen französischen Nation.

Gegen diese generalisierende und vereinfachende Betrachtungsweise wendet sich auf französischer Seite Hippolyte *Taine* in einer Untersuchung über „L'opinion en Allemagne et les conditions de la paix[1]." Der Titel gibt den Inhalt nicht ganz genau wieder; denn der Verfasser beschreibt mehr noch die öffentliche Meinung in Frankreich als die in Deutschland. Er hat sich mit dieser Untersuchung an der europäischen Diskussion beteiligt, die damals die führenden Geister auf beiden Seiten des Rheins intensiv in den Monaten von August bis Oktober 1870 über den Krieg sowie vor allem über die Landabtretungen führten. Das Dokument enthält die interessante Antwort eines bedeutenden Franzosen, der ein guter Kenner des intellektuellen Deutschlands war, auf die Argumente, die für die deutsche Publizistik maßgeblich waren. Es ist aufschlußreich, weil aus ihm die Motive des französischen Urteils über das Problem „Elsaß-Lothringen" abgelesen werden können.

Taine hatte eine Deutschlandreise kurz vor Ausbruch des Krieges abgebrochen. Er wollte auf dieser Reise jenes Bild überprüfen, das er sich vorher aus der deutschen Literatur von Deutschland und von dem seelischen und geistigen Zustand der Deutschen gemacht hatte.

1) H. Taine, Essais de Critique et d'Histoire, Paris 1882, S. 415–431.

Äußerer Anlaß seiner Untersuchung bilden ein Aufsatz von Sybel in der Kölnischen Zeitung sowie der offene Briefwechsel zwischen David Friedrich Strauß in der Allgemeinen Zeitung und Renan in der „Revue des deux mondes". Der innere Beweggrund liegt aber über diese akuten Anlässe hinaus in der schon seit mehreren Jahren stattfindenden Beschäftigung mit deutscher Literatur, aus welcher ein ähnliches Buch hervorgehen sollte wie dasjenige, das er über England geschrieben hatte. Indem Taine, wie Stadelmann erläutert hat[2], den Gegensatz zwischen Frankreich und Deutschland auf die „opinion" als das seiner Ansicht nach „Grundphänomen des staatlichen Geschehens[3]" zurückführt, wird seine Argumentation ungewollt eine grundsätzliche Auseinandersetzung mit der Volksgeistvorstellung, die auf deutscher Seite und vor allem bei Treitschke, dessen nationalpolitische Publizistik gewissermaßen ein Sammelbecken der heterogensten Bestandteile aus dem deutschen Geistesleben des 19. Jahrhunderts darstellt, eine so große Rolle spielt[4].

Es handelt sich hier um keine willkürliche und beliebige Gegenüberstellung von zwei so verschiedenen Persönlichkeiten wie Taine und Treitschke, die sich beide unbekannt geblieben sind, sondern „opinion" und „Volksgeist" sind in diesem Gespräch wirklich die beiden Grundthesen, die – völlig verschieden voneinander – doch auf beiden Seiten dieselbe Funktion ausüben. Der Vergleich der Positionen, welche die beiden Repräsentanten des deutschen und des französischen Geisteslebens einnehmen, ist umso reizvoller, als ja Treitschkes Volksgeist im Konzeptionsstadium der Deutschen Geschichte zu Beginn der 60er Jahre meist mit der öffentlichen Meinung gleichgesetzt wurde und als ja überhaupt bei ihm beide Begriffe leicht ineinander überzugehen pflegten. Taine beruft sich 1870 genauso auf die opinion, wie sich Treitschke auf den Volksgeist beruft. Dem einen dient der Hinweis auf die öffentliche Meinung als ein Mittel der nationalpolitischen Verteidigung, dem anderen der Hinweis auf den Volksgeist als Mittel des nationalpolitischen Angriffs. Bei beiden

2) R. Stadelmann, Taine und die politische Gedankenwelt des französischen Bürgertums, in: Vom Erbe der Neuzeit, S. 70ff.

3) ebd., S. 16.

4) Diesem Abschnitt der Untersuchung liegt nur Taines Aufsatz vom 9. 10. 1870 sowie Teile seiner correspondance zu Grunde. Es soll nicht näher erörtert werden, wie weit Taines Volks- und Rassebegriff von Volksgeistvorstellungen der deutschen Romantik etwa herkommt und wieweit die Neigung zum Generalisieren, die auch bei ihm vorhanden ist, selbst aus dieser geistesgeschichtlichen Herkunft zu erklären ist. Sein Abhängigkeitsverhältnis von Comte wird bekanntermaßen ergänzt durch seine gründliche und nachhaltige Auseinandersetzung mit der deutschen Romantik.

sind opinion und Volksgeist Zentralkategorien, auf denen sie das Gebäude ihrer Beweisführung aufbauen. An ihrer Auffassung der elsässischen Frage wird dieser Sachverhalt ganz deutlich; denn in der Behandlung dieses territorialen Problems kommt die Funktionsgleichheit, die Volksgeist und opinion in der Argumentation beider Männer haben, besonders anschaulich zum Ausdruck. Treitschke greift auf den romantischen Begriff der Volkspersönlichkeit und auf die stillwirkenden Kräfte des Volksgeistes zurück, um zu zeigen, daß das Elsaß ein Glied des deutschen Reiches ist – Taine analysiert die öffentliche Meinung, um an ihr nachzuweisen, daß die Elsässer französisch fühlen und deshalb zu Frankreich gehören. Treitschke übergeht den „mißleiteten Willen derer, die da leben" zugunsten „des Willens derer, die da waren". Er stellt der Politik die Aufgabe, den Lebenden „wider ihren Willen ihr eigenes Selbst zurückzugeben"[5]. Die Vergangenheit ist bei ihm stärker als die Gegenwart. Taine dagegen möchte gerade den Willen und die Meinung der gegenwärtig lebenden Menschen erforschen. Treitschke will die Politik nach den Bedürfnissen des Volksgeistes lenken, wenigstens an diesem Punkte seines nationalpolitischen Programms, ebenso wie Freytag der Volksseele politische Richtlinien zu entnehmen gewohnt ist. Taine möchte, daß sich die Politik nach der opinion richtet und zwar so, wie er sie versteht. Die empirisch zu erforschende opinion soll nicht nur das innere Leben der Staaten, sondern auch die außenpolitischen Beziehungen lenken. Er meint nun aber nicht die opinion, die von den führenden Männern des geistigen und politischen Lebens gebildet wird, sondern „la voix basse, triste, universelle de l'opinion[6]", die unter dem Lärm der offiziellen Stimmen und dem Lärm der Straße verdeckt und erstickt werde.

Taine hatte guten Grund, sich gerade zu diesem Zeitpunkt auf die opinion zu berufen; denn die Bevölkerung Straßburgs hatte während der soeben zu Ende gegangenen Belagerung ihrer Stadt durch ihr Verhalten eindrücklich gezeigt, daß sie bei Frankreich zu bleiben gewillt war. So hatte er Grund zu sagen: „s'il y a des hommes, qui de coeur et de volonté soient Français, ce sont les compatriotes de Kléber, de Rapp, de Küss et d'Ulrich. Le siège de Strasbourg vient d'en témoigner; la presse allemande elle-même le reconnaît. Exiger qu'ils perdent leur patrie, qu'ils en subissent une autre, qu'ils entrent dans les régiments prussiens, pour tirer peut-être plus tard contre des Français, voilà une injustice énorme, digne du premier Napoléon que les Allemands maudissent comme un malfaiteur. Imposer à la France un tel sacrifice, c'est ordonner à une mère de livrer

5) Preuß. Jb. 26, S. 371.
6) H. Taine, a.a.O., S. 422.

un de ses enfants; cela est contre la nature et contre la conscience[7]." Während Treitschke also auf die Vergangenheit zurückgreift, die Vorstellung einer alle Generationen umfassenden Volkspersönlichkeit und eines ständig wirkenden Volksgeistes heraufbeschwört und sich ferner „an die Vernunft in der Geschichte" wendet, um die Zugehörigkeit des Elsasses zu Deutschland zu beweisen, beobachtet Taine das Verhalten der gegenwärtigen Generation von Elsässern und legt dasselbe seinem politischen Urteile zugrunde.

Taines Ausführungen über das Elsaß wenden sich an einen doppelten Adressaten: Der eine ist das neutrale Ausland, für welches der Aufsatz wohl mit in erster Linie bestimmt war; der zweite ist das Deutschland der Professoren und Schriftsteller, deren Rolle im öffentlichen Leben ihn seit je so sehr interessierte, aber auch das Deutschland der Politiker und Soldaten; denn er will ja mit seinem Aufsatz auf die Stimmung der bevorstehenden Friedenskonferenz zugunsten seines Landes einwirken. Wenn er schreibt, daß die Abtretung des Elsasses gegen das Gewissen der Franzosen sei[8], so greift er aus dem Vokabular der Deutschen absichtsvoll die mit am meisten gebrauchte Vokabel heraus. „Ils se glorifient d'obéir à leur conscience; ce n'est donc point à eux de violenter la conscience d'autrui[9]." Daß Taine mit den deutschen Sprachgewohnheiten sehr vertraut ist – indem er auf den reichen Gebrauch der Vokabel „Gewissen" hinweist – vermag eine Stelle aus einer historiographischen Betrachtung über die französische Revolution zu zeigen, die Baumgarten um dieselbe Zeit – 1870 – in den Preußischen Jahrbüchern veröffentlichte. Baumgarten meint, in der Gewissenhaftigkeit auf der einen und Gewissenlosigkeit auf der anderen Seite den stärksten Unterscheidungszug der beiden Nationalcharaktere entdeckt zu haben: „In der Tat, Schrecklicheres kann einem Volke nicht begegnen, als wenn ihm das Gewissen abhanden kommt. Das Gewissen aber ist in Frankreich nicht heute erst schwach geworden... Der kategorische Imperativ unseres Kant blieb den Franzosen ein unbekanntes Ding[10]."

In einer Niederschrift über ein Gespräch mit dem ihm befreundeten Karl Hillebrand bezeichnet Taine „das Gewissen" als eins der Motive des deutschen Stolzes und läßt die Deutschen folgendermaßen reden: „nous sommes plus vertueux, plus sincères, plus attachés à nos devoirs de famille, à nos princes, plus laborieux, plus chastes, plus sujets de notre con-

7) ebd., S. 430.

8) ebd.

9) ebd.

10) H. Baumgarten, Zur Beurteilung der französischen Revolution, Preuß. Jb. 26, S. 657 f.

science et seulement de notre conscience." Und dann folgt sein summarisches Urteil über das deutsche geistige Leben der letzten 60 Jahre: „Depuis soixantes ans, tous leurs livres, toutes leurs recherches historiques, philologiques, ethnographiques, philosophiques, leur répètent qu'ils sont la race élue[11]."

Taines Untersuchung über die „opinion" im Juli 1870 kann erst im Zusammenhang der französischen Bemühungen, die Verantwortlichkeit für den Ausdruch des Krieges dem Gegner zuzuschreiben, voll gewürdigt werden. Sie ist apologetisch und dient dazu, die Kriegsschuldthese zu widerlegen. Der Verfasser möchte auf sozialpsychologischem Wege den exakten Nachweis erbringen, daß das *eigentliche* Frankreich den Krieg ja niemals gewollt habe; denn das *eigentliche* Frankreich sei auf Grund seiner sozialen Zusammensetzung friedlich. Indem er die sozialgeschichtlichen Veränderungen aufzählt, die Frankreich seit 1815 durchgemacht habe, möchte er auf ganz sicherem wissenschaftlichem Wege das falsche Frankreichbild, das sich die deutschen Publizisten von der „ewig unruhigen Nation" machen, zerstören. Taine wirft den Deutschen eine einseitig gelehrte historische und literarische Herkunft ihres Frankreichbildes vor und vergißt darüber, daß er ja selbst sein Deutschlandbild ebenfalls vornehmlich der deutschen Literatur entnimmt. „Afin de s'en assurer, que nos adversaires considèrent le changement profond qui s'est opéré depuis cinquante ans dans la situation et dans le caractère de nos principales classes[12]." Er argumentiert, daß die Deutschen die Franzosen noch nach ihren Erinnerungen von 1791 und 1810 beurteilen. „Leurs grands-pères ont vu l'émigré noble, brillant duelliste, et l'officier de Napoléon, soldat d'éducation et de métier[13]." Dies längst überholte Erinnerungsbild habe sich dem deutschen Geiste eingeprägt, und danach beurteile der Deutsche noch heute Frankreich. Inzwischen habe sich eine tiefgreifende soziale Wandlung vollzogen, indem eine neubesitzende Schicht entstanden sei, die nicht mehr an Ruhm, sondern nur noch an die Sicherheit des Erworbenen denke. Das Ergebnis der sozialgeschichtlichen und von Deutschland nach Taines Ansicht nicht beachteten Veränderungen wird in dem einprägsamen Satz zusammengefaßt: „les survivants de 1815 sont devenus les industriels de 1820[14]." Auf die opinion *dieser* Schicht kommt es Taine an. Er hat versucht, sie auf Reisen kreuz und quer durch Frankreich und in vielen

11) H. Taine, Sa vie et sa correspondance, Bd. 2, 1904, S. 358, v. 28. 12. 1869; vgl. auch Briefe an einen amerikanischen Freund, Correspondance, Bd. 3, S. 15, v. 7. 9. 1870.

12) ders., Essais de Critique et d'Histoire, S. 425.

13)ebd.

14) ebd.

Gesprächen zu ergründen und ist dabei zu folgendem Urteil gekommen: „La plupart ont de la terre et songent à l'avenir; depuis l'achèvement des chemins de fer, l'hypothèque et l'usure ne pèsent pas preque plus sur leur petit bien[15]"; der Wohlstand sei überall gestiegen, man lebe nicht mehr von der Hand in den Mund. „... ils n'ont plus des enfants par bandes et au hasard; ils veulent faire de leur fils un paysan aisé, parfois un monsieur. Avec la situation et le demi-bienêtre d'un propriétaire, ils ont pris les sentiments d'un propriétaire; ils pensent à économiser, à acquérir[16]." Und aus diesem sozialen Sachverhalt glaubt Taine den politischen Schluß ziehen zu dürfen: „N'est-il pas visible qu'une telle situation et des préoccupations de ce genre ont affaibli et affaiblissent tous les jours le turbulence belliquense qu'on nous impute? Or on compte en France quatre millions de ces propriétaires, quatre millions de familles attachées au sol, environ vingt millions d'habitants employés à l'agriculture. La révolution de 89 a été surtout sociale, et une société d'hommes dont la majorité arrive, par la possession de la terre, au demi-être, puis au bien-être, devient forcément pacifique[17]."

Vor 1870 wäre Treitschke vielleicht bereit gewesen, solche Gedankengänge über den friedlichen Charakter der französischen Nation gelten zu lassen. Er neigte damals ja selbst der Ansicht zu, daß das französische Volk überwiegend friedliebend sei. Die literarische Geschmacksrichtung der Franzosen schien ihm sogar in diese Richtung zu weisen. Es machte ihn nachdenklich, daß ein historischer Unterhaltungsroman „Un conscrit de 1813[18]" von ausgesprochen pazifistischer Tendenz – trotz gleichzeitiger Verherrlichung der napoleonischen Legende – beim französischen Lesepublikum so beliebt war und auch in Paris in den 60er Jahren viel gekauft wurde. Dieses im Grunde sehr oberflächliche und sehr verallgemeinernde Urteil gehört zu den Nachklängen seiner Pariser Reise 1865, die ihn in den Kreis des Emigranten Oppenheim geführt und in Berührung mit dem überaus frankophilen Hillebrand sowie auch mit Ludwig Bamberger gebracht hatte. Der Krieg, der wenige Jahre später zwischen beiden Völkern ausbrach, sollte alle diese Eindrücke auswischen. Das Bild der ehrgeizigen Nation blieb übrig.

In dem von Taine unternommenen Versuch, möglichst exakte Grundlagen für die politische Beurteilung zu finden, steckt ein großes Maß an Wirklichkeitsfremdheit; denn die dauernde Abhängigkeit des politischen

15) ebd., S. 427.
16) ebd., S. 428.
17) ebd.
18) Erckmann-Chatrian, L'Histoire d'un conscrit de 1813, 1864.

Geschehens von diplomatischen Entscheidungen, auf welche die sogenannte opinion keinerlei Einfluß hat, wird dabei vollkommen übersehen. Taine malt ein politisches Wunschbild aus, das aber nicht imstande ist, derartige Vorgänge, wie sie sich z. B. in der französischen Deputiertenkammer am 15. Juli abgespielt haben, ungeschehen zu machen.

Die Gedanken und Beobachtungen aus dem Opinionaufsatz waren fast wörtlich schon in einem Briefe vom 7. 5. 1867 enthalten[19]. Damals hielt Taine auf Grund seiner wissenschaftlichen Beurteilung der opinion einen Krieg für ausgeschlossen: „Une telle masse est bien plus difficile à lancer et à faire tuer qu'il y a soixante ans. De plus en plus, je crois les choses se passeront comme en Angleterre, les politiques, les diplomates, les hommes d'Etat y sont à la queue de l'opinion au lieu d'être à sa tête. Il n'y a pas plus place pour un Pitt et une aristocratie qui fait des entreprises, des calculs d'équilibre politique à longue portée[20]." Der politische Wunschbildcharakter wird in dieser Bekundung ganz deutlich. Mit der Ansicht, daß die Zeit der großen Männer vorbei sei, stimmt Taine übrigens mit Gervinus überein, nach dessen Urteil die treibende Kraft im Volke und schon längst nicht mehr bei den großen Männern lag.

Als der Krieg am 19. Juli trotz der opinion ausgebrochen und zwar von Frankreich erklärt war, hilft sich Taine, indem er die Unterscheidung zwischen der *wahren* und der *falschen* öffentlichen Meinung macht. Die wahre öffentliche Meinung setzt sich aus den friedlichen Empfindungen jedes einzelnen Franzosen zusammen, von denen Taine in den kritischen Julitagen nur Friedenswünschen – „tous les jours, à Paris, dans la campagne, en chemin de fer[21]" – gehört zu haben versichert; die falsche öffentliche Meinung – das seien die Debatten in den Kammern, die Reden einzelner Minister und auch der Straßenlärm des Pöbels von Paris, die alle zusammen die wahren Gefühle der Franzosen „unter ihrem Geschrei erstickten" (étouffer l'opinion sous leur clameur)[22]. Er spricht die im Grunde naive Erwartung aus, daß auch der Gegner diese Unterscheidung machen möge und beklagt sich folgendermaßen: „Par malheur, l'opinion publique n'a pas chez nous, comme en Angleterre, une influence immédiate et commandante sur les affaires publiques: elle ne se manifeste qu'en conservations, elle n'agit qu'à la longue; les étrangers, qui s'en rapportent au chambres et au gazettes, ne connaissent de notre pays que la parade officielle, et, comme

19) H. Taine, Sa vie et sa correspondance, Bd. 2, S. 335.
20) ebd., S. 335f.
21) ders., Essais de Critiques et d'Histoire, S. 423.
22) ebd.

M. Strauss et M. de Sybel, ils ignorent ou méconnaissent les vrais sentiments de la nation[23]."

Wir sind hier wieder an dem Punkte angelangt, von welchem der Exkurs über Taine ausging: Die deutsche Publizistik wendet die Vorstellung eines Volkes von sich gleichbleibendem Charakter auf den französischen Nachbarn an.

Taines Argumentation gegen die deutsche Methode ist doppelseitig. Die deutschen Publizisten haben ein falsches Frankreichbild, einmal weil sie „die wahren Gefühle der Franzosen" nicht kennen. Ihre Vorstellungen und Ansichten beziehen ihren Inhalt aus Kammer- und Ministerreden und nicht aus „dem Herzen der Franzosen". Außerdem sind die Ansichten der Deutschen nach dem Urteil des Franzosen „geschichtsüberladen". Die Deutschen urteilen unter der Belastung von historischen Erinnerungen. Sie übertragen das Bild der Vergangenheit auf die in Wirklichkeit ganz andere Gegenwart. – So darf man vielleicht sagen, daß die „Geschichtshaltigkeit" des politischen Urteils auf deutscher Seite ähnlich eine Wirklichkeitsferne bedingt, wie die sozialwissenschaftlichen und psychologischen Grundlagen der Taine'schen Urteilsbildung ein unvollständiges und sehr fragliches Bild von der Wirklichkeit hervorrufen.

Der Gegensatz zwischen der historischen Argumentation auf deutscher Seite und der soziologischen Methode des Franzosen kommt gut in der Taine'schen Kritik an Strauß zum Ausdruck. Da letzterer Maßstäbe und Begriffe anwendet, die sich genauso in der übrigen deutschen Geschichtsschreibung wiederfinden, darf Taines Kritik als eine Reaktion auf die Ansichten der historisch gebildeten deutschen Publizisten gewertet werden. Strauß leitet die französische Politik, die zum Krieg geführt hat, aus angeborenen französischen Nationalfehlern ab, die noch dazu von einer Reihe von Herrschern großgezogen worden seien. Er schreibt an Renan: „Das Trachten nach Glanz und Ruhm, die Neigung, denselben statt durch stille Arbeit im Innern, durch laute abenteuernde Unternehmungen nach außen zu erreichen, die Anmaßung an der Spitze der Nationen zu stehen und die Sucht, sie zu bevormunden und auszubeuten – diese Untugenden, die in der gallischen Art liegen mögen . . . sind von Ludwig XIV., von dem ersten und hoffentlich letzten Napoleon in einer Weise aufgefüttert worden, daß der Nationalcharakter dabei den tiefsten Schaden genommen hat. Die gloire insbesondere, die noch jüngst einer Ihrer Minister das erste Wort der französischen Sprache genannt hat, ist vielmehr ihr schlechtestes

23) ebd., S. 424.

und verderblichstes, das die Nation gut tun würde, für eine Zeitlang ganz aus ihrem Wörterbuch zu streichen; ist sie doch das goldene Kalb, um das diese seit Jahrhunderten ihre Tänze aufführt; der Moloch, dem sie so viele Tausende ihrer Söhne und der Söhne ihrer Nachbarvölker zum Opfer gebracht hat und eben jetzt wieder bringt; das Irrlicht, das sie von gedeihlichen Arbeitsfeldern hinweg immer wieder in die Wüste und oft genug an den Rand des Abgrundes gelockt hat[24]." Diesem summarischen Geschichtsbild säkularer Entwicklungslinien und eines konstanten Nationalcharakters stellt Taine den Anspruch auf ein Abbild der Wirklichkeit gegenüber: „Avec tout le respect que l'on doit à un historien si grave, on peut se demander s'il ne raisonne pas ici en pur historien, c'est-à-dire d'après les grandes lignes, en concluant du passé au présent, en attribuant aux petit-fils les pasisons des ancêtres, en oubliant l'observation actuelle et personelle, celle qui emploie les yeux et les oreilles et qui recueille la conservation vivante par delà les documents écrits[25]." Taines Unterscheidung zwischen „der lebendigen Unterhaltung" und „den geschriebenen Dokumenten" ist jedenfalls mit einem Fragezeichen zu versehen. In seinem Bemühen, die Wirklichkeit ganz zu erfassen, übersieht er *den* Sachverhalt, daß „geschriebene Dokumente" – *wenn* sie den Rang von Dokumenten haben – eine folgenreichere geschichtliche Wirkung haben können als „lebendige Unterhaltungen". Wogegen er hier bei Strauß und überhaupt bei den deutschen Historikern und Publizisten protestiert, das ist die Übertragung eines Bildes der Vergangenheit auf das lebende Geschlecht. Treitschke war an diesem Übertragungsvorgang, der von der deutschen Kriegspublizistik durchgeführt wurde, in hohem Maße beteiligt. Sein Sündenbegriff war ein besonders grobes Mittel, die Gegenwart mit der Vergangenheit zu verbinden. Der Friedensvertrag sollte ja bekanntermaßen eine Sündenaufrechnung der französischen Geschichte der letzten Jahrhunderte präsentieren.

Schon vor 1870 spricht Treitschke einmal von der „Unsterblichkeit der historischen Schuld", von der „vornehmlich Frankreich zu erzählen wisse[26]" und davon, daß „die Nation auf ihren Schultern die Last einer schuldvollen Vergangenheit trüge"[27]. Seine romantischen und quasi religiösen Geschichtsanschauungen kommen im Jahre 1870 zur vollen Entfaltung, nachdem er sich vorher doch oftmals sehr skeptisch über „das berufene mythenbildende Prinzip mitten im lichten 19. Jahrhundert selbst unter den

24) D. Fr. Strauß, Krieg und Friede, 1870, S. 17f.
25) H. Taine, Essais de Critique et d'Histoire, S. 427.
26) vgl. Aufsätze, Neue Folge, 1. Teil, S. 73.
27) ebd.

Gebildeten[28]" geäußert hatte. Seine romantische Vorstellung einer einheitlichen und sich gleichbleibenden Volkspersönlichkeit sowie eines Volksgeistes ist dem, was H. Taine in vorliegendem Aufsatz unter opinion versteht, diametral entgegengesetzt.

An den beiden Begriffen „Volksgeist" und „opinion", die ähnliche Funktionen in der deutschen und französischen Argumentation ausüben, wird der breite Graben sichtbar, der sich durch das europäische Gespräch über den Krieg und die Landabtretungen zwischen den geistigen Vertretern Deutschlands und Frankreichs zieht. Von den Sprechern der beiden Nationen wurde hier nur eine Auswahl geboten. Das neutrale Ausland, das diesem Gespräch zuhörte, hat bekanntermaßen für die rational faßbareren und einleuchtenderen Gründe der opinion mehr Verständnis gehabt als für die schwer zu veranschaulichenden Gründe eines letztlich doch nur mystischen Volksgeistes. Es hat den eindeutigen Willen der Elsässer und Lothringer höher geschätzt und mehr gelten lassen als die Stimmen der Vergangenheit, die Treitschke mit der Erinnerung an „alle die starken deutschen Männer" beschwor, „welche einst der Sprache und Sitte, der Kunst und dem Gemeinwesen des Oberrheines den Stempel unseres Geistes aufprägten"[29]. Die führenden Geister diesseits und jenseits des Rheines, wie sie uns in Taine, Renan, Sybel, Strauß und Treitschke, um nur diese herauszugreifen, entgegentreten, sprachen eine verschiedene Sprache mit Begriffen von eigentümlichem Inhalt und auch besonderer Herkunft und redeten aneinander vorbei. Die Ergebnisse aus der Geschichte des deutschen Volks- und Staatsdenkens, das auf den besonderen geistesgeschichtlichen Voraussetzungen von Idealismus und Romantik beruht, liegen in den nationalpolitischen Diskussionen des Jahres 1870 gleichsam zugespitzt vor. Sie bilden den ideologischen Boden, auf dem die Auseinandersetzung mit den politischen Gegenwartsfragen durchgeführt wird. Die Argumentation auf deutscher Seite gebraucht Formeln und Begriffe, die der westeuropäischen Denkungsart fremd sind. Treitschkes Kriegsaufsätze enthalten wenn nicht den bedeutendsten, so aber doch den eindrücklichsten Beleg dieser Sprachgebung und Denkungsart. Das Gefühl des politisch-geistigen Getrenntseins von Westeuropa, verstärkt durch die mehr feindselige als neutrale Haltung Englands zur Reichsgründung, bekundet sich in diesen sprachlichen Vorgängen. Das Sprachbild enthält eine primäre Quelle für die Erkenntnis nationaler Eigentümlichkeiten. Treitschkes Publizistik ist ein besonders an-

28) ebd., S. 70.
29) Preuß. Jb. 26, S. 371.

schauliches und auch drastisches Beispiel dieser ganzen Problematik. Wenn Treitschke oftmals noch in den 60er Jahren einem Gefühl des Zusammenhanges mit dem Westen Ausdruck gab, so brechen die Äußerungen dieser Art seit 1870 fast vollkommen ab. Die Frankreich-Reise 1865 mit dem Besuch in Paris war der Höhepunkt eines einmal vorhanden gewesenen und durchaus ernsthaften Interesses, ja sogar einer Teilnahme für das Nachbarland. Eine eingehende Analyse des „Buches" – wie man mit Fug sagen darf – über „Frankreichs Staatsleben und den Bonapartismus" würde überraschende Aufschlüsse in dieser Richtung zeitigen. Urteile wie jenes über „eine segensreiche Notwendigkeit" des Einverständnisses der Westmächte[30] sind kennzeichnend für die liberale Stimmung, an der auch Treitschke einmal teilhatte, und hören von 1870 an auf. Seine ebenfalls in der Abhandlung über den Bonapartismus enthaltene Feststellung, daß „die leidenschaftliche Parteinahme der liberalen Welt für die Westmächte (im Krimkrieg) einem gesunden Instinkt entsprang[31]", enthält einen biographischen Befund aus Treitschkes eigener politischer Entwicklung. Das Jahr 1870 läßt diese Sympathien verstummen. Julius von Eckardt glaubt in seinen Lebenserinnerungen im Rückblick auf die Haltung der gebildeten deutschen Öffentlichkeit folgende Bemerkung machen zu dürfen: „Auf den Zusammenhang mit der Kulturwelt des Westens Wert zu legen und an eine Solidarität okzidentaler Interessen zu glauben, hatte das Deutschland von 1870 sich freilich längst entwöhnt[32]." Diese aus baltischem Resentiment gegen Rußland entstandene Bemerkung, die in dieser Einseitigkeit durch mannigfache Bekundungen führender deutscher Liberaler und Politiker korrigiert werden müßte, deutet einen Sachverhalt an, der im Falle Treitschkes durchaus zutrifft. Letzterer bildet – wie so oft – das gröbste Beispiel einer allgemeineren Urteilswandlung, die sich im Stillen vollzieht und 1870 ganz deutlich vorliegt. Die Gleichgültigkeit gegen das politische Urteil Europas, d. h. gegen die europäische öffentliche Meinung, entspricht seinem unbegrenzten Vertrauen in die Volkskraft oder den Volksgeist. Beides hängt innerlich zusammen, oder zumindest wird die Gleichgültigkeit gegen das Ausland durch das Vertrauen in die Volkskraft gefördert. Diese Gleichgültigkeit äußert sich einmal in folgender ebenso naiven wie groben Form: „Man erinnert immer wieder an den Widerwillen Europas – als ob nicht gerade die Mißgunst des Auslandes bewiese, daß die Einverleibung des Elsaß in den preußischen Staat das für Deutschland einzig Heilsame ist[33]."

30) Aufsätze, Neue Folge, 1. Teil, S. 52.
31) ebd., S. 324.
32) J. v. Eckardt, Lebenserinnerungen, Bd. 1, S. 229.
33) Preuß. Jb. 26, S. 495.

Diese plumpe Abfertigung des europäischen Widerspruchs läßt die Motive und Tendenzen, die für Treitschke eigentlich maßgeblich waren, und die unserer Ansicht nach mit der geistesgeschichtlichen Rolle des Volksgeistes zusammenhängen, kaum noch erkennen. Vorstellungen, die dem Problemkreis des Volksgeistes angehören, liegen aber auch diesem politischen Urteil über die Belanglosigkeit ausländischer Meinungen mit zugrunde. Solche Vorstellungen versperren den freien Blick nach Europa. Bei Freytag sind ähnliche Motive wirksam, ohne allerdings publizistisch je so zu vergröbern wie bei Treitschke. Ansätze einer nationalistischen Abgeschlossenheit, die sich später noch verstärken werden, sind in diesem Komplex ohne Zweifel vorhanden. Die Versenkung in den eigenen Volksgeist war eine der allerdings schwer faßbaren, weil ganz geistigen und subtilen Voraussetzungen für die spätere Erscheinung eines Nationalismus, der sich selbst genug sein wollte.

Über solchen geistesgeschichtlichen Erklärungen für eine nationale Verhaltungsweise dürfen jedoch nicht die ganz realen Ursachen übersehen werden, die außerdem und oftmals sogar in erster Linie wirksam sind. Die Feindseligkeit der öffentlichen Meinung Europas gegen die Reichsgründung war eben bis auf einige Ausnahmen, unter denen Carlyle am berühmtesten ist, eine reale politische Erfahrung, aus welcher Publizisten wie Treitschke letzten Endes nicht mehr als nur die Konsequenz zogen, wenn sie sich von dieser öffentlichen Meinung Europas abwandten und sich nun umso mehr auf die Stärke des eigenen Volkes, auf die Wirksamkeit des „schaffenden Volksgeistes" verließen.

Auf einem höheren Niveau hat sich Treitschke in der 1871 abgeschlossenen Abhandlung über „Parteien und Fraktionen" mit der Frage der öffentlichen Meinung Europas auseinandergesetzt: Er geht jetzt davon aus, daß er nicht wisse, „wann jemals die öffentliche Meinung Europas eine so verstockte Ungerechtigkeit gezeigt hätte, wie im Verlaufe dieses Krieges, vornehmlich seit dem Sturze Napoleons III."[34]. Dann erläutert er den geschichtlichen Sachverhalt, wie dieser seiner Ansicht nach dem Krieg und dem Frankfurter Frieden zugrunde liegt, folgendermaßen und wiederholt jene Motive, die schon aus seiner Kriegspublizistik bekannt sind: „Eine friedfertige Nation wird von einem unruhigen Nachbarn, der sie seit Jahrhunderten mißhandelt und verhöhnt hat, ohne jeden Vorwand angegriffen; sie erhebt sich in herrlichem Einmut, zerschmettert den Dränger in zwanzig Schlachten und fordert schließlich mit erstaunlicher Mäßigung

34) Aufsätze, Bd. 3, S. 575.

als den Preis unerhörter Siege eine Landschaft, die ihr einst frevelhaft geraubt worden, die ihr angehört durch Geschichte und Sprache[35], die ihr unentbehrlich ist, wenn die Wiederkehr des Friedensbruches verhindert werden soll – ein Provinz, kaum halb so groß wie jenes Schlesien, das Friedrich durch die zwei kleinen Schlachten von Mollwitz und Chotusitz erwarb. Und in einem solchen Kampfe, wo Recht, Mäßigung, Menschlichkeit ausschließlich auf der Seite des Angegriffenen erscheint, nimmt die öffentliche Meinung fast des gesamten Auslands laut oder heimlich Partei für den Angreifer; sie übernimmt durch ihren Beistand die Fortsetzung des Krieges[36]." Wenn Treitschke schließlich nach den Ursachen dieses Deutschenhasses, der in der öffentlichen Meinung Europas zum Ausdruck kommt, fragt, so glaubt er, die tiefste und letzte derselben im Gegensatz der deutschen und der westeuropäischen Staatsauffassung sowie auch ihres dazugehörigen politischen Vokabulars suchen zu dürfen. Die letztere Feststellung über die verschiedene politische Sprache könnte eine Bestätigung jenes Problems enthalten, das in der Konfrontierung von Volksgeist auf der einen und opinion auf der anderen Seite gestellt werden sollte. Wenn er aber feststellt, daß „jede Nation ihre eigene politische Dogmatik besitze, an deren festen Formeln sie den Wert und Unwert fremder Zustände messe[37]", so nimmt er die deutsche Nation von dieser Feststellung aus. Er gesteht im Gegenteil ihr allein jenen „unbefangenen Sinn" zu, „der jedes Volkstum aus sich selbst erklärt".

Treischkes Bekundung über die Gründe des Deutschenhasses offenbart seine alte und eigentümliche Gewohnheit, politische Erscheinungen auf geistige Hintergründe zurückzuführen bzw. aus geistigen Prinzipien abzuleiten. So erklärt er z. B. Englands Feindseligkeit gegen die Reichsgründung nicht zuerst aus der säkularen britischen Tradition, das Gleichgewicht Europas vom insularen Standpunkt auszubalancieren und nach britischen Bedürfnissen zu regulieren, sondern aus der „geistlosen nationalökonomischen Ansicht vom Staate". „Überall in der Welt herrscht heute die nationalökonomische Ansicht vom Staate, die Sehnsucht nach ‚viel Geld und wenig Obrigkeit', und außerdem ein politischer Formalismus, den die historische Staatswissenschaft der Deutschen längst überwunden habe[38]." So gelangt Treitschke zur historischen Staatswissenschaft als der letzten und eigentlichen Ursache, die es dem Ausländer so schwer mache,

35) Treitschke hat im Augenblick dieser Niederschrift vollkommen Wehrenpfennigs Rat vergessen, daß Sprache niemals ein politisches Prinzip sei.

36) Aufsätze, Bd. 3, S. 575.

37) ebd., S. 576.

38) ebd.

den deutschen Staat zu verstehen. Machtgegensätze treten hinter geistigen Differenzen, die noch dazu wissenschaftlicher Art sind, zurück. Die besondere deutsche Entwicklung und vor allem das wissenschaftliche Denken über den Staat haben es seiner Ansicht nach mit sich gebracht, daß „kein Staat der Welt den Staatsgedanken so groß, so menschlich faßt wie der deutsche Staat; keiner so ernst wie er strebt, die uralten Gegensätze des Völkerlebens, Staatsmacht und Volksfreiheit, Wohlstand und Wehrkraft, Bildung und Glauben zu versöhnen"[39]. Daraus folgert er: „Und weil die Fremden dies im Stillen fühlen, darum hassen sie uns[40]." Die geringe Sympathie des Auslandes für das deutsche Reich von 1870 wird also weniger auf politische Gegensätze als auf verschiedene Staatsauffassungen zurückgeführt. Die politische Urteilsbildung der Deutschen „ruht auf einem schweren Unterbau historischen Wissens und kann darum niemals in ihrem vollen Umfang populär gemacht werden[41]", während das politische Urteil des Auslandes „der leeren Rederei anmaßender Halbwisser" gleichgesetzt wird, „die sich unterstanden, uns den Text zu lesen, ohne auf die Erforschung der schwer verständlichen deutschen Dinge auch nur den hundertsten Teil des Fleisses zu verwenden, den unsere Gneist, Noorden und Pauli, unsere Reuchlin und Ruth auf den englischen und den italienischen Staat verwendet haben"[42]. Die politische Wertung der Staaten wird demnach hier zu einer Angelegenheit des wissenschaftlichen Begreifens. So wird Mangel an Fleiß und an wissenschaftlichem Verständnis mit zu einer Ursache für das Unverständnis im Ausland. Die politischen Realitäten, die eben in den Machtrivalitäten liegen, verschwinden in dieser Auffassung ganz hinter den geistigen Begründungen. Und doch – so muß gesagt werden – enthält diese Auffassung einen Wahrheitskern; der Fall Bryce sollte ja zeigen, daß eben bezeichnenderweise der wissenschaftlich gebildete Engländer eher in der Lage war, den Charakter des deutschen Reiches von 1870 zu verstehen als der praktische Politiker – und zwar mit Hilfe derselben historischen Maßstäbe, die auch der historisch gebildete deutsche Zeitgenosse anzuwenden pflegte. „Kenntnisse" waren eben wirklich erforderlich, um die komplizierten deutschen Verhältnisse verstehen zu können.

Schließlich muß doch gesagt werden, daß Treitschkes Anspruch auf Verständnis jeden Volkstums und jeder Staatsform durchaus nicht einer Nachprüfung standhält und nicht ganz ernst genommen werden kann. Es ließe sich aus seinen Werken eine lange Liste von herabsetzenden Urteilen

39) ebd., S. 578.
40) ebd.
41) ebd., S. 574.
42) ebd., S. 575.

über fremde Völker und Staaten zusammenstellen – sie brauchten ja nur von geringer Bevölkerungszahl und von geringem Umfange zu sein, um von ihm einer niederen Klasse zugerechnet zu werden. Überdies hinderten ihn auch seine ästhetischen Wertmaßstäbe an der Objektivität, die er für sich in Anspruch nahm.

Nicht immer hatte Treitschke so gering über die öffentliche Meinung Europas gedacht. Als er in seinem glanzvollen Essay an Cavour zeigen wollte, was geniale Realpolitik sei, vergaß er nicht, darauf hinzuweisen, „welch einen mächtigen Rückhalt der Sache Italiens in der öffentlichen Meinung Europas erwachsen war"[43]. Er fügte damals, 1868, bedauernd hinzu: „eine Gunst des Glückes, welche dem gewaltigen Einheitskampf der Deutschen leider nie gelächelt hat" und außerdem noch bezeichnend für seine damalige Auffassung: „dem liberalen Grafen aber höher galt als eine gewonnene Schlacht[44]." Unter dem mächtigen Eindruck der siegreichen Schlachten des deutsch-französischen Krieges erfuhr diese Ansicht eine erhebliche Abwandlung bis hin zu der Befriedigung über den „Widerwillen Europas", der ein Zeichen der „Richtigkeit" der eigenen politischen Maßnahmen wird.

Wie sehr sich Treitschkes Maßstäbe nach 1866 und erst recht nach 1870/1 verändert haben, vermögen schließlich noch einige weitere aufschlußreiche Bemerkungen über öffentliche Meinung und Volksgeist in jenem Aufsatz „Parteien und Fraktionen" zu zeigen.

Der Volksgeist erschien einst so liberal, daß er ohne Veränderung seines Inhalts mit der öffentlichen Meinung gleichgesetzt werden konnte. Wenn Treitschke sagte, daß er eine Geschichte der öffentlichen Meinung schreiben wollte, so dachte er zugleich an eine Geschichte des Volksgeistes und verstand darunter die politischen Ideen der Gebildeten. Dies Verhältnis zwischen öffentlicher Meinung und Volksgeist änderte sich grundlegend. Beide Begriffe traten gleichsam wieder auseinander. Die öffentliche Meinung hatte ihn in der Schleswig-Holsteinschen Krise 1863 so enttäuscht, daß er die Gleichsetzung nicht länger aufrecht erhält. In dieser Enttäuschung lag wohl nur *ein* Teil der Gründe für den Wechsel seines Urteils; daneben sind noch andere Gründe wirksam, die weniger leicht veranschaulicht werden können, weil sie weniger vordergründig sind. Es ist nicht immer möglich, eine scharfe sachliche Scheidung zwischen den Vorstellungen, die Treitschke jeweils von „Volksgeist" und „öffent-

43) Aufsätze, Neue Folge, 1. Teil, S. 451.
44) ebd.

licher Meinung" hatte, vorzunehmen. Die Veränderungen, die mit Auffassungen von solcher Subtilität vor sich gehen, lassen sich nur schwer darstellen und spielen doch eine bedeutsame Rolle, indem sie sowohl die Entwicklungen einer Persönlichkeit wie in diesem Falle der von Treitschke, als auch die allgemeinen sachlichen Abwandlungen in den Urteilen der Zeit anzeigen. Je mehr Treitschke nach seinen eigenen Worten lernte, die Welt von oben, d. h. vom Standpunkt der Regierungen, aus zu betrachten, desto skeptischer beurteilte er die Wirksamkeit der öffentlichen Meinung. Sie wird aber auch in Zukunft in Treitschkes Denken immer noch eine besondere Rolle spielen.

Daß die öffentliche Meinung vornehmlich in den gebildeten Mittelständen entsteht, war früher ihre Eigentümlichkeit und ihr besonderer Vorzug und wird ihr nun als soziale Einseitigkeit ausgelegt. „Der blinde Köhlerglaube an die unbeirrbare Weisheit der öffentlichen Meinung[45]" – so lautete 1871 die spöttische Charakterisierung der Fortschrittspartei als einer typischen Mittelstandspartei. Es war ein Glaube, an welchem Treitschke im Konzeptionsstadium seiner hauptsächlichen wissenschaftlichen Pläne seinen vollen Anteil gehabt hatte. Wenn er damals die öffentliche Meinung mit dem Geist eines Volkes gleichsetzte und sie ausschließlich auf den Kreis des gebildeten Bürgertums lokalisierte, so folgte er nur dem allgemeinen liberalen Empfinden und Sprachgebrauch. Die im Pauls-Parlament gehaltenen Reden bieten eine Fülle von Beispielen für diesen allgemeinen Vorgang. Treitschke hat als Kreuzschüler diese Reden, soweit sie in den Tageszeitungen abgedruckt wurden, gelesen. Sie bildeten den ersten politischen Lesestoff, den sich der ungewöhnlich frühreife und aufnahmefähige Schüler aneignete.

Zur Verbreitung und zur Befestigung der allgemeinen liberalen Anschauungen, zu denen vor allem die hohe Würdigung der öffentlichen Meinung sowie deren Gleichsetzung mit den Ideen des gebildeten Bürgertums, dem „Geist der Nation" gehören, haben die beiden Staatslexika des Liberalismus wesentlich beigetragen, ein Sachverhalt, der noch Erwähnung finden soll, weil der liberarische Konsum dieser Lexika sehr groß gewesen ist. Die liberalen Ansichten wurden in diesen Werken gleichsam „paragraphiert", und dadurch erst wurde ihr „Umlauf" unter den Lesenden erheblich gefördert. Ja, das ältere von Rotteck und Welcker herausgegebene des Frühliberalismus hat einen noch größeren Verbreitungsradius gehabt als das sogenannte Münchener Staatswörterbuch, das Bluntschli und Brater herausgaben. Treitschke, der Ende der 50er Jahre Mitarbeiter an dieser jüngeren Pu-

45) vgl. Aufsätze, Bd. 3, S. 607.

blikation wurde, gab dem älteren Rotteck'schen Werke gelegentlich den Vorzug, weil dasselbe, wie er meinte, geeigneter wäre, auf die „Überzeugungen" der Leser zu wirken. Dieser Vorzug wog seiner Ansicht nach die wissenschaftliche Rückständigkeit wieder auf.

In dem von Welcker verfaßten Artikel über öffentliche Meinung der Ausgabe von 1848 wird die öffentliche Meinung „dem für sein Gemeinwesen geistig lebendigen Teil des freien Volkes" zugeschrieben[46]. Das liberale Bürgertum galt als dieser Teil. Sie wird auch „dem lebendigen Gesamtwillen[47]" oder der in einem Volke vorhandenen „Gesamtvernunft[48]" gleichgesetzt. Die öffentliche Meinung wird von Welcker keinesfalls mit den Ansichten der Mehrheit in einem Volke identifiziert. Es heißt im Gegenteil: „Die Stimmenmehrheit muß sich so dem wahren, bleibenden Gesamtwillen unterordnen[49]." Die wahre öffentliche Meinung, die immer vernünftig ist, wird von dem Verfasser den flüchtigen hin- und herschwankenden Ansichten, die in einem Volke entstehen und rasch wieder vergehen, entgegengesetzt[50]. Skeptischer formuliert dagegen Bluntschli seine Ansichten über die öffentliche Meinung[51]; er ist weit davon entfernt, sie etwa mit der in einem Volke vorhandenen Gesamtvernunft gleichzusetzen. Bei ihm steht sogar der Satz: „Ein einziges bedeutendes Individuum kann richtig sehen, wo alle Welt ringsumher falsch sieht[52]." Diese Äußerung ist das Zeichen einer neuen Gesinnung. Bluntschli steht Bismarck um mehrere Jahrzehnte näher als Rotteck.

Auf der Rotteck'schen Linie – so darf man sagen – bewegen sich Treitschkes Anschauungen bis 1864[53]. Noch im ersten Band der Deutschen Geschichte stellt er im geschichtlichen Rückblick die soziale Gebundenheit der öffentlichen Meinung folgendermaßen fest: „Jene mittleren Schichten der Gesellschaft aber, welche die neue Bildung trugen, rückten

46) Das Staatslexikon, hrsg. v. Rotteck u. Welcker, 1848, Bd. 10, S. 255f.

47) ebd., S. 252.

48) ebd., S. 255f.

49) ebd., S. 254.

50) vgl. ebd., S. 253.

51) vgl. Deutsches Staatswörterbuch, hrsg. v. Bluntschli und Brater, Bd. 7, 1862, S. 345.

52) ebd., S. 345f.

53) Es ist interessant, daß sich bei Rotteck der Hinweis auf den Nutzen einer Geschichte der öffentlichen Meinung findet. Indem Treitschkes Überlegungen über eine „Deutsche Geschichte" ursprünglich von dem Plan einer Darstellung des Fortschritts, den die öffentliche Meinung gemacht habe, ausgehen, hängt dies nationale Geschichtswerk der 70er und 80er Jahre über alle Gegensätze hinweg mit einer vom Frühliberalismus gegebenen Anregung – wenn auch noch so lose – zusammen.

dermaßen in den Vordergrund des nationalen Lebens, daß Deutschland vor allen anderen Völkern ein Land des Mittelstandes wurde, ihr sittliches Urteil und ihr Kunstgeschmack bestimmten die öffentliche Meinung[54]."

Treitschkes Urteil über das Wesen der öffentlichen Meinung steht in einem unmittelbaren Zusammenhang mit seiner wechselnden Bestimmung dessen, was er unter „Volk" versteht. Die von Treitschke bis etwa 1863 geteilte Ansicht, die das gebildete Bürgertum für das eigentliche „Volk" hält, wird nach 1864, erst recht nach 1866 und 1870 in Zweifel gestellt. Der Inhalt seines Volksbegriffes vergrößert sich; sein Schwerpunkt verlagert sich, um in politischen Beziehungsbegriffen zu sprechen, gewissermaßen von links nach rechts. Von nun an wird auch der Adel mit zum „Volk" gerechnet, was vor 1866 durchaus nicht der Fall war. Der Adel war früher eine abgelebte Lebensform, ein fossiles Überbleibsel.

Mit dem Volksbegriff verändert sich auch derjenige der öffentlichen Meinung, so daß auch letztere einen neuen Sinn erhält. Sie ist nicht länger mehr nur das Sammelbecken für politische Ideen, die ausschließlich im gebildeten Bürgertum vorhanden sind, sondern ihr Volumen erweitert sich und nimmt Ansichten in sich auf, die auch aus anderen Bezirken des Volkslebens als nur aus den bisher für „eigentliches Volk" gehaltenen gebildeten Mittelständen stammen. Der handarbeitende Mensch hat an der Entstehung der öffentlichen Meinung allerdings noch gar keinen Anteil; er bleibt ganz außerhalb des politischen Interesses.

Die kriegerischen Ereignisse von 1866 bis 1870 haben Treitschkes Urteile über den Wert der öffentlichen Meinung und ihr Verhältnis zum Volksgeist endgültig und grundlegend geändert. Sie ist nicht mehr dasselbe wie „Geist eines Volkes", auch ist auf ihrer Seite nicht mehr unbedingt „Vernunft", sondern sie ist eins der aus dem Schoße des Volksgeistes aufsteigenden und rasch wieder vergehenden Gebilde. Sie spiegelt die schwankenden Meinungen und Ansichten derer wider, die nicht der Regierung angehören, also die Meinungen der Regierten. Sie ist kein Kompaß mehr, nach dessen Zeiger sich der Politiker richten kann. Sie stellt etwas Ungeformtes und Unbegrenztes dar. Was sie an Umfang zusammen mit dem größeren Volksbegriff, der mehr als nur die Gebildeten umfaßt, gewissermaßen gewonnen hat, verliert sie gleichzeitig wieder an politischer und geistiger Bedeutung.

Mit dieser Wandlung des Urteils über die öffentliche Meinung und ihr Verhältnis zum Volksgeist hängt die Wandlung eines anderen Urteils über ein innenpolitisches Problem aufs engste zusammen. Wenn Treitschke

54) H. v. Treitschke, Deutsche Geschichte, Bd. 1, S. 88.

früher das Ideal einer parlamentarischen Parteienregierung, so wie dasselbe von Baumgarten nach englischem Muster in der Selbstkritik des Liberalismus 1866 beschrieben worden war, vollkommen geteilt hatte, so hat er jetzt einen völlig entgegengesetzten Standpunkt bezogen. Der politisch-geistige Stellungswechsel, den Treitschke vornimmt, läßt sich durchaus aus einer Reihe politischer Erfahrungen erklären. Es ist aber höchst bezeichnend für ihn, daß er sich wieder des ursprünglich romantischen Begriffes des Volksgeistes bedient, um seine Ansicht auch von diesem Problem der inneren Staatsgestaltung auszusprechen. Der Begriff des Volksgeistes – so darf gesagt werden – taucht an allen Knotenpunkten von Treitschkes nationalpolitischer Argumentation auf. An den entscheidenden Stellen seines literarischen Werkes pflegt sich diese Vorstellung, oftmals abgewandelt, einzustellen. Die wechselnde Bedeutung, die der Vokabel des Volksgeistes zukommt, vermag somit die jeweilige Richtung seines Denkens anzuzeigen.

Der liberale Volksgeist wird in der Zeit zwischen den Kriegen durch einen mehr konservativen abgelöst. Die Wandlung, um die es sich dabei handelt, vermag weder durch eine einzelne Jahreszahl noch durch die beiden parteipolitischen Schlagworte „konservativ" und „liberal" vollinhaltlich sondern nur sehr verkürzt wiedergegeben zu werden.

Dieser Volksgeist, der in der elsässischen Frage den historischen Rechtstitel für die Eroberung der beiden Provinzen stellen mußte, dient jetzt dazu, die besondere Form des deutschen Konstitutionalismus zu rechtfertigen. Er dient also wieder einer bestimmten politischen Auffassung und einem politischen Zwecke. Für eine Betrachtung des Staatslebens, die von einem romantischen „Volksgeist" ausgeht, sind die Parteien nämlich nicht mehr als nur *„Eintagsgebilde des Staatslebens"*, wie es in dem Artikel „Parteien und Fraktionen" heißt: „sie werden in raschem Wechsel durch die freien Kräfte des Volksgeistes erzeugt und zerstört . . . Sie sind als unwillkürliche Schöpfungen des Tages das treue Spiegelbild des Staats- und Volkslebens[55]." Aus der Herkunft der Parteien aus dem Born des Volksgeistes zieht Treitschke die folgende praktisch-politische Nutzanwendung:

„Da die Parteiung notwendig aus den Wandlungen des Volksgeistes hervorgeht, so fällt alsbald eine Hoffnung zu Boden, die schon viele geistreiche Köpfe des Festlandes in die Irre geführt hat. Es kann nicht die Aufgabe der Deutschen sein, eine Zusammenscharung der Parteien in

55) Aufsätze, Bd. 3, S. 590.

zwei große Gruppen, eine Nachbildung der englischen Whigs und Torys, zu erstreben[56]."

Die Bekundungen über die rasche Wandelbarkeit der Parteien lassen ganz deutlich erkennen, welchen höchst praktischen Zielen der scheinbar so abstrakte und sublime Volksgeist zu dienen hat. Seine praktische Verwendbarkeit, die sich bereits bei Anlaß der elsaß-lothringischen Frage beobachten ließ, wiederholt sich auf innerpolitischem Felde. Der Volksgeist wird zitiert, um eine politische Eigentümlichkeit des deutschen Reiches zu begründen und um außerdem den ideologischen sowie politischen Gegengensatz gegen den Westen festzustellen. Die Ansicht, daß ein Zweiparteiensystem in Deutschland undurchführbar sei, hängt also innerlich mit der Vorstellung eines Volksgeistes zusammen. Ein kausaler Zusammenhang wird zwischen Volksgeist und dem dauernden Wechsel der Parteien konstruiert.

In der Abhandlung „Das konstitutionelle Königtum in Deutschland", die den Charakter einer großen Staatsdenkschrift trägt, kehrt dasselbe Problem wieder. Treitschke vermeidet hier allerdings, sich ausdrücklich auf den Volksgeist zu berufen, und sucht die Gründe für die Undurchführbarkeit einer parlamentarischen Regierung vielmehr in realeren Bedingungen, die z. B. in der Notwendigkeit eines starken Königtums gegeben seien. Der Gedanke an den Volksgeist, der in der Untersuchung „Parteien und Fraktionen" deutlich ausgesprochen wird, scheint aber auch in der Argumentation über das konstitutionelle Königtum noch deutlich durch. Der Volksgeistkomplex bildet auch jetzt die Grundlage für die Beurteilung der Parteien.

Um den unzeitgemäßen Charakter eines Zwei-Parteiensystems in Deutschland noch schärfer hervorzuheben, zieht der Verfasser einen Vergleich mit der englischen Entwicklung und weist nach, wie selbst in England seit der Einführung der Reformbill eine Parteiregierung angefangen habe, problematisch zu werden. Die Erweiterung des Wahlrechts habe es mit sich gebracht, daß sich zwischen die beiden großen Parteien kleinere Parteigruppen eingeschoben hätten, welche von den Stimmungen außerhalb des Parlamentes stark beeinflußt und welche das bisher so leichte Zustandekommen fester Majoritäten erschweren würden. Das englische Parlament befinde sich also seit 1832 in einer Umwandlung und sei auf dem besten Wege, vielleicht einmal eine wirkliche Volksvertretung zu werden, welche die Ansichten der Öffentlichkeit, d. h. des ganzen Volkslebens, widerspiegele. Wenn nun aber schon in England das Zwei-Par-

56) ebd.

teiensystem in Frage gestellt werde, so könne doch nicht mit seiner Einführung in Deutschland gerechnet werden; denn das deutsche Parlament sei eine wirkliche Volksvertretung und solle es auch bleiben[57]. Eine echte Volksvertretung spiegelt nach Treitschkes in der vorliegenden Abhandlung ausgesprochenen Ansicht „die wechselnden Wellenschläge der öffentlichen Meinung[58]" wider. Sie ist nicht in der Lage, selbst zu regieren.

Die Wahl des Treitschke'schen Wortbildes zur Kennzeichnung der Parteien ist nicht zufällig, sondern im Gegenteil höchst aufschlußreich. Dieselbe ganz bestimmte Auffassung liegt den folgenden Formulierungen zugrunde: „Eintagsgebilde des Staatslebens"; „unwillkürliche Schöpfungen des Tages", die „in raschem Wechsel durch die freien Kräfte des Volksgeistes erzeugt und zerstört werden"; „Flugsand kleiner Parteien"; „wechselnde Wellenschläge der öffentlichen Meinung". Auf Grund der Beobachtung seiner Sprachgewohnheiten läßt sich sagen, daß Treitschke Bilder aus dem natürlichen Bereich, die in der Sprache der Romantiker eine so große Rolle spielen, nur selten anwendet. Er greift auf sie nur dann zur Kennzeichnung historisch-politischer Sachverhalte zurück, wenn er „das Köstlichste im Menschenleben[59]", den Willen vermißt. Je klarer ihm wurde, daß die Reichsgründung einem einzelnen überlegenen Willen zuzuschreiben war, und je mehr er sich auf den geistigen Boden von Hegels Rechtsphilosophie stellte, desto uneingeschränkter anerkannte er die Funktion des Willens in der Geschichte. Er vertrat die Auffassung, daß „die Vernunft, die in den Dingen liegt, nur durch die Willenskraft eines großen, die Zeichen der Zeit verstehenden Mannes verwirklicht werden könne"[60]. Daß er die aktiven höher als die passiven Kräfte im Leben stellte und ihm der Wille, der das Vernünftige wolle, als ein höchster Wert erschien – dafür enthält seine Sprachgebung in der Wahl der Worte mannigfache Aufschlüsse. Vom „Flugsand kleiner Fraktionen" oder von den Parteien, die „in raschem Wechsel durch die freien Kräfte des Volksgeistes erzeugt und zerstört werden" läßt sich kein fester und dauerhafter Wille, der Bleibendes schafft, erwarten. „Eintagsgebilde des Staatslebens" – darin liegt Treitschkes endgültiges Urteil über die Parteien. In solchen Umschreibungen

57) ebd., S. 500.

58) ebd., S. 499.

59) Aufsätze, 3. Aufl., S. 448f.; vgl. auch in diesem Zusammenhang Treitschkes Beschreibung der „planlosen" Politik Napoleons I.: „Welche lange Reihe von Eintagsstaaten, all diese Reiche von Berg, Etrurien, Westphalen, die, kaum geschaffen, wieder verschwanden oder ihre Grenze änderten! Die gesamte Politik ist in ewigem Wechsel wie der Flugsand der Dünen." (Aufsätze, Neue Folge, 1. Teil, S. 45) vgl. auch S. 235f.

60) H. v. Treitschke, Deutsche Geschichte, Bd. 2, S. 609.

kommt deutlicher noch, als es in theoretischen Erörterungen sein könnte, die Skepsis zum Ausdruck, die Treitschke den Institutionen eines Parlamentarismus entgegenbringt. Weder auf dem Flugsand der Parteien noch mit den wechselnden Wellenschlägen der öffentlichen Meinung – das soll der Sinn dieser Bilder sein – läßt sich ein Kulturvolk regieren. Die Parteien bezahlen ihre Abstammung aus dem Volksgeist gewissermaßen mit ihrer politischen Geltung. Im Hintergrund dieser Metaphern aber steht die Vorstellung eines Volksgeistes, die sich aus Treitschkes Denken niemals zu verlieren scheint.

Unter Berufung auf den Zentralbegriff der deutschen Romantik wird die konstitutionelle Form des deutschen Kaiserreiches verteidigt. Treitschke beklagt es keineswegs, daß „wir wenig Aussicht haben, aus der ewigen Umbildung und Neubildung kleiner Fraktionen herauszukommen[61]", sondern sieht in dem dauernden Wechsel vielmehr einen wünschenswerten Zustand. Hinzu kommt, daß „sich der kritische Geist der Deutschen, der Trieb der persönlichen Selbstbehauptung stets von Neuen wider die Einseitigkeit der Parteigesinnung sträubt"[62]. Der Gesichtspunkt des *„großen Staates"* stellt sich in diesem Zusammenhand bezeichnenderweise wieder ein: „Sollte die Regierung eines großen Staates wirklich eine genügende Stütze finden allein an der Zustimmung einer solchen Mehrheit, die sich zumeist kritisch zu dem Tun der Minister verhält, die sich zusammensetzt aus einer Reihe kleiner Fraktionen und nach drei Jahren bei der Neuwahl in alle Winde zerstieben kann[63]?"

61) Aufsätze, Bd. 3, S. 502.

62) ebd., S. 502f.

63) ebd., S. 503; Es verdient festgehalten zu werden, daß sich *damals,* 1870, der Freiherr von Roggenbach mit den Grundgedanken der Abhandlung über „Das konstitutionelle Königtum" ausdrücklich einverstanden erklärte. Er bescheinigte Treitschke in einem ausführlichen Schreiben, „daß wenn die Deutschen in der Mitte des Kontinents, umgeben von nicht zu verachtenden Feinden, zu einem wirksamen Staatsbau dauernd kommen, derselbe unzweifelhaft eher nach Ihrem Grundplane als nach den Idealen des Liberalismus unserer nationalliberalen Fraktion gebildet sein müßte." So versichert er auch, „daß die simple Formel der wechselnden Herrschaft parlamentarischer Majoritäten für ein Staatswesen, wie es das mit dem Ziergewand des Norddeutschen Bundes geschmückte Preußen darstelle, sich als nur wenig praktisch erweisen dürfte", und fuhr fort, indem er sich selbstverständlich der Vokabel des „Volksgeistes" bediente: „Niemand endlich ist lebhafter als ich von der Wahrheit durchdrungen, daß Staaten und Völker zu einheitlichem Staatssinne und Volksgeiste nur durch das Feuer gemeinsamer in begeisterter Hingebung gehärteter Taten zusammengeschweißt werden." (Deutscher Liberalismus, Bd. 1, S. 457, v. 12. 2. 1870, an Treitschke.)

An dieser Stelle von Treitschkes nationalpolitischer Publizistik wird „der Volksgeist" also ganz ähnlich in den Dienst einer bestimmten politischen These gestellt und ausgenutzt wie in der elsaß-lothringischen Frage. So vermag derselbe in den verschiedenen politischen Situationen als eine letzte und vor allem immer auch als eine unkontrollierbare Instanz wirksam zu werden. Die politische Brauchbarkeit des einst so unpolitischen Volksgeistes erweist sich stets von neuem.

Treitschkes Urteil über die öffentliche Meinung nach 1866 und 1870/71 hat eine erstaunliche Ähnlichkeit mit der Beurteilung, welche die öffentliche Meinung bei Hegel gefunden hat. Diese Ähnlichkeit ist nur eines der Zeichen einer inneren Annäherung an Hegel, die Treitschke im Laufe der Jahre vollzieht. Sie entspricht der wachsenden Vorbildlichkeit der hegelschen Staatsauffassung, die sich in Treitschkes Sprachbild nachweisen läßt.

Wenn Treitschke an einer Stelle des Konstitutionellen Königstums im Zusammenhang der Beschreibung der öffentlichen Meinung und der Parteien als Aufgabe der königlichen Minister bezeichnet, „die berechtigten, die zeitgemäßen Gedanken aus dem Durcheinander der Fraktionsforderungen herauszufinden[64]", so bekundet er damit eine Ansicht über das Verhältnis des Ministers zu der im Parlament organisierten öffentlichen Meinung, deren klassisches Vorbild in Hegels Rechtsphilosophie enthalten ist. Der handelnde Mann befindet sich nicht – um einen Ausdruck Taines zu verwenden – „à la queue de l'opinion publique", sondern er steht über derselben und scheidet kraft seiner größeren Einsicht, über die er auf Grund der größeren Nähe zu den Geschäften verfügt, das Wahre vom Falschen in der öffentlichen Meinung. Letztere enthält nämlich beides, und es ist die Sache des großen Mannes, beides voneinander zu trennen. „In der öffentlichen Meinung ist alles Falsche und Wahre, aber das Wahre in ihr zu finden ist die Sache des großen Mannes. Wer, was seine Zeit will und ausspricht, ihr sagt und vollbringt, ist der große Mann der Zeit. Er tut, was das Innere und Wesen der Zeit ist, verwirklicht sie, und wer die öffentliche Meinung, wie er sie hier und da hört, nicht zu verachten versteht, wird es nie zu Großem bringen[65]." Diese Sätze nehmen in der prägnanten Form des hegelschen Gedankens Treitschkes Bismarckbild vorweg. Wenn er noch bis 1866 zu der Ansicht geneigt hatte, daß Bismarck nur dazu gut genug sei, die Ideen des Liberalismus, ohne deren Beistand

64) Aufsätze, Bd. 3, S. 504.

65) G. W. Fr. Hegel, Grundlinien der Philosophie des Rechts, Sämtl. Werke, Jubil. Ausg., Bd. 7, § 318, Zus. S. 427.

kein reales politisches Ziel im 19. Jahrhundert erreichbar sei, zu verwirklichen, so verschiebt sich dieses Urteil bald in sein Gegenteil. Bismarck schien einst nur das höchst fragliche Werkzeug des Liberalismus zu sein – eine Ansicht, die von dem Kreise um Freytag eigentlich dauernd festgehalten wurde; jetzt wird umgekehrt der liberale Gedanke das Werkzeug, dessen sich der Baumeister Bismarck bedient. Er verwirklicht dasjenige vom Liberalismus, was lebensfähig und gesund an ihm ist. Wenn es nach Hegel zum Wesen des großen Mannes gehört, die öffentliche Meinung, wie sie sich „hier und da" äußert, zu verachten, so entsprach Bismarck vollkommen dieser Wesensbestimmung, und die Zeitgenossen wurden ja besonders von diesem Wesenszug an Bismarck abgestoßen. Treitschke fühlte sich jedoch trotz des heimlichen Grauens, das er niemals ganz los wurde und das eines ästhetischen Einschlags nicht entbehrte, gerade von dieser Eigentümlichkeit „des großen Mannes" angezogen. Schon in dem Süddeutschen Mathy hatte er das Ideal des Ministers bewundert, der einer wütenden Volksversammlung zu trotzen vermag[66].

Es wurde schon mehrfach darauf hingewiesen, daß sowohl politische als auch wissenschaftliche Erfahrungen dieselbe Veränderung in Treitschkes Denken bewirkten. Es war gewissermaßen ein einheitlicher und zusammenhängender Vorgang, in welchem Treitschke lernte, die Welt „von oben" zu betrachten. Mit seinem Weggang von Leipzig im Herbst 1863, wo er unter dem starken Eindruck Gustav Freytags gestanden hatte, ist der Abschnitt eines Lebens zu Ende, in welchem er die literarischen Essays und biographischen Studien seiner Jugendzeit ausführte, die für die Sammlung der Historisch-Politischen Aufsätze nur noch umgearbeitet werden. Er beginnt dann, 1864 in Karlsruhe schon einsetzend, die jahrzehntelange Arbeit in den Archiven für die Deutsche Geschichte. Gleichzeitig erkennt er um dieselbe Zeit die politische Unfruchtbarkeit der öffentlichen Meinung, deren Genesis im 19. Jahrhundert ja das ursprüngliche Thema seines Geschichtswerkes sein sollte, und erlebt, erst widerstrebend, dann rasch volle Bewunderung, daß es Bismarck nicht mit Hilfe der öffentlichen Meinung, sondern mit Hilfe diplomatisch-militärischer Mittel gelingt, den ersehnten nationalen Fortschritt zu bewirken. Der letztere geschraubte Terminus ist absichtsvoll gewählt, um Treitschkes Auffassung von der Reichsgründung, in welcher er vornehmlich einen „*Fortschritt*" erblickte, nochmals zu veranschaulichen. Treitschke bezeichnet den Erfahrungsertrag aus dem Quellenstudium, an das er zunächst überhaupt nicht gedacht hatte, selbst mit den Worten: „lernen, wie die Welt von oben betrachtet aussieht."

66) vgl. Briefe, Bd. 2, S. 335, v. 5. 7. 1864.

Aus der Beobachtung der zeitgeschichtlichen politischen Vorgänge wuchsen ihm ganz dieselben Erfahrungen zu. Wissenschaftliches Denken und politisches Erleben hängen aufs engste bei Treitschke zusammen. Er hat selber diesen Zusammenhang immer wieder zum Ausdruck gebracht, so wenn er 1865 seinem Verleger schrieb: „Ich übernahm die Deutsche Geschichte zu einer Zeit, da ich noch gar nicht ahnte, was dazu gehörte. Seitdem ist mir die Arbeit ernste Herzenssache geblieben . . . ich mußte erst allmählich begreifen, was Politik ist[67]." Wenn er bislang bei seinen literarischen Arbeiten gewissermaßen nur „die Werkstatt des Volksgeistes" – wie es einmal heißt – kennengelernt hatte, so geht ihm nun in der Begegnung mit den Quellen eine neue Welt auf. Er lernt die Details der Regierungsgeschäfte kennen; und so versäumt er auch nicht, in dem Briefe an Bismarck auf die Bedeutung, die dieser Sachverhalt für sein politisches Urteil hat, hinzuweisen: „Überdies habe ich an mir selbst erfahren, daß jeder Unbefangene durch die Betrachtung der Details der Regierungsgeschäfte und ihrer Schwierigkeiten unwillkürlich zu einem billigen gemäßigten Urteil über die Regierenden veranlaßt wird[68]."

Der ganze Komplex dieser Veränderungen läßt sich wie in einem Spiegel an den Wandlungen ablesen, welche die Konzeption der Deutschen Geschichte im Winter 1863/64 erfährt. Das Ergebnis dieses „Umdenkens", das im Brief an den Kanzler des Norddeutschen Bundes schon angedeutet ist, wird von Treitschke in folgender Formulierung aus Anlaß einer Betrachtung der Norddeutschen Bundesverfassung ausgesprochen: „Nachdem vor einem Jahre die lautesten Wortführer der öffentlichen Meinung über die Lage, die Machtverhältnisse, die Absichten der Kabinette, sich so gröblich täuschten und ihre zuversichtlichsten Weissagungen sich als bis zum Lächerlichen irrig erwiesen, sind unsere besseren Köpfe vorsichtiger, maßvoller in ihren Urteilen geworden[69]." Und dann folgt die politische Lehre, deren philosophischer und zwar hegelscher Einschlag deutlich durchscheint: „Man begreift, daß die Regierung eines wirklichen Staates, weil sie regiert, in der Beurteilung der Lage einen Vorsprung hat vor dem souveränen Publikum[70]." Wir haben mit diesem Zitat wieder das Problem der „Wirklichkeit" im Sinne Hegels erreicht. Zugespitzt darf man sagen, daß Treitschkes sogenannte preußisch-gouvernementale Gesinnung – die allmählich hervortritt und die aber bei weitem nicht den ganzen Treitschke charakteri-

67) ebd., S. 439, v. 28. 11. 1865.

68) ebd., S. 447, v. 10. 12. 1865.

69) H. v. Treitschke, Zehn Jahre Deutsche Kämpfe, S. 187, Die Verfassung des Norddeutschen Bundes, v. 10. 6. 1867.

70) ebd.

siert – in solchen auf Hegel zurückführenden Gedankengängen eine ihrer Wurzeln hat. Er war durchdrungen von der Weisheit – nun nicht jeder Regierung, sondern einer „wirklichen" Regierung, d. h. in Deutschland der preußischen Regierung. So war es erklärlich, daß er den ihm zuerst erteilten Auftrag einer „Geschichte des Deutschen Bundes", die die preußische Geschichte aussparen sollte, unter dem Eindruck der soeben beschriebenen Gedankengänge schließlich erweiterte zu einer Deutschen Geschichte mit dem Schwerpunkt auf der Entwicklung Preußens. Die Leistungen des preußischen Beamtentums, dessen selbständige Darstellung er sich immer wieder vornahm, sollten besondere Berücksichtigung finden; denn er war der Ansicht und verteidigte dieselbe in einer interessanten Kontroverse mit Roscher, daß „die größte Tat der deutschen Politik jener Tage, die Gründung des Zollvereins, die Schöpfung eines monarchischen Beamtentums war, das die volkswirtschaftliche Durchschnittsbildung der Zeitgenossen weit übersah . . ."[71]. Diese historische Feststellung gibt die grundsätzliche Ansicht Treitschkes über den hohen Staatsbeamten wieder. Letzterer überragt – weil er der Regierung nahesteht – die politische Bildung der Zeitgenossen. Bildung der Zeitgenossen – darum kreist das ursprüngliche Thema; Leistungen des hohen preußischen Staatsbeamten – dazu entwickelt sich der wissenschaftliche Plan im Laufe der Jahre. Der Beamte sieht weiter als der politische Laie. Dieser Grundgedanke setzt sich immer mehr durch. Der politische Fachmensch, der das Ressort kennt, hat dem Laien die Kenntnis der Geschäfte voraus[72]. Der Gedanke einer natürlichen Überlegenheit des Staatsbeamten hat sein geistesgeschichtliches Vorbild ebenfalls in der Rechtsphilosophie, ohne daß etwa mit dieser Feststellung eine einfache kausale Verknüpfung ausgesprochen werden soll. Es heißt bei Hegel: „ . . . denn die höchsten Staatsbeamten haben notwendig tiefere und umfassendere Einsicht in die Natur der Einrichtungen und Bedürfnisse des Staates, sowie die größere Geschicklichkeit und Gewohnheit dieser Geschäfte und können ohne Stände das Beste tun . . .[73]." Diese Sätze des preußischen Staatsphilosophen nehmen gleichsam den Erfahrungsertrag voraus, den Treitschke, Preußens glühendster und beredtester Anhänger, aus den Erfahrungen der 60er Jahre ziehen sollte.

71) Aufsätze, Bd. 3, S. 439; vgl. auch H. v. Treitschke, Deutsche Geschichte, Bd. 3, Beilage XV, S. 773 ff.

72) Treitschke weist außerdem bereits auf den neuen Typ des Fachmannes hin, der aus der Technik stammt und der die modernere und aussichtsreichere Karriere bildet. Solche Gedanken stehen jedoch nur ganz vereinzelt bei ihm. Noch sind Stellung und Ansehen des wissenschaftlich gebildeten Beamten unerschüttert.

73) G. W. Fr. Hegel, Grundlinien der Philosophie des Rechts, Sämtl. Werke, Jubil. Ausg., Bd. 7, § 301, S. 400.

Eine bemerkenswerte Übereinstimmung läßt sich schließlich noch zwischen den Ansichten beider über die Funktionen von Volksvertretungen feststellen. Treitschke hat einmal ausdrücklich erklärt, daß es notwendig sei, an Hegel wieder anzuknüpfen[74]. Die Herkunft aus hegelschen Gedankengängen ist in der folgenden Formulierung über einen Parlamentarismus, der auf Repräsentativformen beruht, unverkennbar: „Den prosaischen Geschäftsformen des Repräsentativstaates liegt ein hochidealistischer Gedanke zugrunde: der Gegensatz der Interessen und Meinungen soll sich ausgleichen durch die edelsten Waffen, in einem geistigen Wettkampf; das Volk soll durch die Debatten der Presse, der Vereine, der Kammern ein Bewußtsein erhalten von seinem öffentlichen Recht, also daß die Gesetze zu seinem geistigen Eigentum werden[75]." Das idealistische Vertrauen in die Macht des gesprochenen Wortes stellt allerdings nicht etwa eine Treitschke'sche Besonderheit dar, sondern gehört als ein selbstverständlicher Bestandteil zu dem liberalen Glauben der Zeitgenossen an die heilsamen Folgen von „Verfassungen". Es gewinnt in der vorliegenden Fassung jedoch eine ganz bestimmte Formung; es tritt gewissermaßen schärfer profiliert heraus und läßt die sachliche Verbindung mit hegelschen Gedanken über Ständeversammlungen und öffentliche Meinung deutlicher als gewöhnlich erkennen. Es heißt bei Hegel an den betreffenden Stellen: „. . . daß so (durch Öffentlichkeit der Ständeversammlungen) die öffentliche Meinung erst zu wahrhaften Gedanken und zur Einsicht in den Zustand und Begriff des Staates und dessen Angelegenheiten . . . kommt[76]", und im Zusatz: „Die Öffentlichkeit der Ständeversammlungen ist ein großes, die Bürger vorzüglich bildendes Schauspiel, und das Volk lernt daran am Meisten das Wahrhafte seiner Interessen kennen."

Die hochidealistische Grundlage, die in solchen Bekundungen zum Ausdruck kommt, widerlegt sogleich den Verdacht, daß Hegels „Machtstaatsgedanke" ein Teil einer naturalistisch verstandenen Gewalttheorie sei. „Was jetzt gelten soll, gilt nicht mehr durch Gewalt, wenig durch Gewohnheit und Sitte, wohl aber durch Einsicht und Gründe[77]." Aus dieser geistigen Wurzel stammt Treitschkes Ansicht, daß „es eben Aufgabe der Kammern sei, durch die geistigen Waffen des parlamentarischen Kampfes die Krone zu überzeugen, daß diese Hände die Regierung nicht führen können"[78].

74) vgl. Aufsätze, Bd. 3, S. 469.
75) ebd., S. 452.
76) G. W. Fr. Hegel, a.a.O., § 315, S. 423.
77) ebd., § 316, Zus. S. 424.
78) Aufsätze, Bd. 3, S. 496.

Der Nachweis, daß sich Treitschkes Anschauungen besonders zwischen 1866 und 1871 sowohl sprachlich als auch sachlich dem Vorbild der Rechtsphilosophie nähern, ließe sich leicht vervollständigen. Der Charakter, den Volksvertretung und öffentliche Meinung bei ihm in diesen Jahren bekommen, trägt mannigfache hegelsche Züge. Daß die öffentliche Meinung „verdient, genauso geachtet als verachtet zu werden[79]", war vollkommen auch Treitschkes Ansicht. Die Mischung von Ernst und Ironie, womit er die öffentliche Meinung zu beurteilen pflegte, scheint ebenfalls ein hegelsches Erbteil zu sein. Treitschkes besondere Eigentümlichkeit bestand jedoch in der Verknüpfung der öffentlichen Meinung mit dem Volksgeist, auf die er in den verschiedensten Variationen immer erneut zurückkam.

Innerlich am nächsten rückt Treitschke seinem hegelschen Vorbild aber, wenn er auf „den großen Mann" zu sprechen kommt. Der große Mann besitzt „die vernünftige Ansicht" von der Wirklichkeit – ein Motiv, das immer wieder durchdringt. „Nur der große Sinn versteht die große Erscheinung[80]" – ist eine der wechselnden Ausdrucksweisen für diesen Sachverhalt. Der große Mann kennt „die Vernunft in den Dingen". „Zu wissen, was man will, und noch mehr, was der an und für sich seiende Wille, die Vernunft, will, ist die Frucht tiefer Erkenntnis und Einsicht, welche eben nicht die Sache des Volkes ist[81]."

Treitschke bezog alle diese Definitionen, deren geistigen Gehalt er sich ganz zu eigen machte, auf die Gestalt Bismarcks. Er erblickte in dem Gründer des kleindeutschen Kaiserreichs den Vollstrecker der „Vernunft in der Geschichte". Indem Gustav Freytag dem Kanzler des deutschen Reiches die Verbindung mit den Ideen geradezu absprach, denselben im Gegenteil den Zeitgenossen und der Nachwelt am liebsten als „Mann ohne Idee" überliefert hätte, wurde er letztlich Treitschkes Antipode, so eng auch ihre literarischen Beziehungen sein und bleiben mochten.

Es würde über den Rahmen dieser Studie hinausgehen zu zeigen, wieso Treitschke dazu kam, seine idealistische Auffassung parlamentarischer Einrichtungen zu überprüfen und wieso seine Urteile schon im Laufe der 70er Jahre immer negativer und ablehnender wurden.

Die Aufgabe dieser Untersuchung bestand darin, die Grundlagen seiner historischen und politischen Urteilsbildung und deren Veränderung im Zusammenhang mit der Einigung Deutschlands zu erläutern.

79) G. W. Fr. Hegel, a.a.O., § 318, S. 427.
80) Aufsätze, Bd. 3, S. 430.
81) G. W. Fr. Hegel, a.a.O., § 301, S. 409.

Beilage I

Eine publizistische Kontroverse zwischen H. v. Treitschke und Rudolf Haym

Wie sehr Treitschke den sogenannten Volksgeist oder auch das Volkstum vornehmlich im Sinne von „Ideen" oder von „Bildung" verstand, zeigt seine überaus aufschlußreiche Ansicht von der Bedeutung der *Karlsbader Beschlüsse,* der in dem 1863 entstandenen biographischen Essay über Wangenheim folgenden Ausdruck gab: „Aber auch das wirklich Beschlosse – die Knechtung der Presse und der Hochschulen, die Einleitung der Demagogenverfolgung war ein Angriff auf das Allerheiligste unseres Volkstums[1]." Mit diesem Satze, der Presse und Hochschule zum „Allerheiligsten unseres Volkstums" erklärt, stoßen wir an den Sinn dessen, was Treitschke eigentlich unter Volkstum und unter Volksgeist verstanden wissen wollte. Presse und Universität, Journalist und Universitätsprofessor rücken in den Mittelpunkt des Volkstums und werden sein reinster Ausdruck.

Neben dem idealistischen kommt in demselben Aufsatz auch das liberale Verständnis des Volksgeistes eindeutig zum Ausdruck, wenn letzterer nämlich von Treitschke einfach mit der liberalen Sache identifiert wird: „Und in in denselben Jahren, da die Revolution in Spanien und Italien gebändigt, der deutsche Volksgeist aufs Neue geknebelt schien, erstand in den Freistaaten Südamerikas eine jugendliche, unanfechtbare, demokratische Macht, legte die Befreiung Griechenlands die Axt an die Wurzel des heiligen Bundes . . .[2]." Ein internationaler liberaler Zusammenhang von Volksgeistern wird auf der im Wangenheimaufsatz enthaltenen Stufe des historisch-politischen Urteils angenommen.

Übrigens war der Wangenheimaufsatz einer von jenen Essays, die ausdrücklich als Vorarbeiten zur Deutschen Geschichte gedacht waren, deren

1) Aufsätze, 3. Aufl., S. 238.

2) ebd., S. 273f.

Thema ja die Geschichte des deutschen Volksgeistes im 19. Jahrhundert sein sollte.

Der Wangenheimaufsatz, der eine so hohe Meinung des Verfassers von der Presse widerspiegelt, erschien 1863 im Januarheft der Preußischen Jahrbücher. Noch in demselben Jahre sahen sich Treitschke und die liberale Partei durch eine Regierungsmaßnahme in die Lage versetzt, einen ähnlichen „Angriff auf das Allerheiligste unseres Volkstums" abzuwehren. Gemeint ist die sogenannte Preßverordnung vom 1. Juni 1863, welche die Verwaltungsbehörden ermächtigte, Zeitungen und Zeitschriften bereits wegen ihrer sogenannten „Gesamthaltung" zu verbieten. Die Regierung erhielt damit eine Handhabe, die oppositionelle Presse zu unterdrücken, auch ohne daß sich diese gerichtlich strafbar gemacht hätte. Diese Verordnung wurde die Veranlassung zu einem publizistischen Duell, das Rudolf Haym und Heinrich von Treitschke, der damals 29 Jahre alt war, in den Preußischen Jahrbüchern und in den Grenzboten miteinander ausfochten. Haym hatte sich im Juliheft der Preußischen Jahrbücher mit der auf Grund der Preßordonnanz entstandenen pressepolitischen Lage auseinandergesetzt und nach einem Wege gesucht, auf dem auch jetzt noch praktische Kritik durchführbar sei[3]. Treitschke antwortete scharf in den Grenzboten[4] und warf Haym eine zu weitgehende Kompromißbereitschaft vor. Diese journalistische Fehde ist weniger merkwürdig durch die Verschiedenheit der Argumente, die aufeinander treffen, als im Gegenteil durch die Ähnlichkeit der Ansichten und Überzeugungen, auf denen beide Auffassungen gleichmäßig beruhen. Sie ist wohl auch nur durch Treitschkes „heißeres Temperament", das er selbst oftmals zuzugeben sich genötigt fühlte, hervorgerufen worden. Salomon Hirzel fand die richtige Erklärung, wenn er Treitschkes leidenschaftliche Entgegnung auf Hayms Jahrbücher-Artikel auf dessen Taubheit zurückführte: „. . . ließe sich mit Treitschke sprechen so wie mit anderen Leuten, so würde der Artikel ohne Zweifel eine andere Fassung erhalten haben[5]." Auch in diesem Falle machte sich die Unfähigkeit des Tauben geltend, im persönlichen Gespräch alle Argumente und Gegenargumente zunächst einmal einer Prüfung zu unterziehen.

Im Grunde hatte Treitschke gar keine andere Vorstellung von Wesen und Aufgabe der Presse als Haym, wenn er in seinem publizistischen An-

3) R. Haym, Preuß. Jb. 11, 1863, S. 627ff., Die Verordnung vom 1. Juni und die Presse.

4) Die Grenzboten, S. 111ff., v. 17. 6. 1863; vgl. Aufsätze, Bd. 4, S. 126ff., Das Schweigen der Presse in Preußen.

5) R. Haym, Ausgewählter Briefwechsel, S. 226, Anm. 2, S. Hirzel an R. Haym v. 15. 9. 1863.

griff auf letzteren von „der Presse eines hochgebildeten und ruhmreichen Volkes[6]" sprach, deren Aufgabe es sein solle, „auf die Seele ihrer Leser zu wirken"[7]. In einem Brief an Sybel vom 10. 6. 1863 beschrieb Haym den wünschenswerten Kreis von Mitarbeitern, wie er ihn sich für die Presse eines „hochgebildeten Volkes" dachte: „. . . es wäre eine große Demonstration und ein moralischer Sieg, wenn in dieser Stunde der Not wie auf eine schmächliche Herausforderung alle Besten, Gebildetsten, Angesehendsten, gerade die ersten Schriftsteller und Gelehrten . . . in den Spalten der Jahrbücher zu reden anfingen[8]." In jenem Aufsatz über „Die Verordnung vom 1. 6. . . .", auf den Treitschke in den Grenzboten so temperamentvoll antwortete, ging Haym von der Voraussetzung aus, daß „das Wohl des Landes" „mit dem inkommensurablen Geiste der politischen Sittlichkeit", der wiederum mit „der Gesinnung der Schriftsteller" gleichgesetzt wurde, zusammenhänge[9]. Er argumentiert weiter, daß der Sinn für das Wohl des Landes nur aus der Wechselwirkung mit dem lebendigen Geiste der Nation geschöpft, nur in dem Einverständnis mit diesem dauernd erhalten werden könne[10]. Was Haym hier unter „Geist der Nation" versteht, erläutert er in folgender Frage: „Woran sonst wird er sich orientieren als an der öffentlichen Meinung, wodurch sonst sich berichtigen als durch die Stimme der unbevormundeten Presse[10]?" Hier liegt also wieder der Fall einer Gleichsetzung von „Geist der Nation" und „öffentlicher Meinung" vor, die um dieselbe Zeit im Konzeptionsstadium von Treitschkes Deutscher Geschichte eine so bedeutende Rolle spielt. Die Vorstellung des „Volksgeistes" taucht in diesem Zusammenhang allerdings nicht auf, obwohl der „Geist der Nation" einen verwandten Sinn hat. Es läßt sich überhaupt für die geistesgeschichtliche Lage der mittleren Jahrzehnte allgemein feststellen, daß die Begriffe wie Volksgeist, Geist der Nation, sittlicher Gemeingeist, oder sogar Volkskraft und Lebenskraft in der Sprache der Publizisten, bei den einen unbedenklicher als bei den anderen, gleichmäßig nebeneinander angewandt und gegeneinander ausgewechselt werden[11].

6) vgl. Aufsätze, Bd. 4, S. 126.
7) ebd., S. 129.
8) Deutscher Liberalismus, Bd. 1, S. 155, R. Haym an H. v. Sybel v. 10. 6. 1863.
9) Preuß. Jb. 11, S. 635.
10) ebd.
11) Die Redner des Paulsparlaments machten einen ganz unbefangenen Gebrauch von diesen Begriffen, die alle auf derselben Linie zu liegen schienen; vgl. z. B. Rödinger (Demokrat) „Gibt es aber ein Mittel, die öffentliche vernünftige Meinung, den öffentlichen Geist, den Volksgeist, ja man kann in gewissem Sinne wohl sagen

„Die unbevormundete Presse“ erhält bei Haym eine doppelte Funktion: Sie ist „die Quelle des sittlichen Gemeingeistes und der Gesinnung, die in dem Staate weben und walten[12]“ und gleichzeitig „der Exponent des Geistes, der ein Staatswesen überhaupt durchdringt“[13].

Es sind ganz dieselben Motive, die auch in Treitschkes Gedankengang über die Rolle, welche die Presse im Leben der Nation spielt, wiederkehren. Er ist wie Haym der Ansicht, daß das Wohl des Landes und die Lebensbedürfnisse des Volkes nur durch die Befragung des „Geistes der Nation“ erkannt werden können und daß die Presse Quelle und zugleich Erzeugnis dieses Geistes ist.

Wenn beide im Grundsätzlichen vollkommen übereinstimmen, so sind sie auch in der gleichen Weise befangen und teilen denselben Irrtum. Sie sprechen von „Volk“, von „sittlichem Gemeingeist“, von „Geist der Nation“ usw. und verbinden alle diese Vorstellungen mit einem bestimmten Personenkreis. Sie sind sich nicht bewußt, was es eigentlich zu bedeuten hat, daß derselbe zahlenmäßig ganz geringfügig ist. Nach ihrer Auffassung existiert der „Geist der Nation“, bzw. der „Volksgeist“ nur in den Spalten der liberalen Presse sowie im Kreise derer, die Journale wie die Preußischen Jahrbücher und die Grenzboten lesen. Wie klein der Kreis war, der solche Zeitungen las, hat Treitschke einmal selbst angegeben: „Die Preußischen Jahrbücher haben jetzt 900 Abonnenten – sehr viel für eine deutsche Revue. Die Grenzboten hatten in ihrer besten Zeit nur 700[14].“ Diese Zahlen vermögen den Leserkreis solcher Journale allerdings nur ungefähr zu veranschaulichen; denn es gehörte ja zu den vor allem wirtschaftlich bedingten Gewohnheiten jener Zeit, daß der interessierte Zeitgenosse seine Zeitung in einem Lesekränzchen erhielt, oder daß er dieselbe, wie z. B. in Heidelberg, im „Museum“ las. Es bleibt aber auch so ein zahlenmäßig beschränkter Kreis von „lesenden Menschen“.

Der „Volksgeist“, den die Romantiker in unergründlicher Tiefe gesucht hatten, hatte sich also zum Geist einer bestimmten Schicht entwickelt, über deren Herkunft und Wesen kein Zweifel ist.

den Weltgeist, zuzuziehen zur Entwicklung des Menschen …“ (zitiert nach F. Tönnies, Kritik der öffentlichen Meinung, 1922, S. 422).

12) Preuß. Jb. 11, S. 635.

13) ebd.

14) Briefe, Bd. 3, S. 120, v. 6. 12. 1866.

Beilage II

Über das Verhältnis des „großen Mannes" zum Volksgeist

Der oftmals bei Treitschke vorhandene Hinweis, daß der Held ein brauchbarer ästhetischer Stoff sei, ist kennzeichnend für einen bestimmten geistesgeschichtlichen Zusammenhang. E. Rothacker hat in der „Einleitung in die Geisteswissenschaften[1]" nachzuweisen versucht, wie „an die Stelle einer Metaphysik des organisch wachsenden Volksgeistes mit sich steigernder Entschiedenheit eine Geschichtsphilosophie des Helden" trat[2]. Die Ablösung des Helden vom Volksgeiste stelle ein Strukturgesetz dar, für dessen Geltung z. B. Carlyle beispielhafte Bedeutung besitze. Das neue Ideal des Handelns und der aktiven Teilnahme am Staatsleben habe eine neue Bewertung des Individuums zur Folge gehabt: „Dieses trat in die Mitte des Blickfeldes, und die Wertakzente, welche einst den Institutionen und sittlichen Mächten zukamen, glitten nun auf den Machtstaat und von ihm auf die Staatsaktionen hinüber. So verband sich mit dem neuen Erlebnis des öffentlichen Wesens eine Religion des ‚großen Mannes'. Der Eindruck der Persönlichkeit Bismarcks hat dann den Sieg dieses Gedankens vollends entschieden und die Richtigkeit seines ursprünglich normativ gemeinten Sinnes empirisch bestätigt und popularisiert[3]." Dazu ist einschränkend und ergänzend zu sagen, daß weniger von einer Ablösung der „Metaphysik des organisch wachsenden Volksgeistes" durch „die Religion des großen Mannes" die Rede sein kann, als vielmehr von leisen Verschiebungen und Veränderungen der Bedeutung, die mit dem Begriff des Volksgeistes vor sich gegangen sind. Volksgeistvorstellung und Heldenauffassung schließen sich nicht aus, sondern gehören im Denken der Menschen jener Epoche, von der hier die Rede ist, eng zusammen. Dieser Zusammenhang läßt sich besonders deutlich beobachten am Übergang des Volksgeistbegriffs in den der öffentlichen Meinung, die nach Ansicht

1) E. Rothacker, Einleitung in die Geisteswissenschaften, 1920.
2) ebd., S. 184.
3) ebd., S. 184f.

der „Gebildeten" unter den Zeitgenossen auch vom „großen Manne" zu respektieren ist. Rothackers Formulierung erweckt den Eindruck, als ob die eine Vorstellung abstürbe, während sich die andere neu bilde. Der eigentümliche geistesgeschichtliche Vorgang besteht aber gerade darin, daß die Volksgeistvorstellungen das Heldenbild entscheidend bestimmen, beeinflussen und vor allem, wie das Beispiel Gustav Freytags zeigt, in Grenzen halten. Der Volksgeist wirkt im Heldenideal noch lange nach, ja, man kann sagen, daß der Gedanke an den Volksgeist die Geltung des Helden beschränkt. Der echte Held ist nur vor dem Hintergrund des Volksgeistes möglich, von dem er sich nicht ablösen darf. Gerade am Denken Treitschkes, in dessen „großer heldenhafter Wahrheit", daß „es Personen, Männer sind, welche die Geschichte machen[4]", Rothacker den typischen Glaubensartikel der Zeit erkennen zu dürfen glaubt, läßt sich der Nachweis erbringen, wie viele Fäden „Volksgeist" und „Helden" verbinden. Dieser Zusammenhang mag erneut die vielschichtige Verwurzelung Treitschkes in älteren Schichten des deutschen Geisteslebens erkennen lassen.

Treitschke hat dem Carlyle'schen Heroenkult stets ablehnend gegenübergestanden. „Die Versuchung, dem Genius Altäre zu bauen, ist unter allen Gefahren, welche den Historiker beirren, leicht die größte[5]." So beginnt die umfängliche Untersuchung über „Frankreichs Staatsleben und den Bonapartismus", welche die Auseinandersetzung der Liberalen mit „dem großen Manne" darstellt. Über dem Glanze, den ein Heldenbild um sich verbreitet, dürfe nicht die entscheidende Frage vergessen werden, „ob die ursprüngliche Kraft, die uns zur Bewunderung hinreißt, treulich verwendet ward im Dienste jenes Geistes der Geschichte, welchem auch die Häupter unseres Geschlechtes nur demutsvoll zu folgen vermögen"[6]. Treitschkes Heldenideal steht gleichsam in der Mitte zwischen der hegelschen Auffassung, wonach der Held der Vollstrecker eines Auftrages ist, den der Weltgeist erteilt, und dem in Nietzsche einen Gipfelpunkt erreichenden Ideal des heroischen Menschen, der sich selbst Gesetz ist. An die Stelle von Hegels Weltgeist, an dessen Fäden die großen Individuen schließlich doch nur wie Marionetten hängen, deren Bewegungen mittels der „List der Idee" gelenkt werden, ist bei Treitschke der „Geist der Geschichte" getreten, dem „auch die Häupter unseres Geschlechts nur demutsvoll zu folgen vermögen".

4) H. v. Treitschke, Politik, Bd. 1, S. 6.
5) Aufsätze, Neue Folge, 1. Teil, S. 3.
6) ebd.

Treitschke hat sich stets ein sehr wachsames Gefühl für die fließenden Übergänge vom Heroenkult zum Despotismus bewahrt: „Die blinde Heroenverehrung wird zur weit verbreiteten Krankheit nur in Zeiten, die mit Stolz eine ungeheure Kulturaufgabe auf ihren Schultern fühlen, doch mit geheimer Angst sich bekennen, daß ihre Kraft der Last kaum gewachsen sei. So erklärt sich, warum in unseren Tagen Thomas Carlyles Lehre vom hero-worship entstehen und Wurzeln schlagen konnte. Aber wie wenig es dem Menschen frommt zu knien vor Göttern von Fleisch und Blut, das begreifen wir erst, wenn ein verschlagener Kopf die praktischen Folgerungen aus den Sätzen des Heroenkultus zieht, wenn der Despotismus seine Blöße mit dem Namen eines Genius deckt[7]." Diese ebenfalls der Einleitung zur Studie über den Bonapartismus entnommene Äußerung enthält den Niederschlag der zeitgeschichtlichen Erfahrung, die das zweite napolenische Kaisertum den Zeitgenossen eingebracht hatte. Napoleon III. stand im Vordergrund ihres Interesses. Treitschke teilte nur den allgemeinen Glauben seiner Bildungsschicht, wenn er „die Deutschen" durch die beiden Faktoren „Protestantismus" und „Bildung" vor der Herrschaft eines Despoten ein für allemal geschützt glaubte. Im Aufsatz über das konstitutionelle Königtum, der den Geist der konstitutionellen Monarchie zu beschreiben sich zur Aufgabe setzt, spricht er ebenfalls von „den schwächlichen Einfällen der blinden Heroenverehrung, welche nach dem böhmischen Kriege zuweilen in der Presse laut wurden und die in dem freien Sinne unseres Volkes Gott sei Dank keinen Boden fanden"[8]. Wie wenig von einem „Strukturgesetz" im Sinne Rothackers die Rede sein kann, zeigt außer Treitschkes ablehnenden Urteilen über Carlyle z. B. auch Rudolf Haym, der vom hero-worship genauso wenig wissen wollte. In einem Briefe an Theodor Mommsen aus dem Jahre 1858, dem Gründungsjahr der Preußischen Jahrbücher, wendet er sich nämlich gegen „die historiographische Engländerei" (gegen die politische hat er nichts einzuwenden!) und zählt in diesem Zusammenhang Macaulay, Lewes Buch über Goethe und Carlyles Friedrich den Großen auf, von denen er den letzteren „am wenigsten goutiere"[9]. Die Persönlichkeitsauffassung des deutschen Liberalismus wird viel mehr vom „Volksgeist" als vom „Helden" nach Carlyle'schem Muster bestimmt.

An Stelle des Helden im Sinne Carlyles setzt Treitschke den Begriff der „reinen historischen Größe". Er hat an ihrem Gegenbilde, d. h. an

7) ebd.

8) vgl. Aufsätze, Bd. 3, S. 455.

9) R. Haym, Ausgewählter Briefwechsel, hrsg. v. H. Rosenberg, S. 168, v. 21. 12. 1858.

Napoleon, *die* Züge näher bezeichnet, auf die es ihm in erster Linie ankommt, damit von „reiner historischer Größe" die Rede sein kann. Die Wertmaßstäbe, mit denen der literargeschichtliche Vergleich zwischen Schiller und Kleist durchgeführt wurde, finden sich auch an dieser Stelle der Beurteilung einer historischen Persönlichkeit wieder. Zur Verwurzelung der Persönlichkeit im Volksgeist tritt nämlich die Idee als wichtigstes Kriterium hinzu. Die Vertrautheit mit den Ideen, die Legitimierung durch die Ideen sind wie stets bei Treitschke der Gradmesser der Größe. Napoleon, „der größte Mann des Jahrhunderts, war im Grunde geistlos"[10]. „. . . die Welt der Ideale blieb ihm unfaßbar." So erkennt Treitschke „die schreckliche Wahrheit in dem tollen Wort Blüchers: ‚Laßt ihn nur machen, er ist doch ein dummer Kerl[11].'" Es ist überaus interessant zu beobachten, wie ganz dieselben Motive in zahlreichen Urteilen führender Liberaler (aber *auch* Konservativer) über einen anderen Großen des Jahrhunderts, über Bismarck, wiederkehren. Die an Napoleon gemachten Erfahrungen bestärkten die Zeitgenossen in ihrem Mißtrauen gegen „den großen Mann". Freytag fand noch 1873 Bismarcks Wesen gemischt aus „Leichtsinn und weitblickender Schlauheit, rohem Eigenwillen und elastischer Biegsamkeit[12]", und nannte ihn einen Mann, „der auch gar nicht reich ist an politischen Gedanken"[13]. Baumgarten, der Anfang 1870 über die Verzögerung eines Anschlusses Badens an den Norddeutschen Bund verärgert war, schrieb Bismarck „nur Sinn für Macht und gar kein Verständnis für feinere geistige Beziehungen" zu und erhob den schweren Vorwurf, daß „das Fundament seiner Weltanschauung dem entgegensteht, was unser Volk wollen muß"[14]. Hinzu kommt, daß der Liberale das tiefeingewurzelte Bedürfnis hat, in den politisch führenden Männern *die* Züge wiederzuerkennen, die ihm persönlich besonders lieb sind, und die ihm am eigenen Deutschtum als spezifisch deutsch erscheinen. Er erhebt den Anspruch, eine intime Kenntnis der besonderen deutschen Züge in gründlichen geschichtlichen Studien und in genauer Beobachtung der eigenen Gegenwart erworben zu haben. Er möchte sich bei den Großen heimisch fühlen können; dazu ist es nötig, daß sich diese durch „Ideen" bzw. einen „Lebensplan" ausweisen. Schließlich will er sich selbst in ihnen wiederfinden und wiedererkennen.

10) Aufsätze, Neue Folge, 1. Teil, S. 47.

11) ebd.

12) Deutscher Liberalismus, Bd. 2, S. 83, v. 13. 7. 1873, G. Freytag an K. v. Normann, vgl. unter S. 392.

13) ebd.

14) ebd., Bd. 1, S. 466, an Treitschke, v. 12. 3. 1870.

Neben die „unreine Größe" Napoleon, „den heimatlosen Helden unserer Zeit", „den Helden der vollendeten Selbstsucht", stellt Treitschke *Cäsar*, „der als ein Werkzeug der ewigen Vorsicht die Mission seines Volkes mit genialer Sicherheit vollführt"[15]. Die hegelsche Auffassung, nach welcher die führende Persönlichkeit Werkzeugfunktion hat, klingt hier deutlich an. Entscheidend aber ist für die geschichtliche Dauerhaftigkeit von Cäsars Werk, daß „der Römer nach einem großen Plane maßvoll verfährt"[16]. „Der große Plan" ist das sichere Kennzeichen „reiner historischer Größe", so wie Planlosigkeit und Grundsatzlosigkeit – Motive aus dem Arsenal der gegen Bismarck gerichteten Vorwürfe – zum entstellten Bilde „unreiner historischer Größe" gehören.

Wie sehr die Einstufung geschichtlicher Persönlichkeit in die Kategorie der reinen oder der unreinen historischen Größe von ihrem Verhältnis zu den „Ideen" abhängig ist, zeigt eindrücklich Treitschkes Urteil über Moritz von Sachsen. „Was mich an dem Manne empört, ist . . . dieser Abfall von allen großen Ideen der Zeit[17]", schreibt er an Maurenbrecher, der in einer Untersuchung zu einer günstigeren historischen Beurteilung gelangt war. Von dem für Treitschke maßgeblichen ästhetischen Standpunkt aus wäre Moritz von Sachsen also kein geeigneter ästhetischer Gegenstand gewesen. Der Gedanke eines „Abfalls von den Ideen" war bezeichnenderweise zuerst im Umkreis der ästhetischen Überlegungen aufgetaucht. Kleists moralische und vornehmlich ästhetische Schwäche bestand in der „Flucht vor den Ideen", der entscheidende Fehler seiner Penthesilea in der „Verkehrtheit der Idee". Schillers Überlegenheit beruhte darauf, daß er Klassiker war, der Probleme löst und zwar „mit der Sicherheit eines Geistes, der in den Ideen lebt". Ja, die ästhetische Herkunft des Vorwurfs der „Ideenlosigkeit" läßt sich weit in die Anfänge von Treitschkes ästhetischen Bemühungen zurückverfolgen. Er hatte nämlich deshalb den Anno-Plan fallen gelassen, weil „Anno zwar gegen große Ideen kämpft, aber nicht selbst Träger und Verfechter einer Idee ist"[18]. Der für die Beurteilung einer Persönlichkeit gültige Maßstab der Idee ist von eindeutig ästhetischer Herkunft. Wie sehr dieser ästhetische Ursprung in den späteren historischen Urteilen fortwirkt, zeigt gerade das Beispiel Moritz' von Sachsen. Das im 3. Bande der Deutschen Geschichte über ihn enthaltene Urteil bezieht sich wieder auf den Vorwurf „des ideenlosen

15) Aufsätze, Neue Folge, 1. Teil, S. 58.
16) ebd. (vgl. 2. Kapitel: Treitschkes ästhetische Maßstäbe).
17) Briefe, Bd. 3, S. 288, v. 19. 9. 1870, an W. Maurenbrecher.
18) Briefe, Bd. 1, S. 313, v. 2. 9. 1855; vgl. 2. Kapitel.

Partikularismus", an dem schon der Anno-Plan gescheitert war: Moritz sei trotz „seiner dämonischen Heldenlaufbahn" . . . „nur der größte aller deutschen Kleinfürsten, der begabteste Vertreter des ideenlosen Partikularismus, denn kein Schimmer eines großen nationalen oder kirchlichen Gedankens durchleuchtet die Irrgänge dieser Hauspolitik . . ."[19]. Daß die Idee einen historischen Sachverhalt „zu durchleuchten" habe – damit derselbe erkennbar werde – bildet ein Motiv, auf das Treitschke mehrfach zurückgreift[20]. Solche Wiederholungen zeigen, wie begrenzt sein Vorrat an Motiven und Ausdrücken im Grunde war. Die Formulierung vom „ideenlosen Partikularismus" war ebenfalls schon an einer Stelle in dem ersten Aufsatz über Heinrich von Kleist aus dem Jahre 1858 enthalten, wo nämlich der Partikularismus als „Auflehnung des Interesses gegen die Idee" und darum als „absolut unschön" definiert wurde. Die „Irrgänge dieser Hauspolitik" sind nach Maßgabe der klassischen Ästhetik, die einfache Linienführung vorschreibt, ein typisch unästhetischer Gegenstand, genauso wie „das umnachtete Volkstum" unschön ist. Die Planlosigkeit, worunter dasselbe wie Ideenlosigkeit verstanden wird, bildet wie im Falle Napoleons den Haupteinwand gegen Moritz: „niemals erhebt sich sein Ehrgeiz zu dem *Plane*, ein evangelisches Kaisertum oder irgendeine neue nationale Rechtsordnung auf den Trümmern des zerstörten alten Reiches aufzurichten[21]." Bemerkenswert ist in diesem Zusammenhange die Wiederkehr desselben Bildes, das sowohl auf die dämonische Laufbahn Napoleons als auch auf diejenige Moritz' von Sachsen angewandt wird. „Napoleons Werk", lautet Treitschkes Urteil, „ging zugrunde an seiner eigenen Unvernunft als eine Sünde wider den Geist der Geschichte. An dem Firmamente unseres Staatensystems steigt der Gewaltige jählings auf wie ein Wandelstern, der mit grellem Feuerscheine die Sterne rings verdunkelt, nur wenige Nächte, und der milde Glanz der anderen Gestirne, die ruhig ihre Bahnen ziehen, tritt wieder in sein Recht[22]." Ebenso endet Moritz „urplötzlich wie ein Wandelstern"[23].

In dem ganzen Komplex dieser Erörterungen, die sich um die Erklärung der sogenannten „reinen historischen Größe" bewegen, wird „die Idee" gewissermaßen zum Schibboleth „des großen Mannes". Daß dabei Fichtische Pathetik eine erhebliche Rolle spielt, zeigen die von Treitschke in

19) H. v. Treitschke, Deutsche Geschichte, Bd. 3, S. 489.

20) vgl. Aufsätze, Neue Folge, 2. Teil, S. 603: „Kein Künstler, keine Denker durchleuchtet dies umnachtete Volkstum mit den Strahlen der Idee."

21) H. v. Treitschke, Deutsche Geschichte, Bd. 3, S. 489.

22) Aufsätze, Neue Folge, 1. Teil, S. 44.

23) H. v. Treitschke, Deutsche Geschichte, Bd. 3, S. 489.

seiner Fichterede 1868 zitierten Worte, in denen der Redner sein eigenstes Bekenntnis wiedererkannte: „Unser Maßstab der Größe bleibe der alte: daß groß sei nur dasjenige, was der Ideen, die immer nur Heil über die Völker bringen, fähig sei und von ihnen begeistert[24]." Die Ideengläubigkeit erweist sich stets von neuem als Treitschkes eigentlicher Religionsersatz.

An „der Idee" werden Menschen und ganze Völker gemessen.

Die Urteile über die drei großen Zeitgenossen Napoleon, Cavour und Bismarck, die Treitschke immer wieder Anregung zu einer anhaltenden Auseinandersetzung mit dem Problem des großen Mannes geben, beruhen auf demselben Maßstab der Idee. Napoleon schien am weitesten von ihr entfernt. Das Urteil über Cavour ist am wärmsten und einheitlichsten: „Cavour hielt die Idee des Vaterlandes so stolz und siegesgewiß der Selbstsucht der Provinzen entgegen[25]." Das Urteil über Bismarck teilt zunächst das allgemeine liberale Mißtrauen gegen die Ideenlosigkeit des Junkers, wird dann positiv, bleibt aber bis zu einem gewissen Grade immer differenziert. Von einer „Religion des großen Mannes[26]" kann jedoch in keinem Falle die Rede sein. Die großen Männer bleiben bei Treitschke stets im Dienste der Ideen, auf deren Verwirklichung es *eigentlich* ankam.

So sehr sich Treitschke von seinen liberalen Weggenossen gerade in der Bereitschaft, fremde Größe anzuerkennen, auf die Dauer auch unterschied, so hütete er sich doch vor dem, was bei Carlyle „hero-worship" zu bedeuten hat. Eine Reihe temperamentvoller Äußerungen aus den Politik-Vorlesungen darf über diesen bleibenden Wesenszug nicht hinwegtäuschen. Nachdem er aus voller Sympathie und Bewunderung ein glänzendes Bild Cavours gezeichnet hatte, schloß er mit folgenden Worten: „Und doch überkommt uns selbst vor diesem Leben erschütternd das Gefühl, wie groß ein Volk ist und wie klein ein Mann. Denn gewaltiger noch als das Bild des Mannes selber bleibt der majestätische Hintergrund, von dem die Erscheinung sich abhebt: diese Auferstehung einer großen Nation, die abermals der Welt verkündet, daß christliche Völker nicht sterben können[27]." Der Sinn, der in dieser Bekundung enthalten ist, hängt aufs engste mit der Persönlichkeitsauffassung des deutschen Liberalismus vor 1870 zusammen. Gustav Freytag hat sich besonders angelegen sein lassen, diesen Sinn in stets neuen Variationen zum Ausdruck zu bringen. Ge-

24) Aufsätze, 3. Aufl., S. 148.
25) Aufsätze, Neue Folge, 1. Teil, S. 492.
26) vgl. E. Rothacker, a.a.O., S. 185.
27) Aufsätze, Neue Folge, 1. Teil, S. 493.

meinsam ist ferner Treitschke und seinen Gesinnungsgenossen, die mit ihm die gleiche Bildung teilen, die Gewohnheit, religiöse Vorstellungen zu säkularisieren.

Rothacker weist den Strukturwandel von „der Metaphysik des Volksgeistes zur Geschichtsphilosophie des Helden", der sich unter dem Einfluß des politischen Lebens vollzogen habe, bis zu einem gewissen Grade, wenn auch sehr vorsichtig und behutsam, an der Entwicklung Wilhelm Scherers nach, wobei er allerdings dessen dauernd vorhandene „kollektivistische" Tendenz ausdrücklich hervorhebt. Er stellt fest, daß die „Politische Historie" sowie vor allem das zeitgeschichtliche Erlebnis des Jahres 1870 und der Persönlichkeit Bismarcks bestimmenden Einfluß auf Scherer ausgeübt hätten; denn „charakteristischerweise" – so argumentiert Rothacker – „datieren die Ausführungen über das falsche kulturgeschichtliche Bild einer pflanzenähnlichen Entwicklung der Menschheit ohne bewußten Willen' aus dem August 1870"[28]. So abgewogen Rothackers Ausführungen über Scherers geistesgeschichtliche Stellung auch sind, so bedürfen sie doch der Ergänzung und auch der Korrektur. Im April 1871 besprach Scherer Constantin Rößlers soeben erschienene „Studie über Bismarck" in der Wiener „Presse". Die Einwände, die er hier gegen eine Apotheose Bismarcks erhebt, sind wegen ihrer innerlichen Verwandtschaft mit den von Treitschke und auch von Haym angeführten Argumenten gegen Carlyle'sche Heldenverehrung bemerkenswert. Sie gehören demselben Zusammenhang an. Die Gleichartigkeit der Gründe, die von Männern wie Haym, Treitschke und Scherer gegen einen Personenkult eingewandt werden, läßt auf eine gemeinsame Grundeinstellung zum Problem der historischen Persönlichkeit schließen. Es sind bestimmte geistesgeschichtliche Hemmungen vorhanden, die einer schrankenlosen Heldenverehrung im deutschen Geistesleben dieser Jahre noch im Wege stehen. Scherer verwirft Rößlers „Maßlosigkeit" bei der Beurteilung des Kanzlers: „Er treibt Götzendienst mit dem Kanzler. Er betrachtet ihn wie ein vom Himmel gefallenes Götterbild. Er möchte ihn womöglich von allen historischen Voraussetzungen loslösen. Er möchte ihm allein alles Verdienst seiner Taten zuschreiben. Kurz, er führt uns ein Stück Carlyleschen Heroenkultus vor, den wir nicht mitmachen[29]." Scherer reduziert Bismarcks Bedeutung auf ein für den Liberalen erträgliches Maß, indem er „Bismarcks Bekehrung zu einem Programm"

28) vgl. E. Rothacker, a.a.O., S. 219; (W. Scherer, Vorträge und Aufsätze, 1874, S. 374; in dem angegebenen Zusammenhang heißt es u. a. bei Scherer: „Es kommt vor, daß der Nationalgeist seine Organe gleichsam wider ihren Willen an ihr Tagewerk heranzwingen muß.").

29) W. Scherer, Kleine Schriften, Bd. 2, S. 216f.

feststellt „das seine Gegner aufstellten und das er selbst einst bekämpfte"[30]. Statt „Programm = Plan" könnte auch „Idee" stehen. Bismarck wird in dieser Gedankenführung nur noch die Rolle „des kraftvollen Organs" zugebilligt, dessen sich „der Genius des deutschen Volkes bemächtigte"[31]. An Stelle der leeren Vorstellung „eines Werkzeugs der ewigen Vorsicht", deren sich der mehr und mehr in die hegelsche Denklinie einschwenkende Treitschke bedient, setzt der von Jacob Grimm wissenschaftlich ausgegangene Wilhelm Scherer „das kraftvolle Organ des Volksgenius". Beiden geht es um die Präponderanz des Volksgeistes über den Einzelnen, wobei dieser Begriff allerdings bei Treitschke inzwischen eine erhebliche Veränderung seines alten Sinnes erfahren hat. Scherer sieht in der Reichsgründung weniger den Sieg des Willens eines Einzelnen, als vielmehr „den Triumph des nationalen Geistes"[32]. Indem Rößler angeblich Bismarcks Persönlichkeit von allen historischen Voraussetzungen loslöst, verstößt er „gegen den Geist der historischen Wissenschaft, die den bedeutenden Mann unter allen Umständen als ein Produkt seiner Zeit und seines Volkes zu begreifen sucht"[33]. „Der Geist der historischen Wissenschaft", der sich in Scherer selbstbewußt äußerte, schloß eine „Religion des großen Mannes" vollkommen aus.

30) ebd.
31) ebd.
32) ebd.
33) ebd.

Beilage III

Die geistigen Voraussetzungen des Bismarckbildes bei Gustav Freytag

Als Freytag am 3. 2. 1862 im Kitzing den noch nicht dreißigjährigen Privatdozenten Heinrich von Treitschke um „eine kurze herzliche Ansprache an die Freunde" zur Erinnerung an das Jahr 1813 und zu Ehren des gerade zu diesem Abend besonders eingeladenen Gustav Harkort[1] bat, schrieb er ihm als Anhalt für die vorgesehene Ansprache ein paar bezeichnende Stichworte auf: „Gute Hoffnungen, weil gute Erinnerungen und Idealismus. Daran recht herzliche Worte an Harkort, zuletzt als Kitzing das Jahr 13 persönlich fassend, ihm dem Harkort ein Hoch. Das Ganze etwa 10 Minuten, oder wenn Sie wollen länger[2]." Selbst aus dieser flüchtig niedergeschriebenen Notiz lassen sich leicht bestimmte Züge des Freytag'schen Geschichtsgefühls, das auf einer besonderen Form der Volksgeistvorstellung beruht, entnehmen; sie gewährt einen intimen Einblick in die Art, in der sich Freytag auf vertrautem Fuße mit „den Geistern der Nation" fühlte. Die guten nationalen Hoffnungen beruhen auf den guten nationalen Erinnerungen, die an einer Reihe von Männern hängen, die alle dieselben Züge des Einen Volksgeistes tragen, und ferner auf dem Idealismus, d. h. dem Glauben an die Macht der Idee über die Wirklichkeit. Wenn Freytag Treitschke den Rat gibt, „das Jahr 13 persönlich zu fassen", so verrät sich auch in diesem Ratschlag die für ihn so bezeichnende Tendenz, den Inhalt der nationalen Geschichte gleichsam zu individualisieren, in vertrauten Gestalten leicht faßlich darzustellen und der Gegenwart menschlich nahe zu bringen. Das Bedürfnis, das Freytag dem Deutschen oftmals vindiziert, nämlich zu lieben und zu verehren, ist in ihm selber in hohem Maße wirksam. Aus einem ähnlichen Verhältnis zur nationalen Vergangenheit kommt Treitschke dazu,

1) G. Harkort (1795/1865), Kaufmann in Leipzig, Mitbegründer und Leiter der Leipzig-Dresdener Eisenbahn und der Allgemeinen deutschen Kreditanstalt.

2) A. Dove, G. Freytag und H. v. Treitschke im Briefwechsel, S. 1f., v. 3. 2. 1863.

„von der anheimelnden Schönheit der deutschen Geschichte" zu sprechen. Während er sich den Sinn für „die Großheit der historischen Idee" bei Fr. Th. Vischer stärkte, fand er das Gegengewicht in der anheimelnden Gedankenwelt Gustav Freytags, wo „die großartigen Ideen" zu gutartigen Geistern wurden, mit denen sich sehr menschlich verkehren ließ. Das Treitschke'sche Nationalgefühl, das gewöhnlich aufs Äußerste angespannt war, konnte sich bei Freytag in der milden Temperatur solider Tüchtigkeit entspannen. Es bezieht einen Teil seines eigentümlichen Wesens von Freytag'schem Geiste, dem die Geschichte des 1871 gegründeten Staates beileibe nicht das geniale Werk eines einzelnen war, sondern dem sie das Ansehen und den ganz persönlichen Wert „einer teuren Familienüberlieferung" hatte[3], an der eben die Besten mitgewirkt hatten. Was Gustav Freytag eigentlich für den jungen Treitschke bedeutet hat, kann nicht besser ausgedrückt werden, als es Wilhelm *Scherer*, der in vielen Zügen seiner Entwicklung mit Treitschke verwandt ist, in einer Glückwunschadresse zu Freytags 70. Geburtstag für sich selbst in Anspruch nahm: „Die Bilder aus der deutschen Vergangenheit lehrten mich eine phantasievolle Erfassung unserer Vorzeit, und wenn ich mir später von einem Wolfram von Eschenbach, einem Walther von der Vogelweide bestimmte und anschauliche Vorstellungen zu machen suchte, so schwebte mir gewiß, wenn auch unbewußt, das Muster lebensvoller Charakteristik vor, das Sie uns von Luther geschenkt haben und das mich gleich beim Erscheinen ganz hinriß.

Aber das alles schlage ich gering an neben einem anderen: Ich weiß ganz sicher, daß mich in jungen Jahren nächst Jakob *Grimm niemand mit einer solchen Liebe für unser Volk erfüllt hat wie Sie* . . . Ich gewann eine neue Grundlage meiner ganzen sittlichen Existenz, eine feste Richtung, einen unerschütterlichen Halt, einen reicheren Hintergrund, wenn ich so sagen darf, und tiefere Wurzeln das Daseins[4]." Ferner bezeichnet Scherer eine ganz bestimmte und charakteristische Richtung der Freytag'schen Wirkung, wenn er schreibt: „. . ., daß Sie die gesunden und edlen Kräfte als die wachsenden, die ungesunden und niedrigen als die vergehenden erscheinen ließen, und daß Sie dergestalt ein herrliches Gefühl aufblühender und voranschreitender nationaler Tüchtigkeit erweckten, das sich zusammenfassen läßt in die Worte: es ist ein Stolz und eine Freude, als Deutscher zu leben[5]." Dieses Gefühl, Glied „eines aufstrebenden Volkes" zu sein, das wie ein

3) W. Rudeck, Einleitung, S. VI, zu G. Freytag, Bilder von der Entstehung des Deutschen Reiches.

4) W. Scherer, Kleine Schriften, Bd. 2, S. 38, abgedruckt nach: Deutsche Zeitung, v. 13. 7. 1886, Nr. 5219.

5) ebd.

wunderbarer Zauber über den Menschen der Reichsgründungszeit liegt, ist durch das literarische Wirken Gustav Freytags mächtig gefördert worden. Keiner aus dem liberalen Kreise jener Jahre hat so sehr gemeint, Veranlassung zur Freude am aufsteigenden Leben des deutschen Volkes haben zu dürfen wie Gustav Freytag, bei dem diese Freude geradezu den tragenden Grund und Boden seiner ganzen Journalistik bildet. Er glaubte an die Lichtseiten deutscher Existenz. Von seinen Schriften ist ein Strom des nationalen Optimismus in die deutsche Nation getragen worden. So sah er seine nationalpädagogische Aufgabe vornehmlich darin, diese Freude am nationalen Leben unter den Deutschen zu vertiefen und zu verbreiten. Die von Freytag ausgehende Wirkung, die Scherer im Rückblick so eindrucksvoll schildert, hat Treitschke im unmittelbaren Verkehr an sich erfahren. Es war wohl die glücklichste Zeit seines Lebens, als er unter „den Besten" der nationalen Partei Leipzigs, gehoben von ihrer Wertschätzung, lebte. Der Verkehr mit Freytag und seinem Kreise vermochte auf seine aufgeregte nationale Leidenschaftlichkeit ausgleichend und beruhigend zu wirken. Er stärkte sein Selbstgefühl und gab ihm einen Teil der natürlichen Sicherheit, die dem im wahrsten Sinne des Wortes lange Zeit „Staatslosen" im Grunde von Hause aus fehlte.

Treitschke fühlte sich dem Freytag'schen Nationalgefühl so verwandt, daß mit ihm eine Verständigung in Stichworten, auf die der Taube ja angewiesen war, leicht möglich war. Das Thema der „Bilder aus der deutschen Vergangenheit", die zum historiographischen Vorbild für manche Kapitel der Deutschen Geschichte wurden, schlug immer wieder durch: Gute Hoffnungen, „*weil* gute Erinnerungen und Idealismus", so hatte Freytag ja an Treitschke bedeutungsvoll geschrieben. Wenn letzterer vom „fröhlichen Leben" spricht, so meint er im Sinne des Dichters und Journalisten den Grund dazu in den guten nationalen Erinnerungen und Hoffnungen zu finden. Diese „guten Erinnerungen" beziehen sich in erster Linie auf „die Besten".

Freytag hat in der Biographie Karl Mathys, in der er sein politisches Glaubensbekenntnis niederlegte, das Leben eines dieser Besten beschrieben. Die „Besten" sind gleichsam ein nationales Kollektivum, das sich durch ganz bestimmte gemeinsame Eigenschaften auszeichnet. Der große Einzelne, die „isolierte Trefflichkeit", wie es bei Hegel heißt, steht ihnen gegenüber. Folgendermaßen wird Mathy eingeordnet: „Ungezählt ist die Fülle von Talenten und Charakteren, welche der gute Geist unserer Nation seit den letzten Geschlechtern verwandt hat, um uns aus der Düftigkeit, Enge und Zersplitterung deutschen Lebens herauszuheben[6]." Der hegelsche

6) G. Freytag, Karl Mathy, S. 430.

Werkzeugcharakter der historischen Persönlichkeiten klingt hier noch an – allerdings mit der Veränderung, daß der Weltgeist ein den Menschen vertrauter „guter Geist" geworden ist, mit dem sich sogar „herzlich verkehren läßt".

Die Besten, „die Fülle von Talenten und Charakteren", repräsentieren zusammen die „Volkskraft" oder „Staatskraft" oder „Leidenschaft". Es sind Begriffe, die zum ständigen Vokabular Freytags gehören und in mannigfachen Variationen Verwendung finden. Jede Darstellung, die sich mit der deutschen Geschichte der letzten Menschenalter befaßt, muß nach Freytags Ansicht „die Zunahme der Volkskraft[7]" darstellen. Darin liegt das eigentliche Thema der neueren Geschichte. Unter diesem Gesichtspunkt ist die Biographie Mathys als eine geradlinige Fortsetzung der „Bilder aus der deutschen Vergangenheit", welche „die Zunahme der Volkskraft" in den Jahrhunderten seit den Hussitenkriegen schildern wollen, zu verstehen. „Die 60 Jahre seines Erdenlebens umschließen das Aufsteigen der deutschen Volkskraft aus Verarmung und politischem Elend zu verhältnismäßigem Wohlstand und zu einer Großmacht. Es war eine Zeit harter Arbeit, mühsamen Ringens, vergeblicher Anläufe, und doch eines stillen unaufhaltsamen Wachstums, und wir dürfen annehmen, daß diese Periode deutscher Kräftigung auch späteren Generationen für eine sehr denkwürdige gelten wird . . .[8]." Das Leben Mathys erscheint Freytag vor allem auch deshalb bedeutungsvoll, weil es die dem 19. Jahrhundert angeblich eigentümlichste Berufsfolge, in der die deutsche Volkskraft am reinsten zum Ausdruck kommt, enthält: „Von dem Jahre 1830 bis zur Gegenwart hat er als Journalist, Volkslehrer, Abgeordneter, Leiter großer Geschäfte und als Staatsmann seine Kraft für Andere gerade immer in den Tätigkeiten verwertet, welche nach dem Zuge der Zeit obenan standen[9]."

Diese Sätze enthalten den Schlüssel zu Freytags politischen Sympathien und Antipathien in den Kämpfen um die nationale Einheit sowie besonders zu seiner niemals aufgegebenen Opposition gegen Bismarck. Mit der Aufzählung dieser Berufsbetätigungen, die Mathy alle zu seiner Zeit ausgeübt hat, will Freytag die dem Bürgerlichen und Liberalen wünschenswert erscheinende Vorbildung des Politikers und Staatsmannes beschreiben. Es ist der Weg über den Zeitungsschreiber, Lehrer, Abgeordneten, d. h. Parteimann und über den Geschäftsmann. Dieser Weg gilt als ein eigentümlich deutscher. Es ist ein anderer Weg als der, den Bismarck ein-

7) G. Freytag, Bilder von der Entstehung des Deutschen Reiches, S. 376.
8) vgl. ders., Karl Mathy, S. 4.
9) ebd., S. 5.

schlug. So bildet Mathy das bürgerliche Gegenstück zu Bismarck, in dem Freytag und seine Gesinnungsgenossen einen geistigen Fremdling erblickten. Die Aufgabe bleibt in all diesen Berufsarten immer dieselbe: Sie alle, Lehrer, Journalisten, Abgeordnete, Parteileute und Staatsmänner, wenden sich in erster Linie an die Seelen der Deutschen und arbeiten „für Erhebung der Volkskraft" und bewirken durch ihr Dasein „eine fröhlichere Auffassung deutscher Kraft"[10]. Die Herkunft aus dem romantischen Kreise der Volksgeistvorstellungen steht diesem Kraftbegriffe noch an der Stirn geschrieben, aber er hat sich inzwischen gewissermaßen verbürgerlicht. Auch Roscher, der ein Altersgenosse Gustav Freytags ist (Freytag 1816 geboren, Roscher 1817 geboren), hatte von dem Begriffe der „Lebenskraft" Gebrauch gemacht, um damit den Volksgeist zu erläutern. Was bei Roschers religiösem Standpunkt jedoch „unerklärbarer Hintergrund" bleibt, das erscheint bei Freytag, der im Grunde ein ehrfurchtsloser Mensch war, völlig enträtselt und von der erreichten Höhe des 19. Jahrhunderts aus, dem Jahrhundert der öffentlichen Meinung, vollkommen durchsichtig. Freytag meint, die „Volkskraft" und ihre speziellen Äußerungen ganz genau zu kennen, und deshalb gibt es für ihn eben kein ungelöstes Rätsel mehr. Wenn der Professor der Verlorenen Handschrift den Unterschied, der zwischen ihm und seiner vom Lande stammenden Frau Ilse besteht, dadurch erklärt, daß „er gewöhnt sei, in seinem Geiste mit den hohen Gewalten der Erde zu verkehren[11]", so trifft gerade diese Feststellung über einen Verkehr mit den hohen Gewalten, die an dieser Stelle dasselbe wie „Geister der Nation" bedeuten sollen, auf den Verfasser selbst zu. Dieser Verkehr hatte einen Grad erstaunlicher Intimität angenommen. Der vertrauliche, oftmals altfränkische Ton, den Freytag bevorzugt, ist ein Zeichen dafür, daß der Dichter mit „den guten Geistern der Nation" auf besonders vertrautem Fuß steht. Die Abstufung innerhalb „des Verkehrs mit den hohen Gewalten der Erde", von dessen Gewöhnung Professor Werner spricht, ist bezeichnend. Dieser Verkehr nimmt beim Magister bezeichnenderweise nur die Form „der demütigen Freundschaft mit dem großen Geist unseres Lebens" an[12]. So werden die Unterschiede im „Umgang mit den Ideen" sorgfältig beachtet.

Das Bewußtsein, „die Idee" auf seiten der eigenen Partei zu haben, sowie der Glaube, „durch liebevolle Beobachtung deutscher Natur und Studium der Geschichte" eine genauere Kenntnis der Volksseele als an-

10) ebd., S. 384 und S. 278.
11) G. Freytag, Die verlorene Handschrift, 1. Teil, S. 348; vgl. oben S. 39f.
12) ebd., 2. Teil, S. 421.

dere Menschen zu besitzen, bilden den Boden, auf welchem Freytags beträchtliche Selbstsicherheit im Urteil über politische Vorgänge und Persönlichkeiten gewachsen ist. Der Hochmut, der seinen Urteilen über Bismarck z. B. zugrunde liegt, ist eine Folge jener Einbildung, Eigenschaften und Bedürfnisse der Volksseele besser zu kennen als andere.

Um die geradezu anmaßende Sicherheit des politischen Urteils bei Gustav Freytag richtig zu verstehen, ist es nötig, das Pathos kennenzulernen, mit dem er von „dem Priesteramt und dem Fürstenamt[13]" des Gelehrten spricht. Diese Gleichsetzung des gelehrten Berufs mit einem „Priesteramt" liegt auf derselben Linie, auf der Haym dazu kommt, den Journalisten „Diener der öffentlichen Meinung" in einfacher Übersetzung der kirchlichen Bezeichnung „Diener des Wortes Gottes" zu nennen. In dem 1865 erschienenen Roman der Verlorenen Handschrift erreicht die Würdigung und Verherrlichung des Gelehrten des 19. Jahrhunderts ihren Höhepunkt. Wenn auch das Porträt des Professors zugleich eine Warnung vor den gefährlichen Zügen, die dem Gelehrtendasein anhaften, sein soll, so überwiegt doch das positive Bekenntnis zu der hohen, geradezu mystisch verstandenen nationalpädagogischen Aufgabe, die dem Gelehrten obliegt. Professor Werner erläutert diese Aufgabe in der in Form einer „Exkommunikation" durchgeführten Abrechnung mit dem ungetreuen Magister folgendermaßen: „Kein Purpur ist edler und keine Herrschaft ist machtvoller als die unsere. Wir führen die Seelen unseres Volkes aus einem Jahrhundert in das andere, unser ist die Pflicht, über seinem Lernen zu wachen und über seinen Gedanken. Wir sind seine Vorkämpfer gegen die Lüge und gegen die Gespenster aus vergangener Zeit, welche noch unter uns wandeln mit dem Schein des Lebens bekleidet. Was wir zum Leben weihen, das lebt, und was wir verdammen, das vergeht. Von uns werden jetzt die alten Tugenden der Apostel gefordert, gering zu achten, was vergänglich ist und die Wahrheit zu verkünden[14]." Diese Rede zeigt eindeutig, daß die Wissenschaft die Funktionen der Kirche übernommen hat. Die Gelehrten werden in den großen historischen Zusammenhang einer Apostelnachfolge eingeordnet. Eigentliche Aufgabe der Wissenschaft wird „Fortbildung der Volksseele[15]", ein Ziel, das zugleich politische Bedeutung hat. Wenn Freytag als Aufgabe der Wissenschaft bezeichnet, „über dem Lernen des Volkes und über seinen Gedanken zu wachen", so handelt es sich hier wieder um eine säkularisierte Kirchenaufgabe. In diesem Anspruch, das Lernen und selbst

13) ebd., S. 423.
14) ebd., S. 423f.
15) vgl. ebd., 1. Teil, S. 69f.

die Gedanken eines Volkes zu bewachen, bezieht Freytag gewissermaßen einen „Kulturkampfstandpunkt" der modernen Wissenschaft, der um dieselbe Zeit von der katholischen Kirche mit dem Syllabus beantwortet wurde. Diese für sich in Anspruch genommene Pflicht einer Aufsicht über „Lernen und Gedanken eines Volkes" ist der äußerste Punkt, den die Selbsteinschätzung bzw. Überschätzung der Wissenschaft zu erreichen vermochte. Sie war eine der Folgen der einfachen Gleichsetzung zwischen „dem Gremium der Gelehrten" – „der gelehrten Republik" des 18. Jahrhunderts, die sich allerdings inzwischen nationalisiert hat – und dem ganzen sogenannten „Geist eines Volkes", welchem auch noch die meist wissenschaftlich gebildeten Journalisten zugerechnet wurden[15a].

Über die Verwechslung einer hohen und dünnen Bildungsschicht mit der ganzen Nation hat ein so feinsinniger und kritischer Essayist wie Karl Hillebrand, der lange in Frankreich lebte und dessen kritischer Sinn sich dort nach schärfte, in einem Aufsatz „Über historisches Wissen und historischen Sinn[16]" folgende Bemerkung gemacht: „Die Sache ist: Deutschland hat die Bedeutung der Wisschaft überschätzt; die Träger derselben haben sich als die Vertreter der Nation betrachtet, und die draußen stehende ungeheure Mehrzahl der Nation hat sich in rührender Bescheidenheit vor ihnen zurückgestellt, sie in ihrer Selbstüberschätzung bestärkt. Staat, Religion, Kunst, Gesellschaft wurden der Wissenschaft untergeordnet oder sollten doch von ihr inspiriert werden. Und es ist ganz natürlich, daß es so gekommen. Die deutsche Wissenschaft – und ich spreche hier wie in dieser ganzen Ausführung allein von den historischen Wissenschaften – hat am Ende des vorigen und am Anfang dieses Jahrhunderts so Gewaltiges geleistet, während Staat und Handel, Kunst und Religion so wenig zu Wege brachten; sie hat damals so offenbar die besten Kräfte der Nation an sich gezogen, in ihrem Dienst verwendet, daß es nicht auffallen kann, wenn man des leise eingetretenen Umschwunges nicht gewahr wurde ...[17]", und an einer anderen Stelle desselben Aufsatzes: „Ein Grundirrtum dieser jugendlichen Männer (der jungen Gelehrten) und speziell dieses ihres Wortführers (Nietzsche) kommt daher, daß sie Deutschland noch immer für eine große

15a) vgl. G. Freytag, Karl Mathy, S. 371, über „die großen Helden unserer Presse", „mit allen Eigenschaften eines völkerführenden Redakteurs".

16) K. Hillebrandt, Zeiten, Völker und Menschen, 2. Bd., Welsches und Deutsches, S. 315ff., Über historisches Wissen und historischen Sinn.

17) ebd., S. 315f.

Universität halten und meinen, jeder Deutsche sei ein Privatdozent oder Professor der Geschichte und Philologie. Gingen sie einmal nach Hamburg oder Chemnitz, so würden sie schon genug und nur zuviel ‚unhistorische' Deutsche finden, und blickten sie ein wenig in die Berufstätigkeit deutscher Beamten und Offiziere, so würden sie sich schon überzeugen, daß die ‚hypertrophische Tugend' der Historik sie nicht am raschen, sicheren, dem Augenblicke gemäßen Handeln hindert[18]."

Von dem Gelehrten, dem Freytag in der Verlorenen Handschrift ein Denkmal setzt[19] und dem der am französischen Geist geschulte Karl Hillebrand unbefangen und kritisch zugleich gegenübersteht, hatte Lord Acton in einem 1886 niedergeschriebenen Aufsatz „Die neuere deutsche Geschichtswissenschaft[20]" gesagt: „Das waren die Tage, in denen der wohlbekannte Typus des deutschen Gelehrten entstand, des Mannes, der darüber klagt, daß ihm die öffentliche Bibliothek nur 13 Stunden täglich zu arbeiten gestattete, des Mannes, welcher 30 Jahre über einem Buche saß, der 1806 über Homer schrieb und 1870 noch immer über Homer schrieb, der die 358 Stellen entdeckte, an welchen Dictys den Sallust nachgeahmt hat, des Mannes, der einen elektrischen Telegrafen von seinem Hause nach dem Kirchturm zog und ihn nicht weiter zog[21]."

Dieser Gelehrte war inzwischen politisiert worden und hatte neben seiner gelehrten auch eine politische Aufgabe zu erfüllen, die aber vornehmlich im „Dienst an der Volksseele" bestand.

Der feierliche Stil, in welchen Professor Werner bei der Abrechnung mit dem Magister, der eine Fälschung begangen hat, verfällt, läßt die Funktion des Religions-Ersatzes, welche der Wissenschaft des 19. Jahrhunderts in der Auffassung Freytags zukommt, noch deutlicher werden. Aus der Verantwortung des Priesters für die Seelen seiner Gemeinde ist hier die „Verantwortung des Gelehrten für die Seelen unserer Nation" geworden. Gustav Freytag hat sich als „Gewissensrat" des deutschen Volkes bemüht, die sich selbst gestellte nationalpädagogische Aufgabe

18) ebd., S. 317.

19) Als der französische Historiker und Essayist Hippolyte Taine den Roman der Verlorenen Handschrift gelesen hatte, fühlte er sich in dem Entschluß befestigt, dies merkwürdige Land, in welchem den Professoren und Journalisten solch eine Führerrolle von noch dazu mystischem Charakter zugedacht war, kennenzulernen.

20) Lord Acton, Die neuere deutsche Geschichtswissenschaft, übers. v. J. Immelmann, Berlin 1887.

21) ebd., S. 32.

in seiner Dichtung, in seinen Leitartikeln und in seinen Briefen zu erfüllen.

Vor allem hat ihn aber die Sorge um die deutsche Volksseele vor den Verwüstungen und Vergewaltigungen durch den *Einen* seit den 60er Jahren nicht mehr losgelassen. Freytags Verhältnis zu Bismarck enthält neben einmaligen und individuellen Zügen eine Reihe von solchen typischen Merkmalen, die für das Verhältnis einer breiten Schicht zum Kanzler charakteristisch sind. Aus diesem Grunde verlohnt es sich besonders, seine Urteile über Bismarck auf ihre Motive hin zu untersuchen. Der eigentümliche, aus romantischem Geistesgut hervorgegangene Maßstab der Volkskraft, an dem auch naturwissenschaftliche Momente einen Anteil haben mögen, spielt dabei eine zentrale Rolle.

Zum Problem des großen Mannes enthält der gerade in den Jahren des Verfassungskonfliktes geschriebene Roman der Verlorenen Handschrift eine Bekundung, die einen ganz bestimmten politischen Sinn hat. In einer seiner gelehrten Ansprachen an seine Frau, die er übrigens einmal als „Blüte der Volkskraft" bezeichnet, sagt er: „Und wie die zahllosen Kleinen Bewahrer der Bildung und Arbeiter für Fortdauer der Volkskraft sind, so stellt auch die höchste Kraft des Einzelnen, der größte Held, der edelste Reformator durch sein Leben nur einen kleinen Teil der Volkskraft dar[22]." Diese zahllosen Kleinen, die an anderer Stelle auch „Vertreter der idealen Habe unseres Volkes" genannt werden, bilden alle zusammen die „Fülle von Talenten", die der gute Genius unserer Nation verwandt hat, wie es in der Mathy-Biographie heißt. Ohne Zweifel gehört Freytags Sympathie den Kleinen und den Bewahrern, den Vertretern der idealen Habe. Letzterer werden auch die festen politischen Grundsätze zugerechnet. Sie alle sorgen für Wohlstand, Bildung und Behagen, die zusammen den Inhalt des bürgerlichen Ideals bilden. Es kam Freytag immer wieder darauf an, die Erinnerung an jene lebendig zu erhalten, die „verkündet haben und vergangen sind, damit wir leben"[23]. Bei Übersendung der Mathy-Biographie an Eduard von Simson, den Führer der Kaiser-Deputation von 1849 und ersten Präsidenten des Norddeutschen Reichstages, bezeichnete der Verfasser als pädagogische Absicht des Buches, „jüngere Zeitgenossen daran zu erinnern, daß wir nicht Alles dem Jahre 1866 und der Not eines entschlossenen Mannes zu verdanken haben und daß die Männer von 1848 bis 1850 nicht umsonst in der Sorge für das Vaterland arbeiteten"[24]. Diese

22) G. Freytag, Die verlorene Handschrift, 1. Teil, S. 347.

23) ders., Karl Mathy, S. 61.

24) E. v. Simson, Erinnerungen aus seinem Leben zusammengest. v. B. v. Simson, 1900, S. 364, G. Freytag an E. v. Simson, v. 18. 12. 1869.

politisch-pädagogische Absicht dringt immer wieder durch und unterbricht den Fluß der Erzählung. Freytag kämpft um das Andenken „der vertrauten Genossenschaft" gegen „die Not eines entschlossenen Mannes", wie er sich in der Zuschrift an Simson merkwürdig ausdrückt.

Von dem Schatten Bismarcks hebt sich die im deutschen Volksgeist wurzelnde lichte Gestalt des Süddeutschen Mathy glänzend ab. Der Balte Julius von Eckardt, der kluge und scharfsinnige Beobachter seiner Zeit, hat in seinen Lebenserinnerungen aus seiner intimen Kenntnis Gustav Freytags heraus darauf aufmerksam gemacht, daß nach Ansicht des Dichters *eigentlich* der badische Minister, dessen Leben sowohl der inneren Anlage als dem äußeren Schicksal nach innerhalb der festen Grenzpfähle deutscher Bürgerlichkeit geblieben war, diejenige hätte sein müssen, dem die Lösung der deutschen Frage unter normalen Verhältnissen gebührt hätte[25]. Freytag konnte sich niemals ganz damit abfinden, daß einer, der scheinbar nicht das verkörperte, was von ihm für spezifisch deutsch gehalten wurde, den deutschen Staat zu gründen unternommen hatte. Die Ablehnung Bismarcks erfährt noch eine besondere persönliche Verschärfung dadurch, daß er von Freytag so hoch geschätzte und ihm befreundete Politiker angeblich unter dem Eindruck einer vom Grafen Bismarck widerfahrenen Abweisung gestorben war. Gemeint ist folgender Sachverhalt: Mathy hatte 1867 in einer an den norddeutschen Bundeskanzler gerichteten Denkschrift die Aufnahme Badens in den Norddeutschen Bund beantragt. Er war dabei von der Annahme ausgegangen, daß sich Bismarck jeder Pression auf die süddeutschen Staaten enthalten und vielmehr von ihnen selbst eine Initiative erwarten wolle. In dieser allerdings irrigen Annahme hatte sich Mathy an den Kanzler persönlich gewandt, seinen Antrag dringend formuliert und eine direkte Beantwortung desselben mindestens zuversichtlich erwartet. Die bewegliche Art, in welcher Freytag Mathys Enttäuschung schildert, als diese Antwort ausbleibt, ist zu bemerkenswert, um daraus nicht auf Freytags eigene Ansichten Rückschlüsse ziehen zu dürfen, so wie es auch J. von Eckardt tut. Freytag schildert den Vorgang folgendermaßen:

„Auf seinen Brief bekam er keine direkte Antwort. Nur auf dem gewöhnlichen Gesandtenwege ging die Antwort des Bundeskanzlers ein, daß er die gewünschte Erklärung nicht geben könne; – und er wurde auf das Zollparlament vertröstet.

Von dem Tage, wo Mathy zuerst als Journalist politische Artikel schrieb, bis zu diesem letzten Schriftstück hatte er für die Vereinigung seiner Nation zu einem mächtigen Staate gearbeitet. Sein eigenes Schicksal und

25) vgl. J. v. Eckardt, Lebenserinnerungen, 1. Teil, S. 104.

Glück waren ihm stets klein dagegen erschienen. Und jetzt, was war nach Allem die Antwort auf die große Frage seines Lebens? Vielleicht einmal! Mathy fühlte, was diese Antwort bedeutete. Als er mit dem Großherzog darüber verhandelte, zitterte ihm, zum ersten Mal in seinem Leben, die Hand; das Papier, welches er darin hielt, sank auf den Tisch, aber er erhielt seine Selbstbeherrschung sogleich wieder und sagte: ‚und wir tun doch unsere Pflicht'[26]."

Nur wenige Wochen, nachdem sein Plan an Bismarck gescheitert war, sei Mathy am 3. Februar 1868 gestorben. Freytag schließt den Bericht über diesen Vorgang des badischen Antrags und seiner preußischen Ablehnung, indem er den toten Freund apostrophiert: „Du warst so weitspähend und klug, Karl Mathy! Und doch blieb in Dir die deutsche Eigenschaft mächtig, andersgeformte Menschennatur nach eigenem Herzensbedürfnis zu deuten. War es Täuschung, als Du den Worten und Versicherungen eines anderen so hochsinnig vertrautest? oder wird das Ende erweisen, daß Du Recht gehabt? – Du hast nach Deinen bescheidenen Machtmitteln getan, was Du mußtest. Der andere hat die Ausführung auf sein Leben und Haupt genommen. Wir harren[27]." Wenn Freytag in der 2. Auflage seines Buches, die 1872 herauskam, diese von den Ereignissen so rasch widerlegte Apostrophe auch fortließ, so enthält die Charakterisierung Bismarcks als „einer anders geformten Menschennatur" doch den gleichbleibenden Grundzug seines dauernd festgehaltenen Bismarckbildes. Sie drückt einprägsam aus, daß Bismarck für Freytag eine fremdartige und unheimliche, schwer einzuordnende Gestalt war. Das Bedürfnis, „zu lieben und zu verehren" konnte vor dieser anders geformten Menschennatur nicht befriedigt werden. Ganz in diesem Sinne beurteilt auch Eckardt diesen Zusammenhang, wenn er sagt: „Sein Verständnis und seine Sympathie erlahmten, wenn er auf Voraussetzungen der Denkungsart stieß, die den seinigen entgegenstanden. Ein Stück Gemütlichkeit sollte für alle Lebensverhältnisse, auch die politischen, unentbehrlich sein, weil nur dieses den gehörigen Zusammenhang des Staatsmannes mit der deutschen Volksseele herstellen konnte[28]." Man darf sagen, daß das Bedürfnis nach ideologischer und nach gemütlicher Gemeinschaft mit dem Staatsmanne der bürgerlichen und akademischen Gesellschaftsschicht, für die Freytag repräsentativ ist, eigentümlich ist. In jener Apostrophe an Mathy spricht Freytag von der als deutsch bezeichneten Eigenschaft, „andersgeformte Men-

26) G. Freytag, Karl Mathy, 1. Aufl., S. 416, 2. Aufl., S. 428.
27) ebd., 1. Aufl.
28) J. v. Eckardt, Lebenserinnerungen, 1. Teil, S. 106.

schennatur nach eigenem Herzensbedürfnis zu deuten", und gesteht mit diesen Worten die Unfähigkeit sowie auch die mangelnde Bereitschaft ein, solche „andersgeformte Menschennatur" nach deren eigenen Gesetzen als eine fremde, aber doch durchaus geistige Realität anzuerkennen. Allerdings gab es auch hier bestimmte Ausnahmen. Es ist bezeichnend, wie Freytag die Begegnung zwischen Mathy und Mazzini in ihrem gemeinsamen Schweizer Exil beschreibt. Auch auf letzteren wendet der Dichter die charakteristische Bezeichnung „des andersgeformten Mannes" an, aber anders als dem preußischen Adligen und Konservativen steht Freytag dem italienischen bürgerlichen Agitator und Journalisten und dem Demokraten gegenüber. Es heißt an dieser Stelle der Biographie: „Mathy betrachtete mit Achtung den andersgeformten Mann[29]."

Bismarck schien sich jedem gemütlichen Umdeutungsversuch zu entziehen. Wie wenig vereinzelt dieses Gefühl der geistigen Fremdheit ist, das der liberale Zeitgenosse dem preußischen Ministerpräsidenten gegenüber empfand, zeigt eine aufschlußreiche Bekundung Hermann Baumgartens. Noch nachdem er die „Selbstkritik des Liberalismus" geschrieben hatte, kam er – und zwar ebenfalls in der Verbitterung über den ausbleibenden Anschluß des badischen Großherzogtums an den Norddeutschen Bund – zu dem vernichtenden Gesamturteil über Bismarck: „außerdem aber – und das ist die Hauptsache – steht das Fundament seiner Weltanschauung dem entgegen, was unser Volk wollen muß. Er könnte sonst nie zu Rom, nie zu Mühler stehen, wie er steht. Dieses Verhältnis macht es ihm unmöglich, auf eine erträgliche innere Politik hinzuwirken, und bringt ihn mit sich selbst in nur höhere Widersprüche. Daher sein Herzenszug zu Dalwigk und Varnbüler und Rom und daher die großen Gefahren unserer Zukunft, die mir die süddeutschen Dinge doppelt bedenklich erscheinen lassen[30]." Dieses massive Urteil gewährt ebenso wie ähnliche Bekundungen Gustav Freytags einen Einblick in die Gedanken- und Empfindungswelt des deutschen Liberalismus. Der Historiker erhebt den Anspruch zu wissen, „was unser Volk wollen muß". Was Baumgarten unter dem Fundament von Bismarcks Weltanschauung eigentlich versteht, spricht er in einem anderen Briefe an Heinrich von Sybel klar aus: „Es fehlt eben leider ganz das Fundament in Bismarck für eine gesunde, konsequente Politik bei aller hohen Begabung für große Schläge. Er steckt religiös samt seiner Frau bis über die Ohren im dicksten Aber-

29) G. Freytag, Karl Mathy, 2. Aufl., S. 143.

30) Deutscher Liberalismus, Bd. 1, S. 466f., v. 12. 3. 1870, H. Baumgarten an H. v. Treitschke; vgl. oben S. 374.

glauben[31]." Bismarcks Stellung zu kirchlichen und religiösen Fragen wird zur Probe auf sein „richtiges" bzw. „unrichtiges" politisches Verhalten. Sogenannte religiöse Aufklärung, wie sie vom Protestantenverein, dessen eifriges Mitglied Baumgarten war, angestrebt wurde, erscheint als Voraussetzung „richtiger" nationaler Politik. Professor Werner, der in diesem Zusammenhang wieder als eindrucksvoller Sprecher seiner Gesellschaftsschicht herangezogen werden darf, hatte die Pflicht, „über dem Lernen und den Gedanken des Volkes zu wachen", ja auch vornehmlich in dieser Richtung verstanden: „Wir sind seine Vorkämpfer gegen die Lüge und gegen die Gespenster aus vergangener Zeit, welche noch unter uns wandeln mit dem Schein des Lebens bekleidet." Mit „den Gespenstern aus vergangener Zeit" waren die Restbestände eines sogenannten religiösen Aberglaubens gemeint, gegen die auch P. Heyse in dem Roman „Kinder der Welt" seine Helden kämpfen und vor allem lange Reden halten ließ.

Bei dem wiederholten Versuch, das fremdartige Phänomen Bismarcks, das außerhalb des eigenen, für allein deutsch gehaltenen Ideen- und Gemütskreises zu liegen schien, doch irgendwie geistesgeschichtlich einzuordnen, gelang Freytag einmal in einem Briefe an Stosch eine Diagnose über Bismarcks geistige Herkunft von einer erstaunlichen Richtigkeit. Stosch hatte die Frage gestellt, ob wohl Bismarck Schule machen werde. Freytags Antwort enthielt die richtige Feststellung, daß der junge Bismark von der zeitgenössischen Literatur des jungen Deutschland mit ihren weltschmerzlichen Zügen tief ergriffen worden wäre. Indem Freytag damit das angeblich „Überholte", das „Unmoderne" an Bismarck nachzuweisen beabsichtigte, legte er mit überraschender Sicherheit eine von den vielschichtigen Bildungsgrundlagen des Kanzlers bloß und wies auf seine Verwurzelung in der literarischen Bildung seiner Zeit und somit wider Willen auch darauf hin, daß Bismarcks Leben zur deutschen Geistesgeschichte des 19. Jahrhunderts als ein unverlierbarer Bestandteil gehört. Freytags Hinweis auf die Bedeutung, welche die Literaturepoche zwischen 1830 und 1848 für Bismarcks geistigen Werdegang besitzt, ist umso erstaunlicher, als die erste biographische Veröffentlichung über Bismarck von Hesekiel mit einem Anhang von Quellenzeugnissen[32] erst ein Jahr nach der Niederschrift des Freytag'schen Briefs erschien. Am 24. 9. 1868 antwortete Freytag auf die Frage des Generals Stosch: „Wird Bismarck der Stifter einer Schule von Staatsmänner sein[33]?" folgendermaßen: „Sie fragen, in welche Kategorie

31) ebd., S. 429, v. 31. 10. 1868.

32) G. L. Hesekiel, Buch vom Fürsten Bismarck. Mit Familienbriefen, 1. Aufl., 1869, 3. Aufl., 1873.

33) G. Freytag, Briefe an A. v. Stosch, S. 299, Anm. 72, v. 7. 9. 1868.

von Staatsmännern Bismarck zu rechnen sei und ob er eine Schule hinterlassen werde? Zwischen den Romantikern und Schöngeistigen von persönlichem Adel, den Humboldt, Bunsen, Usedom und der konstitutionellen Gegenwart liegt eine schmale Bildungsschicht der touristischen Dilettanten. Das junge Deutschland, das Junkertum in seinen eleganten Typen: Freiligrath, Lenau, Fürst Pückler, Lichnowsky, frech, mit Freude an Gewagtem, ohne feste Grundsätze, ohne Schule, abhängig vorzugsweise von französischer Bildung. Der größte Spätling dieser Vegetationsperiode, die in der Literatur von 1830 bis 1848 reicht, scheint mir Bismarck zu sein. Das Charakteristische ist Mangel an Ehrfurcht, alles launisch und persönlich fassend, dabei die ersten Anfänge frischer und kecker Lebenskraft. Deshalb wird auch dieser Mann keine Schule haben, seine Fehler sind nicht vorzugsweise die unserer Zeit[34]."

Diese Bekundung enthält in knappen und prägnanten Formulierungen einen Aufriß der Geistesgeschichte des 19. Jahrhunderts, so wie dieselbe von Gustav Freytag gesehen wird. Das 19. Jahrhundert spannt sich zwischen Romantik und „konstitutioneller Gegenwart". Dazwischen liegt „eine schmale Bildungsschicht", die der deutschen geistigen Entwicklung nicht angehört. Bismarcks angebliche geistige Fremdheit innerhalb des 19. Jahrhunderts läßt sich nicht schärfer zum Ausdruck bringen als durch seine Zuteilung zu dieser „schmalen Bildungsschicht", deren Spätling er sei und die mit folgenden Eigentümlichkeiten versehen wird: „frech, mit Freude an Gewagtem, ohne feste Grundsätze, ohne Schule, abhängig vorzugsweise von französischer Bildung."

Der Nachweis, den Freytag dafür erbringt, daß Bismarck keine politische Schule machen werde, ist also ausschließlich literarisch: *weil* die literarische Epoche des jungen Deutschland, der Bismarck entstamme, nach des Briefschreibers Ansicht unfruchtbar geblieben ist, *deshalb* kann auch Bismarcks Politik keine dauerhaften Ergebnisse zeitigen und keine Schule bilden. Den literarischen Neigungen wird der Schlüssel zur politischen Wertung entnommen. Wie sehr es auf die literarischen Neigungen in der Entwicklung des Staatsmannes anzukommen habe, zeigt diese Bekundung ganz deutlich. Es liegt hier eine ähnliche Vermischung politischer und literarischer Maßstäbe vor, wie sie sich auch bei Treitschke als charakteristisch herausgestellt hatte. Daneben macht sich aber auch ein erstaunlicher Instinkt für die geistigen Schicksale, welche die andersgeformte Menschennatur Bismarcks geprägt haben, geltend. Ohne Kenntnis irgendwelcher biographischer oder autobiographischer Zeugnisse besaß Freytag

34) ebd., S. 40, v. 24. 9. 1868.

die richtige Witterung dafür, daß dieser Mann von der tiefen Schwermut und Verzweiflung Lenaus einmal angerührt worden war. In diesem Urteil über Bismarcks geistige Herkunft setzte er gewissermaßen seine literarische Fehde fort, die er gemeinsam mit Julian Schmidt in den 50er Jahren in den Grenzboten gegen das Junge Deutschland gefochten hatte.

Umso unbegreiflicher war es für ihn, daß der aus einer fremdartigen und dünnen geistigen Schichtung mit französischen Einschlägen hervorgegangene „elegante Junker" die deutsche Frage gelöst hatte und nicht Karl Mathy, von dem gesagt werden konnte, daß er „in den großen Gedanken seines Lebens und in ehrlicher Hingabe derselbe Mann" geblieben war und der „als armer Journalist wie als Minister dem guten Geiste seines Volkes treu gedient hatte"[35].

Aus solcher Einstellung heraus ist auch das 1873 ausgesprochene, ernstgemeinte Urteil zu verstehen, daß Bismarck doch „ein Kindskopf" und „auch garnicht reich an politischen Gedanken sei"[36]. Freytag begnügte sich jedoch nicht damit, in Bismarcks Erfolg nur die Bestätigung der Regel durch die Ausnahme zu sehen, sondern suchte vielmehr nach einer allgemeineren und tieferen Erklärung für diese einzigartige Erscheinung. Er griff auf den romantisch-mystischen Begriff der Volkskraft zurück. Es wurde schon darauf hingewiesen (s. oben), Beilage II), daß die Persönlichkeitsauffassung innerhalb des deutschen Liberalismus durch die Volksgeistvorstellung in Schranken gehalten wurde. Diese Ideenverbindung zwischen Persönlichkeit und Volksgeist nimmt in der Gedanken- und Empfindungswelt Freytags eine höchst individuelle Form an. Die an ganz

35) G. Freytag, Karl Mathy, S. 422. – Es ist durchaus nicht ohne Belang für die mühelose Verständigung zwischen Freytag und Mathy, daß beide dieselbe Sprache sprachen. Mathy kannte selbstverständlich genau die „Bilder aus der deutschen Vergangenheit"; sie waren ihm so geläufig, daß er sich im leichten Ton eines persönlichen Briefes an den Freund auf dieselben scherzhaft bezog, um einen politischen Vorgang zu erläutern: nach dem Eintritt Badens und Württembergs in den Nordbund würden – so meint er – „bald auch die Bayern" folgen, „vielleicht erst nach einer Prügelei zwischen Franken und Bajuvariern oder ‚Herulern' (s. ‚Bilder')." (Deutscher Liberalismus, Bd. 1, S. 403, v. 25. 12. 1867.) Solche Argumentation eines praktischen Politikers tat dem Autor der „Bilder" wohl. In einem der nächsten Briefe an K. v. Normann machte er sich die Ansicht Mathys sogleich zu eigen: „In Bayern wirds dann (bei Eintritt in den Nordbund) ein harter Kampf zwischen Franken und Oberbayern, der wahrscheinlich bis zu Prügeln geht." (Ebd., S. 408, v. 16. 2. 1868.) Diese einzelne Probe aus den Briefen Mathys und Freytags enthält beileibe kein schlüssiges Beweismittel; sie soll nicht mehr als nur die Verständigungsmittel andeuten, die den beiden Briefschreibern zur Verfügung standen.

36) Deutscher Liberalismus, Bd. 2, S. 83, v. 13. 7. 1873, G. Freytag an K. v. Normann; vgl. oben S. 49 und 383.

bestimmten, ausschließlich liberal gefärbten Äußerungen erkennbare Volkskraft lenkt die Entwicklung des Einzelnen in eine feste Ideenrichtung, die auch für den „größten Helden", „den edelsten Reformator" verbindlich ist; denn diese Großen stellen nur einen geringen Teil unserer Volkskraft dar (vgl. Verlorene Handschrift). „Die zahllosen Kleinen" bereiten durch ihre Kleinarbeit die geschichtliche Tat der handelnden Männer vor; letztere sind am Ende nur die Vollstrecker der Gedankenarbeit einer größeren Gemeinschaft.

Wenn wir die mannigfache Anwendung dieses Gedankens verfolgen, so erkennen wir, daß sich hinter diesem Aufwand romantisch-mystischer Gedankengänge, die einen leichten biologischen Einschlag enthalten, im Kerne schließlich die Sorge und das Unbehagen vor den Überraschungen durch die selbständige Individualität eines großen Mannes verbergen, der bei der Verwirklichung seiner Gedanken auf die Ansichten und die Bedürfnisse seiner Umwelt evtl. keine Rücksicht nimmt, und der die von der Idee bestimmte geschichtliche Entwicklung unterbricht. Daß dieser Gedankengang nicht erst durch die Erfahrung, die Freytag mit Bismarck machte, hervorgerufen wurde, sondern als älterer Grundbestandteil in seiner Urteilsbildung über historische Vorgänge und Persönlichkeiten bereits wirksam und nachweislich ist, zeigt folgende Stelle aus dem der inneren Bedeutung nach zentralen Kapitel über *Luther* in den „Bildern aus der deutschen Vergangenheit" aus dem Jahre 1859:

> „Immer größer wird die Einwirkung des Einen auf die Welt, mächtig zieht er die ganze Nation in seine Bahnen, er wird ihr Held, ihr Vorbild, die Lebenskraft von Millionen erscheint zusammengefaßt in einem Mann.
> Aber solche Herrschaft einer einzelnen geschlossenen Persönlichkeit erträgt der Geist der Nation nicht lange. Wie stark eine Kraft, wie groß die Zielpunkte seien, Leben, Kraft und Bedürfnisse der Nation sind vielseitiger. Der ewige Gegensatz zwischen Mann und Volk wird sichtbar, auch die Seele des Volkes ist endlich und vor dem Ewigen eine Persönlichkeit, aber dem Einzelnen gegenüber erscheint sie schrankenlos. Den Mann zwingt die logische Konsequenz seiner Gedanken und Handlungen, alle Geister seiner eigenen Taten zwingen ihn in eine fest eingehegte Bahn, die Seele des Volkes bedarf zu ihrem Leben unvereinbare Gegensätze, ein unablässiges Arbeiten nach den verschiedensten Richtungen. Vieles, was der Einzelne nicht in seinem Wesen aufzunehmen vermochte,

erhebt sich zum Streit gegen ihn. Die Reaktion der Welt beginnt ...[37]."

Auf diese Stelle greift Freytag nach über 20 Jahren zurück, als er in einem Briefe an General v. Stosch die Bilanz aus Bismarcks Wirksamkeit für das deutsche Volk zieht:

„Geliebter Freund! ... Denn Seele und Leben einer Nation dürfen nicht lange von dem Gemüt und Gewissen eines einzelnen abhängen und in ihrem wichtigsten Inhalt durch die Selbstherrlichkeit *eines* Mannes geleitet werden. Das Volk bezahlt solche Herrschaft zu teuer, wie groß auch der Fortschritt sei, den der eine ihm bereitet hat. Die Zeit, wo die Größe des einzelnen und die Lebensbedürfnisse der Nation in feindseligen Kampf kommen, ist nach 350 Jahren wieder einmal bei uns eingetreten. Wir aber erbitten von dem guten Geist unseres Volkes, daß die Einbuße, welche solchem Kampf zu folgen pflegt, nicht allzu groß sei[38]."

Und ganz ähnlich lautet der Brief an den Verleger aus der gleichen Zeit:

„... Wir werden noch lange daran zu tragen haben, daß die politische Kraft der Nation sich durch 1½ Jahrzehnte in *einem* Mann personifiziert hat. Und mit dem großen Glück und Fortschritt dieser Zeit auch den Schaden tragen, welcher sich an solche Herrschaft eines Einzelnen heftet ...[39]."

Der Gedanke, daß der „Geist der Nation" oder „die Seele des Volkes" oder seine „Leidenskraft" nicht die anhaltende Herrschaft *eines* Mannes dulde und ertrage, zieht sich wie ein Leitmotiv durch die Fülle der Freytag'schen Bekundungen. Auch im Jahre 1870 erhob er seine warnende, oftmals auch nörgelnde Stimme, leiser in den Grenzboten, deutlicher und klarer in Briefen an vertraute Freunde; so schreibt er an Stosch, den damaligen Generalintendanten des deutschen Heeres: „Eine Nation erträgt nicht lange, ihr gesamtes Wollen in wenigen Personen oder gar in einer verkörpert zu sehen[40]." Verhaltener klingt seine Kritik in einer publizistischen Betrachtung zur Kapitulation von Metz, die aber gerade we-

37) G. Freytag, Bilder aus der deutschen Vergangenheit, 1859, 1. Teil, S. 121; vgl. dazu noch einmal die schon erwähnte Äußerung aus Treitschkes Essay über Cavour (vgl. auch Beilage II): „Denn gewaltiger noch als das Bild des Mannes selber bleibt der majestätische Hintergrund, von dem die Erscheinung sich abhebt ..." (Aufsätze, Neue Folge, 1. Teil, S. 493.)

38) G. Freytag, Briefe an A. v. Stosch, S. 137, v. 6. 11. 1881.

39) A. Dove, Gustav Freytag an Salomon Hirzel und die Seinen, S. 247, v. 13. 12. 1881.

40) G. Freytag, Briefe an A. v. Stosch, S. 66, v. 1. 11. 1870. Vielsagend hieß es bereits in der Mathy-Biographie über Mazzini: „Ihn traf noch, da er lebte, die Vergeltung,

gen ihrer praktischen Gesichtspunkte für das Problem „Führer-Volk" – das von unveränderter Aktualität für ihn bleibt – besonders aufschlußreich ist; denn hier führt Freytag näher aus, was er eigentlich meint, wenn er vom Verhältnis einer einzelnen überragenden Manneskraft zur sogenannten Volksseele spricht. Er beschreibt die Stellung des Hauptquartiers und sagt: „Aber alle Stimmen aus dem Volke dringen jetzt nur zufällig und gedämpft an das Ohr der Wenigen, welche über die Gestaltung unserer Zukunft entscheiden. Auch dies bedrückt uns. Es ist wahr, in den großen Krisen von Krieg und Frieden faßt sich die Willenskraft einer Nation immer zusammen in wenigen Menschen, vielleicht in einer einzigen herrschenden Manneskraft. Solcher Führer Charakter und Einsicht wird in diesen entscheidenden Tagen zum Schicksal für das menschenreichste Volk[41].

Nie ist die Bedeutung des einzelnen Mannes gegenüber seinem Volk größer und die Verantwortlichkeit furchtbarer, aber nie verdient er auch mehr ein rücksichtsvolles Urteil, als in solchen Stunden, wo er zumeist aus seiner eigenen Einsicht und Kraft die letzte Entscheidung für alle zu holen hat. Gerade darum aber fühlen wir als eine Beschwerung für unsere höchsten Führer, daß sie in so gewaltiger Zeit so weit von ihrem Volke entfernt sind, in fernem Land ohne die stille unablässige Wirkung, welche die Meinung der Vertrauten, Parteien, des Volkes sonst ihnen selbst zur Freude und zum Ärger auf sie ausübt." Noch deutlicher wird Freytag, wenn er fortfährt und ausspricht, was seiner Ansicht nach den Führern des Volkes vor allem not tut: „Für alle ersehnen wir die Heimkehr. Für unsere kaiserlichen Herren, denen wir eine größere Abwechslung in dem

welche das Schicksal jedem bereitet, der Gedanken und Taten eines ganzen Volkstums zu beherrschen unternimmt." (G. Freytag, Karl Mathy, S. 114.) Der Gedanke an Bismark liegt dieser Äußerung unverkennbar zu Grunde.

41) Wenn Freytag von dem Schicksal, zu dem ein Einzelner für „das menschenreichste Volk" werden könne, spricht, will er einen Qualitätswert der großen Zahl zum Ausdruck bringen. Der Wert eines Volkes steigt mit seiner Bevölkerungszahl. Es sind Gedanken, die in der Interpretation von Schleiermachers Akademieabhandlung auftauchten. Die Schätzung des „Großstaates" sowie der „Großmacht" hängt mit dieser Ansicht aufs engste zusammen. In der Biographie Mathys wird charakteristischerweise von „der gebildeten Jugend einer menschenreichen Nation" (Karl Mathy, S. 108) gesprochen. Das Überlegenheitsgefühl des Dichters, Historikers und Journalisten einer „aufstrebenden Volkskraft" hat sich in dem Grenzbewußtsein des Schlesiers gegen den polnischen Nachbarn zuerst gebildet und befestigt. Die Züge, die Freytag dem deutschen Volksgeist zuschreibt, hat er in der Berührung mit dem als minderwertig empfundenen polnischen Volkstum kennengelernt. Er hat die sogenannte Volksseele des eigenen Volkes in kämpferischer Abwehr und Abschließung gegen ein fremdes Volkstum zuerst erlebt.

geselligen Verkehr wünschen als der Club Schlachten besuchender Fürsten zu Versailles bietet, für unseren Reichskanzler, dessen imperatorische Neigungen durch die Parteien im Reichstag besser gebändigt werden als durch seinen Gegensatz zum Großen Generalstab, für unsere Generäle und Offiziere, denen ihr Hausen unter Pendulen, Wandbildern und Sèvres-Porzellan der verlassenen Villen nicht die ehrliche deutsche Genügsamkeit verderben soll, endlich für unser Heer, dem nach unerhörten Leiden und Taten die Ordnung und Liebe der Heimat so not tut[42]." Diese Stelle zeigt abermals, daß Volksseele und Volkskraft vornehmlich im Kreise der „Vertrauten" – eine Bezeichnung, die gewöhnlich nur auf die politischen Gesinnungsgenossen Anwendung findet – sowie bei den *Parteien* zu suchen und anzutreffen sind. Als besondere, angeblich spezifisch deutsche Eigenschaften gelten u. a. „die ehrliche deutsche Genügsamkeit" und „Ordnung und Liebe der Heimat" und zwar im Gegensatz zum französischen Volksleben. „Der gesellige Verkehr", den Freytag den kaiserlichen Herren wünscht, enthält einen Anklang an „den herzlichen Verkehr mit dem Geiste der Nation", den die Prinzessin in der Verlorenen Handschrift ihrem Bruder als Thronerben zudenkt und den sie sich vornehmlich aus Männern wie dem Professor Werner zusammengesetzt wünscht. Die Untersuchung trifft immer wieder auf dieselben Probleme.

Immerhin gibt Freytag in seinen Bekundungen von 1870 als eine historische Erfahrung zu, daß „in den großen Krisen" ein einzelner Mann zum Gestalter und Träger eines Volksschicksals zu werden vermag. Schwer genug ist ihm diese Feststellung für die Gegenwart gefallen. Die Abhängigkeit von Ideen, die sich in der Geschichte verwirklichen, erschien dem Nachfahren des deutschen Idealismus selbstverständlicher und war ihm geläufiger als die Abhängigkeit von „Charakter und Einsicht" einzelner Menschen. Diese „Beschwerung" des Daseins, als welche solche Abhändigkeit von Menschen empfunden wurde, und welche den Prozeß der Vergeistigung des Lebens durch Ideen unterbrach und behinderte, sollte aber wenigstens durch „die stille unablässige Einwirkung" der Besten der Nation auf den Führer ausgeglichen werden. „Das rücksichtsvolle Urteil", für das er in der Grenzbotenbetrachtung zur „Kapitulation von Metz" zugunsten des einen Mannes, in dessen Händen in Krisenzeiten die Entscheidung liegt, plädiert, hat er Bismarck jedoch niemals zuteil werden lassen. Er wollte sich mit dessen diplomatischem Talent höchstens für die Dauer einer krisenhaften Übergangszeit, die er sich aber schon mit dem Jahre 1866 abgeschlossen

42) G. Freytag, Bilder v. d. Entstehung des Deutschen Reiches, S. 470f., vgl. Im Neuen Reich, 1871, Bd. 1, S. 182.

dachte, abfinden: „Bismarck ist doch nur möglich in einer Tageszeit, welche aus der Nacht in das helle Licht herüberführt[43]"; denn – so heißt es unter dem Eindruck des englischen Vorbildes – „wer regieren will, muß zuerst eine Partei zu führen verstehen[44]."

Als sich 1869 anläßlich einer Pressenotiz über eine Beurlaubung des Kanzlers Gerüchte bildeten, wonach dieser die Führung der preußischen Politik abgeben und sich evtl. nur noch den Aufgaben des norddeutschen Bundeskanzlers widmen werde, frohlockte Freytag und schrieb: „Auf mich hat die Notiz gewirkt wie eine Trompete auf ein altes Husarenrößlein, der Bann, der seit 1866 auf einen gelegt war, ist weggenommen. Wir haben aufgehört, Werkzeuge eines Einzelnen zu sein[45]." Und für sich selbst zog Freytag aus dieser angeblich neuen und hoffnungsvollen Situation die bezeichnende Folgerung, daß er „ein Memoire über die preußische und deutsche Zukunft und unsere Mittel und Wege[46]" verfaßte. Damit widmete er sich einer Tätigkeit, die für diejenigen, die mit Bismarcks Mitteln und Wegen nicht einverstanden waren, höchst bezeichnend ist. Über die Anfertigung eines solchen Memoires vergaß Freytag, „bloß Werkzeug" zu sein.

Seine unaufhörliche Liebe galt den gleichgesinnten Männern, die *vor* Bismarck an der Errichtung eines deutschen Staates gearbeitet hatten. Er wollte mit seinen anhaltenden Mahnungen, die Arbeit dieser Männer nicht zu vergessen, sondern im Gegenteil höher als das „Glück" Bismarcks zu schätzen, das nationale Urteil ein für allemal festlegen. Er verharrte stets bei der im Buch über Mathy ausgesprochenen Ansicht:

„Solange es eine deutsche Nation gibt, wird der Weg zur Einheit, der im Jahre 1848 geöffnet wurde, für eine einzige, den Deutschen eigentümliche Äußerung des Volksgeistes gelten[47]."

Aus diesem Grunde nahm er jede sich bietende Gelegenheit wahr, „die Nation" – d. h. seinen Leserkreis – an die Wirksamkeit dieser Männer, die über den glänzenden nationalen Erfolgen seit 1866 in Vergessenheit zu geraten drohten, zu erinnern. So schrieb er Ende 1871 im „Neuen Reich", als er wieder einmal eines dieser Männer zu gedenken hatte: „Bis vor kurzem waren die Tagesschriftsteller Deutschlands die wahren Führer der Nation; denn nicht die Könige, nicht die Staatsmänner haben die großen Ideen, auf denen das neue Deutschland ruht, zuerst gefunden und

43) G. Freytag, Briefe an A. v. Stosch, S. 35, v. 14. 6. 1868.
44) ebd.
45) ebd., S. 52, v. 6. 7. 1869.
46) ebd.
47) G. Freytag, Karl Mathy, S. 287.

im Kampfe vertreten, sondern Männer aus kleinen Kreisen des Lebens, den denen viele keine gerühmten Namen hinterließen[48]."

An der Geisteshaltung, die dieser Bekundung zugrunde liegt, hatte einst auch Treitschke seinen Anteil gehabt. Die Ereignisse von 1864 bis 1871 veranlaßten ihn jedoch zu einer anderen historischen und politischen Urteilsbildung.

48) Im Neuen Reich, 1871, Bd. 2, S. 676.

Anmerkungen und Erläuterungen

Abkürzungen

Aufsätze = H. v. Treitschke, Historische und Politische Aufsätze, Bd. 1–3, 5. Aufl., 1886; Bd. 4, 1897.

Briefe = Heinrich v. Treitschkes Briefe, hrsg. v. Max Cornicelius, Bd. 1–3, 2. Aufl., 1913–1920.

Literaturverzeichnis

Treitschke, H. v.: Briefe, hrsg. v. M. Cornicelius, Bd. 1–3, Leipzig 1913–20.
— Vaterländische Gedichte, Göttingen 1856.
— Studien, Leipzig 1857.
— Die Gesellschaftswissenschaft. Ein kritischer Versuch, als Habilitationsschrift herausgegeben, 1859.
— Die Gesellschaftswissenschaft, hrsg. v. E. Rothacker, 1928.
— Historische und Politische Aufsätze, 1. Aufl., Leipzig 1865, 3. Aufl. 1867.
— Historische und Politische Aufsätze, Bd. 1–3, 5. Aufl., Leipzig 1886; Bd. 4, Leipzig 1897.
— Historische und Politische Aufsätze, Neue Folge, I. und II. Teil, Leipzig 1870.
— Zehn Jahre Deutsche Kämpfe, 2. Aufl., Berlin 1879.
— Reden im deutschen Reichstag 1871–1884, mit Einleitung und Erläuterungen v. O. Mittelstädt, Leipzig 1896.
— Der Sozialismus und seine Gönner, nebst einem Sendschreiben an Gustav Schmoller, Berlin 1875.
— Deutsche Geschichte im 19. Jahrhundert, Bd. 1–5, Leipzig 1912ff.
— Politik, Bd. 1–2, 4. Aufl., Leipzig 1918.
Lord Acton: Die neuere deutsche Geschichtswissenschaft, übers. v. J. Immelmann, Berlin 1887.
— Über das Studium der Geschichte. Eröffnungsvorlesung gehalten zu Cambrigde am 11. 6. 1895, übers. v. J. Immelmann, Berlin 1897.
Aristoteles: Politik, neu übers. u. m. einer Einl. hrsg. v. E. Rolfes, Philosoph. Bibl., Neue Ausgabe, Bd. 7, 3. Aufl., Leipzig 1922.
Bauer, W.: Die öffentliche Meinung und ihre geschichtlichen Grundlagen, Tübingen 1914.
Baumgarten, H.: Treitschkes Deutsche Geschichte, Straßburg 1883.
— Historische und politische Aufsätze und Reden, mit einer biographischen Einleitung v. E. Marcks, Straßburg 1894.
Bayer, J.: Studien und Charakteristiken, Bibliothek Deutscher Schriftsteller aus Böhmen, Bd. XX, Prag 1908.
Beenken, H.: Die Kunst im 19. Jahrhundert, 1944.
Bernoulli, C. A.: Fr. Overbeck und Fr. Nietzsche, Eine Freundschaft, Bd. 1–2, Jena 1908.
— Fr. Nietzsches Briefwechsel mit Fr. Overbeck, 1916.
Beyerhaus, G.: Das Recht des nationalen Historikers, Dt. Vjs. f. Literaturwiss. u. Geistesgesch., Jg. 13, 1935.
Bezold, F. v.: Geschichte der Rheinischen Friedrich-Wilhelm-Universität, Bonn 1920.

Bluntschli, J. C.: Allgemeines Staatsrecht, Bd. 1–2, München 1852, 3. Aufl. 1863.
— Denkwürdiges aus meinem Leben, 3 Bde., 1884.
— Geschichte des allgemeinen Staatsrechts und der Politik, in: Geschichte der Wissenschaften in Deutschland, Bd. 1, München 1864.
Bryce, J.: Das heilige römische Reich, vom Verfasser durchgesehene u. vermehrte deutsche Ausgabe, Leipzig 1873.
Bücher, K.: Wilhelm Roscher, Preuß. Jahrb. 77, 1894, S. 104ff.
Craemer, R.: Deutschtum im Völkerraum, Bd. 1, Stuttgart 1938.
— Über die völkische Haltung Treitschkes, HZ 158, 1938, S. 77ff.
Dahlmann, F. C.: Die Politik auf den Grund und das Maß der gegebenen Umstände zurückgeführt, hrsg. v. O. Westphal, Berlin 1924.
Delbrück, H.: Erinnerungen, Aufsätze und Reden, 3. Aufl., Berlin 1905.
Dilthey, W.: F. C. Schlosser, Preuß. Jahrb. 9, 1862, S. 373ff.
— Schleiermachers politische Gesinnung und Wirksamkeit, Preuß. Jahrb. 10, 1862.
— Der junge Dilthey. Ein Lebensbild in Briefen und Tagebüchern, zus.gest. v. Clara Misch, geb. Dilthey, Leipzig und Berlin 1933.
Dove, A.: Ausgewählte Aufsätze und Briefe, hrsg. v. F. Meinecke und O. Dammann, Bd. 1 u. 2, München 1925.
Duncker, M.: Politischer Briefwechsel aus seinem Nachlaß, in: Deutsche Geschichtsquellen des 19. Jahrh., Bd. 12, Stuttgart und Berlin 1923.
Ebbinghaus, Th.: Heinrich von Treitschke und die deutsche Literatur, Preuß. Jahrb. 165/166, Berlin 1916.
Eckardt, J. v.: Lebenserinnerungen, Bd. 1, Leipzig 1910.
Fischer, M.: H. v. Treitschkes Anschauungen über Wesen und Gegenstand der Geschichte, Diss. phil. Heidelberg 1917.
Flad, R.: Der Begriff der öffentlichen Meinung bei Stein, Arndt und Humboldt, Berlin und Leipzig 1929.
Frantz, C.: Die Religion des Nationalliberalismus, Leipzig 1872.
Freyer, H.: Soziologie als Wirklichkeitswissenschaft, Leipzig und Berlin 1930.
Freytag, G.: Die Verlorene Handschrift, 1. u. 2. Teil, 37. Aufl., Leipzig 1903.
— Erinnerungen aus meinem Leben, Gesammelte Werke Bd. 1, 2. Aufl., Leipzig 1896.
— Politische Aufsätze, Gesammelte Werke, Bd. 15, 2. Aufl., Leipzig 1897.
— Aufsätze zur Geschichte, Literatur und Kunst, Gesammelte Werke Bd. 16, 2. Aufl., Leipzig 1897.
— Karl Mathy, 2. Aufl., Leipzig 1872.
— Der Kronprinz und die deutsche Kaiserkrone, 3. Aufl., Leipzig 1889.
— Bilder aus der deutschen Vergangenheit, 1. u. 2. Teil, Leipzig 1859.
— Bilder aus der deutschen Vergangenheit, Bd. 1–4, 7. Aufl., Leipzig 1873f.
— Bilder von der Entstehung des Deutschen Reiches, ges. u. hrsg. v. W. Rudeck, Leipzig o. J.
— G. Freytag und H. v. Treitschke im Briefwechsel, mit einer Einleitung von A. Dove, Leipzig 1900.
— Gustav Freytags Briefe an A. v. Stosch, hrsg. u. erl. v. H. F. Helmolt, Stuttgart und Berlin 1913.
— Gustav Freytag und Herzog Ernst von Coburg im Briefwechsel 1853–1893, hrsg. v. E. Tempeltey, Leipzig 1904.

— Gustav Freytag an Salomon Hirzel und die Seinen, mit einer Einleitung von A. Dove, Leipzig 1902.
— Gustav Freytag als Politiker, Journalist und Mensch, mit unveröffentlichten Briefen, eingel. u. hrsg. v. J. Hofmann, 1922, S. 36f.
— Die Grenzboten. Zeitschrift für Politik und Literatur, hrsg. v. G. Freytag und J. Schmidt, 1848–70.
— Im Neuen Reich. Wochenschrift für das Leben des deutschen Volkes in Staat, Wissenschaft und Kunst, hrsg. v. A. Dove, Jg. 1, 1871, Bd. 1 u. 2.
Friesecke, M.: Treitschke und das Problem der Staatsmoral, Diss. phil. Berlin 1924.
German, Ch.: Der Zeitgeist und die Kirche, Berlin 1861.
Gervinus, G. G.: Einleitung in die Geschichte des neunzehnten Jahrhunderts, Leipzig 1853.
— Geschichte der deutschen Nationalliteratur, Bd. 1–5, 1835–42.
— Geschichte des 19. Jahrhunderts, 8 Bde., Leipzig 1856–66.
— G. G. Gervinus' Leben. Von ihm selbst, Leipzig 1893.
Glockner, H.: Fr. Th. Vischer und das 19. Jahrhundert, Berlin 1931.
— Über die Bedeutung von Fr. Th. Vischers Ästhetik für die ästhetischen Bestrebungen der Gegenwart, Logos, Internationale Zeitschrift für Philosophie der Kultur, hrsg. v. R. Kroner, Bd. XIII, 1925, S. 67ff.
Gooch, G. P.: History and Historians in the Nineteenth Century, 2. Aufl., 1913.
— Treitschke in his correspondence, in: The Contemporary Review No. 986, 1948.
Gothein, E.: Wilhelm Heinrich Riehl, Preuß. Jahrb. 92, 1898, S. 1ff.
Guhl, E.: Die neuere geschichtliche Malerei und die Akademien, Stuttgart 1848.
— Atlas zur Kunstgeschichte, Bd. 4. Die Kunstdenkmäler der Gegenwart, hrsg. v. Lübke und Caspar, Stuttgart 1856.
Haering, H.: Über Treitschke und seine Religion, in: Aus Politik und Geschichte, Gedächtnisschrift für Georg von Below, Berlin 1928.
Hähnsen, F.: Ursprung und Geschichte des Artikels V des Prager Friedens. Die deutschen Akten zur Frage der Teilung Schleswigs 1863–1879, 2 Bde., Breslau 1929.
Hallgarten, G. W. F.: Heinrich von Treitschke, The Role of the 'Outsider' in German Political Thought, History, The Journal of the Historical Association, New Series, Vol. XXXVI, 1951, No. 128, S. 227ff.
Hausrath, A. v.: Zur Erinnerung an H. v. Treitschke, 1901.
Haym, R.: Das Leben Max Dunckers, Berlin 1891.
— Ausgewählter Briefwechsel, hrsg. v. H. Rosenberg, in: Deutsche Geschichtsquellen des 19. Jahrhunderts, Bd. 27, Berlin und Leipzig 1930.
— Aus meinem Leben. Erinnerungen, aus dem Nachlaß herausgegeben, 1901.
Hegel, G. W. Fr.: Philosophie der Weltgeschichte, Sämtliche Werke Bd. VIII–IX, hrsg. v. G. Lasson.
— Vorlesungen über die Ästhetik, Sämtl. Werke, Jubil. Ausg., hrsg. v. H. Glockner, Bd. 12–14.
— Grundlinien der Philosophie des Rechts, Sämtl. Werke, Jubil. Ausg., hrsg. v. H. Glockner, Bd. 7.
Herzfeld, H.: Staat und Persönlichkeit bei Heinrich von Treitschke, Preuß. Jahrb. 194, 1923.
Hettner, H.: Kleine Schriften, nach dem Tode herausgegeben, Braunschweig 1884.

Hillebrand, K.: Zeiten, Völker und Menschen, Bd. 2 Welsches und Deutsches, Berlin 1875.
— Gervinus, Preuß. Jahr. 32, 1873.
Hjelholt, H.: Treitschke und Schleswig-Holstein, München und Berlin 1929.
Kaegi, W.: Der Typus des Kleinstaates im europäischen Denken, Neue Schweizer Rundschau, Neue Folge, 1938.
Kaehler, M.: Die starken Wurzeln unserer Kraft, 1872.
Kantorowicz, H. U.: Volksgeist und historische Rechtsschule, HZ 108, 1912, S. 295ff.
Katsch, H.: H. v. Treitschke und die preußisch-deutsche Frage von 1860–66, Historische Bibliothek Bd. 40, München und Berlin 1919.
Knies, K.: Die politische Ökonomie vom Standpunkte der geschichtlichen Methode, Braunschweig 1853.
Kohn, H.: Propheten ihrer Völker, Samml. Dalp, Bd. 47, Bern 1948.
Kretschmar, H.: Heinrich von Treitschkes Verhältnis zu Sachsen, Preuß. Jahrb. 239, 1935, S. 251ff.
Larenz, K.: Hegelianismus und preußische Staatsidee, Hamburg 1940.
Lassalle, F.: Franz von Sickingen. Eine historische Tragödie, in: Gesammelte Reden und Schriften, hrsg. u. eingel. v. E. Bernstein, Bd. 1, Berlin 1919.
Leipprand, E.: Treitschkes Stellung zu England, Stuttgart 1928.
— Treitschke im englischen Urteil, Stuttgart 1931.
— Heinrich von Treitschke im deutschen Geistesleben des 19. Jahrhunderts, Stuttgart 1935.
Lenz, M.: H. v. Treitschke. Ansprache an die Berliner Studentenschaft bei ihrer Trauerfeier am 17. Mai 1896.
Löwenstein, J.: Hegels Staatsidee, in: Philosophische Forschungen 4, Berlin 1927.
Lorenz, O.: Staatsmänner und Geschichtsschreiber des 19. Jahrhunderts, Berlin 1896.
Ludwig, I.: Treitschke und Frankreich, Beiheft 32 der HZ, 1934.
Lütgert, W.: Die Religion des deutschen Idealismus und ihr Ende, 1.–4. Teil, 2. Aufl., Beiträge zur Förderung christlicher Theologie, 2. Reihe, Gütersloh 1923f.
Marcks, E.: Heinrich v. Treitschke. Ein Gedenkblatt, Heidelberg 1906.
Meinecke, F.: Weltbürgertum und Nationalstaat, 7. Aufl., 1928.
— Drei Generationen deutscher Gelehrtenpolitik, HZ 125, 1922.
— Die Idee der Staatsräson in der neueren Geschichte, München und Berlin 1924.
Mill, J. S.: On Liberty, London 1859.
Mohl, R. v.: Geschichte und Literatur der Staatswissenschaften, 3 Bde., Erlangen 1855.
— Enzyklopädie der Staatswissenschaften, Tübingen 1859.
— Lebenserinnerungen, 2 Bde., Leipzig 1901.
Mönig, R.: Heinrich v. Treitschke und Bismarcks Systeme der Sozialpolitik, in: Hess. Beiträge zur Staats- und Wirtschaftskunde, Bd. 13, 1933.
Müller, K. A. v.: Fr. Th. Vischer als Politiker, in: Deutsche Geschichte und deutscher Charakter, 2. Aufl., 1927.
— Treitschke als Journalist, HZ 135, 1926.
Näf. W.: Föderalismus und Demokratie in der Schweiz, Freiburg 1947.
Nerrlich, P.: Herr v. Treitschke und das junge Deutschland, Berlin 1890.
Nohl, H.: Stil und Weltanschauung, Jena 1920.
Oncken, H.: Lassalle. Eine politische Biographie, 4. Aufl., Stuttgart und Berlin 1923.
Petersdorff, H. v.: ADB, Bd. 55, S. 263ff., „H. v. Treitschke".

— Fürst Bismarck „Gedanken und Erinnerungen" und Treitschkes Politik, in: Bismarck-Jahrbuch Bd, VI, Leipzig 1899.

Platzhoff, W.: Bismarck und die Nordschleswigsche Frage 1864–1879. Die diplomatischen Akten des Auswärtigen Amtes zur Geschichte des Artikels V des Prager Friedens, hrsg. u. eingel. v. W. Platzhoff, Berlin 1925.

Rau, H.: Geschichtsphilosophische Gedanken bei H. v. Treitschke, Stuttgart 1927.

Riehl, W. H.: Die Naturgeschichte des Volkes als Grundlage einer deutschen Sozialpolitik, 5. Aufl., Stuttgart 1861 ff.
Bd. 1: Land und Leute
Bd. 2: Die bürgerliche Gesellschaft
Bd. 3: Die Familie

Rittinghaus, W.: Die Kunst der Geschichtsschreibung H. v. Treitschkes, Diss. phil. Leipzig 1914.

Roscher, W.: Grundriß zu Vorlesungen über die Staatswirtschaft, Göttingen 1843.

— System der Volkswirtschaft. Ein Hand- und Lesebuch für Geschäftsmänner und Studierende, Bd. 1 Die Grundlagen der Nationalökonomie, Stuttgart und Tübingen 1854.

— System der Volkswirtschaft, Bd. 1, 21. vermehrte und verbesserte Auflage, Stuttgart 1894.

— Umrisse zur Naturlehre der drei Staatsformen, in: Allgemeine Zeitschrift für Geschichte, hrsg. v. A. Schmidt, Jg. 1847–49.

Rochau, A. L. v.: Grundsätze der Realpolitik, Stuttgart 1853.

Rosenzweig, F.: Hegel und der Staat, Bd. 1 und 2, München und Berlin 1920.

Rößler, C.: Ausgewählte Aufsätze, hrsg. v. W. Rößler, Berlin 1902.

— Gustav Freytag und die deutsche Dichtung der Gegenwart, Berlin 1860.

Rothacker, E.: Einleitung in die Geisteswissenschaften, Tübingen 1920.

Rümelin, G.: Reden und Aufsätze, Freiburg und Tübingen 1875.

— Reden und Aufsätze, Neue Folge, 1881.

Ruggiero, G. de.: Geschichte des Liberalismus in Europa, München 1930.

Schaumkell, E.: Heinrich v. Treitschkes religiöse Entwicklung und Weltanschauung, in: Ethos. Vierteljahresschrift für Soziologie, Geschichte und Kulturphilosophie, II. Jg., 1926/27, S. 177 ff.

Scherer, W.: Kleine Schriften, Bd. 1 u. 2, hrsg. v. K. Burdach u. E. Schmidt, 1893.

— Vorträge und Aufsätze zur Geschichte des geistigen Lebens in Deutschland und Österreich, Berlin 1874.

Schiemann, Th.: Heinrich v. Treitschkes Lehr- und Wanderjahre, 2. Aufl., München 1898.

Schleiermacher, F.: Über die Begriffe der verschiedenen Staatsformen, Abhandl. d. Kgl. Akad. d. Wissensch. in Berlin, 1814.

— Monologe, Philosoph. Bibl. Bd. 6.

— Sittenlehre, Philosoph. Bibl. Bd. 24, 1870.

Schmidt, H. J.: Bilder aus dem geistigen Leben unserer Zeit, 4 Bde., Leipzig 1870–74.

Schmoller, G.: Zur Literaturgeschichte der Staats- und Sozialwissenschaften, Leipzig 1888.

— Gedächtnisrede auf H. v. Sybel und H. v. Treitschke, Forsch. zur brandenburg. und preuß. Gesch. 9, 1897, S. 357 ff.

— Charakterbilder, München 1913.

Schnabel, F.: Deutsche Geschichte im 19. Jahrhundert, Bd. 1–4, Freiburg 1929 ff.

Springer, A.: F. C. Dahlmann, 1. u. 2. Teil, Leipzig 1870 und 1872.
— Aus meinem Leben, Berlin 1892.
Strauß, D. Fr.: Ulrich v. Hutten, 1. u. 2. Teil, Leipzig 1858.
— Krieg und Friede, Leipzig 1870.
Taine, H.: Sa vie et sa correspondance, Bd. I–III, Paris 1904f.
— Essais de Critique et d'Histoire, 8. Aufl., Paris 1900, S. 415–431: „l'opinion en Allemagne et les conditions de la paix".
Tönnies, F.: Kritik der öffentlichen Meinung, Berlin 1922.
Troeltsch, E.: Der Historismus und seine Probleme, Gesammelte Schriften, Bd. III, Tübingen 1922.
Unger, R.: Gervinus und die Anfänge der politischen Literaturgeschichtsschreibung in Deutschland. Nachr. v. d. Gesellsch. d. Wissensch. zu Gött., Neue Folge, Bd. I, Nr. 5, 1935.
Varrentrapp, C.: Zur Erinnerung an Fr. C. Dahlmann, Sonderdruck 1885.
Vischer, Fr. Th.: Ästhetik oder Wissenschaft des Schönen, Bd. 1–6, 2. Aufl., hrsg. v. R. Vischer, München 1922ff.
— Ästhetik oder Wissenschaft des Schönen, 3. Teil, 2. Abschnitt Die Künste, 3. Heft Die Malerei, Stuttgart 1854.
— Kritische Gänge, Bd. 1–6, hrsg. v. R. Vischer, 2. Aufl., München 1920ff.
Volhard, E.: Zwischen Hegel und Nietzsche. Der Ästhetiker Fr. Th. Vischer, Frankfurt 1932.
Waitz, E.: Georg Waitz. Ein Lebens- und Charakterbild, Berlin 1913.
Waitz, G.: Grundzüge der Politik, Kiel 1862.
Weber, M.: Roscher und Knies und die logischen Probleme der historischen Nationalökonomie, Aufsätze zur Wissenschaftslehre, Tübingen 1922.
Westphal, O.: Welt- und Staatsauffassung des deutschen Liberalismus. Eine Untersuchung über die Preußischen Jahrbücher und den konstitutionellen Liberalismus in Deutschland von 1858–1863, Historische Bibliothek, Bd. 41, München 1919.
— Der Staatabegriff H. v. Treitschkes, in: Deutscher Staat und Deutsche Parteien. Fr. Meinecke zu 60. Geburtstag dargebracht, hrsg. v. P. Wentzke, 1922.
— Bemerkungen über die Entwicklung einer allgemeinen Staatslehre in Deutschland, in: Von staatlichem Werden und Wesen, Festschrift zum 60. Geburtstag von E. Marcks, 1921.
Wittrock, G.: Die Kathedersozialisten, Hist. Studien, Heft 350, 1939.
Zeller, E.: Erinnerungen eines Neunzigjährigen, Stuttgart 1908.

* * *

Preußische Jahrbücher, Bd. 1–39, 1858–77.
Das Staatslexikon. Enzyklopädie der sämtlichen Staatswissenschaften für alle Stände, hrsg. v. *Rotteck* u. *Welcker*, Bd. 10, Altona 1848, „Öffentlichkeit", S. 246ff.
Deutsches Staatswörterbuch, hrsg. v. *Bluntschli* u. *Brater*, Bd. 7, Stuttgart und Leipzig 1862, „Öffentliche Meinung", S. 345ff.
Staats- und Gesellschaftslexikon, hrsg. v. *H. Wagener*, Bd. 14, Berlin 1863, „Öffentliche Meinung", S. 595ff.
Quellen und Darstellungen zur Geschichte der Burschenschaft und der deutschen Einheitsbewegung, Bd. 1–12, hrsg. v. H. Haupt, Heidelberg 1910ff.

Bd. 4: H. Oncken, Gervinus und das Programm seines Lebens im Jahre 1832, S. 354ff.
Bd. 5: F. Bilger, Briefe eines Deutsch-Österreichers an H. v. Treitschke, S. 279ff.

Personen- und Sachregister